昭昭天命

大英帝国三部曲

I

[英] 简·莫里斯→著
杨莛薇→译

九州出版社

献给

亨利·莫里斯

反帝国主义者

> 英格兰女王！在这狼烟四起的时节，
> 身处这充满险峰恶浪的北方之海，
> 眼看大好河山在您的脚下四分五裂，
> 天下的男子不知将对您作何感慨？*
>
> ——奥斯卡·王尔德

---

* 出自诗歌《万福，女王》(*Ave Imperatrix*)。译文引自《王尔德全集·诗歌卷》，覃学岚译。——译者注

引 言

1964年，我决心写一套讲述维多利亚帝国的崛起、高潮和衰落的三部曲，本书正是开篇之作——它自成一体，但也可以说是一套三联画的左边一幅。我冒昧地想了想子孙后代的感受。过去，我曾幻想，要是能读到一本曾在罗马军队里担任百夫长的士兵书写的罗马帝国晚期历史，那该有多好啊：他记得帝国统治最后的时光，能回溯并描绘这记忆，同时又可以对这段历史及其意义发表自己的感言。我想，这样一本书会为我们提供观察历史的特殊视角——它非常主观，但对那一时期的记录却真实可靠，而且也许不仅反映了这名百夫长本人的感受，还囊括了那一代罗马人共同的情感。

于是，我就开始为我自己曾经历过的帝国写史。大英帝国，它在维多利亚女王统治下达到了顶峰。现在，距离我第一次在打字机上打字（当时还没有文字处理软件）已经过去了将近40年，我也看见当年所谓的"子孙后代"逐渐成长起来。新的千年即将到来，又一个世纪末则让世纪末这个词的含义也变得模糊；基本上可以说，一个新的世界，使我成长于其中的帝国变得遥远而古老。既然如此，对几乎已遭到遗忘的事件、人们的忠诚，以及激动人心的时代的重现，或许就能达到我最初想象的那种效果了。这不是干巴巴的历史：这是一个亲身经历了那个时代最后几年的人，所见证、感受和想象过的历史。

我生于1926年。在我上学时，教室里的地图从南极到北极，填满了属于帝国的红色。我见证了这个巨大的帝国机体最后一次团结在一起，在历史上最大的战争中战斗。1947 年，我 21 岁的生日就在一辆英国运兵列车上度过，它从埃及（大英帝国在此显然已经不受欢迎）开往巴勒斯坦（大英帝国断然不会想要这个地方）。接下的约 15 年中，因为职业的原因，我一直亲身参与大英帝国的解体过程，并心情复杂地见证着不列颠的转变——它失去了权势，改变了目标，它适应了世界新的平衡，这种适应有时相当灵活，有时又笨拙而无奈。

因此，我的眼光转到了另一个世界，那失落的美学，那个帝国梦。这个梦曾经填满了这个国家一切的想象，如今却如此遥远。在我眼中，它就像一道光芒，一团不列颠历史本能中的烈火，在 19 世纪熊熊燃烧——从维多利亚女王 1837 年登基，即本书叙述的开始，到 1897 年，其统治六十周年的钻石大庆，即本书叙述的终结为止。在我的解读中，这是许多英国人的热望，他们热望打破他们温柔的北方世界，打破充满绿色和灰色的世界，进入更加生动的地方；在那里，他们可以创造财富，可以做各种超出常理的事业，而一些关于等级和行为的限制规定，都可以在浮华的火光中被置之不顾。这些冲动当然并不总是无私的，而且通常都野蛮残忍。如果我在书中似乎对他们表现出了某种程度的同情，那是因为我也是那个时代的孩子，而我这一代人大约都在某个时刻有同样的感受：就像我毫不怀疑，我想象中的那位百夫长，无论退伍后身处多么优渥的环境，他回首罗马军团倨傲的行军时，其认识中仍然会饱含战友之情。

我将这套三部曲的每一卷都献给不同的人，但是，为表最真挚的爱、感激和仰慕，我将整套作品献给伊丽莎白·莫里斯，她也是帝国的孩子。

1998 年 于特里凡·莫里斯（Trefan Morys）谷仓

当不列颠承蒙天意,
率先从蔚蓝的海洋中升起,
这便是这片土地的命运与应许,
守护天使歌唱:
"统治吧,不列颠尼亚,统治波涛;
不列颠人永不为奴!"*

——詹姆斯·汤姆森

---

* 出自诗歌《统治吧,不列颠尼亚!》(*Rule, Britannia!*)。——译者注

目 录

第一部分　帝国的情操 1837—1850

第1章　迷人的创举　　　　　　　　　　　3
第2章　高尚而神圣的工作　　　　　　　16
第3章　甜蜜的生活　　　　　　　　　　32
第4章　扎根他乡　　　　　　　　　　　51
第5章　战争的法则　　　　　　　　　　65
第6章　商人的冒险　　　　　　　　　　90
第7章　白人殖民者　　　　　　　　　　107
第8章　上帝的行动　　　　　　　　　　126
第9章　"多好的人！"　　　　　　　　　147

第二部分　日渐坚定的信念 1850—1870

第10章　变化的辙迹　　　　　　　　　165
第11章　种族的史诗　　　　　　　　　186
第12章　潘神与格莱斯顿先生　　　　　214
第13章　帝国风尚　　　　　　　　　　229
第14章　尼罗河的辉煌　　　　　　　　244

第 15 章　艾尔总督　　　　　　　　　　263

第 16 章　"摩西五经难道不奇怪吗?"　　279

第 17 章　梅蒂人的耻辱　　　　　　　　296

第 18 章　太平洋　　　　　　　　　　　315

第三部分　帝国的执迷 1870—1897

第 19 章　确定的目标　　　　　　　　　333

第 20 章　阿散蒂　　　　　　　　　　　345

第 21 章　以剑之名　　　　　　　　　　357

第 22 章　赞比西河以南　　　　　　　　373

第 23 章　塔斯马尼亚人的末路　　　　　396

第 24 章　反叛的王子　　　　　　　　　416

第 25 章　帝国的殉道者　　　　　　　　437

第 26 章　争夺非洲　　　　　　　　　　459

第 27 章　帝国的圆满　　　　　　　　　478

致　谢　　　　　　　　　　　　　　　　484

出版后记　　　　　　　　　　　　　　　485

第一部分

帝国的情操

1837—1850

第 1 章

迷人的创举

I

1837年10月，尊贵的埃米莉·伊登（Emily Eden）正值41岁，她为人机智，才华横溢，此时正陪同哥哥印度总督奥克兰勋爵，从加尔各答启程，开始一段向印度北方前进的公务行程。奥克兰勋爵思乡成疾，他的妹妹却不禁对眼前的一切感到新奇有趣，并在家书中快活地记录了她所有的感想。埃米莉绝不是个无知或者偏狭的人。她在英国旧宫院（Old Palace Yard）出生，从威斯敏斯特宫的议会建筑可以直接望到此处，故而她长期生活在英国权力中心附近。她的父亲曾担任邮政大臣和贸易委员会主席，她的大姐埃莉诺是小威廉·皮特唯一的真爱，她本人则是首相墨尔本勋爵的密友。因此，对印度总督阁下的队伍的规模和豪华排场，她更多的是感到有趣，而非惊叹。

他们有时乘轮船逆流而上——河流是印度的交通干线；有时会乘骆驼、轿子或者象轿，整场旅行就是一次夸张的炫耀。这位总督的旅行队共由约1.2万人组成，此外还有成百上千的动物和货车，每当他们停下来过夜，地上就会出现一座由帐篷组成的城市，帐篷围绕着奥克兰勋爵的住处排得满满当当，人们在里面忙忙碌碌。这座"城市"甚至有自己的市集、作坊和马厩，有自己的马医、车匠，有英军哨兵，有助手和军需官，有地方官员的代表，有医生和军队指挥官，有印度各土邦派来的浮夸的使者，有戏剧演出或者官方娱乐活动的固定程序，有自己的营火，有匆忙的勤务兵，有大量疲惫的随从，有黄昏吹响的军号，有香料、木材燃烧、皮革和汗水散发的各种味道——印度美丽的天空下，高高的旗杆上飘扬着联合王国国旗，而这一切都在这面旗帜之下。有时，整支队伍需要花费三天来渡过一条河；欧洲人的宠物狗在路途上穿着红色的外衣；奥德士邦王公善意地派遣他的厨师来跟随总督的队伍。这位厨师给奥克兰勋爵送上了一道道极为辛辣的肉饭和咖喱，可以想见，总督本人的厨师圣克卢（St Cloup）感觉受到了冒犯——圣克卢曾担任奥兰治亲王的厨师。

这就是英国人在印度的行事方式。东印度公司已经在此活跃了约200年，它最初只是个贸易组织，后来成了英国人塑造其至高地位的重要手段。英国人的行事方式是半东方的，这种方式从莫卧儿王朝继承而来，目的是震慑土著，同时也许会让东印度公司的官员们对自身的权威有恰如其分的感受。伊登小姐已经在印度生活了两年，对各种展示重要地位的行为方式早已习以为常，且感到它们略微有些滑稽。她在信件中并未表现出权威意识，毕竟对她来说，印度总督也只是谦虚的兄长乔治，而他现在渴望的就是住进一个像样的旅馆而已。总督那些显赫的官员、幕僚和助手，也不过是英国的上层中产阶级，还带着他们爱说闲话的妻子、玩闹的孩子和备受骄纵的宠物罢了。对于这次旅行象征的权力、责任，乃至历史延续性，伊登小姐都无动于衷。她既不认为印度广袤的棕红色大地以及周围衣不蔽体的民众是对英国良心的谴责，也不认为这里是属于冒险的土地。在伊登看来，这就是一幕缤纷的场景，她在信中热情地感谢了姐姐玛丽送来的最新一卷《匹克威克外传》，这本书虽然在加尔各答已经有盗版，但是对总督的随行者而言，仍然新鲜而有趣。事实上，她看待印度的眼光是18世纪的。她生在旧世纪，因此她的态度也属于文学全盛时期（Augustan）——优雅、挑剔、愉悦、温文尔雅。她生活的英国是小威廉·皮特塑造的英国；她的风度和谢里丹（爱尔兰剧作家）、艾迪生（英国散文家）以及理性时代冷静又风趣的女士们完全相同。

但是，1837年10月30日，在恒河岸边，她得知这一时代结束了。总督一行人这一天乘游艇和轮船沿河逆流而上，并在加尔各答以北约200英里*处一个舒适的多山地区靠岸过夜。傍晚，他们参观了附近的一些遗

---

* 1英里约合1.6千米。——译者注

迹——埃米莉认为它们"非常别致";他们让西班牙猎犬钱斯(Chance)四处跑了一会儿,画了一些素描,然后收到了英国的来信。这些信件由轮船"马达加斯加"号带来,它三个月前从伦敦港出发,开始了处女航。*埃米莉满心欢喜地阅读了这些信件。她注意到姐姐更换了地址("我都不知道还有这么个地方");她也发现,肯特公主亚历山德丽娜·维多利亚继承了英国王位。她的童年密友都称其为"德丽娜"(Drina),德丽娜年仅十八,身材丰满。

在恒河这条圣河岸边,她得知了历史上最有意义的事件之一。世界将会大不相同。特别是英国,它将获得一个全新的身份,而英国在此处的全权代表正是她昏昏欲睡的兄长乔治。维多利亚去世前,将统治一个与此时完全不同的帝国——一个放肆的、身披华羽的、傲慢的、自以为是的新帝国,它不只是依靠展示武力而统治着巨大的领土,而且几乎是着魔一般相信这就是英国的宿命和责任。维多利亚的英国将会哺育一代帝国主义者,而现在在奥克兰勋爵乔治和他悠闲的助手身上,还看不到这种影子;英国的资本会不断流向海外,英国人不断移民,英国商人将活跃于世,英国军队也将四处征战;到维多利亚去世之前,她将成为全世界四分之一居民的君主,统治着地球上接近四分之一的陆地。

伊登小姐这时还完全看不到这些权势的身影。相反,她认为让一个小女孩当女王实在有些可怜,这让她如鲠在喉。"我觉得,"当晚,她在给姐姐的回信中讲到遗迹和素描、钱斯的奔跑和"马达加斯加"号的速度之后写道,"我觉得,让这个孩子当女王真是个迷人的创举。"

2

1837年的英国尚未完全意识到它的幸运。它正处在一段社会动荡的时期,土地阶级中的人焦虑地认为,这是革命的开端。第一次议会改革法案(1832年)、宪章运动、卢德运动、彼得卢屠杀——这些事件都是这个正处

---

* 它可能过度劳累了。四年后,它完成了在中国海域的航行,在返回加尔各答的过程中发生了爆炸,并最终沉没。

在农业社会与工业社会之间转变期的国家出现变革和不确定的征兆。法国大革命的影响仍然十分强大，迪斯雷利的"两个国家"绝不只存在于虚构故事中——现在，十个英国人中至少有一个身陷贫困，破衣烂衫的妇女每天在矿道中拉着货车，八九岁的贫困男孩就在北方昏暗的工厂里，每天工作12个小时。英国传统的等级制度似乎也终于受到了挑战——阴郁的贵族感到，这一制度已注定要走向消亡，因为现在每七个男性中，就有一个人有投票权了。* 英国国教则受到了不信奉国教、不可知论甚至更糟糕的理念的破坏。劳动力从乡村流向城市，破坏了这个国家的生活方式，18世纪时髦的英国城市现在堆满了住宅和工厂："在伍德街的街角"，华兹华斯笔下可怜的苏珊惯常地停下脚步，似乎在海市蜃楼中看见逐渐消失的英国形象——

>……一座小屋，像鸽子的小窝，
>乃是她在世上唯一的居所。**

英国正处在变迁中。但英国人基本上都还未意识到，这种灵活性，以及这种清除障碍的行动，为他们提供了欧洲现代史上独一无二的机会。整个世界就在英国脚下，而其内部动荡的真正原因，正是它的卓越和超群。尽管其90%的食物仍然依靠自给自足，但它已是世界上第一个工业化国家；它有幸拥有几乎无限的煤炭和铁矿供应，因而在过去50年中，它掌握的机械技术已远远超过所有的竞争者。不列颠人现在就站在巨大的繁荣的门槛上，因为他们垄断着蒸汽技术，而不久后，它便会被证明乃是这一时代最基本的动力来源。在19世纪30年代，英国的工业基本上还完全是纺织业，但是，有了这一惊人的力量后，他们很快就可以生产出所有种类的资本货物——而英国也将成为名副其实的世界工厂。

同时，英国人容光焕发地胜利结束了史无前例的拿破仑战争，成为欧

---

* 威灵顿公爵一如既往地做出了正确的预言，他对一名胆战心惊的地主说，"我们不会经历暴乱，不会流血，但会被法律洗劫一空"。

** 出自诗歌《苏珊的幻想》(*The Reverie of Poor Susan*)。——译者注

洲唯一的霸权。根本上而言，是他们的财富、领导能力和强大的力量击败了拿破仑——正如坎宁所说，他们为战争注入了"充满生气的灵魂"。英国人决定了和约的大多数条件，缓和了德国人和奥地利人的复仇之火，并宽宏大量地促进法国复苏，促成国际礼让局面。纳尔逊和威灵顿都成了国际英雄——前者在战争中英勇地牺牲，葬在了圣保罗大教堂；后者则是最伟大的党派政治家之一。英国舰队被公认为国际事务的最终裁决者，英国陆军则因滑铁卢一战声名大噪。伦敦当时有200万人口，不仅是世界上最大的城市，也是主要的金融中心，可谓那个时代的里亚尔托（威尼斯的商业中心）。

在世界各地的自由主义者眼中，英格兰已经取代了拿破仑法国，成为人类的希望。贝多芬在生命的最后几年就勤勉地追踪着威斯敏斯特议会中的辩论，并充满尊敬地写下了一套基于阿恩的《统治吧，不列颠尼亚！》的变奏曲。瓦格纳也注意到了这激动人心的旋律，他认为这首曲子的前八个音符就完整地展现了英国人的性格；就在维多利亚女王继位这一年，他以这首曲子为基础创作了一首序曲。拜伦勋爵的浪漫传说仍然在欧洲大陆上传颂，当代英国人对马上比武、骑士战斗故事和亚瑟王传说的欣赏，也被视作这个国家骑士精神的真实反映。法国的普拉神父（Abbé de Prat）认为，英国的制度是如此完美，其宿命必定是为世界提供一个新的方向；亚得里亚海凯法利尼亚岛民竖立的方尖碑上也刻着"献给英国的荣耀"*；当东印度公司的商船在马达加斯加以北的科摩罗群岛的约翰娜岛（Johanna）停泊补给时，当地的船夫也会高喊："约翰娜人啊英国人，都是好兄弟，英国人都是好人，喝了潘趣酒又打枪，打跑了法国人啊，真是有趣！"尽管英国贵族们的宅院高墙内仍然一尘不染，而他们在乡村别墅里可能感到有些不安，但对外部世界而言，不列颠岛却是稳定的保证和象征：挑战是不列颠人的习性，他们生性幽默，这些品质共同塑造出君主立宪制，一切变幻莫测的国际局势风云似乎都不能影响它；不列颠在海峡的隔绝下偏安一隅，不列颠民族性格淡漠和缓，带着海岛居民的确定性。若我们遵循屠格涅夫

---

* 1941年，意大利占领军卑鄙地凿去了碑上的铭文。

笔下醉心于英国的伊万·彼得罗维奇（Ivan Petrovich）的判断，则不列颠人主要热衷于波特酒和半生不熟的烤牛肉。

3

在所有的强国中，英国拥有独特的行动自由，但英国政治家并不觊觎掌控整个世界。距离他们上一次在美洲丢失帝国领土只过了50年，目前他们还不想重建另一个。现阶段，他们的目标是维持均势的和平，让英国人能在他们选择的任何地方追求财富，但又不需要肩负大量新的国防和行政责任；因此，他们将战争中占领的土地大半归还，只留下了一串他们认为对海防至关重要的基地——从黑尔戈兰岛到毛里求斯。

英国成为海洋强权已超过900年——自诺曼征服后，英国国王就一直在海外拥有领地。但在19世纪30年代的英国，帝国的想法仍然让人生疑。这个概念总是和外国专制统治以及侵略者一同出现，早已失去了斯宾塞和弥尔顿早前描绘的"不列颠帝国"（Britannic Empire）的庄严、和平的内涵。威斯敏斯特之所以被称作帝国议会，只不过是因为自1800年开始，爱尔兰议会也成了它的一部分；而英国王位之所以具有帝国性质，不过是出于古老的反抗神圣罗马帝国的传统。18世纪的不列颠帝国，在失去美国这一殖民地之前，是一个自给自足的经济系统，通过关税保护自己，生产自己所需要的原材料，发展自身的市场，并用自己的舰队运输所有的产品。《谷物法》将外国竞争降到了最小，《航海条例》则保证了英国可以在帝国内部维持贸易垄断。现在，实行这种系统的经济理由似乎已失去了权威性。当前最进步的理论乃是自由贸易，这一理论要求让来自所有国家的商品都不受关税和其他限制，在全球范围内流动，并且似乎令保留殖民地的做法显得过时了。既然英国既掌握了生产，又控制了流通渠道，那么整个世界不就成了它的大市场吗？为什么还要花大价钱殚精竭虑地维持殖民地呢？自由贸易尚不是英国的官方政策，但是已有强大的力量在游说废除《谷物法》和《航海条例》，同时嘲弄着建立帝国的想法。理查德·科布登曾说，殖民地"不过是华丽而笨重的附属品，膨胀了表面的排场，却不能改善我们的贸易平衡",如果"放任"是英国新经济原则的口号,那么殖民政策的新口号就应该是"放弃"。

对美国独立战争的记忆也让帝国的概念变得令人厌恶。自独立战争后,世界已发生了许多改变,但当年曾与13个殖民地的反叛者战斗的英国人,或者在1812年战争中战斗的这些人的儿子们,仍有不少人还活着。美国独立战争似乎表明,一个海外定居点发展得越成功,它就越倾向于与母国断绝联系,甚至可能与之正面竞争。此外,美国发生的一切还让很多人相信,殖民主义终将走向压迫——如果压迫对象不是本国追求自由的人民,那就是英国根本无权干预其事务的外国人。权力终将腐败。英国人对1785年沃伦·黑斯廷斯受审记忆犹新:尽管审判结果是无罪开释,但它还是达成了审判的目标——警告英国小心充满野心的海外总督可能带来的危险,他们因为帝国的战利品而变得富有,又因为远离帝国的权威而被诱惑,可能扰乱社会。

总而言之,英国人并未以帝国的方式思考。他们非常富有,在战争中连连胜利,广受仰慕;他们的工业不缺市场,他们的战略无懈可击,但内政问题才是他们首要担心的。我们几乎可以肯定,女王在她19岁生日前不久加冕时,心中几乎没有想过海外的领地和财富。她是不列颠岛的女王,加冕涂油的壮丽仪式也是这座小岛的居民在千年的历史中发展出来的——向她致敬的是这座岛上的贵族,为她祝圣的是这座岛上的主教,伦敦街头为她欢呼的人民也几乎全都是纯粹的英国人。"成为这样一个国家的女王,简直无法言述我有多么骄傲。"她在日记中写道。无疑,她脑海中的国家是英国,那5万平方英里*的绿色领土上,共有1400万人口。即使是威尔士人、苏格兰人和爱尔兰人,对她来说也是不熟悉的民族。当时整个世界仅称她的王国为"英格兰",恐怕只有先知才能预言此后她肩上的责任将不断叠加,她的国家将迅猛扩张,而在她的统治结束时,她的王位的含义将发生何种巨大的转变。("可怜的小女王,"卡莱尔写道,"她这个年纪的女孩子连给自己选一顶合适的帽子都很难,但她身上的担子却足够让大天使退

---

* 1平方英里约合2.5平方千米。——译者注

缩了。")

4

在远方，奥克兰勋爵正在努力工作：因为即使是此刻，世界上也已存在某种意义上的大英帝国，它由早期数代以来一点点获取的领土组成，一部分由战争和殖民地事务大臣负责管理，另一部分由获得特许的大公司管理。但这是非体系化的；一个停顿搁置的帝国，既没有统一的目标，也没有整体感。因此也就不奇怪，对其事务唯一完整的记录是由一名充满热情的外行人士罗伯特·蒙哥马利·马丁（Robert Montgomery Martin）编制的，他曾到英国各领地旅行，回到英国后就成了热心的殖民体系倡导者。据马丁估计，就在女王继位后不久，英国的海外帝国已有多达200万平方英里的土地，生活于此的人口多达1亿人。这些领地中，部分是18世纪旧帝国的遗存，部分是英国人在海外新的定居点，还有部分是最近战争中的战利品，充满荣耀的光辉——正如他们新近获得的马耳他岛上，瓦莱塔圣乔治广场守卫室门上的铭文所言：

> 伟大的、战无不胜的不列颠
> 马耳他人的爱，欧洲之声
> 公元1814年占有这些岛屿[*]

帝国领地中，最宏伟的在印度：东印度公司逐步获得各地的统治权后，至1837年，这片次大陆的绝大多数地区都承认了英国的宗主国地位，而奥克兰勋爵乔治带领的5万英国人，就可以统治超过9000万印度人。此外，英国还拥有西印度群岛，在美洲大陆上拥有英属洪都拉斯（今伯利兹）和英属圭亚那——这些蔗糖殖民地一个多世纪以来为英国的繁荣做出了不可估量的贡献，但如今正在腐朽衰退。英国还在加拿大有殖民地——其中最

---

[*] 原文为拉丁语。铭文现在仍在此地，只是有些模糊了。

古老的是纽芬兰，新斯科舍的居民大多来自美国而忠于英国，被征服的魁北克居民则大多是法国人，安大略居住着英格兰人和苏格兰人，此外，在超乎人们想象的广袤西部荒原上还有哈得孙湾公司散布的前哨站。澳大利亚有四个英国人的定居点，其中两个是罪犯的流放地。离英国本土最近的爱尔兰已经被英国统治了7个世纪，但仍处于相当原始的状态，直至1837年，多尼戈尔郡图拉霍巴格利（Tullahobagly）的9000名居民，竟然总共只有10张床和93把椅子。

好望角属于英国，新加坡也在它治下，这座城市是20年前由斯坦福·莱佛士建立的。槟城和若开邦都有英国的贸易点；通过1815年的和约《康提条约》，英国获得了锡兰（今斯里兰卡）。在欧洲，英国国旗在直布罗陀、黑尔戈兰岛、亚得里亚海上的伊奥尼亚群岛和马耳他——纳尔逊的"印度的防卫前哨"——飘扬。其他地方还散落着各种小岛、战略要地和贸易点，为马丁记录中的数据又添上了一点点华彩——包括福克兰群岛（马岛）、塞舌尔、毛里求斯、冈比亚、黄金海岸（今加纳）的贸易要塞、南太平洋的诺福克岛、拿破仑死去的圣赫勒拿岛、圭亚那、费尔南多波岛和百慕大，当时一名充满幻想的战略家说，这些地方"是亚马孙河、密西西比河、奥里诺科河、圣劳伦斯河出海口的要地，同时也是将水源源不断送入海洋的无数支流的入海口的重要位置"。据估计，此时约有120万名英国人居住于海外，其中包括5.6万名帝国驻防部队的士兵。

身为帝国一员的经历已不可避免地在英国人身上留下了印记。例如，在印度东部，当地发财了的英国人发展出了一个有别于英国富豪阶层的小社会：他们通常极为富有，因为常年生活在马德拉斯或加尔各答，皮肤已经显出黄色；他们习惯有些怪异，行事又总显示出一副权威作风，房子里饰满了来自东方的纪念品，生活方式和他们的邻居截然不同——他们行事更加浮夸，态度又更为疏离冷漠，缺少责任心，因为他们从东方退休时虽然会获得大量地产，但从根本上来说，他们与这些地方的联系并不深。在加勒比海地区，奴隶制的废除毁掉了不少种植园主在小岛上的蔗糖产业，他们最终也选择返回英国，并建立了一个团结有力的团体，这个西印度群岛利益团体成了议会中最执着的游说团体之一。许多备受尊敬的家族，包括温波街（Wimpole Street）的巴雷特（Barrett）家族和哈伍德（Harewood）的拉斯塞尔斯（Lascelles）家族，都是借西印度群岛的产业获得了尊贵的地位；斯托庄园（Stowe）和方特希尔庄园（Fonthill）等大宅邸，也都是用蔗糖产业的利润建造的；在巴斯、切尔滕纳姆和坦布里奇韦尔斯等温泉疗养地，种植园主总是能被一眼认出来——他们和从巴巴多斯或牙买加回来、皮肤晒成古铜色的密友一起取水洗浴，而他们最后在当地修道院或堂区教堂的墙上，也占据了不少空间。

在伦敦，虽然政府机关尚未向帝国转变，帝国贸易的纪念物却已显而易见。伦敦塔那一边，西印度群岛码头和东印度群岛码头边挤满船只，桅杆和绳索数不胜数；哈得孙湾公司的仓库里堆满了成千上万张海狸和狐狸皮毛，将为公司带来巨大的利润；在伦敦市中心，莱姆街（Lime Street）和利德贺街（Leadenhall Street）交角矗立着东印度公司总部，楼顶有一座巨大的不列颠女神雕像，大楼中包括一间华丽的图书馆，以及一间展示印度珍宝的东方珍宝馆。* 在利物浦、布里斯托尔和格拉斯哥，仅仅因为帝国的事业，就有不少群体整体变得富足。这些港口都在三角贸易中的英国一端，数代以来，这些地方的群体用英国的工业产品交换非洲的奴隶，又用奴隶从美洲换来原材料，而每一次交换都能为他们带来一笔利润。在这里，奴隶商人能找到船员，他们或是在霍特威尔斯（Hotwells）和默西塞德（Marseyside）岸边的小酒馆诱骗酒鬼，或是用勒索方式强迫罪犯为他们工作。贩奴船长和奴隶商人在当地仍然是大人物，奴隶贸易的利润早已为城市铺上了道路，滋养了其他有利可图的投机事业。

在英国各处，也有少量纪念物能佐证其帝国的身份：从印度和魁北克缴获的枪炮、纪念几场热带战争中伤亡将士的饰板，还有个人建造的纪念物，例如在伊斯特罗斯（Easter Ross）的菲里什山（Knock Fyrish）那浓雾笼罩的荒原上几乎看不见的高耸大石门，这是赫克托·芒罗（Hactor Munro）爵士建造的，为了纪念他 1781 年为夺得纳加帕蒂南

---

* 其中最著名的藏品就是提普之虎，这个会动的模型展示了一只印度老虎吃掉一个英国人的情状，现藏于维多利亚和阿尔伯特博物馆。

（Nagapattinam）做出的贡献，以及他获得的财富。门口的菠萝状门柱、伦敦塔里的印度加农炮、乡村别墅的镀金穹顶、乡村教堂公墓里充满异域风情的坟墓、在一个名字难以发音的地方立下的团级战功：这些都是附着在这座小岛社会架构上的东西，而帝国的本性已潜藏于此，只是暂时受到抑制——年轻的格莱斯顿称之为"帝国的情操"，"这可谓每个不列颠人与生俱来的"。

而现今，已有一些英国人遥望未来的维多利亚时代，认为英国的宿命就在于更加精心考虑的海外扩张。他们之中，有认为帝国就是他们传播基督教神圣职责的工具的传教士，有相信移民能带来文明的发展的社会理论家，有不相信自由贸易优势的商人，有西印度群岛利益集团和印度游说团体的活动家，有不耐烦于长达10年和平的士兵，还有垂涎于新的自利机会的冒险家；他们之中有好战的爱国者、偏好异国的投机者，甚至有华而不实的幻想家。此时距离他们的时代还早了50年，他们构想了一个以象征基本架构，富有宏伟而神秘意义的新不列颠帝国。

这些人中就有罗伯特·马丁，他跳出自己收集的大量帝国事实，考虑过殖民地的许可和特许给他留下的深刻印象后，得出结论，即虽然1837年的不列颠帝国还根基未稳、不受重视，但它终将成为人类历史上最伟大的成就之一，"依靠人类的判断力就可以预测，整个世界的幸福就维系于帝国的延伸和进步"。*帝国的另一个支持者是J. M. 甘迪（J. M. Gandy），一名能力出众但性情古怪、偏爱浮夸风格的建筑师。维多利亚时代刚开始，他就已经如这一时代鼎盛时期的人们一般，甚至在女王继位前，他就在皇家艺术院（Royal Academy）展出了为不列颠帝国君主的居住和统治而设计的皇宫。若建成，它将是一座极尽精巧的建筑，拥有穹顶、三角墙、小塔楼、廊柱，建筑由无数女像柱支撑，由瓮和雕带装饰，步道铺满马赛克，有下沉式花园和华丽的大楼梯；另外，前院里要放上倒塌的大理石柱，取自被帝国推翻的更早更短暂的君王宫殿，这样这个充满寓意的场景才算完整。

---

* 马丁于1868年去世。他在没有官方支持的情况下完成了对帝国的研究，随后开始了新职业，成为香港的财政司司长——而他早就宣布这一占领地注定会是个失败品。

50年后，女王或许会喜欢这个设计，因为它就是对这个国家感情精准的预言；但是，在1837年，它表达的感情显然不合时宜，因此皇宫建筑流产了。而甘迪设计的最杰出的作品，则是巴斯的西恩山（Sion Hill）上的多里克大宅（Doric House）。他死去时仍然籍籍无名，甚至有人说当时他已疯了。*

5

1837年，英格兰似乎还不需要帝国，英国人对他们的殖民地也兴趣不足。首相墨尔本勋爵表示，怎么能指望人们对加拿大这样连一条鲑鱼也捕不到的地方感兴趣呢？陆军大臣在不甚繁忙时还要负责处理殖民地职事务，而在威斯敏斯特大厦殖民地部的一间内室里，人们可能会发现，这位大英帝国权威的具象化人物因为某位名不见经传的官员的职责而束手无策——正如社会改革家查尔斯·布勒（Charles Buller）所说，"在这小小的个人身上，我们看到了母国的收缩，但对他的姓名、个人经历和职责，我们却一无所知"。这样看来，英国似乎刻意回避成为一个帝国的想法。此时，节节胜利的英国正在推动进一步的政治改革试验，令人震撼的新铁路贯穿了这座小岛〔当年，满心怀疑地搭乘了利物浦的列车后，日记作家查尔斯·格雷维尔（Charles Greville）表示"这速度令人愉悦"〕，英国政治家正忧心于欧洲问题的解决，矮胖的年轻女王正逐渐适应她的地位带来的重担（"很少有人比我有更多真正的善意和意愿来做一切合适而正确的事"），狄更斯的《雾都孤儿》大获成功，埃德温·兰西尔（Edwin Landseer）开始创作《尊严和无礼》（Dignity and Impudence），达尔文则在整理他的"小猎犬"号旅行记录，科布登猛烈攻击《谷物法》，查尔斯·巴里则在完善新议会大厦的设计，在煤矿卖力工作的女孩们正从令人窒息的矿道中把货车拉出来，格莱斯顿则专注于他关于教会和国家的专著——这个迷人的岛国正

---

* 1843年去世。他是约翰·索恩爵士的同事，但是据《牛津国家人物传记大辞典》说，他似乎"性情过于古怪，不切实际，很难保证事业成功"。

迎来其古老的君主制中第 36 位君主，而拥有一个庞大的海外帝国似乎与其财富、尊严和利益都毫无关系。一名身在伦敦的中国商人给广东的同事写信说道："贾丁（Jardine），事实就是，在这个美丽的国家，每个人似乎都很舒服，他们所有的渴望都得到了满足，只要内部事务包括市场运转正常，他们就不会想要思考关于我们这些外国人的问题……"

伊登小姐似乎能正确地看待这一问题。目前，奥克兰勋爵进入旁遮普，去会见锡克君主兰季德·辛格，在即将发动的战争中，奥克兰勋爵需要他的协助。兰季德，"旁遮普之狮"，是印度最有权势的人之一——他一眼失明，为人异常机敏，经常将鸦片、无水酒精、肉汁和珍珠粉混在一起，喝得酩酊大醉；他一直热爱追根究底，又总是戴着欺骗的假面；他掌控着一支庞大而有战力的军队；他的后宫里有各色妙龄女子，以及身上画着优雅花纹的男孩；他是印度河与阿富汗诸山口之间事务的独裁者。

奥克兰勋爵访问了这位令人敬畏的王公，并送上七匹马、一头大象和两门榴弹炮以表敬意，兰季德则为他举行了华丽盛大的宴会。他们讨论的问题非常严肃，做出的决定也相当重要。埃米莉则饶有兴致，却置身事外地看着他们的交锋，好像这些不过是哥特式故事，或者哑谜罢了。她觉得，锡克君主就像一只长着胡须、只有一只眼的老鼠；他在宴会上取悦乔治总督，那宴会上点亮了 4.2 万盏灯，他的苦行僧乌齐兹丁（Uziz-ed-Din）也出席了，还带着装满烈酒的金酒瓶；宴会上有两支乐队演奏，王室的孩子在地上爬来爬去，还有一些绝妙的舞女、一位蠢王子、一长列戴着头巾的权贵，这名暴君则缓缓陷入醉酒状态。数十万人的将来，以及大量领土的命运，都即将陷入危机——而伊登小姐再一次告诉姐姐："我们依然都说'这宴会多迷人啊'，就像我们过去在 C 女士或者 J 女士的宴会上那样。"*

---

* 埃米莉·伊登终身未婚，她后来成了成功的小说家、时髦的女主人，她是引人入胜的印度书信集《远处的国家》（*Up The Country*）的作者，这些场景描述正是来自这本书。她于 1869 年在里士满的家中安详去世。她的兄长乔治将会再度出现在我们的叙述中。

第 2 章

高尚而神圣的工作

I

然而，英国几乎立即发生了一项对帝国影响深远的大事：在不列颠所有的领地上，奴隶都得到了解放。奴隶制早在1834年就已被废除，然而在接下来的四年中，奴隶仍然被学徒体系束缚在其主人身边，直到1838年8月1日，帝国境内最后的奴隶——几乎全是来自非洲的黑奴——才终于正式得到解放，这些奴隶共有76.8万人。此外，还有很多海外领地本土的统治者手中有大量奴隶，他们仍将继续受到奴役。这确实是一个全新的开始。过去的不列颠帝国已不可避免地和奴隶制联系在一起，其殖民地是基于蓄奴而建立，产业要依靠奴隶，而直到30年前，英国军队的征兵官还因为兵源缺乏而付钱给自愿参军的殖民地居民。在旧帝国的塑造过程中，奴隶制成了其有机的一部分，18世纪的地图制图师甚至理所当然地根据出产的商品将西非划分成几部分——黄金海岸出产矿产，象牙海岸出产象牙，奴隶海岸则出产人类。不少英国家庭都购买了奴隶股票，因为就在一代人之前，对生活体面的英国人来说，奴隶制似乎还是神圣秩序的一部分。"废除一种上帝一直以来许可，人类也一直维持的身份地位，"博斯韦尔（Boswell）认为，"不只是对我们各阶级臣民的掠夺，对非洲的野蛮人也格外残忍，无疑这一系统将其中一部分人……引入了一种更加幸福的生活状态。"故而，奴隶制的终结具有双重仪式意义：它既是旧帝国的葬礼，也是新帝国的献祭。

2

让我们造访那一天的牙买加北部小镇法尔茅斯吧。这是一处地势平整的宜人之所，街道宽阔，海岸上有一座灯塔，就位于这座岛屿濒临大西洋的柯克皮特地区（Cockpit Country）。好几个大蔗糖种植园支配了这一地区的周边，法尔茅斯则是它们的产品销售出口，也是种植园奴隶主要的消费和聚集地。这是个生气勃勃的小城，因为英国殖民者而变得优雅，又因为这些流落他乡的黑奴而变得热闹。云朵缓缓掠过小镇背后的山尖，在前方，大西洋的碎浪翻卷，泛起泡沫。确实，因为奴隶解放即将到来，牙买加的经济已经陷入停滞，但它仍然是一个热闹的小岛，充满勃勃生机，因为两个世纪来的英国殖民影响而变得温柔平和。

但这种美感却充满误导。牙买加是英国最重要的奴隶殖民地之一——这里有 32 万名黑奴，白人殖民者则只有 3.5 万人——奴隶制是无情冷酷的社会体制的一部分。山脚阴影中的种植园房屋，老仆人美好的情意，当地自有的欢乐气息，慵懒悠闲的气氛，都让人留下纯粹的魅力和温情家长作风的错误印象。事实上，这座岛上的生活完全基于一些人对另一些人的所有权和剥削。法尔茅斯任何一座蔗糖种植园的建筑都生动地表现了这一点。就以小镇以北几英里一片著名的种植园奥兰治谷（Orange Valley）为例，其建筑由坚固的石灰岩筑成，表现出了近乎教会般的虔诚之风。山上矗立着种植园的主屋，拥有宽阔的屋檐和美丽的阳台，周围是一片大草坪，墙上覆盖满了攀缘植物。附近是监工的房子，是英国自耕农住宅的模样，漂亮又不出风头，仿佛总能意识到它位于大宅门口的地位。精炼和打包蔗糖的中央工厂区域周围，则是奴隶的生活设施——这些沟槽、马厩或者维修间，就是这些人形机器得到安顿、居住和休整的地方。精炼厂看上去和教堂一样，建造它的石灰岩都仔细加工过，涂上了灰泥；奴隶医院是一座优雅的古典风格小建筑；奴隶营房则是一排排的棚屋，就像花园中歪歪扭扭的亭子，后面还有一块菜地（奴隶得为自己种植食物），打满补丁的洗好的衣物在他们的晾衣绳上随风飘动。这样的布局极有功能性：就像船只围绕引擎室的布局一样，整个种植园都高效地围绕其动力即这些被囚禁的人类

力量而聚集。*

奥兰治谷的建筑显然是为了长期使用而建造的，表面上看，它已经足够仁慈——优雅的主屋建在山上，监工的房子有树荫遮蔽，似乎在医院的病房里，穿着衬布裙的女士们带着香气的手正轻柔地抚慰着发烧的黑人的眉头，而这些奴隶则满心感激。但英属西印度群岛的奴隶制并不总是这样运作。近来，一系列揭露的事实表明，英国奴隶主的残忍程度不逊于阿拉伯商人或者布哈拉的草原统治者，英国民众也惊骇而入迷地阅读过割掉奴隶的耳朵、剜去他们的眼睛、拔去牙齿、截去双手等作为惩罚的故事。奴隶会被吊住手挂在树上，在耳朵上钉上特定岗位的标记，会戴上钢铁的项圈，或者被迫穿上铁鞋。在英国所有的领地上，奴隶的待遇都完全取决于其主人——在更糟糕的情况下，还取决于主人的妻子的决定，她们的恶意经过精致的包装，却比丈夫更加残酷。

当然，也存在好奴隶主。在19世纪的英国各殖民地，奴隶的生存状况差别极大；此外，教会记者有时会将恐怖的状况夸大。但这些证据的一致性仍然令人震惊，因而在1838年8月，当解放奴隶的消息传来时，法尔茅斯的黑人近乎歇斯底里的庆祝也就不奇怪了。浸信会牧师威廉·尼布（William Knibb）教士召集会众在午夜举行感恩礼拜，而黑人们纷纷快乐地来到教堂。尼布是这座岛屿上最活跃的非英国国教牧师，他出身北安普敦郡，是热情的废奴主义者，他以黑人喜爱的方式，戏剧化地举行了仪式。那天晚上相当炎热，小教堂的格子窗都敞开着，愚笨的虫子绕着灯光嗡嗡打转，会众是这座岛上的多数人，他们的皮肤闪着健康的黑色，随着午夜临近，尼布煞有介事地走上讲道坛。"时间就要到了！"他大喊，颤抖的手指指着墙上的钟。"时间近了！怪物就要死了！"——时间一分钟一分钟过去，牧师紧张而充满激情地站在那里，簧风琴不断演奏，会众陷入疯狂的激动和狂喜，午夜的钟声敲响时，尼布欢欣鼓舞地大喊："怪物已死！"所

---

* 奥兰治谷现在是一片奶牛牧场，许多时髦的黑人放牛郎骑着牛在它的建筑群中穿梭。大多数的奴隶建筑都已成废墟，荒废的大宅里则住满了老鼠和蜥蜴，还有一只仓鸮，花园后面是建造该种植园的贾勒特（Jarrett）家族的一大片墓地，墓碑穿越了几个世纪仍然留存于此，还时常有黄色的蝴蝶在四周飞舞。

有的黑人便蹦起来欢呼，又唱又叫，一边落泪一边相互拥抱。奴隶们自由了！他们把象征奴役的锁链、鞭子和铁项圈取下，永远地埋在学堂的院子里，同时唱着挽歌：

> 现在我们把奴隶制邪恶的象征埋进沙土，
> 让它们永远停留此处，永不复现！
> 在这里腐朽，永远盖着恶名的尘土，
> 所有的鞭子、脚镣，还有我们的锁链。*

3

尽管奴隶制是帝国古老的惯例之一，但矛盾的是，这一制度的终结并未弱化帝国的思想，反而让它获得了新生：那些认为英国应当实现其帝国使命的人，也正是废奴运动的主要活动者——英国福音派教徒。他们是英国内部的一股力量，他们已经渗进了英国国教，在政府最高层也有代表人，而他们最有名望的发言人威廉·威尔伯福斯虽然在上层教士看来就是个道学先生，在底层牧师眼中却是圣人一般的人物。福音派力量——"有生机的基督教"——对一切残忍和不公都非常关注。监狱改革、工厂环境、肉刑和死刑、童工、虐待动物、精神病的治疗——这一切问题，都在19世纪最初几十年的英国改革家心中占据了一席之地。在帝国的背景下，他们最关心的就是有色人种的待遇，他们为此建立的数个组织也成为帝国义务中的重要力量：克拉珀姆教派（Clapham Sect）是一个人道主义教派，其成员包括一名孟加拉总督、一名塞拉利昂总督、数名议会议员，以及殖民地部的一名常务负责人；非洲协会（African Association）致力于人道主义目

---

* 尼布的教堂在1944年遭飓风摧毁，但该教堂的接替教堂为纪念他，依然以他之名命名，还有一片大理石嵌板雕刻了这一场景。在教堂院子中有一块尼布的纪念碑，"由被解放的奴隶们所立，他不知疲倦地努力，为他们的解放和境况改善贡献良多"。1969年一个周日的早晨，我去那里参加礼拜时，感到他的堂区居民仍然一如过往地快乐、善良而热情。

的的非洲探索，它随后将发展为皇家地理学会；土著保护学会（Aborigines Protection Society）就在维多利亚女王登基的那年创立；这些组织中最有名的则是埃克塞特馆（Exeter Hall），它其实并不是一个组织，只是斯特兰德街（the Strand）上的一个宗教集会会堂，但它的名字却成了整场人道主义运动的同义词。

正是这一边界模糊却力量强大的团体，让早年的维多利亚帝国获得了守护者的角色。埃克塞特馆相信，英国拥有的力量应该用来保卫落后民族的福利，使他们免受剥削，并将他们带上基督教的道路。殖民地部成了帝国托管统治的大本营，詹姆斯·斯蒂芬绰号"母国先生"，在1838年是这个部的常务次官（Permanent Under-Secretary），也是埃克塞特馆的坚定分子；殖民地事务大臣格莱内尔格勋爵（Lord Glenelg）的福音派信仰与他的差不多。即使是世俗的老辉格党人墨尔本勋爵，也很难对这一强大的政治趋势置之不顾，因为福音派人士都是优秀的宣传专家，他们熟练掌握了分发宣传小册子、抗议游行、请愿和筹款小宴会的技巧。下议院的一项动议也反映了这一趋势，尽管该动议并未直接提议为虔敬的目标而扩张帝国，但确实号召所有殖民地总督和官员在当地土著中传播推广文明，"带领他们和平、自愿地接受基督教"。

因此，对很多维多利亚时代的英国人而言，他们建立帝国的冲动就首先被合理化为基督徒责任的召唤。在英国未来的首相约翰·罗素勋爵的定义中，帝国对黑人要实现的目标，就是"鼓励对他们的宗教教导，让他们分享基督教的恩典，维护秩序和内心的平静。让非洲人感到，所有不列颠国旗飘扬的地方，都有他们的友人和保护者。我们要控制一切的压迫，监管帝国的依法行政"。就连哈得孙湾公司这家足够实利主义的企业，其董事也在长期命令中写明，为了指引和教化印第安人，每周日在该公司位于加拿大的最偏远的毛皮收集驻点都要举行礼拜。1815年，英国政治家处理世界事务时表现出的是典范般的适度和克制；而在1838年，人们发现这些岛民在某种程度上变得自命不凡，这种高傲感并不像后来一样源于傲慢的右派，而来自极为注重道德的左派。新近获得选举权的中产阶级正在逐步掌握权力，在维多利亚统治时期，人们最终也会发现，中产阶级正是最热情的帝国主义者。

　　福音派取得的最大胜利就是奴隶制的废除。这对经济造成了毁灭性的影响,从安提瓜到毛里求斯,种植园主的产业毁于一旦。*阿散蒂的中介商、默西塞德郡的贩奴船船长、拿骚的监工都一下子失业了。所有奴隶殖民地的贫民数量激增,擅自占地的人公然违抗土地法。议会特别委员会认为,牙买加普通自由民的境况基本上都属于"有尊严的悠闲"——他们每周工作两天,每天只工作几个小时,回家时再带上一瓶巴斯牌(Bass)啤酒就满足了。大多数生产蔗糖的殖民地从未真正从这次打击中恢复过来。成千上万的印第安人被运往西印度群岛,为此地的种植园工作,当局还不得不引入德国劳工——而种植园主认为,他们又脏又爱喝酒,还不容易满足。**伦敦的西印度群岛协会(West India Association)警告称,加勒比各殖民地可能只能"向女王请愿,既然英国已无法保证他们的利益,希望能免除他们徒劳的效忠义务,这样他们就能依附其他愿意为他们提供保护的宗主国"。最后,英国政府不得不付出了总额2000万英镑的赔偿金。[其中8823英镑8先令9便士赔给了英国圣公会差会(Society for the Propagation of the Gospel),按照职务规定,约克大主教也是其成员,而他在巴巴多斯还拥有两处种植园产业。]

　　但是,奴隶解放将英国放在了特殊的道德水平线上,为全世界做出了榜样。同时,它也成为帝国一股新的推动力。如果仅仅是国内的运动就可以取得如此巨大的成功,那么若英国的道德权威覆盖整个世界——从根源上解决奴隶制、无知和异教的邪恶,教导头脑简单的民族蒸汽动力、自由贸易和天启宗教的益处,建立一个目标更崇高而非拿破仑帝国那样邪恶的世界道德帝国,那他们还有什么做不到呢? 福音派的帝国主义正是这样发生了嬗变;而既然对奴隶制的仇恨是这一思想最初的元素,那么维多利亚统治时期,英国的第一个帝国目标就是把埃克塞特馆和"母国先生"的信

---

* 19世纪40年代,一个在19世纪20年代每年毛利高达1.1万英镑的牙买加庄园只以1650英镑卖出,而到了19世纪50年代,其估值据说只有800英镑。
** 他们的后代现在还生活在威斯特摩兰区的锡福德镇(Seaford Town)附近,由于一个半世纪以来一直同系通婚,他们仍然比牙买加的其他人要白得多。

念,即废除美国闪烁其词而固执坚称的"特别制度"(Peculiar Institution,奴隶制)*,发扬光大到整个世界。

4

英国人无法在世界的每一个角落强行废除奴隶制度,但他们对海洋的统治却让他们有能力干预从产地到顾客的奴隶运输过程。在镇压海盗时,帝国就已承担了警察的职责,现在其权力套上了福音派目标的壳子,因而在维多利亚统治的前30年,皇家海军的主要任务就是拦截贩奴船。在法律上,反贩奴巡逻是国际联合行动,美国、法国、葡萄牙的海军都派出了中队予以合作,但事实上,从理论到实践,这项行动几乎完全是英国单方面完成的。

主要的贩奴航线从赤道附近的非洲东、西两岸发端,这里的黑奴的买主或是也门的酋长,或是巴西的种植园主,而无论去往何方,贩运的环境都同样恶劣。这些奴隶都是在战争中或奴隶掠夺中被阿拉伯人或同样的非洲人抓住的,他们被锁链或木颈圈束缚住,不断受到无情的鞭打或其他欺侮,被迫一直步行,蹒跚徒步穿过数百英里的矮树丛或森林。如果是往东,他们就会抵达桑给巴尔,列队在那里巨大的奴隶市场中等待买主,最后被卖给来自阿拉伯半岛或更东边的买主。如果往西,他们就会抵达奴隶海岸或象牙海岸恶臭的河流出海口,被关在栅栏或者奴隶收容所里,卖主会为了让他们遵守规矩而殴打他们,然后将他们上市销售。他们会先落入欧洲的叛逆者或者欧亚混血的商人手中,再被卖给驾船在海岸附近逡巡的运奴船主;很快,他们就会踏上最后一段长途旅程,通过臭名昭著的中央航路被运往巴西或者美国南部(虽然这是违法的,但仍然普遍存在)。无论往东还是往西,都会有成千上万的奴隶在路途中死去:即使到了19世纪40年代末,也只有大约四分之一的奴隶能登船开始穿越大西洋的旅程。

---

* 就像反对"有害物品"一样。英国人把他们在东方利润最高的商品鸦片称作"有害物品"。

最初，皇家海军试图通过海上拦截来终结奴隶贩运，因此海军部派出了尽可能多的船只，这支由护卫舰、单桅帆船和双桅炮舰组成的舰队先是在西非海岸的波涛中摇晃逡巡，寻找奴隶的踪迹，随后又前往桑给巴尔执行同样的任务。海军对这项工作颇为厌恶，尽管赏金颇丰——每解放一名奴隶，他们就会获得5英镑赏金，即使奴隶在抵达口岸前就死去，他们也能得到2英镑10先令；但与海军巡逻的老战船相比，运奴船的速度通常更快，水手技术也更好，此外，海军还受到恪守法律原则的掣肘。西非的贩奴点尤其可能成为海军的噩梦。尽管沿岸分布着欧洲的贸易点，而且其中不少属于英国，但西非并无正式的边境线，甚至没有真正的主权国家，而这里2000英里长的海岸边，几乎每一处港湾在某个时刻都有贩奴船停留。"我们在这里，"一名军官就拦截贩奴行动写道，"就面临着世界上最悲惨的情况，试图完成一项不可能完成的任务。"一旦贩奴船出现在视线中，这位护卫舰舰长就得赶紧打开柜子翻出法律法规，因为他得根据贩奴者的国籍决定如何行动。英国和部分国家达成了搜查协议：如果船上有奴隶，或者有明显是用作控制奴隶的器具，例如脚镣、铁球和锁链，或者鞭子，那么这艘船就会被英国海军控制。而英国与一些国家，尤其是美国，则没能达成"器具条款"（equipment clause）——如果船上没有奴隶，海军就什么也不能做。还有一些国家与英国没有达成任何协议，因此海军的登船行为可能被法院视作战争或海盗行为。

这令海军拦截贩奴船的过程显得颇为难堪。首先，他们通常很难追上有运奴嫌疑的船只，所以登船检查的人员不免受到一番刻薄的嘲讽。而他们也时常无法弄清贩奴者真正的国籍。最频繁发生的情况是，无论在船上发现了多少镣铐和酷刑器具，不幸的海军指挥官在法律上都无能为力，下船后他们还会遭到无礼的葡萄牙人或西班牙人的嘲笑和辱骂。美国人尤其让他们无法忍受。在1808年，美国就已宣布奴隶贩运非法，有时还会给反贩奴巡查支援一两条船，但在美国南部各州，奴隶制却仍然合法。伦敦的美国驻英大使是一个弗吉尼亚人，美国也从未承认过皇家海军的搜查权，因此海军的每一次拦截都会演变成外交赌博。此外，美国的贩奴者还拥有最好的船只——尤其是巴尔的摩快速帆船和纽约单桅帆船，它们是当时航速最快的船，能够轻易地戏耍宽大笨重的巡逻炮艇。美国最成功的贩奴船之一就是纵帆船"漫游者"号（*Wanderer*），它最初被建造作为游艇，主人是佐治亚州的一个贩奴财团；它参加过纽约游艇俱乐部（New York Yacht Club）的锦标赛，在下层甲板装满750名奴隶起航回家前，它的主人还曾邀请英国皇家海军一艘护卫舰的军官来船上愉快地共进晚餐。另一艘成功的贩奴船则是三桅帆船"玛莎·安"号（*Martha Ann*）。一次在大西洋上受到追击时，这艘令人气恼的船最初没有悬挂任何旗帜，在几声警告鸣枪后，才缓缓升起星条旗。终于追上这艘帆船后，英国军官询问该船船长最初为何没有悬挂旗帜，而这名美国船长并未感到羞愧。"我猜，"他懒洋洋地说，"我们当时正在吃晚饭呢。"

5

无论皇家海军付出了多少努力，奴隶贸易仍在继续。正如数年前邦尼国（Bonny）国王与英国最后一艘运奴船船长伤感地告别时所说："我们认为贸易不会停止，因为我们所有的巫师都这么说，他们说你们的国家不能胜过全知全能的神。"人们用各种阴谋诡计逃避检查——悬挂假旗帜，隐藏甲板，伪造证件，甚至在海上转移奴隶。于是，海军开始打击海岸上的奴隶贸易。1840年，他们捣毁了塞拉利昂加利那河（Gallinas River）河口一个尤为臭名昭著的奴隶贩卖点，这显然是帝国主义行动的原型。和现在一样，西非的河流出海口是世界上最肮脏的地方之一。那些地方地势平坦，沼泽众多，天气炎热，植物蔓生，又咸又臭，苍蝇滋生，岸边还有大片阴郁的红树林和一成不变的棕榈树，在无情的阳光下，显得隐秘而荒芜。其中，最令人厌恶的就是加利那河入海口。* 它比其他任何地方都要热，土地更加湿软，红树林更加茂密，沼泽也更加可怕。就在河流堆积的沙坝和大西洋海浪的保护下，西班牙商人佩德罗·布兰科（Pedro Blanco）建立了一

---

* 现在这条河已被重新命名为克列弗河（Kerefe），成了弗里敦的体育爱好者周末的好去处。

个奴隶市场,其被小湾和潟湖环绕。市场的奴隶收容营屋顶由芦苇和棕榈叶制成,营房散落在沼泽地中间,从海上完全看不到,但从陆地上可以通过小溪轻易抵达。这里的仓库堆满了用来物物交换的商品,包括衣服、朗姆酒和古巴烟叶。布兰科本人极为富有,又奢华放荡,他住在沼泽深处的一座小岛上,还有一个由黑人组成的后宫,在周围其他较小的岛上则布满了岗哨,高高的瞭望台上配备了望远镜,时刻监视着大西洋。

他的产业极为骇人,同时也异常成功。布兰科和周围乡村的酋长达成了联盟,其中最重要的是加利那国王西亚卡(Siaka),因此沿岸的部落就充当其代理人,在内陆抓捕奴隶,而布兰科为这些奴隶预先付款。他通过葡萄牙、巴西和美国的运奴船,与古巴建立了稳定的贸易关系。他的奴隶收容营几乎总是挤满了等待装船的奴隶,有时多达5000人,每个月都会有两三艘船抵达河口。布兰科用的脚镣也是从英国进口的,工作人员则从西班牙招募;西亚卡国王就靠着他们,日日锦衣玉食。

皇家海军虽然身在远处,但对该地知之甚详,一度封锁这个河口长达几个月。但它毕竟是一片独立领土,在1840年10月之前,英国人都未找到借口在此上岸。当时,一名拥有英国国籍的黑人,来自塞拉利昂的弗赖伊·诺曼(Fry Norman)夫人,被西亚卡国王的儿子曼纳(Manna)绑架,作为债权担保。"我必须告诉你,"诺曼夫人给债务人弗里敦的格雷夫人写信说,"因为你的原因,曼纳把我抓住了。他决心把我关到你亲自前来为止。现在一切都取决于曼纳的心情了。请你赶快来帮助我,解决你的问题。"但格雷夫人没有来,前来的是皇家海军指挥官约瑟夫·登曼(Joseph Denman)。他带领着武装好的"漫游者"号以及双桅横帆船"罗拉"号(Rolla)和"萨拉森"号(Saracen),愤怒而坚定地来到加利那河沙坝旁——这正是维多利亚帝国早期践行"吾乃不列颠公民"(civis britannicus sum)原则的行动。

登曼是著名的废奴主义者、王座庭首席法官(Lord Chief Justice)登曼的儿子,他本人尚是年轻的上尉时,也曾驾驶被拦截的运奴船穿越大西洋,上面搭载着500名奄奄一息的非洲黑人,这让他对奴隶制的邪恶尤为愤怒。"那段航程一共46天,而我一共在那艘船上停留过4个月。我目睹了人类能够经受的最可怕的折磨。"登曼急于算总账的对象不只是西亚卡国王，还有那些西班牙商人，诺曼夫人的窘境则成了他这次双重行动的借口。

他没有得到袭击奴隶收容营的命令——英国没有对加利那的酋长们开战——但他就像纳尔逊一样，独立自主地行动。他带着三船水兵，乘风踏浪，穿过沙坝，占领了河口最大的几个岛屿。他们一枪未放，这个邪恶的产业就马上崩溃了。西班牙人将尽可能多的奴隶赶进独木舟，逆流而上躲进了树林中。在他们的胜利一战后，诺曼夫人也被释放，超过1000名奴隶得到解放，所有的奴隶收容营和仓库都被烧毁。惨败后，西亚卡国王和酋长们签署了放弃协议书，承诺不管巫师们说什么，都会放弃奴隶贸易，将领土上所有的奴隶商人驱逐。加利那奴隶贸易就这样结束了。据英国驻哈瓦那领事报告，大批焦虑的奴隶商人正要求领事为他们的未来指条出路。

皇家海军从愤怒的奴隶手中救出了布兰科的一名合伙人，并安全护送他离开，但数年后他竟不知感激地起诉登曼非法入侵和侵占财产——这也是反贩奴巡逻常有的隐患；但英国财税法院（Court of Exchequer）的法官与登曼的父亲相当熟，因而指示陪审团裁定其无罪。

6

这次大胆的小型行动正是英国日后帝国主义行事方式的先兆，但其影响是短暂的。尽管这次行动后，英国与非洲西海岸大多数贩奴酋长都签订了协议，但很少有协议能得到长期履行。法律上的困难仍然难以解决，而英国国内推动自由贸易的运动，反而鼓动了奴隶贩运，因为该运动大力支持依靠奴隶发展的国家的经济，例如古巴和巴西。尽管皇家海军解放了大约15万名奴隶，但大西洋的奴隶贩运，要到约20年后，北方在美国内战中取得胜利后，才得以终结。而红海的奴隶贩运还断断续续地维持了很长时间，不少男孩被马斯喀特的苏丹买去做家仆。19世纪前半叶，反贩奴巡逻一直是皇家海军的主要任务之一，这一职责和海军在直布罗陀的警戒职责，以及在西印度群岛指挥区（West Indies Station）之中逡巡的巡洋舰一样，含蓄地宣示着英国强大的海上力量。*

这些帝国主义福音派人士也同样关心奴隶解放后的待遇，因为他们显然不能再让这些人退回蛮荒时代。幸运的是，帝国本身就是一处安置所。18 世纪，英国境内就有约 1.4 万名奴隶，分散在全国各地的绅士家中。** 1772 年家庭奴隶被宣布非法后，其中许多人，以及来自新斯科舍的前奴隶，成为人道帝国主义试验——在西非海岸上，建立一块专属于被解放黑奴的新的英国殖民地——的核心。这一试验的赞助者表示，要通过"这片土地的文明、基督教精神和教化"，为终结全世界的奴隶贸易做贡献。

这片土地最初被西班牙人命名为"塞拉利昂"（Sierra Leone），因为海湾之上的山峦，形状如同蹲伏的狮子；现在，新定居点的首府自然被称作"弗里敦"（Freetown），但半岛上大多数小村庄的名字，都不可避免地染上了一些英国风味，这正是教化与启蒙的文字痕迹。这里有威尔伯福斯，有巴克斯顿，还有夏洛特和里真特（Regent）。在这里，从莱斯特出发，沿路直行可以抵达格洛斯特，从滑铁卢到威灵顿的路还会经过黑斯廷斯、格拉夫顿和艾伦镇——而此时，绝大多数非洲人连一个白人也没有见过，从弗里敦到桑给巴尔之间的广大大陆上，也没有一名欧洲领事。从一开始，塞拉利昂的人口尽管几乎全部都是黑人，但它代表着一种从外部植入的文化：一种黑人的英国文化，充满福音派基督教的思想，又深具勤劳奋斗的传统。

这一殖民地的开始并不顺利，因为这些过去的奴隶最初不适应殖民者的身份，因而开始几年此地几乎都处于混乱中。在风趣的西德尼·史密斯（Sydney Smith）看来，塞拉利昂总是有两位总督，一位刚刚抵达，一位则即将离任。这些新定居者无可厚非地产生了对一切白人恩惠的偏见：毕

---

* 直到 1970 年，皇家海军的舰船上一直配备着打击奴隶贩运的操作指南。
** 不得不提到我的故乡卡那封郡附近的伊斯图姆林的"杰克·布莱克"（'Jack Black' of Ystumllyn）。当时，他是北威尔士唯一的黑人，当地的女孩们都喜欢他；根据他的传记作家 1888 年严肃的观察，这就像"乌鸦把它的幼崽看作白色的"（gwyn y gwel y fran ei chyw）。杰克的墓碑上，有一段用威尔士语写的不准确却相当动人的墓志铭：

> 印度乃吾生之地，
> 但我在威尔士受洗；
> 这块灰色砖石所在之地，
> 乃吾冰冷黑暗的安息之所。

竟，有些人认为英国驻军的红色制服乃是用惨遭屠杀的黑人的鲜血染成，而英国军官则通过服用煮熟的非洲人的头来促进脑部发育。随着时间的推移，附近的非洲人逐渐渗透进这块殖民地，来自西印度群岛和被拦截的奴隶船的奴隶也纷纷抵达此地，某些未知的教条就被移植到了正统的基督教教义中，在弗里敦不甚体面的某些地区，这样明显异教的虔诚信仰却颇受追捧。牧师们看不到时，人们就会施行巫术，秘密结社也繁荣发展。以政治家、总督或著名圣人命名的街道，也得到了更加本土化的绰号。然而，塞拉利昂基本上仍然是非洲海岸的一个基督教定居点，一个福音派帝国主义的示范区域：弗里敦的天际线由尖塔和教堂的屋顶装点，即使周六的夜晚后街小巷充满喧闹，周日的早晨，城中依然飘满赞美诗和自我提升的声音。

这座小城的建筑尤为杰出——乔治王时代的风格完美地应用在了热带的非洲。弗里敦的城建是网格化的，这部分是为了欧洲式秩序的形象，部分是为了让它更容易管理。城中的部分街道尤其优雅。街道两边都是三四层高、屋檐宽大的小楼，它们皆由淡黄色的砂岩筑成，浇了厚厚的灰浆，还有白色的阳台和比例合适的窗户——总而言之，就是看来极为坚实的舒适住房，惬意地坐落在豪街（Howe Street）或特里洛尼街（Trelawny Street）两旁的坡地上。建筑中天真烂漫的元素，一种温柔的粗粝感，让这些房子显得活泼，如孩童一般可爱，就像阳光下一列列的娃娃屋。通往弗里敦港的是一列宏伟的石阶，从石阶向上，视线中最突出的是一座英国国教大教堂。这座小小的首府城市还保留了一棵漂亮的橡树，它仿佛是这座城市的支点，如今它站在一处十字路口的中心。而正是在这棵树下，这块殖民地的创建者在1787年，在简短而低哑的礼拜声中，宣布了他们来到此地的目的。

弗里敦社会既富有又古怪。创建者希望创造出受过教育的非洲中产阶级，让他们成为此地的统治阶层，永远保留其基督教传统：福音派并非现代意义上的激进人士，他们在私有财产和阶级延续问题上基本都极力支持辉格党的观点。几乎就在殖民地建立的同时，他们就在此建立了一所高等院校——福拉湾学院（Fourah Bay College），它占据了山上一座壮观的建筑，从这里走出的受过良好教育的黑人构成了一整个社会阶层，包括牧师、律师、教师和公务员。这就是塞拉利昂第一代克里奥尔人，这一群体注定要在大英帝国发展的过程发挥重要的作用。"克里奥尔人"这个词本身就具有多重意义。在美洲的法国殖民地，它指代当地出生的欧洲人。在南美的西班牙领地，它表示白人血统占优势地位的混血儿。在西非，这个词则表示第一代被解放的奴隶或其后代，以与本土非洲人相区分。但是，这个词蕴含的意义还要更加丰富——它表示，这些人接受了福拉湾学院传授的那种特定的英式非洲文化。

因而，这些克里奥尔人成了帝国的一个阶层。他们发展出了自己的非洲英语"克里奥尔语"——这不是一种简单的混合语，它有自己的文学作品；语音上，它说起来就像受过教育的英国南方人的含混发音一样，但与之又有细微的差别，加上本地的土语，它就显得更加优雅，最终彻底脱离了英语，甚至有学者将莎士比亚的作品翻译为这种语言。*克里奥尔人穿着欧洲的服饰，很容易就能与本地的部落民区分开来。他们对这些部落民总有些蔑视之感，因为这些人或是穿着令人眼花缭乱的织物，或是几近全身赤裸。他们的住宅中放满了正统的英国中产阶级会有的小玩意儿，包括立式钢琴、平版印刷画、女王的画像，还有装裱好的刺绣品。他们之所以这样做，就是为了获得尊敬和体面。我们可以看见他们戴着上好浆的白领子，穿着令人憋闷的裙衬，生硬地主持着公共工作，或者撑着遮阳伞慢慢地到教堂去晨祷。我们可以看到他们黑色的皮肤在牧师领里不停流汗（英国国教会第一个黑人主教就是克里奥尔人），或者把自己塞进红色的哔叽夹克中（英国陆军第一名黑人军医也是克里奥尔人），或是戴着法官厚重的假发，

---

* 例如：
    Paddy dem, country, una all way day（朋友们，同胞们，罗马人）
    Nar Rome. Make una all kack una yase.（且听我一言）
    Are cam berr Caesar, are nor cam praise am.（我来此是埋葬凯撒，不是歌颂他）
    Dem kin member bad way person kin do（人们所作之恶）
    long tem after de person kin don die.（在其身后长存）
    But plenty tem de good way person do（人们所行之善）
    kin berr wit im bone dem...（则与其尸骨一同埋葬）
    （出自《裘力斯·凯撒》）

或是脖子上挂着听诊器走来走去，或者戴着眼镜，仔细地钻研哲学论文。有了白人总督不时的建议，以及短暂任职的英国公务员，他们或多或少能自己主持这块殖民地了，而且大体上做得非常好。英属非洲殖民地最早的连贯的自治方案来自阿弗里卡纳斯·霍顿（Africanus Horton）少校，他在英国陆军的军旅生涯颇为成功，退役后就定居弗里敦的霍顿大宅，开始文学创作，同时经营生意。*

同时，克里奥尔人也开始重视他们独有的天赋，也就是说，退回他们被基督教"救赎"之前的状态。他们发现了自己杰出的商业才能。资本主义在塞拉利昂生根发芽，茁壮成长。福拉湾学院家长式的传教士们发现，许多颇有前途的学生受的是斯坦利教长（Dean Stanley）和威廉·威尔伯福斯的行事准则的教育，最后这些学生却突然成为巨富的企业主、地主或者投机者。克里奥尔人中出现了巨富的家族，他们自然也就抛弃了特里洛尼街上端庄的小楼，住进了浮夸卖弄的大宅第和乡村庄园。同时，克里奥尔人虽然仍然遵从福音派信仰的原则，却抛弃了其中阴郁的元素。他们变得尤其欢乐，而且热情好客。几乎已经遭到遗忘的先祖的歌谣旋律，为赞美诗的韵律添上了一抹活泼的色彩，而严肃的官僚的后代，也发现自己身上仍然继承了舞蹈和插科打诨的天分。

塞拉利昂的命运仍然沉沉浮浮。周期性的丑闻会让这块小小的殖民地兴奋一阵子，然后偶尔一群大胡子组成的调查委员会就会从弗里敦码头登陆，重新建立秩序。就和其他地方一样，即使是最顺从的非洲人，有时也会让他们的导师和解放者相当失望——正如一名司法委员所说，"人尽皆知的基督教道德训诫应该时刻提醒他们，我们必须辛劳工作，才能得到收获"。但是，这块定居地一直留存，弗里敦也成了皇家海军在西非海岸上的主要基地。数代经过此地前往环境严酷的南方地区的英国人，都会因为这里热情的迎接而感到惊讶，然后第一次发现，派遣他们前往所谓"白人的

---

* 他还为塞拉利昂的白人定居者提供了一些颇为明智的建议："在热带地区，坚持严格的道德原则是非常有益的。应该永远追求让所有人都愉快的社会，这会让我们的心灵得到极大的放松。一个拥有真正淑女的社会总比其他的要好得多。"

坟墓"的任命中，也有一些有趣的部分。*

7

因此，维多利亚女王的帝国第一份不朽的作品，就是自由。在奴隶出口地对抗奴隶制的战斗贯穿了整个维多利亚时代，它是我们即将看到的世纪中期大探索的主要动力，也是帝国情感的一颗即将繁荣生长的种子。这场行动被视为与天命利害攸关——正如约翰·罗素勋爵1850年对下议院所说："在我看来，如果我们放弃了这项高尚而神圣的工作……我们就没有权利期望上帝继续给予我们因其关照而一直享有的恩典。"随着帝国主义演变成一种信仰，领土变成国家野心，为了获得领土而获得领土，但此后的冒险和探索仍建立在早先热心的克拉珀姆教派和埃克塞特馆牢牢筑起的根基之上：即使在福音派失去活力之后很久，更为残忍冷酷的一代掌权，推动他们前进的力量也变得更接近生物的原始本能之后，这些对过去理想抱负的回忆仍然能缓和大英帝国的无礼与傲慢，有时还能触动帝国的良心。

---

* 这种乐趣经久不衰，虽然塞拉利昂独立后，其英式的非洲文化中非洲的元素确实变得越来越多，但福拉湾学院仍然繁荣发展，克里奥尔人也仍然取得了不俗的成就，并且，在拥有12.8万名居民的弗里敦，仍然有65座基督教堂。塞拉利昂就是一项壮举，启发鼓舞了此后美国被解放奴隶定居的利比里亚共和国，以及南部加蓬河畔法国被解放奴隶的定居点利伯维尔。

第 3 章

甜蜜的生活

1

随着英国福音派的力量进入新领域，追求新行动，可以预见，这种日渐加剧的冲动将会变成英国向外干涉的动力。一旦某地的人民处在英国统治下，改造他们就容易得多了，因此，英国人在最初试探后，就谨慎地甚至是不知不觉地开启了按其愿望塑造世界的长期行动。"彻底的文明化和人类真正的幸福，"土著保护学会宣称，"只有通过传播基督教原则才能保障。"传播基督教原则最好的方法，就是运用英国的政府权威。

2

最先受其影响的就是南非的阿非利坎人（Afrikaner）。*这是一个由荷兰人、佛兰德人、德意志人和法国胡格诺派教徒组成的群体，他们最初于17世纪移民到这块海角，在荷兰东印度公司手下发展农业，在这片美丽的田园中，他们已经建立起一个独立的社会。这种独立几乎是偏执的。他们想要独立于世。他们不向政府提出任何要求，也不为政府提供任何东西。这些勇敢、残忍又自认道德高尚的人喜爱户外活动，他们只想要自由地在喜欢的地方闲逛，自由地用他们喜欢的方式建立农场，自由地敬拜他们的神，只关心自身的问题。他们驾着咯吱作响的牛车，养着成群的长角小牛，

---

* 为了阅读方便，我使用了这个当时并不存在的种群名称。事实上，"阿非利坎人"这个词要到19世纪最后几十年拥有了政治寓意后，才开始被人们大量使用；在19世纪30年代，"布尔人"（Boer）这个词的开头字母也是小写，意义还仅仅是"农民"。

他们的妻子戴着宽边的帽子，身后还跟着精瘦的家犬。他们早已成为非洲的本土人，也吸纳了这片大陆的部分价值观念。本地的霍屯督人（科伊科伊人）被他们奴役，丛林里的居民被他们屠杀殆尽，非洲内陆一度凶残而强大的各部落则被他们用武力挡在外面。布尔人是一个非常孤独的民族，但他们自己并不介意这一点。他们已经彻底剪断了和欧洲的联系，其语言是自己发展出的荷兰语混合语，他们也能做到自给自足。

他们敬拜的是极度加尔文化的基督教上帝——一个绝对的神。他的戒律必须严格执行，他为恒星和行星定下的序列，为四季定下的时序，为男性和女性、走兽和飞禽定下的地位，都已注定。他的神性存在于经文的原意，他的真理已经一次性完整地默示在《旧约》完美无瑕的文字中。他已暗示，每一位布尔农民都是自身的主人，有权拥有一处非洲农场，而且只要他们的良心允许，就完全有权剥削这片大陆上所有的黑人。

开普半岛上的布尔人过着精致的生活：斯泰伦博斯或帕尔这样的城镇有美丽的橡树投下阴影；盛产红酒的山谷里，农庄大宅有宽大的屋前游廊；开普敦舒适的老房子带有花园，地板贴着红瓷片，家具由椴木制成。但是，阿非利坎人中最纯粹的一批人，则与耶和华一同住在开普敦东北方地势高且气候干燥的大卡鲁高原上。这些就是边境布尔人，他们是一群相当纯粹的人，认为自己是上帝的选民中的选民，而"甜蜜的生活"（lekker lewe）这一理念，体现了他们神圣的特权——他们可以生活在广袤的土地上，不受邻居烟囱冒出的烟尘的困扰，拥有足够的牲畜，不受爱管闲事的政府的干涉，家中还有顺从的黑人奴仆环绕身旁。

3

1815 年，这些目标宏伟却热衷争吵（和其他教条主义者一样，他们内部总是争论不休）的农民无意间成了英国臣民。英国人保留了战时占领的好望角，作为通往印度航路的中途站，他们从容地坚信英国将会取得最终胜利，因而就在开普敦定居下来。很快，英国上流阶层就构成了本地的统治阶级，而前代政权还在此留下了不少荷兰市民。在开普敦，荷兰风情与英国乔治王时代的风格交织在一起；散发着芳香的花园散布在桌山（Table Mountain）的山坡上；宽阔的街道边种着一排排橡树和樟树；荷兰老城堡周围，匀称优美的政府办公楼拔地而起。英国也沿着海岸建立了一系列定居点：开普敦东北500英里处的前线小镇格雷厄姆斯敦（Grahamstown），它的要塞教堂被各种建筑优雅地环绕着；一座小小的石头堡垒守卫着阿尔戈阿湾的伊丽莎白港，高高的纪念碑俯视着这座城市，纪念着为其赋名的赞助人伊丽莎白·唐金（Elizabeth Donkin）——"献给世界上最完美的人之一，她给这座城市赋予了名字"。

英国人之所以出现在此地，就是因为印度，而印度似乎就在不远处。诚然，好望角周边海域总不乏路过的船只，西蒙斯敦的基地也总有船只来装载给养或者维修。这里英国人的生活方式也带上了些微的印度风情。此外，从印度而来的英国人还在这里形成了不断流动的社会，布尔人称这些人为"印度人"（Hindu），以与开普敦人（Kapenaar）区分开来。许多在印度服役的军官会在开普敦度假——这不会被算作归家假，因此他们还能领到海外补贴。有些人退休后会定居开普敦，这里既不像印度那样闷热，又不像英国那样总是大雾弥漫；还有些人在加尔各答或印度的平原患上热病后，就来这里休养。开普敦东边卡利登（Caledon）的温泉疗养地几乎完全仰赖于印度贸易，这里总是挤满了疲惫不堪的收藏家、容颜衰老的太太夫人，以及孟加拉陆军筋疲力尽的军官——在橡胶树的掩映下，他们在此地的温泉中休息放松，极目望去可以看到辽阔的平原，以及其后淡紫色清爽的山脉。有时他们肯定会想，要是从没去过什么马拉巴尔或者马德拉斯就好了。* 这些英国人总是随身带着仆人，仆人们戴着头巾或披着披巾跟随着他们，他们的皮肤被印度的阳光晒成了棕色，他们耀武扬威地通过开普敦的海滨花园，向围观的市民和不明所以的霍屯督人宣示，他们现在是一个更加广阔的国家的臣民了。

对只在内部通婚、缺乏想象力的布尔人社会来说，这样一个社会与

---

* 卡利登矿泉浴场现在仍然存在，周围有一座酒店的废墟，还有一棵美丽的老橡胶树，它过去必定曾为不少从印度来的英国人提供荫蔽吧。

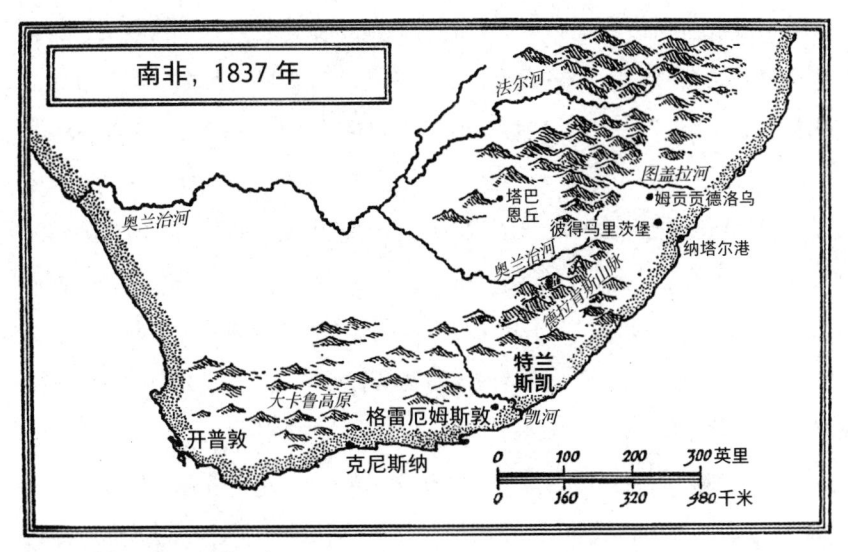

（书中地图系原文插附地图）

他们可以说是水火不容，而且几乎从一开始，英国人和阿非利坎人就互不信任。布尔人认为英国人顽固、势利又多管闲事，于是管他们叫"红脖子"（rooineks）。*英国人则认为布尔人无知、笨拙，而且往往很古怪。但最初他们之间似乎没有利益冲突。布尔人本质上还是田园民族，是陆地之人，他们本能关注的是内陆广阔的草原。英国人之所以对南非感兴趣，只是想将它作为前往东方的补给站，而他们在此不得不和土著部落打几场小战争，也只是为了保证好望角的安全和稳定。直到19世纪40年代，开普敦仍然只铺好了一条通往城外的路，因为从战略上而言，英国人不需要向内陆延伸权威——他们在海岸上的据点越小、越紧凑，对他们来说反而越好。无论如何，内陆高原上的大草原对他们都没有多少吸引力：1830年，约翰·豪伊森（John Howison）就认为，"这是个破旧又贫瘠的国家，山脉没有土壤也没有植被，就像空空的骨架一样，干旱的平原……就像一具因为疾病或疲劳，血液循环已经停止的动物躯体"。只有少数四处游荡的工匠或冒险家——主要是苏格兰人和爱尔兰人——真正打进了大卡鲁高原，与边境的布尔人一起居住。

---

* 一个世纪后，埃及人也是这么称呼他们的——"不列颠帝国的红脖子顽固分子"。

但理想主义改变了一切。强调有色人种福利的英国福音主义，迟早不可避免会与布尔人严格的教条发生冲突。阿非利坎人虐待霍屯督人的烦扰传言传到了伦敦，19世纪20年代，伦敦传道会（London Missionary Society）就已坚决采取行动。传道会在南非的首席代表约翰·菲利普教士是土著权利的热情支持者，对阿非利坎人的态度从来都是直言不讳地批评。英国报纸也报道了此事，促使一届又一届英国政府不得不采取行动，因而布尔人中较为极端的一部分很快就感到自己受到了威胁——这威胁不是针对他们个人的，因为从一开始，他们就享有和英国人平等的权利；受到威胁的是他们的生活方式。

1828年，他们惊恐地看到，一条法令宣布黑人和白人"在所有的方面，以最充分的方式"在法律面前一律平等。1833年，他们又惊讶地得知，根据4000英里外的英国议会的决定，南非的奴隶制已经被禁止。他们被告知，黑人也有权拥有土地，这撼动了布尔人生活哲学的根基。他们还得知，霍屯督人有权到任何他们喜欢的地方旅行，而不需要通行证。他们还被警告不能私自惩罚黑人，而必须向治安官提出控诉；但过去的200年，他们的私刑从未被阻止。他们认为，他们自己的意见已经受到了扭曲，或者被忽视了。他们发现，在方方面面，菲利普和他的教士们与黑人站在一边，与本地政府合谋，又在伦敦颇有影响力，还受到野蛮的黑人酋长的尊敬，这些人就是英国帝国冲动最热切的执行工具。

对这些边境布尔人来说，这实在太过分了。在他们看来，似乎被破坏的不只是法律或者宪法，还有万事万物的自然规律。如果不能鞭打不顺从的手下，人们要怎么维持农庄的秩序呢？又要怎么把边境地区凶残的黑人战士——尽管英国传教士说他们不过是被误解的天真土著——赶到海湾去呢？如果含和闪（的后代）是平等的，那么神圣的等级秩序如何维持呢？布尔人感到被背叛了，但也许更糟糕的是，他们感到自己受到了蔑视。他们一度如此自由，如此勇敢，在各个方面都如此慷慨，现在那些渎神的不列颠新秩序代行者却好像把他们视作下等人、半欧洲人，乃至蛮荒地区的居民。无限的土地，廉价而顺从的劳工，远离黑人和白人的安全感——这些都对"甜蜜的生活"至关重要，而大英帝国似乎决心要将其全部否定。

因此，19世纪30年代末，布尔人成为维多利亚帝国的第一批难民，他们开始了自己民族的大迁徙——一大批边境布尔人离开好望角东部，前往内陆尚未被开发的高原草原。这批移民的人数可能多达1万人。在他们的目的地，他们可以占领自己的土地，遵守他们自己的生活哲学。事实上，他们逃离的是现代世界，还有随之而来的一系列新理念，例如平等和理性；但表面上，他们只是在试图逃离英国人。他们是英国向外干涉的潜在倾向最早的受害者之一。很快，这种干涉的对象就会从加拿大到孟加拉，遍布世界，让英国四处树敌。

4

参与大迁徙的布尔人被后世称为"开拓者"（Voortrekker），他们前往这片殖民地的东部边境——奥兰治河。一旦渡过这条河流，他们就自由了。大部分时间，他们都各自前行，几辆货车组成一个小团队，由满脸皱纹的长者指挥，还有几名骑马的步枪兵保卫他们；然而，尽管他们大规模迁徙的消息已经流传了好几年，但他们的移动仍然缺乏大致的计划。迁徙的决定基于秘密侦察队伍的报告，也只在群体内口口相传。他们要各自分散前行，在非洲黑人声明的领土中的德拉肯斯山脉脚下会合，在那里决定他们最终的目的地。

他们都是经验丰富的边疆居民，行路的方式也颇为灵活。我们可以看到，他们的高轮货车跋涉穿过河流或沟壑时，长长的牛群队伍足下打滑，牛高高抬起前蹄，赶车人手中的粗大的兽皮鞭子在头顶发出巨大的响声，黑人奴仆则用绳子努力拉着后轮。他们会用货车围成一圈，在圈内安营扎寨。戴着宽边帽的男人在雨棚下端着长烟管吸烟，或者躺在地上陷入沉睡。妇女们安静地给孩子哺乳，缝补衣服，或者准备由野味、鸡蛋和浓咖啡组成的布尔人英雄式餐食。母鸡在立起来的步枪和火药桶旁边的地上四处扒拉，也许还有一只驯服的小羚羊在车子间游走，一段距离之外，黑人蹲在篝火边聊着八卦。这简直是《圣经》中的场景，而迁徙的布尔人也在有意寻找他们的应许之地。他们带着接受天启的信念前进，似乎有火之柱在指引他们前行［一群情绪尤为高涨的人在远处的草原上发现了一眼翠绿色的泉水，便认为它乃是尼罗河的源头，因而将之命名为尼斯特罗姆（Nilstrom）］。他们正在进入白人几乎一无所知的地区——穿越卡鲁地区的矮树丛，进入美丽广阔的草原高地。这片草原似乎无边无际，一直延伸到非洲腹地，带着青草和欧石楠的香气，静谧的大地之上，星星高挂在夜空中。这种清澈的夜色是远离此地的不列颠帝国的慈善家无法想象的。

这里也没有黑人反复袭击他们。唯一真正的挑战来自好战的马塔贝莱（Matabele）部落。布尔人突击队虽然缺少马匹，但拥有射速快的猎象枪，因此还是在奥兰治河对岸远处的菲格克普（Vegkop）用聪明才智击败了马塔贝莱人，杀死了400名战士，抓获了7000头牛。记录此事的史诗显示，迁徙者各色各样，内部时常争执不休。迁徙者中有富人，他们的家庭财物在货车上堆得高高的；另一些人除了胯下的马、手中的枪和劳动的双手，却什么也没有。迁徙者中很少有人会读写，有行政或领导经验的人自然更少，几乎所有迁徙者都倔强地坚持个人主义，这让控制管理变得更加困难。大迁徙是辛酸壮美的诗篇，也是充满无尽争吵、政治对抗甚至宗教对立的故事。一个迁徙者团体通常有大约一打货车，10到12个战斗人员，20到30个黑人奴仆，以及一个混杂着牛、马、绵羊和山羊的牲畜群。直到1834—1835年，亲朋好友相携的零星迁移，才演变成真正的移民潮；而直到1837年，"开拓者"的主体，约3000名男男女女，才聚集到了巴苏陀兰（今莱索托）边境德拉肯斯山脉脚下的塔巴恩丘（Thaba Nchu）。*

现在，他们开始认为自己是一个国家了。他们是一个社会（Maatschappij），是移居的南非人团体，为应对不列颠帝国而做出自决，并且在经过频繁激烈的争吵后，他们终于选出了一位总司令——皮特·雷蒂夫（Piet Retief）。他56岁，比同时代的大多数人都要成熟世故一些。他是胡格诺派

---

* 塔巴恩丘位于布隆方丹以东40英里。移民们走的路大致和现在从开普敦到约翰内斯堡的路差不多，在诺瓦尔斯蓬特（Norvalspont）渡过奥兰治河。如果我对大迁徙的描写看起来过于浪漫化的话，那可能是因为，我虽然有判断力，但是仍然抱有一种对布尔国家的古老钦羡，我希望能拥有他们那样的无畏品质，而且他们制作的肉干我也很喜欢。

教徒，在斯泰伦博斯附近的酒乡长大，也曾居住在开普敦；他生来就是个游荡者，注定永远不会安定下来。正是他给了大迁徙一份正式的宣言。和世上绝大多数此类宣言一样，它的意义在其言外。*"我们希望得到同胞的尊敬，"宣言中写道，"特此向世界郑重宣告，我们决心无论身在何方，都将高举自由的公正原则；然而，尽管我们希望保证没有人会以奴隶的身份生活，但既然这种秩序可以减少犯罪，保证主人和仆人之间正常的关系，我们仍旧决心保留它……我们不会折磨他人，也不会剥夺他人一丝一毫的财产；但若受到攻击，我们将认为自己有充分的理由保卫我们的人民，竭尽全力反抗……"

这也许是世界第一次听见阿非利坎人真正地为自己辩白：宣言语调平平，略微气急败坏。在此后的一个多世纪，布尔人仍然会用这样的方式为自己的不满和他们追求的事业辩护——这是一种乡下人的说话方式，既没有良好的教育支撑，也没有精致的语言，但是比英国人所估计的要坚定勇敢得多。雷蒂夫和同僚就在德拉肯斯山脚下的车阵中，开始建立国家的架构。他们决定了国家的名字——不是某项提议中的新伊甸园，而是南非新荷兰自由省（Free Province of New Holland in South Africa）。他们正式通过了一部宪法，任命了一名总督，组建了政策委员会和法院。他们还发布命令，要求所有布尔人必须宣誓效忠：缺席者会被逐出教会，被剥夺公民权，还可能被宣布为人民的敌人。1837年夏天，虽然偶有争吵和猜忌，但大多数"开拓者"还是在欣喜的情绪中脱离了大英帝国的影响范围，准备占领土地，在北方他们的"以色列"永远定居。

5

在他们所在之地以南，就是海角的东部海岸线。在500英里长的海岸上，分散着数个英国殖民者定居点。这些地方与"开拓者"游荡的营地可

---

* 从形式和目的上来看，这份宣言都和伊恩·史密斯1965年发表的《罗得西亚独立宣言》（Declaration of Rhodesian Independence）明显相似。

谓天壤之别，但每一个定居点在某个方面，都是边境城镇。"开拓者"在空旷的大草原唱着圣歌，相互指责，为他们的未来争论不休时，我们可以从他们步步逼近的命运上稍稍转开目光，从小卡鲁地区的陡崖往低处走，去拜访海岸上英国人的村庄克尼斯纳（Knysna）——双方可能都认为，这种比较并不能带来什么道德上的教训，只是展示了另一种不同的生活方式罢了。

一条小道从山麓小丘延伸而出，向下穿过树木葱郁的峡谷和蜿蜒的山道，通过茂密的臭木和白梨树林，突然，眼前的树丛间出现了一道白色的痕迹，嵌在山与山的峡谷之间。这痕迹看起来像雪线，又像一片美丽的白沙，但事实上，它就是印度洋；在若隐若现的高耸岬角，我们称之为克尼斯纳海岬（Knysna Heads）的地方，它永不停歇地拍打出一片泡沫。整个非洲，没有比这里更让人兴奋愉悦的地方了。这里总是翻滚着巨浪，眼前黑色的海岩都有清晰的轮廓。海鸥在风中盘旋，鸬鹚凶猛地潜入漩涡，溅出的水沫飞扬在空中，海潮不断地在海岬黑色的岩块上冲出回音，飞溅激荡，又把岩块吞没。

海岬内部有一片潟湖。英国人沿湖建起了定居点，并且已将他们的习惯和价值观都移植到了这片蛮荒之地。皇家海军在克尼斯纳有一个驻地，不过这个小村庄生活的基调，乃是其第一名居民兼最大的地主乔治·雷克斯绅士（George Rex Esquire）奠定的。他在梅尔克豪特村社（Melkhout Kraal）的宅邸中过着充满绅士派头的生活。从克尼斯纳潟湖看下去，树林边缘有黑色茅草屋顶和白灰泥围墙的各处农庄，都是雷克斯的地产。在他身边，在代理人的租金簿上，一整套的英国等级制度都在这个遥远的边境地区得以实现。

这地方完全是一片荒野——大象有时还会造访潟湖周边——但村庄里秩序井然，生活雅致。扬尘的街道被轧平又洒上了水，房子都被盖上了整齐的茅草顶，圣乔治小旅馆就坐落于往来便利的街角［旅馆所有人是不久前从布里斯托尔来的汤姆·霍恩（Tom Horn）］。社会秩序不言自明：底层是新近摆脱奴隶身份的有色人种劳动力；上一层是数量极少的当地布尔人，他们只会说混杂式英语，或是在森林里当伐木工，或是在农场里当工头；再上一层是租种土地的小农和以克尼斯纳为基地的船只的船长，他们主要是苏格兰人和爱尔兰人,喝酒喝得很凶,当地商人、药剂师和杂货店主也属于这一阶层;再往上是更加显赫的绅士家族,包括巴林顿(Barrington)家族、达西(Duthie)家族、纳尔逊家族、萨瑟兰(Sutherland)家族、博特里尔(Botterill)家族,以及福科尼耶(Fouconier)的遗孀和孩子们,因为此地没有教堂,查尔斯·布尔(Charles Bull)教士经常在他们家中的客厅举行周日礼拜,治安法官(Justice of the Peace)达西上尉的定期法庭也在这些地方开庭。

社会秩序的最顶层当然就是雷克斯先生,这里最初的定居者都是经由其个人批准住下来的。基本上来说,雷克斯的生活和彬彬有礼的英国乡绅无异,但是有流言称他的身份远非如此:如果流言属实,那么这位克尼斯纳的大地主事实上是乔治三世的私生子,即维多利亚女王的叔叔,而这也正是这个村庄笼罩着不可言喻的英国气息,与山上"开拓者"营地强烈的共和主义有如此天壤之别的真正原因。无人确切知晓这一流言的真实性,但仅仅是这种可能性就足够保证他得到封建式的尊敬。每当雷克斯先生建起一座方尖塔,或者捐出一块地方来建造堂区的教堂时,官场表达出的感激几乎令人厌恶。他只要稍稍屈尊,手下的劳工和匠人就会无比感激,他每次简短的访问都让佃农感到荣光无限,他走过村道时,人人对他屈膝脱帽:这个以英国方式生活的小社会甚至让人们再度相信王室的恩典,这种相信与布尔人对自己拥有神赐特权的信念等同,并立刻开始与后者针锋相对。

开拓者们会多么厌恶这种情况啊!对他们来说,这是多么自以为是,多么高高在上,对神多么不尊敬!克尼斯纳集中展现了帝国势力中最令他们厌恶之处:对他们来说,这里就像传统吉卜赛人眼中的郊区社会,或者游击队眼中的军营生活。*

---

* 至于雷克斯究竟是否拥有王室血统,或者像某些愤世嫉俗者说的,来自白教堂区(Whitechapel)著名的雷克斯家族,如今也没有人知道了。现代克尼斯纳的浪漫主义者相信,他是乔治的贵格派情妇汉娜·莱特富特(Hannah Lightfoot)的孩子,还认为他们至今还能在克尼斯纳找到汉诺威王室典型的面容;但雷克斯在梅尔克豪特村社的墓碑上只写着:纪念乔治·雷克斯绅士,克尼斯纳的建立者和所有者,卒于1839年4月3日。

6

然而，开拓者们毕竟远离乔治·雷克斯以及与他类似的人物。在德拉肯斯山侧边，他们讨论了下一步行动。有些人决定留在此处，也就是奥兰治河与法尔河之间的广大区域。另一些人认为他们应该渡过法尔河，定居在加特斯特兰德（Gatstrand）和威特沃特斯兰德（Witwatersrand）之间的草原上。但皮特·雷蒂夫决心前往海岸上覆盖着绿色的美丽的纳塔尔地区，那里草木葱翠，树林茂密，有河流通过，即使在最严寒的冬日，气候也相当温暖，夏天则有海上吹来的清新海风，或者自环绕它的群山而来的微风。1837年10月，他带领一队骑马的迁徙者，穿过德拉肯斯山的山道，第一次看到了这座天堂：它就在山脚下，植被丰富，气候温暖，生长着棕榈树和香蕉树，如天堂一般长满热带的野花，还有罗汉松和螺穗木组成的壮观树林，在丘陵地和海岸平原之后，就是一道蓝色的线——印度洋。雷蒂夫写道："这是我在非洲看到过的最美丽的地方。"

这肯定就是他们的"以色列"。这里几乎没有欧洲人居住，也几乎没有非洲人，而且大英帝国还特地拒绝将其并入领土。此地唯一的宗主就是祖鲁国王丁冈（Dingaan），但国王本人也不住在这里，他之所以宣称该地的领土主权，不过是为该地以北他的祖鲁王国提供缓冲地带罢了。生性反复无常但又令人敬畏的雷蒂夫，就这样带着14个人和4辆货车穿过山丘，开始了谈判之旅。

丁冈过着奢华的生活。他的王城叫作姆贡贡德洛乌（Umgungundhlovu），意思是"大象的密谋"，用来纪念他刺杀祖鲁最伟大的国王，他同父异母的哥哥恰卡（Shaka）的行动。这座城市俯瞰着一条河流，城市里满是蜂窝一般的茅草顶房子。在此之外，祖鲁王国峰峦起伏的荒野向北延伸，这个国家空旷得可怕，只有无数干巴巴的山丘和绿色的河床，偶尔有几座热爱田园生活的祖鲁人组成的村庄。祖鲁王国以东最近的欧洲人定居点是葡萄牙的德拉瓜湾（马普托湾旧称），距其1000英里；西边最近的定居点则是格雷厄姆斯敦，与它隔着广阔的特兰斯凯荒原。祖鲁人是组织严密、英勇善战的民族，他们将周围部族屠杀殆尽后，便生活在这样极端孤立的状态下。

丁冈国王热衷炫耀。他身边总是围满了丰腴的女人，还有弄臣和侏儒。他喜欢向人炫耀他手下著名的大胃王门约西（Menyosi），此人一顿饭就能吃下一整头羊。他的王宫就是一座巨大的泥屋，地上涂满了油，这样看起来就亮闪闪的，芦苇屋顶编织得很漂亮。在这座屋子周围围绕着数百座小屋，分成了好几类：国王妻妾们的屋子、保护国王的年轻战士的屋子，以及储藏王室武器的屋子。宫殿旁边夸耀地建造了一片巨大的牛场——祖鲁人的财富正是用牛的数量表示的。后方秃鹫懒洋洋盘旋的地方，就是处刑山，那里地上四处散落着人骨，最后被鬣狗啃食殆尽。

雷蒂夫受到了亲切的欢迎。祖鲁战士戴着美丽的珠子和鸵鸟毛为他跳舞，他们挥舞着兽皮制成的盾牌，羽毛在他们头上摆动，受过训练的红色公牛也随着他们的首饰有节奏地摇摆。丁冈本人光秃的头顶涂着油，反射出光芒，他穿着红白黑的衣服，离开了王座，在牛场门口亲切地迎接了雷蒂夫。他们的谈话很简短，而且开门见山。雷蒂夫只想让他的人民在无人居住的纳塔尔定居，丁冈几乎立刻就同意了。只要布尔人帮他个忙，就能在那里安居：帮他从山中的巴苏陀人酋长西科尼拉（Sikonyela）手中抢回前几天偷走的一些祖鲁牛。当布尔人把这些牛最好还有西科尼拉，带回姆贡贡德洛乌，他们就可以迁往纳塔尔了。

雷蒂夫相当开心，和其他的布尔人一起兴高采烈地骑马返回德拉肯斯山一旁的开拓者营地。消息先于他们传到了营地，阿非利坎人兴奋地背诵着赞美诗、经文和预言，立即套上车，激动地踏上山间小道，匆忙涌过陡坡，前往纳塔尔。最终，这里聚集了约有1000辆车和4000名布尔人，他们早早在丁冈领土内图盖拉河的源头安营扎寨。新荷兰的土地上出生了第一名公民，而这些开拓者感到，他们最糟糕、最艰难的时刻已经过去了。

雷蒂夫很快就履行了承诺。他带着50名布尔人和10名祖鲁人迅速进入巴苏陀地区，将西科尼拉骗进了他们的营地，绑架了他，并以他为人质，迫使巴苏陀人交出了他们偷走的700头牛。一周后，雷蒂夫带着70名志愿者和30名黑奴组成的队伍，去向丁冈要求兑现承诺。但此时，开拓者们已经听到流言，称祖鲁国王可能并不像看上去那样友善。布尔人在菲格克普的胜利让他警觉了起来——他对迁徙者鲁莽进入纳塔尔的行为颇为不满；

事实上，他并非真的想让布尔人在他的领土上定居；从本质上来说，他就是个狡猾奸诈的嗜血狂人。（"谁能战胜您呢？"他的战士们在他面前又唱又跳，可以持续好几个小时。"没有王能战胜您。他们可以使用火器，但仍然无法与您相提并论。"）

但雷蒂夫和手下仍然勇敢地回到姆贡贡德洛乌，而且再一次受到了尊敬和欢迎。人们再度为他们舞蹈、游行，国王不停地说着各种话题，祖鲁战士敲着战鼓，来来回回行军。三天的宴饮和讨论后，丁冈宣布，一切都已经解决了，他用自己的标志签署了一份证书，将图盖拉河和乌姆济姆武布河（Umzimvubu River）之间的土地，"以及以海洋为起始，至我的领土极北之地任何有用的土地"，都赠予布尔人——"南非的荷兰移民"。纳塔尔属于他们，"而且将永远是他们的财产"。雷蒂夫和随从把武器留在外面，进入庄园中央，用非洲的奠酒仪式来敲定这份协议。在狂野的鼓声中，舞者在他们周围摇摆旋转，庆祝着这伟大的日子。

他们豪饮时，穿着饰有羽毛的黑色华服的丁冈突然站起来大喊："杀了这些巫师！"（Bulala ama Tagati!）战士和舞者立刻压倒了布尔人。他们把这些人拖到处刑山，用兽皮制成的带子把他们的手脚绑起来，用棍棒打他们的头，把木钉从肛门钉入，一直到穿透他们的胸口。雷蒂夫是最后一个死去的：祖鲁人强迫他亲眼看着同胞遭受折磨，最后，他们把雷蒂夫的心肝挖出，并极具象征意义地将它们埋入穿过河流进入纳塔尔的小道——丁冈侮辱性地将之称为"农夫的路"。

7

不过开拓者们还没有意识到，一个类似英国殖民地的地方已经在祖鲁人不确定的同意下在海岸上建立起来了。这就是纳塔尔港。纳塔尔港并未得到伦敦政府的许可，因此雷蒂夫曾认为，可以很轻易地将其吸纳进新荷兰自由省——纳塔尔唯一的帝国代表是一名圣公会传教士，他曾是皇家海军的军官，被开普殖民地总督授予了治安官的权限。

这是一个又小又没有生气的定居点。除了几座仓库，这里的建筑散布在海岸树丛中，都是泥糊成的小屋。这里的居民大多是心怀疑虑的探险者——象牙商人或猎人，他们的生活半是非洲习气，身上既有欧洲服饰，也有祖鲁装束；他们娶了本地的妻子，手下本地人和混血儿组成的乌合之众有时还会将他们尊为酋长。例如，芬恩（Fynn）家族是混血儿，也拥有自己忠诚的附属部落——弗兰克·芬恩是依兹恩孔比（iziNkhumbi）酋长，查尔斯·芬恩是依兹恩高文尼（iziNgolweni）首领，亨利则是恩辛比尼（Nsimbini）酋长。这类人一天中有半天都在丛林里，他们狩猎大象，用珠子和火器换取兽皮、肉类和象牙；而在家里，他们也活得如同游牧者，穿着自制的衣服和靴子，狗在身边跑来跑去，房里堆满兽皮、枪支和死去的猎物，各种黑人进进出出，或者在门口蹲着聊天。纳塔尔港没有防御要塞，没有警察，也没有教堂；虽然祖鲁人理论上已经向英国女王转让了这座小港口及其海岸线，但他们并未真正严肃对待这一协定，而女王本人无疑连听也没听说过。

忠心而虔诚的皇家海军退休军官加德纳上校在此度过了一段艰难的时光，因为这座海港声名狼藉的居民并不怎么喜欢他。他曾短暂地说服这些居民组织成一个城镇——命名为德班（Durban），以纪念开普殖民地总督本杰明·达尔班（Benjamin D'Urban）——又向伦敦政府请求承认其为英国殖民地，但这一提议在伦敦受到冷遇后，加德纳就失去了权威和声望，也没有了帮手。他所有为这个社群建立秩序的尝试都遭到断然拒绝，因为居民们认为他过于自以为是。最后，他终于放弃了希望，不抱幻想地离开非洲，献身于巴塔哥尼亚的慈善事业。* 他离开时，居民们都松了一口气：他们认为，如果加德纳真的是英国王室的代表，他们宁愿选择接受布尔人的统治——虽然布尔人同样喜欢引用以西结的话，同样喜欢向强大而神秘的神祈祷，但至少他们能够理解边疆和草原居民的精神。

然而，开拓者们从北部进入纳塔尔的消息赋予了纳塔尔港新的意义。在英国人看来，这些开拓者就是帝国秩序的背叛者。根据1836年《好望角

---

* 1851年，他因为饥饿死于巴塔哥尼亚。有七名英国人在这次私人传教活动中登上火地群岛海岸附近的皮克顿岛（Picton Island），试图让充满敌意的土著皈依基督教，加德纳正是七人中最后一名幸存者。

刑罚法案》（the Cape of Good Hope Punishment Act），大英帝国对南纬25度线以南的所有英国臣民都拥有审判权——这让他们的权威从好望角向北延伸了数百英里。因此，得知这些臣民在远方的海岸线上制造麻烦，在土著中建立自命国家时，英国政府感到颇为恼火。但是，英国最近的武装力量在格雷厄姆斯敦，而这些粗野的加尔文教徒动手屠杀巴苏陀人或推翻可靠的祖鲁国王的可能性，让白厅方面心神不宁。最终，在1838年11月14日，开普殖民地总督乔治·内皮尔（George Napier）爵士宣布，将纳塔尔港并入大英帝国——"该地区周围的土著部落受到骚扰，主要是因为这些领土受到了某些从该殖民地向外移民的女王臣民的非法占领，而且这样的骚扰可能仍将继续并增加，因此帝国做出了合并决定"。

两周后，英国舰队出现在这座小港岸边，一支部队下船来到了岸上。米字旗在此地升起，第72步兵团的100名苏格兰高地人建起了专为此次行动而设的要塞——自然，要塞以维多利亚女王之名来命名。*

8

布尔人首要关心的是对黑人的复仇。姆贡贡德洛乌屠杀后，祖鲁军队又扫荡了纳塔尔，在图盖拉河上游袭击了分散扎营的布尔人，导致500人死亡，成百上千人负伤，数千头牛被抢，使布尔人陷入了混乱。祖鲁武士（impi）横冲直撞，四处出击，布尔人的突击队不断受到伏击，甚至英国人也被卷入战斗——1838年3月，一名经过纳塔尔的传教士遇见了400名祖鲁人，他们高喊着单调的战歌，带领他们的则是一名英国人，他戴着草帽，上面饰着一片鸵鸟毛，带着一杆猎象枪，肩上还披着一块豹皮。

部分迁徙者感到，这里注定不是他们的"锡安山"，于是继续向北进入群山中。还有更多人向纳塔尔的内陆地区迁移，有些人在山脉的背风处定居下来，有些人沿图盖拉河向东南方向跋涉，还有些人挺身作战，希望

---

* 这座要塞如今仍然屹立，它过去的火药库如今成了教堂，里面有一座纳塔尔的名人堂——其中纪念的所有人正好都是英国人。

夺得海岸地区。现在，他们为纳塔尔共和国（Natal Republic）起草了成文宪法，并定都于纳塔尔港西北约50英里的彼得马里茨堡。但他们和姆贡贡德洛乌的旧账还未算清。11月，就在第72步兵团在德班湾升起米字旗时，最受尊敬、思想最灵活的布尔人指挥官之一安德里斯·比勒陀利乌斯出任部队总指挥，开始准备向丁冈进攻。"神啊，不要退缩，勇往直前，"部队开拔前，长老们向他们恳求，"为了你们的英名，不要退缩。"比勒陀利乌斯和士兵也发誓，若上帝恩赐他们，让他们战胜丁冈，他们就会为他建造一座教堂，以纪念这个光荣的日子——"我们将会欢庆那一日，将它设为纪念日年年不忘……我们会告诉孩子们和我们一起庆祝，永远记住这个日子，让它在子孙后代中流传。"

于是，400名愤怒的布尔人骑马渡过图盖拉河，直奔姆贡贡德洛乌。12月15日，星期六，他们在恩康姆河（Ncome River）岸边停下，准备度过第二天的安息日。他们搭起了临时防御阵地，架好了三把枪。夜幕降临时，他们发现周围静悄悄地蹲满了数千名头上戴着羽毛的祖鲁战士，一圈又一圈。"不要主动接触他们，"比勒陀利乌斯说，"让他们主动找上门来。"因此，太阳升起时，祖鲁人仍然安静地躲在阵地之外，布尔人则在阵地内肃穆地唱起赞美诗。

天亮了，祖鲁人开始攻击，他们的长矛打在盾牌上，发出大雨落下般的声音，数百名祖鲁战士猛跳起来，落到布尔人的车上。但他们获胜的希望渺茫。布尔人隐藏在固若金汤的车阵中，用速射消灭了不少祖鲁战士。接下来的几个小时内，祖鲁人一再冲锋，但一次又一次地被残酷地挡下来。最后，布尔人从车阵中跳出来，突击队员分散开来，冲向祖鲁人，他们一边跑一边射击，将祖鲁人拖入河中，将蹲在河岸芦苇丛中的祖鲁人尽数杀死。那就像一场可怕的战争噩梦。一名布尔人事后写道："我记忆中只剩下叫喊、混乱和恸哭，还有无数黑人的面容。"此战中，只有3名布尔人负伤，但至少有3000名祖鲁人死去。他们"像肥沃的花园土地上长出的南瓜一样"倒在地上，河流被他们的血染成了红色。

布尔人得意扬扬地继续冲向丁冈的庄园，却发现它已被抛弃，空无一人。他们四处搜刮，破坏了此地剩下的所有东西，随后虔敬地检查了处刑山上的尸体，找到了皮特·雷蒂夫的背包，里面还完好无损地装着丁冈将纳塔尔全境转让给布尔人的转让证书。

9

布尔人在他们简陋的首都彼得马里茨堡建造了立誓要建的教堂，其后的每一年，他们都如誓言所约纪念"丁冈之日"（Dingaan's Day）。*现在，纳塔利亚共和国（Republic of Natalia）终于诞生了。正式的议会召开。有一段时间，开拓者们似乎真的抵达了他们的应许之地——"我要欢乐；我要分开示剑，丈量疏割谷。"（《诗篇》60：6）根据指令，每位迁徙者都获得了两处农场，每位公民都可以直接向议会的民选代表投诉。但这一切都将徒劳无功。他们经受无数苦痛，才刚从大英帝国令人腻烦的过度正直中逃离出来，但这个帝国绝不会允许他们建立独立的国家，而他们一切的牺牲和苦难，在姆贡贡德洛乌和血河经历的一切恐惧，最后都化为乌有。

最初，布尔人容忍了英国人在德班的存在——如今，纳塔尔港已经换上了德班这个新名字。德班司令官亨利·杰维斯（Henry Jervis）海军上校的首要任务就是在纳塔尔重建和平，也正是他促使比勒陀利乌斯和丁冈达成了条约——但这并不是一项和解宽恕的协定，因为根据条约，丁冈的领土不得不继续向北收缩到黑乌姆福洛济河（Black Umfolozi River），即不仅向开拓者们割让了整个纳塔尔地区，还割让了半个祖鲁王国。然而，纳塔尔恢复和平，布尔人在此地的优势地位确立后，他们便开始坚持要英国人离开。他们不承认英国王室的宗主地位，不需要英国人的保护，也坚持不让开普殖民地政府将据点扩大到纳塔尔地区。他们向杰维斯提交了正式抗议书，抗议他在纳塔尔的势力，其中充满感情地详细回忆了他们长途迁徙

---

* 这座教堂虽然一度被忽视近一个世纪，曾被用作茶室，但如今已经恢复为誓言教堂。在 1952 年，12 月 16 日的丁冈之日被重新命名为圣约之日（Day of the Covenant）。强硬的阿非利坎人仍然不想看到说英语的南非人参与这一民族节日，而 1972 年，祖鲁酋长盖夏·布特莱齐（Gatsha Buthelezi）提出了一个尴尬的建议，表示也可以邀请一些祖鲁人参加庆祝，这让问题变得更加复杂。

的目的和经历的苦难——他们"遭受侮辱、嘲弄和贬低之后"离开了好望角,他们与丝毫不敬神的野蛮部落艰苦战斗,他们在残忍的谋杀者丁冈手里遭受了无数折磨。他们表示,现在,他们决心做自己的主人。所有抵达德班的英国移民都将被视为纳塔利亚共和国的敌人,如果他们得到了帝国武装力量的支持,共和国将不惜发起战争。

出人意料的是,英国真的撤离了部队,在那短暂的时期内,英国似乎还可能会承认共和国的独立。但这不过是猫抓老鼠的把戏。1840年9月,纳塔利亚共和国议会致信内皮尔,询问"女王陛下能否仁慈地承认并宣布我们为一个自由而独立的民族";然而,即便是这样一个谦卑的请求抵达伦敦的帝国中央政府时,经过层层过滤,殖民地部和福音派游说团体仍然收到了大量关于纳塔利亚共和国种族主义政策的丑恶报告。似乎布尔人仍然保有奴隶,欺凌当地的酋长,而且毫不尊重人道帝国主义的原则。此外,没有了英国人掌舵,共和国的政府结构本身也似乎开始走向崩溃。在他们的"应许之地",这些迁徙者已不可救药地开始自行其是:他们无视自己制定的土地法,拒绝在规定的地方定居,不断相互争执。成千上万的土著涌入纳塔尔,占据了他们原来的村庄,不仅威胁了当地治安,还令所有种族隔离的努力都毁于一旦。一艘美国商船抵达德班,与布尔人做起了红火的生意——这是对英国商业保护区的一次无法容忍的入侵。而最重要的是,纳塔尔地区发现了煤矿,而且可能对"临近地区的蒸汽船航行极为重要",伦敦很快也认定了这一点。

因此,1841年12月,共和国试图在未经询问蓬多人(Pondos)国王的情况下,将数千名不受欢迎的黑人驱逐至北方的蓬多兰地区(Pondoland)时,大英帝国再一次介入。乔治·内皮尔爵士警告纳塔利亚人,无论他们个人意愿如何,他们都仍然是英国臣民。从恩盖齐河(Umgazi River)出发,经过陆上长途行军后,英军于1842年5月再度抵达德班。他们红色的军装上有金质扣饰,部队中有一队骑兵,带着两三门炮,军人们还带着妻子和孩子,跟着上百个仆人,刺刀在阳光下闪光,战鼓不断敲响——这种耀武扬威、优雅和优越感,令布尔人厌恶。

10

遥远的帝国权威对开拓者们施加的阻碍行为,如此漫不经心却毫不退让,这令阿非利坎人在心中永远将帝国视为敌人。他们对大迁徙的记忆,其中的象征意义和人们的牺牲,无数布尔人死去的河流"莫得斯普雷特"(Moordspruit)、他们的垂泪之地温宁(Weenen)*,都成了阿非利坎人传奇的中心概念,未来数代阿非利坎人都将围绕这些概念保存他们的民族认同,坚定他们的态度:血河、誓言教堂、丁冈的庄园,甚至他们迁徙用的货车的形象,都将成为自尊的象征、他们部落身份的象征——而在很多方面,这些迁徙的布尔人也确实是一个非洲部落,他们说着同样的语言,他们拥有土地、牛群、奴隶,相信复仇和原始的神,与祖鲁人和巴苏陀人并没有多少不同。

布尔人再度尝试保卫他们的纳塔利亚共和国,他们迅速包围了维多利亚要塞中的部队,而且几乎就要迫使他们因断粮而投降。然而,他们再一次遭到了挫败。一位年轻的英国人迪克·金(Dick King)冲出了封锁线,没日没夜地骑马赶路三天,穿越特兰斯凯的荒原,为格雷厄姆斯敦的指挥官送去了警报。6月25日,三桅快速战舰"南安普敦"号抵达了德班湾,这就注定了共和国的命运。在这几年,纳塔尔是英国殖民地中英国化最彻底的地方,在官方定义中,它是"传播文明和基督教恩典的中心之地",而布尔人中最富于梦想、最不屈的一群人则再次打包好枪支和《圣经》,向更深的内陆迁徙而去——他们越过高高的德拉肯斯山,渡过法尔河,在马塔贝莱部落领地深处高高的贫瘠高原上,建立了德兰士瓦共和国。这一次,他们终于走得够远,这个地区相当贫瘠,缺乏吸引力,因而即便是英国人的帝国冲动,似乎也不想再度打扰他们的"甜蜜生活"。

---

* 这两个地名均来自荷兰语,前者意为"屠杀之泉",后者意为"流泪"。——译者注

第 4 章

扎根他乡

I

距加尔各答约 700 英里的恒河岸边，米尔扎布尔西侧的土路旁，是温迪亚恰尔（Vindhyachal），那里矗立着时母（Kali）的神庙。那座神庙吵闹且充满异域风情；雨季结束后，人们从印度的四面八方赶来供奉女神时尤其如此。那时，空气中就充满焚香和鲜花的香气，扬起的尘土绕着庙宇的四墙打转，一条条小道上挤满了牛车、游荡的牛群、乞丐，以及赤足的朝圣者。日日夜夜，羔羊被奉献到女神面前，它们的血沿着神庙的台阶流淌。有时，人们会听到这些祭品的惊叫，而祭拜者也在狂喜中陷入恍惚，甚至自己也遭受鞭打而血肉模糊，但仍在乞求神的恩典——时母是残忍的神，是鲜血的女神，她是毁灭者湿婆的妻子，她上身赤裸，全身黑色，怒气冲天，手中执剑和绞索，她的大头棒上挂着人的头骨；时母是黑暗的神，长着长长的舌头，眼睛充血，在燃烧的土地上出没，她的心中滋长着死亡和恐怖。

那里是印度暴徒（Thugs）的圣地，是杀人者（strangler）世世代代的聚集地，数百年来，他们都是印度旅行者心中恐怖的阴影。从印度河到孟加拉都有他们的秘密结社的分支和追随者，他们有自己的等级制度，也有自己的仪式和传统，而且他们相信，自己扼死行路的陌生人，事实上是在完成时母的事业——时母在万物伊始杀死阿修罗血种（Rukt Bij-dana / Raktavija）时，用额上的汗创造了两个人，命令他们以及他们的子孙后代，杀死所有异族人。

除了农民因为恐惧会成为他们的帮凶，他们谋财害命的行为还会受到印度王侯和富人（无论是穆斯林还是印度教信徒）的秘密保护。这是印度古老的秘密——井底的碎尸，门口无声的陌生人，讳莫如深的赏金，道路交叉口的窃窃私语。这个异教的神职群体就身在温迪亚恰尔。这些杀人者每年前往温迪亚恰尔一次，向时母的祭司支付捐税，作为回报，他们能收到神的指示：接下来一年，他们应该在哪里"执业"；下一年要为神庙带回多少钱；若要享受女神的保佑，要举行哪些仪式——如果他们没有履行这些义务，他们就会成为无主之魂，在苍穹下毫无希望地徘徊。

对印度的英国统治者来说，这种谋财害命的行为是病态的。"推倒温迪亚恰尔的时母庙，绞死里面所有的祭司，无疑是每一个正直的基督徒的愿望。"1830年，加尔各答《文学报》（Literary Gazette）的一名撰稿人写道。然而，东印度公司一贯的政策是，不干涉印度的宗教习俗。因而，英国人对此事视而不见，毕竟杀人者的流言和传说除了给英国的先生太太们带来一阵寒战，也没有更多的影响了。直到19世纪30年代，福音派的影响波及印度，才推动着英国人不仅征服、剥削和结交此地的臣民，还真的要将他们改造一番。

2

东印度公司的绅士们最初并无统治印度的意图，他们不过是想赚钱罢了。整个18世纪，他们都相当成功，为不列颠东印度公司工作十年，就足够一个人在英国乡村过上很好的生活，支撑他们退休后在卡利登康复疗养，甚至能为建立一座格洛斯特郡的西金考特（Sezincote）那样的宅院打下基础。数代的商业投机终于导致了军事征服。"我父亲的一位老朋友，"1769年以公司实习生身份前往印度的日记作者威廉·希基（William Hickey）写道，"给了我一把肉搏战用的钢剑，希望我能斩下一些富人的头颅，回到英格兰时也成为一个富豪。"最早建立的堡垒和工厂成了宫殿和军营的前奏曲——东印度公司从贸易机构演变成了政府机构——英国人也逐渐从港口向内陆发展，获得了比那里的诸侯王公更高的优势地位。

最初，东印度公司即使担负起了政府的新职责，也仍不过是个狂妄大胆、热衷炫耀,而且不知何为道德的机构罢了。它培养出的就是老戴维·奥克特洛尼(David Ochterlony)爵士这样耀武扬威的古怪人物:他是德里王宫里的英国特派代表(Resident),曾乘着四匹马拉的车四处巡游,他把自己裹在毛皮、披肩和掺有金线的织锦外衣里,身后跟着数排枪兵、大队的骑兵,而且据传说,他有13个妻子,每个都骑着一头大象跟随着他。当时,印度的英国女性还很少,通往印度的航路又长又危险,这里的气候也如此糟糕,因而与后来者相比,此时在印度的英国人的生活方式更加贴近本地——他们有印度情人,和本地人结交,也很少抱有种族和宗教优越感。* 他们不想改变这片次大陆——这种改造想法看起来十分荒谬。他们尊重当地王公,偶尔还会对他们表现出喜爱之情,他们对当地的宗教相当宽容(事实上,他们还管理了数千座印度神庙),他们在掠夺、战斗和贸易中,也一直保持着相互让步的精神。大体上而言,他们就是天生的保守派。而且他们通常都颇有审美情趣,因而面对这片大陆壮美的一切所散发出的诱惑,他们的反应都是本能的。

他们总是彬彬有礼;他们时常豪饮,过着奢华的生活。当时的出版物显示,印度总督乘着高轮镀金大马车穿过首府加尔各答,男仆则在车边和车后奔跑跟随,严肃的车夫高高坐在座位上,后方跟着一支雄赳赳的骑兵护卫队,马蹄扬起了无数沙尘。头上顶着水壶或者把重物放到土路街道上的孟加拉人停下来,看着他通过。一辆牛车为他让路,印度哨兵也向他致意。鸢在空中高飞,先是停驻在总督府阳台的栏杆上,后来又到宏伟的门口的狮子和斯芬克斯头上,仿佛在冥想什么;一旁的鹤则如同雕塑一般站在阳光下。这样的场景尽管充满异教气息,却展现了一种有教养的闲适。总督当然相当显赫,但并未与其臣属割裂开来,他们的关系是有机的,就如同当时英格兰贵族和农民的关系——双方都知道对方的缺点,也相互体谅。

---

* 用埃米莉·伊登的话来说,这种感觉"从他们心中被驱赶出去了"。

3

然而，就像英国的社会关系已经开始转变一样，印度也在逐渐变化，随着新世纪的发展，英国统治的性质也发生了改变。1813年，东印度公司的印度的贸易垄断权被废除，英国的民意也第一次开始影响英国在印度的统治。东印度公司不再自给自足，也不再拥有无上的权力；英国政府开始监督印度，国王任命了一名总督，而威斯敏斯特的议会才是英国统治印度的最高权威。

现在，在非洲和加勒比地区已习以为常的福音派词汇，终于也进入了关于英国-印度关系的评论。人们可以从这些评论中读到，印度土著正等待着基督教的指引明灯，等待着神明的指示和最高裁定者的拯救。英国在印度的领土是随天意而来的，东印度公司董事会主席、福音派信徒查尔斯·格兰特写道："我们不仅能每年从这里获得利益，还要在这些长期淹没在黑暗、恶习和苦难的民众中传播光明，扩大真理宽厚仁慈的力量，将他们的社会塑造成管治良好的社会，用活跃的工业改善他们的生活，带来享受……"詹姆斯·斯蒂芬在文中直言，"印度迷信的仪式野蛮又下流"。威尔伯福斯也宣布，印度的传教是所有传教活动中规模最大的。"让我们一起努力，逐步介绍并建立我们的价值原则和处事观点，在他们的土地上扎根；构建我们的法律、制度和生活方式；最重要的是，要让我们的宗教也再次扎根，它是一切社会进步的源泉，这样，我们的道德观念也在这里建立。"他写道。

"我们的价值原则和处事观点。"如今，这已成了一条公理：英国的一切都比印度的优越。英国人不再像过去一样，在十几岁时前往印度，有青春活力，容易接受新事物；现在，他们通常要到20多岁时才会启程，而且，他们看待事物的观点也不同了。过去与英国人平等地并肩工作、战斗的印度统治阶级，在他们眼中成了滑稽或者卑劣的蠢人，最多是些浑身珠翠的无能之辈（因为英国人毕竟喜欢王公贵族这一套，即使对方是异教徒）。18世纪，前往印度的英国绅士们还尊重莫卧儿文化，以敬畏而惋惜的态度目送它衰落；后来者却嘲弄讽刺——莫卧儿帝国的最后一位皇帝巴哈杜尔·沙就幽闭在德里红堡中，像一件旧时代的古雅纪念品。

第一批英国蒸汽船抵达印度，也带来了新一代的英国女性。这些不是过去世俗、欢乐而宽容的少数派，而是一些更为热心的女士——她们决心要让丈夫从身到心都保持健康、正派。现在，可能在印度承担着市政管理责任的男人们，夜晚以一如既往的高姿态游行穿过练兵场，同时也可以享受家庭生活了。至此，令人尊敬的印度-英国社群便形成了，其成员有行政官员、商人和种植园主，他们和家人过着上流的生活，在周日端庄得体地前往教堂礼拜。在此之前，东印度公司一直禁止基督教传教士进入印度；而如今，根据政府的命令，禁止令已经解除，虔诚的传道者们便蜂拥前往英国在印度的各领地。《自格陵兰的冰封之山》(*From Greenland's Icy Mountains*)的作者希伯主教（Bishop Heber）就是加尔各答主教区的负责人，英属印度的各地也都驻扎了属他管理的会吏长（还有一位在新南威尔士）。

在印度的英国人接受的启蒙思想越多，印度在他们眼中就越糟糕。那些英国人觉得，他们是多么无知！多么野蛮！烧死寡妇、杀婴和宗教勒索等习俗是多么丑恶！他们的学问多么滑稽，法律又多么荒谬！尽管他们本身相当聪明，但神秘的上帝似乎拒绝赐予他们属于自己的真正文明的恩典。过去适用于商业目的的随和共生的习惯，似乎已不再适用于英国人的统治。仅仅30年前，在加尔各答，为庆祝《亚眠条约》(Treaty of Amiens)的签订，英国人还带着军乐队游行到了时母神庙门口，如今再回想这场景，不会让人不寒而栗吗？在锡兰，即使到了19世纪30年代末，他们还恬不知耻地占用着康提的佛牙寺（Temple of the Tooth）的收益，这难道不可怕吗？如今，有了改革后的宗教的指引，道路变得更加明确了：印度必须被英国化。

历史学家麦考利在印度生活过几年，他认为，要完成印度的英国化，最好的方法就是以英国的方式、用英语进行高等教育，因为"现存的英语文学作品的价值，要比三百年前存世的所有语言的文学作品的价值加在一起，还要伟大得多"。另一些人则更为激进，他们怀着新近生发的使命感，孜孜不倦地试图改变印度人生活的本质。基于令人头晕目眩的复杂种姓、宗教和土地所有权的印度社会结构过于庞大，完全超出了他们的掌控范围。他们也没有试图废除印度社会法律习俗的主体部分——这些习俗已经与印度教和伊斯兰信仰纠缠得难解难分。然而，他们确实勇敢地迈出了一步，试图扼杀那些对他们冒犯最深的当地习俗，无论它们有多么古老，无论它们是深植人心，还是神圣不可侵犯。他们禁止了人祭和杀婴；他们制止了殉节，即烧死寡妇的行为，并且在此后与各王公的协定中都坚持将其作为王公获得保护的一大条件——哪怕这一习俗在印度道德秩序中已根深蒂固，乃至其名字在梵语中就意味着"贞洁"或者"美德"。* 而在福音派帝国主义的一次充满热情、组织技术先进的模范战役中，他们将目光转向了温迪亚恰尔——杀人者的秘密社会。

4

他们怒火的代理人是威廉·斯利曼（William Sleeman）上尉，他在1809年曾作为东印度公司孟加拉军的实习军官前往印度。他是一名军人的儿子，拥有克伦威尔般的正直——他一头赤褐色头发，蓝眼睛，脸短短的像农民一般，又有高高的额头。他能说阿拉伯语、波斯语和乌尔都语，擅长重体力运动，从不吸烟，很少喝酒；他读洛克和霍布斯这样的理性主义哲学家的作品，基本上对当时东印度公司的年轻军官热衷的招蜂引蝶、寻欢作乐毫无兴趣。30多岁时，斯利曼被借调至民政部门，正是在印度中部担任治安官和地区长官的经历，让他第一次对印度暴徒可怕而神秘的传说产生了兴趣。他耐心而系统地研究了一切可以获得的关于这一派系的信息，而这些发现令他大为惊恐，因而在19世纪20年代，他生活的中心目的就

---

* 一个虔诚的孟加拉人团体曾试图向伦敦的枢密院上书反对这项禁令，但终告失败。但无论如何，这种行为一直存在。1927年，警察试图起诉一桩殉节案时，当地的报纸还指责英国司法制度"不熟悉印度的社会生活和观点，它属于完全不同的另一种文化"；直到20世纪40年代，还有零星的殉节事件报告。人祭行为甚至更有韧性。据称，1970年，萨哈兰普尔附近一个村庄的一名公交车司机及其父亲，就向时母献祭了一名10岁的男孩；令人毛骨悚然的是，这桩罪行之所以暴露，是因为村民们在吃了他们祭拜女神后分发的圣食后，感到头晕眼花。

变成了从理论到现实全面摧毁这些杀人者——不仅要阻止他们的杀人行为，惩罚所有从事者，还要彻底摧毁他们的信条。

暴徒严格按照仪式行事，行动完全保密。他们会在路上找到一个可以作为目标的旅行团体，这些人最好和他们种姓一样，然后他们就会曲意逢迎，亲自打入这一团体，跟他们一起旅行一到两天；然后，在天时地利具备、吉兆出现时，便用经过千百次磨炼的索绞、膝压和格斗技巧，从背后用一根柔软的绳索将旅行者勒死。他们会在尸体上切出仪式性的深深伤口，将其埋葬，或者扔到井里，将死者身上没有价值的东西烧成灰烬，带着其他的东西逃之夭夭；有时，他们还会掳走几个对他们颇有吸引力的孩子。一切结束后，没有人能找出杀人者或旅行者存在过的任何痕迹。

从西方刑法观来看，这就是无动机犯罪。他们不关心受害者的身份，只要让他们毫无理由地消失得无影无踪就行了。即使暴徒谋杀的证据出现，印度大多数农民仍然会因为恐惧而不敢揭发，因而在普通法庭中，暴徒几乎总是能无罪释放。因为这些杀人者四处流窜，几乎无所不知，随时可能复仇；何况，他们还是以鲜血为生的时母的仆从。11月至次年5月是印度人旅行的时节，也是暴徒在印度各地出没的日子，他们在印度中部的博帕尔和毗底沙尤为活跃，据斯利曼估计，经过此地的旅行者，每三个人中就有两个的安全会受到威胁。根据1812年的估计，每年死于暴徒之手的人数多达4万；1831年的三个月中，一伙暴徒就杀死了108个人；许多杀人者一生中手里曾沾染过超过1000人的鲜血。

暴徒有自己的等级结构和入伙方式，有自己的秘密语言，就像吉卜赛人说的罗姆语，这让他们可以在陌生人面前隐秘地交换信息。这种语言的词汇虽然形式上属于兴都斯坦语，但有自身独特的意义，饱含凶险的意味。例如，"比苏普尔纳"（bisul purna）代表杀人行为太拙劣；"居瓦卢"（jywaloo）代表被奄奄一息地留在路边，最终幸存的被害者；"克布鲁克"（kburuk）则代表镐挖坟时发出的声音；"鲁马尔"（rumal）指一条缠在一枚银卢比上的黄色丝质方巾，杀人者们就用这一工具杀人；"宝拉"（pola）是一名杀人者留给另一名杀人者的秘密标记；"戈巴"（gobba）是杀人者挖掘的圆形公墓，他们会把被害者的尸体以一块泥土为中心环绕成圆，防止豺狼将它们挖掘出来，或者用斯利曼的话说，防止尸体"发出臭气而被找到"。

暴徒之间等级森严。一个加入其中的小男孩会一步一步得知这个行当可怕的全貌——他先是担任侦察员，然后担任掘墓人，接着成为谋杀助手，最后，如果他被认定拥有足够坚硬的意志和残忍的本性，就会成为一名合格的"布尔托特"（bhurtote），即"行刑人"，这样，他便登上了暴徒中的贵族阶级。男孩的第一宗谋杀的完成，是一个值得庆祝的时刻，就和庆祝青春期或者割礼一样。他们会围绕着每个杀人团伙都有的神圣工具镐举行盛大的仪式——镐被称作"库塞"（kussee），是这个行当的象征，它是时母口中的一颗牙化成的，没有了它，暴徒杀人行为就不能得到神的认可。每次谋杀完成后，杀人者都会虔诚地吃下一口圣糖，而他们相信，这块粗糙的黄色"戈尔"（goor）就能彻底地改变他们。"戈尔……改变了我们的内核。要是一匹马吃了，它的天性也会改变。任何尝过戈尔的人都会成为暴徒，哪怕他知道一切生意的门道，拥有世间的一切财富。"

英国人知晓暴徒的存在已有很多年。早在 1673 年，约翰·弗赖尔（John Fryer）就曾报告过一名被绑起来，即将受到绞刑的年轻暴徒骇人的虚张声势——他"自吹自擂地说，他还不满 14 岁，就已经杀过 15 个人了"。但基本上，英国人和本土人一样，更乐意遮住眼睛，或者至少不认定这是犯罪：1827 年的一起案子中，三名暴徒成了告密者，另外四人被指控有谋杀罪，但英国巡回法官不仅撤销了这个案子，还将三名告密者以伪证罪判处五年有期徒刑；此外，服刑前，他们还得绕着贾巴尔普尔倒骑五天驴子。直到 1830 年，新任印度总督、改革派辉格党人威廉·本廷克勋爵才任命斯利曼为镇压暴徒的负责人，派给他 50 名非正规的骑兵和 40 名印度步兵，让他在一片比英格兰、苏格兰和威尔士加起来的两倍还要广大的土地上放手行事，摧毁他称之为"人类历史上最可怕、最特别的秘密结社"。

为了正义，福音派的任务自身也可以变得冷酷无情，而在斯利曼的暴徒追捕行动中，民众的合法权益时常被漠视。他从萨格尔（Saugor）的司令部指挥行动，这是一个了无生机又肮脏的小镇，位于杀人者肆虐地区一片险恶的湖水中。他的行动依赖于告密者——正如他们当时的称号一般，他们是"告发者"——他们都是已被判刑的暴徒,但通过提供信息和现场协助,得以免于死刑。然而,这些告密者虽然逃过死刑,却永远无法恢复自由——"他们就像老虎,我们不能放任他们嗜血的欲望"。被捕暴徒也不受一般法律程序约束,而由一个特别委员会审判。被判处七年及以上徒刑的犯人,背上和肩上会被以当地语言打上"已定罪的暴徒"的烙印——"杀人的暴行给了我们充分的理由稍微偏离法律规范,毕竟那些手染鲜血的人所行之事已经彻底超出了社会正义的底线"。随后,他们的下眼皮被整齐地刺上"暴徒"一词。

5

斯利曼十万火急地开始行动。他心中有一项事业。"我对此深感自豪,"他写道,"并将永远如此。"他带着几个被他的热情吸引的助手,还有戴着头巾、肩带且佩刀的狂热骑兵组成的部队,不知疲倦地追查每一条线索,对每一名被捕者洗脑。"每一名追捕暴徒的英国人的马镫下,"他写道,"都有一两个杀人者秘密结社的叛教者。"每一条相关信息都会传递到位于萨格尔的司令部,最后,他成功建立起一份关于暴徒历史、象征、习俗和杀人技术的情报档案,并将这些情报都标注在一张十英尺*大的地图上,其精确度乃是印度有史以来最高的。

被捕的暴徒都会戴上锁链,沮丧地被带到斯利曼的院子里,最初几次只有一两个人,后来人数便增加至数十人。他们会在这里接受登记和审讯,最后被关在能看见湖面的、城堡一般的阴暗牢狱中。从当时的画像来看,他们似乎相当尊贵,大多数人留着八字胡,只有少数是络腮胡;他们戴着头巾,马裤上系着白色的腰带,穿着足尖翘起的便鞋。有时,无辜的被害者的亲属会从他们旁边走过,前去辨认被发掘出的尸体或者认领被害者的财物。斯利曼在办公室中日复一日、年复一年地讯问和解读证据。一旦被捕,暴徒就很难再回到社会中了:同伙提供的证据可以将他定罪,很快他

---

* 1 英尺约合 0.3 米。——译者注

的背上和肩上就会打上烙印,然后他就会被塞进萨格尔或者贾巴尔普尔的监狱里,或者立即被处以绞刑。

斯利曼发现,暴徒无处不在。他得费尽力气,才能从村庄和城堡中把他们找出来。有些暴徒是为印度王公服务的高级官员:其中一名经验丰富的杀人者被发现时,正在霍尔卡王国(Holkar)统治者的后院中为统治者训练士兵。还有些杀人者是深受欧洲人信任的仆人:斯利曼逮捕的人中最重要的人,瓜廖尔的暴徒首领弗林希阿(Feringheea),就曾是戴维·奥克特洛尼爵士手下的情报人员。不少暴徒都曾为东印度公司的武装部队服务半生,一个被斯利曼手下的非正规军抓住的杀人者,甚至还是其他犯罪活动中受到高度信任的警方线人。同时,斯利曼也追踪了为杀人行为提供融资和赞助的人——他为他们起了一个华丽的名字:"谋杀的资本家"。1833年末,特别委员会向本廷克报告称,"这些人类敌人彻底灭绝的日子已经不远了,阁下返回母国时,这一功绩必定成为您最光荣的战利品"。

这是第一次对付印度有组织犯罪的系统性尝试——在印度历史上可谓新的一笔。然而,在司法和行政技巧背后,比它们更突出的,是这个时代独特的道德狂热。斯利曼的基督教信仰产生的力量,要比暴徒称兄道弟的誓言强大得多。杀人者中的告密者数量极大,只要被斯利曼坚定的蓝眼睛一扫,他们就什么话都吐出来了,更不用说外头还有一列列手段残忍的骑兵,有时他们甚至叙述得相当吸引人。

"我是个暴徒,"一个有名的杀人者在认罪时说,"我父亲和祖父也是。我和很多人一起杀过人。要是政府雇用我,我也会为政府效力。"每个追捕杀人者的行动队,都有叛离的杀人者参与,这正是基督教优于邪恶与无知的力量的明证。暴徒自身也承认了这种精神上的支配力量。过去,他们一直相信自己的力量是超自然的。他们能做出预言,看出预兆,和他们在动物界的亲戚——老虎——保持着神秘的伙伴关系。"逃出老虎之口的人,最后也会死于暴徒之手,"奥德地区一个著名的杀手回忆道,"逃出暴徒之手的人,也会落入虎口。"然而,即便是这样神秘的优势,似乎也无法反抗英国人的吉兆,或曰"运道"(iqbal)。一名暴徒对斯利曼说,这种力量实在太强大了,"在你们的鼓声中,男女巫师和恶魔都会纷纷逃散。我们又怎么抵挡得住？"杀人行为强大的赞助人也谨慎地承认了这一力量：比如，欧姆劳提（Omrautee）一名富裕的银行家敦拉杰·赛斯（Dhunraj Seth）曾大量投资杀人事业，但现在已将投资转往了更为安全的领域——由东印度公司垄断的对中国的鸦片贸易。

斯利曼对此并不惊讶。他是真正的时代之子，虽然印度宗教的错综复杂令他着迷，但是他仍然坚信西方正义和理性无所不能。他和被捕暴徒的谈话被逐字记录下来，保存至今，从中我们可以发现，即使已相隔多年，他用自己的信念与被捕者心中的迷信战斗的言辞已经模糊，但其不屈不挠的精神仍然毋庸置疑。他似乎曾短暂动摇过一两次。一名颇为善辩的犯人承认自己曾杀过931个人，他试图说服斯利曼，杀人者获得的乐趣，虽然更有优越感，但不过是与猎杀大型动物获得的乐趣相似而已——而斯利曼本人就沉迷于这种狩猎活动。"您这样的大人，只要战胜那些野兽的天性就够了，但杀人者必须征服拥有智慧的人类心中不灭的疑心和恐惧，而且他们通常拥有大量武器和护卫……与他们结伴而行好几天，逐渐消解这样的保护有多么愉快，看到他们的怀疑变为友谊有多么快乐，而黄方巾带来杀戮的时刻又有多么美妙！正是那柔软的黄方巾，夺去了上百条生命啊。大人，你觉得我们同情他们吗？不！我们往往只有愉悦和得意！"

无论如何，暴徒一贯坚持他们绝非像普通的杀人犯一样不负责任地杀戮——实际上，神才是杀戮者，也是神赐予了他们这个行当的利益。他们相当鄙夷单纯的偷窃。"窃贼都是卑鄙的家伙，但是我们杀人者——我们骑着马，带着匕首——我们的姿态是勇敢的。偷窃？我们从不做！从不！把一个银行家的资产放在我眼前，委托我照管，即使要被饿死了，我也不会偷一个子儿。但是，要是让这个银行家踏上旅途，我一定会杀了他。"他们认为，杀戮是神圣的工作。神才是杀戮者。

"那么，"斯利曼有一次似乎有些焦急地问道，"那些在萨格尔和贾巴尔普尔被绞死的杀人者，又是因为谁的谋杀而遭此命运呢？"

"当然是神的。"

"而世上只有一个神，是吗？"

"在一切的神之上，有一位最高的神。"

"如果这位最高的神支持我们,我们就会获得胜利,是吗?"

"我们知道神正在协助你们,因为我们的越轨行为,女神已经收回了对我们的保护。可悲的是,我们怠慢了对她的敬拜。天知道这一切会如何收场。"

他们的对话并不完整,这令人心神不宁。斯利曼必须尽力说服自己,无论如何他的事业是无可指摘的,他的手段是正当的。而有一次,得知还有另一个多达300名成员的暴徒团伙时,他陷入了自我谴责。"这是一幅多么真实而又悲伤的当代人类败坏本质的图景啊!300名亚当的后代,竟为了杀人联合在一起!在上帝的眼中,我们就天生比他们更好吗?显然不是如此……我们所有人——包括你,我的读者——在上帝的眼中都和这300个暴徒没有什么区别。正如《圣经》所写,'没有义人,连一个也没有!'"

6

到了1841年,这样的行为已基本销声匿迹。*数千名暴徒遭到了审判,数百人被处以绞刑,还有很多人被处监禁,或者被流放至安达曼群岛。罪行不那么严重的犯人则被送往贾巴尔普尔监狱中的职业学校,他们可以在这里学习各种谋生手艺,包括制毯、织布、木工和铺砖。随着这些杀手嗜血的欲望逐渐减弱,斯利曼在监狱附近为他们建造了一座与外界隔离的村庄,他们可以携妻子和孩子在此居住。此后,被判外监禁的杀人者也住进了村庄。直到维多利亚时代晚期,印度的英国人还满怀好奇地造访这些逐渐老去的杀手,来者会从墙外瞥上几眼,让身体一阵颤抖,还会想象他们勒死被害人,将其肢解并埋葬的可怕场景——很久以前,这些事情都曾给这些恶棍某种神圣的愉悦感。

直到这次行动接近尾声,英国内部才出现了反对的声音。彼时仍有人认为,暴徒杀人这类行为属于印度人生活环境中特有的一部分,他们还怀

---

* 然而杀人问题主管办公室(Office of Superintendent of Thuggee)一直存续到了1904年,而且直到20世纪40年代,位于西姆拉的情报局仍被大众称为"暴徒问题办公室"(Thug Office)。

疑，改革派的热情能否正确地加诸这个民族身上。正如英属印度最著名的管理者之一托马斯·芒罗（Thomas Munro）爵士所言："我绝不相信现代理念能改良印度人，或者其他任何民族。如果我偶尔读书时发现书里提到用一种方法一夕之间改善了一个大省区的环境，或者将一个半野蛮的民族提升到贵格派的文明水平，我就会立刻把这本书扔到一边去。"他们认为，暴徒杀人是印度的传统；更重要的是，这是一种宗教习俗，即使是麦考利也不相信能让印度人放弃他们的宗教。

因此，斯利曼不乏批评者。其中有些是笃信非干涉原则的老牌行政官员——正如老话所说，"什么也别做，别让别人做任何事，别让任何人做事"；有些人是反对他的威权主义做法的恪守法律者；还有些人，尤其是印度各独立王公宫廷中的英国人，则认为他的做法违反了宪法。例如，瓜廖尔的英国特派代表强烈反对搜捕暴徒的行为，以致此地竟成了暴徒的庇护所；斯利曼说，杀人者完成一场杀人旅行后，仍然可以安全地回到这个地方，就像英国人回到旅馆一样。婆罗多布尔（Bharatpore）的英国代表也同样反对，他给总督写信说，他很惊讶地看到，在追捕暴徒这件事上，结果的正义可以让肮脏的手段也获得合法性，"我长期以来以为这种思想在道德上和政治上都已扫除，看来我的想法错了"。

但这些都是18世纪的声音，乃是逆历史潮流而行的。斯利曼打击暴徒的行动则正好与发展中的帝国气质契合，甚至在"正义的冷酷无情"这一层面也是如此。查尔斯·格兰特精确地描述过这一现象。"我们不可避免地认定印度之地的人是可悲的堕落者、卑劣者；他们的道德观念极为薄弱；然而，即便他们知道什么是正确的，也会顽固地置之不理，支配他们的只有充满恶意而放纵的激情，他们正是礼俗全面大滑坡对社会产生的影响的明证。"显然，印度所有阶级中，最堕落、最卑劣的，就是暴徒团体，他们是受到最为恶毒而放纵的激情支配的一群人；福音派帝国主义者认为，他们的行为已经触犯了普世的道德准则，这种准则远远高于一切宗教信念，而维持这一准则正是大英帝国的首要责任。

7

而斯利曼尽管多年不屈不挠地追捕暴徒，但对他们个人并无怨恨。他为人宽宏大量，并非不懂变通的人，也不是沙文主义者，他的满足完全来自思想观念。他已证明维多利亚帝国的"运道"，让帝国的根系扎进印度更深处。1833年元旦，斯利曼乘轿子在他管辖的地域开始了一场公务旅行。他坐轿，穿着镶金边的束腰外衣，戴着饰有羽毛的帽子，队伍前有大象开路，一如既往由印度兵和骑兵担任护卫。他的妻子阿梅莉（Amelie），毛里求斯一名法国糖蔗种植园主的女儿，也随他一同出行。斯利曼夫人身怀六甲，但还得每天在轿子里颠簸，晚上得协助安营扎寨（因为他们的队伍不如伊登兄妹的豪华），因而从萨格尔出发六天后，她便开始了阵痛。

他们尽快在路边的酸橙树和菩提树林中搭起了帐篷，就在这片树荫中，一名男婴出生了。这可谓一次恰逢其时的分娩。斯利曼深知，这片树林曾因暴徒的出没而臭名昭著——它就是一处"贝累"（bele），即绞杀之地。在过去的数百年，也许有数十乃至数百无辜的人在这里被杀人者用膝盖抵住后腰，他们听到杀人者在他们脑后的呼吸声，然后柔软的丝质方巾就绕上他们的脖颈。在这杀戮之地出生的暴徒后代会被认为是不洁的，且会将这种污染沿着家族血脉流传下去，但斯利曼显然更加理性。他是帝国启蒙之子，他和妻子、孩子确实也一直过着幸福的生活。*

---

* 至少在接下来20年是这样的。20年后，他已在印度工作了46年，满身荣誉——他拥有少将军衔，是奥德王官的英国特派代表，还在骑士爵位的推荐授勋名单上。直到在归国的路上，锡兰海岸附近，他在阿梅莉身边因心脏病发而死去。

第 5 章

战争的法则

I

武力永远是帝国的养料,维多利亚帝国自然也不可避免,它很快便要陷入战争。维多利亚时代的第一场讨伐战争从 1837 年 11 月,即女王即位后仅仅六个月便开始了,19 世纪剩余的时间里,她的领土上从来不乏征战。滑铁卢和特拉法尔加两次战役让英国在接下来一个世纪拥有了阻止一切国际争端的能力,但是不列颠之治世本身,包括帝国的和平,都是以一连串小规模作战来维持的。"道德的最高原则,"格莱内尔格勋爵就说过,"乃是不可变更的普世责任,也正是从这些原则中,才衍生出了战争的法则……无论我们要与文明还是野蛮的敌人作战,以报复、惩罚,或其他类似的理由为借口,毫无理由地加剧战争的恐怖,都是站不住脚的。"原则上,少有受过教育的英国人会对此持有异议;而事实上,帝国的本质就决定了,维多利亚女王的战争并不总是理由充足的,帝国内部的动因中,慈善和好战也达成了很好的平衡。在经历了无数战事后,英国人已经对战争习以为常,某种程度上,帝国也为他们提供了一片永恒的战场。

2

帝国的军队主要由两支力量组成。首先是英国陆军本身,其指挥部设在伦敦皇家骑兵卫队(Horse Guards)阅兵场。1838 年,其军力约为 10 万人,分属于 3 个护卫团、8 个骑兵团、13 个步兵团、8 个炮兵团和 1 个早期工兵部队。这支军队超过一半的士兵都驻扎在海外,全球各地都有陆军的卫戍部队和分遣队。他们在塔斯马尼亚守卫罪犯流放地；也有一支部队驻扎在牙买加高高俯视法尔茅斯的奇怪山区柯克皮特地区，负责监视难以驯服的土著民族马隆人（Maroons）。从马尔伯勒（公爵）的时代开始，陆军作为社会制度的一部分就几乎从未发生变化。陆军军官不少是时髦的富人，他们的军官职位是买来的，他们普遍不认为自己有什么沉重义务：陆军训练保持在最低限度，基本上每位军官都可以挥霍大量时间在户外运动和养马上，或在城中快活度日。普通士兵仍然是威灵顿所说的那种人渣，将纪律和威胁结合在一起，就可以轻易地管束他们。士兵要服役21年，他们大多是爱尔兰天主教徒，还有一些征募自不列颠岛民风较为淳朴的地方——苏格兰高地、西部地区和威尔士中部——他们或是乌合之众，或是披着假名的流氓。

自滑铁卢战役以后，陆军的作战技术便鲜有提升。他们的战术仍然基于方阵和列队齐射，而训练仍然是僵硬地执行严厉的规章。射击完全是在碰运气：如果一个士兵能在三到四次射击中击中目标，就可以被视为好枪手。阅兵顺序仍然是18世纪那一套："一个营会绕着阅兵场中心行军，然后分成几部向反方向行军——靠拢后备人员队伍——右边的分队向后转，全体向右转——快速行军！"1815年留着长胡子的军士，到了1839年仍然是陆军的核心人物；士兵们仍然穿着同样的厚大衣、厚重的红色制服，戴着同样的军帽，挂着漂白的子弹带奔赴战场。

军旅生活充满仪式感。对陆军来说，旗帜、枪支和传统都同样神圣，而对各自所在团的忠诚，正是参军服役的情感基调。如果有士兵被判处死刑，他就会被蒙住眼睛，在其所在的团级单位面前游行，又被迫跪在自己的棺材上，然后在乐队演奏清唱剧《扫罗》中的"死亡进行曲"时，被当场枪决。一头拒绝为印度的一场战役运输枪支的大象还受到了正式的军事法庭审判，被判接受25下链条抽打，由其他大象监督。* 英国的军事精神特质中，仪式和炫耀是极为重要的，这种对宏伟场面的爱好，也一直留存

---

* 但英国人并不喜欢在战争中使用大象——它们会因为长期走路而脚痛，而且耳膜过于脆弱，无法经受步枪发射时产生的爆裂声。

到了帝国时代，并且成为展示帝国威严的技术。

另一支帝国部队与陆军相差甚远。从17世纪开始，东印度公司，又被称作"约翰公司"，就一直保有独立的武装部队。1839年，这支帝国部队由三支不同的管区（Presidency）武装力量组成，即由英属印度的孟加拉、马德拉斯和孟买三个行政分区组建，通常孟加拉部队的指挥官也就是三者的最高指挥官。这是亚洲历史上极为特别的一支武装力量。虽然他们由东印度公司组建并发放军饷，但女王才是实际掌控者，而这支部队就成了比女王的部队还要庞大的一支雇佣兵力量。英属印度还散落着几个欧洲步兵团，其士兵大多从爱尔兰招募，或者从英属印度闲散的流浪汉和冒险者之中招募，但这里其他大部分军队的士兵都是印度人：这些步兵来自不同种族，拥有各种不同的信仰；他们的制服看起来更像来自英国的，而非亚洲式样；他们受到的训练是英国式的，部队的编号也是英国的类型；英国军官个人或家庭也会组建衣着华丽的非正规骑兵队——例如著名的斯金纳骑兵队（Skinner's Horse），又被称作"黄皮肤男孩"，就是由拥有一半欧洲血统的詹姆斯·斯金纳（James Skinner）组建的，其运作方式也与俱乐部无异。

被委任为这支古怪部队军官的也都是英国人，他们在东印度公司位于萨里郡阿迪斯科姆（Addiscombe）的军事学院接受时长两年的教育，课程包括军事、兴都斯坦语、数学和机械。他们的职位不是买来的（虽然公司的要人完全可以提名一个小伙子担任这些职位），升职基本上也依功绩而定。长年在炎热的印度工作不可避免会对他们的健康产生影响，不少军官都表现出早衰，或者开始纵欲、暴食，但印度的魅力将许多缺点和瑕疵全然掩盖了。即便如此，"约翰公司"的军队仍然是一台强大的战争机器——他们经验丰富、行事专业，而且其25万人的规模，也要比俄国以外的任何一个欧洲国家的陆军都要庞大。

帝国的这两支陆军相互并不关心。它们风格不同，反而有许多冲突。印度各部队在1835年就废除了鞭刑，但英国陆军一直毫不犹豫地使用鞭刑，以至于女王军团的士兵都获得了"后背流血"的诨名。英国普通兵通常是没有更好选择时才选择从军；印度兵则通常来自军人种姓，他们对

阿富汗，1838年

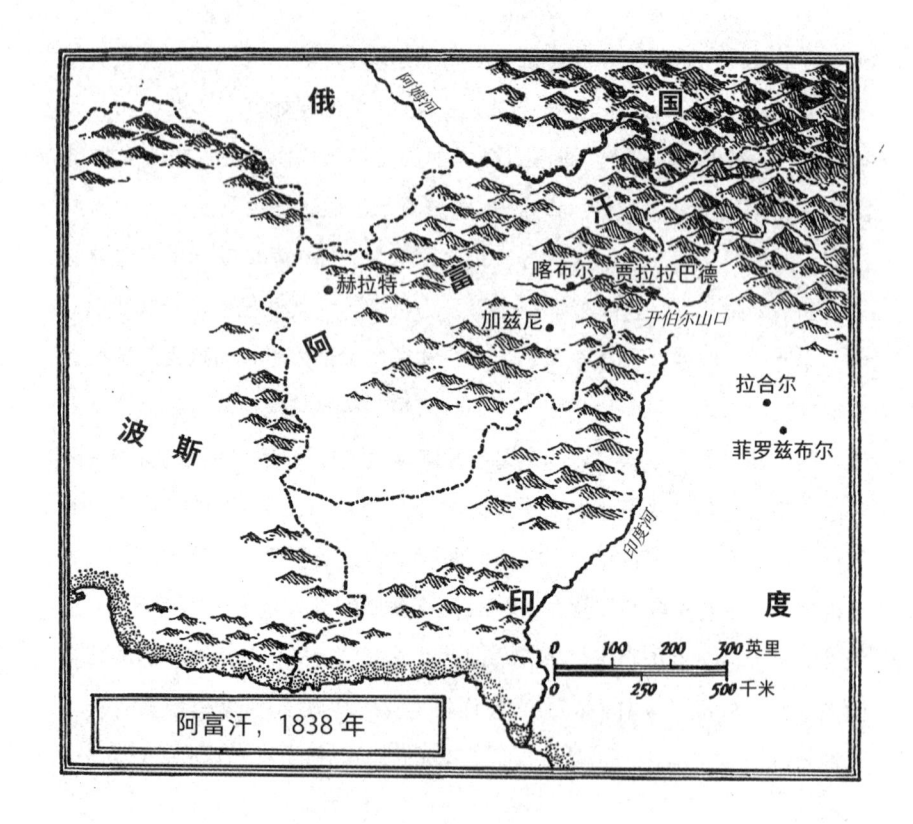

世代相传的职业相当骄傲，也保有尊敬之心。英国陆军军官一般都是些时髦人物，印度陆军军官则大多是中产阶级的专业人员。虽然两边部队经常并肩作战，但军队之间的联系往往只是礼貌，而没有热情。英国陆军军官不乐意在东印度公司将领手下工作；而当地最好的职位，例如孟加拉部队的最高指挥官，只能由英国军官担任，这也让东印度公司的士兵颇为不满。

然而，他们仍然极为强大。接下来半个世纪，维多利亚帝国的故事，都要围绕这二者逐渐展开，而且往往都是随着他们的军号声逐渐展现在世人眼前。

3

维多利亚时代的第一场大战，就是由埃米莉·伊登的兄长乔治促成的。19世纪30年代，由于皇家海军的功绩，大多数英国领地都被认为是牢不可破的。确实，加拿大和美国之间有很长的陆地边界，但是1000万美国人当时完全志在他处，对帝国的稳定不会产生任何真正的影响；相反，皇家海军正是他们的第一道防线，也是他们实行的门罗主义唯一真正的保证人。至于帝国散落各地的小岛和遥远的定居点，则或是情况过于糟糕，根本不会受到他国觊觎，或是只有在英国舰队的帮助下才能抵达。

唯一的例外就是印度。过去的半个世纪，英国在此的势力都在稳定地向北扩张，而他们必须防守长达2000英里的陆地防线。在可以预见的未来，东北方向式微的清帝国不会对他们造成任何威胁。*西北方向则是俄国，然而，其力量总是飘忽不定，意图也难以揣测，而其在亚洲的帝国领土，却与大英帝国一样正在飞速扩张。至少在理论上，大英帝国最脆弱的一角应该是印度的西北角，这里是大博弈的主场。在19世纪的大部分时间，在欧洲的思维中，大博弈都与"东方问题"分庭抗礼。土耳其、波斯、埃及和巴尔干地区一度被英国战略家视为通往印度的钥匙，然而，经典的大博弈主要是在多山的阿富汗王国展开，也正是在这里，英国一次又一次地察觉到了危险的气息。俄罗斯帝国与阿富汗北方接壤，而且正在向布哈拉和希瓦方向试探；大英帝国领土则与阿富汗南方接壤，借助与锡克君主兰季德·辛格的条约，英国的影响力已经向北延伸至印度河一线。两者之间就是惯于掩藏自己、笼罩于神秘气氛中的阿富汗王国。

欧洲人对阿富汗王国知之甚少。阿富汗王国首都喀布尔位于群山之中，海拔6000英尺，这座城市建于一片荒凉的砾质平原上，围绕着中世纪城堡"高堡"（Bala Hissar）：这是一座难以捉摸的城市，有些排外、紧张不安。放眼望去，四周是在地图上没有标记的荒凉高地，偶尔有狭窄的峡谷和深深的河床穿入高地，只有粗糙的小道穿行其中。农业是这个王国的重要营生，因为阿富汗人认为商贸是不光彩的行业，便将这个行业让给了外

---

* 与中国的鸦片战争之后，英国获得了香港岛，此时一名评论家就将这块新占之地比作"像伐木工砍树一般在中国的躯干上砍出的凹痕，有了它，在合适的时刻，这棵大树就可以被砍倒了"。

国人。这里的居民的总体特征是非常独立，而且有些难以猜透。他们可能活泼、幽默、勇敢，甚至热心；不过他们也可能顽固、不好捉摸。他们坚持传统。这里的女性从头到脚裹着白色的布卡罩袍，只露出眼睛。男性则戴着巨大的头巾，或者戴着金色锦缎顶的缎帽，脚上穿着到小腿的皮靴，肩上披着宽大的羊皮斗篷，衬衫有宽大的袖子。

阿富汗人内部也有争斗，因为他们内部分成了几大部落——杜兰尼人（Durrani）、吉尔扎伊人（Ghilzai）、巴拉克扎伊人（Barakzai）；他们还进一步分成许多小族群——哈扎拉人（Hazara）、塔吉克人、沙多扎伊人（Sadozai）、凯巴里人（Khaibari）、阿夫里迪人（Afridi）；更不用说南部边境线上的无数普什图人群体，以及北方的鞑靼人和乌兹别克人了。每个群体都有自身的特点、传统和归属感，这使外国人非常难以理解阿富汗这个地方，也几乎不可能统治此地。在过去的半个世纪中，这里就经历了八次王朝改换。

总体上，英国人希望维持这个令人不安的国家的独立，将其作为对抗俄国领土主张的缓冲地带。然而，到了19世纪30年代，他们的想法产生了动摇。阿富汗的国王通常都性格软弱，但埃米尔沙·舒贾-穆尔克（Shah Shuja-ul-Mulk）尤为优柔寡断，他30年前遭到废黜，从那时起就处在流亡状态，先是客居于兰季德·辛格的宫廷，随后接受了印度的英国人的保护。现在，有传言称，他的继任者，充满阳刚气的多斯特·穆罕默德（Dost Mohammed），正在秘密计划与俄国结成联盟。据谣传，俄国派来了代表团，提供资金和武器援助；但同时，俄国也一向支持波斯武装，而后者正杂乱地保卫着阿富汗西部的要塞赫拉特。当时的报告模糊不清，又相互矛盾。1837年，英国特工亚历山大·伯恩斯（Alexander Burnes）以商业为名前往喀布尔，确认了俄国代表团的存在。没有人知道俄国人的目标到底是什么[*]，但目标显然在遥远的西北角。

---

[*] 这里的情报工作处处受限，因为在印度的英国人没有一个懂得阿富汗人的语言。

4

奥克兰勋爵是个身体孱弱、工作勤勉的普通人，他现在心烦意乱——要从伦敦得到任何回复都必须花去六个月的时间，因此他现在只能自行决断了。伯恩斯建言称，虽然多斯特和俄国眉来眼去，但还是应当将他视作潜在盟友，而非敌人。而身在加尔各答的奥克兰勋爵和其顾问则决定反其道而行之。他们决定，为了帝国的安全利益，多斯特·穆罕默德不能再掌权了，并决定让年老又顺从的沙·舒贾复辟。1838年10月，奥克兰勋爵从喜马拉雅山脚下西姆拉的寓所发出了一份意向声明。声明说，总督认为有必要立即采取行动，阻止外国势力迅速发展的对帝国领土的阴谋和侵犯行为。既然多斯特·穆罕默德及其追随者已经证明自己"不适合……作为英国政府的有益盟友"，英国提议让现正流亡他国的合法国王回到喀布尔，取回属于他的王位，而他"会由自己的部队保护着进入阿富汗，英国军队则会支持他反对一切外国干涉和内部反对；一旦国王王位稳固，阿富汗的独立地位和尊严都确实建立，英国部队便会撤出"。

这是一份不实的宣言。多斯特·穆罕默德绝非糟糕的盟友，事实上，每一个与他会面的人都认为，他比沙·舒贾要出众得多，而所谓他对俄国影响的屈服也不过是模糊的捕风捉影。没有任何迹象显示阿富汗人想让沙·舒贾复辟，更没有证据显示他们欢迎英国军队为他们提供保护。波斯和俄国对赫拉特的合围终告失败。而最初，英国国内对在阿富汗的行动颇有疑虑。墨尔本勋爵的辉格党政府外交大臣帕默斯顿勋爵认定俄国的威胁是真实且急迫的，但伦敦的东印度公司的董事会收到入侵计划的细节后，显然相当惊骇。威灵顿公爵认为，一旦军事胜利停止，英国就会开始面临困境；伦敦和加尔各答的媒体都在攻击这份宣言，因为它扭曲事实，充满诡辩。愤怒的议员要求公布相关文件；帕默斯顿同意了，但在公布前先删去了伯恩斯报告的多斯特·穆罕默德的一切优点。

而奥克兰勋爵虽然时常举棋不定，但这次也以他的方式下定了决心。他如此坚定决心的时刻，似乎仅此一次，而他也将会一直坚持这一决心。1839年初，英国部队将进入阿富汗，大博弈也将一劳永逸地得到解决。奥克兰勋爵还认为，除此之外，这还是锡克君主兰季德·辛格昭告其与英国联盟的机会——他可以为这次行动提供大部分武装部队；但到头来，辛格相当聪明地并未接下这个机会。

5

约 9500 名王室部队士兵和东印度公司的武装者，加上沙·舒贾狂热指挥的 6000 人，就构成了侵略阿富汗的主要部队——印度河军（Army of the Indus）。正式奔赴战场之前，他们还承蒙兰季德·辛格的好意，在拉合尔东南，萨特莱杰河畔的菲罗兹布尔先举行了一场阅兵仪式。为参加阅兵，兰季德从首都赶来；而正如前文所述，奥克兰勋爵带着妹妹埃米莉和 1.2 万人的巨大旅行队也前往此处。两位领导人的会面却不甚庄严，两边的大象队伍发生了碰撞，兰季德脸朝下摔倒，落在了两门英国九磅大炮前；夜晚的娱乐活动也不甚高雅，兰季德准备了有舞女的卡巴莱表演和下流的滑稽剧，他本人则饮酒过度——但阅兵仪式本身仍然庄严恢宏，令人印象深刻。1838 年 12 月 10 日，印度河军从阅兵场出发，开始了与阿富汗的战争。

随后的战争进展缓慢，部队选择了一条迂回的路线。沙·舒贾希望抓住这次机会，推翻西部的信德地区一些不服统治、不效忠于他的埃米尔——这一额外任务轻松地完成了，那些不幸的埃米尔则从英国指挥官口中得知"只要对大英帝国的安全是有必要的，无论目的地有多么遥远，我们都不缺乏击碎和毁灭敌人的力量，也不缺少采取行动的决心"。冬季结束了，在部队渡过印度河，前往通往奎达、坎大哈和喀布尔的山谷之前，春天就带着河汛和热腾腾的雾气来了。据说，这是自亚历山大大帝的征服以来，"来自文明国家的旗帜"第一次在印度河两岸飘扬。

士兵的行进相当艰难，因为他们后面还跟着看起来似乎没有尽头的队伍——3.8 万名随军平民以及 3 万头骆驼蹒跚而行。这支军队打算就地取得军粮，但还是带上了 30 天分量的谷物和足够供应 10 周肉食的牛羊。此外，他们还携带了大量非必要的物资。据说，有 260 头骆驼运送的都是总指挥官及其参谋的私人服装。一名准将就需要 60 头骆驼。一个团要求配备 2 头骆驼,专门运送他们的马尼拉雪茄。他们还带上了数吨重的肥皂、大量红酒、数箱果酱以及陶器、亚麻布和肉罐头。每名军官都有至少 10 名家仆——许多人还带了更多——这还不包括他的骆驼的驼夫,如果他带了轿子,还要有 6 名轿夫。

每个团都有 600 个抬担架的人;每个排都有自己的运水员、鞍匠、铁匠、补鞋匠、裁缝、洗衣工,还有为黄铜抛光的人、负责搭建帐篷的人、厨师、勤务兵、小马倌——还有所有这些人的妻子、孩子,甚至阿姨、叔叔和祖父母;此外,还有来自半个印度的军妓,以及小提琴手、舞女、算命人、金属工以及拾木人;有牧人看管牛、绵羊和山羊,还有屠夫来宰杀它们;他们还有数千辆二轮和四轮运货马车以及轿子、货车、军马、矮种马和狗——而如此巨大数量的人员就这样艰难地赶赴战场,每一支部队都有自己的乐队在行军途中演奏。这就是 1 个女王骑兵团,2 个东印度公司骑兵团,9 个团的步兵、工程师和炮手,沙·舒贾的 6000 名雄心勃勃的印度兵,以及衣饰华丽、昂首阔步的匪徒"黄皮肤男孩"的行军方式。他们所过之处,都会扬起一阵巨大的尘灰,昭示着英国统治的推进。

6

作为军事行动,这次入侵可谓差强人意。部队补给不久便开始缺乏,因为交通线变得越来越狭窄,部队还多次受到山道上阿富汗射手的袭扰。部队情报工作也出现错误,这也许是因为部队本身没有情报机关。但是,第一个真正抵抗他们的地方加兹尼,却在一场利落的小型政变中被突然攻破占领。因此,阿富汗部队在混乱中被迫后撤,而多斯特本人则拒绝了英国提出的到印度"荣誉避难"的条件,向北方逃去,向疯狂的布哈拉埃米尔纳斯鲁拉汗(Nasrullah Khan)寻求庇护,后者则迅速将他监禁起来。有组织的反抗似乎就此结束。1839 年 8 月 6 日,沙·舒贾在大英帝国全副武装的力量支持之下进入喀布尔,再一次戴上了王冠。

从美学上来说,舒贾的复辟可谓极佳。喀布尔城中挤满了低矮的泥土建筑和带屋顶的集市,"高堡"雄伟的轮廓俯视着这个地方,这可谓一座为恢宏而生的城市,而国王的形象也足够威严。遗憾的是,他的冠冕上已不再镶有那块叫作"宇宙之光"(Koh-i-Nor)的钻石,因为这块举世闻名的宝石早就被兰季德·辛格摘下,成为他招待舒贾的酬金;但在其他方面,这位复辟的阿富汗统治者看上去确实像模像样。他容貌端庄,皮肤黝黑,身材魁梧,浓密的胡子染成黑色;那天他身着华丽的衣袍,各种珠宝在他身上熠熠生辉,他骑着白马,马身上装点着金色饰物。他身旁,大英帝国的代表也骑着马与他并排前行,他们戴着三角帽,装饰着鸵鸟毛,穿着外交官制服的金饰带蓝色长裤;国王身后则是英国军队,从菲罗兹布尔出发长达一年的行军后,他们掸掉身上的灰尘,吃得肥肥胖胖,直截了当地展示着国王身后的力量。

确实,喀布尔人都在沉闷的寂静中,注视着国王前行。他们的注意力更多在英国外交官而非沙·舒贾身上,几乎没有民众对国王表现出任何属于王室的敬重。但是,这个老人就像孩子一样,很高兴能回到他的宫殿中(虽然他表示,似乎一切都比过去看上去小一些)。而他的英国护卫则为他鸣响皇家礼炮,虚伪地为他祝贺,因为他们事实上都非常鄙视这位国王;随后他们便将他和他的士兵们留在原地,自顾自地回到营地去了。基恩(Keane)将军在第二天给奥克兰勋爵的急件中表示,"我相信,我们已经完成了阁下计划并组建印度河军,以及远征阿富汗时所预期的一切目标"。但这并非他真正的想法,在写给朋友的私人信件中,他表达的意思又完全不同。"记住我的话,"他表示,"不久这里就会发生严重的、标志性的灾难。"

7

现在,大部分部队都被派回印度,基恩将军也一同离开,留下的只有一个步兵师、一个骑兵团和一个炮兵连。俄国人从喀布尔消失了,首都充满紧张和恶意,但显然已经驯服。英国人也住了下来。他们在此的主要代表是一名北爱尔兰人和一名苏格兰人——威廉·麦克诺滕(William Macnaghten)爵士,"沙·舒贾宫廷的全权公使";亚历山大·伯恩斯爵士,他出人意料地回到了喀布尔，成了英国特派代表。这两位才是阿富汗真正的统治者，也是操纵着国王的傀儡师。

麦克诺滕从未来过阿富汗。他年仅 44 岁，看起来却要老得多——他是印度民政主管，戴着眼镜，总是戴着大礼帽，仪态威严，野心勃勃。埃米莉·伊登称他为"我们的帕默斯顿勋爵"，当然，这种说法可能有点刻薄。他会说多种语言，虽然他的天赋几乎都在官场上，他的行事方式显得迂腐，他的看法通常都很平庸，而且在不协调的环境里，他的装束有时甚至有些滑稽，但他仍然充满勇气，为人坦率——即便他对自己并不总是那么坦率，但至少对他人确实是如此。伯恩斯则比他要难以捉摸。他是诗人彭斯的亲戚，他早年加入了东印度公司的军队，但 20 余岁时，就以一系列中亚地区的游记闻名，他的足迹曾远至布哈拉和里海。英格兰人相当崇拜他，称他为"布哈拉的伯恩斯"；威廉四世曾将他召往布赖顿的英皇阁（Brighton Pavilion），听他讲了一个半小时的精彩冒险经历。正是伯恩斯 1837 年前往喀布尔后的报告，让奥克兰勋爵萌生了入侵的想法。虽然伯恩斯本人对多斯特多有崇敬，但他还是谨慎地调整了自己的想法，以适应总督的政策，也因此在战争开始前不久获得了骑士爵位。当时，他才 34 岁，面容忧郁，长鼻子，小胡子稀疏，大大的棕色眼睛下挂着眼袋。

虽然多斯特还活着，而且各种迹象显示，阿富汗的大部分部落首领绝不会向舒贾宣誓效忠，但英国人还是在喀布尔玩乐起来。不幸的是，第 16 枪骑兵团已经把猎狐犬带回了印度，但喀布尔还有很多其他乐趣。这里秋季气候宜人，本地居民虽然含蓄，但似乎相当友好，而且英国人在此也没有什么工作。他们建起了一座赛马场，在结冰的池塘上滑冰，在泥土地上打板球，甚至还让一些喀布尔人加入了这项运动。他们也学会了享受阿富汗人热爱的摔跤和斗鸡，还组织了业余戏剧表演。清晨，他们会骑马上山；傍晚，他们听乐队奏曲；夜里，他们通常会和喀布尔性感的女孩共度良宵。还有一两个人与阿富汗人结婚了。*而其他人的妻儿也很快从印度赶来。现

---

* 最有名的就是罗伯特·沃伯顿（Robert Warburton）上校，他娶了多斯特的侄女。他的儿子罗伯特·沃伯顿爵士，拥有一半英国血统、一半阿富汗血统，将成为英属印度最著名的边境主管——"开伯尔的无冕之王"。

在，食物不再短缺，因此军官们就开始奢侈浪费，相互宴请。伯恩斯每周都要在他的城中住宅内开办宴会，宴上香槟、雪莉酒、红酒、利口酒、封好的鲑鱼罐头和苏格兰大杂烩（"来自阿伯丁原汁原味的大杂烩"）样样不少。

英国人此刻感到无比安全，乃至将部队撤至喀布尔城外，只留下舒贾自己的士兵在"高堡"中保护自己。现在，所有的部队都集中在东部低湿平原的大兵营中，他们仍然能看到堡垒，但距离喀布尔的边缘便有一英里以上。这是个令人不快的地方。喀布尔河穿过平原，土地都是瓦灰色，布满页岩，兵营和城市之间还有不少被灌溉水渠贯穿的果园和花园。春季，此地风景秀丽，果树上绽开粉色和白色的花朵，水面在阳光下熠熠生辉，集市和住宅在远处杂乱排列，小丘上层层叠叠的要塞堡垒轮廓，则是这片景色的中心。但平原四周环绕着荒芜的山丘，山脊后还是山脊，寸草不生，毫无特色。棕褐色的山坡上则散落着阿富汗封建时代数世纪的遗物——小小的塔状要塞，有些已经分崩离析，有些近来才修补好，为这一地区带来了不祥的戒备气息，似乎人们坐在河岸上思念故乡，或者穿过苹果园回到营地时，不时会有人在远处监视一般。*

喀布尔军便在这里安顿下来，他们的骆驼和随军平民也来到此地。他们在这里有牛棚、马厩、食堂、集市、已婚军人宿舍，以及与之相关的一切设施。西方的坎大哈和加兹尼，以及东方的贾拉拉巴德都驻有卫戍部队，旷野上的队伍则总在不断移动，麦克诺滕的政治官员更是无处不在。英国人希望通过展示力量、贿赂和高压政治，能让阿富汗的所有派别走向合作，但他们从未达成目标。有些群体并未造成什么麻烦。不过英国人必须通过一次次惩罚性的远征，才能让另一些人臣服，尤其是狂热的穆斯林"勇士"（Ghazi），以及控制了通往印度的主要山口的吉尔扎伊人部落，这对军官们来说是一种乐趣，对部队来说也是不错的经历。基本上来说，英国政治官

---

* 到了今天，这种感觉仍然挥之不去。这片平原几乎毫无变化，在一个颇具喀布尔特色的炎热早晨，从山脊向东走向"高堡"，很容易就能想象出遥远低处军营的与世隔绝，甚至能从尘雾中辨认出其轮廓。喀布尔人还清楚地记得其所在地，因为那场战争是阿富汗历史中关键的一笔。

员都能得到小心翼翼的尊重。但是在南方的克拉特（Kelat），有人发现洛芙迪（Loveday）中尉半裸而干瘦的尸体被铁链锁在骆驼的驮篮上；穿过边境往北，查尔斯·斯托达特（Charles Stoddart）上校在一次更深入的情报任务中，被疯狂的纳斯鲁拉扔进了一个堆满骨头、腐烂物和特意养好的爬虫的深坑。*

但麦克诺滕和伯恩斯仍然满怀希望。从"高堡"向下走，就能抵达伯恩斯在喀布尔市中心舒适的花园官邸，他并无正事，只是日日享受生活——"我过着相当愉快的生活，如果声音洪亮，为人热心真诚就是健康的明证，那么我就非常健康了"。麦克诺滕的夫人在兵营主持着优雅的社交生活，而麦克诺滕本人在平原上公使馆中的生活也同样充满惬意。"总而言之，"他认为，"乡村完美的宁静对我来说简直不可思议。我们的存在对消解恶意和指明弊端裨益颇多……我们正在逐渐为一切事物构筑坚实且合适的基础……从这头到那头，这个国家都相当平静。"

但多斯特仍然是个问题。他在 1839 年夏天从布哈拉逃跑，又在乌兹别克人武装的支持下重新进入阿富汗。有一段时间，他似乎确实威胁了麦克诺滕所谓的"宁静"——"我就像一只木勺，"他说，"有人把我丢来丢去，但我不会受伤。"但出人意料的是，这一威胁很快就被解除了。1840 年 11 月 4 日的夜晚相当凉快，麦克诺滕与助手乔治·劳伦斯在公使馆旁边的花园中骑马时，遇到了两名骑马的阿富汗人。其中一人在一段距离外停下了，另一人则上前来询问劳伦斯"那人是不是勋爵阁下"。得知他是英国公使后，这名阿富汗人抓住麦克诺滕的缰绳大喊"埃米尔就在那里"。"什么埃米尔？"麦克诺滕吓了一跳，问道。"谁？谁？在哪儿？""多斯特·穆罕默德汗。"那人说。第二个阿富汗人很快骑着马靠近，而他正是多斯特本人。他下马，将麦克诺滕的手放到他的额头和唇上，交出了佩剑，以示投降。

多斯特容貌出众，举止庄严有度——"英国人用各种手段安抚这位埃

---

* 自称信奉伊斯兰教之后，斯托达特被从坑中拉出，随后遭到斩首。和他一起遭受同样命运的还有阿瑟·康诺利（Arthur Conolly）上尉——"大博弈"一词的创造者。此时，他受派遣来到布哈拉，希望通过谈判释放斯托达特。

米尔,他很快就平静下来,开始变得愉快"。这就是我们如今所知的信息。十天后,他开始了前往印度的流放之途,有两个步兵团和一个骑炮兵连为他护航,敌人的钦慕之情也让他感到温暖。* 他的离开似乎令阿富汗远征尘埃落定;人们认为,英国人很快就会回到印度,将沙·舒贾和他的 6000 名士兵留下,让他们决定自己的命运。

8

然而,就在不安的空气笼罩兵营时,占领军中的敏感者又因新的征兆陷入困扰。英国与阿富汗的这次战争中,充满了预兆和黑色预言。基恩将军已经预言了"灾难的迹象";吉尔扎伊人控制山口,导致部队交通线十分脆弱,这也让不少士兵不时感到一股孤独的寒气。威廉·诺特(William Nott)是英军最直率的将领之一,他写道:"除非赶紧送来几个团,否则我们部队中的士兵就要一个个倒下去了。"敏锐的少校科林·麦肯齐(Colin Mackenzie)** 就曾写道:"我们在阿富汗的勇敢士兵们必须得到增援,否则他们就要全灭了。"在喀布尔,哈姆雷特·韦德(Hamlet Wade)少校在仪式上检阅了第 44 团后,突然感觉通过的部队完全不像阅兵队伍,而是反而像参加葬礼的队伍——"究竟是什么让我有了这种想法,我竟完全不知道"。在 150 英里以东的贾拉拉巴德,第 13 轻步兵团的丹尼(Dennie)上校眼中则有更清晰的图景。"你终会看见,"一天,他评论说,"你终会看见:没有人能从喀布尔来到这里。最后抵达的只会是一个人,而他将告诉我们,其他所有人都已毁灭。"

不安的感觉开始扩散。与敏锐的多斯特相比,沙·舒贾是个糟糕的统治者,而他身边还环绕着衰老又暴躁的顾问,因而,他也变得更为易

---

* 英格兰也有不少人抱有这种感情。我手中这本多斯特传记的作者是莫汉·拉尔(Mohan Lal)。1861 年,伊顿公学的舍监莱昂内尔·加尼特(Lionel Garnett)就将这本书作为离别礼物,送给了多斯特的儿子。这本书题献给维多利亚女王。

** 他日后也会成为将军,而且将成为不可思议的阿马拉瓦蒂雕刻的发现者。这些雕刻在东印度公司总部的马厩中躺了 50 年,如今是维多利亚和阿尔伯特博物馆的珍贵藏品。

怒。英国军官们虽然在喀布尔结交了很多朋友，但由于他们对女性散漫而随意的行为，暗地里也树敌不少——这些妇女因为丈夫的鸡奸爱好颇为沮丧，也就更容易屈从于英国人。在街道上，普通士兵也越来越容易受到攻击和骚扰。更加敏锐的专业人员则开始担心英军军营的状况：军营在开放平原上的位置格外糟糕，根本无法防御，军需储备则在防御线以外——正如一名年轻的炮兵所言，"这简直是我们的军事技能和判断力的耻辱"。

现在，各种流言四处纷飞：吉尔扎伊人的新阴谋、北方叛乱的预兆、西部波斯人的诡计。而军营中的部队，在沉浸于喀布尔紧张而压抑的气氛长达一年后，终于表现出了集体神经官能症的早期迹象——为琐碎小事争吵，相互较劲，固执己见，易怒敏感。"这整个国家就像我们在印度的领导地位一样平稳。"麦克诺滕更加坚定地写道，但相信他的人却更少了。"公使正试图欺骗自己，让自己相信阿富汗仍然处在沉寂的状态。"令人敬畏的塞尔（Sale）女士写道。她的丈夫鲍勃将军正与吉尔扎伊人艰难对抗。同时，伦敦的威灵顿公爵也没有被公使的信件哄骗。他说，读完这些信后，"根本不可能没有意识到我们在中亚事务中的地位已经岌岌可危"。

在这样充满烦忧的情况下，1841年4月，一名新的总指挥官向阿富汗驻军蹒跚而来——他确实是蹒跚而来，因为这位威廉·埃尔芬斯通（William Elphinstone）少将不仅如他手下的一名高级军官所言，"是担任总指挥官必需的军衔等级中最没有能力的军官"，还因为痛风和其他无法诊断的疾病而严重残疾，几乎无法行走。埃尔芬斯通是个讨喜的人，但并不能带来任何希望。每个人都喜欢他——他是奥克兰勋爵和他的姐妹们的老朋友——但没有人相信他作为军事将领能有什么用。他出身显贵，为人善良，举止优雅，年近六十，而他最后一次上战场还是在滑铁卢战役时；虽然他的家族与东印度公司颇有渊源，但他本人不会说哪怕一点儿兴都斯坦语，也不会任何其他的东方语言。很难想象这位温柔却满身病痛的人究竟为何会到阿富汗指挥军队，毕竟他此时完全可以保留着珍贵的回忆，在英格兰过上快乐的退休生活，何况他还拥有巴斯勋章以及奥地利圣安妮勋章的骑士爵位；确实，他甚至无法对自己解释此事，还一次次竭力否认他能胜任这一工作——"我早就精疲力竭了，"他对自己说，"无论身心都是如此。"

埃尔芬斯通本就是不可能接替指挥官的人物，性格刚硬的高级军官自然也没有给他好脸色看，而他本人似乎从一开始就对情况相当悲观。即便是他昏花的老眼，都能看出军营潜藏的危险，此外，他虽然疾病缠身，但仍然担忧着喀布尔部队与印度的直接交通线——他们要穿过往东通向贾拉拉巴德的山道，从那里穿过开伯尔，抵达白沙瓦和印度河。"如果出事了，"他含糊地对军官们说，"看在上帝的分上，你们得赶紧扫清道路，这样我才能离开。"当军队在阿富汗冒险活动的第二年挥霍时光时，即使是埃尔芬斯通这样无能的人，也感觉到了某种预兆迫近的气氛，直觉告诉他，阿富汗的内部力量正聪明地在他们看不到的地方悄悄集结，准备对付平原上的外国人。

事实确实如此。1841年11月2日黎明，一群人来到伯恩斯在喀布尔的官邸之外，高喊侮辱性话语，并尖声要这名英国特派代表付出血的代价。伯恩斯要求守卫不要急于开枪，随后便与助手威廉·布罗德富特（William Broadfoot）以及兄弟查尔斯一起走上阳台。他试图呼吁人群遵守秩序，但被疾呼斥回。此时，枪响了。布罗德富特射死楼下花园的六名阿富汗人后，终于被射中心脏死去。* 暴民包围了官邸，马厩起火，一名陌生人来到房中，要求伯恩斯兄弟立即随他出去。不知出于何种原因，他们相信了这名陌生人，把阿富汗长袍披在身上后，便随着他穿过大门，进入了混乱的花园。此时，这名带路者突然大喊："看，朋友们！这就是亚历山大·伯恩斯！"阿富汗人立刻拔刀按倒伯恩斯兄弟，很快就将他们大卸八块。

---

* 一年前，他的兄长詹姆斯就在一场与阿富汗人的小规模冲突中身亡；四年后，他的兄长乔治也将在与锡克人的战斗中阵亡。他们来自奥克尼（Orkney）的柯克沃尔（Kirkwall）。

9

"亲爱的威廉爵士，"当天晚些时候，埃尔芬斯通给公使写信道，"从你离开，我就一直在思考明天该做什么。我们如今陷入两难境地，难以抉择……如果进军城内，似乎最后也只能回到这里……我们得看看早上有什么消息，再决定要做什么。"

部分是因为事先计划，但更多是因为情绪的激化，喀布尔的骚乱已经演变成了起义。最初，喀布尔人以为，英国特派代表被杀，其官邸被烧成灰烬后，英国部队肯定会进入喀布尔，进行血腥报复。然而，事实是，只有区区一个步兵团前往"高堡"，为国王提供更多保护。如此软弱的反应刺激了阿富汗人，喀布尔城内和周围成千上万人开始公开反抗，几天内，喀布尔地区便陷入战争状态，而且英国人事实上已经被包围在兵营内。

埃尔芬斯通将军仍旧认为"明天"就能做点什么，但从未真正下定决心。暴动当天早晨，他从马背上掉下来，从此便身体状况不佳。参加他的战事会议完全是痛苦的体验，这位老将军会不断摇摆态度，不断怀疑，反复改变主意，而且会议经常以他对半岛战争的详细回忆开始。哪怕是他说话的选词，都充满哀伤。"理所当然，我们必须留心失败的后果。""我们的情况当然还不算绝望，我绝不是要传达出那样的情绪。""我真不幸，竟然完全不了解情形。"由于他似乎毫无自己的想法，从尉官到准将，每一个人都为他提供了自己的想法。有些人认为，他们应该全体一起离开兵营，前往"高堡"。有些认为他们应该放弃喀布尔，撤退至贾拉拉巴德。还有些人认为，他们应该找出暴动的首领，与他们谈判。

每一天，都有更多阿富汗人加入起义，最后，数千名工匠和商人组成的游击队挤满了兵营周边，行动也逐渐变得大胆起来。英国人在防御工事内不安地观察着这支队伍，在他们这些滑铁卢战役的胜利者看来，这支部队鱼龙混杂，但阿富汗人自身却是行事娴熟，决心坚定：这支部队有自己的骑兵，他们的长管吉赛尔步枪（jezail）射程比英国的滑膛枪要长得多，他们的枪法也相当精准。很快，兵营和城市之间的道路就被阻断了；更糟糕的是，阿富汗人占领了军需堡垒，劫掠之后一把火将其烧毁，英国人几乎所有的储备物资都毁于一旦。这一切都在兵营中英国人目睹下发生，而就在兵营中，衰老的将军仍然举棋不定，士兵们则半是反抗地踢着鞋跟，表达着他们的失望——"阁下，为什么我对他们说'向右看'的时候，他们却都往反方向看去呢？"一天，检阅部分士兵后，埃尔芬斯通向麦克诺滕抱怨道。

他们几次尝试突围，但是都耻辱地以失败告终，英国步兵四处逃窜，而这也是他们最后一次尝试进攻了。阿富汗人几乎没费一兵一卒就打败了他们。食物开始短缺，冬天即将来临，部队士气低落，随军平民陷入恐慌，政治官员陷入困惑，饱受质疑，指挥官经常陷入沮丧，而英国特派代表早已死去。似乎所有的阿富汗人都拿起武器反对英国人了，到了11月底，麦克诺滕终于决定谈判和解。

10

在这一高潮时刻，一位令人敬畏的阿富汗领导人——阿克巴汗（Akhbar Khan）——来到了英国人面前。他是多斯特的儿子，曾流亡于土耳其地区，现在带着一支乌兹别克人组成的部队回到了喀布尔。麦克诺滕正是与这位凶猛、狡诈而有魅力的领导人展开了谈判。根据安排，双方于12月11日在喀布尔河畔会面。谈判桌上，公使向阿克巴汗提出了一份投降协定的草案，里面尽是卑微的条款。草案表示，英国军队在阿富汗驻扎显然让大多数阿富汗人不满了，既然其驻扎的唯一目的就是保证阿富汗领土完整，以及人民的幸福与福祉，那么现在再停留就没有意义了。麦克诺滕提出将英军立即全部撤出阿富汗，并让沙·舒贾选择是跟他们走，还是留在喀布尔；他们还承诺，英军部队安全通过开伯尔山口，踏上前往印度的道路后，会尽快将多斯特·穆罕默德送回阿富汗。作为交换，公使提议阿富汗人保证英国人安全通行，并立即将补给送到兵营，保证英国部队有足够力量行军。

阿富汗人对此表示理解，并接受了协议条件。他们必定是颇为震惊。根据协定，喀布尔卫戍部队将在三日后开拔，但与此同时，刚被任命为孟买总督的麦克诺滕仍然抱有微小的希望，期望在喀布尔挣得一些声望，因此开始了一系列狡猾的行动。第二天傍晚，阿克巴汗的一名信使不请自来，进入了兵营。这名使者就是"绅士吉姆"，即斯金纳队长，著名的英印混血好战家族的成员之一，从起义开始，在喀布尔被捕后，就没人见过他；而出人意料的是，他和阿克巴成了朋友，这次前来便是带来了阿克巴的一个秘密额外提议：他想和麦克诺滕达成秘密协议，一起欺骗其他的阿富汗领导人。沙·舒贾可以继续当国王，阿克巴则担任他的维齐尔，英国政府则要给阿克巴一大笔钱，加上一份终身补助金；同时，英军可以在阿富汗继续驻扎八个月，并在其后自愿决定是否离开，英军的尊严也可恢复；麦克诺滕此后将担任孟买总督，而英军侵略阿富汗的最初目标也能实现。

"绅士吉姆"表示，传递这样一则信息，就像身上背满了易燃物，但心烦意乱的麦克诺滕很快抓住机会，接受了提议，并签署了一份波斯语的声明。在这样一个充满背叛与欺骗的国家里，这种行为极其危险。不止一个人提醒公使小心受到背叛，甚至暗示这可能是一场阴谋。"阴谋！"麦克诺滕高喊，"阴谋！那就让我一个人承担吧——在这件事上相信我！"无论如何，他还是对乔治·劳伦斯说，这事值得冒险。"过去六个月我过着怎样的生活，劳伦斯，你是知道的；相比蒙受耻辱，然后东山再起，我宁愿冒上死去一百次的风险。一次成功就能拯救我们的荣誉，弥补所有的风险，甚至还能赚一点儿。"

因此，就在1841年圣诞节之前两天，威廉·麦克诺滕爵士带着三名英国军官，以及一小队印度骑兵，再度离开兵营，去与阿克巴汗会面。他们还带上了一匹可爱的阿拉伯母马，作为给阿克巴的礼物。地上有些积雪，他们发现阿克巴带着一些酋长，以及一群四处徘徊的"勇士"，在兵营约360码[*]外等待。雪地上已经铺上了一块地毯，阿克巴和麦克诺滕亲切地打招呼后，便一起坐到了地毯上。先说话的是阿克巴。他问麦克诺滕，是否准备好将前夜的提议付诸行动？为什么没有准备好？麦克诺滕也做出了回

---

[*] 1码约合0.9米。——译者注

答。突然，阿克巴大喊："抓住他们！抓住他们！"于是，酋长和旁观者都对英国人出手了，周围徘徊的"勇士"们则高声尖叫、诅咒。麦克诺滕的印度护卫转身逃跑，三名参谋军官则在弄清情况之前就被绑在马身后，然后被迫跟着马匹飞跑穿过周围充满杀气的"勇士"群。其中一人在途中摔倒，立刻被阿富汗人杀死了，另外两人则被囚禁在附近的一座堡垒中。他们被带走时，看见身后的麦克诺滕脸色灰白，头朝前被拖下雪坡。他们最后听到的，是公使用波斯语大喊"看在上帝的分上"，随后，麦克诺滕就永远消失了。

在混乱中，可能是阿克巴本人射杀了麦克诺滕，随后愤怒的"勇士"们又用刀将他大卸八块。当天晚些时候，被囚禁的军官们便看见一只断手在铁窗外上下挥舞，并得知那就是麦克诺滕的手。"好好看看吧，"勇士们对他们尖声大喊，"你们很快也会是这种下场！"他们不知道的是，公使的头颅已经被剥去大礼帽和眼镜，被放在阿富汗首都的街道上游街示众，而其尸体的其他部分则被悬挂在大集市的肉钩子上。

II

哪怕到了此刻，阿富汗人依然认为，他们会受到英国人的报复；但英国人已经斗志全无，只想逃离此地。埃尔芬斯通将军现在因为臀部的又一处伤口而变得更加虚弱，他没有愤怒地让部队向城市进发，只是重启了谈判，就仿佛女王陛下的公使和全权代表并未被谋杀一般。这一次，谈判桌上也没有什么阴谋诡计了。阿富汗人决定了条款，而英国人接受了。英国部队必须立即离开，并且要以人质、所有的财物和几乎所有的枪炮作为抵押，担保多斯特回归。作为回报，阿富汗人承诺提供"一些值得信任的护卫人员"，保证英国部队安全穿过印度边境线——而此时，距离滑铁卢战役不过26年。但没有人相信阿富汗人的话。此时正值圣诞节，但协议的签署并未给英国人带来一丝安慰，他们已经饱受惊吓，痛苦发冷，饥肠辘辘——普通士兵当天得到的食物，只有一点点面粉和融化的酥油。部队瑟瑟发抖地打包财物时，阿富汗人背信弃义的传言仍在军中阴魂不散。据说，

18个签署了协定的酋长已经秘密发誓，要摧毁所有英军部队及其随从。塞尔女士笔耕不辍，在圣诞节后第一个工作日的日记中写道，她听说酋长们决定抓住所有的女性，男性则只留一名活口。偶然翻开托马斯·坎贝尔的诗集时，她读到了这样一节：

> 这是无数人相聚之所，少有人离去！
> 雪将成为他们的裹尸布，
> 他们脚下的每一片草皮，
> 都是一位士兵的长眠之地。*

1842年1月6日，部队开始撤退，这是英国陆军史上最糟糕的一页，也是一幕悲剧的谢幕。正如历史学家约翰·凯（John Kaye）爵士所言，这场悲剧"完整得糟糕可怕"，在历史上也是绝无仅有。要抵达安全地带贾拉拉巴德，与当地的英国卫戍部队会合，这支军队必须穿过90英里荒凉的山地。现在，整片区域被大雪覆盖，而且早已成为掠夺成性的吉尔扎伊人的领地，还聚集滋养了不少"勇士"。冬日寒气刺骨，英军的行进也开始变得混乱。离开兵营的共有约16 500人，其中有700名欧洲人，3800名印度士兵，剩下的都是随军平民和他们的家人。他们带着超过1000匹马，还有拉车的牛、骆驼、骡子以及矮种马。大多数欧洲妇女和孩子都坐在骆驼的驮篮中随军前进；随军平民则竭尽所能，稀稀拉拉地跟在部队后方，这些可怜的印度人既恐惧又迷茫，行进时要带着婴孩、烹饪用的锅，还得扛着大量勉强捆扎好的篮子、箱子和包袱。

就在后卫部队的最后一名士兵离开兵营时，暴民们便涌入其中，开始掠夺和破坏；阿富汗酋长们还骑着马，在队伍周边虎视眈眈地徘徊，有时向将军送去专横的消息，有时靠近队伍，有时又消失无踪。撤退从一开始就很悲惨。部队秩序尚可地沿着平原上被积雪覆盖的小道行军，同时成千上万的随军人员在队伍中四处乱转，将行军硬生生变成了一场混乱的溃逃。

---

* 出自诗歌《霍恩林登》（*Hohenlinden*）。——译者注

他们疯狂地在人群中向前挤，一边大喊一边推搡，将部队不同的排挤散，士兵也和长官失去了联系。有时，"勇士"骑兵也会冲入英军队伍，用马刀一阵乱砍后，带着抢走的战利品疾驰而去。撤出防线之前，后卫部队就已损失了 50 人。

显然，阿富汗人的保证一文不值。即便这些来护送的酋长有能力控制"勇士"和吉尔扎伊人，他们也没有这样做的意图：最后，一切已经演变成了猫对老鼠的戏耍。才过一两小时就有很多士兵冻伤，印度挑夫也绝望地丢下货物，遁入荒野。离开山谷之前，英军的食物、燃料和军火都已彻底耗尽，也没有掩蔽之处，部队所过之处留下了一串尸体和垂死者，就像可恶的假日旅游后一路留下的垃圾一般——有些人眼睛大睁，失去知觉；有些人哀求着要脱离苦海；还有些人被在混乱中穿行的阿富汗孩子用刀扎取乐。英军第一天晚上扎营时，距离喀布尔城只有 6 英里，他们回望便看见夜空被染成红色，焚烧兵营的火光映天闪烁；下半夜后卫部队抵达时，已经因为长达一天的连续战斗而精疲力竭，该部的士兵在黑暗中大喊："第 54 团在哪里？第 6 团在哪里？"他们发现，营地陷入了噩梦般的混乱，由于饥饿和寒冷，男男女女正在生死边缘挣扎。这些士兵们四处寻找自己的部队单位时，人人都对他们说，"没有人知道这些部队在哪儿"。

12

撤退只持续了一周。最初三天，他们穿越了一系列险峻的关口，大多海拔超过 5000 英尺，而且深埋于积雪中，而每一天，在冰天雪地中挣扎的英军士兵及其从属都变得越来越少，越来越虚弱。离去之路并不和平。他们不时会看到护送的酋长，他们在遥远的小山上骑着马，披着厚厚的斗篷，或者在关口的尽头等待英军部队的到来；有时，阿克巴本人也会出现，要求英军交出人质，幸灾乐祸地反控英军犯下的罪行，或者给英国人带来一点点善意的保证，不过这种保证越来越不可信。每一天，骚扰者都越来越肆无忌惮，直到最后，似乎每一条水沟里都埋伏着骑兵，每一片山脊上都隐藏着射手。

雪地中，可怕的场景一个接着一个。第54土兵步兵团的梅尔维尔（Melville）中尉被长枪和小刀刺伤了后背和头部，只得在部队后方手脚并用地爬行。为部队提供医疗服务的卡迪尤（Cardew）医生严重受伤，他手上只剩下一把枪，被留在路边等死，而他照管的士兵们则含糊地说着告别的话。骆驼被子弹击中，哀号着缓缓倒下，膝盖深陷雪中，它背上驮篮中的博伊德（Boyd）女士和四岁的儿子休（Hugh）也被抛出来，摔在了地上。在残杀、饥饿、寒冷与恐怖之中，还有一名盲目逃离使团卫队的衣衫褴褛的印度逃兵被行刑队当场射杀。

行军开始后第四天，阿克巴给埃尔芬斯通写信，暗示应该将英国妇女交给他照管。最终，11名妇女与孩子一同被交给了阿富汗人，其中包括塞尔女士和麦克诺滕女士，奇怪的是，还有几位女士的丈夫也被一同移交；他们被带到山丘上的一座小要塞中，当晚饱餐了一顿羊肉和米饭。此时，英军的战斗力量已锐减至300名英国步兵、约480名印度兵以及170名骑兵，他们大多已经冻伤，很多人患上雪盲症，还有更多人没有武器或弹药。他们已经通过了第一个大关口，前面还有70英里要走。

第五天结束时，剩下的印度兵或死或失踪，部队的行李也一点儿不剩了。数英里的道路上堆满了随军人员的尸体。离开喀布尔后，大约有1.2万人死在路上，只有几千个印度人幸存。而仅有的对侵扰进行反击的部队，就是第44团和第5轻骑兵团。此时，他们通过了第二个和第三个大关口，距离贾拉拉巴德还有50英里。

第六天和第七天，幸存者们艰难地试图通过最危险的峡谷——贾格达拉克（Jugdulluk），如寓言般阴沉的隘道。小路在悬空的巨岩之间蜿蜒，只有参差不齐的几棵圣栎树打破千篇一律的雪地景象，高高耸立。阿富汗人用6英尺高带刺的冬青树阻断了这里的道路。士兵们徒手处理障碍物时，从两侧的山脊上，一阵烈火向他们直扑而来，吉尔扎伊骑兵在人群中无情地疾驰穿行——英军士兵们用冻僵的手指疯狂地四处摸索，成百成百地死去。最后，障碍物终于打开了一道缺口，骑兵和步兵疯狂地向前涌去，马匹的前蹄高高抬起，子弹四处乱飞，疯狂的士兵有时甚至会对朋友开枪。

就在这片混乱中,手持小刀和长剑的阿富汗人一个个倒下,雪地被鲜血染红,脚印散乱,穿着红外套的士兵尸体随处可见。

到了第八天,部队已经没有了指挥官。埃尔芬斯通被召往阿克巴的营地会谈后,便被扣押为人质,士兵们从此再也没有见到他。但此时,军队事实上也已经不复存在:只有大约 20 名军官和 45 名英国士兵从贾格达拉克的惨败中幸存。在一座叫甘达马克(Gandamack)的小村庄中,他们被阿富汗人包围——此时,整支部队只剩下一些骨瘦如柴、疲惫不堪,且大多没有武器的英国人,包括第 44 团的苏特(Souter)上尉,他的腰部有一处伤口,颜色与其所在团的代表色一模一样。对方喊着要谈判,但这是一个陷阱。士兵们遭到痛击,有 6 个人活着被俘。除了一些四处游荡的印度兵,这支部队仅有的幸存者就是 14 名骑兵了。穿过甘达马克后,他们绝望地向贾拉拉巴德方向疾驰——此刻,它仍在 20 英里外。

第九天,幸存者只有 6 个了——3 名上尉、1 名中尉和 2 名军医,其中布赖登(Brydon)医生的马已经死去。土兵步兵团一名负伤的印度军官将他的矮种马转交给了医生——"带着我的马,"这名印度人说道,"愿上帝让你安全抵达贾拉拉巴德。"在贾拉拉巴德 16 英里外的富腾哈巴德(Futtenhabad),军官们受到了村民的热情欢迎,他们把食物送到军官们手上,还邀请他们稍微休息一下:随后,有两个人当场被杀,逃窜过程中,又有三人被杀。

13

因此,在 1842 年 1 月 13 日,喀布尔部队只剩下唯一的幸存者——医疗队的布赖登医生。他正绝望地向几英里外的贾拉拉巴德飞驰,周边的阿富汗人像苍蝇一样围绕着他,向他投掷石块,挥舞马刀,最后他仅有的武器就是断剑的剑柄,他将其扔到了一名骑兵的脸上。刚到下午,布赖登突然发现只剩下他一人,周围的阿富汗人全都消失了。他眼前一个人影也没有。冰冷的空气中没有一点儿声音。他便倒在马脖子上,疲惫地穿过雪地,此时便可以远远地看见贾拉拉巴德的泥土围墙,以及高高飘扬的英国国旗。

于是，他将头上的军便帽摘下来，无力地挥舞。要塞大门打开，一群军官跑来欢迎他。至此，维多利亚女王的第一次帝国战争，以及喀布尔撤退，画上了盛大而骇人的句点。

"我没说过吗？"从城墙上向下看时，丹尼上尉说道，"信使来了。"*

---

* 不到一年，英国人便回到了喀布尔，也就破坏了约翰·凯爵士所说的那种可怕的完整性。他们炸毁了当地的大集市以示不满，阿富汗人从此屈从于英国，直到40年后两国又一次爆发战争，情况才得以改变。当然，沙·舒贾很快遭到谋杀，阿克巴则死于1847年，据说死于毒药，而多斯特·穆罕默德终于回归王位，如后文所述，他将证明，自己才是大英帝国真正的伙伴。大博弈很快再度开始，为19世纪接下来的日子带来持续的警报和争论。奥克兰勋爵对这场灾难的评价就是"整件事我完全不清楚情况"；他后来成为海军大臣，1848年去世时，仍然单身。可怜的埃尔芬斯通死在了阿克巴手中，阿克巴尊敬地将他包在充满香气的毯子中，将他和他的男仆一起送回了贾拉拉巴德。布赖登医生在后面的故事中还将登场，而他的矮种马最后的信息则来自小说家埃里克·林克莱特（Eric Linklater）先生。林克莱特想要替换克罗默蒂（Cromarty）庄园宅邸损坏的铁栅栏时得知，布赖登医生著名的马在一次失败的跳跃中弄弯了铁栅栏，但为表纪念，弯折的栅栏一直保持原状——这是个美丽但并不令人信服的故事，林克莱特先生对我说，因为布赖登要到1860年才会从印度回到英国，而此时这匹马应该有20岁了。

至于喀布尔撤退，虽然大多数英国人已经将其彻底遗忘，但阿富汗人记忆犹新。1960年，我与一位阿富汗同伴一同重走了喀布尔到贾拉拉巴德的道路。路途中，我们发现很多人都愿意为我们指出悲剧发生的具体地点，还能回忆起家族的英勇事迹。我问过此地的一位族长，若外国军队再度入侵，会发生什么？"同样的下场。"他咬牙切齿地说。

第 6 章

商人的冒险

I

同样在19世纪40年代的夏日，世界的另一端，光滑的橡木桌边坐着一群人，他们与阿克巴和埃尔芬斯通的世界相距甚远，很可能也对福音派的帝国主义毫无兴趣，就好像他们居住于完全不同的另一个国家，属于另一个文明。然而，他们却代表着与战略和博爱同样强大的帝国动力：利益。

房间里有十个人，在场的还有一名秘书，他们像开董事会一样围绕桌子落座，神情严肃，看起来饱经风霜，像坚定的生意人，大多数人面容如同憔悴的苏格兰人一般。房间舒适而庄严，木块在火炉中燃烧，在靠墙的桌子上，放着一卷卷皮面装帧的会议记录，桌上有羽毛笔、几瓶墨水，以及吸墨台。专家和头脑冷静的人会花上好几个小时深思熟虑，人们的谈话总是围绕着贸易比例、可用库存、职员升迁以及分配的问题。秘书的笔不断在纸上划出沙沙声，大页纸写满了一页又一页。会议结束后，这十个人便会将记录归档，用平实朴素的字体在页面底部签上各自的名字和衔级，随后便跟着主席出门，来到走廊上——走廊另一头的门打开时，空气中就会飘满令人舒适的红酒和烘烤食物的香气。

这里是小溪旁的一座优雅白房子，用上了油漆的板材建成，有宽大的窗户，挂着百叶帘，一座钟楼俯瞰着毗连的仓库、花园以及后方的附属建筑物。四周的丛林延伸到小溪处，边界模糊；也延伸到下方湖畔，湖水中点缀着几座小岛。这看起来是个温柔而惬意的地方——一个备货充足、温暖、被小心爱护的地方，在这里，人们可以用文明方式做生意，公司间相互合作愉快，吃喝都很丰盛。

第6章 商人的冒险　91

这些人就是英国向哈得孙湾贸易冒险者荣誉公司（Honourable Company of Adventurers of England Trading Into Hudson's Bay）的鲁珀特地（Rupert's Land）的北方部门总管、总代理人以及主要贸易伙伴，他们正在贸易定居点"挪威豪斯"（Norway House）开年度会议。这个定居点位于普莱格林湖（Playgreen Lake）畔，这里布满森林，几乎无人居住，基本上无人踏足，地理位置超乎想象地偏远，在蒙特利尔以西约1500英里。他们从加拿大荒原遥远的角落乘船或独木舟抵达此处。乔治·辛普森爵士是该公司令人敬畏的主席，他乘轻舟而来，船只装备如此精良，驾驶如此平稳；他穿过森林的大规模旅行，就如同王室巡行一般。

2

贸易与帝国总是如影随形——甚至一度就是同义词。"国旗插到哪里，贸易就扩张到哪里"这样似是而非的理论还没有成形，不过从英国人在海外建立定居点开始，攫取财富就是帝国扩张的重要动因。在异国海岸上物物交换的白人，就是帝国的雏形。珠子、兽皮、火药、宝螺壳、印花棉布、朗姆酒和奴隶，都是英国荣耀的重要构成部分。贸易首先将英国引向印度，虽然丢失的美洲殖民地已成了另一种形式的追求利润的事业，但在18世纪，大英帝国基本上仍然以商业为骨架。

英国商人冒险的传统源自16世纪，当时爱德华六世向名为"探索各地区、领地、岛屿及无人知晓之地的商人冒险者行会（Mysterie）和公司"颁发了王室特许状，该公司由约100名英国男士和3名女士组建，后来演变成了莫斯科维公司（Muscovy Company），为后世所有获得王室特许状的公司树立了模范。该公司在王室许可下建立，为自己谋取利润，也为国家提供某些服务——毕竟当时，英国作为一个国家拥有的船只数量和现金数量都很少。它是一家贸易公司，同时又附带地成为政策的工具——该公司的第一次远航就是为了寻找通往中国的北方航线，但其派出的三艘小船并未完成这一任务。不过，该公司反而开始与俄国做生意，建立了英国第一批海外贸易点和"工厂"，并获得了大量中亚地理的知识。莫斯科维公司从未有海外征服的野心，但它又不断建立外交联系，收集情报，探索并建立贸易路线——公司事实上就是在行国家之事。

这一传统的两个典范都延续到了维多利亚时代早期，并开始在国家事务中寻求新的地位。贸易与统治之间的关系变得越来越复杂。正如迪斯雷利对传统殖民地商品蔗糖发表的评论所言，一切因素都交织其中："它不仅关乎商业，还带有帝国、博爱和宗教的气息；它们相互混同交织，让立法机构陷入迷茫，整个国家也迷失在相互冲突的利益和相互竞争的情绪构成的迷宫中。"一方面，科布登、约翰·布赖特（John Bright）以及曼彻斯特学派的经济学家相信，自由贸易的到来终会将帝国淘汰。即便是将来最为雄辩的帝国主义者迪斯雷利本人，在19世纪30年代也认为殖民地是"我们肩上的重担"。另一方面，也有人认为，英国在全世界范围内新的优势地位，乃是无可比拟的获利机会。此时，英国刚刚胜利结束了一场对中国的小型战争，意在驱迫中国相信，继续从英属印度进口鸦片对双方都更加有利。伦敦城的金融家们开始看到，帝国散落各地的领地——大多是战争的战利品——对贸易的作用也许和对军事战略的一样大。

拥有特许状的公司反映了这一转瞬即逝的摇摆情况，它们明显站在了中间立场。东印度公司的商业功能已不复存在。1833年，除了鸦片，它放弃了印度和中国地区一切贸易的垄断经营权。现在，它更像主权机构，代表英国君主管理其印度领地，至于向其股东支付承诺的10%股息，不过是它的附带工作。公司的权力机构董事会要受到官方的管理委员会支配，公司拥有自己的文职官员、舰队和陆军，还有自己的军事学院和管理学院。它已经不再是一家公司，也不完全是一个部门，更不完全是一个政权，正如麦考利所言，它是"政府中形式最奇怪的，也正是为最奇怪的帝国而设的"（关于此事，最恰当的例子也许就是，印度总督每次旅途中收到的一车车珠宝、丝绸和仪仗兵器，都必须在回到加尔各答后全数小心转交给东印度公司的会计）。

维多利亚女王的帝国中，另一个获得特许状的公司就是英国向哈得孙湾贸易冒险者公司，上文已经提到，其代理人正离开会议室，准备吃晚餐（晚餐有烟熏牛舌、鹿鼻、海狸尾、野鸭、鲑鱼、白鲑鱼和鹿肉——尽管他们相当有自制力，同时代的观察者回忆"他们在当时也属于相当严格的人"，饮料只有雪莉酒和陈年的波尔图葡萄酒）。

3

1845年的加拿大几乎空无一物。东部地区，沿着圣劳伦斯河，在沿海各省，以及五大湖东岸，都有繁忙的定居点，但西部的广阔领土上，只有分散的印第安人部落、因纽特人、四处游荡的猎人和孤立的贸易商。理论上，整个加拿大都属于英国。自与法国的战争结束后，加拿大就成为英国属地中的异类，在少数有居民的地方，其居民大多是法国人、美国亲英派和被放逐的苏格兰高地人。东部定居点被分成了五个相互独立的殖民地。而加拿大剩下的土地，从东部的五大湖到西部的温哥华岛，从美国的边境到北极圈以内，都是冒险者公司的势力范围：有流向哈得孙湾之河流的土地是他们的地产；在其他的地方，他们则有贸易垄断权。

该公司建立于1670年。在这一年，查理二世授权鲁珀特亲王及其合伙人成为"在通常所称的哈得孙海峡入口以内的，无论纬度多少的"领土的"真正、完全的领主和所有人"，这片领土的大部分地区欧洲人从未涉足。他们不止获得了这一广袤地区——鲁珀特地——的垄断贸易权，还获得了其占有权，可以"以和东格林尼治庄园一样的条件，自由而普遍地租佃其土地"，只要在国王踏上这片领土时奉上一头麋鹿和两头黑色海狸即可——而对1670年的冒险者而言，这样的偶然之事不大可能发生。

皮毛是他们的主要目标。在接下来的150年中，公司的事务员都在这片土地上过着异常艰苦的生活，以巩固他们对这片蛮荒之地的控制权。他们与法国人战斗，建立要塞，在极端孤立的地方建立贸易点；他们乘着独木舟，穿着雪鞋探索内陆无尽的小溪和湖泊；每一年，他们的一艘艘小船要航行超过7000英里，从格雷夫森德（Gravesend）起航前往哈得孙湾，然后再返回，此时，船上便载满了海狸、狐狸、熊、貂、水獭的皮毛。在18世纪80年代，公司受到了闯入者群体的猛烈挑战，他们大多是苏格兰人或法裔加拿大人，该群体被称作西北公司（North West Company），或简称"西北人"（Nor'-Westers）。他们公然反抗特许状，充满恶意和狡诈地与哈得孙湾公司战斗，用朗姆酒收买当地的印第安人，或者直接用枪将印第安人杀害，用更低的价格出售哈得孙湾公司的专卖产品，有时还会直接烧毁公司的驻点。在30年的竞争之后，冒险者们没能消灭这些强盗般的后来者，反而选择与他们合并，甚至吸收了他们的许多特质。1821年，议会扩大了公司的贸易权，令其覆盖查理二世时代以来发现的所有加拿大西部土地，加上鲁珀特地，该公司对将近150万平方英里的土地已拥有类主权的占有权，这无疑是有史以来最大的由私有公司控制的地产。

4

因此，北方部门的诸代理人聚集在挪威豪斯召开的年度会议，无疑是无比重要的。公司的船只从雷尼湖、萨斯喀彻温河、马更些河、阿萨巴斯卡湖、皮斯河、伊拉拉克罗斯（Isle a la Crosse）、雷德河以及哈得孙湾海岸上的约克法克特里（York Factory）驶来，聚集在普莱格林湖上。划船的是印第安人和白人与印第安人的混血儿。每艘船的船尾都飘扬着公司的旗帜，既有英国国旗的图样，也有哈得孙湾公司的首字母缩写"H. B. C."；船的中部则威严地坐着公司的船长，他留着大胡子或者羊排式络腮胡，头部勉强套着一顶宽檐帽，一张苏格兰人的面孔显得冷漠无情——同时，无拘无束的船员们戴着艳丽的方头巾或有斑点的头带，举着陶土烟管抽烟，把马克杯和鞘刀扔来扔去，唱着船夫的狂野法语歌曲，或者用西部方言说着下流的俏皮话。

数百名地位不甚重要的旅行工作者也在6月聚集到挪威豪斯，因为这里要举行一年工作的大型结算会议。在这里，他们决定价格，绘制路线图，达成一致意见——会议记录则会正式地称其为"约定安排"。这里有来自加拿大一半地区的贸易商，他们原是哈得孙湾公司的船员，如今乘着自己的树皮独木舟或内河货船而来。内河货船拉起横帆，舵手站在船尾，就如贡多拉船夫一般。如今，他们也是加拿大西部的常客了。这里有走出丛林的印第安人，他们的圆锥形帐篷搭在几棵树中间，环绕站点；他们的独木舟沿着小溪疾驰,忙碌地来来往往。这里有白人和印第安人的混血儿以及他们的家人,他们大多是易洛魁人和法国人混血,还有些人声称有麦克塔维什(MacTavish)、弗雷泽或麦肯齐家族血统[*]:他们是坚强的棕色皮肤民族,他们的语言是法语和印第安方言古怪、音乐般的结合,他们比其他身在加拿大的人更懂得如何驾驶独木舟航行,顺带有运输和木工技能。这些有色人种船员在挪威豪斯的浮动码头上徘徊,大大的独木舟一只接一只溅起水花靠岸时,他们便一边欢呼一边高喊,鸣枪欢迎,还吹着喇叭,苏格兰人相互握手,团聚的加拿大船夫(voyageur)一次又一次地相互拥抱,印第安人则隆重地欢迎他们。

每一年的高潮,就是总管乔治·辛普森直接从1500英里外、蒙特利尔上游圣劳伦斯河边的拉欣(Lachine)的哈得孙湾大楼抵达此处的盛景。这永远是个激动人心的时刻。在他抵达前,岸上便会响起一阵军号声,人群蜂拥到水滨,挪威豪斯的官员们拉直领带,戴上海狸皮帽,他的轻舟就这样保持着高贵的姿态滑过他们眼前。这艘船比其他所有人的都要高大华美,船尾的旗帜颜色更加鲜亮,划桨的混血儿也更加健美,总体而言,它散发着无与伦比的重要气息。

乔治爵士分外注重外表细节。他的船员一两个小时前就到了岸上,以便把自己和船只都收拾整齐。现在,爵士的船队看上去相当完美,它们整齐地排成一列,船首挂着华美的装饰,船桨涂上了朱红,在水中的动作也整齐有序。乔治爵士的船首站着一位穿着皮衣、留着大胡子的混血向导。有时,乔治·辛普森总管顶着高高的黑帽子,穿着严肃的套装,挺直身体,威严地走近挪威豪斯时,周围的船夫还会伴着华丽的彩旗和羽饰突然开始高歌。

接下来的八天,每天从早晨9点到下午5点,乔治爵士都会和他的总代理人以及北方贸易伙伴商谈,他们是来自西汉姆的约翰·罗安德(John Rowand)、唐纳德·罗斯(Donald Ross)、尼科尔·芬利森(Nicol Finlayson)、约翰·爱德华·哈里奥特(John Edward Harriott)、威廉·辛克

---

[*] 这三个姓氏均来源于苏格兰。——译者注

莱（William Sinclair）、保罗·弗雷泽、威廉·麦克塔维什、爱德华·M. 霍普金斯，以及加拿大人乔治·德尚博（George Deschambeault）——毕竟在那个时代，英国人仍然是英国人，但加拿大人很可能是法国人。

5

这些人就是西部领土的统治者，其中最重要的显然是乔治·辛普森，他被称作"小皇帝"，正是他爱出风头和自我夸耀，才给他们的会面造成了一种场面宏伟的印象。辛普森是一对为人谦逊的夫妻的私生子，由祖父在他的牧师宅邸中抚养长大——祖父是苏格兰马里湾奥赫（Avoch）堂区的牧师。随后他便为富有的叔叔格迪斯（Geddes）工作——叔叔是伦敦的一名蔗糖掮客。12年后，他便突然以信心十足、野心勃勃而自负的形象出现在历史中，成为哈得孙湾公司的总管——也正是在此时，公司吸收了"西北人"，正迈向其无尽机遇的高潮。

他身材矮而壮实，拥有金色头发和蓝色眼珠，此刻他年近五十，每天坚持游泳，即使是在最冷的天气里也不中断，他是这个时代野外冒险者中最勇敢、敏锐的一员——"他就像按照埃及勇士的模板塑造的，"同时代有人这样评价他，"或像乡村老教堂里低矮厚重的方形柱子。"他亲身体验过加拿大的各种情况。有时他会在没有食物的情况下前进好几天，有时又会像猎人捕到猎物时一样，开心地狼吞虎咽——有一次，他满意地记录道，在其他11个人的见证下，他一顿饭就吃掉了3只鸭子和22只鹅。他见过醉酒的印第安人，见过赫布里底群岛阴郁的土著居民，也了解桀骜不驯的加拿大船夫。他曾经在结冰的河水中游泳，跋涉穿过沼泽，乘着雪橇或穿着雪鞋在雪地里一走就是好几周，哪怕是近来才开辟的偏远西部广阔的新领土，他也亲自探索了大半。他一度完成了环球旅行，并聘请代笔者，刻意写作了两卷旅行记录。

辛普森与其他公司成员一样，是个精力充沛的人。他与几个混血女性生下了数个孩子，但在1830年，他用钱打发了最后的"棕色情人"，与18岁的堂亲弗朗西丝·辛普森成婚。婚后，他立即带着弗朗西丝从蒙特利尔出发前往哈得孙湾。他们每天破晓前便踏上旅途，一直行路到夜幕降临之后，经常在天寒地冻中浑身湿透，只能在岩石、沙子或潮湿的泥土上睡觉，照料他们的也只有可怜的弗朗西丝在日记中所述的"算计不足，无法在圆滑的社会中显得出类拔萃"的绅士们。*

这个机警的矮小男人就是哈得孙湾公司在此地的独裁者，他在拉欣舒适的住宅中紧紧把控着公司的一切事务。他是苏格兰学校出来的纪律严明之人，将私人生活和公共生活、自己私下的品质与职业上的品质，都视作融合的整体，因而也以同样的要求来监督雇员。第一次来到加拿大时，他就被人称作"我见过最讨喜的小家伙之一"，但随着时间的推移，他的形象发生了改变。如今，他是"如狡猾狐狸一般的乔治爵士""迷人的追求者""笑里藏刀"的大师、专制君主、厉行纪律的人。他手中有公司主要雇员几乎事无巨细的档案，还会在随身笔记本中一丝不苟地分析他们，而且评价极为严厉。例如："他把印第安人和仆人管理得很好……但对小病小痛有些悲观，想象力过于丰富。""行事铺张，谈生意时总是浮夸而飘忽不定，诚信相当值得怀疑。""这是个狡猾、鬼鬼祟祟、心口不一的人，他惯于说谎，心中充满下流的诡计、疑心和阴谋。""这个人在任何一个国家，任何一个政府治下，在任何情况下，都会成为激进主义者。"

1845 年，他已经完全控制了加拿大，并将在约克法克特里或挪威豪斯举行的年度会议，变成了由他表达同意的仪式。一名公司高级职员写道："你们的一切都仰赖于一个人的善意和随时变化的心境……他的癖好在于，不仅要求严格的服从，还要求谦卑的顺从。"一名雇员最近被放逐至毫无前途的前哨站，位于昂加瓦的奇莫（Chimo），他不满而直截了当地表示："在英国治下的任何一片殖民地，都无法找到比鲁珀特地这块商业殖民地当局更加暴虐的当权者了。这个当权者将军事独裁、严格的监控和贪得无厌的商人的吝啬完全结合在一起。这个不受制衡与控制的个人制定法律，将其施行于从拉布拉多到努特卡海湾的广大土地上。"

---

* 她为乔治生下了两个儿子和三个女儿，于 1853 年 41 岁时死去。乔治的其他情人则至少为他生下了三个儿子和三个女儿。

这就是杰出的人物乔治爵士。他精明、冷淡、富有、严格又刻薄，他的品性完全支配了加拿大西部的荒野，他的出现又为挪威豪斯带来了华丽的场面——正如上文那位可怜的职员所言，这里"举办了虚假的会议，就这样敲定了一切与内陆商业交易有关的事务"。

6

商业上而言，经过一段海狸皮帽不再流行的低谷期后，哈得孙湾公司与"西北人"合作，从此不断发展繁荣。和东印度公司一样，它不仅仅是一家商业公司。它确实仍然是一家不受政府干预、正常运作的公司，它持有股本，也发放股息。它是一家分配利润的企业：其利润的五分之二被分成85份，分配给了在当地工作的高级职员；剩下的则被支付给大约200名股东和"业主"，而且在辛普森支配公司期间，他们获得的股息从未低于10%，有时甚至高达25%。

严格来说，公司总部是位于伦敦城芬彻奇街（Fenchurch Street）的哈得孙湾大楼，但到了1848年，囊括了加拿大西部大部分蛮荒领土的北方部门已经成了主导力量。公司是一个主要负责收集与分配的中介机构，它收集动物皮毛，又分送毯子、铁制品、火器、烈酒等制成品。* 广大的西北地区就像其贸易的分水岭，每一年都有一列列货船队载满皮毛，沿着众多河流、水湾顺流而下，经过数千次陆上搬运，终于将货物运抵哈得孙湾约克法克特里的收集点。这里本身就是一个小镇，聚集在工厂的巨大木制建筑周围，这里有挪威松木制成的高大旗杆、高高的钟楼、篱笆环绕的场院，还有仓库、维修车间、箍桶工人的工场、高级职员和仆人的住处、造船厂以及食品商店。贸易的会计工作在此完成。每年海冰破融时，公司的船只就会装满货物起航，或者抵港卸下满载的货物。夏季，船队沿着海斯河从内陆驶来，约克法克特里的海滩就被成百上千的营火点亮，因为饮酒与斗

---

* 烈酒由越过美国边境的非法威士忌来补充。这些威士忌通常由一份纯酒精加上三份水调成，用茶叶或口嚼烟叶染色，再由姜、红辣椒和黑糖调味。

殴，这里也变得喧闹起来。到了冬天，哈得孙湾的海面结冰，陆地上的森林也被白雪覆盖，冬日昏沉的日光如同面纱一般盖在北方广袤的土地上，此时大楼便会门窗紧闭、筑上路障，公司的高级职员们便躲在房里，点着油灯，披着海狸皮毯子，等待春天的到来。

在西部和南部蛮荒的内陆，孤立的贸易点代表着这一伟大公司的机敏和权威。在加拿大最荒凉、最偏远的地方，在冬日最为严寒的日子里，人们仍然能看到哈得孙湾公司的商店飘扬着旗帜，储备着基本的商品，店员则是混血儿，或者冷静的苏格兰人，手中还捧着《圣经》、莎士比亚的书或者《艾凡赫》。大一点儿的贸易点则有总代理人或贸易商主管，任何一个地方的等级制度都同样森严。贸易商主管要听命于总代理人，晚辈要尊敬长辈。职位晋升基于能力，但晋升的通常都是拥有顽强决心和高超手艺的苏格兰人，因为英格兰人实在太过散漫，法国人又与他们迥异。会计工作相当严格，仓库管理也十分周密。这是一个务实、老练又固执的组织。

然而，它成功地在雇员们心中激起了一种浪漫的忠诚感。儿子会追随父亲的脚步，继续为公司工作，苏格兰北部不少社群都整体对公司有归属感。许多男男女女就沿着这样的轨道过完一生，杰西·罗斯（Jessy Rose）就是其中之一。在会议桌上，她的父亲就坐在乔治爵士的右手边。她在约克法克特里出生，后来嫁给了一名公司雇员，一生大部分时间都在公司的贸易点中度过，最后在挪威豪斯逝世。辛普森本人的两个私生子和三个表亲也追随他的脚步，加入了公司；大陆的另一边，太平洋沿岸著名的温哥华总代理人"大约翰"·麦克洛克林（'Big John' McLoughlin）手下也有他的三个儿子和一个女婿。

为哈得孙湾公司工作的生活带有一种北地的美，即使是想象力最贫乏的人也会被它虏获。公司的领地是一片辽阔的荒原，可以说是广阔版的苏格兰，这种空旷有一种荒芜的诱惑力。日光总是长久不暗，空气总让人心潮澎湃，哪怕要面对骇人的严寒，这片土地也为他们提供了足够的补偿。拉欣的哈得孙湾大楼俯瞰着拉欣运河上所有小码头和仓库的喧嚣。冬日的节日里，总管举办他著名的宴会，贸易商携妻子，分别戴着海狸皮帽和阔边帽，乘着雪橇欢快地抵达此地，刚从不列颠踏上这片土地的羞涩新人也在热潘趣酒和玩笑话中逐渐开怀，这时整座大楼便被火光照亮，公司新一代的孩子在变得和气的乔治爵士身边嬉笑：

> 来吧，乘上雪橇，让我们奔向
> 哈得孙湾大楼，享受一夜欢乐。
> 乔治爵士爽快地笑着，允许
> 孩子们喧闹的回音四处飘荡。
> 看，从拉欣的这边到那边，他们四处涌动，
> 一只来自广场的雪橇冲到门前，
> 小小的心脏不断跳动，小小的双脚四处奔跑，
> 妈妈多么开心——这是孩子们自己的盛会！

森林之中小溪边孤寂的贸易点里，则有完全不同的快活。这种隔绝当然可能带来极端的压抑：除了印第安人和粗鲁的加拿大船夫，他们别无近邻；除了司各特的小说和《圣经》，没有别的东西可以读；除了古怪而沉默寡言的捕猎者、严厉的检查人员，以及一年一度经过的大队皮毛贩子，没人会来拜访他们。这些地方的昆虫也多得可怕：黑蝇、水牛蚋、鹿虻、麋鹿虻、牛虻，还有无处不在、难以用语言描述的扑火的蚊子。* 但是一旦冰雪消融，春天到来，地上便会生长出美丽的花朵，熊、海狸和狐狸也纷纷出来活动，小溪闪耀着蓝绿色的光辉，缓缓流过充满芬芳的森林，水面在灌木丛的掩映下忽隐忽现，仿佛整片大地都被放在了一片染色的玻璃上。在比较古老的贸易点，如鲁珀特豪斯（Rupert House）、坎伯兰豪斯（Cumberland House）、挪威豪斯和约克法克特里，都留存着荣誉公司古老的显赫气息，这仍然能激起公司新一代年轻人的骄傲，为他们一生的冒险附上新的一层尊荣。例如，在哈得孙湾丘吉尔河河口突出的低矮沙嘴上，就矗立着威尔士亲王要塞，它于1732年建造，于1782年被法国占领，又

---

* 据说在加拿大北部，每英亩（1英亩约合4047平方米）土地上就有多达500万只各种昆虫，一个浑身赤裸的人在三个半小时内就会被吸干血液。有些理论学者相信，即使是北美驯鹿，也因为这些昆虫的侵扰而选择迁徙。

在战后回归英国之手，至此时仍是北美最宏伟的石砌建筑之一。

这是一座由整齐的花岗岩建成的四方形建筑，外面环绕着幕墙，墙上还留出了 42 个枪孔。墙内则是一个场院，既有生活区域，也有警戒哨。从幕墙以外，可以看见大门上雕刻着美丽的图案，这乃是许久之前，工匠们穿越半个地球来此完成的作品，上面还雕刻有象征他们手艺的共济会标志。要塞本身并不是富有美感的建筑，但它总能唤起人们澎湃的激情。它依然讲述着古老冒险、战争与利益、远征开始与长久旅途终结的历史。从河流上游新驻点前来的公司员工，也时常爬到幕墙之上，向哈得孙湾的另一边张望。春季向外眺望或许还令人心旷神怡，但冬季这就成了可怕的活动。随后，他们就会走过结冰的地面，走向要塞。在更遥远的北方，天地间除了秋季最后的波浪凝结成的寒冰，别无一物，天空中浮着苍灰的极地云，散发着北地神秘的光辉。乌鸦、雷鸟和雪雁飞掠过泥炭沼泽地而去，地上偶尔会传来雪狼的嚎叫，有时还能看见遥远冰面上的北极熊或一动不动的海豹。海岬之外，因纽特猎人队伍不时会驾着狗拉雪橇路过，他们的鞭子在空中挥舞，身后飞舞着破碎的冰晶，他们渐行渐远，身影逐渐缩小，而声音仍在广阔的冰原上回荡，在其身后原本的寂静中萦绕不绝。

7

这正是帝国的构筑，不过仍然停留在浅薄而贫乏的层面。正如一名英国商人所言，这乃是"一项耐心、节制、灵巧而勤奋的个人自由事业"。确实，哈得孙湾公司的存在防止了类似美国与印第安人的血腥战争在加拿大爆发，它甚至还赞助了一些活动，以提升土著部落的社会标准：卫斯理派传教士詹姆斯·埃文斯就是在挪威豪斯第一次为克里语设计出了一套字母表，用鱼油和烟灰制成油墨，切割茶叶箱制成活字，在桦树皮上印刷了《圣经》的部分章节。* 但是，爱国精神在此类活动中不过是次要因素，人

---

* 这套字母至今仍在使用，但可怜的埃文斯先生因为莫须有的指控——在克里人中生活放荡——而在帝国编年史中耻辱地隐去了名字，甚至在《威尔士传记辞典》(*Dictionary of Welsh Biography*) 收录的 167 个姓埃文斯的人中，也没有他的位置。

们也很少真正考虑如何提升土著的文明程度,而在整个加拿大高高飘扬的旗帜,仍然不变地带着彰显权利的"H.B.C."字母符号。冒险者偶尔涉猎农业,但也只是为了自己的利益——他们的子公司普吉特海湾农业公司(Puget Sound Agricultural Company)的一大功用就是为阿拉斯加的俄国殖民者种植谷物。*公司不希望西部有人定居,得到开发,因为这会损害皮毛贸易,会腐蚀当地印第安人,甚至导致印第安人与他们开战。无疑,最终,公司还是会被迫放弃其垄断贸易——一句话说得好,"定居者斧头声响起的地方,设陷阱的捕猎者就得消失了"。掌握公司话语权的苏格兰人并无殖民野心,因而英国在加拿大西部的势力也不算殖民者:这里等级较高的是出类拔萃的贸易商,一般员工则大多是心思简单的苏格兰人,他们或是失去了羊圈财产的牧民,或是来自条件艰苦的北方群岛,既没有开垦荒土的天赋,家庭观念也相当薄弱——"他们是一群亲密、审慎又温和的人,"一名冷静的观察者写道,"他们对雇主非常忠诚,又利欲熏心、贪得无厌。"哈得孙湾公司没有宣传过其领地内适于农业耕种的土地。其发言人坚称,加拿大的太平洋海岸非常不适合殖民,同时,严重的霜冻、无法控制的洪水和周期性的蝗灾,都让马尼托巴和萨斯喀彻温的大平原变得毫无用处。

即便如此,到了19世纪40年代,仍然不断有来自加拿大东部的压力,要求开放西部作为殖民地。在南方,美国人正大胆地穿越大草原,追求他们的天命;东部的加拿大人自然也希望获得同样的扩张自由——此外,他们还担心,如果他们自己不进入那片诱人的旷野,美国人便会抢先一步。自1811年以来,西加拿大的腹地事实上就一直存在一片孤立的欧洲殖民地,它就位于加拿大中部的两条主要航道即雷德河和阿西尼博因河的交汇处。在公司划拨的这片11.6万平方英里的广阔土地上,理想主义的年轻贵族塞尔扣克勋爵(Lord Selkirk)规划了一片属于苏格兰人和爱尔兰人的殖

---

* 这些俄国殖民者和哈得孙湾公司的关系极为坚实,以至于整个克里米亚战争期间,他们的贸易协定仍然有效实行,没出问题。

民地——而他恰好也是哈得孙湾公司的大股东之一。* 他们的建设进度断断续续，总而言之，他们并非精明的定居者。而且不止西北人对他们怀有敌意，更糟的是该地区的白人与印第安人混血儿、半欧洲血统的猎人，以及加拿大船夫同样如此；他们与说盖尔语的长老会牧民的关系最不和睦。白人与印第安人混血儿和贸易商一样，依靠加拿大的荒野生活。他们在大草原上游荡，狩猎野牛，或者在小溪里抓捕海狸，因而他们感到，定居者的势力，及其粗糙耕种的土地和理事会议，都是对他们整个生活方式的威胁。1816 年，他们就杀死了 21 名定居者。即便到了 1845 年，定居者在公司的管理下，生活安全得到了更多保障，也在河边建起了如画的乡村社会，但他们仍然像整个草原机器中混进的沙粒——这个充满猎人、恶棍和游荡者的国度中的外来积垢。

8

但雷德河殖民地是未来的先兆。尽管它与世隔绝，几乎无法穿越的荒野将其与东部各殖民地相分隔，但它的存在仍然展示了一种可能性。小房子沿着两条河分布，冬季周日早晨，圣安德烈石砌教堂门廊整齐摆放着堂区信众的雪靴，粗钝石头垒成的农舍年复一年向草原延伸而去——这一切，比河道中来来往往的公司船只，以及混血儿骑着矮马的欢呼声，更能昭示加拿大真正的未来。在遥远的祖国英格兰，帝国的潮涌也与哈得孙湾公司的意愿背道而驰。激进的帝国主义者希望加拿大对定居者开放，福音派希望那里的每一片河谷都得到提升，金融家们则无比憎恶哈得孙湾公司口风紧又高高在上的作风——"这公司简直像一座商业坟墓，"有人说道，"紧闭着，只有少数特权者才有死者的钥匙……"就连帕默斯顿勋爵也觉得，光是商业并不能佐证帝国的正当性——帝国应该"一手拉着文明，另一手

---

* 此外，他还在美国拥有土地。1778 年，美国人第一次对欧洲的突袭中，武装民船船长约翰·保罗·琼斯（John Paul Jones）袭击了塞尔扣克家族在苏格兰的庄园。当时，塞尔扣克勋爵还是个孩子，但受到了琼斯的粗暴对待，这也许是因为琼斯事实上也是该地方出身，而且坚信自己乃是未被承认的爵位继承者。

拉着和平，将人类引向更加幸福、更加智慧、更加美好的境界"。

帝国追求的新理念正在挑战旧有的观念，这种冲突终于在1857年的一次议会质询中走向台前。新近实行自治的加拿大（省）政府提出将西部领土向定居者开放，一心想着进取的扩张主义者也利用了此次机会。也许当时并没有人清楚地意识到，这是一个时代的终结，尽管在19世纪晚些时候特许公司还将复兴，但再也不会有一家私人公司清楚地以营利为目的，控制如此巨大的财富了。因此，议会特别委员会对此逼问不休：在其550页的书面报告中，帝国责任的方方面面几乎都被错置于查理二世的一份特许令的年代背景中进行检验。例如，关于种族的问题：哈得孙湾公司对土著好吗？（"就我所见，印第安人受到了无比善意的对待，与他们的交易也非常公平。"）关于宗教的问题：公司是否帮助了基督教传教者？（公司的土地上，有20位英国国教牧师工作。）关于发展的问题：公司是否支持技术进步？（"垄断显然没有对文明进步做出贡献。"）其中最切题的大概还是关于殖民的问题：乔治·辛普森爵士仍然认为加拿大西部没有地方适合居住吗？如果确实如此，那如何解释他广为人知的游记《环游世界》（*Journey Round the World*）第1卷第55页所写，雷德河能滋养出极好的农作物，如丰满饱实的小麦、大量各种各样的谷物，还能出产丰富的牛肉、羊肉、猪肉、黄油、奶酪和羊毛？（"我这里说的只是几个苏格兰农民居住的小块冲积区。"）*

委员会的结论并不严苛，但无论如何，它终究是决定性的。虽然在接下来的13年间，哈得孙湾公司仍然是加拿大西部的主宰，但政府已经承认，加拿大人对这个国家拥有更高的权利。代理人和贸易商并未被剥夺财产。尽管部分委员会成员认为乔治·辛普森爵士回答质询时支支吾吾，但他仍然继续担任公司总管，并最终于1860年，带着尊荣和财富，在位于拉

---

* 辛普森肯定在心里诅咒了那位代笔人好几次，尤其是委员会显然恶意地引述了书中一篇描述加拿大某条河流的文字时："这条伟大的河流连接了两片宽广的大湖，湖中来来往往挤满船只，湖畔还分布着人口稠密的小镇，难道要这样一个充满博爱的时代从这条河流中看出未来的远景，是强人所难吗？"委员会成员格莱斯顿后来在自传中评论道，这位小皇帝"在回答我们的问题时，只能靠不停地咳嗽来缓解尴尬。"

欣的宅邸寿终正寝。*但无论如何，这些地方富豪都时日无多了，特别委员会成员在报告上署名时，也就签下了英国一切商人冒险者的墓志铭。从此，他们再也不能叼着朱红色的烟斗穿过西部的苔原，或者在柔软的长沙发椅上，与奥朗则布或者莫卧儿帝国的后裔一起娴熟地抽着水烟了。就如瓦伦西亚勋爵（Lord Valentia）对在印度建设政府大楼表示欢迎时所说，大英帝国绝不应该继续被"利欲熏心的商人精神"支配。掌控帝国的应该是"高贵王子的思想，而非穿着棉布和靛青布料衣服的零售商的观念"。

9

但我们走得有点快了。那个夏日，在挪威豪斯，人们还没见到墓志铭迫近的身影，聚集在这里的代理人和贸易商组成的，正是皮毛衣料零售商真正的盛会。"小皇帝"还风华正茂——在挪威的一场国宴中，他被称作"俄国沙皇、英国女王和美国总统之外，整个世界上统治的领土面积最大的人"。哈得孙湾公司自由繁荣地发展，人们则在擦得锃亮的桌旁充满自信地讨论下一年的规划。他们会安排休假，任命新职员，决定佩利河畔的公司机构的干肉饼供应量。他们商定夏季旅行队的配给、建造舟船的桦树皮数量，以及西部地区墨西哥银圆的现行汇率。他们决定：传教士可以以库存价50%的预付款购买补给品；貂皮的爪子部分不应该剪掉（这会让皮毛在伦敦的价格"最多减少10%"）；萨斯喀彻温地区应该向挪威豪斯送来2500双登山鞋和500条野牛舌；罗德里克·麦肯齐（Roderick Mackenzie）应该被任命为见习邮政局长，年薪20英镑；还有秋季运输中送往英国的海狸皮不应超过1.8万张。

八天后，整个公司再度散开，人们分道扬镳，回到阿萨巴斯卡湖、马更些河、英吉利里弗（English River）和雷尼湖，前往哈得孙湾北部，或者穿过落基山脉，抵达太平洋一侧的山坡；当总管的军号声最后一次响彻湖面，挪威豪斯回归充满分类账的日常生活，对当时的他们而言，在这里达

---

* 他死于中风，和其他为帝国添砖加瓦的人一样，被葬在蒙特利尔。

成的规划无疑将多多少少永久存续。在某种程度上而言，确实如此：在帝国的行事中，商人冒险家或许已彻底消失，但"逐利"作为行动的动机却从未消逝。*

---

* 至于哈得孙湾公司本身，如今只是个单纯的贸易公司，在挪威豪斯附近销售胸罩和牙膏。我 1969 年到那儿时，那地方看上去还和过去一样洁白而繁忙，克里人的摩托艇在河溪中来来往往，水陆两用飞机在湖面降落，商店背后的花园里停着一辆雪地牵引车，上面饰有哈得孙湾贸易探险者公司的纹章：四等分的徽章各部分都躺着一只海狸，一只狐狸伸直前腿而坐，两只麋鹿在两边支撑着徽章，上面还有公司第一次获得王室特许的时间，1670 年。

第 7 章

白人殖民者

I

1846年11月，新斯科舍总督约翰·哈维（John Harvey）收到了来自约翰·罗素勋爵辉格党政府殖民地事务大臣亨利·格雷勋爵的宿命般的指示。哈维所管辖的殖民地，正是大英帝国在加拿大本土的五个殖民地之一，位于"小皇帝"领地的东侧。这是个充满苏格兰风情的宜人地区，因为美国独立后，数百个亲英派家庭便从美国移居此地，将他们对建筑的挑剔品味和传承不断的独立精神一并带来，为此地蒙上了优雅的面纱。

从1819年开始，新斯科舍就有了自己的民选立法机构，其首府哈利法克斯海港在政治上也出人意料地成熟老练——各政党相互攻讦，报纸推波助澜，辩论整夜不休。立法会议在议会大楼召开。这是整个殖民地最壮观的建筑，生活在乡村的人们甚至会穿越数百英里来看它一眼。而在大楼内，立法者们——其中有农民、商人、航海船长——都一丝不苟地遵从英国议会议事程序。"这就好像从望远镜的另一头来看威斯敏斯特议会，"查尔斯·狄更斯参加1842年新斯科舍议会开幕式后写道，"总督代女王宣读讲话，外面的乐队则充满气势地演奏《天佑女王》；人们高声呐喊；执政党成员搓着双手，在野党则大摇其头；前者表示这讲话绝无仅有，后者则说这简直无比糟糕。总而言之，无论是正在发生的，还是即将发生的一切，都和英国别无二致。"

但事实上，它与威斯敏斯特又并非完全相似。一方面，这片殖民地只约10万人口；另一方面，虽然哈利法克斯议会坚决遵行英国议会的一切传统，但它并非一切事务的最终责任者，它的一切争论都是无关紧要的。总督对其决定有一票否决权，而协助总督统治的政务委员会成员完全由总督本人任命，且总督仅对伦敦负责。加拿大各殖民地本质上多少与革命前的美国殖民地地位相同，它们也深知这种并行状况。无论在上加拿大还是下加拿大——前者英国人占绝对支配地位，后者则是法国人——都发生过小型叛乱。* 除此之外，几乎各地都有越来越强烈的反对英国统治的骚动——1834年，魁北克议会的一项动议写道："本议会决定，如今绝不打算承认当前加拿大宪法有任何优点。"新斯科舍没有出现暴力行为，但这片小殖民地上的改革党（Reform Party）一直在争取建立责任政府。"我们所要求的，不多于每一位英国臣民都有的权利，"他们表示，"但我们不会满足于更少的权利。"

这一切都预示着1775年不幸的重现，保守的英国人讨论加拿大事务时，也经常轻蔑地提起"美国式的自由"。但英国人仍然没有找到最好的应对方式。对于在英国领土上运用坎宁所称"议会的超然力量"，他们总是谨慎小心——"这是帝国的秘药，应该隐藏在宪法的最深处"。另一方面，他们也不愿让殖民地将他们抛开，自行其是。1838年，墨尔本勋爵的辉格党政府就对加拿大的不满情绪忧心忡忡，因此派出了一名特使前往加拿大，担任所有殖民地的军队司令、高级专员和总督。乍看之下，这一人选相当奇怪：兰布顿勋爵（Lord Lambton），第一代达勒姆伯爵，乃是那个时代最光彩照人的时髦人士之一，甚至留下了一句极度反民主的英语名言：年轻时，他曾断言，任何人"只要一年有4万英镑，都可以过上安稳的生活"。他是个喜欢争吵又固执的贵族，外貌几乎是过分英俊——可以这么说，他就像一个能把不满的加拿大改革派人士推往他们自己的"倾茶"抗议和大陆会议的人。

然而，外貌总是充满了欺骗性。这位"激进杰克"（Radical Jack）兰布顿，绰号"愤怒小伙"，乃是进步派人士，是1832年议会改革法案的积极支持者，也一直呼吁殖民地改革。他相信帝国的概念绝非一成不变，应

---

* 下加拿大的叛乱针对的乃是一名军旅出身的老派总督——弗朗西斯·邦德·黑德（Francis Bond Head）爵士。据说，他是因为套索丢得好而被威廉四世授予了骑士爵位。

该通过大胆的创新，令它重新焕发活力——他认为，"至少应该试一试保留殖民地，好好治理它们"。达勒姆伯爵前往加拿大，其生活可谓奢华，光是他的私人财物就占据了数只船。很快，他就重建了加拿大的秩序，还被半开玩笑地称作"独裁者"；但在他心中，他真正的目标乃是找出让加拿大，以及王室所有住满白人殖民者的殖民地永远忠于大英帝国的方法。正如一名加拿大异议者所言，达勒姆伯爵是"第一个公开表示相信能在殖民地和母国之间建立永久联系的政治家"。

八年过去了，整个帝国仍然焦躁地等待着他的任务结果，似乎对很多人而言，白人定居者殖民地的未来前景正是帝国存续的关键，其中最焦急的正是哈利法克斯议会大楼中的立法者们——参加会议的还有查尔斯·狄更斯，他正在1月明亮的寒意中裹紧自己的衣服，在新斯科舍海岸边短暂度过一日后，他已经找到了自己想要的道路（"天气异常地好；空气凉爽，有益健康；整个城镇看起来快活、繁荣又勤勉"）。

2

1846年，大英帝国的海外领地主要有五类白人定居者。加拿大约有150万欧洲人，其中约一半是说法语的。加勒比海的十余个岛屿上约有7万欧洲人居住。澳大利亚的五个流放地已经发展成为有独立立法机构的成熟社群。新西兰的两座岛上也都有早期殖民地。南非则有约2万名英国人和两倍数量的阿非利坎人混居。

很多身在英国本土的人仍然认为，在情况还好时赶紧处理掉这些领地才是最明智的——或早或晚，它们肯定会变成麻烦事。还有一些人也根据不同的前提，得出了相似的结论，还将加拿大的迟钝与美国的活力对比，认为殖民地应当得到的公平对待，就是从帝国的束缚中解放出来。另一方面，福音派人士认为，为了印第安人、黑人和其他土著的利益，帝国应该控制殖民者的行为，否则他们就会逐渐变成压迫者；战略家则认为，如果英国不控制分布在全球各地的海外领土，敌对强权就可能借此控制海洋。此外，还有一些自称殖民地改革者的空想家，他们相信殖民体系对英国而言不仅是机会,也是责任:这是个饥饿的年代,在过去的30年中,英国总人口增长了一半,现在英国该做的就是让一些群体整体移民到海外,让他们自己建立英国的附属领地。

但无论个人观点如何,每个对帝国稍有兴趣的人都认识到,现存的这种半击发状态的殖民系统终将无法维系,因为最终,任何一个真正的英国人,无论身在何地,都会要求管理自己事务的权利。而现实是,没有一块原始海外殖民地获得了真正的自治。确实,很多殖民地都有自己的议会——有些地方,例如巴哈马和百慕大地区的议会,已有长达200年的历史,体制上也和前北美殖民地的议会别无二致。但所有议会的权力都受到了限制。只要他们有意愿,约翰·哈维爵士及其同事就可以将这些议会的决定置之不顾,事实上他们也经常这样做。帝国的海外白人定居者,尽管仍是正式的英国公民,在威斯敏斯特议会中却没有代表;然而这个与他们毫无关系、远隔重洋、千里之外的议会,才是他们的生活方式的最终决策者。

3

这些白人定居地中,不少已经相当文明有礼,也仍有一些非常原始粗糙。新南威尔士殖民地正处在二者之间。最初,这里是罪犯流放地,直到1840年英国才停止向这里运输罪犯;但其首府悉尼在种种方面早已成了白人海外帝国的一个范例——充满不确定,却坚定而自信;生活粗糙,却彬彬有礼;拥有某种潜在的力量,却深受自卑的复杂情绪折磨,对遥远的母国半是忠诚、半是厌恶。新南威尔士自认完全属于英国。这块殖民地的居民大多是曾经的囚犯和他们的孩子,国家独立的想法从未出现在他们脑海中——此地的居民,正如一联忧伤的双行诗节所言,

> 人人都是爱国者,因为可以这样理解,
> 我们离开祖国,正是为了它的利益。

澳大利亚大陆上分散的殖民地——新南威尔士、维多利亚、南澳大利亚、西澳大利亚——之间被大片尚未探索的可怕地区所隔绝，只能通过海路交流。*尽管如此，这个国家也已经产生了某种清楚的魅力。印度的英国士兵甚至会故意犯罪，希望被流放到澳大利亚去，各殖民地的监狱长则抱怨新来的囚犯根本不是十恶不赦的恶棍；与此同时，最初的流放者的孩子们也带着边疆社会特有的锐气和怀疑一切的品质成长起来。**

悉尼的建筑也相当令人惊艳，尤其是考虑到这座城市将将存在了50年。来自英国的巨大的三桅帆船在杰克逊港（悉尼港）的海岬间小心航行，接着就和如今一样，迎来旅程的高光时刻：帆船寻找其中掩蔽良好的港口，阳光洒在慵懒的海岛和树木繁茂的小湾上——初次造访者踏上这片最初由窃贼、杀人犯、妓女和乞丐占据的臭名昭著的土地时，眼前却并非一派凄凉的监狱景象；反之，他会看见草木翠绿的半岛上，一座欣欣向荣甚至颇有魅力的港口城市舒适地坐落，居民约有 3 万人，船只来来往往，桅杆和绳索繁多。渡船喷出一股股蒸汽，在港口四处穿梭；水面对岸，城镇近郊的树木掩映中，可以看见海滩上独立的别墅和小屋，就像水景园中供人游乐的亭台一般。

海角的最高处，教堂的尖顶俯瞰着整座城镇，大炮在堡垒的防御墙上闪着光，高处的山脊上有木头风车。当下仍对此地风气抱有疑虑的旅行者，在看到石料筑起的宽敞的总督宫殿后，也会感到安慰。如当地旅游指南所言，这栋建筑"带有伊丽莎白时代风格，但又不完全拘泥其中"。***一大片植物园围绕着它，里面有橙花和九重葛点缀，还种有从帝国各地传来的无花果、甘蔗和竹子，以及英国本土的椴梓和苹果。这确实是一幅鼓舞人心

---

* 澳大利亚从未作为整体被并入英国，但"一名与法国政府有关系的绅士"询问殖民地事务大臣约翰·罗素勋爵，澳大利亚有多少属于英国时，"我回答'全部'，听到答案后，他便离开了"。
** "古老的扒手职业，"西德尼·史密斯写道，"当然也就不会显得那么丢脸了。因为到最后，它可能让你在霍克斯伯里河畔拥有 1000 英亩的农场呢。"
*** 这栋建筑的设计者正是作为沃尔特·司各特爵士在阿伯茨福德（Abbotsford）的新哥特式住宅的建筑师而闻名、为约翰·纳什设计的白金汉宫做最后润色的爱德华·布洛尔（Edward Blore，1787—1879）。他本人从未来过这里，但他设计的政府大楼至今仍然屹立此处。

的图景；而离开海岸，走进城市宽广的街道，熟悉的英式风情与喧闹声更是无处不在。纳尔逊勋爵酒店（Lord Nelson Hotel）看上去温暖舒适，让人不禁想进去住上一晚；军营外站岗的还是一样的英国部队的士兵；伊克利普斯驿站马车装着寄往帕拉马塔的邮件，哐啷啷跑过鹅卵石路，就像从牛津街上的查令十字路口跑出的一样。一名初到此处的人开心地写道，所有这些景象似乎都表现出节制有序，"这里的人们对安息日的尊重……就和爱丁堡差不多，而后者正是这方面公认的世界典范"。

悉尼看上去有种官方正式风貌，因为这座城市基本上都是由新南威尔士总督拉克伦·麦夸里规划的。他是一名陆军少将，颇有品味，因而他在这座城市中感受到他所谓的"婴孩般的愚笨"状态——道路一片混乱，小屋摇摇欲坠，兵营连漆也没上。最后，他将这里变成了一座洁白的城镇，四周有天竺葵树篱环绕，还有几座果园。总督还幸运地在当地的服刑囚犯中找到了一名颇具天赋的建筑师，弗朗西斯·格林韦（Francis Greenway），他来自格洛斯特郡，是名破产的建筑商，因为伪造信贷票据而被流放，要服14年劳役监禁。格林韦在成长过程中受过摄政时期风格的克里夫顿和巴斯的知识熏陶，而麦夸里把他从戴锁链的苦役中解放出来，要求他给悉尼赋予同样的美感。虽然总督最初计划将悉尼建造成一座真正的帝国首都，如罗马一般宏伟，但终究未能实现。然而，格林韦的设计仍然大获成功，甚至立即为他赢得了赦免，在接下来几年，他便担任悉尼政府的官方建筑师——不过他还是于1837年在贫困中死去，因为他总与人发生冲突，且屡教不改。

总而言之，几幢优美的摄政时期风格建筑、一座优秀的简洁风格教堂、大英帝国海外领地最大的兵营区，以及一两排匀称的私人住宅排屋，有长廊、玉兰树以及枝叶繁茂的大叶榕遮阴，大叶榕的果实时常落在人行道上，行人脚下湿湿软软，这一切都让这座城市上了一个档次。无疑，我们的这位旅行者出身良好，否则我们也不会选他当观察者了。他很快就来到城中一座舒适宜人的住宅中；或者进入一座郊外别墅，这类房子很快就会向南延伸；又或者入住近来因为通往港口北部的蒸汽船交通而变得时髦的一处住所。在这些地方，他便会发现，悉尼的社会意识已经变得相当敏锐。悉尼已经出现了明显的上层人士,他们当然不是流放罪犯的后代,而是士兵、商人、官员和成功的"农牧场主"(squatter)或牧羊人的后裔。温特沃斯(Wentworth)、麦克利(Macleay)和麦克阿瑟等家族已经变得相当势利,而且给他们本来普通的家族渊源涂脂抹粉,将其渲染得无比高贵、显赫。"个人生活史在此地不受欢迎,"1843年,一名初来乍到者写道,"良好的记忆和热爱追问的精神则尤其令人讨厌……"然而,这样的居民却欢迎来自英国的特定来访者,他们向来访者展示,哪怕在澳大利亚,亲爱的,我们也有一些人知道教养是什么。

有一些悉尼居民,要是你暗示他们还有乡下习气,他们就会明显发怒,告诉你流动图书馆里最新的小说是什么,并表示他们觉得里卡德(Rickard)的"时尚宝库"(Fashionable Repository)里的东西,和伦敦庞德街并没有区别。还有更多人勤勉地模仿一切英国风情,阿谀奉承地绕着总督和卫戍部队的军官打转,里卡德所谓的"时尚宝库"里的任何一条裙子都不在他们的考虑范围内,他们更喜欢直接从伦敦买来所有衣物。正如当年一名讽刺作家所言:

> 阴险的牢狱未曾污染
> 他们盾徽上纯洁的白鼬皮!
> 贝尔格莱维亚*人日渐增多,
> 表现得像曾在骑马道**呼风唤雨!
> 如今远离故土,扎根此处,
> 被当成了澳大利亚的上流人!

悉尼四处弥漫着金钱的气息。新来的造访者很可能由曾是罪犯的脚夫迎接,由同样曾是罪犯的男仆服待;餐厅里点有煤气灯,餐点是上等牛排、牡蛎、温好的红酒,佐以融化的黄油,满身珠宝的年轻美女也是款待的一

---

* 伦敦的上流住宅区。——译者注
** 位于伦敦海德公园内。——译者注

部分；最后造访者坐上有顶饰的马车，由穿着制服的车夫驾车，回到住处。

但是，若他在门口把车夫打发走，转身四处转转，在睡前醒醒酒，就能发现悉尼的另一面。最初的惊喜过后，人人都会对这座城市巨大的反差感到无比震惊。"我的第一感觉，"查尔斯·达尔文离开加拉帕戈斯，1836年第一次登陆悉尼时写道，"是庆幸我生为一个英国人；但随后看到城镇的更多方面……我的赞美之情便减弱了。"这并不出人意料。毕竟，大多数悉尼居民都是粗鄙之人——罪犯、流放者的家人，或者四处游荡、恰好遇上能前往殖民地港口机会的无赖，还有逃兵、逃犯、淡季不出海的捕鲸人和海豹猎人，他们都在海滨讨生活，或者漫无目的地在贫民窟游荡。世上任何一个海港的无产者都生活艰难，而当时悉尼的游荡者则尤为困苦。

悉尼时髦的街道之间，臭名昭著的贫民窟就躲藏在大楼和政府机关的阴影中。在被称作"石地"（Rocks）的多山地区和码头肮脏角落之间零星分布的棚屋和出租屋中，居住着老流放地的弃民，在这些地方，过去流放者四处搭建的小屋早已变成了客栈和妓院。山羊在悉尼这些后街上四处游荡，污水任意地从一座棚屋的门口留到低处人家的后门。这便是直接发源于不列颠废船与监狱的悉尼——正如司法惯用语所言，"将犯人转移，运送往远隔重洋的地方"。这里的居民生来便要面对鞭打、劳役、夹具，以及禁闭室——19世纪30年代中期，新南威尔士每年都要执行6000次鞭刑，而大多数受刑者只是犯了小罪。若他们离开英国时已经残忍而放荡，那么他们现在则变得更糟糕：一名当地法官发现，有时，新南威尔士的所有事情似乎都是犯罪，"就好像这整片殖民地都在和几座法院作对似的"。失去土地的土著醉醺醺地在悉尼的海滨徘徊，还有些穷凶极恶的人在石地拉帮结伙，或者在阴暗的巷子里伺机而动。

在英格兰的大城市中，这样一个可怕的地下世界可以长久逃过外来者的眼睛，但在悉尼这样的小城中，它便无法长久隐藏了。在这座美丽海港的中心，是古老的罪犯惩戒中心丹尼森堡（Fort Denison），即"断肠岛"（Pinchgut Island），从植物园能一览其全貌。它伫立在此，如灰色的备忘物，在阳光最灿烂、人们快乐无忧地享受野餐的日子里，避无可避地提醒着每一个人，悉尼最初的存在所代表的意义。这里一部分最富有的公民，也是重获自由的罪犯。多年来，这里的两大政治派别是"爱国联盟"（Patriotic Association）和"纯种美利奴"（Pure Merino）：前者是这些刑满释放者的代言人，后者是排外主义者，认为所有被流放至此的人都不应拥有选举权。19世纪40年代，要是一个年轻的英国人来到悉尼，要向显赫人士递交介绍信，他就会发现其中一半显赫人士与另一半人毫无关系——"拜访了一边的人，"银行经理警告他，"就不能再去另一边了。"悉尼最富有的女性大约是玛丽·莱贝（Mary Reibey）夫人了，她13岁时因在斯塔福德郡盗走一匹马而被流放，后来嫁给了一名高级船员，丈夫去世后便独自做生意，而且颇为成功，如今已在悉尼拥有数幢房子、几座农场，还有几条船。*

悉尼自然不可避免地沾染上了残忍与腐败的传统。即便某些悉尼人自称是退休后定居澳大利亚的陆军军官后代，有一些事实上也是罪犯的孙辈——不少军官的财富，都是通过违法出售朗姆酒和使用罪犯劳工积累起来的。这里的生活低劣卑贱，人的感性也会变得迟钝。我们可以在书中读到皮特街（Pitt Street）有名的"赌鼠场"（Rat Pit）**，这里的一切动物都在血淋淋的打斗中相互撕咬；还能读到狗和山羊被无情地扔在街道中央，当作撕咬的诱饵。1838年，一名来访者在砖场山（Brickfield Hill）的一座客栈内观看斗狗时，就发现一名狗主人仅为展示狗的斗志，就砍伤了它的两条后腿；悉尼的屠夫也经常在屠刀下的动物还活着时便开始剥皮或扯出内脏——他们常在市场上说，这时肉体还是柔软的，操作起来更方便。

悉尼就在这种田园诗夹杂着残忍、奢华与肮脏并肩而行的混杂气氛中不断发展壮大，逐渐摆脱了作为流放地的过去。在某些方面，悉尼已经与英国中部的新兴工业城市非常相似，只是悉尼更加紧张激烈。悉尼的整体

---

* 她于1855年逝世，当时已是悉尼颇有名望的贵妇人，她的一个孙辈后来还成了塔斯马尼亚的州总理。
** 赌鼠游戏源自英国，将数只老鼠和一条猎犬放在封闭的场地内，参与者则下注赌猎犬要多久才能杀完老鼠，或能杀死多少老鼠。——译者注

市容更加美丽，公共建筑更加大方；这里的机会主义意识也比伯明翰和斯托克更加强烈，这里的暴发户卖弄炫耀的方式更加荒唐，而从社会的顶层到底层，粗鄙的习气都仍然存在。在这个物欲不断增长的年代，这样的城市几乎不可能衰落；而几年后，新南威尔士发现黄金时，悉尼转眼就从一座小城变成大都会，城里建起了宏伟的皇家交易所和一所大学。

事实上，这片殖民地的居民已经对殖民控制感到相当恼怒。他们当然会对伦敦派来的管理者的风度教养感到钦羡，但绝不会认为自己低人一等，或者无力自治。《世纪杂志》（Centennial Magazine）就曾评价新南威尔士总督，第三代格拉夫顿公爵的孙子查尔斯·菲茨罗伊（Charles Fitzroy）爵士（他被特地派往此地应付立宪要求）："菲茨罗伊在各个方面，都是整个英国能找出的最适合送往殖民地施行恶政，用他自身的邪恶腐蚀殖民地道德的人物了。他是个粗俗的酒色之徒，一贯只会贪图享乐，好色又毫无原则，也完全没有智慧。他不能治理殖民地，管不好自己的家，连自己也收拾不好。他活着的唯一目的，就是满足他低劣的欲望罢了。"*

4

并非每个新的殖民地都如此坦率，或者如此粗俗。19世纪40年代后期，新西兰南岛怀马卡里里河入海口附近，已建立起一个与悉尼完全不同的社会。这便是最杰出的殖民地改革者之一爱德华·吉木·韦克菲尔德的理论的示范。韦克菲尔德的父亲也是个知识分子，他本人则是真正有独到想法的人、优秀的政治理论家，但也拥有灾难般的急躁性格。从当时的肖像上来看，他似乎被生活弄得灰头土脸，充满迷茫，但事实上，他拥有非

---

* 如今，我们还能勉强追溯描绘19世纪40年代的悉尼。有几条宏伟的排屋街留存至今——例如端庄地躲藏在悉尼海港大桥阴影中的低堡街（Lower Fort Street），纳尔逊勋爵酒店也仍然屹立。石地大部分地区已经清理得干净整洁，和港口居住区一样，很快就要成为开发者的下一个目标了。植物园还和过去一样美丽。政府大楼下方则是大英帝国最惊人的建筑杰作——展翅的悉尼歌剧院。麦夸里建造一座拥有城堡、大集市和大教堂的真正不朽城市的计划，如今却辛辣地体现于悉尼音乐学院——它最初是作为新政府大楼（基于格洛斯特郡桑伯里城堡的样式，"只是更加大胆"）的马场，但政府大楼的建设却从未真正开始。

常强大的决心。20 岁时，他就和一名女继承人私奔，26 岁时又因为引诱一名极其富有的女学生与他到格雷特纳格林（Gretna Green）*结婚而成为阶下囚——据说，他需要这名女学生的钱来进入议会。

此后，他将所有的天赋和精力都奉献给了海外殖民事业，以全新的方法将其展示在公众面前。对他来说，从不列颠岛向外移民绝非被动的权宜选择，而是主动的事业。他相信，可以完成系统性的自主海外殖民，这不仅能缓解英国内部的人口压力，还能在殖民地建立健康、均衡而忠诚的新社会。在他看来，这样的殖民必须在资本、劳力和土地之间找到折中和平衡方可完成。若一片新殖民地的土地太过便宜，就不会有劳动力，也不会有足够的投资用于发展；而若殖民地地价保持在合理的水平，那么母国的社会就可以完整地复制到任何一片遥远的属地上。出卖土地得到的钱可以用来为移民融资，如此则整个进程——帝国经济学称之为"适当价格学说"（Doctrine of Sufficient Price）——便可以自筹资金，自行维持。

韦克菲尔德计划中的殖民地不是悉尼这样的地方。他希望建立一个紧凑且联系紧密的定居点，居民必须是品德高尚之人，大多应该是中产阶级——绝不能有富豪奢侈浪费的小儿子、伪造身份的刑满释放者、散漫的流氓或者被军队开除的好色水兵。在这些属于不列颠却基本上未曾有人涉足的处女地，可以开展各种社会实验——每一片殖民地都会成为一块"巨大的苗圃，看看怎样的社会措施是可行的"。移民将不仅有农民、工业家和劳工，还有来自各行各业的专业人员，包括歌唱家、帽子商、印刷工和药剂师——"并且，每片殖民地至少要有一位出色的政治经济学家"。

有望开展此番实验的乐土正是新西兰。这片最遥远的王室领地是英国在 1840 年以保其体面为名义而取得的。库克船长 1769 年环岛航行后，各种欧洲探险者便在新西兰阴魂不散。这里能干的食人土著毛利人早已被朗姆酒和火药腐蚀，部落之间经常相互残杀，而他们吃掉的欧洲人也为数不少。海岸边的很多地区，居住着满怀忧虑的白人定居者，包括逃兵、捕鲸人、逃犯、投机者、牧羊人，还有少量传教士和一些"欧裔毛利人"

---

* 苏格兰小城，不少情侣私奔来此结婚。——译者注

（pakeha Maori）——以毛利人的方式生活的欧洲人，比如在身上刺上刺青等。1835年，达尔文写道，新西兰的白人"正是社会的废物"；五年后，英国政府便介入此地，阻止了它的进一步堕落（而且恰好抢先法国一步）。他们通过与几个毛利酋长的协约，获得了整个国家的主权——据称，他们决心要停止"战争与掠夺的进程，在这种情况下，每当这些未受文明教化的部落被带往基督教国家移民区附近，这些部落就总是会消亡"。《怀唐伊条约》（Treaty of Waitangi）以维多利亚女王的名义向毛利各酋长保证，他们仍将拥有"土地和财产的完整、排他、毫无争议的占有权"。这项承诺很快便被取消，不过英国人在新西兰最初的意愿基本上仍然是善意的。*

因此，到了1843年，"坎特伯雷殖民地"便孕育产生了。这是新西兰数个按韦克菲尔德的理论建立的殖民地之一，也是仅有的两个如同美国早期的乌托邦社会实验一般被着意规定了教派的地方之一。奥塔戈殖民地的教派是苏格兰长老会，其首府达尼丁也因此永久带有苏格兰精神的内核。坎特伯雷则属于英国国教，而且还是高教会派，因为当时牛津运动正在英国本土达到最高潮，而为发展这片殖民地而建立的坎特伯雷协会（Canterbury Association）完全是牛津运动的支持者。韦克菲尔德本人并不信服任何一个教派，但只要能达到目标，他愿意接受一切手段——他甚至还向犹太教的首席拉比寻求过合作。

韦克菲尔德在坎特伯雷协会的助手约翰·戈德利（John Godley）是英爱混血儿、圣公会信徒，也是托利党人，毕业于哈罗公学和牛津大学；这两人合作，为坎特伯雷协会吸引了一大批高教会派要人的支持。这些人中，许多都和戈德利一样，是牛津大学基督堂学院毕业生，因此做了教士，其中还有两名大主教。支持者中还有几名贵族，以及15名议会议员。这一派显赫门面的幕后，就站着韦克菲尔德；因为早年的不良记录，他并未在公众面前现身，但他一直孜孜不倦、精力充沛地为这份事业工作。几乎每个阶段他们都要先咨询韦克菲尔德，在赖盖特（Reigate）的小屋中，议员总

---

* 130年后，毛利人仍然对《怀唐伊条约》争论不休，因为这份条约根本没有让他们完全享受自古以来便有的权利。不过他们事实上已经在新西兰国内取得了不低的地位，而且在大英帝国治下的土著居民中可能被同化得最彻底。

是前脚接着后脚来拜访他,他们甚至还邀请他为新定居点任命主教。这一切也吸引了《泰晤士报》的注意。1849年,协会获得了王室特许状。他们浪漫化地自称为"坎特伯雷清教徒移民",在参加完一系列关于新西兰的演讲,并在盛大的告别晚宴上再度坚定决心之后,便带着国教会的祝福——他们的领导人还特意前往坎特伯雷大教堂接受了祝福——起航前往地球的另一边。

四艘船搭载着775名品行端正的先驱者从伦敦出发了。当然,他们分别居住在房舱、中层舱和统舱中,而更加富有的旅伴,例如詹姆斯·菲茨杰拉德夫妇,则乘坐"夏洛特·简"号(*Charlotte Jane*,排水量730吨),并支付42英镑包下了船尾的一间有整艘船一半宽的特等舱,还安置了他们为这次旅途特制的家具。第一批移民上岸的地方是如今的利特尔顿港,当时此地还是一片无人海滩,位于曲折的峡湾内,周边是班克斯半岛高高的悬崖,远处南阿尔卑斯山的雪峰闪着圣洁的光芒。他们在此见到了新西兰总督阁下和新西兰主教阁下,前者喜爱鸵鸟羽装饰,后者则穿牧师白袍。他们爬上陡坡,来到高处山脊上,用充满惊奇和疑虑的目光看着另一边的主要居住区——一片布满沼泽却一棵树也没有的海岸地区,看起来充满善意,但无法让人兴奋;而在这里,先行的测绘员和工程师已经和毛利人的劳工团队一起工作了。

他们随船带来了一台管风琴、一只教堂大钟、一些用预制件搭好的屋子、一台印刷机,还有2000本牛津大学基督堂学院捐献的参考书籍。虽然殖民地的宗教信仰遗憾地并未完全由英国圣公会占据,但他们仍然很快在这片原本毫无活力的海岸上建立起由英国国教领导的繁荣定居点。这片殖民地的领导人希望,这里可以成为"向南方世界的每个角落传播艺术与道德的中心"。他们还提出,在这片定居点的中心,应该建立一座高教会派的信仰与教育中心,既带有学院性质,又带有教堂性质,并按照韦克菲尔德理论的精神,通过出售土地筹措大部分资金。这个机构的原型正是戈德利的母校;此外,不少更富有的定居者也曾在此就读。故而他们便将这片新殖民地的首府命名为"克赖斯特彻奇"(基督城)。

这一地区几乎没有毛利人居住,因此这些清教徒得以彻底地白手起家。正如韦克菲尔德期待的一般，他们从头开始构建了英国社会的方方面面——正如《泰晤士报》所言，"这是将英国社会从头一刀切到脚，抽出的一块完整切片"。他们最初寻找一名贵族和一名主教分别担任殖民地的世俗与精神领导的计划却失败了，因为他们无法说服任何一名贵族移民到这个地方，而主教来到定居点一个月后也改变了主意。但新定居者们还是着手建立了教会、学校和图书馆，费尽心力地制定了土地使用权、放牧权、教会捐赠和公地定居特许权（squatting privilege）等事务的细节。此时的生活也秩序井然，欣欣向荣。一切都是英国式的。从英国移栽的橡树和悬铃木都枝繁叶茂；错误地登上航船，从英国来到此处的云雀、乌鸫、麻雀、金翅雀、黄鹂、喜鹊、鸰鸟以及欧椋鸟等鸟儿在枝头叽喳吵闹，筑巢产蛋。

然而，这与韦克菲尔德构想的社会不一样。他的理论几乎无法在新西兰实际运用。受过良好教育的人不愿移民此地，资本家也不愿冒险在此投资，而穷人既无力购买土地，也找不到工作。人的本性与适当价格学说背道而驰。韦克菲尔德曾称，坎特伯雷先驱者"不仅是一群善良的英国人，而且是一个经过精挑细选的团体"；然而，并非所有人都能长期保持这种善良，与普通教众一同抵达的，也有流氓无赖，还有许多挑剔的清教徒（自称"殖民者"，以与普通阶层的"移民"区分）很快便失望地返回英国。

坎特伯雷平原本质上来说就是个牧野乡村，适合牧羊，但开垦耕地注定不赚钱；然而，有一半移民根本没有购买羊只的本金，因此他们将放牧权租让给一些社会地位不高的新西兰人，或者受雇的澳大利亚畜牧工，而这类人对《三十九条信纲》的忠诚却暧昧不明。还有更多人投身牧羊业，移居至定居点以外的大牧羊场，并且很快就抛却了文雅的自负，过上了野性的自由农的生活，在广阔的丘陵平原上放牧牲畜，带着它们穿过山脚潮湿的河谷。

即便是克赖斯特彻奇本身，也逐渐褪去了端庄的形象，表现出韦克菲尔德无比鄙夷的粗野的殖民主义意味。他一向厌恶"新人类"的概念，认为这种平等乃是"反自然、反真理的——这样的平等将天平永远保持在平衡位置，卑劣小人多得奖赏，伟人却更少报偿，小人荣光更多，高尚者却荣誉更少……"然而，现在坎特伯雷清教徒演变成的"新人类"，尽管不如悉尼人那样"新"，但与协会的贵族和高级教士期盼的严谨等级仍然相距甚远。一名观察者于1853年写道，更加单纯的普通移民很快便成了"激烈的共和主义者"；还有一名法国访问者认为，他们明显也相当粗野。似乎，他们一踏上地球另一端这块土地，身上就发生了改变，姿态变得更加直接，衣服变得更加华美，身材变得更加壮硕，而且仿佛觉得再也不必称呼绅士为"先生"，自然也不必再向女士致意。正如一名快乐的苏格兰人描写这一过程时所言：

我第一次来到新西兰，
破衣烂衫，穷得叮当响，
我第一次来到新西兰，
那可是个好日子，先生们。

我脸上倔强，面前全是面包奶酪，
想工作便工作，想休息就休息，
过着自由自在的安逸生活，
先生们，这就是如今的现实啦。

事实是，定居殖民地本质上就是为穷人准备的。受过良好教育的人在新西兰这样的地方，除了能逃离在本国惹上的麻烦，其他什么也得不到，大多数殖民地改革者的理想很快随着时间破灭了。"我认为，世上没有一个在英国已有安逸生活的人，会更喜欢殖民生活。"E. B. 菲顿（E. B. Fitton）在1856年写道。此后，哪怕至今，大多数受过教育的英国人都认为，新西兰虽然宽容美好，但实在令人厌烦。同样，尽管克赖斯特彻奇随着时间变迁逐渐远离牛津运动，变得更有平等主义，但以殖民主义标准来看，它一直都是个保守的城市：大教堂从一片悬铃木中拔地而起，基督堂俱乐部无比排外，还总有市民指着客厅墙上悬挂的教区长住所水彩画，或者家庭相

册中模糊不清的网球聚会留影，回想他们的先辈乃是韦克菲尔德所称的经过精挑细选之人。*

5

这便是帝国的两块白人定居殖民地。它们都自视甚高，在这一点上，它们彼此相似，与其他英国海外社群也没什么区别。用英国标准来看，其中大多数殖民者都头脑简单——白哲特（Bagehot）说他们"脑中空空"——但态度却一点儿也不谦和。"这片殖民地的人，"19世纪40年代，塔斯马尼亚的一名英国官员写道，"放肆、无知、傲慢且自负，和美国人非常相似。他们相信自己是这个地球上最卓越的一群人，而他们的小岛则'驱使一切造物'。"

也难怪他们大多都迫切地要求建立责任政府了。几乎就在登陆的那刻，坎特伯雷清教徒移民便提出了这一要求，但戈德利说，相比由3000英里外的大天使委员会管理，他更愿意受现场的暴君统治。在澳大利亚，部分最积极的自治活动家正是新近从女王陛下的监狱中释放的囚犯。在加拿大殖民地，在南非，乃至在衰落中的加勒比群岛，人们都在奋力疾呼，要求自治，甚至用了下流手段。一代又一代的英国政府从未遗忘1775年的教训，但它们仍然不确定何种做法才是对殖民者、土著和英国本身最有利的，因此只好选择掩盖问题，停滞不前；但1838年，墨尔本勋爵将这个麻烦问题交给了"激讲杰克"（达勒姆伯爵），不久后，他就收到了回复——《达勒姆报告》（Durham Report）。

达勒姆伯爵本人因为处置一次叛乱的领导者时超越职权而被召回，但其报告乃是大英帝国历史上最重要的文件之一。报告明确地构建了伦敦和白人殖民地之间的新关系，因此塑造了维多利亚帝国整体的模式。达勒姆伯爵是个颇有想象力的人，他将似乎无处不在的韦克菲尔德和另一位知名的殖民地改革者查尔斯·布勒一同带往加拿大。他的报告于1839年2月递

---

* 1850年在利特尔顿登陆的清教徒中的最后一人，弗雷德里克·布里坦（Frederick Brittan），在基督城教区担任了74年牧师，于1945年去世。

交议会（但大部分内容此前已泄露并刊载于《泰晤士报》，泄密者可能就是韦克菲尔德），而它事实上就是为韦克菲尔德基本理论观点背书——各殖民地应该被视为英国社会的延伸，因此也应该有能力自我治理。但并非每个人都买账。法律改革家布鲁厄姆勋爵（Lord Brougham）对麦考利说，报告的内容来自一个骗子（韦克菲尔德），形式则来自一名花花公子（布勒），而"口授者则只写了一个词——达勒姆"。报告的大部分内容讨论的是达勒姆此次任务要解决的直接问题：原法属加拿大和英属加拿大之间的分歧。但最终，它成了英国殖民地发展的宪章，标志着半个世纪前灾难后的新起点。达勒姆报告提议在高度发展的白人殖民地实行接近彻底的自治，仅仅将外交、制宪、海外贸易和公共用地的处置权留给威斯敏斯特的议会。殖民地总督将不再是本地的独裁者，而要直接向殖民地的民选立法机构负责，因此也就与远在伦敦的女王一样，无权对本地事务直接颁布法令。

"激进杰克"并未见证报告中的措施得到实施——他于1840年去世，年仅48岁；但报告中智慧的闪光很快就得到了认可。1844年，在他的故乡，达勒姆和森德兰之间的乡村，人们修建了一座匹配其意义的体面的纪念建筑——由大量多利克式立柱支撑的神庙，它就骄傲而孤独地高高矗立在彭肖（Penshaw）的高地上。*

6

正是由于这份著名的报告，新斯科舍的约翰·哈维爵士于1846年11月收到了来自伦敦的指示。哈维并非赫赫有名的殖民地总督，当然除了此事，并没有在历史上留下任何记录。达勒姆报告的发表在帝国全境都激起了强烈的反响：殖民地改革家一阵欢呼，认为这是新时代的开端；福音派疑惑这是否意味着他们不得不放弃异教徒，将他们交给殖民主义的兽性；拿骚和多伦多的土财主则害怕，他们作威作福的快乐日子就此终结了。但接下来的数年，这份报告并未带来任何实际改变。一代又一代的英国政府，

---

* 在我看来，这至今仍是大英帝国最杰出的石刻纪念建筑，在纽卡斯尔起雾的清晨，若从道路上仰望它，便觉得绝妙非凡，此刻它看上去就像帝国最后的纪念碑。

无论是辉格党还是托利党，都怀疑这能否成为殖民地发展真正实用的计划。责任政府是否会演变成彻底的独立政府？这不就意味着白人海外定居帝国的终结吗？放手究竟能否带来更多利润？按兵不动是不是更好？

然而，1846年，约翰·罗素勋爵的政府上台。这届政府的殖民地事务大臣是格雷勋爵，达勒姆的内弟，而其顾问中便有查尔斯·布勒。于是，到了此时，《达勒姆报告》终于正式成为帝国政策，殖民地改革的观点终于被证明为正确。11月，约翰·哈维爵士收到来自祖国的急件。"我必须……指示你，"信件写道，"停止调整执行委员会，直到他们显然无法在得到你应有的支持的情况下，维持该省良好的行政管理，也不能取得立法机构的信任……显然，我们应该承认，在违反当地居民意愿的情况下，我们已经不可能，也不值得继续在北美英属各省维持政府的存在。"

这是帝国历史上第一份此类文件。在这份历史性的指示中，英国正式承认，维多利亚帝国与18世纪的海外移民帝国将完全不同。政府相信，定居海外的英国人不会试图脱离女王的统治，而会自由地选择拥护女王权威，在不受压迫的情况下，如同在祖国一样，坚持英国式生活。这一理论的基础就在于，英国人前往殖民地时，"带上了事物本质能够承担的最大限度的法律和自由"。20年内，所有大型白人定居地都会建立起责任政府（唯有种植园殖民地西印度群岛仍坚持着奇怪的老体制），而这些地方很快在大多数方面都变得与主权国家无异，成为英国图表上遥远的一角、统计数据中的一小部分，人们在遥远的地方独立表达着对女王的尊敬。塔斯马尼亚当时被称作范迪门地（Van Diemen's Land），第一届自治议会在霍巴特召开时，塔斯马尼亚的议员对女王的效忠誓言如下：

> 我在此严肃地保证并宣誓，我将效忠于维多利亚女王陛下，大不列颠及爱尔兰联合王国与范迪门地殖民地的合法君主，倚靠且从属于上述联合王国；我将全力保护女王，反对一切叛国阴谋，以及一切危及女王人身、王位或尊严的行为；我将全力揭露，并向女王陛下、继承人及所有后世君主报告一切叛国行为和阴谋，以及任何对他们造成威胁的行为；我在此的誓言全心全意，绝不含糊，毫无保留，若有违

反，我放弃任何人给予的赦免或特许。愿上帝帮助我！"

这些新建立的海外国家将成为大英帝国最持久不衰、最宏伟的成就，正如美国作家拉尔夫·沃尔多·爱默生所言："我已经注意到了这种英国特质下权力的保留。在这座岛上，他们从未将所有缰绳都放到最长，他们不曾暴怒，也不曾摒弃或放纵情感和智慧……但是，谁又能看到，随着两百年来成群向外移民，他们已经航行、乘骑穿过世界各地，发展贸易，种下作物，而那枚巨大的弹簧逐渐伸展，他们节制良好的力量也将爆发……他们带着撒克逊人的种子，带着自由、法治、艺术与思想的天性——在某些地方，他们获得了比母国的天空下更加令人震悚的力量——将要征服整个世界。"

最初，约翰·哈维爵士并不乐意看到这一前景。他对殖民地居民组成的责任政府毫无信心，而且他与新斯科舍人的矛盾本就不少，又在《达勒姆报告》中看到了当地骚乱的回响，这令他心烦意乱。无论如何，他还是遵从了命令。下一次选举中，新斯科舍改革者获得了可观的多数席位，约翰爵士任命的部长们不得不辞职，他没有再度任命一届新政府，而是做了名义领导人应该做的事——召集反对党组建政府。如今，一切真的如狄更斯所预言的一般，"和在家乡一样地"运行下去。

第 8 章

上帝的行动

I

爱尔兰西南部的科克郡有一座小村庄，名为斯卡尔（Schull），这个名字源自盖尔语词"scoil"，原是一座僧侣学校的名字，但这所学校早已消失在历史长河中。这座村庄由海滩上散布的泥屋和棚屋构成，身后是一座座荒芜的小山，眼前则是荒凉而复杂的海湾——罗灵沃特湾（Roaring Water Bay）。海岸附近有一座小教堂，还有一座天主教礼拜堂，码头上停泊着渔夫的黑色小船，黑色的皮革覆盖在木制的骨架上，看上去阴险不祥，被拖到卵石滩上后，就像鳗鱼一般闪着微光。往东的道路上除了忧愁的城镇斯基伯林（Skibbereen）——简称"斯基布"（Skib）——很长一段距离内都没有其他城市；整片土地都笼罩在爱尔兰西部的金绿色水光中，这种光辉宛如在水中浣洗过一般澄澈，与前文我们想象过的哈得孙湾威尔士亲王要塞壁垒上看到的光亮颇有些相似。

1847 年 2 月，皇家海军蒸汽舰艇"天罚"号［*Scourge*，指挥官是卡芬（Caffyn）］驶入了这片阴郁的海港。在教堂下方的码头下锚后，船长登岸。随后，他关于此地情况的报告，就成了帝国历史上最骇人的文件之一。斯卡尔简直是一场噩梦。天气糟糕，村庄有一半都已废弃抛荒，大多数居民处在饿死的边缘。有些人看上去就像活着的骨架，有些人因饥饿而腹部鼓胀或四肢浮肿。地上四处都是被老鼠啃食或被饿狗啃咬过的尸体；还有些地方，高度腐烂的骨肉都扔在狭窄的深坑内。在一座棚屋内，卡芬指挥官发现七个人无声地蜷缩在炭火旁，隔壁的房间内传来女性的尖叫，她如同一把骨头一般躺在床上，疯狂地高喊着要食物。有些孩子的下颚已经腐烂，无法说话；有些男性的身体已经浮肿至正常身材的两倍大；有婴儿的手臂瘦得像纤细的树枝；还有人因为坏血病，皮肤上已经长出了黑色的斑点；有些男孩头上只剩下一小块一小块的头发，脸上却怪异地长出绒毛，加上他们因饥饿而身材瘦弱，不常发出声音，看起来竟像一群虚弱的猿猴。

2

船长感到一阵恶心，但并未惊讶。这就是爱尔兰大饥荒，维多利亚帝国历史中另一幕具有催化意义的插曲，那一年，在爱尔兰的每个角落，这都是司空见惯的场景。破坏了爱尔兰全岛土豆植株的病害引发了饥荒，几个月内，这个地区健壮的人民，就被推到了种族灭绝的边缘。

爱尔兰农民几乎完全依赖土豆过活。平日，他们平均每人每天吃掉的土豆就多达惊人的14磅[*]。土豆可以水煮、炖焖、加入汤里，或者做成面包，可以完全满足人们对食物的需求，为他们提供足够的维生素和热量，使爱尔兰人成为欧洲人口最多的民族之一。"有些东西是不能拿来开玩笑的，"爱尔兰的一句老话说，"土豆就是其中之一。"过去也曾有农作物歉收，而且每时每刻都有一部分爱尔兰人处于饥饿中，但大饥荒仍然是罕见的，因为其波及范围广，持续时间更是长达数年：1845年，农作物部分歉收；1846年，全部歉收；1848年，再次全部歉收。一种来自美洲的病害曾在英格兰和欧洲大陆零星出现，能够突然而剧烈地产生影响。一夜之间，所有的农作物就会枯萎，叶子变黑，茎也变得脆弱；数日内，一片欣欣向荣的土豆地就可能变成一地腐烂的植物。即便是挖出来时看上去正常的土豆，也会很快开始腐烂，而总在冬季将土豆储存于浅坑的农民，最终会发现不光是生长中的农作物，就连他们的储备粮也在顷刻间化为乌有。

随饥荒而来的就是疾病。斑疹伤寒和回归热在爱尔兰肆虐，蹂躏着人们原本就因饥饿、污秽和寄生虫而变得虚弱的身体。痢疾也流行起来，斯卡尔一座座小屋旁的土地上一块块凝固的血液，就昭示着这种疾病的存在。

---

[*] 1磅约合450克。——译者注

坏血病也十分普遍。各种病菌通过像狼一样在乡间游荡的饥饿乞丐从一座城镇传到另一座城镇，从一家带到另一家。整座岛屿都陷入绝望。自中世纪以来，欧洲大约就从未有一个角落陷入如此可怖而无望的境地。医院、济贫院和监狱中都挤满了饥馑的赤贫者。与饱受蹂躏的西部地区的大多数造访者一样，卡芬很快发现身边全是半疯半死、几乎一丝不挂的人，绝望地与饥饿和疾病抗争——"不过才几分钟，"一名斯基伯林的造访者写道，"我就被至少20个这样的鬼魅围住了，没有言语可以描述他们可怕的模样。他们着魔般的喊叫还在我耳边挥之不去，他们骇人的形象也不能从我的脑海消失。"当时，济贫院的收容登记表上可悲地记录着灾民的分级——"生病又跛足"，"生病又瘸腿，很脏"，"行乞为生，很脏"。斯基伯林济贫院收容的孩子中，有一半很快就死去了——"都是因为腹泻，"医生报告称，"而耗尽了气力。"

因为经济状况和饮食习惯，爱尔兰人非常依赖土豆，甚至很少尝试其他食物——他们种下的谷物自己不能吃，因为要用来支付地租。现在，他们只能吃树根、野草和野果了。"我承认，"一名敏感的威尔士人写道，"眼前灾难的深重与广泛让我怯懦了。尤其是无数带着小孩的妇女，他们倒在芜菁地里，就像一群饥饿的乌鸦，啃食着生芜菁，母亲们衣不蔽体，在雨雪中瑟瑟发抖，绝望地喊叫着，孩子们则在饥饿中不断尖叫。在那儿看到的其他一切我都可以接受，唯独这样的场面我真的受不了。"有报告称，奄奄一息的人会活着被狗吃掉。肯梅尔（Kenmare）堂区的一位神父走进一座小屋时，就看见一个活着的男人和死去的妻子、两个死去的孩子一起躺在床上，就在旁边，一只猫正在吃掉第三个孩子的尸体。

大约有100万人死于大饥荒——大多数人的死因都是营养不良导致的疾病。1841年，官方记录的爱尔兰人口是800万，爱尔兰岛也是欧洲人口最为稠密的地区之一。到了1851年，死亡和移民已经让这里的人口减少到了650万，大片乡村地区都被荒废，空无一人。爱尔兰全境，从贫困的斯卡尔和陷入疯狂的斯基伯林，到阿尔斯特地区一度繁荣的农庄，都响起了哀伤的恸哭——哀痛的哭声，妇女的号哭，严肃的诗篇诵唱，拍手的声音，人们便这样迎接死亡的降临。

3

"我是,"审视1848年这些可怕的景况时,迈克尔·肖内西(Michael Shaughnessy)律师怀疑地自问道,"我是……身在大英帝国的一角吗?"他当然是。爱尔兰是离英国本土最近的女王的海外领地,除了英国海域内某些不甚重要的岛屿,它也是英国最古老的海外领地。自亨利二世的军队渡过爱尔兰海,盎格鲁-诺曼骑士在肥沃富饶的英国飞地定居下来后,700年来,爱尔兰一直是英国的领地。从那时起,不断有苏格兰人和英格兰人定居此地,形成了由英裔爱尔兰新教徒构成的统治阶层,但这座岛屿从未被真正征服,也从未英国化。对英国而言,它一直是作为"异己"存在。爱尔兰农民都是热情的天主教徒,这甚至成了一种本能,他们仍然说着古老的盖尔语,民族记忆仍然被凯尔特传统的圣人、国王、英雄、诗人与小丑填满——这是一种重视抒情的传统,早就表现在对自然与自由充满幻想的热爱中:

> 一只小鸟
> 闪光的黄色小喙
> 从嘴尖,滑出一声鸣叫——
> 黄叶树上的乌鸫
> 把鸣啭抛过拉根湾。[*]

爱尔兰人对英国人的反抗从未停止,但最终英国总是能成功将其镇压。爱尔兰贵族已被彻底消灭,底层人民也无力继续反抗。

爱尔兰最后一次大型反抗发生在1798年。当时,虽有法国军队协助及金钱支援,沃尔夫·托恩(Wolfe Tone)的反抗部队还是被专注于拿破仑战争的英国打败了。每一位爱尔兰爱国者都将这场悲剧永远铭记在心,而随之而来的则是英国的新姿态——《联合法案》。这是英国议会通过的一项

---

[*] 出自古诗《贝尔法斯特湾的乌鸫》(The Blackbird of Belfast Lough)。——译者注

法令，旨在为英国与爱尔兰的关系设立全新的起点——让两国合并为一个国家。此后，爱尔兰议会，一群新教徒绅士组成的、只处理爱尔兰内部事务的立法机构，将被废除，而爱尔兰的新教徒选民只能选出 100 名代表到威斯敏斯特议事，为他们发声。但这不过加剧了长久以来的分歧与争吵，因为这不但在爱尔兰人眼中是又一次民族耻辱，而且并未为这座岛屿带来繁荣。英国强大的制造业很快就毁坏了爱尔兰现有的微小工业。工资下降，甚至对爱尔兰粮食的需求也减少了。爱尔兰人如今不但感到被奴役，而且还前所未有地贫困。他们用与过去一样的热情爱着这座岛屿，但它已经太过拥挤，无法支撑如此多的人口，因此他们便陷入了深深的困惑与苦楚中。

这里的大多数土地所有者都是英国大地主，并且尽管两国已经合并，威斯敏斯特也因此成了帝国议会，爱尔兰的农民却丝毫无法享有与英国劳工同样的安全保障。英格兰的小佃农有法律保障的租佃权，习惯法也会大体上保证其生活的体面。但爱尔兰的小佃农不享有任何形式的保障——他们不过是通过鄙视他们且通常都是外国人的代理人，获得一位素未谋面的人许可，使用一小片土地罢了。他们通常用谷物支付佃租，用剩下的土地种植土豆作为自己的食物。他们得自己搭屋子，自己树围栏，自己引水。但若他们经过辛苦劳动，成功让这片土地有所改良，也就是说，有可能将一片贫瘠的荒地变成肥沃多产的土地；若他们全家经受了无数年的折磨与牺牲后，成功提升了土地的价值，他们也无力阻止地主提高佃租，并在他们无力支付时将他们驱逐。通常，他们都不会有正式租约，因此，地主可以将他们扫地出门而不会惹上什么麻烦；即便他们手中有租约，要找出令其无效的借口也不难。

农民受到的剥削越残酷，他们的家庭便会变得越大：到爱尔兰大饥荒时，爱尔兰人口增长已远快于欧洲其他地区。爱尔兰人普遍早婚——等待有什么意义呢？——和多生多育。因此，他们的贫困状况变得极其令人压抑；即便是光景最好的时候，大多数爱尔兰家庭所知的世界，也不比阿富汗的部落或挪威豪斯的克里人所知的大多少。都柏林的建筑是当时帝国之内最有魅力的建筑之一，但城市本身却肮脏而有瘟病：天气炎热时，优雅美丽的街道会散发出恶臭，而冬日街道最普遍的场景就是一群群贫穷的流浪汉挤靠在鲍街（Bow Street）的詹姆森酿酒厂（Jameson's Brewery）的"热墙"上，借墙内锅炉渗出的热气取暖。* 乡村的平均住房水平就是一座只有一个房间的土屋子，这些屋子通常没有窗户，屋顶是茅草搭的，门口还堆着一堆粪肥。在荒凉的西部，会说英语的人极少，甚至有人住在沼泽的地洞中，还有人一生从未见过树长什么样子。1846年，《泰晤士报》的一名通讯记者发现，在戈尔韦，甚至有些农民对钱毫无概念，竟将它们拿去典当——一英镑纸币可以典得10先令，一枚金基尼则可典得15先令。英裔爱尔兰人威灵顿公爵曾说，历史上从未有第二个这样的国家。"我见过爱尔兰的模样后，"德国旅行者科尔（Kohl）说，"就感到，似乎连最贫穷的立陶宛人、爱沙尼亚人和芬兰人，都过着相对舒适的生活。"

英国人对爱尔兰人的厌恶则几乎成了一条原则。因为爱尔兰提供了大量廉价劳动力，他们受到了英国工薪阶层的憎恶；受过教育的人则轻蔑地认为爱尔兰人是半野人——年轻的迪斯雷利一度在《泰晤士报》上称他们为"那个野蛮、鲁莽、懒惰、靠不住而迷信的民族"。** 然而，真正在爱尔兰与爱尔兰人接触的观察者，却得出了不同的结论。爱尔兰人确实固执且不愿合作，但他们有自己独特的尊严，这种尊严直接源于他们的种族、国家和宗教自豪感，与英国乡绅家常的自信完全不同。他们的礼仪充满绅士风度，几乎人人都热情好客、欢乐活泼。他们的食材千篇一律，却让他们拥有俊美的外表和充沛的精力。他们热爱舞蹈、饮酒、赛马，以及一切欢乐的、竞速的活动。他们鲁莽的脾气很容易带来暴力和叛乱，但同样很容易爆发成欢乐。此外，他们还非常享受（尽管并不能长久沉溺）吉卜赛风格的色彩与华丽。

4

19世纪40年代早期，大饥荒开始之前，这个聪慧而不妥协的民族又

---

* 至今，这个锅炉还在发热。
** 爱尔兰人确实很迷信——"你相信精灵吗？""我不相信，但他们就在那儿呀。"

进入了鲁莽的状态。废除《联合法案》的运动——追求独立的第一步——席卷全国。爱尔兰从不缺乏改革的倡导者，19世纪40年代的改革代言人便是丹尼尔·奥康奈尔，"昂首阔步的丹"，宗教改革后都柏林第一任天主教徒市长。他是爱尔兰最有名的人，既最受喜爱，又最受怨恨。他有一张丰满的圆脸，一头卷发，嘴角总挂着讽刺的微笑，看起来就像讽刺漫画中典型的爱尔兰人形象；他的政治手段同样是典型的爱尔兰风格。他为人苛刻，善于煽动民众，总是维持着绘像中的姿态，颇有才智，是个刻薄的诡辩家，随时可将讽刺之语脱口而出，又带着凌乱的好意，甚至迪斯雷利一度评价他为英国面对的比拿破仑更加可怕的敌人。

爱尔兰人都崇拜他。他们喜爱奥康奈尔精妙的恶言，正是他将罗伯特·皮尔爵士的微笑称作"棺材盖上的银盘"。而他公众形象在一幅画像中得到最佳呈现：他穿着一件带有毛领的外套，帽子随意地戴在后脑上，脸上一副戈尔贡佐拉（Gorgonzola）的表情，带着讽刺的善意。他被称作"解放者"，他发起的所有大型抗议示威也都秩序井然。1843年，约25万人聚集在米斯郡塔拉山（Tara）聆听他的讲话。这座山是传说中爱尔兰国王王座的所在地，当时从山顶到山脚都挤满了人，他们安静地站着，不断挥舞着手中的标语。据称，这是爱尔兰史上规模最大的集会，而演讲结束，大众乘车离开后，骑马的司仪发现，没有任何东西被偷走，也没有一片篱笆损坏。

在这样的领导下，爱尔兰人前所未有地团结在一起，支持废除《联合法案》，但他们并不想与英国斩断关系。这项源自古老的盖尔文化的请求，并未进化至政治诉求的高度，对大多数爱尔兰人而言，与英国的联系太过古老、太过复杂，似乎无法打破。每一年都有数千个贫穷的爱尔兰家庭渡过爱尔兰海，到利物浦或伦敦寻找工作。英国陆军中，爱尔兰天主教徒很可能占了绝大多数——《圣帕特里克节》(St. Patrick's Day)是陆军最熟悉的行军歌曲。英格兰的新铁路大多是爱尔兰挖土工修筑的。追求废除《联合法案》的人们也从未想过组织武装暴动，因为他们相信，到最后，仅凭爱尔兰人意见的力量，就能够终结法案。

尽管如此，英国还是颇为紧张，谨慎行事。他们一度在1843年囚禁了奥康奈尔，曾禁止过他的大型集会，还向爱尔兰派出军队。他们甚至动用枪支、战船和数千名士兵阻止了追求废除法案者在都柏林郊外的克朗塔夫举行集会，而这里正是11世纪的爱尔兰国王布赖恩·博鲁击退北欧入侵者的地方。高压政治的气氛正在蔓延，爱尔兰的宿命论者似乎感到，尽管爱尔兰人的爱国主义无法压抑，但爱尔兰的民族气息每年都在变弱：

噢，亲爱的爱尔兰人呀，你可听说近来发生的一切？
法律已禁止三叶草在爱尔兰土地上生长！

这便是大饥荒前夜爱尔兰的状况：土地拥挤，人民不满，紧张激烈，饱受压迫，政治上激动如火。几乎每个观察家都预见了灾难的到来，但从未具体说出是哪种灾难——总之，不是这种，就是那种。

5

爱尔兰各处的城堡、圣公会教区、宜人的乡间宅邸，以及乔治王时代风格的排屋里，都有英裔爱尔兰人，他们就是新教主导的时代的爱尔兰统治者。尽管部分家庭已在爱尔兰生活数个世纪，但他们仍然是这片土地上的异乡人。他们敬拜一种不同的宗教，说着不同的语言，他们的生活方式与都柏林的贫民窟和西部土屋中的人们相隔万里，而且在他们眼中，奥康奈尔及其追随者不是爱国者，而是叛国者。对他们而言，爱尔兰是联合王国有机的、不可分割的一部分，尽管状似异域，但仍属于他们；而以普通的英国标准来看，他们自身又成了半外国人："大胆、模样古怪的人们"，这是简·奥斯汀描述一个英裔爱尔兰人家庭的话语。

部分英裔爱尔兰人极其富有，拥有大量地产，在当地拥有王公般的权威。有些人却总是处在负债状态。但无论他们自身状况如何，他们都在爱尔兰构成了占领者阶层。他们的领导人是爱尔兰总督，他居住在都柏林的城堡中，是女王的代表。他们属于爱尔兰圣公会，主教都是高雅绅士，唱诗班也能熟练演唱亨德尔和塞缪尔·塞巴斯蒂安·韦斯利（Samuel

Sebastian Wesley）曲子中的和声。这些人中，年轻一代时常离开爱尔兰为英国陆军作战，而陆军军官大多是英裔爱尔兰人，就像普通士兵多是爱尔兰天主教徒；或者加入东印度公司——第一次缓解饥荒的资金，就是在加尔各答募集的。剩下的人则构成了爱尔兰的整个专业人员阶层，除了控制爱尔兰所剩不多的工业和商业，还创造了这片土地上几乎一切具有视觉美感的事物（古老的爱尔兰民族工艺逐渐凋敝时，英国人却为爱尔兰澄澈的空气带来了伦敦细致迷人的乔治王时代风格，虽然不是精准复制，但迅速在这片异国土地上散发出光华）。

这些英裔爱尔兰人都住在聚居地内，例如都柏林西南方约75英里的小集镇基尔肯尼。马德拉斯的英国人都疏离地住在自己的居住区，印度人则远在他们视线外，住在"黑镇"*中；基尔肯尼也是同样的情况，统治者与被统治者清楚地分隔开来。城镇的一边是奥蒙德公爵的宅邸，奥蒙德公爵是英国君主仆役长的世袭爵位。1366年，就在这座宅邸的大厅中，英国人制定了《基尔肯尼法令》（Statutes of Kilkenny），禁止英裔爱尔兰人与本地的盖尔人有任何亲密接触，由此造成的种族隔离方式将爱尔兰永久割裂。基尔肯尼就矗立在诺尔河畔，城中珍宝无数，还有宏伟的高塔、城门、马场、一座私人剧院，以及一块良好的阅兵场，每到节日，卫戍部队便会在此接受阅兵，向公爵致敬。不远处就是圣公会的圣卡尼斯（St Canice）大教堂，这里一度是天主教教区教堂，如今四处贴着奥蒙德公爵的尊称，放满英裔爱尔兰人英勇作战取得的战利品，以及其他象征世事变迁的物件。沿着诺尔河顺流而下，就是新教的基尔肯尼学院（Kilkenny College），乔纳森·斯威夫特、威廉·康格雷夫和贝克莱主教的母校。上城区则有舒适的排屋，是英裔爱尔兰医生、律师和军官的居所，也有太太们购物的高雅商店，以及供他们的儿子饮酒作乐的舒适的俱乐部酒店（Club House Hotel）。在这一片整洁的建筑中，只有破旧斑驳的古老修道院院墙，或者无人照管的教堂，还保留着古老的爱尔兰模样。渡过河流，在下城区的那一头，远离城堡、阅兵场、俱乐部和大教堂的地方，则是被称作"爱尔兰镇"的地

---

* 直到此地为纪念国王乔治五世而改名为乔治镇（George Town）。

方，当地人便杂乱地居住于此。*

另一个例子则是马洛（Mallow）。这座科克郡的小镇是个温泉疗养地。18 世纪末，这里就被英裔爱尔兰人占据。到 19 世纪 40 年代，它仍然是最时髦的爱尔兰城镇之一，就是在这里，来自爱尔兰各地的游客坐在楼上的凸窗边，举着扇子，静静看着眼前的世事变迁。马洛也有一座城堡，就在城市一端的公园中，那里还生活着一群稀有的白鹿，而马洛所代表的市民意象也与基尔肯尼完全不同。如果基尔肯尼代表了英裔爱尔兰人的权力，那么马洛就代表着这群充满矛盾的人的孩子气而迷人的气质。就在此地狂欢作乐而不失礼貌的气氛中，人们放纵着自己对赌博和嬉戏打闹的热情。俱乐部会员，所谓"马洛的浪子"（Rakes of Mallow），不知疲倦地放纵着欲望；爱尔兰最古老的猎狐队成员，"冲刺的杜海洛猎犬"（Dashing Duhallow），每到猎狐季，一周就要出猎好几次，似乎急于把自己的生命交待在这项活动上。马洛真正的中心则是温泉浴场的矿泉水房。这是一座建在运河边峡谷中的半木制小房子，刻意地要模仿乡村粗野的风格，但它出现在弗莫伊（Fermoy）的道路边，就像一声没心没肺的嘲笑：它就如同对一两英里之外真正的乡村小屋的戏仿，而那里才是真正在饥饿边缘挣扎的农民，与他们饲养的猪和各种排泄物居住在一起的地方。马洛的生活就围绕着这座结构讲究的建筑物展开：夜晚的纸牌聚会、布莱克沃特河畔的赛马大会、星光下的晚宴、流言蜚语，醉酒后发生又在酒后伤感中解决的争吵，还有一切机智、不真实的生活乐趣，让这片土地的支配者们永远精力充沛，与周围糟糕的真实相隔绝。**

尽管英裔爱尔兰人通常对信仰天主教的臣民心怀爱意，也是慷慨大方的地主，但除了某些善意的戏谑与玩笑，他们从未真正理解这些臣民。他

---

* 爱尔兰人从 1857 年开始重新占据基尔肯尼，就在这一年，一座天主教大教堂在城堡不远处竣工；但直到今天，下城区依旧被称作爱尔兰镇，基尔肯尼学院勉力生存（此后，这里走出了日德兰海战的英雄戴维·贝蒂），俱乐部酒店则布置了属于英裔爱尔兰人的纪念品，有种苦痛意味。

** 马洛的温泉浴场矿泉水房仍然在那里，半木制的墙已经刷上了石灰；城中主街两边房屋的二楼仍有凸窗，白鹿还在城堡的花园中繁衍生息，"杜海洛猎犬"仍在横冲直撞；但浪子们的俱乐部已经消失，原址矗立着一座都铎式的大钟楼。

们很容易发现爱尔兰人滑稽或合群的一面，爱尔兰人自然也为他们提供了不少笑料和花言巧语。但他们几乎从未认识到爱尔兰身份认同的强大。这绝非因为这些新教徒支配者比其他民族更无情或更迟钝，而仅仅是因为历史本身的力量。他们从小接受优越文化的教育，如今周围却都是虔敬低等宗教、说着无意义的古语的文盲苦工。当然，他们越以这种方式看待爱尔兰人，他们的错觉也就越真实。数世纪的压迫已经让爱尔兰人变得扭曲且多变，有时曲意逢迎，有时又激烈反抗，但有一点是不容置疑的，爱尔兰人几乎从未达到英国人应有的公正与克制的标准。

因此，两个民族之间存在明显的分歧。二者的折中点是新教与天主教的中产阶级仍然可以共存，但天主教徒基本上被排除在都柏林的总督社交界的舞厅之外，而在爱尔兰小酒馆里体验贫民生活的新教徒，又感到他们自己像侵略者。当时，英裔爱尔兰家庭与当地盖尔人以完全平等的地位交往是极为少见的。圣乔治家族曾对此做出尝试，他们居住在戈尔韦海滨的蒂隆（Tyrone）大宅，这里能够眺望康尼马拉山脉（Connemara Mountains）。圣乔治家族的年轻一代可以说已本地化，他们与当地女孩结合，与当地农民交往，逐渐融入周围的环境中。政治上，这或许颇有远见，但从社交角度而言完全是一场灾难。这座海岸峭壁上的大宅原是戈尔韦最欢乐的去处，人们急切地接受出自这里的邀请函；夏日的夜晚，宅邸中闪耀的光辉甚至在海湾对岸也能看见。但是，到了19世纪30年代，圣乔治家族开始变为爱尔兰人，这座宅邸便开始逐渐荒废，再也没有疾驰而来，最后停在大门口的马车，也没有草坪上的茶会。最后，在英国占领者强大的不成文法的作用下，蒂隆大宅终于彻底荒废，宜人的花园杂草丛生，窗户空空，天空映衬出它高大的轮廓。*

---

* 1970年的某一天，我在此对一位路过的农民说，这座房子现在看上去依然不错——多么适合开舞会。"噢，"这位爱尔兰人的回答颇为生动，"但是你不觉得，现在已经过了那样玩闹的年代了吗？"

6

英裔爱尔兰人中最好的一群人在饥荒中表现出了高尚的品质:设立施食处,减免佃租,看望病人甚至濒死之人,而且有不少人也因为传染病而死去。"夫人听到这个消息也许会觉得安慰一些,"堂区牧师告诉斯莱戈郡德拉姆克利夫(Drumcliffe)的戈尔-布思(Gore-Booth)夫人,"每天晚上,每个家中,上帝谦卑的子民们都在为夫人家族中每位家人的身心幸福恭顺地祈祷。"各大宅第周围都挤满了乞求食物或工作的贫民,有些地主已经启动了自己的雄心救济计划。例如,在金斯郡(King's County)的比尔(Birr)城堡,第三代罗斯勋爵停止了手中的望远镜工作,亲自监督在庄园周围的壕沟挖掘,而那台当时世上最大的望远镜黑漆漆地架在他的领地中央的石支柱上。这项工程虽然是正统的军事防线的一部分,甚至还带有警告之意,但无疑为数百名贫穷的劳工提供了工作。*在英国人与爱尔兰人关系好的地方,灾难发生后,双方的关系似乎加强了:一名地主还热情地感谢他穷困的佃农们及时支付佃租,帮他渡过了难关。部分支配者在这次集体危机中感到自己与爱尔兰人前所未有地亲近;此外,大体上可以承认,圣公会牧师在灾难中比天主教神父更有效地引导了这些迷途的羔羊。

但显然,这场危机已经超出了爱尔兰的承受能力。那时,帝国责任还是一个模糊的概念,但只有帝国的力量才能将爱尔兰人从灭绝的前景中拯救出来。意识形态上,英国人并未准备好接受这一任务。在他们眼中,爱尔兰是一处杂糅了两种色彩的领地,既不完全是殖民地,又不能说是祖国的一部分。事实上,他们对爱尔兰的忽视令人吃惊:白厅对印度经济状况的了解还要甚于对爱尔兰的了解。政治上,个人主义是当时最流行的学说,经济上也是自由放任风行,也就是说,无论眼前的问题是饥荒,还是其他困难,国家的干预越少,情况就会越好。在饥荒发生后几个月里,英国政府的掌权者乃是托利党首相罗伯特·皮尔爵士,他确实从美国购买了价值

---

* 这条壕沟现在仍在此处,新一代罗斯勋爵仍然住在城堡里,猫头鹰星云就是通过这台巨大的望远镜第一次发现的,它也许还架在领地中央的支柱上,生了锈。然而,金斯郡如今已改名奥法利郡,我认为这是一大遗憾。

10万英镑的印度谷物及其粗磨粉,希望借此抑制爱尔兰的粮价上涨。但每个人都知道,他事实上是在用这一行动强行推动废除《谷物法》,这个自由贸易的至高胜利之果;而对他充满恶意的反对者甚至不相信饥荒存在。他的政府于1846年倒台,辉格党接手后,在矮小精明的约翰·罗素勋爵领导下,则更加坚决地实行个人主义。在自由贸易政策的热衷者、财政部助理大臣查尔斯·特里维廉(Charles Trevelyan)的建议与煽动下,英国政府决定,若土豆再次歉收,帝国将不再干预自然进程,不会加大粮食进口,而会让私人企业用它们的力量来控制灾难。

这是对帝国的否定。无论是过去依赖政府保护的重商主义帝国,还是如今依赖政府支持的理想主义帝国,都在这项政策下被彻底否定。然而,英国受过教育的阶层尽管对牙买加的奴隶制度,乃至对英国不义入侵无辜的阿富汗部落而义愤填膺,却对更靠近故土的灾难习以为常。他们周围总有穷人——"那些受压迫、欺骗与打击的可怜人,"一名美国观察者在1845年针对英国写道,"就这样倒在破碎的血肉中,到处都是。"伦敦属于当时世界上最宏伟的一批首都城市,也属于最冷酷的那批;不列颠岛中部与北部的新工业城市,是无处释放的丑恶与剥削的地方;就在60英里之外,圣乔治海峡对面,在女王治下,就有欧洲最悲惨的国家,这往往不能指望英国人的良心。

因此,整个1846年与1847年,爱尔兰都只能靠自己解决饥荒问题。爱尔兰没有政府救济,没有政府采购食物,而当时唯一的救济措施,公共工程的费用,也完全由当地税收来担负。爱尔兰当时仍在出口黄油、牛奶和鸡蛋,因为干预商品的自然流动在经济上是不合适的;而士兵们必须把这些产品护送到海港,以免民众揭竿而起,破坏这一有机的进程。根据官方命令,爱尔兰农民必须自己到自由市场上购买食物,而爱尔兰的地主(辉格党认为地主应当为此次灾难负责,因为他们极其不偏不倚)必须为此付账。

然而,爱尔兰的经济并不能适应这样的需求。平时,爱尔兰几乎不进口任何货物,而进口最少的就是食品,因此这里几乎没有进口商人,货物配送系统也相当原始。正统的供给需求理论在此时的爱尔兰根本无法起作用。这里几乎没有中产阶级组成委员会，组织赈灾。爱尔兰人的民族气质中，没有沉着冷静，没有自助精神，也没有合作提高效率的天赋。当时的情况极其严峻，不少地主本身也深陷窘境，1847 年的冬天又是如此严酷，导致这一年结束时，爱尔兰有近 50 万人彻底失业；到了自由企业体制开始运行，食品慢慢从英国流入时，几乎无人能买得起食品了。现在，农民连夏天赖以为生的荨麻、草根和黑莓也没有了，在一些地方，人们仅有的食物就是海草。

1848 年初，爱尔兰在大雪与饥饿中挣扎，几乎无可挽救了，官方终于改变了态度。政府决定直接为爱尔兰提供救济，尽管这违反了其一切原则，也违反了财政部严肃坚定的信仰。伦敦从帝国各个遥远的领地——加拿大、西印度群岛，还有地中海地区——召回粮食补给官，协助筹集赈济粮。还有一项戏剧性的举动，成了赈灾决定的象征。当时，辉格党进步派在伦敦的重要堡垒是改革俱乐部（Reform Club），它是蓓尔美尔街（Pall Mall）上一座华美的文艺复兴风格宫殿。这一负有盛名的俱乐部的厨师是当时世上最有名的厨师之一，来自巴黎的亚历克西斯·苏瓦耶（Alexis Soyer），他于 1848 年 2 月受政府邀请，前往都柏林监督政府赈济汤的发放。他自己设计了一份营养肉汤的食谱，每夸脱[*]仅需花费 0.75 便士：一只 0.25 磅重的牛腿、2 盎司[**]油、2 枚洋葱、0.5 磅面粉、0.5 磅珍珠大麦、3 盎司盐、0.5 盎司红糖，再加上 2 加仑[***]水。这种稀薄的汤水就在都柏林的皇家兵营之外一座牛棚一样的建筑中发放，那里一张张长长的桌子上放满 100 个碗，还配有带有锁链的勺子。饥民从一扇门进来，喝完肉汤后就从另一边离开；铃声响起后，另一批人就进来。这套系统运行得最顺畅时，苏瓦耶一天可以为 8750 名爱尔兰人提供一碗肉汤。

但这来得太晚了。爱尔兰已经虚弱不堪，帝国政府也永远不可能控制灾难了。英国人并无多少对抗领地内自然灾害的经验——他们从未感到有责任处理印度的地方饥荒。他们也尚未学会将新技术应用于帝国的使命。

---

[*]　1 夸脱约合 1.1 升。——译者注
[**]　1 盎司约合 28 克。——译者注
[***]　1 加仑约合 4.5 升。——译者注

如保险公司所坚称的，大饥荒乃是上帝的行为，无论是政府，还是地主，还是无远见的农民，都不应该为此负责。这场灾难每个人都有过错，同时每个人都是无辜的；但是，在我们的历史背景中，它主要展现的，就是当时帝国目标的残缺。英国的帝国责任感仍然时断时续，而且只有少数人认同；大英帝国此时并不骄傲于其事业或使命，也并不坚信其命运。

7

就在这一片混乱中，年老的奥康奈尔在热那亚灰心丧气地去世了。他的遗体被带回爱尔兰，庄重地安葬在都柏林代主教座堂（只有占都柏林人口约10%的新教信徒，才拥有一座完整的大教堂——事实上，他们有两座）黑色的灵柩台下。神父们都出席了仪式，都柏林人不分昼夜地前来，有人面色苍白，也有人脸色发黑，他们纷纷为奥康奈尔点上奉献蜡烛，在棺材边啜泣。

但解放者奥康奈尔的时代已经过去了，在他的晚年，爱尔兰已经出现了一支新的、更加好战的反对力量——"青年爱尔兰"（Young Ireland）。这是一场完全不同的运动。运动领导人威廉·史密斯·奥布赖恩是一名新教徒地主，也是布赖恩·博鲁的后代。而运动颇有知识分子倾向，运动团体自己发行报纸，成员真心憎恨英国及其代表的一切，随时准备死在这个国家的刺刀下。最活跃的运动领导人心怀灾变的幻想：将英国人扫入海洋，永久地扫出这座饱受折磨的岛屿——领导人之一约翰·米切尔（John Mitchel）称之为"一种神圣的愤怒"；另一位领导人芬坦·莱勒（Fintan Lalor）认为，大饥荒就是革命的关键。"解开野狗的束缚吧，"他对人们的讲话中充满不祥的隐喻，"现在，这片土地上每一座小屋中都有一只野狗几乎怒不可遏——它们迟早会变得越来越凶猛。"

1848年，整个欧洲都处在革命中，而在爱尔兰，这群人相信，他们也将成为革命的一员。在爱尔兰历史上最糟糕的一章中，"青年爱尔兰"的领导人就在强大的理想主义浪潮中投身武装起义。他们从不隐藏自己的意图。这将是一场神圣的战争、一场至死不休的战斗。他们说，这是一项没有阴谋诡计、没有政治腐败的事业，一项为"年轻人、勇敢者和好人"准备的事业。然而，当时爱尔兰的年轻人、勇敢者和好人大多都在挨饿的边缘，相比政治独立，他们更关心自己的生存。最终，"青年爱尔兰"发现，他们成了一群无法发动革命的革命者。天主教神职人员不会帮助他们——教宗本人就曾在一道敕令中告诫爱尔兰教士们"关照人们的心灵问题便可，勿要参与世俗事务"。唤起业已精疲力竭的爱尔兰大众的努力也凄凉地失败了。到了夏天，尽管"青年爱尔兰"已将他们的煽动目标昭告天下，但他们既无军队，也少有支持者，银行账户里更是只剩下不到1000英镑。

这样看来，英国人似乎对此有些反应过度了。横扫欧洲大陆的革命给他们敲响了警钟，国内近乎发展为革命的宪章运动也让他们颇为警觉，因此他们认为，爱尔兰很快就要发生大规模起义——爱尔兰总督克拉伦登勋爵认为，他治下即将开始一场与过去帝国面对的奴隶叛乱无异的奴隶战争。因此，爱尔兰的人身保护令暂停施行，部队已经驻扎在每座主要城镇外。奥布赖恩和米切尔都被逮捕，以煽动暴乱的罪名被起诉。奥布赖恩面对的陪审团里有三名天主教徒，因为他们无法达成一致，他最终被无罪开释；而米切尔面对的陪审团全是新教徒，因此他最终被判流放14年，并在判决宣布后一小时内就被押走，锁在一艘战舰上送往百慕大。

但运动其余的领导人仍然颤抖着继续他们的计划。7月底，史密斯·奥布赖恩造访了几个乡村地区，但收获的几乎都是冷漠。在恩尼斯科西，他得到的回答是人民尚未准备好；在韦克斯福德，海岸周围逡巡的英国战舰威慑着他们；他曾相信在基尔肯尼有1.7万名支持者，但抵达后发现，这是印刷错误导致的错误期望，事实上只有1700人支持他；卡舍尔（Cashel）是芒斯特古王国古老而壮观的圣地，大教堂及附属堡垒高耸在崎岖的巨岩上，俯瞰着平原——这里的爱尔兰独立精神理应光芒闪耀，但奥布赖恩却没有发现一名"青年爱尔兰"成员。仅在蒂珀雷里郡北部的马利纳洪（Mullinahone），这位灰心丧气的革命者才找到了一丝起兵反抗的可能性。这里的居民为他的到来敲响了教堂的大钟，数千名男性也举起矛和干草叉聚集到一起，甚至还有几把枪。然而，大多数人仅仅是为食物而来，当他们得知战斗过程中得自寻粮草后，几乎所有人都一哄而散。但对奥布赖恩而言，一切已是覆水难收。他将队伍带往北部利默里克的村庄巴林加里（Ballingarry），正是在这里，1848年"青年爱尔兰"革命——爱尔兰起义反抗英国的长久历史中最悲哀的一页——于7月30日画上了惨痛的句点。

奥布赖恩带着支持者抵达村庄外围时，身边事实上只有约40个人带有武器，其中20人有枪，18人有矛，另外还有80名手无寸铁的男男女女。这一令人心碎的场景正是爱尔兰的写照。巴林加里是个典型的利默里克村庄，一些泥土屋聚集在交叉路口边，坐落于小山坡上，微微倾斜；穿过眼前青翠多石的乡村地带，就可以抵达南边广阔的梅格河（Maigue）平原。这里大多数居民都处在饥饿状态，瑟缩在围巾和破衣服中，坐在屋外的凳子上，或是在小酒馆边无精打采而虚弱地晃荡。这里的道路都是土路，走过时就会扬起灰尘，高处就是光秃秃的火山岩小丘法里纳山（Knockfeerina），山顶上有一座锥形石堆，山侧则是巨人洞窟，处处可见爱尔兰传说的魅力。

就在这里一块布满石块与卵石的旷野上，这支衣衫褴褛的"军队"开始备战。队伍最前方骑着马的就是领导人奥布赖恩，他身材高大，神情忧郁，高鼻梁，宽额头，有一双孩子般充满渴望的眼睛；他身边是副将，来自利物浦的特伦斯·麦克马纳斯（Terence MacManus），他与奥布赖恩一样高大，但是举止总带有更做作的爱尔兰风格，包括放声大笑和不负责任的妄自尊大；他们身后则是衣衫褴褛的普通士兵。这支部队哪怕放在爱尔兰历史上，也可谓相当悲惨，他们紧紧握着手中的棍棒、石头或者枪支，人人瘦得皮包骨头，完全是文盲无知。我们或许只能假设，支撑他们的不是真正高尚的渴望，就是绝望与不满。80个爱尔兰人，在祖国陷入绝望的时刻，准备站起来反抗大英帝国；但是，他们甚至没能获得一个悲剧结局，而革命以一种荒谬的方式结束了。

就在这支部队前进时，他们就得知有一队警察也出动了。起义者们架起路障，准备保卫巴林加里，枪手、矛手和手持石头的人也都进入了准备状态。村庄居民谨慎地聚集在一段距离之外，围观这场战斗。约30名警察出现在路边不远处，见到眼前的路障以及随处可见的衣衫褴褛的民众时，他们失去了理智，打破了队形，跑向最近的房子。这座房子属于麦科马克（McCormack）寡妇，是附近高地上一座舒适的四方形农舍，门前有一片围墙围起的卷心菜田，后方有小院子，还有一小丛树用来挡风。麦科马克太太恰好在回巴林加里的路上，家里只剩下五六个年幼的孩子，因此警察们免了礼节，抓紧滑膛枪和头盔就猛地钻进了房子，关上大门，用麦科马克太太的床垫堵住窗户，从起义者的视野中消失了。

因此，起义者便火急火燎，甚至有些滑稽地寻找这些警察，屏住呼吸悄悄爬上了陡峭的山坡，将巴林加里抛在了视野之外。麦克马纳斯轻率地冲进后院，抓起一堆干草放在后门上，点上了火。其他人则趴在地上，等待着进展。这会儿，麦科马克寡妇在回村的路上得知她的小屋即将变成历史遗迹，就流着泪赶到现场，当然，她很担忧她的孩子们。她的出现似乎打动了有礼貌的奥布赖恩，他叫麦克马纳斯不要再烧干草，并亲自带着几个人勇敢地走到房子前面，打开了菜园的门，在警察的滑膛枪口下走到房子前门。一切都安静下来。奥布赖恩爬到了一处窗台上，身后的起义者和身前的警察则都屏息看着他。他的手穿过那堆床垫，伸进了窗内，与屋内大吃一惊的警察握手。"我们不想要你们的命，"他宣称，"只要你们放下武器就好。"

然而，此时，匍匐在菜园墙外的起义者开始向房子投掷石块了。紧张的警察立刻用一阵齐射回应。一名起义者被杀，还有一人受重伤，就在警察们重新装弹之前，受到攻击的整个起义部队就从麦科马克寡妇的房子周围消失了，他们或是躲在附近的小屋里、斜坡下，或是穿着破烂的衣服，溜回了村中的小屋。奥布赖恩只停下来说了一声"奥布赖恩家的人从不背敌逃跑"，就骑着马离开了。不到半个小时，这次革命便结束了。麦科马克太太回家后，发现孩子们都没有受伤，就开始清扫眼前的一片混乱。*

---

* 她的房子至今仍保持原状，大门上方有刻字"铭记48"，常有美国学者造访。1970年，这处房产的所有人丹尼尔·莫里斯（Daniel Morris）夫妇还亲切地向我展示了一把据称属于奥布赖恩的手枪——他在起义后被判绞刑加四马分尸，但后来被流放至塔斯马尼亚，最后被无条件赦免并返回爱尔兰，做了自由民，最终于1864年去世。他的哥哥卢修斯（Lucius）成了第十三代因奇昆男爵（Baron Inchiquin），奥布赖恩家族再也未参加过革命。

8

若在十年前，这场革命也许还会有不同的结果，但此时，爱尔兰人的精神已经不复存在。饥荒击垮了他们，几乎无人有心力抗议或主张权利。如今，一种冲动已经牢牢占据着这个悲苦的民族的内心——永远离开爱尔兰，在一块命运不至于如此悲惨的土地上从头开始。似乎在数个世纪无望的挣扎后，他们心中的火焰终于熄灭了。从未有一个民族如此远离革命的冲动。相反，成百上千的饥荒幸存者提着所剩无几的财产包裹，抱着孩子，走向港口。这是爱尔兰前所未见的景象。与英格兰人和苏格兰人不同，爱尔兰人从不喜欢流浪。他们对异域奇事没有反应，也许是因为他们内部就足够奇特了。他们深爱自己的国家，对故乡有谜一般的依恋。而散落世界各地的英语社群，都熟悉伦敦或格拉斯哥方言，却几乎从未听到过爱尔兰口音。

如今，有些东西破碎了。爱尔兰岛荒凉孤寂，即便有爱尔兰人希望这个国家与英国达成真正的联合，这一前景也已永久消失。爱尔兰海的一边，是富有而强大的英国，正在昂首阔步走向世界巅峰；另一边则是她破碎的姐妹爱尔兰，与她如此靠近，却带着难以言表的疏离——这样的对比实在残酷。在这种情况下，《联合法案》显然已经成了统治法案，而且大饥荒不仅没有激起英国人的同情，反而只是加剧了他们的恼怒。"我们必须击败的巨大邪恶，"查尔斯·特里维廉写道，"不是物质世界的饥荒，而是道德世界的自私和任性，以及人们狂暴的性格。"英国人认为爱尔兰人已经无可救药，完全依靠来自外部的领导和组织。他们会相互争夺救济粮，固执地拒绝改变饮食结构，在这场悲剧中，他们仍然不断偷窃、欺骗、撒谎。而英国为他们尽心尽力后，他们还不知感激地发动了 1848 年革命——这场革命本身就是自我欺骗与愚蠢无能的混合，是一次典型的爱尔兰式行动。罗素总结了大众的观点："我们为爱尔兰人捐款、工作，我们拜访他们，给他们衣物，为他们付出了无数金钱，经过了数年的争论，还有其他种种。然而我们只得到了叛乱和诬蔑。现在，我们别再捐款，别再借钱，别再给他们

衣服，别再为他们做任何事，看他们能怎么办。"*

这座岛屿似乎注定面对厄运，它的统治者厌恶它，而它也饱受自我怀疑甚至自我鄙视的困扰。大饥荒之后几年，约有100万爱尔兰人决定离开故土，重新开始生活，或是被急于摆脱他们的地主送往外国。["我终于摆脱了罪行和苦恼，"蒂珀雷里郡德利城堡（Derry Castle）的斯佩特（Spaight）先生说，"每个人还付了3磅10先令。"而大饥荒时期被斯莱戈郡佃农所恭顺祈祷的罗伯特·戈尔-布思爵士听到这个消息后，也把农民塞进了三艘船，将他们送往美国。]大多数爱尔兰人都想去美国，这是大英帝国古老的敌人，他们听说，那里的心跳都是属于爱尔兰的节奏。"爱尔兰人眼中的美国，"文学家科利·格拉坦（Colley Grattan）写道，"就是民族的避难所……在他们心中，英国的海岸比马萨诸塞和纽约的海岸更加遥远。"然而，当年美国接受的移民数量有限，因此大多数难民首先踏上了加拿大的土地。

这段旅程不过是爱尔兰人噩梦的延续。首先是五六百个在挨饿边缘的可怜人结伴长途跋涉前往斯莱戈郡或科克郡的海岸，登上蒸汽船，或者在巴利纳（Ballina）、基拉拉（Killala）以及特拉利（Tralee）等小港口被塞进纵帆船和单桅帆船。随后，他们通常要经过利物浦，而路途上的悲惨状况，就与中央航路贩奴船的状况差不多，船舱并不舒适，船员态度冷漠，往往还不称职，船上没有足够的食物和饮水补给，有时甚至连厕所也没有，常有人感染斑疹伤寒。最终，他们在大洋彼岸登陆时，通常也不受欢迎，只有过劳的检疫人员和充满敌意的移民局人员等着他们。

9

让我们一瞥爱尔兰人抵达新大陆的场景，来结束大英帝国历史最悲伤的一章吧。他们抵达了在魁北克下游圣劳伦斯河上的格罗斯岛的检疫站。

---

* 这是英国人对爱尔兰问题的一种经典看法。值得注意的是，大饥荒时期，爱尔兰许多同情灾民的官员都叫温（Wynne）、格里菲思（Griffith）或者琼斯（三个名字都源于威尔士）。

圣劳伦斯河宽约 1 英里，是一条美丽的河流，奔流过许多狭长而低矮的岛屿，倚着和缓起伏的劳伦琴山脉小山丘——夏日这里就和勃艮第一样绿意盎然，令人心旷神怡；冬日则是一片白茫茫。这里的一切颜色都明亮而干净，河流两岸点缀着法裔加拿大人繁荣的农庄。向东，河道变宽，河水雄壮地奔流入海，晨光中，河上的小岛似乎在蜃景中倒转过来，悬浮在天与水之间。空气宁静，河岸上的生活温和而简单。

但格罗斯岛格外繁忙。这座隆起的狭长岛屿几乎在河道正中间，树木很少，只散布着一些检疫站的小屋。数周来，不断有爱尔兰移民船抵岸，其中不少带有传染性热病，因此大量船只都被扣留在格罗斯岛的下游。而在海上，还有三四十只船等待着靠岸，这些船都已经破旧脏乱，死气沉沉地停泊在水流中。甚至船只附近的空气都变得污秽。在这些船只的停泊处以及格罗斯岛附近，水面浮满了泡沫、垃圾、木桶和破布，变得污浊。一些小船载着衣衫褴褛的男女穿过这片脏乱的水域，从船边开往岸边，其中有些人处于濒死状态，有些人则已经断气；有些船上只装载了包覆在帆布中或钉在粗糙的棺材中的尸体。岛上，人们痛苦地蹒跚前进，甚至爬向小屋。有些人无力地请求帮助，或者要一点儿水和食物。有些人已经无法活动，也无法说话，他们从小船上被抬出来后，就只能躺在河滩上。

这便是爱尔兰人在应许之地登陆的景象。一艘小蒸汽艇穿过这片满是浮渣的海域，在下锚的船只间穿梭，接走那些被医生认定健康的移民——他们可以前往蒙特利尔，开始新生活了。挤在这艘小船围栏旁的乘客，看上去似乎和小岛岸上躺着的人，或者下锚的船只甲板上的人一样虚弱无力，但是在船通过这片充满病气和绝望的水域时，船首的一位爱尔兰提琴手快活地奏起了属于爱尔兰的曲调，还有几个人在阳光下和着节奏跳起了吉格舞。*

---

* 格罗斯岛现在是动物检疫站，通常不允许参观，不过从河南岸的蒙马尼可以隐隐约约看到岛内的景象。岛上仍有供发烧患者居住的小屋，还有一块纪念岛上爱尔兰死者的纪念碑。碑文写道："这个隐蔽的地方躺着 5424 名爱尔兰人。他们于 1847 年逃离爱尔兰的瘟疫和饥荒来到美洲，却走进了另一座坟墓。"

第9章

"多好的人！"

I

此后，英国再也不会如在爱尔兰一般可耻地逃避帝国的责任，但即便如此，帝国的行动仍然很大程度依赖于冲动。战场上将士的想法和主动性与政府政策和经济学家的理论同样有力地推动着帝国的扩张，帝国历史上不少成功的举措，最初也源于某个个人的怪癖和突然之举，或者一瞬间的情绪。在远东，冒险家詹姆斯·布鲁克，一名东印度公司公务员的儿子，成功地干预了沙捞越的内部事务，如今成了岛上的一个拉惹。在印度洋，苏格兰商人约翰·克卢尼斯-罗斯阴郁地统治着科科斯群岛，（据达尔文说）他住在"一座两面透风、谷仓一样的房子"里，（据他本人说）他希望他的努力"能及时为大英帝国的商业带来一些效益，为其人口、语言，以及真正的荣耀与辉煌的扩张做出贡献"。

在印度这块帝国最耀眼、最特别的领地上，当地的旧俗尤其难以改变，因而个人的作用尤其重要。如前文所述，基督徒的使命感已经对英国的统治产生了影响，但这种影响的介质仍然是个人的良心——没有斯利曼，暴徒还会在这片土地上游荡；没有本廷克，殉葬很可能还是合法的。现在的英属印度，仍然有大量供伟大的个人和冲动的决定发挥的空间；而个人主义力量在战争扩张中最能发挥决定性作用。19世纪40年代末，大英帝国通过战争将统治扩张到了西北部的独立领土——先是信德，然后是旁遮普。这些冒险的整体风格，都是由每个英国人的个体特质决定的。当年，一名冒险者被问及他们的体系成功的原因时，就曾诚恳地表示，"成功的不是我们的体系，而是人"。因此，在印度帝国稍晚于19世纪达到体制成熟之前，让我们再考察当时几位杰出的印度英侨帝国主义者吧——别忘了，若他们得知这种归类法，也必定会讶异于自己竟位列帝国主义者。

2

第一位是查尔斯·詹姆斯·内皮尔，信德的征服者。他要到后半生才达成这一成就，而他第一次，也是唯一一次在战争中担任指挥官，正是在后半生——60岁时。此时，他几乎已经放弃在战场上当将军的希望，过着平凡的退休生活。在人群中，很容易就能认出他来。他身高中等，面容相当独特：鹰钩鼻，双眼炯炯有神，长长的白色连鬓胡子，还戴着一副自己设计的钢边小眼镜——"他的鼻子如鹰嘴一般，"萨克雷认为，"胡子和克什米尔的山羊一样。"他戴的头盔也是自己设计的，形状奇特，后脑处垂有一块长长的边。他尽管不是个健壮的人物，甚至看上去有些弯腰驼背、瘦骨嶙峋，但举止仍然颇有风度，双眼则有种不可思议的威严。他确实是个怪人，但这种古怪特质却是精心算计的：他曾说过，他的敌人从未真正伤害过他，因为他们都被他的怪异搞糊涂了。还有一次，他穿着长礼服、浅黄色灯芯绒马裤，戴着前部有帽舌、后面由白色棉布包裹的英式打猎帽，出席了自己的大型庆祝晚宴——他发言结束坐下时，乐队还奏起了《食人族群岛之王》(*The King of the Cannibal Islands*)。

内皮尔生于一个杰出的苏格兰家族，他这个姓是叙述维多利亚帝国史时无法绕开的。他的父亲是一位极为英俊且格外有教养的士兵；他的母亲则是霍勒斯·沃波尔所称的"超出你想象的美人"；他的三个兄弟都取得了卓越的成就；他的表亲、先祖和后代，都是帝国各地陆军、舰船或卫戍部队的指挥者，或殖民地的统治者。但他的家庭本身并不富裕，尽管他的成长之地基尔代尔郡生活着大量英裔爱尔兰人，他本人是一位公爵的孙辈，还是查尔斯·詹姆斯·福克斯的嫡表兄弟，但他还是进入了本地的乡村学校，因此从未忘记贫穷的真实含义。"穷人就像缓慢航行的船只，"他中年时曾写道，"货舱中装满了贫困这种沉重的货物。"1839年，他已经是一位将军了，但仍与妻女住在诺丁汉一家肉店楼上，唯一的收入就是工资。据他说，他抵达印度，接过一个师的指挥权时，他所有的财产仅余2英镑。

尽管他从11岁开始就在军中服役，但他直率的同理心还是让他的交际范围远超军队圈子。他是个善良的人。1839年，他在英格兰北部对抗宪章运动起义的威胁时，他仍然同情这些工业化进程的可怜受害者——"愿上帝原谅我，"他谈到这些工人时说，"但有时，他们让我希望，要是他们与工厂一同烧毁就好了。"他放弃了一切流血的运动竞技，因为他发现"杀死小动物毫无乐趣"。他死后，人们在特拉法尔加广场为他立了一座塑像，其铭文写道，"做出最大贡献的"正是每一位普通士兵。

内皮尔早年的职业生涯充满各种令人屏息的危险。在半岛战争中，他就六次负伤，还有两次他的坐骑在胯下被杀；1812年战争期间，他指挥过进攻弗吉尼亚利特尔汉普顿（Little Hampton）的行动；他曾在拿破仑百日王朝期间攻下了康布雷；1815年，他在奥斯坦德港遭遇海难；1822年，经多次负伤，拥有丰富的经历之后，他成为英国驻伊奥尼亚群岛凯法利尼亚岛专员，当时，此地在英国的统治之下。他几乎立即就总结出了自己的帝国哲学，他将其简洁地定义为"先鞭打一顿，再给以厚爱"。

他对臣民的态度从头到尾都受到其对爱尔兰的记忆的影响，而且他一生都将用爱尔兰的意象作为参照。"看看那不幸的爱尔兰！"在欧洲的另一端，他高声说道，"这个邪恶的体系是多么无力！不公又是多么脆弱！"反常的现象、被抛弃的人，还有心底保留着爱尔兰秉性的弯曲一角，都是他的软肋。他获得巴斯勋章后不久，他指挥的部队也得到了战役奖章——"现在，"他给印度总督的信中写道，"我在面对蒂姆·凯利（Tim Kelly）和德莱尼（Delaney）下士时终于不会脸红了！"1845年，正是他委任年轻的理查德·弗朗西斯·伯顿去调查卡拉奇的同性妓院：他不但因为三年前英军在喀布尔的悲剧与鸡奸之间的关联而关心此事，而且"对他们的活动颇为好奇"——伯顿在其译的《一千零一夜》的脚注中颇为赞赏地表述道。

在帝国语境下，这一切组合起来，便构成了堂吉诃德式的顽梗，这种顽梗却又大体上是善意的。内皮尔生来就反对权威，反对正统，反对一切敢于与他有分歧的人；另一方面，他又坚定地沉迷于常识、公正，坚持毫无疑问的责任，对所有帮助过他的人都很上心。他易怒、故作姿态又傲慢，心中充满尖酸刻薄的小聪明——"要是没有其他的宣泄渠道，"有一次，他对母亲说，"我可能会因为没能讲出一个笑话而死。"他经常情绪化地将自己与治下单纯的臣民划为一类，无论他们是希腊人、爱尔兰人还是俾路支人。他在伊奥尼亚群岛有一位希腊情人，她为他生下了两个孩子，他将其中一个以他驻守的岛屿凯法利尼亚来命名。内皮尔乘船离开时，这位情人本想留下两个孩子，但后来改变了主意，将他们推上了小船，它驶向内皮尔正在离港的大船；而内皮尔虽然后来相继与两位善良的英国寡妇结婚，但一直饱含爱意地抚养这两个孩子。

他坚决相信英国权势的长处。一名外表体面的外国人违法进入凯法利尼亚时，内皮尔就轻描淡写地将移民法搁置一旁，亲自为这名陌生人作保。据他说，在这座岛上有 500 名康诺特游骑兵维持治安的情况下，这个人不大可能犯罪。为了进一步解释他的决定，他还指着正在大步经过窗外的高大的康诺特游骑兵上校说，任何想要激怒这样一位军人的人，都是非常愚蠢的。"上帝啊，当然，"这名外国人说，"你说得对。如果他生气了，我绝不该挡他的道：多好的人啊！"

3

这就是内皮尔的帝国主义的本质：大胆地将不必要的细枝末节置之不顾，坚定地相信英国权威的作用，粗鲁地相信个人特质的力量。1843 年，他达成一生最伟大的胜利，即征服信德时，也将这些原则带到了印度。

信德地区横跨印度河中游，是一片贫瘠的棕色土地，似乎英国并没有必须征服它的明显理由；但它可能发挥的重要作用显而易见，正如当地一位长老所言，英国人在印度河上航行过后，"信德便已丧失"。确实如此。最初，英国承诺保护信德的诸埃米尔，一群不大值得尊敬的王公，免受北方锡克人的侵扰——"缔约双方都有义务不再觊觎对方的财产"；但随后，奥克兰勋爵的继任者埃伦伯勒勋爵（Lord Ellenborough）希望用荣光覆盖苦痛，抹去阿富汗战争的记忆，因此决定无论协定上写了什么，都要将信德吞并——"就像个恶棍，"当时有人说，"在街上挨了打，就要回家打老婆出气。"

从皮尔、威灵顿、格莱斯顿，到当地的大部分英国官员，都反对这一行动。但被指派指挥此次行动的查尔斯·内皮尔并不在乎。对大多数政治家、公务员、东印度公司要人，以及信德所有埃米尔，他仅仅感到一阵强烈的鄙夷罢了。埃米尔被激怒而加入战争后不久，他便轻松拿下了这个地区，而他的弟弟威廉是记录半岛战役的杰出历史学家，这次也为他的主要战役留下了著名的记录："（信德军队）举着巨大的黑色盾牌，保护首领，他们手中摇晃的利剑在阳光下闪着光芒，他们的高喊如同打雷的隆隆声，他们以疯狂的力量与姿态，冲向了第22团的先头部队。然而，英国士兵同样高声激烈喊叫，勇气饱满，意志坚定，用武器之王招呼他们，让他们最前排的战士倒在了血泊中……"内皮尔很快放逐了这些领土受到侵略的信德王公，他拿到了6万英镑的赏金，最后可谓脱离了贫困，然后在印度河边筑有城墙的海得拉巴设立了总指挥部，并完全按自己的想法统治这个地区，而且每年还有1.5万英镑的薪金。《笨拙周刊》（*Punch*）提到，内皮尔用一句揶揄的双关语"我有罪！"[*]报告了这次征服；周刊认为，这名坚持人类自由原则的老流氓，心中也许已经对此感到一阵懊悔。但事实并非如此。事前，内皮尔就已颇具个人特色地将吞并信德定义为"一次有利、实用且人道的恶行"。他承认这是英国侵略阿富汗带来的后果，但当时，永远有人最终遭受不公，只不过这次是信德的埃米尔们罢了，"何况，很难发现还有哪一群人更应当承受这样的命运"。他的结论是，埃米尔们暴虐、嗜酒、堕落、满口谎言、满心阴谋，总之令人鄙夷。

但一如往常，他仍然关心普通人的福利，也认为自己乃是唯一能判断他们需求的人。现在，殉葬这一习俗第一次直面变革，而信德的婆罗门辩称，这是他们古老的习俗。"我的祖国也有习俗。如果有人将女性活活烧死，我们就把这些人绞死。那就让我们都依各自的习俗行事吧！"一名被判刑的杀人犯也辩称，如果妻子激怒了丈夫，杀死她就是合法的。"好吧，那我现在生气了，为什么我不能杀死他？"内皮尔正是用这样直截了当的、军

---

[*] 原文为拉丁语"Peccavi"，当时《笨拙周刊》的读者当然不需要解释就能读懂。

人般的方式，建立起了英属信德省，它与"约翰公司"的文官所统治的其他地方极为不同。他建起卡拉奇的港口，鼓励印度河上的航行，还预见了在北方地区发展灌溉的可能性。他立即成了家长式独裁者的原型，随后变成人们熟悉的印度统治人物，他也是18世纪特质的最后表现者之一。可以这样说，事实上，早在30年前，这位善良又固执己见的人在英国的革命边缘面对一群宪章运动领导人，表示他的原则与这些愤怒的工人站在一边时，一种帝国的传统就已经诞生了。据他说，他充满同情地支持这些工人所代表的一切；但若他们胆敢为追求这些高尚的目标而煽动暴乱，那么看在上帝的分上，他仍然会向所有人开枪。

4

接下来，英国的强权尽管经历了几次错误的开头，数次自取其辱，但仍然沿印度河向北推进到了旁遮普。这是一个富有而肥沃的"五河之地"，数年来一直在锡克人的统治之下。他们是一群强大的宗教–军事主义者，遵守锡克教的七条自我约束规则，而他们最著名的统治者，正是我们第一章所见的兰季德·辛格。他将锡克人带到权力的顶点后，于1839年去世，据说他此时已拥有1200万英镑的财产，而且直到最后一刻仍然生活奢华，经常醉醺醺的。他的继承者们的统治力远不如他，而且经常爆发危险的内部争端，在1845年这为英国派遣军队进行干涉提供了极佳的借口。战争自然而然地爆发了，英国遭受了几次可耻的失败，内部发生了几次嘈杂的骚乱，但还是必然地取得了胜利［将军哈里·史密斯爵士称1846年阿利瓦尔（Aliwal）的战役为"面对面的绅士战斗"］。经过一段时间的间接统治，加上几回合的战斗，帝国终于在1849年正式吞并旁遮普。

这段时间是帝国不断试验的日子。就如内皮尔在信德建立新政府，英国也为旁遮普设计了一套特殊的管理体制。这套体制同样个人色彩极重，充满独裁与军事统治气息，但确实是一套更加认真的统治机制。在旁遮普，帝国向着天赐责任、民族命运和维多利亚帝国主义其他高尚的抽象概念又迈进了一步。旁遮普政府的首脑乃是一个三人管理委员会，而这三位绝对

"保民官"也清楚地列明了政府的原则。例如,"朴素的民众将以简单易懂的方式得到"公正,法庭将去除所有的匠气、烦冗的言辞和含糊费解之处,让所有人都能为自己辩护,都能与另一方当面对质。官僚体制则会以新方法置于制衡之下:"好官员治下,规则是多余的,坏官员治下,规则则毫无作用。"管理委员会公开承认,民众自然而然会对这样"强大而人道的"占领者怀有敌意,但绝大多数人将同时得到物质繁荣和道德提升方面的进步。迅捷、亲切、简洁和仁慈乃是政府最好的推动力,管理委员会也决心表现得"周到善良,不要对无知的民众抱有过多期望",并且"不做任何改变,除非确定结果是明确的现状改善"。

80名年轻的东印度公司员工组成一个委员会负责在旁遮普锡克教徒、穆斯林和印度教徒的混杂人口中施行这些规则。这些委员有临时被借调从事政治工作的士兵,也有文官。他们组成了一支全心全意、精力充沛、团结而进步的意识形态力量,就像降临在这片被征服领土上的改革骨干,检查着所有的制度,评估着一切可能性,将帝国的特质烙印在这片土地每一个角落的每个农民身上。他们编纂法典,重新建立货币制度;他们终结了土匪活动,修筑道路,开挖运河。不到四年,他们就在这个大小与法国差不多的地方,建起了一套控制公共生活方方面面的新政府系统。据说,旁遮普政府的员工每天工作10到14小时,除非生病,否则没有假期;他们对身为精英团体一员颇感骄傲,而出自他们之手的行政新秩序,则成了他们的纪念碑。

但是,整个体系的运行模式,以及其中清教徒的自鸣得意和高高在上的基调,都是由一对兄弟——约翰·劳伦斯和亨利·劳伦斯——奠定的,他们是管理委员会的主导人物。他们经常争吵,性格也相当不同,但都拥有强大的直觉力量。他们就如先知一般,受到神谕启发,行慷慨大方或极端残忍之事;或者像瓦格纳寓言中的人物,因为他们在燃烧,是狂热的浪漫主义者,充满热情、信念和目标。埃米莉·伊登或许会认为他们有些可笑,而旁遮普的军队总指挥官查尔斯·内皮尔,自然对他们相当厌恶。

5

劳伦斯兄弟是一名英裔爱尔兰士兵的第六个和第八个儿子。他们的三哥乔治，就是麦克诺滕在喀布尔被杀时逃走的参谋军官之一；此时，乔治在他的兄弟的政府中做了白沙瓦的副专员，当上了将军，还写了一本书——《印度的四十三滴泪》(Forty-Three Tears in India)，其标题后来被身在印度的英国人竞相效仿。*劳伦斯家的男孩都跟着父亲走遍了世界，从一所学校转到另一所，从一座火车站辗转到另一座——亨利在锡兰的兵营出生，约翰则生在约克郡的营房中——因此，他们受到的培养虽然混杂，却开阔了他们的眼界。"我在学校的每一天都会受到鞭打，"约翰·劳伦斯表示，"只有一天除外——那天我被打了两次。"两兄弟中，一人进入了位于黑利伯里 (Haileybury) 的东印度公司文职学院，另一人则进入了阿迪斯科姆的军事学院。他们于19世纪20年代起航前往印度——当时，英国人甚至尚未构想其在印度的政治使命，更不用说决定了，因此，他们这样的年轻人也许和此前的威廉·希基一样感到，这项事业除了愉悦和大笔金钱，不会有更高的目标了。

　　劳伦斯兄弟却不这么想。他们都是虔诚的年轻教徒，经常阅读《圣经》，也是劳动者。早在维多利亚时代盛期前，他们便有盛期的精神，对待生活和工作都非常认真——亨利在抵达印度后，立即加入了一个与他思想近似的军官团体，一同在一座房子里祈祷和冥想，这房了有个神秘的名字"精灵之厅，达姆达姆" (Fairy Hall, Dum Dum)。两人分别在东印度公司的军中和政治部门中步步上升。亨利在尼泊尔驻扎期间与一名牧师的女儿结婚，她是出现在加德满都的第一个白人女性。在参加了第一次缅甸战争、阿富汗战争以及与锡克人的战争后，他成了驻拉合尔的特派代表。约翰也迎娶了一名牧师之女，他在文职部门中稳步升迁，先后在帕尼帕特、古尔冈、埃达沃和卡尔纳尔 (Kurnaul) 任职，最后成为德里的税务官。兄弟俩

---

* 这一"流派"中最著名的就是陆军元帅坎大哈的罗伯茨勋爵 (Lord Roberts) 的《印度的四十一滴泪》(Forty-One Tears in India)，但作为历史学家，我最喜欢的是乔治·阿贝里-麦凯 (George Aberigh-Mackay) 的《印度的二十一天》(Twenty-One Days in India, 1882)。

第 9 章 "多好的人！"

脾性愈加迥异，但追寻激情目标的能力仍然一样，随后他们就在新近被帝国吞并的旁遮普的管理委员会中再度携手。亨利是委员会主席，约翰则是行政天才。他们的分歧从未停止，通常他们会在政府的技术细节上持有不同意见，但有时也仅仅是对前景或优先事务看法不一。他们也曾疏远过一段时间，但他们的合作仍然具有强大的力量，给未来一个世纪的旁遮普打上了自己的印记。

他们在旁遮普达到人生的鼎盛。两人中，亨利较为弱势、温和，更加容易惹恼他人，但也更有教养。他可能也更加自负。从他身上，可以感到一种属于精灵之厅的逢迎讨好之气。他形象出众，就像一位伟大的圣人——"亨利爵士总是抚摸着胡子遥想天堂，"一名印度评论员写道，"然后便知道该做什么了。"一幅画显示，他笔直地坐在椅子上，紧紧盯着一张家庭肖像画，陷入沉思；他的高颧骨、大鼻子，以及面部的皱纹和凹陷，让他看来如同一名苦行者，几乎是阿拉伯人的模样。在另一幅画中，他则跷着二郎腿，坐在乌代布尔统治者的王座前。他戴着一顶铁路员工帽般的尖顶帽，坐姿表现出的敬意近乎空洞，他面前的王公则有一把更加壮观的大胡子，屈尊俯就。但即便周围全是珠光宝气、戴头巾且佩剑的宫廷要人，劳伦斯挺直有力的身影仍然夺人眼球，也让人一眼就明白这间接见室中，谁才真正手握权柄。

亨利没有时间为费用或行事手段这样的细枝末节费心，他要考虑大局。"让这个国家安定下来，"他简单指示手下，"让人们过上幸福的生活，保证不再有争吵。"他好与印度王侯会面——对他来说，在这些王公面前跷起二郎腿也是个不错的姿态——但他也飞扬跋扈、阴晴不定。随着时间过去，印度总督达尔豪西勋爵发现亨利越来越令人厌烦，但亨利身边的工作人员，以及能帮助他平衡急躁脾气的人，却似乎相当爱戴他。他是个刀子嘴豆腐心的人，又常常准备去道歉。他是个胸襟广大的人。他去世后，四名为他抬棺的英军士兵依次亲吻了他的额头，尊敬地与他告别。

约翰·劳伦斯却是个完全不同的人——更加粗鲁、易怒、固执，也更令人畏惧，他的价值观更加朴素，行动也更为大胆。亨利 1853 年离开旁遮普时，将主席职位交给了约翰，并在告别信中说："如果你保证这个国家的和平，让各阶层的人都幸福生活，我就不会遗憾自己离开，为你腾出一片空间……我认为，因为他们落后于我们，我们就更有责任仁慈地对待他们。"约翰立即给他去了一封态度更严厉的回信。"我会公正地倾听每个人的辩词，努力给每个人应得的东西。但没有人应该得到额外的待遇。"约翰·劳伦斯脸上没有一丝温柔的气息，散发出的力量与尊严，几乎到了残忍的地步：大下巴、粗脖子、紧皱的眉头下的一双眼睛、高高的额头、军人式的小胡子、稳重的发型，口中从不发出笑声，更不会说腐化之语。他看上去就像个消息过于灵通的进步派人士，只会在轻浮的宴会上用顽固的信仰把谈话搅黄。这是一张有现代气派的脸。约翰·劳伦斯是早期的帝国技术官僚，他逻辑清晰，行事无情且高效。他按照付出与收获的条件来思考，不甚关心伟大事业，工作节奏几乎从不间断，没日没夜，甚至会在蒸汽锤和《旧约》讲道此起彼伏的声音中，起草面对公众的讲话稿。

只有极为鲁莽的印度人，才与他这位脾气火爆的克伦威尔式人物有过交锋，但他在英国人中也树敌不少。"他不像绅士，反倒像个挖土工。"一名挑剔的同事曾这样评价他；还有更多人憎恶他痴迷于艰苦生活、炫耀般的长时间工作，以及"充分利用一个人的价值"。他就是团队精神的早期典型人物，而针对这一精神，有教养的英国人永久地分成了泾渭分明的两种态度。约翰·劳伦斯自称"一头为工作而生的老牛"，还一度表示他几乎16年来一天也没有歇息，而得知其表态后，另一名同事写道，"他成功地让每个人都感到不舒服"。他精于金钱计算，巧妙地扭转了旁遮普的财政状况；然而，真正引起他兴趣的只有经济原理或者账本上的金钱，他自己从未垂涎这些金钱，也从未被东方财富的巨大魅力俘获。锡克战争后，兰季德·辛格从可怜的沙·舒贾手中夺来的钻石"宇宙之光"落入了东印度公司手中，它被包好装在一个小盒子里，交给约翰·劳伦斯保管。据他自己说，他将这东西扔进一件马甲的口袋里之后，就忘记了它的存在，直到六周后维多利亚女王问起，他才回头问自己的仆人是否看到过这块宝石。这名仆人记得确实从他的某套衣服里找到过"一块玻璃"。就这样，这块钻石被装进铁箱，送上了明轮护卫舰"美杜莎"号，由一群士兵护卫着送到英格兰,在伦敦塔被镶嵌到王冠上。*

之后,约翰·劳伦斯将成为典型的维多利亚时代中期的英雄。他上了年纪后变得大腹便便,还长出了不少垂肉,但英国民众已经将他视为半神般的存在,还为他立了纪念塑像——一名不怎么奉承他的下属写道,"说他一句不好,几乎就像渎神一般"。他才是帝国政府中的旁遮普派(Punjab School)真正的创造者,这个政府派别也成了印度帝国此后数代的骄傲。约翰·劳伦斯后来成为印度总督,在 1879 年去世时,他已经获得贵族爵位,拥有十个孩子,还是北不列颠保险公司(North British Insurance Company)的一名董事。

6

劳伦斯兄弟成了成功的榜样,激励了不少旁遮普的年轻人。他们坚信个人政府的力量,总是与农民们打成一片,从不显得高高在上,经常主持临时法庭,以薄饼或者米饭为主食,而且一直用本地方言讲话。其中不少人都是帝国理想——强身派基督教精神——的早期实践者,这一精神的推动力来自英国公学中类似托马斯·阿诺德博士这样的教育者,其名称本身则来自迪斯雷利。他们相信,他们乃是上帝意志的亲身推行者,就像学校里级长代行校长意志一般,他们训导怠惰的村民,或刺破头领的自负。当时 30 岁的赫伯特·爱德华兹(Herbert Edwardes)便从中汲取灵感,为本努(Bannu)河谷的人们编纂了一部全面的新法典——他用仅仅 18 条波斯语条款,就决定性地地覆盖了从杀婴到土地争议的大部分人类争端。

旁遮普的人们性情差异极大。最情绪化的一端有约翰·尼科尔森,他还活着时,就已经成了寓言般的人物。尼科尔森是个比约翰·劳伦斯更加引人注目的现代主义者。无论在印度还是在欧洲,他都是靠燃烧的热情支

---

* 我将这个故事写在这里,不代表我相信这个故事。不过,今天我们仍然能在伦敦塔看到"宇宙之光",它镶嵌在乔治六世的妻子伊丽莎白王后 1937 年的加冕冠上。在沙·舒贾手中时,这颗钻石重达 186 克拉,但在伦敦,它被重新切割,如今重量为 106 克拉。

配人民，建立权威；但这种热情似乎是一种最新的事物。他 35 岁时便英年早逝，但当时他已是英国最年轻的将军，他的墓志铭也与国家英雄的无异。"在我看来，这个人可谓绝无仅有，"陆军元帅罗伯茨勋爵在《印度的四十一滴泪》中回忆道，"他就是士兵与绅士的十全十美的典型。"赫伯特·爱德华兹也说："我从没见过和他一样的人物，也从未指望能见到这种人。"陆军元帅高夫勋爵（Lord Gough，卧乌古）认为他是"所有士兵的偶像"。印度总督达尔豪西勋爵则说："他的名字威慑整个旁遮普省。""只要英国的统治延续，"约翰·劳伦斯说，"人们就永远不会忘记他伟大的功绩。"即便奄奄一息地躺在病床上，人们依然将他比作"被惊雷劈开的高贵橡树"。据说当时一名印度人提到他时说，"从阿塔克（Attock）到开伯尔，你都能听到他的马蹄声"。

这一切，都是他在 30 余岁时做到的，而当时无论是英国军队还是英国文职部门，都绝不缺引人注目的人物。尼科尔森也是个英裔爱尔兰人。他的父亲是个放弃了信仰的贵格派教徒，在都柏林当内科医生，在他年纪尚小时便去世了，因此他由母亲一手养大；后来回忆起儿子时，这位母亲表情严肃，带着惊叹。据她说，尼科尔森三岁时有一次向四面八方不断挥打着一条打了结的手巾，似乎在打看不见的敌人——"我想把恶魔打跑，"当时还是幼儿的尼科尔森说，"他想让我变坏。"这种令人不安的虔信指引他度过了短暂的一生，也让他失去了很多朋友，因为他总是沉迷于大片的土地和状似虔诚的警句，而他早期的成就之一，就是彻底改变了克什米尔地区英国人社群的道德水平——过去，丑恶的事总在湖边发生，而据称他的继任者则发现，"那里的道德氛围已净化不少"。

但他也是个战士。"阁下，您绝对可以相信，"一天，有人对达尔豪西说，"要是印度有必须孤注一掷的行动，约翰·尼科尔森就是那个能完成任务的人。"尼科尔森的部分魅力纯粹来自他的体魄。他身材高大，足有 6 英尺 2 英寸[*]高，体型健壮，有一双灰黑色的大眼睛，厚嘴唇，永远一副经深思熟虑后胜券在握的表情。人们认为，他看上去就像更加高大

---

[*] 1 英寸合 2.54 厘米。——译者注

的迪斯雷利,而他的面容似乎还带一点儿犹太风情。在其他方面,对我们而言,他似乎就是传统维多利亚时代英雄的模型——有男子气概,同时也敏感、高尚、坚定,罗伯茨说他"伟大而简单"。即便到了今天,审美已经发生巨大改变,维多利亚时代的人们欣赏的特质,在如今看来显得病态甚至滑稽,人们还是可以从平版印刷画的线条中,看出当年他的风度一定是何等引人叹服。他看起来无比可靠。你可能不会向他吐露内心最深处的秘密,但若你在计划前往克什米尔度假,则肯定愿意将自己的生命托付给他。*

与许多同时代的人一样,尼科尔森在阿富汗战争中第一次经历战斗;他曾被阿富汗人关押几个月,获释后却在返回印度的路途上发现了弟弟亚历山大的尸体——他浑身赤裸,肢体残缺,躺在开伯尔的土地上。他在锡克战争中一战成名,随后便以劳伦斯家的门客的身份来到了旁遮普。他在管辖区域内残忍而难以驯服的锡克人之中确立了完全的支配地位,以至于这里的民众竟将他奉若神明。1849年的古吉拉特战役第一次为他蒙上了神性的面纱:在这次战役中,他自负责任,将所有锡克战俘释放,让他们悄悄回家。这种胜利中涌现出的慈悲让锡克人印象深刻,令他们相信,劳伦斯必定是超出人类的存在(当然,他们自己在战争中肯定不会这么做)。一个自称尼库西奈特(Nikkulseynites)的兄弟会甚至宣称他乃是梵天的化身,苦行者则愿为他的荣光献身,在虔诚的苦修中承受鞭打。有两位神职人员因为他的死而自杀。尼库西奈特派对他的狂热崇拜在他去世后仍在持续,到19世纪末,仍陆续有历史学家和人类学家重新发现这一信仰。

然而,他对待印度人的方式相当残暴,他的行动只凭自己评断——或神的裁决,而这两者实际上就是一种东西。在本努,一名当权者轻蔑地将一口唾沫吐在脚边时,尼科尔森便要求他把唾沫舔干净,然后将他赶出了营寨。在另一处,他还因为一名伊玛目胆敢对他皱眉,就命令将他的胡子剃干净。他鞭打流氓恶棍时绝不会有顾忌,还会公开展示被执行死刑的罪

---

* 无论如何,我肯定愿意,但迈克尔·爱德华兹(Michael Edwardes)先生似乎不这么想,他在《注定放逐》(*Bound to Exile*, 1969)中将尼科尔森描绘为"一个暴力、疯狂的人,特强凌弱的同性恋,极端自大,将一个简单平庸的人引向危险会让他感到愉悦"。

犯的尸体。"这里的山间，"据称，旁遮普的一位首领曾作证，"听到尼科尔森的名字，没有一个人不会全身颤抖。"

然而，维多利亚时代英雄的一大必要品质仍是柔和，一种能激起勇气与控制感的女性化敏感，而尼科尔森当然也将此表现得一丝不苟。尽管他笃信粗野而迅速的正义制裁，热爱猎虎，还是著名的游击队首领，但他仍然有种多愁善感的气质，经常沉湎在长时间的误解与和解中。他与同时代的不少人一样崇敬英雄；尽管他的文字不堪卒读，演讲也让人听不下去，但其他人还是急切地和他交朋友。后世的分析或许会指出那是他们没有意识到自己的同性恋倾向，但这种友谊无疑是从同样的追求成就的热忱与渴望中迸发出来的；正是这样的热忱与渴望，让他成为一个专注的实干家。

让我们把他的死向后放一放，看看性情方面的另一个极端例子，即尼科尔森在旁遮普最亲密的朋友之一，威廉·霍德森（William Hodson）。他是旁遮普最有冲劲、最冷酷无情的人，他的名字甚至会成为一种武器的代号。他的精神仍有旧时代东印度海盗的遗存，他本人则是个彻头彻尾的军人，但与大多数同僚不同，他受到的是人文学科的教育。他是利奇菲尔德的一名教士之子，在阿诺德管理的拉格比公学就读，后进入剑桥大学，阅读涉猎广泛。他喜爱莎士比亚，这是自然的，因为他就如同"莽夫"（亨利·珀西）再世。他享受战争本身，每每以夸耀的姿态投入战斗，也是英国非常规部队最杰出的首长之一。他是一位金发蓝眼的英国绅士，和所有人一样也有自己的缺点——仿佛他这样的人物太过完美，各方面平衡得不像真的。他就是人们所谓"无所畏惧"的人，但这种品质通常都不过是某种心理缺陷的掩饰，而在他对身体冲突无可抑制的渴望中，也确实能感觉到他精神状态的不稳定。据说，在战斗中，他挥剑猛砍，或者胡乱冲向敌人战线时，脸上总是挂着扭曲的笑容。在一次持剑战斗中，他甚至放声大笑，有时还像个剑术大师一样鼓励对手进攻——"冲上来啊，让我汗流浃背吧！你这样还自称剑士？再来一次，再来一次！"

据同时代的 J. W. 凯（J. W. Kaye）说，霍德森拥有"老虎般的勇气，任何人类的同情怜悯都不能削减这种勇气"。他同样喜欢使用诡计托词，除了教士家庭背景和说教的友谊，似乎没有任何显而易见的道德标准能指导他的行动。他是个天生的雇佣兵,甚至是天生的秘密警察。除了他自己的非常规骑兵部队霍德森骑兵团(Hodson's Horse),他还沉迷于土匪行为带来的乐趣——他把自己包裹在旁遮普骑兵宽松华丽的衣服里,腰间挂着短弯刀,穿着长筒靴,身体精瘦紧绷,他待在一群皮肤黝黑的雇佣兵中,一头金发,一双浅色眼睛——他就是野化的英国人,已经完全适应了这个国家残忍的文化。然而,他的存在,就与许多完全将自身与印度融合的英国人一样,总有些不自然,甚至有些可悲:他被指控篡改了本就混乱的账目(这个案件最终没能结案),而接下来我们会看到他一生中最后的活动,一次夸张甚至有些偏执的残忍行动。

7

这些都是当时的杰出人物——也许并不都是非常善良,但都极其强而有力、威风凛凛、令人信服。他们似乎注定要胜利,而且他们的成功都是自生的;然而有一天,像尼科尔森这样的士兵也要全副武装突破万难,劳伦斯这样的管理者也会走投无路。他们横跨了英国在印度的历史中的一段过渡时期,而这段时期也将要走向终结。

米字旗飘扬在信德和旁遮普之后,英国长久的印度征服事业就走向了尾声。通过吞并田园般的缅甸王国,英国保证了东部边境的安全;在北方,多斯特·穆罕默德的领土直接与大英帝国接壤,但他证明了自己乃是英国的友人;在西侧,东印度公司军队在最后一场边境战争中玩笑般地炫耀着力量,入侵了波斯。这场战争并未给波斯人的生活带来多少改变,而且很大程度上据称是因为一名英国大臣在德黑兰有不检点的性事,但其还是巩固了英国在波斯湾的支配地位。在印度内部,新政治理论"无嗣失权说"让英国统治者能够在印度土邦王公去世而无继承者时接管土邦,而且很快就让英国控制了数个此前人们从未听说过的古老邦国。最后,总督达尔豪西勋爵在离任前,通过一次政变强行吞并了中部广阔的奥德土邦——达尔豪西给出的理由是"若英国政府继续帮助一个令数百万人受苦难的政府维持统治,那么它有罪于上帝,有罪于人民"。

至此，英国在印度的统治模式便一劳永逸地确立了。印度的一半表面上仍在原来的王公治下，这样的王公有数百人，既有统治百万人的王侯，也有小村庄的族长；但无论是谁，都没有能力不经英国殖民政府同意就行事，而英国才是从开伯尔到伊洛瓦底江的整片印度次大陆真正的统治者。另一个时代也正走向终结。很快，旁遮普的这种个人帝国主义行为就会变成单纯的传说，变成吸烟室里流传的冒险故事；内皮尔和霍德森这样的人物，所有的先知和雇佣兵，都会让位于更加普通的继承者。然而，他们一方面是旧时代的幸存者，另一方面又是新时代的先驱者。他们若有一点共通，那这一点便是信念——无论行动的动机为何，他们心中都没有一丝疑虑。而不久之后，大英帝国本身行动的标准也将不仅是任意的直觉，以及格莱斯顿所说的这个民族固有的、无意识的帝国的情操，还有认为其有权统治世界的日渐坚定的信念。

第二部分

日渐坚定的信念
1850—1870

第 10 章

变化的辙迹

I

早在帝国主义成为国家事业,成为大众热情的出口,乃至成为选战中的考量因素之前,已有部分英国人认为,他们或许就是掌握统治权的民族。这并非因为英国在世界上拥有大量领地,并非因为他们相信英国人有任何生理上的优越性,也非因为他们相信有神圣命令让他们注定伟大,而是因为他们明显是科学技术的巨人。英格兰是世界工厂,也是世界实验室。英国人凝视着放出火光的熔炉、火车飞驰的轨道、蒸汽船和铸铁的桥梁,凝视着他们的印刷机、工厂、机械织布机和铁犁时,便感到他们手中握着普罗米修斯之火。他们开始认为,有了技术,他们就可以做到一切,甚至可以重建心灵。"前进,前进!"丁尼生勋爵高喊——他还以为火车是在沟槽中奔驰的——"就让这巨大的世界沿着这叮当作响的变化的辙迹飞旋吧!"

> 我们穿越世界的阴影,堂皇地走进年轻的时代;
> 欧洲的五十年,远胜过中国一个朝代轮回。[*]

康斯特布尔用运送干草的火车和教堂的尖顶描绘英国的天赋;透纳则用令人激动的蒸汽、速度与动力的图景,天启般地诠释了技术发展。随着铁路这个传递一切兴奋的信使以惊人的速度遍布英格兰,一种蓬勃的乐观情绪也随之传播。工业化带来的最坏的悲惨后果显然已经过去,社会革命

---

[*] 出自丁尼生诗歌《洛克斯利宅邸》(*Locksley Hall*)。——译者注

的威胁似乎也已消散，英国的技术与科学正准备引导人类进入黄金时代。悉尼圣詹姆斯教堂中有块纪念碑，纪念1845年被土著用矛刺死的鸟类学家约翰·吉尔伯特，上面写着，"为科学而亡，愉快而高尚"。*

　　这种强烈的热情尤其表现在帝国的领导人身上。维多利亚女王的英俊丈夫，来自萨克森-科堡的阿尔伯特亲王热忱地相信，这就是一个救赎的时代。自然世界就要被人类征服了，邪恶的第一道防线已经被击溃。阿尔伯特对一切现代、实用或机械的东西有热切的兴趣，这让他成为技术启蒙的化身，而他的妻子维多利亚女王虽然沉浸在幸福婚姻的红晕中，但作为君主也相当清楚情势。在1851年4月29日的日记中，她写道："我们有能力做任何事。"

2

　　那一年，英国有意地在万国博览会——现代第一个国际展会——展示这种希望和力量，这次展会本就是用来展示所有国家的文明成果的，但如今之所以被人铭记，主要是因为它是维多利亚治下不列颠的伟大盛会。没有什么东西能比约瑟夫·帕克斯顿在海德公园为万国博览会建设的宫殿更好地展示英国人自如的、近乎轻快的支配天赋，以及他们如今可以控制自然环境的一种感觉。有好几个月，相比议会大厦，乃至威斯敏斯特大教堂，水晶宫才是英国骄傲的中心。英国人无论身在何方，不管是在没有一辆火车的缅甸，还是没有连上电报线的澳大利亚，知悉水晶宫的存在时，都是惊讶而沾沾自喜的。正如女王所写，它正是"世界奇迹之一，英国人完全可以为此骄傲"。

　　"水晶宫"这个名字是《笨拙周刊》提出的，当时世上确实从未有过这样的建筑物。《泰晤士报》认为，水晶宫是艺术、技术和某种近似于信仰的、超出五感的东西的结晶。帕克斯顿并非工程师，也不是建筑师；事实上，他是德文郡公爵的前任花匠主管，而博览会展馆的设计灵感，正是来

---

* 原文为拉丁语，改编自贺拉斯关于为国献身的警句，以贴近时代。

自他不久前在查茨沃思为种植亚马逊王莲而建的花房。这种王莲是近期从英属圭亚那引进的巨型睡莲品种,而这片处在大英帝国边陲的殖民地,除此之外就很少受人关注了。

除了中殿木制的拱顶,水晶宫完全由玻璃和钢铁建成。木制拱顶是后来加入的结构,这样可以罩住海德公园三棵巨大的榆树,避免它们被砍掉。有些人,包括皇家天文学家表示,一旦受到风吹,整个建筑就会倒塌,或者一旦遇热,钢铁结构就会大幅膨胀,造成灾难性后果;甚至还有一位反对举办这次博览会的著名人物,代表林肯郡的下议院议员西布索普(Sibthorp)上校表示,他衷心希望这座建筑会倒塌。但那是个充满信心的年代,因此博览会的建筑委员会勇敢地接受了这一设计方案,雇了2200名英国工人和爱尔兰工人,在七个月内完成了建筑工程。

> 好像巫师挥挥法杖(萨克雷写道)
> 一座闪着光芒的透明玻璃拱形建筑
> 像喷泉跃出草地一般
>   来到了阳光之下!

这座建筑矗立在伦敦,与这里夏日壮丽的绿意相对。开幕典礼上,维多利亚女王和开明的阿尔伯特亲王举行了夸耀的巡游("我们历史上最伟大的一天,我见过最美丽、最壮观、最动人的景象")。水晶宫内部19英亩的空间由才华横溢的威尔士人欧文·琼斯负责布置。他认为原色乃是伟大文明的标志,但据说,他最后采用了比原始效果更加柔和的方案,以缓和最初人们的担忧。但无论如何,水晶宫的内部装饰仍然震撼人心,甚至让《泰晤士报》的记者想到了末日审判,但这恐怕不是琼斯试图达成的效果。水晶宫的长度是圣保罗大教堂的三倍,主要是一个巨大的单厅,长1800英尺,从一头可以望到另一头。当然,也有其他的展厅、露台、一个宽阔的十字厅,建筑的正中心还有一座高高喷溅的喷泉。巨大的玻璃空间内部被红色、黄色和浅蓝色的灯光点亮,每一处都有雕塑、展亭、描绘寓言场面的艺术作品、玻璃展示柜、枝形吊灯、精细的铁门、停摆的大钟——这是 34 个参展国停泊的港湾，是中世纪的宫廷，是德意志关税同盟的大厅。蒸汽机在展厅里轰鸣运转，这里有桥梁模型、精致的深红色壶罐、值得称赞的烤面包架、制作美味芦笋的夹钳、松鼠和海中仙女装饰的玻璃香水瓶，混凝纸浆工艺的托盘里装着的德国哥特风格的金器和珍珠，还有丹尼尔·古奇（Daniel Gooch）壮观的宽轨距火车头"外岛勋爵"号（*Lord of the Isles*），那是斯温登铁路公司（Swindon railway works）的全新产品，由青铜和抛光的黄铜打造。

五个月内，就有 6 063 986 名参观者，绵绵不断漫步在这座惊人的展览馆中，其中有戴着饰带、拿着气球的骄傲伦敦人，有穿着奇怪大衣、戴着头巾或塔布什帽的外国人（"他们的一把大胡子，"《泰晤士报》风趣地说，"让人们想起了自由贸易带来的一切荣光。"）；托马斯·洛夫·皮科克连着来了好几天；一名参加开幕典礼的中国船长被认作皇帝的代表，受到了各种礼遇；查尔斯·狄更斯参观了两次，感到自己实在吃不消了；女王本人也曾多次参观，认为展览精妙绝伦，在这里感到骄傲且开心。展馆内部明亮、复杂又活泼，几乎从建筑的每个角落都能看到馆内几棵榆树细长的轮廓，这为整个空间增添了绿意。

从外向内看，一切就显得更加宁静，也更加宏伟。水晶宫与肯辛顿大道（Kensington Gore）相平行，坐落于海德公园南侧，在女王道（Queen's Drive）与骑马道（Rotten Row）之间。尽管水晶宫的建筑相当庞大，但比例优雅，与高度相比，其长度极长，看上去像公园里一座巨大的避暑别墅。天气好时，就会有许多游客一小群一小群地坐在绿地上，裙子摊开，野餐篮散布四周。一个早晨，女王来到公园，就遇见了来自肯特郡和萨里郡三个堂区的全部教众，他们成双成对地走过，"男性穿着工作罩衣，妻子们看上去也很美"。他们身后，水晶宫看上去华丽辉煌。玻璃闪闪发亮，旗帜飘扬，四处的烟囱冒出蒸汽，如羽毛飘散，远处的锅炉房则冒出一缕黑烟。对很多人而言，水晶宫看上去就像当代的大教堂，而展览组织者似乎也部分承认了蒸汽、机油、滑轮与机械的现代神性，用教堂建筑的名词为水晶宫的结构命名——巨大的展厅称作中殿，十字厅则称作耳堂。

正如罗伯特·皮尔爵士所言，"水晶宫是一项宏伟的工程，我们用现实的实验,确证了尘世的民族通过精巧的工作与技能,能在多大程度上符合造物主的意愿",而女王则又一次将其意义提升到了更加广阔的层面:"所有人一起努力推动人类文明的进步,理应是每个个人奋斗的最终目标。通过推动实现这一目标,我们就是在代行伟大而仁慈的上帝的意志。这正是阿尔伯特的座右铭。"

3

万国博览会的许多展品都明显地展示了英国的帝国特质:来自开普敦的布须曼人的毯子、铭刻着伊奥尼亚七岛联盟(Ionian Septinsular Union)标志的金戒指、澳大利亚犯人用巨朱蕉树叶编成的帽子、达荷美国王女兵的裙子、都柏林的腌猪,还有钻石"宇宙之光"。

这样的展览合乎时宜,因为帝国在全球各地拥有的领地,已经为其物质发展做出了有效贡献。伦敦动物学会由帝国主义者斯坦福·莱佛士爵士和化学家汉弗里·戴维爵士创立,其创立简章中便写道:"罗马最繁盛时,也曾将世界各地的野兽带到首都展示……现在,轮到英国为其大都会伦敦的民众举办另一系列完全不同的展览,也就是说,来自全球各地的动物被带到这里,或是为了某一实用目的,或是作为科学研究的对象。"野兽研究不过是一小部分。事实上,科学和工业的几乎每一个分支都获益于帝国扩张的经验,即便只是间接获益。

例如,英国的纺织业就竭尽所能地学习印度的印染技术——而英国人很快就精通了这项技术,并在短时间内彻底摧毁了印度的棉纺织工业。由于帝国对钢铁的巨大需求,英国的铁厂成为早期预制技术的专家:早在1815年,由伦敦滑铁卢桥设计者约翰·伦尼(John Rennie)根据奥德王公的订单设计的一座铁桥,就已预制完成,运往勒克瑙了。*同样出于帝国的需求,英国拥有当时最卓越的航海图制图师,皇家海军的调查船在每片海

---

* 这座桥至今仍然可以使用,也是现存最重要的伦尼设计作品之一。它在1857年的印度兵变中也派上了一番用场。

域工作，几乎完全没有对手。英国的人类学家可以研究澳大利亚土著的颅骨大小、那加（Naga）丘陵部落的风俗，因为他们有帝国权利。英国的地理学家可以获得探险者和政府人员从遥远的地方送来的空前繁多的物件。大量充满热情的业余人士端着枪、带着瓶子和样本盒探索着内陆、大草原和喜马拉雅山麓，为伦敦的地质学家和动物学家送回了大量属于各种不同气候地区的植物、粮食作物、岩石和未知的哺乳动物的标本。

科学和工业同样也对帝国产生了巨大的影响——直接作用于帝国概念本身，因时间已经到了 19 世纪中期，此时技术的发展似乎为英国的海外统治提供了一套新的逻辑。突然，整个世界似乎变小了，变得更易于控制，而将散布各海、各大陆的领土联合为一个新的政治实体，似乎也有了新的意义。14 年前，颇有远见的工程师伊桑巴德·金德姆·布鲁内尔就预示了这一构想。在维多利亚女王继位的那年，他的蒸汽明轮船"伟大西方"号（*Great Western*）下水，作为他主持修筑的伦敦至布里斯托尔的铁路的浮动延长线，这艘船注定要将不列颠岛的能量一同带出岛外，穿越大西洋，前往另一侧的新世界。如今，到了 19 世纪 50 年代，蒸汽和钢铁已经可以将帝国的冲力传递到整个世界。

4

从英国人第一次海外殖民，到维多利亚时代，帝国内部的交通方式并未发生巨大变革（纽芬兰大约不在此列，这里的道路建设是以纽芬兰狗作为牵引动力为前提设计的）。1837 年，从伦敦到英国最近的海外领地爱尔兰仍然需要 3 天时间——乘坐皇家邮政的马车到霍利黑德（Holyhead），再乘客货船前往金斯敦（邓莱里）。去哈利法克斯至少需要 1 个月，到孟买要 6 个月，去悉尼则要 8 个月。印度境内，大干线道路承载的交通量仍然与莫卧儿帝国建成道路时一样。而从加尔各答前往白沙瓦的旅客必须先乘船前往贝拿勒斯，这就要花上 1 个月；然后骑马或坐马车前往密拉特，最后乘肩舆抵达白沙瓦，而且晚上还必须持续赶路，前方会有一名火炬手举着燃烧破布的火把。在加拿大，如前文所述，人们只能乘坐独木舟、雪橇，或者穿雪鞋步行。在南非内陆，人们则像开拓者一样，驾着数头公牛拉着的四轮马车赶路。而在澳大利亚，几乎没有人进行内陆旅行。

最初几代帝国士兵和管理者已经习惯了这一漫长的行路时间，认为这乃是一个人生命的重要阶段，而且偶尔，路上花费的时间会比计划的更久：加尼特·约瑟夫·沃尔斯利少尉就曾花费 8 个月前去参加第二次缅甸战争，但抵达的第二天就在行动中负伤，于是立即被送回英国。帝国这样漫长的旅途，既可以造就长久的友谊，也可以埋下永久的敌意，而精明的人会仔细做好准备。索尔顿勋爵（Lord Saltoun）从英国起航，准备前去指挥 1839 年与中国的战争时，特地带上了一位会拉大提琴的参谋军官——第 9 枪骑兵团的霍普·格兰特上尉，在前往长江下游的 164 天漫长旅途中为他自己的小提琴伴奏。* 我们经常在书中读到，军官们会在路途中自学语言，制订接下来的战争的全部战略，甚至根本性地改造自己的思想道德——"在路上，永远别忘了改善自己的习惯；没有好习惯，你就永远无法取得进步。"约翰·尼科尔森对弟弟亚历山大说。不过他很快就会在开伯尔发现弟弟残缺的尸体。从查塔姆（肯特郡）和朴次茅斯上船的青涩的候补军官，与手下无聊又沮丧的士兵一起生活好几个月后，在大洋彼岸登岸时，便会成为经验丰富的领导者。

蒸汽动力将要在突然间推翻一切，彻底改变英国本土与海外帝国的关系。麦考利恰好在第一批蒸汽船起航前往印度之前从加尔各答返回英国，他立即认识到了这些机械造物的意识形态力量，在他看来，距离的缩短，正是最伟大的教化力量之一。到了 1840 年，丘纳德（Cunard）公司的蒸汽船"独角兽"号（*Unicorn*）就可以在 16 天内完成从利物浦到哈利法克斯的航行；1843 年，伊登小姐就可以在 6 周内拿到伦敦出版的新一卷《匹克威克外传》；1850 年，从伦敦到霍利黑德只需要一天一夜。现在，在海外帝国工作的英国人可以一年休好几次归家假，也可以回国治病，或者做康复疗养。他们的妻子和家人也开始前往帝国海外领地，因此彻底改变了东方

---

* 格兰特还带上了一架钢琴。他在瑞士的学校里学会了小提琴，还曾发表过一些自己创作的大提琴曲。数年后，他被派往西姆拉时，光是将他的各种军事和音乐设备搬进山间，就动用了 93 个仆人。

帝国的风貌。政府管理员和军事指挥官都可以轻易地从一个殖民地调到另一个殖民地。同时，写公文也就不那么有趣了，因为他们几周之内就可能收到来自国务大臣的刻薄回复。在加拿大，首先来到西部河流的蒸汽船被地图上没有标记的沙洲难住了，人们经常不得不用架在圆杆上的起重机把船拖过去，河边生活的人称之为"蚱蜢跳"。印度政治团体"新孟加拉蒸汽船基金"（New Bengal Steamer Fund）要求为印度提供更好的蒸汽船运服务，还提出了一系列直击要害的优点："蒸汽船能将丈夫和妻子、父母与孩子之间令人心碎的漫长距离缩短一半，保持人们心中持续的活力和热情；还能让商业交流的渠道更加迅速，大大增进两国利益；最后，还有一条重要的理由，它能够打开大门，引介欧洲科学、道德和宗教到印度人心中。"

一切发明中，最重要的就是铁路，这一英国的至高制造物，为帝国带来了新的、更高的目标感。帝国的活动家们深知这项发明的意义。早在19世纪30年代，达勒姆勋爵就预见了铁路最终将成为推动加拿大统一的重要工具，查尔斯·特里维廉也曾预言铁路在印度会"刺激整个社会机器"。19世纪50年代，印度总督达尔豪西勋爵设想一块彻底被铁路改变的大陆——政治上，民族和宗教出现新的融合；经济上，内陆因铁路而更容易连通港口；战术上，铁路让军队能更方便地从一个地方抵达另一个地方，从一条战线奔赴另一条战线。随着19世纪下半叶的演进，维多利亚帝国已经从本质上变成了蒸汽帝国，不断延伸的蒸汽机车轨道对大英帝国而言，就和边疆的大道对罗马一样重要。

帝国许多宏伟的遗迹都是铁路工程。在蒙特利尔横跨圣劳伦斯河的管桥维多利亚桥由罗伯特·斯蒂芬森设计，1859年建成时，是当时世界一大桥梁奇迹：24条16英尺宽、20英尺高的铁管件连接成了1.75英里长的通道，整座桥梁由河中24座桥墩支撑——贝德克尔（Baedeker）称之为"蒙特利尔一大盛景"。大英帝国境内的每座大都市内，很快就会在圣公会大教堂旁边建起巨大的火车总站，它们是内心信仰的外在表现，有些像东方的军事要塞，有些像哥特式宫殿，但通常都比政府办公处更加壮观，各种铜制装饰品、具有象征意义的纹章和磨光的桃花心木将它们修饰得格外华美。有些铁路线的轨道本身就像帝国的纽带——规模极大的加拿大太平洋铁路通过栈桥和引人注目的隧道，在东、西海岸之间蜿蜒；斯蒂芬森修筑的穿越苏伊士沙漠的铁道连接了红海和地中海的轮船；山间的铁道则费力曲折，火车的嚓嚓声、哐当声在树林茂密的山谷中回响，缓缓驶入边境的山区。19世纪晚些时候，信德的印度河上将会建起造型怪异的巨大的兰斯当桥（Lansdowne Bridge）——它高耸的悬臂梁、梁柱、支柱和拉索构成的密集网状结构，城垛般的门楼，为火车和普通交通准备的双道路，都将成为英国统治最难忘的景象。*

19世纪50年代，在帝国几乎每一个角落，都有铁路工人工作的身影。印度的第一条铁路线——从孟买到塔纳（Thana）——于万国博览会同年开始建造。此时，从都柏林到科克郡的铁路刚刚铺设完毕。加拿大、澳大利亚和南非都在建设新的铁路线。而且很快，工程师们就会开始在各个令人意想不到的帝国领地建设铁路，如百慕大（从岛的一角到另一角只有20英里长）和马耳他（面积只有94平方英里）。蒸汽火车头的铜烟囱喷出白烟，炽热地穿过大草原、牧场和干枯的非洲草原，这种盛景一直是帝国使命的重要激励，英国国教很快将其吸纳，描绘为走向救赎进步的一大标志：

> 耶稣为我们造好天堂之路，
> 铁路用天国的真理铺出，
> 道路从尘世延伸至天堂，
> 终结于生命永恒之一方。
>
> 第一位工程师从神的言语而出，
> 词句清晰，指明天国之路，
> 穿过暗黑隧道，枯燥景色，
> 一路驶向荣耀的指引。**

---

* 这些宏伟的铁路线和车站如今大多仍然繁忙，只是多有破旧。蒙特利尔的大桥1898年就已改建，只有桥墩仍然保留；兰斯当大桥仍然屹立，但现在西北铁路线利用下游几百英尺外的一座新钢铁拱桥渡过印度河。

** 希望进一步了解这种描写的读者，可以参看伊利大教堂南走廊的一块墓碑——"若汝忏悔，放下罪恶，列车便会停下，接纳你为乘客。"

5

提出跨大陆运输路线的托马斯·韦格霍恩（Thomas Waghorn），就是当时帝国最活跃的进取者与创业者。他最初就像拿破仑一样，是一名贫穷的年轻海军军官，但很早就意识到，从欧洲到印度的最佳途径并非经过波斯或阿富汗，而是取道埃及。他抓住蒸汽动力出现的机会来证明他的观点，也逐渐熟悉通往印度的路线。他相信，可以建成一条穿越苏伊士地峡的铁路，连接地中海和红海的轮船。他不断主张这一想法，急切地奔走游说，从伦敦前往埃及，从埃及去了印度、直布罗陀，去了马耳他、吉达、亚历山大、亚丁还有孟买，几乎每一个对印度交通问题稍有关心的人，都知道他的存在。伦敦的人们认为他已经半疯了。而在埃及，伟大的法国工程师费迪南·德·雷赛布却与他志同道合，后来还为他竖立了纪念碑，称他"独自一人，没有帮手，经过长时间的工作和英雄般的努力，论证并测定了……东方与西方的交流道路"。

与法国的战争结束后，韦格霍恩曾经上了海军的失业名单，曾作为商船船长在印度航线上航行，随后在胡格利河担任内河领航员。在那里，载着各种货物、绕过好望角而来的英国船只，在路上要花上多达一年的时间，而韦格霍恩的工作便是为它们领航。他习惯了这一切，但他最终辞去了工作，宛如皈依某项神圣事业一般，一生都将不断游说建立取道埃及的轮船航线。当时已经有从伦敦到亚历山大的航线，但红海地区的煤价过高，而且人们认为穿过苏伊士地峡的旅程危险重重，因此船只总是选择绕远的好望角航线。韦格霍恩曾经论证、争辩，他写过请愿书，也曾强行拜访显赫人士，要求谈话，甚至为政府做过一次演示旅行——这次试验并不完全成功，因为他最后不得不在没有指南针的情况下，带着一群蠢蠢欲动的阿拉伯船员，乘着敞舱船从苏伊士航行到吉达。当局一次次拒绝后，韦格霍恩自行建立了非官方的运输服务事业，与经营好望角航线的公司直接竞争。他自任经理、建筑工程师、后勤负责人，甚至信使；就这样，他开辟了韦格霍恩跨大陆路线（Waghorn's Overland Route）——"不仅没有官方推荐，"他自己写道，"还让我的理智蒙上了污名。"

这可谓自由事业的一大杰作。和帝国不少杰出人物一样，韦格霍恩身高 6 英尺 2 英寸，面容看上去坦诚且有感染力，还略带忧郁气质，这可以理解。他虽然无力说服英国当局，但在其他地方却让人信服，他的事业获得了令人畏惧的埃及总督（赫迪夫）穆罕默德·阿里的支持，后者则遵从土耳其苏丹之令。戴维·罗伯茨的一幅画中，韦格霍恩在亚历山大的总督宫殿的会议厅中，谦卑地坐在英国领事和罗伯茨中间，埃及的帕夏抽着水烟听取他的计划，一名秘书则盘腿坐在地上记着笔记，后方的海港中停着一只孤零零的小蒸汽船，几乎要被淹没在三桅帆船沉重的绳索与垂下的巨大船旗中，隐隐暗示着即将来临的变革。到了 1839 年，东印度公司也加入了韦格霍恩的事业，他成了东印度公司在埃及的副代理人。最后，英国政府将邮政服务从法尔茅斯扩展至亚历山大时，韦格霍恩成了英国与埃及之间官方快件服务的经营者——通过苏伊士路线邮寄的信件，题头都写着"由韦格霍恩先生转交"。

为了完成这一切，他在亚历山大和苏伊士之间组织起了大规模的运输系统。早年，跨大陆路线上的旅客都是乘坐马拉驳船沿着运河而行，从亚历山大到尼罗河的运河是由穆罕默德·阿里强征的劳力挖掘的。然后，一艘小小的蒸汽船"杰克南瓜灯"号（Jack o'Lantern）会将旅客十人一组转移上岸。这艘船有时得靠船桨才能逆流而上到达开罗，有时会出故障，而且经常搁浅，船上不少蟑螂、老鼠、苍蝇和跳蚤。在开罗，旅客们要在牧羊人酒店（Shepheard's Hotel）——为了迎合跨大陆路线运输的需要而新开业的——等待，等到旗语接替传播，穿越沙漠，告诉他们印度的蒸汽船已经到岸，才能再度启程；然后，他们就要搭上特殊设计的封闭厢式车，流着汗，忍受着颠簸，以极快的速度前往红海，路上则会在几个苍蝇乱飞，但设施尚且过得去的客栈停留，稍做休息。这趟旅程并不愉快，但非常值当，因为这让从英国到印度的时间缩短了好几周。到了 1847 年，半岛东方轮船公司（Peninsular and Oriental Steamship Company）已经从韦格霍恩手中接收了这条路线，此时每年都有约 3000 名旅客跨越苏伊士地峡，而这套交通系统也已经拥有 4 条运河蒸汽船、46 辆沙漠马车、440 匹马，以及 3500 头骆驼（大多数骆驼被用来从地中海向红海运输煤炭，煤炭在地中海相当便宜，在红海则仍然极贵）。

官方给韦格霍恩的奖赏，只有一小笔退休金，以及1500英镑的奖金，但这笔钱立即就进了债权人的钱袋子。他于1850年去世，直到生命的最后仍然异议不断，而他的理想就是理想本身的实现：他已经目睹了技术能为帝国做出何种贡献。到了19世纪40年代，每两周来一批的英国旅客已经成了开罗的平常风景，他们抱着脸色苍白的婴孩，带着奶娘、随身译员，还有戴着头巾的家仆。"噢，我的国家，"在前往东方的旅程中亲眼见到韦格霍恩后，萨克雷钦佩地感叹道，"噢，韦格霍恩啊！让这些成为汝的艺术吧！*我前往金字塔时，将以你的名字献祭，在酒神祭礼上为你倾倒苦酒与哈维酱。"**

6

水晶宫内，工程设计展品与另一边天青石的托盘、镶嵌珍珠的花瓶，以及模仿哥特风格的长椅，有着完全不同的风格品位。时兴的火车、桥梁和船只，就与水晶宫一样线条干净——尽管通常也会用镀金、雕塑或者花边装饰，但非常实用，有令人信服又时髦的气派。帝国的海外领地在某些方面也隐隐呈现出本土的模样，如同模糊的镜像，而新的交通手段正是帝国意志最时髦的象征。

我们接下来要考察的，就是一条帝国的道路。沿着非洲南部海岸，位于克尼斯纳东西两侧的开普敦与伊丽莎白港之间多石的海岸平原上，居住了大量英国人，这里被称作花园大道（Garden Route）。这是一处宜人的乡村，整片平原就闲适地位于海浪冲刷的美丽海滩与小卡鲁地区的群山屏障

---

* 原文为拉丁语，来自维吉尔对罗马的祈祷：希望它"支配这些国度，施行和平之法"。
** 从英国到印度的定期轮船航线从1842年开航——这很大程度上要感谢韦格霍恩——直到1970年方才停航，彼时半岛东方轮船公司的"舟山"号（*Chusan*，排水量24 000吨）完成了最后一次从英国到孟买的航行。

但狂风仍然会吹醒瓜达富伊角，
心也与半岛东方一同向东漂流。

之间。这里没有嗜血的部落，也没有教条主义的布尔人出入，既不过分炎热，也没有严寒，没有洪水和干旱的困扰，又有河流的灌溉。这条河流从散布有红土的高地奔流而下，白葡萄酒颜色的河水源源不断流向大海。但是，直到19世纪中叶，仍然很难通过陆路抵达此地。人们必须推着货车，穿过茂密而混乱的植被，还要劳苦地拉着车子穿过布满碎石的荒野，这一切都与欧洲人上个世纪末第一次抵达此地时无异。

1849年，他们开辟了一条新的道路，以绕开糟糕的路况，并将这条路以开普敦的殖民地事务大臣约翰·蒙塔古（John Montagu）之名命名。这是帝国最有造诣的作品之一。它是一条收费公路，多边形收费站由美丽的花岗岩建成，虽然位于一处无人居住的悬崖边缘，但完全足以成为贵族的住处。道路以精心计算的坡度小心穿越山脚，没有一个急转弯，而且起伏和缓；弯道处有精心砌好的石墙保护，石头铺好的涵洞也一丝不苟地涂上了砂浆；偶尔会经由不起眼的桥梁，跨过底下白葡萄酒般的奔流河水。这条路蜿蜒穿过人类尚未驯服的地貌，就像盘绕的理性判断之线；悬崖远处的另一端，经过第二座收费站后，道路变得平缓，抵达了终点。帝国的旅客便在种着一排排橡树的乔治村下车，这里的一家家英国小旅店会用排骨和酒招待他们；副主教韦尔比（Welby）的住宅也收到运来之物，来自各郡较为富有的堂区的玫瑰花、印度棉布和其他各种东西。*

渥太华的里多运河也是帝国新运输手段的一大例证。这是19世纪30年代帝国一次野心勃勃的冒险。运河由帝国政府投入资金建设，政府希望能在圣劳伦斯河的急流上增加一条前往西部的水路。这是一项要求颇高的工程。金斯敦和渥太华之间有一条脊状高地，必须建造33道水闸，才能把船只带上最高点；而要在另一侧让船只进入山下的安大略湖，还需要14道水闸。工程由皇家工兵部队（Royal Engineers）的一位上校监督，该部队是帝国各地技术工程的主要承担者（部队军官称作"工程师"，其他级别则称作"工兵""坑道工兵"）。工程建设用了五年，在19世纪剩余的时间里，

---

* 虽然这条路现在已经被一条更加宽敞的大路取代，但人们还是可以开车重走一段，从奥茨胡恩（Oudtshoorn）到乔治村；古老的涵洞成了非洲最舒适的野餐地之一。特洛勒普将乔治村称为"世界上最漂亮的村庄"，此地如今仍然相当宜人。

这条运河都稳定运行，在五大湖与圣劳伦斯河之间不断转运轮船和驳船。

运河中，有9道水闸一个接一个，呈阶梯状建在渥太华河上游——它们就在加拿大新首都的中心，水闸上方多树的陡岸旁边，不久后便要建议会大楼。这可谓一处盛景——既成功解决了工程问题，本身又是一座美观的建筑。在这里，河流拓宽，变成了一片水泽，就在树林茂密的两岸之间，轮船发出隆隆声，匆忙地来来往往，还有用树干做的大木筏，松松地绑在一起，从林地一路向西漂流而去。河流南岸有工厂，旁边的河面上杂乱地漂浮着大量木材，被人拿着杆子戳动，或者被船轻轻推动。这是相当典型的加拿大风景，自然令人联想起不远处荒凉幽暗的森林、捕猎者、加拿大船夫，还有印第安情人；但与之形成鲜明对比的，正是这些运河水闸，它们如同士兵列队一般，整齐地在河流之上，沿山势排列。乍一看，这些水闸秩序井然，甚至还有点势利，因为它们从殖民地粗犷混乱的低处，将小小的蒸汽船一级一级带到山上。据说，在威灵顿公爵心中，里多运河是一项相当纯粹的帝国工程，建造的主要目的就是方便帝国军队的移动；而它建造的地点也明显有帝国风范，就仿佛它永远不会让它所看管的轮船与此地同化。*

帝国科技还有另一大值得纪念的产物。印度次大陆主要的战略要道是从加尔各答出发，穿过德里和拉合尔，直抵旁遮普的白沙瓦的大干线——就假设我们在这条路上吧。这条路两侧有行道树，路上尘土飞扬，货车的车辙不少，空中有乌鸦盘旋，一路都有罗马式的守卫塔监视，站在路上，可以听见远处女人洗衣时的闲聊，孩子在水中玩闹的笑声，还有若有若无的闷闷哼气声。突然，劳工们放下了手中的锄头，女人停止了洗衣，赤身裸体的孩子爬到岸上，经过的牛车则急转到路边，甚至路过的太太们飞跑的轻便马车，也疾行离开道路，驶到拉瓦尔品第的营地，担忧地驻足不前。此时，不要贸然上前，戴好防沙的面纱。前往印度河畔阿塔克的政府蒸汽火车就要经过了。

---

* 里多运河如今仍在运行，但只用来旅游观光，渥太华水闸边的拜敦博物馆（Bytown Museum）是这座城市里最古老的建筑物之一，原本是运河建造者的仓库。

火车粗壮的烟囱里不断冒出烟雾和火星，以每小时10英里的速度沿着这条宽大笔直的道路驶来。三轮牵引机车的驾驶席被转盘、阀门和控制杆包围，看上去颇有些神秘，上面坐着欧洲来的工程师和助手，一人戴着遮阳帽，另一人戴着黑色软帽，脖子上都系着亮色的方围巾，脸上则带着坚定而专业的表情。机车前方有一盏大灯，巨大的实心车轮包有橡胶。火车喷出烟雾，庄严地发出当啷声不断靠近，现在我们可以看到锡克锅炉工坐在煤水车中，身边放着一块块木头，他身后则是一长列车厢——双轮车厢与高高的四轮车厢交替出现，就像英国干草车一般；而在遥远的后方摇摇晃晃，扬起一阵灰尘的，就是一节封闭的客车厢，里外都挤满了穿着白色长袍的旅客——有些人站在连接车厢的挂钩上，有些人挂在门上，还有人危险地蹲在车顶。

这伟大的机械造物通过我们眼前。工程师礼貌地脱帽，锅炉工也咧嘴一笑，不断鞠躬，咕哝着人们听不见的问候语。车厢隆隆作响地通过。拥挤的旅客们面无表情，但仍带着优越感向下看着我们，好像他们已经成了某种更加高级的存在。这列政府蒸汽火车无疑正在驶向荣耀之路，一声庄严的汽笛声后，它拖着沉重的身躯，威严地消失于我们的视野。*

7

植物学也定义了帝国的风格，而且它是最古老的帝国狂热之一。从英国最初的海外扩张开始，航海员、探险家和殖民者就一直着意收集稀有的植物，传递剪下的枝条，焚烧卷起的叶子，观察烟雾，或者试着吃一些他们一无所知的植物块茎。从1841年开始，伦敦泰晤士河畔奥古斯塔太后所建的芬芳的植物园邱园就成了国家机构，这里就是当时汇集、研究、筛选一切植物学知识，并将植物分作观赏与食用两类的地方；到了19世纪中期，邱园在大多数英国领地都设有分支机构，这些机构兼具游赏与科研两种功

---

* 火车设计人是 R. E. B. 克朗普顿（R. E. B. Crompton），当时他是皇家工兵部队少尉，后来成了著名的电气工程师，也是坦克的发明人之一；火车引擎的设计者是 R. W. 汤姆森（R. W. Thomson），他也是充气轮胎的发明者。

能，饱学的管理人带着分类目录，在世界各地不断试验，为植物分类，将大量样本、产物和备忘录送回英国的中央办公室。植物学研究链条的一大重要前哨站是牙买加，在该岛的植物园游览的游客都会被眼前的场景迷惑，认为大英帝国已经是一个紧密结合的中央集权组织。岛上的三处植物园处于不同的气候环境，有不同的专长与研究方法，每处植物园都有勤奋且有科学精神的团队，在植物学研究的不同领域扮演着特殊的角色。

靠近东南部沿海的城镇巴斯拥有西半球历史第二长的植物园。维多利亚时代中期，在这处古老的植物园里，游客们可以看到根据药用价值和"艺术品质"而挑选的植物品种——枣树、西米棕榈、樟树、荔枝树、茶树，以及用于制作染料、树脂和家具的树木。花园里一处阴暗的矩形小园地，可以从旁边一座不大的圣公会教堂上俯瞰，它完全被蕨叶与阴影覆盖，里面有各种植物的样本植株：由贩奴船带来的西非荔枝树，如今遍布牙买加全岛；布莱船长从塔希提带来的面包树，其果实如今已经成为牙买加人主食；海军上将罗德尼在战争期间夺来的法军战舰中稀有植物的后代——杧果、肉桂、东方乌木和露兜树。

接下来让我们前往卡斯尔顿（Castleton），奔流的瓦格水河（Wag Water River）畔一处更加宏伟的植物园。植物园周围有高高的棕榈树环绕，可望见牙买加岛中部树木繁茂的小山。最初，这里有 400 株直接从邱园转移来的植物样本。这是当时世界上最大的热带植物园之一，真正属于维多利亚时代的杰作，其布置安排井井有条，有意显得盛大壮观，缺少在游览中发现新事物的惊喜。这里每年的降雨量有 100 英寸，用作试验的香蕉茁壮生长，竹笋在河畔破土而出，游客们还可以在这里亲自观察来自新近吞并的缅甸的柚木、来自印度的无花果和生产树脂的树木，以及来自英属圭亚那的棕榈树。露水从蕨叶上滴下来，兰花、攀缘植物和绞杀植物缠绕在野生的松树上，奇怪的鸟类发出沙哑的鸣叫，黑人园丁拿着砍刀轻手轻脚地走过。林间空地的莲花池边，几棵棕榈树庄严地拔地而起，适合种在皇家温室里，也相当适合搬入水晶宫耳堂来展示。

金鸡纳（Cinchona）是牙买加的高海拔植物园，位于蓝山山脊海拔 5000 英尺处——远高于海岸炎热的薄雾，只有原始的小道可通，四周全是矮而坚硬的小山和深深的沟壑，而植物园丰富的绿植，就像荒野中的一声讽喻。这里是人所想得到的一处最为美好可爱的地方，而且并非轻浮的退避之所。这处植物园最初是开辟来种植奎宁的，奎宁是帝国的特效药。*这里也尝试种植阿萨姆茶；一名来自邱园的园丁在这里为金斯敦市场种植欧洲蔬菜和花卉。人们希望有一天，整座岛的东侧都可以变成巨大的蔬菜园，为这里垂死的蔗糖经济注入新的活力。

在这里，帝国意志的力量几乎与旁遮普青年人的力量一样实在，只不过不如他们的狂暴那样令人不安。由来自邱园的诺克（Nock）先生领着游览金鸡纳的蔬菜园，能学到多少实用的知识啊！看到福西特（Fawcett）先生在醉鱼草环绕的优雅房子中努力编纂《牙买加植物志》(*Flora of Jamaica*)，这场景多有文明教化的意义！视线穿过幽黑的松林，看向远处深深的山谷时，人们知道，有一天，这座美丽的岛屿从英国福音派的束缚中解放出来后，会被英国的科学变得翠绿、欢乐而满足，这是多么令人喜悦啊！**

8

大英帝国急需奎宁——回首看去，当时唯一与帝国需求不相符的应用科学，似乎就是药学。曾在锡克战争中担任英国军医的 J. J. 科尔（J. J. Cole）谈到新近发现的用于麻醉的氯仿时说："临床外科医生都认为，在军医手中，这会变成一种非常危险的东西，无疑它也确实相当危险……在战争时期，在战场上，在血流成河的地方，在战地医院里，它都绝不应该出现……确实，它可以让可怜的病人失去意识。但是疼痛是什么？疼痛是我

---

* 因此植物园才得名金鸡纳。17世纪，一种安第斯山树木的树皮中分离出的生物碱药物治好了秘鲁的西班牙钦琼女伯爵（Countess of Cinchon）的小病，因此这种树便以她的名字命名为金鸡纳树，后来这个名字又被英语化，便成了奎宁（quinine）。
** 金鸡纳碱并未为这座岛屿带来与蔗糖相近的经济奇迹，但三处植物园直到今天仍然相当繁荣——即便它们已非科学研究之所，但至少还是美丽的公园。金鸡纳植物园至今仍然只能步行抵达，卡斯尔顿辉煌壮丽的植物园如今有种衰败的美感，而在巴斯的植物园中，罗德尼勋爵种下的第一株露兜树至今仍然活着。

们目前所知最强大的、最有益的兴奋剂之一。"

从现代意义上的手术出现开始，英国要花很长时间才会确立起卫生原则，而且英国人对海外领地的异国疾病知之甚少，可以说似乎一直都以最不健康的方式生活着。他们基本上都狂热地相信红葡萄酒的药用效果，因此大量饮用——也许与东印度公司全盛时期相比，他们的饮酒量已经不算大了，毕竟彼时一名男性一天喝三瓶红酒是很正常的，一名健康女性晚上通常也会喝掉一整瓶，但这只是因为自我放纵的生活方式已不再流行而已。他们完全不根据气候条件来挑选服饰，而仅仅是照搬伦敦和巴黎的流行式样，不过通常都会滞后一两年。他们的饮水基本上没有经过任何处理，食物也是在他们看不见的地方，由不洗手的雇工准备的。* 埋葬在帝国各公墓里的英国人的平均去世年龄极为年轻，令人惋惜；这种现象的部分原因当然是有很多人战死沙场，但主要还是药学的发展没有跟上帝国前进的车轮。

当时，没有人知道疟疾、黄热病、斑疹伤寒症、霍乱和伤寒的病因，而伤寒在伦敦极为常见，甚至导致阿尔伯特亲王的死亡。当然，其实也没有人能区分疟疾和黄热病，它们都被笼统地诊断为"恶性热病"，致病原因则众说纷纭，有人说是感染，有人说是醉酒，有人说是船舱底部污水的恶臭，或者不分青红皂白地说，都是因为热带空气有毒。** 帝国一名著名的疑心病患者，巴哈马的罗杰·耶尔弗顿（Roger Yelverton）法官就坚信，拿骚发生的疟疾乃是此地为灯塔维护船储备的煤炭导致的，一名匿名的现代主义者在《拿骚卫报》（*Nassau Guardian*）称其言论完全是胡说时，他还因为报纸编辑拒绝透露匿名者的姓名而将编辑囚禁。***

而当时对这些疾病提出的治疗方案有些已经完全疯狂，有些则是单纯折磨人。像科德（Code）这样的军医总是苛于仁慈对待病人，而加尔各答和好望角时兴的庸医还不知羞耻地利用病人的痛苦和无知。例如，当时认为霍乱的病因是同时食用鱼肉和红肉，或者是一直漂浮在大地上的蒸汽般

---

* 不过在印度的英国人给他们主菜取的绰号"暴死"，指的是鸡肉，而不是顾客——通常在开饭前几分钟，这些鸡才会被宰杀。

** 疟疾（malaria）的名称来源于意大利语 mal aria，意为"坏空气"，这个名字最初由前往意大利进行教育旅行的英国人采用。

*** 这个荒谬的案子最后上诉到了枢密院，成了关于殖民地媒体自由的重要判例。

的细菌云，通常的治疗方法是将一枚烧红的铁环放在病人的肚脐上，据医生信誓旦旦地说，这会"给病人的肠子带来一场革命"。疟疾的通常疗法则是放血——如果没有外科医生在场，某些人则会用口袋里的小刀把血管切开。而坏血病造成的溃疡，则用浸湿的压缩饼干制成的膏药缓解。市面上所谓的万能药可谓五花八门。探险者詹姆斯·格兰特19世纪60年代前往中非时，药箱里就装着布朗牌起泡纱布、硝酸银、柠檬酸、糖浆药水、洋甘菊、大黄、药西瓜、鸦片酊、杜佛氏散、催吐的姜提取物以及一种被简单称作"蓝药丸"的药物。戈登将军极其信赖"韦尔伯勒酊"（Werburgh's Tincture），认为它能够"让人好好地发一身汗"。至于晕船这种帝国常见病（也许仅次于酒精中毒），对付它的权威处方中也充满了数不胜数的无用疗法：吃竹芋、吃猪肉、喝海水、服鸦片、在胃部涂上石膏、在脊柱上放冰袋，甚至利用贝塞麦厅（Bessemer Saloon），一种悬在船腹中的舱室，意在借此抵消船身的摇晃；而伦敦洛里默先生公司（Messrs Lorimer and Co.）为他们"绝对可靠"的可卡因锭剂做广告时便宣称，"哪怕是最胆小的人，也应该像真正的英国人一样享受在巨浪中颠簸的乐趣"。

只要读读维多利亚时代冒险者们的回忆录，就能明白当时帝国生活与旅行的惨状了。1857年，探险者约翰·斯皮克就在非洲染上了一种名叫"克奇尤马-奇尤马"（Kichyoma-chyoma）或称"小烙铁"的怪病，这病导致他体内剧痛，精神极为亢奋，如癫痫般抽搐，发出如犬吠般的叫声，还"用奇怪猛烈的方式移动嘴巴……双唇突出"。同年，运兵船"运输"号（Transit）在一片荒凉而炎热的珊瑚礁搁浅后，船上的1000名乘客就依靠切成块的狒狒肉炖腌猪肉和豆子保持体力——据一位幸存者说，每个人进食时，都希望别人拿到的是狒狒肉。我们会在旅行者的回忆录中一次次读到他们不得不切断自己的手脚保命，或者双目失明、无法动弹地躺上好几周等待救援。1841年，在喀布尔兵营，科林·麦肯齐中尉的右臂被一条疯斗牛犬紧紧咬住——"狗的两颌流出血和泡沫，嘴巴大张，舌头肿胀，挂在嘴外，眼中闪着血红的火光"。他把这条狗控制在一臂之外，用左手扼死了它。

既然英国人自己都面临种种问题，他们自然无心关心各殖民地民族的病痛；要再过50年，英国人才会开始尝试向帝国子民系统地传授医药科学的发现。统治者的生存乃是第一要务，而殖民地部从各个遥远的站点收到的死亡率报告，也表明生存本身就已经相当危险。所有热带属地的死亡率都极高。19世纪50年代末，每1000名驻扎在孟加拉的士兵和他们的妻子中，平均每年会有64名男性和44名女性死去。第59团驻扎在香港的20个月中，就埋葬了180名士兵。到1873年，130名驻扎在黄金海岸的英军士兵中，只有22人适合执勤。不少人死于肺结核这一维多利亚时代的灾祸，还有很多人死于痢疾、中风、肝炎和肺炎。但是通常要在列表的最底部，在正常死亡的原因之后，才能找到最惊人的统计资料：自杀、刑罚，以及其中最可怕的过劳死。

9

随着18世纪过去，海上航行的蒸汽船越来越多，铁道一条接一条贯穿大陆，技术的超凡魅力却逐渐消退，如今在英国人眼中，他们对蒸汽、铁、钢和电力的掌控，不过是他们控制世界的发动机，而非带来救赎的工具。（受他们统治的民族也是如此：西非的阿散蒂人认为英国的电报线是保证战争绝对胜利的神物，甚至还在树之间拉上绳索进行模仿。）然而，在19世纪50年代，科学仍然是神圣的美的抽象集合，水晶宫尽管默示着英国物质力量的强大，但在公众心中同样代表着英国追求的目标中的普世仁慈。他们觉得任何令英国更加富有、更加强大的行为，比如吞并信德，或者垄断加拿大皮毛贸易，都会让整个世界更加幸福、更加虔诚；* 每一条新轮船，每一列前往新近被技术所震惊的世界角落，或者迄今都被不公地忽视的地方的政府蒸汽火车，都展现了英国能够带来的益处。

一千种满足甜蜜的声音响起，

---

* 帕默斯顿提到哈得孙湾公司时说，它的作用就在于剥掉当地四足动物的皮毛，同时让人们远离酒精。

> 在云集全球发明的宽广大厅，
> 赞颂无形却无处不在的上帝，
> 他让所有国家再度和平聚集，
> 在这里，科学、艺术与劳动
> 在我们面前涌出无数源自富足的产物。

丁尼生在《国际博览会开幕颂歌》(*Ode Sung at the Opening of the International Exhibiton*)中如是写道。对神圣潜能的感觉和意识催生了博览会，当时这也是维多利亚治下沿着科学道路发展的帝国的趋势。这次博览会的收益被用来购买了南肯辛顿87英亩的土地，帝国随后在此建设了一系列科学和艺术机构——科学博物馆、维多利亚和阿尔伯特博物馆、自然历史博物馆、地质博物馆，还有教授科学、矿业工程、音乐和艺术的学院。后来，他们为阿尔伯特亲王立像时，充分考虑了他对1851年万国博览会的热情。高高俯视肯辛顿大道的华盖底下坐着阿尔伯特，他膝上放着的并非一本《圣经》，而是它在现世的同义作品——展览目录。*

---

* 直到1973年，这次展览的不少遗物仍然幸存。水晶宫1852年被移至锡德纳姆（Sydenham）扩建，但在1936年被烧毁。虽然我本人从未靠近过这座建筑，对它也没什么概念，但此事还是奇妙地在我童年的想象中留下了印记。原本分隔水晶宫耳堂的铸铁大门，如今则立在阿尔伯特亲王纪念亭东侧，在肯辛顿公园和海德公园之间，将二者隔开。当年在阿尔伯特监督下，在骑士桥兵营附近盖起的工人模范住宅如今仍作为肯宁顿公园负责人的办公室使用，这个地方就在椭圆体育场附近。1851年展览会的皇家委员会也存续至今，它谨慎经营管理当年的结余，如今仍在资助科学和艺术方面的奖学金。

第 11 章

种族的史诗

I

莫卧儿帝国的要塞宫殿高高矗立在德里,俯瞰着流经此地的亚穆纳河,也俯瞰着这座四面都是高墙的城市中的集市和小巷。这座宫殿由金银和宝石装饰,一度是东方世界最壮观的宫殿,从波斯到中国,统治者们都羡慕它;宫殿的选址融合了占星术士、魔术师和战略家的建议,周围一英里半处,还围绕着红色砂岩筑成的墙。这就是德里红堡,或称幸运城堡、高贵堡垒。进入红堡要经过高拱顶的拱廊街,皇室乐队会一日五次在皇室鼓厅中演奏,来自各国的使者则在觐见厅(Diwan-i-Am)中,在神的阴影下俯身。

在这里,皇室的女眷曾隔着格子窗,看天国的水流潺潺流过大理石的沟渠;在这里,皇帝奥朗则布曾在铜穹顶的珍珠清真寺(Moti Masjid)中敬拜;在仪式庆典上,皇帝会从俯瞰河流的金塔上向底下的民众致意。红堡中的私人接见厅(Diwan-i-Khas)可谓莫卧儿帝国的中心,建筑由白色大理石建成,银制天花板,水流从中央的沟渠流过,高台上的孔雀宝座上镶嵌着数千枚蓝宝石、红宝石、绿宝石和珍珠,旁边镶满珠宝的孔雀雕塑以及由一枚绿宝石雕成的鹦鹉则宛在守护。红堡就是中世纪伊斯兰艺术中最伟大的杰作之一。私人接见厅墙上著名的铭文写道,"若现世真有天国,那么它就在这里,就在这里,就在这里"。

2

　　1857年，这座壮观的宫殿中，仍然居住着莫卧儿帝国的末代皇帝——巴哈杜尔·沙·扎法尔。现在，这座华美的宫殿已经成了对过去壮丽景象的戏仿之作。红墙崩毁，各个接见室都不复过往的光华，"赐予生命之园"（Life Bestowing Gardens）杂草丛生，现在的红堡，就像人们依稀记得的半传说的黄金时代留下的遗迹。不过，巴哈杜尔现在虽然软弱无力，依靠英国养老金生活，但仍然是德里名义上的君王（king）。这是出于英国人的偏好选择。当他们认为法律上或策略上比较方便时，就会把他作为传统权力的化身拉出来，或者自称他的合法继承者。英国代表仍然以正式礼仪拜访巴哈杜尔，光脚或者只穿袜子来到他的面前，而且直到19世纪50年代，都会仪式性地向他——世界的统治者——进献一袋金子作为贡品。此时年事已高的巴哈杜尔就这样如幽灵般生活着。他是一位传统的东方君主，脆弱但从不放弃尊严。他的面部轮廓精致，有一只长鼻子；他就像波斯微型画里的君王一样，大胡子垂到腰；还经常撑着一根长拐杖，在宫殿里四处游荡。

　　他既是诗人，也是学者，体弱多病，而且相信自己拥有魔法般的力量。*他随时都散发着魅力和朦胧的优越感。每天，在他的授权下，官方都会发布一份皇室公告，记录他的可怜宫廷中发生的事，就好像过去的贾汗吉尔皇帝或维多利亚这样的君主的编年纪事一般。他身边仍然围满了仆人，妻妾成群，孩子无数；红堡的拉合尔门外，在英国指挥官的统领下，还驻扎着他200人的私人卫队。对这里的数百万人，尤其是穆斯林来说，他仍然是印度真正的统治者；而他也一直以君主自居，不仅关心继承权的归属，还深深憎恶外部不断改变的世界。埃米莉·伊登称之为"充满忧郁的红石头生活理念"。

　　事实上，巴哈杜尔的生活完全在英国人的掌控中。英国人每年向他支

---

* 比如，他认为，在必要的时候，他可以把自己变成一只普通的家蝇——这被证明是错的。

付 20 万英镑补贴，不过事实上将印度生活的中心从他的宫廷转移到了加尔各答——英国人的首都。他们甚至觉得德里完全是一潭死水，毫无重要性，根本不想费心在这里驻扎欧洲军队，只将此地当作普通的地方城市管理。有时，他们会觉得或许应该把巴哈杜尔转移到某个不那么有历史意义的地方，但眼下他们还是暂时让他留在这里。毕竟他们已经清楚地表明，一旦巴哈杜尔死去，皇帝头衔必须消失，因此从某种意义上而言，巴哈杜尔已不过是鬼魂，是一段记忆，是一个只存活于思想中的皇帝。

3

1857 年 5 月 11 日清晨，这位傀儡君王在自己的房间远眺河流时，听到了下方满是灰尘的地方响起了一大群人喊叫推搡的声音，那里是请愿者提交请求的地方，偶尔变戏法的人或者跳舞的熊也会在这里娱乐皇室成员。此时是伊斯兰教的斋月，人们的情绪自然更暴躁一些，而炎热、饥饿、疲惫和宗教狂热结合在一起，往往会滋生暴乱。

年迈的君王让人叫卫队指挥官道格拉斯上尉来，后者则走上阳台，试图平抑这场骚乱。他的下方，宫殿与宽阔缓流的亚穆纳河之间，有数百名印度士兵，有些骑着马，有些站着。他们穿戴着东印度公司的灰夹克和平顶军帽，因为长途跋涉而风尘仆仆，马匹也紧张地动来动去，他们挥舞着佩剑，高喊要见巴哈杜尔。道格拉斯同样高喊，要求他们立即离开，因为他们已经打扰到了君王。一段时间后，他们也真的离开了。但是，不过一两个小时，噪声就再度出现，还变得更响、更加激烈，宫墙外已经有人开枪。人群发出了愤怒的叫喊，火焰燃烧的爆裂声在某处响起，妇女在尖叫，马蹄踏出嗒嗒声。突然，一群人骑马闯进了宫殿管制区，对空连续射击，狂喜地呐喊着。他们身后，一群印度兵和集市流氓的乌合之众或是兴奋得满脸涨红，或是脸色煞白，或是一身尘土，涌入宫殿。有些人沿着阶梯向上爬到了道格拉斯的房间，发现除他外还有两名英国男性和两名英国女性在场，随后将他们全数杀害。其他人则在宫殿内四处乱窜，挥舞着手中的剑，高声歌唱，或者疲惫地倒在接见厅的草垫子上。

第 11 章 种族的史诗

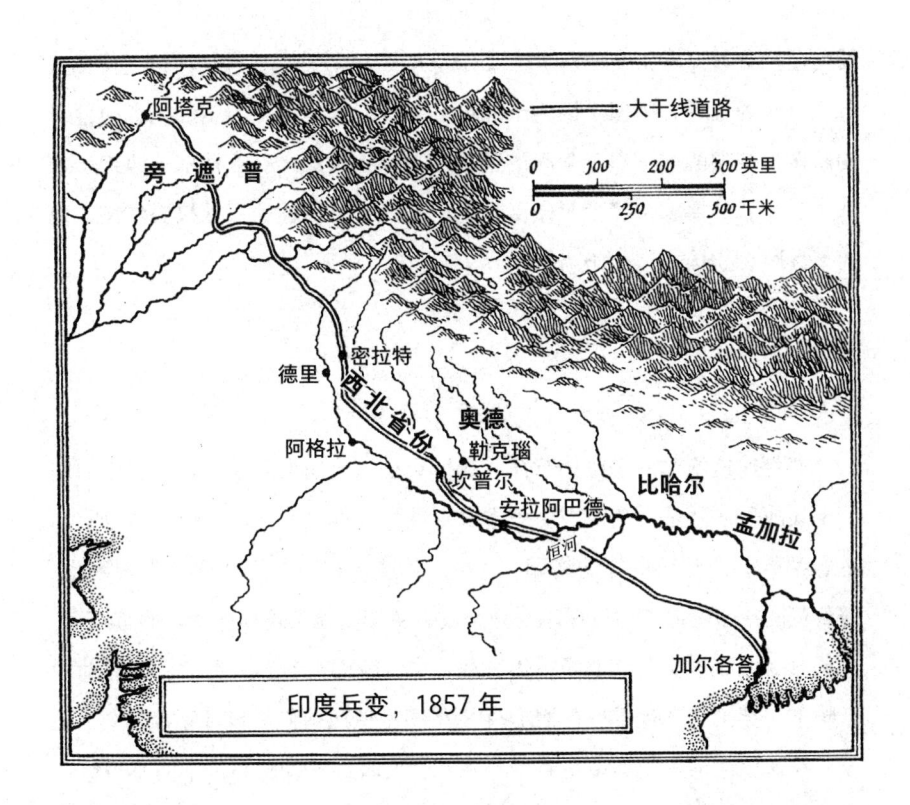

[地图：印度兵变，1857 年。标注：阿塔克、旁遮普、德里、密拉特、西北省份、阿格拉、奥德、勒克瑙、坎普尔、安拉阿巴德、比哈尔、孟加拉、加尔各答、恒河、大干线道路]

惊恐的老君王不断向私人生活区域深处撤去，但暴动群众的首领还是很快找到了他。他们没有伤害他，反而在他脚边俯身跪拜。他们说，他们并不反抗莫卧儿帝国，只是反对英国人的统治，同时还要求君王作为"世界的光"接手革命的指挥权。巴哈杜尔不知所措。他身边围满了顾问——精神向导哈桑·安萨里（Hasan Ansari），全科医生哈基姆·阿赫萨努拉（Hakim Ahsanullah），律师吴拉姆·阿巴斯（Ghulam Abbas），还有儿子莫卧儿、海尔·苏丹（Khair Sultan）和阿布·巴克尔（Abu Bakr）。他不是个行事果断的人。据他说，他老了，意志也变得薄弱了，他不过是个靠养老金过活的人。他闪烁其词的同时，派出了一名信使向 40 英里外阿格拉的英国副总督传话，希望英国能派来救兵，解决这次叛乱。但时间一点点过去，他却没有等到一个人影，起义者在宫殿四处歇下，首领则向他施压，要一个明确的回答。同时，城中不断传来劫掠和焚烧的声音，偶尔还会有滑膛枪发射的响声、爆炸声和歇斯底里的大笑；王公们在他一边耳语，吴拉姆·阿巴斯则在另一边低语，士兵们一个接一个摘掉帽子，小心地走到他面前接受皇家祝福。英国方面既没有送来安抚他的消息，也没有要惩罚他，君王可怜的苍老思维似乎因为士兵们的忠诚而兴奋起来，莫卧儿帝国世袭的骄傲也被唤醒——那个夜晚的某个时刻，天黑后，巴哈杜尔·沙终于顺从于起义者的要求，接受了印度兵变的至高、象征性的领导权。午夜，他的士兵用21声枪响为他庆贺。

4

然而，这绝非一场民族革命。印度兵变，或如维多利亚时代所称的印度土兵战争，乃是大英帝国历史中决定性的事件之一，帝国的行事方式和意志都打上了此次事件的烙印；然而，其规模有限，而且意义令人困惑。随着英国在印度追求的目标越来越激进、急切，越来越具有意识形态意义，这场兵变之火事实上已郁积数年。前文中，我们已看到，在福音派运动的影响下，英国人产生了新的野心——将印度按照他们的设计重新铸造；如今，在这位优柔寡断的德里君王身上，我们看到这种野心带来的不可避免的反作用。过去两个世纪的征服与战争将他们引向了这起事件：到了1857年，终于是时候决定哪一方更强大了——究竟是印度混乱的忠诚和古老的传统，还是维多利亚治下英国全新的活跃力量。

英国不断增长的教条主义已经让他们在印度树敌不少，当时比较同情印度人的行政官员詹姆斯·乌特勒姆（James Outram）爵士称这种教条主义为"过去25年改革与改良的精神"。无疑，不少土邦王公曾经受辱，自然成了英国的敌人，还有不少王公对达尔豪西的"无嗣失权说"大为光火。婆罗门中的敌人也不少，他们的种姓优越地位原本基于一系列经文说教和既定信念，而英国人系统性地败坏了这些说法的权威性。宗教领袖憎恨基督教传教士的出现，厌恶尼科尔森和劳伦斯这样傲慢地断定只有基督教才是唯一真理的人。普通人也厌恶英国人越来越强的排他性，这部分是因为交通便利了，因此典型的自命不凡者，即英国太太们，来到了这里。英国统治者变得越来越冷漠，只在他们的营地和俱乐部活动，他们沉迷于业余的戏剧表演、野猪狩猎、八卦、专业领域的野心，这些将他们与外部的印度生活相隔离，也让他们越来越蔑视那种生活方式。1852年，年轻的弗雷德里克·罗伯茨抵达印度时，安拉阿巴德的一大景象就是最后一代抽水烟的英国人，而抽水烟一度在印度的英国人生活中很常见——罗伯茨还有一名称作"侍水烟者"的仆人，专门照看他的烟管。

每个人都知道英国人非常强大。他们的运道（iqbal）好得令人畏惧。但是，仍然有迹象显示，他们并非不可战胜。1842年的喀布尔还未从人们的记忆中消失，印度又有流言称英国在1853年爆发的克里米亚战争中遭到失败。* 英国在印度的兵力稀薄得有些滑稽——1857年，这里只有3.4万名欧洲士兵，却有25.7万名印度兵——每个稍有眼力的当地人都能看出来，英国人的安全依靠于印度人，主要是东印度公司军队中的印度兵。印度人对英国的幻灭感越来越严重，不祥的征兆也就不断出现。人们回忆起曾经的预言，传说在记忆中复兴，秘密消息在传播，窃窃私语中隐藏着密谋的气息。

印度兵内部已经出现了各种令他们选择背叛的特殊原因。早年，部队依靠兄弟般的信任实现团结，英国军官与印度士兵被一种家庭精神联结起来。然而如今，不少军官的妻子和孩子也来到了印度，因此他们感到，过上与故乡一样的生活变得容易了，而这种生活却隔绝了他们手下的士兵。虽然不少军官仍然无条件地信任自己的士兵，在任何紧急情况下都会和他们站在一边，但大量印度兵已经不再像过去那样彻底地忠于自己的指挥官了。过去的融洽关系一去不复返，而英国人对印度部队的了解，事实上比他们以为的要少得多。尤其是，他们对孟加拉军队内军的活动一无所知。

东印度公司的大多数印度兵是印度教徒，因为其三支军队的基地都在印度教占主导地位的地区。马德拉斯军和孟买军的士兵，都是从不同地区各个阶层征召的，但孟加拉军的士兵更加单一。孟加拉军的士兵不但大多属于高种姓，而且基本上都来自三个地区，尤其是新近吞并的奥德土

---

* 加尼特·沃尔斯利爵士将军后来回忆道，幸好仁慈的上帝让克里米亚战争在印度兵变开始之前结束了——"我们当然应该勇敢地面对双重的不幸，但这必然会大大消耗我们的资源"。现实是，不少部队结束一场战争后便立即赶赴另一片战场，可以想见，他们不会那么感激上帝。

邦。劳伦斯兄弟这样的人物，早早就看出了这个系统内部固有的危险。孟加拉的印度兵相当排外，受种姓制度支配，而且很容易受到外部影响。约翰·劳伦斯认为，应该引入锡克教徒和穆斯林作为补充。统领孟加拉管区的 J. B. 赫西（J. B. Hearsey）将军认为，部队应该开始从中东、马来亚、中国甚至南美征召基督徒——"但他们必须是基督徒，这样我们才能对他们寄予信任"。

然而，在孟加拉军的军官食堂中，却没有多少不安的氛围。大多数军官并不相信报告中提到的颠覆阴谋，仍然保持着英国军队传统，深情地信任士兵。

5

当时，东印度公司军队即将换发的新型恩菲尔德步枪使用了涂油的弹匣，必须用牙咬开油纸才能释放子弹。这层厚厚地涂在弹匣包纸上的油，其成分中有一半是动物油脂。1857 年初，孟加拉的印度兵中流传着谣言称，这层油脂有部分是用穆斯林憎恶的动物猪制取的，另一部分则是用印度教的神圣动物牛制取的。传言称，新的弹匣就是英国人用来污染印度兵，或者打破其种姓隔离的工具。一旦印度兵失去了信奉原本宗教的资格，就会或多或少被迫改信基督教，在英国人需要的任何地方成为战场上的炮灰。

早在 1857 年 1 月，加尔各答的政府就得知了这些谣言。印度军队此前并非没有发起过暴动，因此政府的应对非常迅速。他们立即发布命令，要求在工厂完成涂油的弹匣只供欧洲士兵使用，而印度兵则会拿到没有涂油的弹匣，然后自己涂上蜂蜡或菜油。但这为时已晚。此刻，印度兵坚信，涂油的弹匣不过是英国人一系列背信弃义行动中的一环。3 月末，赫西将军指挥的第 34 土兵步兵团驻扎在巴拉格布尔（Barrackpore），年轻士兵曼加勒·潘德（Mangal Pande）突然陷入疯狂，在演兵场上射杀了来自欧洲的军士长。赫西的副官立即上马飞驰到了现场，但潘德又射倒了他的马，并且在他试图把自己从马具上解下来时，用剑攻击并重伤了他。随后，如同经典悲剧中的场景一般，赫西将军本人骑着军马抵达了现场，身边不仅有他的两个儿子,还有整个卫戍警卫队——他们全都面色冰冷,强硬地来到了这名神智迷乱的印度兵面前。将军骑着马径直上前,两个儿子各在两侧,潘德站着,他的滑膛枪已装弹。"一声枪响,"当时在现场的年轻的弗雷德里克·罗伯茨回忆道,"子弹呼啸,然后一个人倒在了地上——但不是将军!倒地的是这个疯狂的印度兵,最后一刻,他把枪里的子弹射进了自己的胸口。"

可怜的潘德并未立刻死去,他最后被当众绞死,而他的名字则成为英语的一部分:在英国军队中,"潘迪"(Pandy)成了1857年起义者的代称,后来演变成了对印度士兵的泛称。他所在的团被解散,处理结果向印度的所有军事驻地通报,但其造成的影响却与英国人的意图完全相反。在印度兵心中,第34团变成了殉道者。数周之内就发生了另一起事件,事后来看,这似乎是一场无可避免的悲剧。德里以北的密拉特,第3轻骑兵团的85名骑兵拒绝服从命令。他们受到军事法庭的审判,被处以十年重劳役,并在密拉特要塞全体驻军参加的一次阅兵上公开受到羞辱。这一切都是严肃地按照惯例完成的。驻军成队列排在阅兵场周围。指挥现场的是一群欧洲士兵,还有一排完成装弹的大炮,随时准备对付一切麻烦。反叛者由一队步枪警卫羁押到场。军方大声宣读判决后,他们的制服被剥下,几名铁匠和军械士带着锤子、脚镣和锁链来到阅兵场上。在一片死寂中,整个驻军部队亲眼见证铁链被铆接在反叛者身上。偶尔,某个犯人会高声求饶;偶尔,印度兵中会发出一阵窃窃私语。整场仪式持续了超过一个小时,最终阅兵式结束,犯人出发前往牢狱;士兵回到营地时,沉重的悲伤情绪笼罩了整座兵营。印度老兵在震惊与失望中啜泣,而且至少有一位英国尉官,也就是后来的将军休·亨利·高夫爵士"意志薄弱,几乎陷入了与印度人同样的悲伤"。*

第二天,即1857年5月10日,星期日,密拉特的一切似乎都很宁静。英国军官听到谣言说,城里集市发生了一些骚动,而且当天兵营的家庭佣

---

* 他是少数担心最坏情况可能发生的英国军官,也许这种直觉是遗传的:他的叔祖父高夫勋爵是锡克的征服者,他的父亲是孟加拉的一名公务员,他的兄长是第8孟加拉骑兵团军官,而他本人还将在印度军队中服役40年。他死于1909年,那时正担任王室珠宝保管人。

工似乎出现了短缺，但这一天的早晨与午后依然非常平静；傍晚，欧洲士兵如往常一样擦亮了靴子、黄铜管乐器和徽章，为上教堂做准备。然而，5点刚过，毫无征兆地，密拉特的平静就被打破了。突然，一大群武装印度兵狂暴地跑过营地，狂乱地射击、抢掠、舞蹈、跳来跳去，他们在临时营房和小屋纵火，疯狂冲过管制线，闯进弹药库，发狂般打开了第3轻骑兵团反叛者的脚镣和锁链。一群从集市来的暴民跟随着他们，从城市监狱释放的囚犯以及下班了的警察也加入了队伍。不少印度兵试图保护军官和他们的家人，但人潮如旋风般扫过军营，无论欧洲人还是印度人都遭到无差别杀害，整座营地火光冲天，傍晚的夜空飘满黑烟。地上堆满尸体，有些人甚至被残忍地砍成了好几块，还有摔烂的家具、散落的武器、烧焦的衣物和一堆堆灰烬。

在一阵狂怒与恐惧的混杂情绪中，这些反叛的骑兵分散成好几个小团体，冲出密拉特，进入夜色中。有些人还戴着羽毛高耸的平顶军帽，穿着系有交叉皮带的红色外套；有些人则已经脱掉制服，扔掉了武器。他们身后还跟着几百名穿着灰色制服的步兵。激情冷却后，他们都认为，驻扎在密拉特的英国骑兵很快就会追上他们。当他们将火光冲天的军营抛在身后，逃向通往德里的道路时，他们也出乎意料地抛下了身后的喧闹和兴奋；此时，他们穿过安静的沉睡中的村庄。没有人在跟踪他们。那天晚上的月光很明亮，大多数骑兵几乎是毫不停歇地抵达了德里。

第二天早晨8点左右，第一批起义者已经踏着浮桥越过了亚穆纳河，从红堡已经可以看见他们；他们停下来，杀死了一名晨练路过的英国人，并放火烧毁了桥较低一头的通行费收费亭。德里君王巴哈杜尔·沙尚未吃完早餐，他们就已经抵达了宫墙下的沙土地，开始呼唤他。

6

这次兵变充满混乱，既没有连贯的战略计划，也没有确切说明的目标，象征性的领导人物还在德里。德里的大多数欧洲人迅速遭到杀害，一个个家庭惨遭灭门。一家报社所有排字工人都被人以"原则"为名杀害，一处军械库的 9 名英国军官听到起义者"以君王的名义"要求他们投降后，便炸毁了仓库，以身殉职。少数逃出城市的幸存者有些在郊外被杀害，也有些逃到了阿格拉或者密拉特的安全地带。就这样，德里再度成为莫卧儿帝国的首都，至少其自称如此。

君王本人并不热衷于革命，只在花园里靠写忧郁的诗篇安慰自己，但某种形态的行政机构还是围绕他建立起来，而他也不得不扮演皇帝的角色。政府公告以他的名义发布，一支支部队在君王的庇护下，被怂恿参与反叛——"君王之王，繁荣昌盛之核心，德里之王将赐予你们巨大的奖赏和更高的地位"。6 名被推选出来处理军事事务的士兵，以及 4 名任公共行政官员的平民组成了统治委员会。暴动的士兵们终于有了一位总指挥官，所有的王公也都获得了将军头衔。君王骑着大象在城市街道上巡游，部队以他的名义征用食品，又以他的名义要求城里的银行家为其付款。

但一切不过是场骗局。君王并不相信这些印度兵，士兵们对他的尊重也很快消逝了。他们在他喜爱的花园里四处扎营，对他的态度全凭心情决定，而对他怯怯地提出的要求则置之不理。几周时间里，成千上万的起义者涌入德里。有时，他们会列队穿过浮桥，还有军乐队演奏，旗帜飘扬，但德里城内仍然一片混乱。商店被劫掠一空，许多人流离失所，醉酒的印度军官则在街上发酒疯。商业陷入停滞。附近的乡村也被强盗土匪破坏。在这片混乱的中心，巴哈杜尔坐在红墙包围的堡垒中，孤立无援，意志消沉。他的金库已经被掏空，身边亲自任命的大臣和将军们却在徒劳无功地争吵。君王说，他们已经摧毁了一个存续了五百年的王国。偶尔，他会威胁要退位、自杀，或者永远归隐麦加。但是，起义者还是将他留在了影子王座上，而他仅有的心灵慰藉，几乎就是他写的越来越阴郁的诗句——

      罩着裹尸布，剩下的日子
      我要在花园的隐蔽中度过。*

---

* 不过《泰晤士报》通讯记者 W. H. 罗素在文章中严厉地评价称，这位君王作为一名诗人"选择的题材充满色欲与温情"。

这也是印度起义者最接近指挥中心、组织，甚至目标的一刻了。之后兵变在印度北部蔓延，从一个驻地到另一个驻地，零星而随意地出现。大多数土邦王公和大君都谨慎地与兵变保持距离，这些地方也没有印度高级军官指挥行动。他们唯一的共同目标就是推翻英国的统治，却没有一致的替代政府方案。到了 1857 年 6 月中旬，英国已经丧失了从西部的拉贾斯坦边境到东部比哈尔的大部分中部地区的统治权。但他们仍然控制着其他地方，而且他们的行动很快就显示，这场叛变迟早会被镇压。

但是，不断有可怕的消息从兵变地区传来。有些社群被完全抹去。印度中央就像架起了一只沸腾的大锅。而对其他地方尤其是国内的英国人而言，战区的生活似乎已经变成了一场难以理解的噩梦。除了德里，还有两个地方让惊恐的外部世界印象深刻——奥德首都勒克瑙，以及恒河上的坎普尔；这两个迄今默默无闻的印度城市，很快就会成为大英帝国记忆中不可磨灭的一部分。

7

除了巴哈杜尔及其家人，唯一公开与起义者站在一边的重要印度王侯，正是另一个古老王朝此时名义上的继承人，这个王朝早已被英国征服，却仍然骄傲于其种族和血统。若说德里之王为印度的穆斯林提供了效忠的对象，那么坎普尔的那那·萨希伯，马拉地帝国末代君主的养子，便是印度教徒中最接近帝王的人物了。对他的人民来说，他就是佩什瓦（Peshwa，同宰相），是马拉地一切荣耀的继承者；但对英国人而言，他不过是比图尔（Bithur）这座坎普尔上游十英里处恒河畔小城的土邦大君罢了。他现在是被放逐者，不再享有一切属于王室的尊荣，包括王室致敬礼、印玺和礼仪性赠礼。英国人仍然满怀猜疑地监视着他，因为他依旧有可能成为马拉地帝国复活的支撑点，因此，未经许可，他无法外出旅行，甚至不能在没有英国人陪同的情况下出现在公众场合。

尽管如此，英国人还是喜欢这个人。他不是个引人注目的人物，身材有些肥胖，正值中年，面色发黄。不过他热情好客且慷慨，喜欢动物，经常在比图尔的河边那座看上去富丽又有些华而不实的奇怪宫殿中宴请坎普尔要塞的军官。确实，他一贯对东印度公司心怀怨恨，因为后者不愿向他支付王室补助金，而且很明显他从来不接受要塞那边表示答谢的宴请。但英国人并不会因为这种自尊心受伤的症状而讨厌他。相反，他们非常享受与他一同玩乐，关于他开放的性事的流言是他们生活的调味品；他们非常信任他，允许他造访大干线道路上所有的驻军点，与各要塞的军官自由来往。

拥有约 15 万居民的坎普尔，正是其中极重要的驻军点。从占西到勒克瑙的道路与大干线道路在这里交叉，这里也是恒河主要的渡口之一。城内已经形成了颇有规模的英国人社群，还有一座要塞，驻扎了四个印度团加上一组欧洲排炮。坎普尔在 1857 年 5 月 14 日接到密拉特叛乱的消息，但接下来的一周，这里仍然平静无事。只有模糊的预感在营地中滋生——"一种暧昧的、令人警觉的感觉笼罩了所有人的脑海"。没有人真的认为马拉地帝国的末裔会与莫卧儿帝国的末裔联手；何况，无论发生了什么，要塞指挥官毕竟是备受尊敬的休·惠勒（Hugh Wheeler），他在印度断断续续地参加战斗已有 50 年，妻子也是一位印度人。尽管如此，欧洲人和印度人仍然相互保持着警觉，枪手给枪上好了油，惠勒在城中的探子也将情报不断传到指挥部。

惠勒的决定是，虽然他不打算立即采取极端行动，解除手下印度兵的武装，但至少要为这座城市中居住的英国人准备好避难所，以便应对最糟糕的情况。他选择了营地边缘两处用作医院的营房。他相信，即便混乱真的到来，叛乱者也不敢攻击这个地方，因此没有为其构筑强固的防御工事，只是在建筑物旁边修建了两座低矮的土木防御工事；他也坚信，无论发生了什么，外援都会很快到来，因此并未在这里储备大量给养（尽管如此，他还是高兴地接受了各团食堂欣然提供的红酒和啤酒）。

那那·萨希伯仍然可以保留一小支骑兵护卫队，并且在比图尔保留了几头大象。此时，他也联系了要塞中的朋友，询问他能否提供帮助。比如，英国妇女们是否会在他在比图尔的宅邸避难？或者他和手下能否协助保持坎普尔的秩序？相比第一个提议，惠勒更倾向于接受第二个。他面临的一大问题就是保卫金库——它和喀布尔的军需仓库一样，奇怪地设置在营地的防线之外。因此，他提出建议，萨希伯阁下可否用手下的兵力，为看守金库的印度兵提供增援？那那·萨希伯立刻表示同意，带着约500人和一些礼仪枪支进入了坎普尔，他住在了金库和弹药库之间的一座小屋内。惠勒将军非常高兴——他为自己对印度人的同理心感到骄傲。"在这场危机中，"他给总督的报告中写道，"我最大的运气就是，所有本地士兵都知道，我虽然严格，但一直对他们公正而且体贴……上帝啊，宽恕我这种自负吧。我维持了坎普尔这样一个地方的宁静，我只是实话实说。"

可怜的惠勒啊！他的成功完全是一场幻梦，转瞬即逝。6月3日，一名探子告诉他，坎普尔很快就要发生暴动，因此，营地中所有的女性、儿童及非战斗人员都进入了之前设立的新防御工事。几乎就在同一时刻，仿佛是在呼应他们的准备一般，印度兵发动了暴动，四处开枪，在建筑物内纵火，然后对挤在脆弱的防御工事中的欧洲人置之不顾，匆忙赶往金库。他们和那那手下的士兵没有发生任何冲突，就将金库中的财物装进了货车中，路过弹药库时还顺便抢走了一些军需品。他们释放了城内监狱中所有的犯人，一把火烧毁了政府档案室中的所有档案，然后这支鱼龙混杂的队伍便得意地踏上大干线道路，向德里前进。

这时，那那才露出了真面目。没有人知道他究竟是最初就与印度兵首领达成了联合，还是被他们的事业所吸引，又或者最初就是他煽动了这次暴动。过去，曾有人认为他才是整个印度兵变事件的幕后主使，而他造访军事站点正是为了获得情报。无论真相如何，事实是叛乱的印度兵离开坎普尔，向德里方向前进了约20英里后，又返回了坎普尔，显然是自愿接受那那的指挥。第二天，惠勒收到了一封那那的亲笔信，他堂吉诃德般警告英国人，他很快就要进攻他们的防御工事。欧洲军官迅速进入了避难所，装填好了枪弹，加固了沙包；1857年6月6日正午，医院营地受到了第一波攻击，坎普尔围攻战开始了。

这场充满悲伤的战斗将成为帝国神话的一部分。维多利亚时代中期，女性被视为神圣不可侵犯的，而欧洲女性和孩子被反叛者侵犯乃至杀害的景象，自然激起了人们原始的愤怒情绪。当时描绘这次以悲剧收场的坎普尔围攻战的画作，色彩极为鲜明夺目，令人惊骇。印度兵都皮肤黝黑，眼睛大睁，身上染血；英国母亲则都年轻、胆怯、纯洁而恐惧，紧紧抱住仍然干干净净穿着马裤的孩子。印度兵变的消息传到英国时，正是对女性和儿童的杀戮让大众陷入恐慌；而这里无数可怕的故事中，坎普尔的故事被人们最频繁，大概也最津津有味地一次次重述。

惠勒的防御工事在离恒河约半英里的一片开阔地上——这是一片寸草不生的荒地，黑色的掠食鸟类在空中盘旋，干燥的沙尘随风飘入每一个角落。英国人就在这里被围困了18天。防线内约有1000人，其中300人是妇女儿童。两座建筑都是简单的单层房屋，带有屋外走廊，内部的布置（研究阿富汗战争和印度兵变的历史学家凯如此写道）"破坏了生活的一切体面和礼节，动摇了……女性天性中的端庄适度"。确实，维多利亚时代这样一起戏剧性事件中，一切必要的女性主义元素在坎普尔都有。围攻战期间，还有数名婴儿出生，甚至还举行了一场婚礼。孩子们在枪支之间玩耍，母亲们则感伤地写着日记。营地内的长袜和内衣裤都被征用，填塞损坏的枪炮（"坎普尔的淑女们，"凯写道，"放弃了她们最珍视的那部分女性服饰，来改善军械状况……"）。

尽管这听起来像当时历史记录中的讽刺，但一切都是真实发生的。要塞中弹药供应充足，但是食物供给却非常奇怪。围攻战开始当日，有人看到一些普通士兵吃着鲱鱼罐头配香槟，还有人用布丁配红酒。此后，每人每天只能有一顿饭的配给，配餐只有豌豆瓣和谷物粉，偶尔会有马肉（我们如今知道，"有些女士并不能适应这些奇怪的食物"）。印度兵从未猛烈进攻过此地，但是枪炮攻击日夜不停，因此英国人从未有一刻得到休息，总得守在枪边，而且不得不一再出击，将敌人赶到一定距离之外。每一天，英军伤亡都在增加，紧张不断加剧，食物开始短缺，而炮击残酷地不断继续，太阳也无情地炙烤着他们，这让好几个人精神崩溃。这里的每一滴用水都要从防御工事外的一口井汲取，为了汲水，不少人一个接一个死去。另外还有一口井被用来放置尸体：白天，死者会被排成一排放在走廊上，夜幕降临时，人们就会抓住他们的脚，把他们拖走。

有时，气温会升高达138华氏度（约59摄氏度），枪身热到无法触碰，也会有几个人中暑而死。6月12日，其中一座营房的茅草顶着火，将整座建筑烧成了废墟；第42团的士兵们还用刺刀把整片废墟搜索了一遍，希望能找到他们的战斗奖章；在这场大火中，他们失去了所有的药品，幸存者也不得不收缩防御圈，全部挤进仅剩的一座狭小营房。可怜的惠勒已经发狂。"我们需要援助！援助！援助！"在一封偷偷送过河给勒克瑙的英军要塞的信件中，他写道，"我们总不能像老鼠一样在笼子里死去吧？"他的儿子戈弗雷（Godfrey）死去时，他用混乱的笔迹写道："一波射击，杀死了年轻的惠勒。"这位老将军崩溃了，整天躺在褥子上流泪。

此刻，包围圈内全是半饥饿的孩子，或病或伤的妇女，因伤致盲、精神失常或者无助而冷漠的男人。"6月17日，"一名年轻的英国女性在日记中记录道，"莉莉阿姨死去了。6月18日，威利叔叔死了。6月22日……乔治死了。7月9日，爱丽丝死了。7月12日，妈妈死了。"* 然而，6月23日，英军击退了起义者最坚决的一次进攻；13天的包围后，双方陷入僵持。印度兵过于胆怯，不敢直接猛攻入此地，但又没有足够的耐心等待英国人因为饥饿而投降。6月25日，一名亚欧混血女性赤脚抱着孩子来到了防御工事前方的空地上，举着休战旗。这名妇女几乎要昏倒，英国人把她抬过防御土垒后，她取出了一封信，信封上还正式地写着给"仁慈的女王维多利亚女王陛下的臣民"。

那那提出了休战条件。他的一封没有签字的信中写道："所有与达尔豪西的行动没有关系，而且愿意放下武器的人，都可以安全抵达安拉阿巴德。"这是100英里以外的一座城市，也是河下游第一座还在英国人控制之下的城市。经过与手下军官一天的商讨后，惠勒接受了条件，但坚持他的士兵们必须保留随身武器，加上每人60发子弹。双方在防御阵地前的空地上谈判，英军交出了枪支。6月27日，英国人终于开始撤离。

阴郁的象夫和粗暴的赶车人，带着16头身上绘有花纹的大象、8顶肩舆和一排牛车，把或病或伤的英国人带离了营地，穿过树林茂密的浅溪谷，向河边走去。他们身后稀稀拉拉地跟着其他幸存者，肩上扛着步枪，手里

---

* 她自己在7月15日死去。

提着少量辎重，衣衫褴褛、灰头土脸、寂静无声。队伍旁边的印度兵大多对他们或是轻蔑，或是傲慢；但也有些人亲切地问候老朋友或者过去的军官。还有一大群围观者跟着他们，但是在离河边几百码处，有一座木桥跨过小溪，这些人都被拦住了。只有英国人和看守他们的士兵才能前行。这支由大象、牛车、肩舆和筋疲力尽的士兵组成的骇人队伍，就这样在炽热的阳光下脚步沉重地走向河边。

河边的陡岸上有一座小小的白色神庙，旁边有几座茅草屋，狗和鹅在其间走来走去，还有猴子四处跳动。下方河边的石阶，就是印度人虔诚地在圣河中沐浴的地方。陡岸上，只有一条零星长着几棵树的小路通向河边。英国人蹒跚着走向河岸时，发现无论是上游还是下游方向，他们都无法看清远处的情况，只有眼前的河面上漂着40条船尾高翘的河船，船上覆盖着厚厚的茅草，看上去宛如浮在水面上的干草堆，船夫们则冷淡地在甲板上等待着他们。石阶边没有码头，因此身体情况较好的男人不得不扛着妻子、孩子和负伤者涉水上船——这是一支可怜无助的瘦弱队伍，很多人身上都缠着绷带，或者因为骨折绑着夹板，有些得用担架抬着，还有些人紧紧抓着草草捆扎的财物。船夫沉默地袖手旁观，印度兵也在岸上靠在他们的步枪上冷眼旁观，英国人则在迷茫与恐惧中勉强爬上小船，湿淋淋的，沾满污泥。每条船上大约有九到十个人，最后上船的是维伯特（Vibart）少校一家，但他们受到了曾在少校手下服役的印度兵们的各种礼遇，士兵甚至还坚持要为他拿包。

神庙前方的平台上坐着那那的代表，他是比图尔宫廷里的一名官员，正敏锐地观察着下方的情况，而后方跨溪谷的桥梁周围，还挤满了成百上千的平民，他们像在围观体育赛事一般在人群中寻找着缝隙，等着看英国统治者离开前最后一次受辱。就在维伯特登船时，平静的表象发生了剧变：船夫们没有划桨起航，而是全都跳进水中，迅速涉水向岸边走去。现场立即陷入混乱。英国人向船夫开火，同时，刚刚还礼貌地护送维伯特一家上船的士兵也对船只开火。很快，河流两岸隐藏起来的枪支就向这支静止在河中的船队倾泻了大量霰弹和滑膛枪弹。英国人无力招架。船上的干草很快纷纷着火，河面上也漂着大量尸体，还有绝望的幸存者在河水里沉沉浮浮。妇女蹲在河里，水深及颈部，婴儿无助地顺水漂走，男性则绝望地试图把船推到河中央离开此地。印度骑兵蹚入浅滩，用马刀猛砍幸存者，少数成功上岸的英国人也被刺刀刺倒，或者被抓住，迅速带到远离溪谷的地方。只有一条船成功逃离，但船上既无舵也无桨，航行宛如噩梦，上岸后他们又被疯狂的印度兵追击了一整晚，在没有食物、武器和地图的情况下被困在了一座着火的神庙中——最终，只有两名英国军官和两名爱尔兰士兵一丝不挂地游到了英国控制区，讲述了坎普尔发生的一切。*

其他人都没有活下来。所有男人都遭到杀害。所有幸存的女性和儿童都被带到了一个称作"比比加尔"（Bibighar，女性之屋）的地方，这是恒河运河岸边一座平顶泥土房屋，是很久以前一名英国军官为他的印度情人建造的。7月15日下午，几个人——包括一些屠夫——带着马刀和长刀走进屋子，将他们尽数杀害。这些人随后将尸体肢解，投入附近的一口井中，这口50英尺深的井几乎被填满。**

8

印度兵变另一神圣的篇章，则是勒克瑙围攻战。这座城市前一年才被英国吞并，自然充满了反对者——废黜的王公，解散的王家部队士兵，被放逐的家仆，以及大量并不欢迎新教化的民众，他们反而怀念过去能买到便宜鸦片、收买官员的懈怠日子。英国人鄙视奥德的传统生活，全都聚居

---

* 其中一个人就是后来的将军莫布雷·汤姆森（Mowbray Thomson）爵士，他一直活到了1917年，是这场悲剧最可靠的见证人。但是，我们永远也无法知道究竟是英国人还是印度人先开火，以及那那是否早已计划好这场屠杀。

** 坎普尔（现在拼作 Kanpur）如今仍在纪念这次屠杀。那座白色的神庙仍然在陡岸上，悲剧发生的石阶如今仍然称作"屠杀石阶"，惠勒设立的防御工事所在地，现在建起了一座巨大庄严的纪念教堂，还有一块石板纪念在此死去的"15名军官、448名士兵、3名军官太太、43名士兵的妻子，以及55个孩子"。然而，这口屠杀之井处在现代城市的中心，自印度独立后，就被掩盖了，英国人则在上面放置了一座白色大理石的悼亡天使雕像。虽然我想说坎普尔仍然笼罩着静默的哀歌，不过事实上，它是一座繁荣的纺织业城市；1971年，我探访这些阴郁的历史遗址时，这里有了某种欢乐的超然精神。至于那那，他神秘地消失了，没有人知道他何时、如何死去。

于高耸宏伟的英国特派代表府邸附近，把一座名为"信使足印"（Kadam Rasul）的建筑用来做弹药库。这座建筑存放着先知足迹的石头，故而是奥德穆斯林的圣地。

然而，这里的首席专员是刚刚从旁遮普来的亨利·劳伦斯，他似乎处理一切事物都迎刃有余，谨慎寻求强硬和妥协的尺度，而且作为勒克瑙的军事指挥官兼民政首脑，也拥有强大的权力。劳伦斯认为自己非常了解印度人，也相信可以一直信任他们："除非我们相信当地人，尤其是当地士兵与我们有同样的感受、同样的目标、同样的感知力，也会犯同样的蠢，否则我们永远不可能安全。"兵变在奥德迅速蔓延，到了6月中旬，只有勒克瑙还在英国控制下；虽然劳伦斯身体状况不佳，但他仍然一如既往地散发着温和的自信气息，亲自监督勒克瑙的军事部署，有时还会微服走进市井，探听风声。

他已经下定决心，要将所有卫戍部队，以及所有英国居民，都集中到代表府邸所在的建筑群。这个复杂的建筑群，就在勒克瑙中心开满花的草地内。北方流过的是戈默蒂河，东方则是坍塌的奥德王公宫殿"欢乐给予者"（Farhat Bakhsh）。建筑群的围墙外散乱分布着本地城区建筑，小巷和集市如迷宫一般，还散发着臭气。代表府邸俯瞰着下方的花园，而其本身是一座高大而丑陋的建筑，从高层可以俯瞰整座城市，它的塔楼、穹顶和尖塔庄严华丽，耸立于脚下的一片脏乱之上。33英亩的区域内，分布了16座独立的建筑——小屋、马厩、营房、值班室——整块地方又被防御土墙围绕；现在，劳伦斯将这里变成了一处要塞。英国人在此挖掘壕沟，筑起栅栏，布陷阱，还拉起了铁丝网。要塞四周都架上了炮台，府邸中的工作人员则为围攻战做各种准备。6月底，勒克瑙兵变爆发时，整座城市所有的欧洲人，包括1700人的卫戍部队，都集中在了这座要塞中。

很快，英国的每个人都会知道这里的地势，记住地标的名字——贝利门（Baillie Gate）、凸角堡炮台（Redan Battery）、萨格要塞（Sago's Garrison）、格兰特堡垒（Grant's Bastion）。在印度的英国人被压缩在这里，从东印度公司身份显赫的太太小姐，到刚刚被接受成为英国人的办事员和商店主，都不得不一同生活。这里还收留了来自其他国家的商人，以及不少自愿加入要塞防御的忠诚印度兵——有一半防御兵力是印度人——还有一些重要的政治犯,包括德里王室的两位王子。这群内部差异极大的人就这样挤在仅仅33英亩的安全地域中,待在特派代表如神一般的权威之下。防御墙之外,整个奥德很快便落入敌手,而每一座能望到防御墙的房子中,都驻扎着狙击手和弓箭手。

整座要塞的第一例伤亡,就是劳伦斯本人。一枚榴弹的外壳落进了他的房间,扬起一片烟尘,然后有人大声问:"亨利爵士!您受伤了吗?"短暂的间歇后,他用虚弱但仍旧坚定的声音说:"我要死了。"事实上,他还坚持了两天,给继任者留下了关于要塞防御的详细指示;他死后,很快就被埋葬在府邸的墓地中,墓志铭还是自己写的——"这里长眠的是亨利·劳伦斯,一个尽力完成使命的人"。而他的离去让英国人陷入了宿命论情绪。酷热炎炎,炮轰不断,一旦到了室外,若狙击手从墙外射击,人们就几乎不能移动一步。要塞内的建筑一座座倒塌,直到最后,整个建筑群都变成了废墟。食物开始短缺,因为尸体腐烂和排泄物,空气发臭。不少女性住在鼠患严重的地下室,时常陷入绝望阴郁的情绪。"傍晚,英格利斯(Inglis)太太去看望了库珀太太,发现马丁太太也在。她们讨论了一旦敌人攻入要塞,什么才是最佳应对方法,是否一旦敌人攻入就该选择自杀,免遭将要忍受的惨状。有些女士身边总是带着鸦片酊或者氢氰酸。"(凯斯太太和英格利斯太太同意,她们只能准备好结束自己的生命,至于其他人,应该交由"知道什么对我们最好的神来决定"。)

不少印度兵已经逃跑,到了1858年7月,英国人平均每天都会因为死伤损失十名士兵——负伤者中,包括从包围第一天就英勇工作的布赖登医生,他正是20年前在贾拉拉巴德城外从马背上掉下来的最后的幸存者。[*]有时,他们会听到援军即将抵达的谣言;直到8月15日,他们终于收到了英军的信息。信中写道:"我们明天开拔前往勒克瑙。我们会尽快前进。希望最多在四天内见到你们。"为防信息被截获,下面用希腊字母补充道:"你们必须尽可能协助我们,如果我们无法攻入内部,你们就得向外突围。

---

[*] 他也从这次悲剧中幸存,15年后在苏格兰的庄园中安静去世。

我们部队人数不多。"对守军来说，这完全没有安慰作用，他们只剩 350 名欧洲士兵和约 300 名印度兵了。防御墙下方敌人不停挖坑道，令他们不胜其烦——有时坑道甚至会在要塞内部爆炸，有两次，防御墙直接被炸出了缺口。要塞内有 200 名妇女、230 个孩子、120 名或病或伤的士兵，而防御墙外 150 码内，起义者已经架起了 18 磅大炮。此时，整个要塞已经是一片混乱。

不过，四天不用等太久。在勒克瑙，并非每个人都谦恭有礼：我们能听到的传言中，就有人囤积食物、偷窃，还用前辈身份压人。但是，绝大多数时候，即便在如此极端的情况下，这座府邸废墟中的英国人仍然坚持着那个时代及英国文化的原则。他们不仅继续勤勉地阅读《圣经》，准时参加礼拜，甚至正式设宴相互招待；而且，和他们的同胞在世界另一端灾难性地试图在爱尔兰推行的秩序一样，他们的生活仍然严格遵循供求规律的信条。他们以时价在市场上购买食物，自然，价格高得如天文数字。此外，在亨利·劳伦斯一片废墟的房屋中，他的财产被人拍卖，所有财物都拍得了颇好的价格。

第四天到了，又过去了。一周过去了，一个月也过去了。直到 9 月 23 日，围攻开始后 90 天，守军才在城外另一头听到了枪声；又过去了两天，在两位著名将领，亨利·哈夫洛克和詹姆斯·乌特勒姆的联合指挥下，一队衣衫褴褛、胡子拉碴、穿着苏格兰裙的苏格兰高地兵，才风风火火地杀入了包围圈。乌特勒姆为人彬彬有礼，是个处理印度问题的老手，从年轻时就开始与印度人以及阿富汗人作战，镇压过一系列小型暴乱，还是内皮尔在信德的政治副手。从那之后，他又在 1856 年无足轻重的波斯战争中取胜，现在他已获巴斯勋章，拥有大司令勋衔，也被官方指定接替劳伦斯担任奥德首席专员。他是救援部队的最高指挥官，但他慷慨地或者说谨慎地将战斗指挥权交给了第二指挥官，一位与他截然不同的人物哈夫洛克。哈夫洛克是陆军老兵，一名朴素的战斗指挥官。他在过去 40 年几乎参加了印度的每一场战役；他读过几乎所有军事指南；他双眼炯炯有神，面相看上去颇为顽固，而且数年前，他就已经改信一个教条主义的浸信会教派。他完全相信《圣经》上写的每一个字，尤其是那些嗜血的部分；凯以旁观者视角写道:"他心中完全相信战争是正义的,屠杀是美丽的。"这是他第一次在战场上担任总指挥官,不过他心中可怕的信念鼓动着他,身边全是嗜血的苏格兰高地兵,世故的詹姆斯爵士又总是考虑周到,这让他成为这一职位的合适人选。这些苏格兰高地兵进入府邸时发现竟然还有幸存者,不禁欣喜若狂,在进入时失手用刺刀捅伤了几名忠诚的印度兵,还整晚吹奏风笛庆祝胜利。

但是,几乎就在救援部队打破包围时,他们自己也陷入了重围。这支部队仅有1000人,还有不少人负伤,而且所有人都筋疲力尽。他们的状态比等待救援的幸存者好不了多少,而且很快人们就发现,他们在这里出现,比起幸事,更像诅咒。此刻,情况已经令人绝望。人们吃起了麻雀,用干茶叶或者切成一段段的稻草当烟抽。外科医生的麻醉用的氯仿已经用完,而且只能在一张张床之间,在众目睽睽下做手术。痢疾和坏血病流行起来,虱子也到处都是——大多数士兵都剃了光头,这强调了眼前一切的噩梦意味。所有建筑物都成了空壳子——要塞的随军牧师说,所有东西都像得了天花一样,表面冒出了球状凸起——滂沱的季风雨灌进废墟,每处掩蔽之所都被雨水浸透,所有东西都笼罩在湿热的雨雾里。起义者的工兵不断地在要塞下方挖坑道布雷,要塞内的人经常可以听到丁字镐在脚下叮当作响;如果起义者在要塞下埋了20颗地雷,英国人就要反埋21颗,有时,双方工兵甚至会在湿冷的地下展开殊死战斗。因为这一系列的战斗,米字旗才能飘扬在府邸的塔顶,在这座充满敌人的城市中心的废墟中,有挑衅的意味。

10月底,又有传言称科林·坎贝尔将军指挥的第二支救援部队正在从北边赶来。由此,勒克瑙的英雄终于出现在聚光灯下,他很快就会成为一个传奇。他就是亨利·卡瓦纳(Henry Kavanagh),是个爱尔兰人,一头姜黄色的头发,身材高大,他曾经在邮政部门工作,因为在坑道战中的英勇表现而小有名气——他曾经整夜整夜地举着子弹上膛的手枪等待敌方工兵出现,有时还会透过隔开双方地道的薄薄土层,直接射杀敌人。现在,他自愿穿过敌人封锁线,去联系坎贝尔的部队,并将救援部队引导至要塞。他用煤油涂黑了脸,戴上头巾,穿上橙色的丝质外套和宽大的裤子作为伪装，由一名印度向导（不过后世并不如纪念卡瓦纳一般纪念这位英勇向导）陪同泅渡过河，用欺骗的方法通过了起义者的检查站，最后遇到了一队英国哨兵。8天后，他回到要塞，穿着夹棉束腰外套和灯芯绒马裤，脚上套着长及大腿的长靴，戴着一顶遮阳帽，领着哈夫洛克和乌特勒姆穿过一片废墟，去见坎贝尔。三名将领见面时，坎贝尔手下的士兵发出了欢呼，哈夫洛克在这个荣耀时刻，以拿破仑般的姿态回应。"士兵们，"他用洪亮的声音喊道，"很高兴见到你们！"（这看起来肯定是一支令人畏惧的队伍——衣服皱巴巴的锡克骑兵、穿着瓦灰色制服的英国步兵、戴着头巾的旁遮普人、穿着深紫红色格子呢的苏格兰高地兵，还有戴着白色头巾缠绕的军便帽的第9枪骑兵团，整个欧洲最精锐的骑兵部队之一。）*

这一次，救援部队没有进入要塞，而是仅仅保证了勒克瑙城区的安定，让幸存者得以撤退。妇女和儿童首先在11月18日离开，他们穿过河岸边宫殿的废墟，走进了英军防线——有些人乘着马车，有些人坐着轿子，还有些人徒步行走。他们撤退时，四周仍在不断开火，坎贝尔的士兵和海军旅的水手则一直帮助、鼓励着幸存者。他们有时被引到战壕中躲藏，有时会经过一些帆布的掩蔽物。他们还带走了奥德王公王冠上的所有宝石，以及英国特派代表府邸内存放的价值25万英镑的财物。

接下来，11月22日，要塞旧守军乱步走出来，以免引起起义者的怀疑；最后，后卫部队，几百名枪手和苏格兰高地兵也匍匐通过贝利门，加入了城外的大部队，只剩下营火孤独地在要塞的废墟中燃烧。勒克瑙围攻战就此结束。到了第二天清晨，一支长达6英里，由士兵、牛车、担架、大象、骑手、印度兵和随军人员组成的队伍，静静地穿过平原，向坎普尔行进——婴儿时不时发出哭声，风笛声断断续续地响起，疲惫而严肃的将军倒在肩舆上，他们身后扬起滚滚灰尘，标示出一条穿过印度土地的军队

---

* 约一个世纪之后，我也有幸在这支部队服役。他们在印度兵变中的表现十分卓越，此后一直自称"德里枪兵"；该部队中有14人因此次战役获得维多利亚十字勋章，包括一名普通列兵高特（Goat）。

行迹,无论这些军队是友军,还是敌人,无论是胜利,还是失败。*

9

　　这就是侨居印度的英国历史学家查尔斯·克罗思韦特(Charles Crosthwaite)爵士称为"种族的史诗"的事件。在游击队的小型冲突和英国人的追剿中,起义一直持续到1859年夏天,但在此之前很久,英国就已经重新在次大陆上恢复了支配地位,而兵变中的种种神话,也永久地成为维多利亚时代民间传说的一部分。兵变影响的范围从未超出恒河流域,东印度公司的其他军队也没有加入孟加拉印度兵的起义。在约翰·劳伦斯巧妙的统治下,旁遮普一直保持着平静。多斯特·穆罕默德没有趁此机会进攻印度,夺回阿富汗宣称有主权的白沙瓦地区。尽管自身的情报出错,管理工作不当,英国人仍然高效地处理了兵变,英国部队在克里米亚的失败之后,又在这场行动中成功重建了名声。此后,印度人再也没有发动过反对英国统治的武装起义,而且这次兵变并未削弱英国人对帝国的信心,至少在意识层面上,这让他们的信念更加坚定、粗狂。

　　但这次兵变也暴露了许多英国人最为丑恶的面孔。即使是勒克瑙围攻战中幸存的女英雄们,最终获解救,步履蹒跚地离开要塞时,也抱着装满卢比的袋子,而且除了不断喃喃抱怨,什么也没做——"没有一个人对拯救了他们的士兵表示感激,"一名军官记录道,"我的士兵们一直记得这事儿。"文雅的大提琴家,第9枪骑兵团的霍普·格兰特,如今成了一名将军,还有骑士爵位;即便是他,在古老的城市阿朱迪亚(Ajoudia)走进一座印度教神庙时,也曾轻蔑地一脚踢翻了里面的猴神圣像。他后来沾沾自

---

* 几乎就在胜利来临之时,哈夫洛克便去世了,他所在教派的基要主义者们立即为他施了宣福礼——哈夫洛克去世后不久,他们便以他的名义刻制了一块圣训碑,每一条戒律都以"哈夫洛克说"开头(比如,他说,无论一个人的职业要求为何,都应该以福音书的要求行善事)。乌特勒姆则被称为"印度勇士",他逝于1863年,是少数至今仍在加尔各答练兵场有塑像作为纪念的英国官员之一;泰晤士河堤上也有一座他的塑像,这让大多数伦敦人非常困惑,因为他们从未听说过这个人。当年府邸的废墟在丁尼生的英雄诗篇中成为永恒,直到今天,印度政府仍然怀着敬意,保留着这处断壁残垣。

喜地写道："那些从孩提时代就敬拜或者假装敬拜它的肮脏胖祭司，都吓坏了。"基本上来说，在战斗中，英国人与印度人的野蛮程度不相上下；而这场悲剧结束之后，英国人民族性中最恶劣的党同伐异与沙文主义便浮上了水面：新任印度总督坎宁勋爵施行遏制的权威，令人们都讽刺地称其为"仁慈"坎宁。英国人认为，这是一次正义与邪恶的直接交战，并且毫无羞耻地利用起义者的暴行进行宣传，尽管这些暴行几乎不能再扭曲夸大了。当时对兵变的所有记录中都充满了幸灾乐祸的细节——每个印度兵都疯狂，每个英国女性都被害。在一本本英国人的回忆录中，印度人都被描绘成残忍、背叛、忘恩负义的形象——似乎他们没有被仁慈与善良的天性所鼓动，即便在上帝无尽的恩典中，也丝毫没有能得到救赎的迹象。

英国的基督教民众以一种旧约式的情绪，审视着印度北部还在冒烟的废墟。《泰晤士报》刊文要求对印度的所有兵变者处以死刑："每棵树上，每座墙头，都应该挂着叛乱者的尸体。"英国陆军总司令剑桥公爵公开表示，整个国家都支持"有勇气实行刑罚的人"。帕默斯顿勋爵表示，"只有从地狱最深处而来的恶魔，才能想象出，才能犯下"印度兵变者的一切暴行。牛津辩论社（Oxford Union）发言人也表示，当每座绞刑架都被鲜血染红，每架炮前都撒满破碎的衣物、血肉与骨头时，"再来谈仁慈。这时候才会有人听你的话"。

英国人的报复也确实非常骇人——印度人称之为"恶魔之风"。一名目击者描写英军再度占领坎普尔："城市陷落时，这里没有一丝心软与同情。"确实，历史上也许没有哪一支英国陆军，会比此刻印度的英军更加充满暴怒之火了。"坎普尔！坎普尔！"他们冲入另一个起义地点时便这样喊着，举着刺刀无情地挥砍戳刺，不留一个战俘，将起义者烧死、绞死，乃至开膛破肚。军官们也陷入了和士兵一样的疯狂。他们找到"比比加尔"的藏尸房时，便让被俘起义者先舔舐地上干涸的血液，再将他们绞死；随后，他们还带着经过此地的部队游览藏尸房。有些村庄被完全烧毁，村民被全部绞死。即便是普通的路人，如果敢于背对着行刑队，英国人也往往以无礼为借口将他们射杀。劫掠更是不受节制，不加区别——"因为暴怒和对金子的渴望，人们都变得野蛮，"勒克瑙的一名目击者回忆道，"——

他们醉醺醺地四处劫掠……脸部沾满火药变得黑黢黢,交叉皮带上血迹斑斑,外套里塞满了各种值钱的东西。"

英国军队狂热地横扫整个国家——现在可见的记录中,有部队在5月中旬24小时内行军60英里;有三名军官连跑30英里不停歇,只为参加作战;还有人通过不停换马,在16小时内狂奔130英里。大多数部队抵达作战地点时,他们自己看上去就像野蛮的叛乱者:他们的制服早已因为长途奔袭而破烂不堪,因此无论军官还是普通士兵,都随意穿着自己喜欢的衣服——花呢外套、头巾、斗篷——没有统一的制服后,他们看上去似乎也没有统一的指挥。据说,一支著名炮兵部队的马具,看上去就像用几根绳子连在一起一样;他们的少校指挥官则戴着土耳其毡帽,套着一件土耳其斗篷,腰上还系着一根绳子;带领他们前进的军士长,身上的外套则是用台球桌上的绿毛毡做的。"这些人肯定极为残忍。"坎普尔的一名印度律师在日记里担忧地写道。战舰"珍珠"号沿胡格利河向加尔各答驶去,鸣响礼仪炮时,当地船只的船员都恐惧地跳入水中,码头上的民众也仓皇逃命,他们都认为,这就是英国人要摧毁城市的信号。

战斗结束,调查开始,军事法庭开庭,经过合法程序做出判决,被判死刑的起义者仍然会被鞭打着带往炮口前,在鼓声中被炸成碎片。英国人的残忍与印度人的残忍旗鼓相当,双方也都真心实意地举枪战斗。尽管后来许多英国人曾对这些报复的狂热感到懊悔,但印度的统治者与被统治者之间的关系,永远也无法回到过去的实用主义,印度人和英国人都承认对方的最好与最坏之事是历史的短暂现象。1857年以后,印度的英国人便认为自己是隔绝的统治阶层,与那些棕皮肤的臣民截然不同——这些英国人更多的是一种机构,而非一个社群,而他们在这里的所有美好愿景和有益工作,也永久地、不可避免地带上了怀疑、不赞成与高高在上的色彩。很快,我们就会发现,与起义者同样的情绪在帝国四处回响,长久影响着帝国对待海外领地的态度,也留下了无法治愈的伤痕、无法消除的迷信。

IO

到了这场可怕的帝国战争的最后一幕，让我们回到德里。这里，老迈的君王仍然在花园里写着忧郁的诗篇，身边歪七扭八地躺着印度兵，而他仍然是这次起义名义上的领袖。但他这次勉强的掌权也转瞬即逝。早在兵变结束之前，甚至在勒克瑙救援之前，劳伦斯就已经在旁遮普组织了一支英国人与锡克人的快速突击部队，派它沿大干线道路一路猛攻，去夺回德里。这支快速部队的指挥官是约翰·尼科尔森，此外，威廉·霍德森也带着他手下更加残忍、更加精干的锡克非常规骑兵加入了这场战斗。这样一支既有正直人士也有掠夺战士的部队，几乎不可能失败。"只要我们主动出击，何曾失败？"劳伦斯派遣这些年轻人去拯救英国在印度次大陆上的统治时，这样反问道。"要是听取那些胆怯的意见，我们怎么能成功？"这支旁遮普机动纵队（Punjab Movable Column）沿着大干线道路每天行进27英里，势不可挡地扑向德里，经过一周的巷战，便重占了这座城市，而尼科尔森在部队取得胜利时，仿佛命中注定一般，在克什米尔门阵亡[*]，这让他成为帝国万神殿的英雄之一。

此时，英国人发现，红堡已经被抛弃。只有几名顽强而笃信宿命的哨兵仍然在岗，他们没有请求饶恕，英国人自然也没有对他们仁慈。在红堡内部被发现的其他人也都遭到杀害。当晚，英军指挥官便命令在私人接见厅精美的阿拉伯式花纹之中安排晚餐。君王不知所踪，但不久便有情报指出，他正和一群衣衫褴褛的支持者躲在16世纪莫卧儿帝国皇帝胡马雍的墓中。这是一座巨大的陵墓，有穹顶也有尖塔，就在红堡东面几英里之外，还有自身的花园——它几乎自成一座城镇，庭院一个连着一个，是莫卧儿帝国在德里最宏伟的遗迹之一。

德里部队的情报主管正是霍德森，抓捕德里君王的差事自然也落到了他手中。我们上次在旁遮普遇到这位霍德森时，他被指控不公对待当地王公，并被判定不适合担任公职。此刻，他心中的仇怨与愤恨比过去更甚，

---

[*] 他的坟墓至今仍在那里，在道路对面的花园中。

他的残忍个性变得更加尖锐，对复仇的渴望也更加迫切，对印度人的蔑视也达到了极致。尽管如此，他仍然得到了依自己意志处置德里王室的全权许可，唯一的条件就是他要留下君王的性命，因为英国打算以叛国罪审判他。

霍德森骑着马，带着50名野蛮的手下赶往胡马雍墓，他们胡子拉碴，戴着头巾，穿着马靴，挥舞着马刀和宽腰带，就像统治者无情的禁卫队——他们漫不经心地骑马奔过德里城中涌出的难民群，难民们赶着马车和牛车，在这支可怕的分队横扫而过时，畏缩在路边的沟渠中。部队在陵墓门外的广场停下，派出一名使者进入陵墓，要求巴哈杜尔投降，霍德森就在这里，等待着他一生最为荣耀的时刻降临。我们几乎可以在脑海中看到这样的场景：霍德森站在尘土飞扬的广场上，他半是英国人，半是锡克人，风尘仆仆，身体灵活，热情激烈，他的服饰就和手下非正规骑兵部队的士兵一样，有种随意的华丽浮夸，这个利奇菲尔德会吏长之子，现在正在等着莫卧儿皇朝末代皇帝投降。早晨的热气中，已有一小群人聚集在骑兵周围，安静而充满期望地等待着；很快，四个仆人抬着一只轿子从陵墓中走出来。轿子里的正是巴哈杜尔，他神情憔悴，筋疲力尽，长长的胡子在胸前散乱垂着。

霍德森承诺不取他性命，但附加条件是，若返回德里的路上，有人试图营救他，他就会像狗一样被当场射杀。随后，这支规模不大的部队启程沿道路返回德里，大批民众在队伍后静静跟着；随着队伍离拉合尔门的英国岗哨越来越近，跟随的民众便逐渐散去。德里几乎成了一座空城。骑兵们拉着缰绳，安静地穿过月光集市（Chandni Chowk）。最后，霍德森在红堡将巴哈杜尔交给了行政部门，这位所谓的"世界之光"立刻被锁进了一座光线昏暗的小房子——接下来几个月，巴哈杜尔就每天盘腿坐在阳台上，神情倦怠地用破旧的孔雀羽扇子扇风；破旧的屏风后面，他老迈的妻妾还会不时发出尖叫。简而言之，他成了当时德里最受欢迎的游览项目之一。

第二天，霍德森返回胡马雍墓，逮捕了两名还住在那里的王子。对这两个人，他没有许下任何承诺。返回德里的路上，他命令他们下车，将他们全身剥光，只留腰布，然后向手下士兵借了一把卡宾枪，亲手射杀了他们。在大量印度人的围观下，他把两具尸体带回德里，丢在了警察局门前。这两具尸体就在这里逐渐腐烂发臭，直到人们终于不能忍受臭气，便以卫生为由将他们埋葬。*

---

* 霍德森本人在 1858 年勒克瑙救援中阵亡。此时，他的所有不动产，不含马匹的价值为 170 英镑；他的部队在英国统治结束后，仍以第 10 孟加拉枪骑兵团（霍德森骑兵团）的名义存续。巴哈杜尔在自己的私人接见厅中以叛乱和共谋谋杀的罪名受审。在起诉方的描述中，他就是"老迈畏缩的恶毒化身"。他被判处终身监禁，与他唠唠叨叨的妻妾一起被放逐到了仰光，最后他于 1862 年在那里去世。

第12章

潘神与格莱斯顿先生

1

印度兵变的大屠杀同时也将18世纪帝国的半吊子积存彻底一扫而空。过去的帝国曾有一种异教徒般的，或者至少是属于不可知论范畴的魅力——缺乏坚定的信仰，却充满真诚的快乐和幽默感——但从勒克瑙和坎普尔的废墟中走出来的新帝国，就再也没有那样轻快、愉悦的气息了。现在，帝国确定了自己的价值取向——坚定、高效、改良，也认识到其主要的使命，就是把英国的一套标准，加诸所有黑皮肤、棕皮肤和黄皮肤的人身上。印度兵变表明，与过去的假定不同，不是所有有色人种都能获得精神的救赎；但是，英国人至少还可以集中精力重建他们的物质世界——实施法律，建立秩序，传播科学进步，用贸易充当这一过程的润滑剂。

2

如讽喻寓言一般，首先感受到帝国坚定目标的冲击的，正好是英国海外领地中最有异教色彩的地方。自与法国的战争结束以来，伊奥尼亚七岛便处在英国统治之下。这些岛屿从威尼斯共和国落入法国手中，又曾短暂地被土耳其和俄国占领，最后于1815年成为英国的保护国。英国之所以想要这些岛屿，是因为它们的战略位置。它们不仅位于伊斯兰世界的边缘——穿过科孚海峡，就是土耳其治下的阿尔巴尼亚神秘的群山，伊斯兰世界的起点——还占据了亚得里亚海的入口，在帝国通往东方的路线上，能提供重要的保护。* 主岛科孚岛上建起了要塞，变成了海军基地，其他岛屿上也有小股帝国驻防军。英国官员——大多是军官——为群岛建立了政府，还起草了宪法。这部宪法虽然表面上迎合了某种自由主义启蒙思想，但事实上将每项权力都妥妥地放在帝国手中。七岛联盟的旗帜上有七座岛屿的代表色，但占主导地位的，仍然是中央的代表英国王室的旗标。

半个世纪以来，伊奥尼亚一直是军事基地兼度假胜地。不少著名人物曾经从英国起航，来统治这个小地方，这又让七岛联盟在帝国历史记录中占据了特殊的地位。这些人物通常是旧帝国的模子刻出来的，他们仍然坚持失落的辉煌时代的价值观，工作中总以贵族姿态将电报传来的消息和议会动议置之不顾。伊奥尼亚群岛中正有荷马诗篇里的伊萨基岛，它为这些人物提供了生动的象征性背景。这是一个深受拜伦的古典浪漫主义影响的时代，他们发现，穿过深酒红色的海域，去督查监狱、监督筑路，去主持即决开庭、阅兵时，自己便置身于希腊世界的神、神庙与传说的故乡，这有种象征意味。

3

1858年10月，英国海军的一艘小船像个机灵的童仆一样，挂着帝国的旗帜，经过狭窄的海峡，前往科孚岛几英里外的帕克西岛上的盖奥斯（Gaios）；它路过圣母岛（Madonna），岛上穿红色制服的英军就住在过去威尼斯人修筑的营房内；它路过水滨的英国专员府邸，三角墙、拱门、阳台和阶梯都带着威尼斯式的乔治王时代风格；最后，小船被系在盖奥斯小小的广场边，水手们举着钩竿，敏捷地跳到岸上。这是一片希腊小岛广场，如人们向往的那样风光秀丽——教科书式的伊奥尼亚风情，到处擦洗得干干净净，墙上刷白，不远处有山坡耸起，上面房屋成排，城镇的小街道蜿蜒延伸到视线之外，仿佛在邀请人前往。广场中央有一座教堂，室外也有

---

* 因此，1928年帝国航空（Imperial Airways）的伦敦—开罗航班便会经停科孚岛，这里也成了重要的中途补给站。

为冥想的教士准备的椅子；广场角落有间小酒馆，门外同样有让警察和渔民们小坐的椅子。据传说，亚克兴战役前夜，安东尼和克娄巴特拉正是在这片广场上进餐。而现在，这天早晨，聚集在广场上的，显然是一群显赫人物。英国专员就在此地，他头上戴着一顶三角帽，肩上还有象征他的职位的肩章；岛上要塞的军官也在场；当地贵族——一半是威尼斯人，一半是希腊人——全都在场，他们皮肤黝黑，头上抹了发油；这群人中最显贵的，就是帕克西岛希腊东正教会的主教，他留着一把大胡子，穿着全套法衣，戴着黑色高帽，手执主教手杖，胸前还悬着一枚银十字架。

跳板放到了岸上，随后，威廉·尤尔特·格莱斯顿从船上走了下来。他时年48岁，已闻名英国，现在以特别专员的身份来到伊奥尼亚群岛。派他来的，正是时任英国首相本杰明·迪斯雷利。格莱斯顿的任务是就这些岛屿的未来向首相提供报告——这些岛屿是应该按照英国人的偏好，继续留在英国手中；还是依岛民的显然期望，并入新近独立的希腊。工作之余，格莱斯顿本人是热情的亲希腊派，也是一位颇有成就的荷马研究者。他此前乘坐皇家海军"可怖"号（*Terrible*）抵达科孚岛，受到了鸣炮迎接，他检阅了仪仗队，总之完成了一切不符合他喜好的礼仪。虽然岛上的英国人基本上都讨厌他，当地希腊人也因为他看上去不够有"荷马风格"而失望，但他本人还是非常开心，不仅造访了七座岛屿中的六座，还在科孚岛的集会上发表了几次充满学究气的难懂演讲。

现在，在一年的最后，他来到了帕克西岛——世界上最强大的帝国的代表，正在访问帝国最无关紧要的角落。在七岛联盟的诸多英国行政长官之中，过去虚张声势、含糊微妙的精神一直延续到了今天，而格莱斯顿就像一套冷硬的新秩序的代表人物。他此行的目的前无古人——这是维多利亚帝国第一次严肃地考虑自主放弃某块领地。格莱斯顿先生从跳板上走下来，帕克西岛主教阁下也向前走去，这正是在伊奥尼亚的英国人的历史中最广为人知的一幕。

格莱斯顿握住主教的手，虔诚地亲吻，头颅低下，静静地等待祝福。主教吃了一惊，不知所措。显然，他此前从未为信仰英国国教的政治家祝福，也不确定这样做在仪式上是否合适。空气中出现了尴尬的停顿。驻帕克西岛专员、要塞指挥官和其他英国人都在一边看热闹——他们中的一人后来写道,确实,"当时很难维持适合如此庄严场合的严肃气氛了"。主教仍在犹豫,格莱斯顿也仍在等待;然后,他们似乎同时下定决心,一个人弯腰准备赐福,另一个人则直起腰来。

他们撞在一起。旁观的英国人群中发出了一声几乎微不可闻的笑声,这正是旧帝国最后的一声嘲笑——从冒险者、在印度发财的英国人、旁遮普和沙捞越自由的统治者、挪威豪斯的皮毛商、漫不经心的英裔爱尔兰人,以及牙买加种植园巨头口中发出的一声轻笑。

4

进入维多利亚时代的高潮之前,让我们用几页的篇幅看看伊奥尼亚吧——种种意义上而言,它们都是帝国治下最令人愉快的地区。大多数时候,英国人在伊奥尼亚各岛上都是完全的独裁者。*科孚岛上有参议院和立法会,其他岛上也有各种敷衍的民主主义姿态——从北到南、帕克西岛、莱夫卡斯岛、伊萨基岛、凯法利尼亚岛、赞特岛(扎金索斯岛),包括摩里亚半岛以南较远的基西拉岛,莫不如是。然而,真正的权力仍然牢牢握在英国专员以及他们的最高长官科孚的高级专员手中,后者的薪资在19世纪30年代便与美国总统齐平,是伊奥尼亚财政总收入的二十三分之一。他被尊称为"高级阁下",也有人粗鲁地称之为"强力大人",意大利化的伊奥尼亚贵族也用意大利语称他为"il Lordo Alto"(高级阁下);对希腊农民而言,他就像斯巴达的殖民总督。最初,岛民们不大关心政治,还对这个击败了拿破仑的国家极为尊敬。随后,这种忠诚逐渐消失,大多数民众都倾向于与希腊联合——用希腊语说,就是"Enosis"(合并)。

1848年,英国人在此颁布了一部新宪法,让政治体制向自由化稍稍迈进,但是,他们仍然认为,他们才是最有权威的。这里的英国统治者几乎

---

* 也许有人会说,这违反了1815年《巴黎条约》,条约将这些岛屿组成了"自由独立的国家",置于英国保护之下;但是正如伊奥尼亚早年的一位行政官员所言,他们与法国战斗,并不是为了鼓励世界其他地方同样"野蛮的投机信条"。

都不会说希腊语和意大利语,而这正是伊奥尼亚最普遍的两种语言,因此他们的统治就粗率地将当地人的愿望置之不顾——正如 D. T. 安斯特德(D. T. Ansted)愤怒地在批评文章中所写的那样,"英国让这里所有阶级的人都停留在孩童状态,这样与半个世纪前相比,他们并没有变得更胜任自治"。英国人在这里的专制统治并没有主观恶意。他们不想压迫当地居民,只是不希望有麻烦。和在其他地方一样,他们也在这里修筑良好的道路,引来新鲜的饮用水,还修建了灯塔、拘留所、精神病院等实用建筑。他们提高了这里的司法水平。他们改善了犹太人的生活状况;过去,犹太人只能住在威尼斯人设立的聚居区中。大多数时候,他们都能维持这个传统上动荡不断的地中海地区的秩序(然而,因为没有一个本地人愿意给他们当刽子手,他们不得不从阿尔巴尼亚雇了一个,他穿过科孚海峡来到岛上时,穿着宫廷小丑般的杂色衣服,还戴着面具)。他们还将土豆引入伊奥尼亚,不过守旧的希腊东正教教士立刻宣布,这就是起初夏娃手中的苹果。

但这些统治者都不甚关心这些奥德修斯的继承者。"他们一直使用大蒜,"一名行政官写道,"而几乎不用肥皂洗手,给英国人留下了很坏的印象。"还有一个人发现,当时希腊人惯于将一切用金钱衡量,这"诞生了荷马、柏拉图,也产生了追求大量资本利益的放债公司"。岛民们信仰东正教,这让他们在紧要时刻仍然会倾向俄国。而且,他们好像从来不需要睡觉。"天哪,我做了什么,"一天晚上,有人无意中听到一名英国人在阳台上痛苦地抱怨,此时,他正试图在街道的吵嚷声中入睡,"我干了什么,女王陛下才把我扔到这个肮脏讨厌的地方啊?"

就这样,英国人只能沉默不言地依靠自己人管理小小的辖区,就像很久之前管理马德拉斯人和俾路支人那样。伊奥尼亚人宁愿选择"合并"中不祥的不确定性,也不愿继续享受帝国统治的安全稳定,这与其说让英国人感到懊恼,不如说让他们震惊。正如柯克沃尔勋爵(Lord Kirkwall)所言,"伊奥尼亚人宁愿选择与贫苦、弱小、混乱的希腊联合,也不愿意继续接受强大、富有且管治良好的英国的保护,这当然给了英国人的骄傲沉重的一击"。伊奥尼亚人活泼聪慧,但比起雅典人,其性情更接近地中海东侧的黎凡特人；对当时的英国人而言，他们就是一群急需严格、正直的管教的人。

5

半个世纪以来，不少著名的帝国主义者都曾在伊奥尼亚供职，格莱斯顿的时代，还流传着不少他们的回忆录。比如，查尔斯·内皮尔就给七岛中最热闹的凯法利尼亚岛留下了抹不掉的印记。他极其喜爱这个地方。"凯法利尼亚永远无法从我的脑海和心中抹去，"多年后，他这样写道，"他们都说，初恋是最真挚的，那么凯法利尼亚就是我的初恋。"他所言非虚——他的私生子仍然居住在这座岛屿上，而且继承了他在阿尔戈斯托利的一小片土地。当时，他的大多数同僚都十分鄙夷伊奥尼亚岛民，但内皮尔还是坚决地与岛民们站在一边。"我喜欢他们的玩笑，喜欢他们良好的幽默感，甚至他们生气的方式，因为他们和爱尔兰人实在很像。"他学习了希腊语和意大利语，与当地人交朋友，在当地最好的贵族的帮助下统治这座岛屿（但还有些贵族让他想起了爱尔兰那些最恶劣的在外地主），也极其厌恶来自外部的干涉。内皮尔对宪法的进步报以嘲讽，却如奴隶般每天辛勤工作，修建公路，设立学校，疏浚港口，植树造林，造渠引水，设立试验农场，同时打击腐败。

现在的凯法利尼亚岛上，内皮尔主持的工事仍随处可见。他那整洁的石头小灯塔还在阿尔戈斯托利岬角上，这是他在利默里克郡的邻居兼好友约翰·肯尼迪为他设计的（除了灯火，建筑共耗资 117 英镑）。里斯托里（Listori）港口周边还有他建立的美观的监狱，正好是当下时兴的圆形设计。他的引水沟渠仍然在为阿尔戈斯托利居民供水。每到一处，都能感受到他的独特气质留下的影响。自他离开以来，英国人在凯法利尼亚镇压了数次棘手的暴动，但从未抛弃内皮尔遗留给他们的风格气度。在阿尔戈斯托利港口堤道对面小小的英国人公墓里，埋葬着 1849 年骚乱中被杀的约翰·帕克上尉。帕克的爱犬没能击退袭击者，此后便一直不屈地守在主人的尸体边，任何靠近的人都会受到它的攻击；人们埋葬这位年轻的军官时，便以货真价实的内皮尔式做法,在他的坟墓上放置了其爱犬的雕像作为赞美——它蹲伏在墓上,一脸怒容,永远警觉。*

6

19世纪20年代,(第五代)吉尔福德伯爵来到了伊奥尼亚。他想要在此创办一所大学,因为他本人是热忱的希腊文化研究者,而且十分富有,而希腊本土青年竟然连一所能够深造的大学都没有,这令他大为震惊。他最初想将大学设在奥德修斯的故乡伊萨基岛,但人们根本无法登上这座岛屿,而且岛上干旱无水,也几乎无人居住,因此他转向了科孚岛。他的第二选择也很好。科孚岛不仅是历史上著名的科西拉岛(Corcyra),还是1791年吉尔福德伯爵本人皈依东正教的地方。这位从伊顿公学和牛津大学基督堂学院毕业的绅士,丢了北美殖民地的诺斯勋爵的儿子,乃是一名诚挚的世界主义者。德·昆西曾称吉尔福德伯爵为"半疯的贵族",但伯爵本人会说六门语言,能用古希腊语写诗,还是皇家学会会员。他是英国第一任锡兰总督,尽管他多才多艺,他还是感到难以胜任这一职位。自英国取得伊奥尼亚以来,他就将精力都投入到了创办大学上。

这所大学于1824年成立,吉尔福德担任校长。他毫不吝啬地为大学购置书本、科学仪器、各种手稿以及艺术品,有一段时间,这所大学确实是希腊语世界中高等教育的中心。希腊王国几乎一整代的医生、律师、学者和高级公务员都从这里毕业。这里有神学、法学、哲学和药学教授,图书馆藏书多达2.5万卷,还有一大批珍贵的古董收藏品。这里的学生们都与古代希腊人一样穿着颜色鲜亮的束腰外衣、长及膝盖的红色皮高筒靴,而充满热情的吉尔福德基本上也住在校园里,总是穿着紫色长袍,戴着金色头巾,还经常参加晚餐会,打扮得看上去好像索福克勒斯或柏拉图。

---

* 这座雕像现在仍然在长满野蒜和杂草的公墓里,但因为地震和人们的破坏,雕像已经碎裂,头也不见了。内皮尔的许多作品,尤其是他的模范监狱,都在1953年的伊奥尼亚地震中被毁,但肯尼迪设计的灯塔基本上已经依照原样重建,引水渠中仍然流水,阿尔戈斯托利的小纪念馆也真诚地纪念着内皮尔本人。

这位古怪学究的到来给科孚岛的英国人带来了不少乐趣——"他非常有趣,"内皮尔评价道,"他和不同的人说话,会用不同的语言,但总是选错,所以听话者也总听不懂他的话。"虽然到了1858年,这所大学里每个院系的学生通常不足20人,大多数年轻的伊奥尼亚人都会选择前往雅典接受高等教育,但是科孚岛的人们从未遗忘他,在滨海大道旁边的公园内为他竖立了一座铜像,略带黑色,讨人喜欢。

7

还有一些不甚愉快的记忆,则来自"汤姆王"(King Tom)托马斯·梅特兰,无论生死,他都是科孚岛自由主义者的祸害。他是伊奥尼亚第一任高级专员,也正是他设计了最初的宪法,奠定了伊奥尼亚保护国的威权主义基调。伊奥尼亚自由派人士向伦敦递交的备忘录中写道,他建立了"众口一词的参议院和假装的议事会","它们戴着奴隶制的镣铐跳舞,却要摇响自由的铃铛"。他甚至在这里实施威尼斯共和国的反叛国行为的手段,这项手段叫作"高级警察"(High Police),充满各种秘密,让他几乎可以合法地对任何人做任何事。英国激进派人士约瑟夫·休谟认为其政府"比土耳其和波斯的暴政还要令人厌恶……是英国的耻辱"。

梅特兰是个风趣又嗜酒的老派苏格兰高地人,平常言辞严厉,行事粗野,他出了名地过分担心自己的健康,品性下流、粗鲁又古怪,但内心善良。"你是个什么玩意儿?"他与一名手下初次见面时,就如此问道。"我希望你不是你的前任那样该死的混蛋。"一次,七岛参议员在他的画室开会时,他就穿着一件衬衫,戴着红色睡帽,穿着拖鞋闯了进来,傲慢地环视在场的政治家后,用苏格兰口音大喊"上帝诅咒他们!让他们下地狱吧!"——然后又上床睡觉去了。据当时的士兵惠勒的日记,他在访问马耳他期间去世后,科孚岛的居民还为他举行了一场颇为盛大的葬礼,他的棺材放在圣马可教堂的圣坛前,这里为他燃起了数千支蜡烛,挽歌全天不息,要塞的士兵们则"喝上一杯,纪念汤姆王,醉得如同勋爵,快乐得如王子般上了床"。

对汤姆王的记忆遍布整座科孚岛，这让人们在想起严肃的自由主义者格莱斯顿时颇有些尴尬。他是建筑师约翰·纳什的朋友；虽然他本人认为"无端的教育乃是世上最大的谎言"，但他无疑仍然在设计上很有品位。他规划了海岸上优雅的滨海大道，这里迅速成了阅兵场、骑马道、运动场地，以及各种帝国仪式的举行地。他建起了带廊柱的立法会议事厅。最重要的是，他建造了圣米迦勒与圣乔治宫，这是帝国高级专员的两处官邸之一。*它是一项宏伟的工程——建筑上有伊奥尼亚七岛的纹章装饰，配有卫兵室和瞭望台，隐隐有一点儿古典风格，同时一眼便可以看出其属于大英帝国；建造它的是特意从马耳他请来的工匠，用的也是马耳他砂岩。**建筑四周的花园内种植着棕榈树、柏树和橙子树——据画家爱德华·利尔回忆，一位高级专员的夫人曾称这些树木为"我们的遮阳篷"——此外，房子门前还有一片观赏用水池，以及一座象征胜利的拱门，上面雕刻着不列颠尼亚女神在三桅帆船中的形象。

上了年纪的科孚岛居民还记得，这座建筑的落成可谓一项盛事。外面的大广场上举行了拳击和摔跤比赛，室内的体育比赛的运动员们穿着当地特色服装，让人眼花缭乱。宫殿之外，不停地有挑战者来试图爬上40英尺高的杆子，争夺悬挂在顶上的一皮袋红酒、羊肉、羊羔或者金币。希腊骑士绕着广场策马飞奔，把圆环从绳子上拽下来；长得像土匪一样的阿尔巴尼亚人在摔跤；最后的马上比武大会，所有参赛者都穿着古代服装，或者当地特色服饰。这也就不奇怪，为什么汤姆王虽然在政治上不受欢迎，但似乎仍然受到了臣民的喜爱：他死后，当地人为他建起了一座优雅的伊奥尼亚风格圆形建筑，以示纪念，墙上面用当地方言镌刻了一圈他的名字——大不列颠的托马斯·梅特兰，这应该符合他的愿望。***

---

* 沿科孚岛海岸走上几英里，就可以到达另一处官邸，这座房屋如今被称作"我的休憩地"（Mon Repos），希腊王子菲利普，即女王伊丽莎白二世的丈夫正是在此出生。
** 这些工匠就留在科孚岛繁衍生息，他们的后代至今仍然在此居住。
*** 这座建筑，还有古老的要塞教堂和海滨大道都留存至今。梅特兰建造的宫殿成了希腊国王在科孚岛的居所，如今，国王不在此居住时，基本上处于关闭状态。直到今天，科孚的知识界仍然非常厌恶"汤姆王"。

8

七岛联盟建立初期，伊奥尼亚乃是富有的英国旅客最喜爱的目的地。这里的春季气候带给人们宛如天堂的享受，这里有别致的农民，有无可比拟的海景以及山峦构成的海岸风景；阿尔巴尼亚的土地在海的另一端若隐若现，令人心潮澎湃；科孚要塞的壕沟里，萤火虫的光点在黑暗中摇曳；鼠尾草、橙花和各种野花散发香气，橄榄林投下斑驳的树影，小海湾反射着清澈的蓝色光芒；帕克西岛的居民在悬崖上抛掷诱饵，试图捕捉燕子，科孚岛的人们抬着经过防腐的圣斯皮里宗（St Spyridon）遗体列队游行，赞特岛的巡视员在葡萄园里架高的树杈屋中警戒；希腊的风卷起了伊奥尼亚的海浪，轻帆船在岛屿之间危险的航道上起伏，还有威尼斯时代混乱喧闹的城镇以及荷马史诗中的圣地——这一切盛景都在飘扬的米字旗之下。纵观帝国全境，伊奥尼亚诸岛大概最令人向往。

何况，伊奥尼亚还正好离当时英国贵族的欧洲旅行路线不远，因此，热爱希腊文化的英国人便可以在满足了自己对茴香烈酒和希腊菜的瘾头后，到这里停留一两周，享受烤羊肉和红葡萄酒。一任任的高级专员都对这些带着介绍信、接受古典教育、出身名门的游客不胜其烦，有时会有一大群显要人士乘着游艇驶入港口，来与海军将军共饮，最后人人都被弄得面红耳赤。特诺克皇家酒店（Turnock's Royal Hotel）是当时时髦的聚会地，而由此处，"英式房屋"开始指带有卫生间、适合租给英国绅士的房子。*

拜伦曾经考虑买下伊萨基岛，他在前往迈索隆吉的路途上，曾在凯法利尼亚停留了几周；其间，人们从希腊各个角落纷纷赶来拜访他，而他在这里和查尔斯·内皮尔建立了深厚的感情，甚至后来在弥留之际还提起了他。** 威尔士亲王阿尔伯特·爱德华也访问过凯法利尼亚。他在停泊在阿尔

---

* 劳伦斯·达雷尔（Lawrence Durrell）的《普洛斯普罗的小屋》（*Prospero's Cell*）表明，这一说法至少一直沿用至 20 世纪 30 年代。
** 拜伦在梅塔萨塔（Metaxata）的宅邸毁于 1953 年的地震，但一条被称作"拜伦常青藤"的绿廊得以幸存；此外，"拜伦石"也仍在此地，当地老人坚称，拜伦正是坐在这块石头上写出了传世名作。

戈斯托利港的游艇上举办了晚宴；整个夜晚，他的六艘护卫舰上的乐队加上岸上的一支乐队轮流为他奏乐。迪斯雷利年轻时也曾与声名狼藉的朋友詹姆斯·克莱（James Clay）一起航行到科孚岛，穿着血红色的衬衫、红色的拖鞋和蓝色条纹夹克，像希腊海盗一样趾高气扬地在岛上晃了一圈。爱德华·利尔曾数度造访这座岛屿——他受邀担任科孚一所艺术学校的校长，但他认为，科孚岛是个"又小又散漫的地方"，英国人就在这里"无比庸碌地"生活。希腊的革命海军指挥官，苏格兰人托马斯·科克伦勋爵，经常以高贵的姿态驶入这里的港口进行补给，或者寻找乐趣——因为腐败的指控，他已经被皇家海军开除，且被剥夺了下议院议员资格。他指挥过智利和巴西新生的海军，而且据说从希腊革命政府手中赚了不少钱，总而言之，是个闯劲十足的人物。

并非所有人都会被这里的英雄主义气息感染。19世纪40年代，诗人奥布里·德·维尔（Aubrey de Vere）造访伊奥尼亚诸岛时，向身边的一位同胞提到，莱夫卡斯海岸上的一块石头正是传说中女诗人萨福投海自尽之处。"确实，"这位英国人回应道，"我听说过这里发生了一场不幸的意外。"

9

作为军事基地，伊奥尼亚诸岛一直保留着18世纪的行事方式。早年，伊奥尼亚军也就是卫戍部队中不少士兵都是以长期服役替代刑罚的犯人。（后来，他们都被编入了塞拉利昂的一个特别团），但许多著名的英国部队也曾在此值守。英国的军官和他们的妻子虽然基本上都看不起希腊人，但很享受出差于此的日子。在老照片中，我们可以看见，他们拄着轻便拐杖，或者撑着阳伞，在科孚的海滨大道上悠闲散步。而安斯特德尖酸地提到，风景区佩雷卡（Pelleka）的"地上堆满牡蛎壳和香槟酒瓶的碎片，清楚地告诉后人，这里曾有过多么重要的作用，又是多么神圣的所在"。更加喜爱热闹的军官们则喜欢在科孚岛上玩危险的撒纸追踪游戏，或者在布廷托（Buteinto）大湖边猎鸟。更有文化的军官则会品味此处的古典痕迹。科孚公墓的一块墓碑上就迂腐地用拉丁文记载着"理查德·埃德蒙·斯科特，军事工程军长官,俗语称该军为皇家工兵部队"。*

  这里的普通士兵经常喝得醉醺醺的。据惠勒说,他们会一直喝到"能自己把手指伸进喉咙搅弄"的程度。他们只能在被称作"小卖部"的指定酒馆中买酒,而这些酒馆的店主给他们端上来的都是糟糕的残渣混合汁。士兵们也只能认命地接受这饮料——毕竟,这已经是帝国内普通士兵也能喝上红酒的少数驻地了。根据当时一名旁观者的记录,士兵们经常说着"该死的所有小卖部",同时又高喊"来吧,可恶的血水,这酒一点儿也不好,你这混蛋——再来一杯",他们就这样一边喝酒,一边大笑、咒骂,直到身无分文,浑身难受,头昏眼花,才一边呕吐一边蹒跚走回兵营。一次,一位锐意革新的军官气愤地把一整桶私酒倒进了水沟里,士兵们竟争相冲出酒馆,用杯子把酒舀起来喝。

  但是,伊奥尼亚的英国人的军事审美一直是强有力的。一天,爱德华·利尔向窗外看去时,正好有一支陆军部队行军经过,指挥官上校向他行礼,利尔感到这个礼实在漂亮,他"不想在全军面前只是走形式地点个头",于是也回了个礼,结果这一动作弄得胡子沾满了颜料。

10

  早年,英国人都毫不拘束地与当地人混居、平等交往,当地领导人也没少得到他们的恩惠。圣米迦勒及圣乔治勋章虽然后来演变成了普通的骑士勋章,但最初特别用来奖赏在马耳他和伊奥尼亚为王室做出贡献之人——勋章创立者兼第一任骑士大团长"汤姆王"梅特兰认为,这是一项宣示王室至尊权威的有力工具,"也是我们在这个地方能利用的成本最低的工具"。这个勋章骑士组织后来虽然包含了很多叫雷金纳德或乔治这类英国

---

* 日本作家小泉八云(拉夫卡迪奥·赫恩)就出生在伊奥尼亚,他的父亲是一名军医,以莱夫卡斯岛之名给他命名。英裔爱尔兰作家组合萨默维尔和罗斯(Somerville and Ross)中的伊迪丝·萨默维尔(Edith Somerville)也是如此:他的父亲托马斯·萨默维尔曾是第3巴福斯团(Buffs)上校。

名字的人，但最初的成员确实都叫柏拉图或者阿塔纳修这样的希腊名字。*就像 18 世纪时，英国官员偶尔会正式加入游行前往印度教神庙一样，伊奥尼亚的英国人也会在希腊东正教和罗马天主教的仪式中担任法定角色。军队将领、参谋和各部队指挥官会在东正教的受难游行队伍中举着大蜡烛；在天主教的游行中，四名英军上校为主持神父举着丝质华盖，前方还有装扮成天使的步兵列队开路；科孚的守护圣徒圣斯皮里宗的遗体每年从圣体安置所移出，放置于教堂主圣坛前时，也会奏响英国国歌，英军士兵会在一边担任护卫，高兴地收下希望亲吻圣徒双脚的信徒送上的赠物。

偶尔会有英国人与当地人结婚，也有些英国家庭选择永久移居此地。**伊奥尼亚诸岛已经染上一层淡而可辨的英国色彩。科孚岛的人也开始吃苹果酸辣酱，喝石头瓶里的姜汁啤酒，用码和品脱作为计量单位；他们也热衷于板球，只简单改变了一些规则和术语。"状况如何？"在这里不仅表示提问，也是裁定出局的术语；"直投球"称作"嘣巴达"（Bombada），"投杀"则称作"阿坡西拉"（apo xila）。英国陆军和皇家海军的板球队经常在宫殿前沙地球场上的拜伦板球俱乐部打球，对板球不甚熟悉却颇有活力的观众则为他们助威，时而低声，时而猛烈欢呼，还有短暂的吵闹。此外，英国人的到来还为这里古老的卡拉吉欧西斯（Karaghiosis）连台本傀儡戏加入了一个新角色——穿着燕尾服、戴着大礼帽的"贵族"。这个角色的表现有种难以言喻的帝国姿态。***

旅行者会发现，旅馆只接受英国建立的伊奥尼亚银行发行的纸币，但岛上的任何商家都愿意接受闪着金光的硬币，这大概是真正通行帝国的货币。硬币的一面是不列颠尼亚女神，另一面是圣马可的狮子。海滨步道上装饰华丽的演奏台总能让人回想起布赖顿和斯卡伯勒。夏日的夜晚，总会

---

* 至今，这个骑士组织仍在圣米迦勒与圣乔治宫中保留着一间集会室，有时骑士与指挥官仍然会拜访此处，向汤姆王表示感谢。

** 比如凯法利尼亚的红酒商图尔（Toole）一家，他们从 19 世纪 30 年代到 20 世纪 30 年代一直在此繁荣发展；此外，还有克罗（Crowe）家族和萨金特（Sargint）家族，他们的后代直到 20 世纪 50 年代仍然生活在扎金索斯岛上。

*** 直到今天，傀儡戏中仍然有这个角色，那片沙地球场上仍然有人打板球，当然，伊奥尼亚也还买得到苹果酸辣酱（但码和品脱等计量单位在 1960 年废止了）。

有军乐队在这里演奏欢乐的曲调。和其他地方一样，这里也有一群圆滑的土著，过去轻松地适应了历史形势，如今也在某些方面变得甚至比英国人更加英国化，而且他们的举止显然更加接近圣米迦勒与圣乔治宫中的人。

II

这样一块让人不断回忆起过去更轻松的日子的芬芳土地，在19世纪50年代的新帝国中，显然如时代错位一般。确实，战略家不断要求帝国保留伊奥尼亚。有人说，放弃伊奥尼亚，就相当于"公开且笃定地宣布放弃对地中海的掌控"；1858年，英国政府测试新的战略通信电缆的效率时，正是向科孚岛发送了测试信息——信息只有一个词，日记作家查尔斯·格雷维尔从德比勋爵那里听说，他们6秒后就收到了回复（"在这件事上，我绝不会相信任何其他地方的政府"）。

格莱斯顿本人虽然承认伊奥尼亚诸岛需要政治改革，但并未借合并运动之势行事。此时，伦敦的《每日新闻》（Daily News）不当披露了一些从科孚岛寄出的高度机密的信件，给他惹了麻烦，让他此行的任务变得更加复杂。总而言之，他作为前往伊奥尼亚的特别专员，并不十分成功。他希望改变现状的态度激怒了英国人；没有提出让伊奥尼亚与希腊立刻联合，又激怒了岛民；而他请求召回现任高级专员，由自己接任该职位的莫名其妙的提议，更是让他的好朋友感到羞辱。三个月后，他就回到了英国；不久后，他就转投自由党，成为帕默斯顿勋爵政府的财政大臣。

直到1864年，英国才正式离开伊奥尼亚，并炸毁了科孚岛上的要塞，以防它们被敌人（岛上居民表示也可能是在防友人，不无道理）利用；此后，帝国便对其他可能替代伊奥尼亚战略地位的岛屿随时保持关注——比如塞浦路斯。然而，格莱斯顿的身影出现在帕克西岛港口，就像丧失了抵押品的赎回权。那个场景里，他身在一群喧闹的代理领事之中，保持着热切的维多利亚时代中期的形象，宛如对旧秩序的最后一次考察。而这位著名的荷马学者无疑知道，他的到达事实上还有一层更加深刻的象征意义。19个世纪之前，在提比略统治期间，一艘从埃及起航前往意大利的船行经此地，船长萨姆斯（Thamus）听到岸上传来声音。"萨姆斯！萨姆斯！"这声音哭着说，"伟大的潘神死去了！"（Pan magus tethneeke!）据说，因此"当时的哀恸哭泣与可怕叫喊前所未见……自那以后，一切神谕都不再实现，所有迷惑人类的精怪，也不再活动了"。

基督教评注者认为，这一古代伪神死去的时刻，正是耶稣受难的时刻，但直到1858年，或许还有人穿着鲜亮的服装，浴火哀悼那些迷惑人的精怪呢。

第 13 章

帝国风尚

I

1861年，为大英帝国建造一座新总部的工程开始了。在白厅与威斯敏斯特中心的圣詹姆斯公园之间，是整个欧洲最重要的地块之一，在帕默斯顿勋爵的辉格党政府授权之下，这里正在建造属于印度事务部、外交部和殖民地部的新大楼。它是一座真正的意大利文艺复兴风格的宫殿，威严地坐落在这里，装饰繁复华美，立柱和栏杆林立，开放的庭院用意大利锡釉陶雕带来装饰，还有数不胜数的雕塑和象征性的圆形浮雕，以及从利德贺街业已拆除的东印度公司大楼直接继承而来的壁炉架。一眼便可看出，这是从威尼斯和热那亚这样的海洋霸权，以及通过它们从更加古老的古典帝国主义继承下来的风格。但在能俯瞰圣詹姆斯公园的建筑东北角，却有一座奇怪的方顶塔，它脱离周围的风格，安置在建筑结构的角落，打破了平衡，而且还通过另一处完全不符合古典风格的结构——圆形壁角——与主建筑连接在一起，这必定让建筑纯粹主义者非常失望。

这是一种别致如画的风格，而且批评家们显然不知道，这更适合此时帝国臣民的心境。这座建筑的设计师是乔治·吉尔伯特·斯科特爵士，维多利亚时代最著名的建筑师之一，也是哥特复兴式建筑的倡导者。伦敦的哥特式建筑最伟大的范例，正是1860年建成的新威斯敏斯特宫，而哥特式风格也将成为大英帝国真正的帝国建筑风格：这些建筑通常摆着一些外国装饰品，有穹顶、宝塔顶或印度图案，它们纪念着大英帝国的各处势力，这种风格也被用在从大教堂到机车房的一切建筑上。

这一风格早就超越了其中世纪本源的技法与精巧，乃是维多利亚风格的精髓，而斯科特希望用这个风格来呈现新的帝国总部。他希望在这一极佳地点建造幻景，有尖塔、复折式屋顶、滴水兽、高高的红砖烟囱，以及各种古怪繁复的装饰。这座建筑就在唐宁街旁边，俯瞰着皇家骑兵卫队司令部、宴会厅，以及罗伯特·亚当设计的精巧的海军部大楼屏障，它将改变威斯敏斯特的整体特性，将哥特风格变成官方建筑的主要风格，并通过这种联系，将伦敦变成一座高于其他城市的帝国首都。

这或许会受到托利党政府的欢迎：哥特风格早已成为托利党的建筑风格，就像帝国主义此后将成为托利党的政治专长一般。然而，帕默斯顿勋爵直接拒绝了这一方案。他对帝国的概念仍然是古典的那一套——数年前，在葡萄牙裔直布罗陀船长唐帕西菲科（Don Pacifico）监禁事件几乎导致帝国与希腊开战时，也正是他庄严提出了"吾乃罗马公民"的类比。斯科特随后提供了一套拜占庭风格的修改方案，可以预见帕默斯顿会称之为"普通的混血玩意儿"，但帕默斯顿还是勉强同意了方案；随后，斯科特埋首于一系列参考书和实例中，终于设计出了帕默斯顿要求的那种意大利古典式宫殿。

然而，他还是在建筑的角落保留了哥特风格，作为心理代偿。而相比豪华的中庭，以及耗费人力的拱肩和壁柱，这座与周围格格不入、俯瞰着湖面的高塔，才向后代展示了维多利亚帝国中期真正的精神。*

2

帝国正在转向哥特风格。无论是在生活还是艺术方面，帝国的风格都逐渐变得更加精细、更加坚定，也更加完全——正如威廉·布莱克所言，古典风格有数学的精确，但是哥特风格有生命。就让我们看看实例，考察英国在印度的两处建筑，一处是早年建好的，另一处则是在维多利亚时代中期建成的，并看看它们反映的帝国野望有何不同吧。

---

* 但斯科特还是没能如愿在上面放置四座巨大的女神雕像，包括一座不列颠尼亚女神像；但是，他成功将其他部分的哥特设计应用到了后来的杰作圣潘克拉斯酒店上。

沿着胡格利河，经过恒河三角洲的沙洲和泥滩，第一眼看到加尔各答时，必定感到这座城市极为雅致。这是有意设计的结果。英国人在此定居之前，加尔各答城内的建筑不过是一些邋遢小屋、棚舍；直到我叙述之时，加尔各答基本上仍然保持着18世纪城市的模样，忠实地展示着更古老帝国的精神。城市东边坐落着威廉要塞，防御墙与营舍组成了这座强大的军事基地；要塞教堂的尖顶高高耸立，远高于防御墙，昭示着基督徒的存在；四周长满绿草的练兵场则提供了清晰的射击视野。城市的西边，延伸出植物园枝繁叶茂的大片区域，令人愉悦，与城东形成了对比；温室花房在印度榕树下熠熠生辉，提醒所有旅人，这个帝国不仅关心权力，也热爱科学与美。南侧河岸边有很多小码头，这里停泊着不少三桅帆船，还有当地人的小舟四处游荡；就在前方不远处，河流向北折去，这里与河道垂直的新式散步道上，站着不少城市的居民。

这是一座白色的城市。建筑上的白泥有不少已经剥脱，湿气也让墙面变得斑驳，但在初次造访此地的人眼中，这座印度天空下的城市仍旧缥缈幽雅。在19世纪，围绕着现有的建筑，这座印度城市将向四周散乱生长；然而在维多利亚时代早期，几乎所有造访加尔各答的游客，都评论了这座城市的白色优雅之处。他们称这里为"宫殿之城"，这部分是因为城内的建筑之宏伟，还有部分则是因为，城内大部分建筑壁柱林立的古典风格，梦幻般地再现了希腊和罗马的风貌。这也是有意为之。走出一片混战的18世纪之后，印度的英国人便一直注意展现自己"开明的统治者"的形象，而且，在他们眼中，这片东方土地就是古典理想与美德的核心，这一地位，如同美洲殖民地人们眼中的伊萨基或者锡拉库萨。大体而言，加尔各答的建筑物都坚持了古典风格——阳刚的、军事的建筑是多利克式的，供人娱乐的场所则是科林斯式的——虽然这些大建筑在细节设计上仍有不足，但只有刚从英国来的烦人的纯粹主义者，才会出声抱怨它们的比例。

威灵顿公爵的兄长韦尔斯利勋爵在此建起了一座宏伟的宫殿，车马通行的门廊宏伟大气，柱廊高大开阔，栏杆上作为装饰的瓮上站着白色的热带鸟，所有门边都站着红白服装的哨兵。加尔各答的市政厅有托斯卡纳多利克式柱与希腊多利克式柱组成的双柱结构，门廊是雅典帕特农神庙一半大小的仿制版；圣约翰教堂外立面则完全是伦敦的田野里的圣马丁教堂的翻版；*沿着传道街（Mission Row），在练兵场外围的乔林基（Chowringhee）地段，以及远处通向海洋的加登里奇（Garden Reach）地段，有店商与贸易商的涂着灰泥的各种大楼，在阳光下豪华矗立——它们不像伦敦的大楼一样四四方方或组成排屋，而是像罗马的别墅一样，坐落在各自宽阔的大院里。

这是一种怀旧景象，似乎英国人正在怀念过去的黄金时代，并试图在东方帝国用绅士的方式将其重新变为现实。虽然糊墙的灰泥经常剥落，砖石也十分脆弱，而且这些建筑巨大的客厅中往往只有少量家具，因为空间广阔而回声不断，但这些都不能让人们从幻境中走出来；这座宫殿之城中，有一种戏剧性的气息，如同舞台布景一般虚幻，但许多旅行者却认为，这才能匹配得上这个华丽的名胜地。此外，这种新古典的景观下暗藏的，则是浪漫主义的忧郁成分，即便世故的来访者不能欣赏这些建筑作为最佳建筑技法范例之美，至少也能够将它们作为未来的废墟来珍爱。

然而，19世纪后期，印度的英国统治者又转向了另一种完全不同的建筑审美。当时，这些人大多是皇家工兵部队的军官，以他们自己的专业技术，回应了那个时代盛行的帝国情操。此时，英国人不再醉心于表现他们的标准中的古典纯粹，转而选择了展示他们超然全能的形象。维多利亚时代中期，帝国的建筑极为自信。他们用一座座火车站的巨大拱顶展示帝国的技术掌控力；用大教堂林立的尖顶与政府大楼中令人生畏的红木大厅展示帝国镇定的内在。但是，没有什么比山间驻地（避暑地）更能展现帝国内部神圣的等级秩序了，这是英国为这里的东方文化带来的独特贡献。

印度莫卧儿帝国的统治者从未想过在山中开辟避暑地，相比之下，他们偏好能更加慵懒度日的静居之所。这些避暑地都是维多利亚时代中期渴望北方凛冽气息的英国人设计的产物。在19世纪二三十年代英军抵达喜马

---

* 这一设计由詹姆斯·吉布斯发表在《建筑之书》（Book of Architecture）中，它不仅被搬到了印度，还移植到了南非、加拿大和澳大利亚。最后一个照搬此设计的大约是南非克拉多克（Cradock）的荷兰新教教堂，这座教堂于1867年建成，此时距最初设计发表已经过去了接近150年。

拉雅山麓地带前，欧洲人对这座连绵的山脉几乎一无所知。英国人在这里可以从零做起，在高处沿着山脊斜坡建造的山间驻地之中，大英帝国的特质才能淋漓尽致地表现出来——身在印度的英国上流人士，每年里总要有几个月如神仙一般退出低处平原上的数百万印度人的所在，到西姆拉、大吉岭或马苏里（Mussoorie）的避暑地去居住。少数在此出现的印度人，都是封臣、仆人或者侍从，而英国人在低地炎热憋闷的气候中压抑的情绪，也在美丽的山间尽数释放。

比如，疲倦的太太和筋疲力尽的收税官在喜马拉雅雪松林中转过最后一道弯，见到眼前耸立的大吉岭时，必定感到一阵轻松。远处，惊人的喜马拉雅山脉高高隆起；南方，山麓急降成阶地，围向平原；然而，即便这里的环境如戏剧般夸张，人们的视线还是会立即会聚至舞台中央不起眼的一处。山间驻地的规模比一座小村庄大不了多少，和周围的山区比起来滑稽地渺小，但它作为这片景色中的入侵者，有令人吃惊的冲击力。它辉煌壮丽，目空一切地与周围疏离——这正是专制特权的象征。

本应有经幡飞扬的白色寺庙坐落的地方，现在是一座哥特式尖塔，顶部有一枚风向标，后院中则是一座座白色的墓碑。本该屹立着印度君王宫殿的地方，却是一座伊斯特本风格的旅馆，四周平台上有柳条编成的椅子，窗口都搭着雨篷。四处都可以看见似乎是作军事用途的建筑；古雅的露明木架结构的别墅门口有几级质朴的台阶；沿着高高的山脊建起了一条宽阔的散步道，上面有一座演奏台；公园里有喷泉，还有长椅。英国人在这里散步，就和在故乡无异，同时还能饱览喜马拉雅地区的风景。

沿着山脊向下往南，城镇的其他部分卑躬屈膝，地位下降：较小的旅馆和廉价酒店、亚欧风格混杂的别墅、杂乱的集市、露天市场，山脚下还有一处广场，不少人力车在这里等待生意。这一垂直结构也反映了社会阶层——奢侈的英国人站在顶点，向下是欧亚混血儿，最底层则是完完全全的土著。视觉上看来，这里的规划却是整洁利落，将不同的水平地位压缩在一起。水平方向是一排排房屋；垂直方向则全是细细的树木，直插天际，如意大利的柏树林，而且与山顶的圣安德鲁高塔遥相呼应；斜方向则是山脉本身的斜坡，它们框住了城镇，在城镇后面相互交叉的线条突出了这一场景错综复杂的网状结构。大多数驻地都由工兵建造,他们手下的建筑物单独看上去平平无奇,甚至有点令人讨厌,但他们的城市规划样式总是大方优雅。帝国的不少士兵都非常熟悉巴斯,而这座城市本身也是对更古老帝国的效仿;大吉岭简单却优雅的布局中,也许能看出兰斯当区和大普尔特尼街(Great Pulteney)的单纯影子。

然而,这座城镇真正令人激动之处,既不是其结构,也不是其建筑,而是作为整体散发出的力量集中之感。虽然有体面尊贵的装饰,但城镇看起来仍然是个激烈而或许邪恶的地方。这里的一切都处于运动中。即使身在远处,也能看见集市里人们急切地推推搡搡,林荫道上人们挽着手,欢快而匆忙地赶路,或者骑着山地矮种马兴高采烈地谈笑。空气中充满了活力;汽笛声、喊叫声、斧头与锤子的击打声、军号声乃至风笛声都交织在一起;有时,阳光从窗口明亮地闪现,透过建筑内的空隙,可见红白蓝三色的旗帜飘动。

这是一处平凡的,甚至从某种程度上而言渺小得可笑的聚落,但它比"宫殿之城"更真实地表现着绝对权力。这是统治种族的观景台,他们从不屈服于传统先例,不会受疑虑不安的影响;在大平台上,英国人就如天上的神仙一般,从清爽的高处俯视着下方他们不可思议的巨大帝国的广阔疆域。*

3

疏离与浮夸之风,在帝国各地都盛行起来。以政府大楼为例,无论殖民地本身多么无关紧要,其政府大楼必定宏伟豪华,正如一份有洞察力的官方备忘录所言,"保持力量的外表,经常能帮我们规避必须真正使用力量的情况"。百慕大哈密尔顿的政府大楼,就是美第奇式的。当然,这座建筑最初设计时就不是为了在佛罗伦萨建造。而其周围环绕大片柏树林、马唐

---

* 现在的大吉岭变化不大,而这里的印度山间小镇,又被随意地复制到了许多地方;在我看来,这是大英帝国唯一真正原创的社会建筑学理念——除非把单层平房的设计也算上。

草草坪和香蕉园，显得好像居住者是一位王公，而非（虽然事实上经常是）不甚成功的老迈将军。巴哈马拿骚的政府大楼更倾向于查茨沃思庄园或沃本庄园（Woburn）的风格，周围的公园里还养着鹿。塔斯马尼亚霍巴特的塔楼和旗杆正对着威灵顿山，看上去让人想起阿伯丁郡的巴尔莫勒尔城堡。*

即使是白人殖民者居住的殖民地，也以惊人的速度从朴素走向浮夸。19世纪早期，这些地方建起了许多优美的建筑。塔斯马尼亚宜人的乡村住宅用装饰雅致的石料建成，是简单的乔治王时代风格方形建筑：教区牧师住所式的建筑、盖恩斯伯勒式的建筑，带有大大的窗框、粉刷得雪白的乳品间、从英国乡村移植的美好橡树和榆树，其走廊上不和谐地盖着瓦楞铁皮，高高的烟囱冒出焚烧桉树的烟，散发香气。从开普敦出发，沿着海岸，可以看见小卡鲁高原侧边英国早期定居者的石砌农舍——这些建筑如此强固，如此朴素自然，有树荫遮蔽，干燥的石墙让室内温暖舒适，又如此优美地坐落于山脚，似乎与农庄里的猪、羊和皮桶一样，是从英国的拉德诺（Radnor）或者布雷克诺克（Brecknock）一点一点运来的。** 东安格利亚优美的集市小镇，为百慕大圣乔治的公共广场提供了极佳的建筑模板。这片广场初建于17世纪，不过在蔗糖殖民地的全盛时期一直被小心地装饰和维护。这是一片真正充满英国气息的广场，一面朝向海港，周围杂乱地分布着木结构房屋，有百叶窗、露天楼梯和高高的白色烟囱；还有两家舒适悠闲的老酒吧，有城镇的木枷刑具；古雅的圣彼得教堂有三百年历史的尖顶直指天穹，下面阴影中的教堂墓地内，黑人们四肢伸开躺倒在白石灰粉刷封起的坟墓之间，说长道短；周日，教堂的钟楼内便传出英国大钟柔和的声音，召唤侨民去做礼拜。

然而，他们的等级与举止中的谦和精神并未一直传承下去。早期殖民

---

* 此外，这里的走廊还长年盘踞着一只鬼魂，低声嘟囔着谜一样的话语："现在是十一点过一刻。"

** 我在1970年来考察这些建筑时，在克鲁斯谷茶室（Kruis Valley Tea Rooms）喝了一杯茶。我还吃到了家庭制作的黑面包、黄油和草莓酱，试着弹奏了一些我在钢琴上找到的乐谱——《一笑而过》（*Smilin' Through*）和亨利·霍尔（Henry Hall）的情歌精选。在角落与缝隙中，帝国难以死去。

者对自己所在之处的地位有着清晰的认知，19世纪中期的澳大利亚人和加拿大人却有无限度的虚荣。在英国人新近建立的这些国家中，城市都极为浮夸：通常都像多伦多那样丑陋，或者像墨尔本和奥克兰那样沉重，但绝不会表现出谦逊，也很少会显得粗陋。即使是悉尼的帕丁顿（Paddington）和巴尔曼（Balmain）地区小山丘上拥挤散乱的几千座白色排屋，也带有某种闲适的气质，带有锻铁围栏阳台，种着妖娆的木兰；而从维多利亚到安大略，所有迅速崛起的城郊，都居住着大英帝国的新富阶层，他们依靠钻石、羊毛、爆炸式发展的铁路和鸵鸟羽时尚发家，在这些地方建起了一座又一座充斥哥特正统风格的高楼大宅。

这些新建筑并不具有任何意识形态的教化意义。与加尔各答加登里奇地段宏伟的白色房子不同，这些建筑不是理想的投射，也不会让人联想到梦幻与无常。与大吉岭一样，它们更多的是表现出高傲，而非展示英国的目标。它们似乎在说，我们就站在世界之巅——就好像帝国之梦尚未成形，便已经在某种程度上实现了。英国人在印度建造的平房，最初不过是谦和纯正的欧洲化孟加拉小屋——正如一名英国人在1801年所言，如同固定的帐篷；但到了19世纪中期，加上了宽阔的游廊、薄纱屏风、精巧的降温设备，还有仆人群集于外屋，不时吵吵嚷嚷，这些建筑变得更像富人的休养所。

4

如果说帝国的某些欢乐正在逐渐消散，那么轻松的业余主义也同样如此。尤其是在艺术领域，新的专业作风已经显明。大英帝国的艺术家向来不少，每一块领地、每一场战斗，都被一丝不苟地记录在艺术家的数百本素描本中。这个领域中的专业人士自然不少，像丹尼尔（Daniell）叔侄（托马斯和威廉）以及约翰·佐法尼这样的艺术家，就不断追随着帝国的旗帜，寻找创作的主题和创作委托；但更引人注意的是，同时代的业余艺术家数不胜数。其中不少人是士兵，工兵尤其多，他们在参加军事训练时学习了素描的基本原理，国内的专业人士则给他们在异国他乡绘制的作品做润色修改。还有不少业余艺术家是军官的妻子，水彩画几乎是她们必修的淑女才艺。

就这样，他们留下了维多利亚帝国早期的丰富记录。这些绘画通常都与现实相去甚远，这有时是因为专业人士的润色，有时是因为绘画技巧不足，有时是因为艺术家们对眼前的事物过度反应，由此在他们眼中，象岛石窟中的巨大雕塑要比现实中大得多，温尼伯河的水流也比现实中湍急得多。然而，这些对现实的扭曲，其实又是一种诚实单纯。它们都是当时无处不在的业余艺术魅力的一部分，就如同讲故事的人无害的夸张，或随着时间过去逐渐变得美好的记忆一样。而到了19世纪50年代，一种新的扭曲开始出现了。就是在此时，人们第一次见到了帝国主义的艺术。当时受雇写作的专家在他们的流行历史作品中，以辛辣讽刺的手法描绘了印度兵变的场景，与此同时，杂志上刊登的军事将领和地方总督的画像，看上去也带上了超脱凡俗的气息。在这些受委托创作的作品中，帝国的英雄身边似乎都环绕着超自然的光环，他们宛如神明般站在小山上、战场中，或者议会楼厅内，拉着汗沫斑斑的战马的缰绳，或者拿着地图或议会议事日程；他们面容冷硬，穿着大衣或者披着皮毛，颇有股浪漫主义意味，目光似乎穿越草原或者印度西南，正看向帝国尚需抵挡的危险之处。

有时，人们也会感到，哪怕是在现实中，这些帝国的积极分子也像活在画中一样。比如，勒克瑙包围战期间，尼泊尔王子忠格·巴哈杜尔曾前往城外的营地访问科林·坎贝尔将军。在那里，穿着苏格兰裙的高地兵对他行礼，风笛手阔步走来走去；他与坎贝尔交谈时，战斗的炮火隆隆作响，震动大地；还有一位高大英俊的军官不早不晚地走进营帐，他还处在战斗状态中，容光焕发，向将军报告攻陷敌人大本营的消息——"我们的损失很少，歼灭了大约500个敌人！"再如，1856年，与中国的战争期间，英军进入北京城，额尔金勋爵前去表达女王对中国人抵抗行为的不满。英军沿道路列队行军3英里前往礼部——罗伯特·内皮尔将军坐在马车里，额尔金勋爵乘着华丽的轿子，身边还跟着一位骑马的将军，身后则是400名陆军士兵、100名海军水兵和两支军乐队——他们穿过各种象征性的门楼和散发花香的花园，走过铺着鹅卵石的路，抵达大门口时，恭亲王带着

500个人在门口迎接他。这位亲王双手举至眼前，顺服地对他表示欢迎。据称，"额尔金勋爵对他回以高傲而蔑视的眼神，仅仅是稍稍弯了一点儿腰，这肯定让这位可怜的亲王浑身发寒"。

5

> 做梦的人，可以随意地
> 一往直前，征服帝王；
> 一首歌的时间内，三个人
> 便可扫荡一座王国……

然而，总体而言，这样的梦并未激发出英国作家的多少灵感。当然，他们并不能对帝国愈加强盛的力量视而不见，而且许多作家本身也与帝国有着各种联系。马里亚特海军上校在第一次英缅战争期间占领了阿恰布（实兑）半岛；范妮·伯尼的兄长是第一任驻若开代表；托马斯·乐福·皮考克曾经在东印度公司工作；萨克雷就在印度出生；狄更斯的一个孩子在加拿大当警察，另一个最后葬在了加尔各答。偶尔，他们会在作品里塑造帝国式人物，比如萨克雷塑造的纽科姆（Newcome）上校（《纽科姆一家》）就是文学作品中印度的欧洲人的不朽形象，狄更斯塑造的杰利比（Jellyby）夫人（《荒凉山庄》）是福音派帝国主义者人物。卡莱尔、罗斯金和马修·阿诺德都曾以帝国为主题写作，而丁尼生作为维多利亚时代盛期的桂冠诗人，自然也不时写诗赞颂女王的帝王尊贵——

> ……政治家在她的宫廷会面，
> 他们深知时节，何时应该
> 抓紧机会，让
> 自由疆界进一步开拓。
>
> 制定几部威严的法令，

维多利亚女王的婚纱像,赠给阿尔伯特亲王,弗兰兹·温特哈尔特绘,1847年

维多利亚女王加冕画像,乔治·海特绘,约1838年

印度侍从，埃米莉·伊登绘，英国皇家收藏基金会藏

印度王公，埃米莉·伊登绘，英国皇家收藏基金会藏

威廉·威尔伯福斯,废奴主义者,威廉·乔治·里奇蒙绘,剑桥大学圣约翰学院藏

约瑟夫·登曼,曾带领水兵捣毁了塞拉利昂加利那河口的贩奴站点,卡米尔·西尔维摄,英国皇家收藏基金会藏

踩踏湿婆的时母（迦梨女神），象征暴力和毁灭，韦尔科姆收藏馆藏

信德征服者查尔斯·詹姆斯·内皮尔，威廉·亨利绘

奥兰加巴德监狱里的印度暴徒，他们是按照特定仪式谋杀商旅的犯罪团伙，巴黎出版的《世界之旅》插图，1869年

《甘达马克的最后一战》,英军撤出喀布尔时,多次遇到伏击,威廉·巴恩斯·沃伦绘,1898年

《一支军队的残余》,画中人是喀布尔大撤退最终唯一幸存的布赖登医生,伊丽莎白·巴特勒绘,1879年

自由党领袖格莱斯顿，H. J. 惠特洛克摄  帝国主义者迪斯雷利，海因里希·冯·安格里绘

维多利亚成为印度女皇，《笨拙周刊》1858年9月11日  迪斯雷利给女王换一顶新皇冠，《笨拙周刊》1876年4月15日

HUDSON'S BAY
INCORPORATED 2 MAY 1670

哈得孙湾贸易探险者公司的纹章

印第安人在哈得孙湾公司的贸易站点运货

达勒姆伯爵,"激进杰克"兰布顿,《达勒姆报告》的作者,呼吁帝国殖民地改革

路易·里埃尔,带领梅蒂人武装夺取雷德河地区政权,后被俘处死,加拿大萨斯喀彻温档案局藏

济贫院门口的爱尔兰饥民,《里德帕斯世界史》插图

《宗族的最后成员》,部分逃荒的爱尔兰难民历经艰险到达加拿大,托马斯·费德绘

水晶宫，1851 年万国博览会的场馆，大英图书馆藏

水晶宫内博览会场景，为了罩住海德公园内的高大榆树，水晶宫加上了巨大的拱顶，大英图书馆藏

约翰·尼科尔森，英国陆军准将，曾参加阿富汗战争和锡克战争，印度兵变时率军争夺德里，在红堡克什米尔门阵亡

亨利·蒙哥马利·劳伦斯，与弟弟约翰同为东印度公司管理旁遮普的领导人物，后任英国驻奥德专员，印度兵变时在勒克瑙要塞负伤去世

《勒克瑙的解围》,印度军围攻勒克瑙要塞几个月未果,之后英援军解围,奥兰多·诺里绘,英国皇家收藏基金会藏

坎普尔围攻战后的英军营房废墟,费利斯·比特摄,英国军事博物馆藏

探险家理查德·伯顿，与约翰·斯皮克因探索尼罗河源头问题而反目

探险家约翰·汉宁·斯皮克，S. 霍利尔根据索斯韦尔兄弟的摄影所绘

戴维·利文斯通，传教士和探险家，探索尼罗河过程中发现了维多利亚瀑布，后在探险途中病逝

维多利亚瀑布

《伊散德尔瓦纳》，祖鲁军队在此大败英军，英军损失近千人，查尔斯·E.弗里普绘，英国军事博物馆藏

《罗克渡口保卫战》，伊散德尔瓦纳战役当天，英军死守罗克渡口，打退祖鲁军队，挽回一点儿颜面，伊丽莎白·巴特勒绘

持盾和矛的祖鲁武士，尼古拉斯·亨嫩曼1853年摄，英国皇家收藏基金会藏

卡里卡里金头像，英军攻入阿散蒂首都库玛西时所掠，据称是撒哈拉以南非洲现存最大的黄金工艺品，伦敦华莱士收藏馆藏

"不列颠唯一的将军"加尼特·沃尔斯利，英国陆军元帅，参加了亚洲、非洲多场殖民战争，此照曾经赠维多利亚女王收藏

查尔斯·斯图尔特·巴涅尔，爱尔兰自治运动领袖人物，曾与格莱斯顿合作推动爱尔兰土地改革，后因离婚案一蹶不振，爱尔兰自治运动亦遭大挫

爱尔兰自治运动宣传画,画中有格兰达洛圆塔、爱尔兰猎狼犬、芬尼亚会旭日图案等爱尔兰符号,爱尔兰国家博物馆藏

反自治运动的明信片,约1912年,图中的爱尔兰被拉下自治基石,拉近英国;爱尔兰岛划分成富饶省、穷困省、土地同盟省和梅努斯(天主教中心)省

凤凰公园谋杀案后,《伦敦新闻画报》的报道,上为在利菲河搜索作案匕首,下为马车夫在凤凰公园集会抨击凶手

萨空鲍，斐济国王，面对欧洲各路殖民者涌入的压力，被迫将斐济割让给英国寻求保护

楚格尼尼，普遍认定的最后一位塔斯马尼亚人，在霍巴特与一个欧洲家庭生活了近20年，澳大利亚国家美术馆藏

澳大利亚军队封锁对抗塔斯马尼亚土著的第 9 号军事计划，1831 年，塔斯马尼亚州立图书馆藏

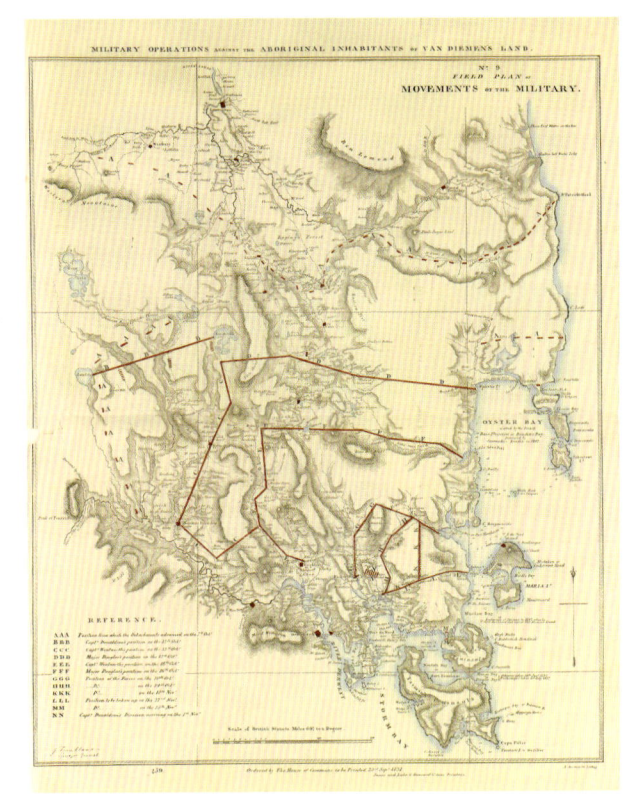

爱德华·约翰·艾尔，探险者，深入探索了澳大利亚内陆，任牙买加总督时镇压了黑人起义，导致 1000 多名黑人死亡

三代布尔人战士

1881年马朱巴山之战，苏格兰高地兵在山顶抵挡布尔人进攻，最后英军溃败，伤亡200多人，理查德·卡顿·伍德维尔绘

利安德·斯塔尔·詹姆森和塞西尔·罗兹，詹姆森突袭德兰士瓦失败，导致两人声名扫地

查尔斯·戈登相片，相框中的干玫瑰来自喀土穆戈登的花园，1899年相片由鲁道夫·斯拉廷送给维多利亚女王，英国皇家收藏基金会藏

1897年的维多利亚女王，此时她登基六十周年，W. 唐尼和 D. 唐尼摄，苏格兰国家博物馆藏

女王的权柄更加稳固，

她以广泛的民意为根基，

还有不可侵犯的海洋护卫。*

描写帝国生活的小说佳作，则都是由亲历者写作的（同样，大部分最糟糕的作品，特别是在印度的英国人大量痛苦的冒险故事文集，也出自亲历者之手）。例如，身在印度的梅多斯·泰勒（Meadows Taylor）的作品《暴徒的忏悔》（*Confessions of a Thug*）就是关于斯利曼的反暴徒战役杰出的虚构报告文学；首部反映塔斯马尼亚流放地可怕景况的作品，马库斯·克拉克（Marcus Clarke）的《关于他的自然寿命期限》（*For the Term of His Natural Life*），甚至达到了史诗的高度。**

然而，这个时代的文学大家却并未回应英国人在世界上支配地位的现实，无论是英国在海外建立新帝国，还是整个国家愈加硬化的帝国式傲慢，都没有反映。这个时代的杰作中，没有一部是因为印度兵变这场人类历史中最特别的事件而产生的；没有人书写那些遥远的边境上代代相传的帝国家族英雄传奇。对当时的英国作家而言，任何帝国的故事与传说，都不过是国内更加重要的主题的配角，甚至关于时光、距离与幻灭的帝国惆怅悲剧，似乎都不属于艺术内容。

6

只有印度的统治者竖立的玉石纪念碑上，偶尔会流露出脆弱的废弃之感。有时，坟墓本身就会反映出这种情绪，比如高高俯瞰马耳他大港的伊奥尼亚式小神庙，纪念着这里的第一任总督亚历山大·鲍尔（Alexander

---

* 事实上，和现在人们的看法不同，当时丁尼生并非桂冠诗人的当然人选——1850 年，约翰·罗素勋爵给女王的信中写道，"现在有三四个人水平大致相当，都能担得起桂冠诗人的名号，比如亨利·泰勒、谢里丹·诺尔斯（Sheridan Knowles）、威尔逊教授，还有丁尼生"。

** 在我看来，这部作品无论是风格、意图还是取材上，都与后斯大林时代俄国的揭露性小说极为相似。

Ball）爵士。神庙由马耳他软金石建成，棕榈树与木槿荫蔽着它，在这个环境中，它看上去如此凉快、纯白、渺小而辛酸，甚至可以说它本质上就是一座思乡情绪的纪念碑。但是，更常令敏感的游客动容的，则是各墓碑上的铭文。这些文字有些充满幽默，常见的是哀怜，有些充满夸耀，有些单纯率真，它们被镌刻在散布于半个世界的花岗岩、砂岩和大理石上，就像共同记录这场伟大的冒险。

有些铭文相当刻薄，如这则百慕大总督的颂词：

> 列举这块小小地方的总督身上闪耀的无数稀有美德，是为了说明他欠缺多少杰出天资与才能，而他得到无常的命运女神垂青，获得了尊荣与显耀。

还有些铭文忧郁而悲伤，比如这则来自西非的悲叹：

> 异国人的双手合上你濒死的双唇，
> 异国人的双手整理你体面的肢体，
> 异国人的双手装点你谦逊的风度，
> 陌生人向你致敬，陌生人哀悼你。

尤其在约 1850 年之后，一些铭文往往相当直白地表达出那个时代福音派的宿命论，就比如热带地区在分娩过程中悲惨死去或者之后夭折的婴孩的墓志铭——"恩赐来自神，夺走亦是神，愿神之名赐福。"皇家炮兵军士长 J. 埃文斯为四岁半夭折、于 1874 年葬在马耳他的女儿明妮（Minnie）写下墓志铭："我已追随耶稣而去，你会来吗!!"人们在坎普尔防御工事遗址建起纪念教堂，纪念在河边的石阶或"比比加尔"悲惨死去的英国人时，也在墙上写下了一句明确表现出帝国的基督教精神的话："现在的一切苦难，与此后我们将见证的一切荣光相比，不值一提。"

有时，一些墓志铭确实成功地传达出了帝国的虚张声势。比如拉合尔大教堂的黄铜纪念碑上对一个人生命简短的记载："突然被刺客终结。"

第13章 帝国风尚

又比如，木尔坦两名年轻行政官的墓志铭就以充满浪漫主义的宣告开头（1848年，正是他们遭到刺杀一事成了英国吞并旁遮普的导火索）：

> 在英属印度帝国最遥远的边境
> 他们的死亡延伸之地
> 埋葬着
> 彼得·万斯·阿格纽　和　威廉·安德森
> 孟加拉公务员　　孟买第一燧发枪团中尉

奥尔德肖特的皇家要塞教堂里，献给维多利亚十字勋章获得者查尔斯·弗雷泽将军的颂词也同样充满活力：

> 伤痛，无助，疾病，失去战马，
> 查理·弗雷泽，我知道
> 最糟的时候到来时，我还是可以
> 依靠忠实的你。*

帝国的墓志铭中，文辞最庄严的铭文大约出自麦考利笔下。他为威廉·本廷克勋爵写的颂词就镌刻在加尔各答阅兵场本廷克的塑像上：

> 他作为伟大帝国的先锋与领导者，从未丢弃作为一名公民应有的简朴与节制的品质……他将英国的自由精神带到了东方专制的土地……他从未忘记，政府的目标乃是实现人民的福利……他废除了残忍的习俗……他消除了侮辱性的身份差别……他不断研究的课题，是如何提升他管理的国家的道德与智慧水平……

---

* 在附近的另一块纪念碑上，部队的精神体现得就没有那么明显了，据碑文说，亡者死因是"在艾尔特布（El Teb）一次作战中负伤，在团里一次运动会上又用力过度，伤口再度开裂"。

而无疑，正是瓦尔特·萨维奇·兰多，在帝国最著名的一篇墓志铭中，最接近地捕捉到了即便在大英帝国全盛时期仍然萦绕不散的脆弱幻灭感。一天，在斯旺西流动图书馆，兰多对传奇般的英格兰-威尔士年轻美人罗斯·艾尔默（Rose Aylmer）一见钟情。后来她与阿姨一同前往印度，在那里因为痢疾而死，葬在加尔各答的公园街公墓中。加尔各答本身就是一座埋葬着无数死者的城市，街边铺展的穹顶建筑、方尖碑和古典式的神庙，仿佛在开建筑展一般。帝国数十万的墓志铭中，几乎只有艾尔默墓碑上的挽歌真正描绘出了生命与爱令人心碎的逝去，而这往往是作为支配者的代价：

啊，手握权柄的人追逐什么利益！
啊，神的模样！
每一种美德，每一次恩典！
罗斯·艾尔默，它们都属于你。

罗斯·艾尔默，失眠的双眼
会流泪，但不见光明，
一晚的记忆与叹息，
我奉献给你。

她在孟买的一片污秽中死去时年方 20 岁——据说，是因为吃了太多水果——而为她写诗的人，在此之后继续生活了 64 年。

7

让我们用文字艺术中最谦卑的一种形式——涂鸦，来结束本章的叙述吧。每个帝国都会留下刻写痕迹。西班牙征服者用优雅的字体把他们的名字刻在了新墨西哥的沙漠岩石上。罗马人则不顾亵渎神明，将名字刻在了门农巨像上。英国人也同样在世界各地留下了这样原始的纪念，可能是在船只靠岸处，或者连队行军中途休息的地方，又或是懒散的哨兵夜里用刺刀尖胡乱刻下的。英国模糊地宣称对波斯湾拥有宗主权，而在这里的马斯喀特，俯瞰海港的高高峭壁上，就涂满了英国战舰的名字，它们就在代表着失落的葡萄牙帝国的要塞旁边，辛辣地夸耀自己。在安提瓜的英吉利港（English Harbour）集水池的墙上，纳尔逊亲自刻上了其战舰的名字——皇家海军"北极"号（*Borealis*）；据说，直到现在，还能从石灰岩上无数个鲁宾逊、托马斯和威廉这样的名字中，辨认出纳尔逊本人的名字。在波斯的波斯波利斯遗址，代表更古老帝国的宏伟残垣中，一代又一代的英国帝国主义者，如路过的外交官和情报人员、搜索前往印度道路的士兵、不知自己身在何处的冒险者，还有长途跋涉准备回家的学者，不知羞耻地刻下了他们的名字。德里的红堡此时已经成了英军的一个驻地，在巴哈杜尔宫殿柔软的砂岩上，不少士兵也留下了名字的首字母缩写、所在部队名称，以及思乡的日期。我们可以想象，一个年轻人有些费劲地在这儿刻着字，他穿着厚厚的哔叽外套，系着白色皮带，步枪靠在墙边，头盔推到了脑后，胡子下面，舌头因为精力集中而稍微伸出双唇；夜莺在庭院的树上歌唱，遥远的集市里传来吵闹声，瞭望塔下的拱门阴影里，印度人断断续续的低语声飘了出来——直到他听到值班的军士走近，喘气声在盘绕的石阶中响起，便赶紧将刺刀入鞘，将软木盔调整到眼睛之上的合适角度，背靠矮墙站好，以免古老的石头上新刻的半个爱心和歪歪扭扭的爱人名字缩写，会在月光中显现，暴露他的行为。*

---

* 帝国的狂热爱好者今天肯定还能找到这些涂鸦，大部分墓志铭今天也还能辨认，不过我本人摘录它们时，会有一些时代错置的冒失。本廷克的墓志铭也留存至今，他的塑像是加尔各答阅兵场上保留至今的几座雕塑之一。最后，我想再引用一句墓志铭，因为其内容本身就很有趣——第 62 团的克里斯托弗·海兰（Christopher Hyland）中尉于 1837 年在百慕大去世，他的墓碑上这句淘气的反手一击的话，或许就出自与他同桌进餐的人之手：

哎呀，他没有消失，
但先走了啊。

第 14 章

尼罗河的辉煌

I

1864年9月16日，萨默塞特郡巴斯的温泉浴场在一种不太正当的预期中苏醒了。巴斯早就已经不是过去那个时髦的度假地，现在居住于此的，大多是退休的军人和殖民地行政人员，这里古老的修道院的外墙上，也写满了对逝去的帝国的缅怀——比如，

> 一堵堵墙，写满纪念与破败，
> 显示着巴斯之水如何用来打湿尘埃。

乔治王时代风格的华美广场和新月形街道，让巴斯成了欧洲最优雅的城市之一，但如今它们已是外墙剥脱，破旧不堪；这个老地方衰落到虽在本郡内还能保持体面，但破烂无聊的名声已经远播，而且在接下来的一百年内都无法改变。

但是，1864年9月，却是巴斯的节庆之月。30年前为培养公众对科学的兴趣而创立的英国科学促进协会，正在这里举行年会。学者专家以及热心推动科学传播的人士从全国各处赶来，而当时，应用科学在公众中得到的尊敬也到达了最高点，因此所有文化人士的眼睛都紧盯着萨默塞特郡这场会议的进程。伦敦的报纸每天都要长篇报道；《巴斯纪事》(*Bath Chronicle*)则从伦敦购买了40台排字机，只为每天出版一份报道此次会议的专刊。城内著名的广场、阅兵场和排屋总有著名人物来来往往，《巴

斯纪事》的社会记者*无力跟踪报道所有的晚会、音乐会、舞会和私人晚餐会——而科学精英们正是在这些晚宴的餐桌上，在方阵舞的舞曲中，争论着第五维度存在的可能性，讨论着拉普人的人类学特征。公众对科学的热情达到了前所未有的高峰，这次年会的与会人数也同样如此：共有 1630 名会员和有关人士申请参会，这一数字还不包括外国人和女士。

那个时代，科学为大众带来的最强烈的激情，就来自探索。探索世界的强烈欲望不可避免地与帝国逐渐积蓄的情绪联系在一起，因此，与对外探索有关的一切，都能激起人们强烈而贪婪的兴趣。英国的科学力量之一皇家地理学会作为科学促进协会的 E 部门（地理与人种学部门）也召开了自己的年度会议。而在 9 月的巴斯，真正的名流乃是刚从外国归来的著名人物。亚马孙河博物学家亨利·贝茨出席了会议，祖鲁地区主教约翰·威廉·科伦索以及第一个从南到北穿越澳大利亚的人约翰·麦克道尔·斯图尔特也在场，不过后者显然确实因为两年前的可怕旅程而损害了身体。从非洲回来的戴维·利文斯通医生住在相称的豪华之地——圆形剧场 13 号，这是巴斯最上等的住宅之一；而且他无论身在何处，身边总少不了一群阿谀奉承的人。同时，还有许多不为公众熟悉、探索冒险故事极少关注却影响力巨大的边缘人物也出席了这次活动，其中一位就是纽卡斯尔的威廉·阿姆斯特朗爵士，他发明并申请专利的线膛炮，在某种意义上可谓维持世界安全，令英国人得以四处探索的利器。事实上，9 月的巴斯，就是彼时帝国势头的模拟——热情、英雄崇拜、传教竞争、遥远土地的魅力、耸人听闻的事件，以及假装的虔诚——正如利文斯通在市长于市政厅举行的欢迎宴会上所言，英国人从来没有将他们的发现私藏，而是"往全世界传播；而让世界知晓，正是防止我们失去这些新发现的一大手段"。

若以令人兴奋的程度作为标准，9 月 16 日是个特殊的日子。这一天，满城的名流中就有两位最受争议的非洲探索人物，理查德·伯顿和约翰·汉宁·斯皮克。他们是仇人。之前他们一同于 1856 年出发前往非洲，寻找白尼罗河的源头——这是探索活动的至高追求。斯皮克随后自称在一

---

* 他们继续报道到达巴斯的酒店客人，一直到 1933 年。

次单独行动中找到了源头，而伯顿表示质疑，由此导致的争论不久便人尽皆知。这两个对手各方面都差别极大。斯皮克来自萨默塞特郡一个著名的家族，乃是维多利亚时代正直而年轻的中产阶级绅士，擅长运动，有些孩子气，但善于辞令。他的眼神直率，双耳则因为受到击打而有些变形。他到37岁仍然未婚，是当地人眼中的英雄人物。他的故乡就在40英里外的乔丹斯（Jordans），巴斯郊外也住着他的不少亲戚。伯顿则完全是这座温泉城市的陌生人。他完全是维多利亚时代礼节的对立面。他的双眼闪着火光，黑色的小胡子耷拉着，他对东方色情作品知之甚详，据说曾在世界各地不少偏远的角落干过各种骇人的事。他曾乔装打扮前往麦加的禁地，也是第一个走进危险的埃塞俄比亚城市哈勒尔的欧洲人。伯顿是一位真正的学者，是杰出的语言学家，他曾将葡萄牙诗人卡蒙斯（贾梅士）的作品译为英文。他最近刚与为人轻率且受溺爱的狂热天主教徒伊莎贝尔·阿伦德尔（Isabel Arundell）成婚。他一生几乎一直处在愤怒的状态中。

自1859年从非洲返回以来，两人就没有再见过面，但各报纸和学术刊物早就把他们的分歧说了一次又一次。言辞中的侮辱与讽刺意味随着时间愈演愈烈，而这一切的高潮，就是皇家地理学会为两人安排的正式对质。这是E部门会议议程的一部分，定于16日下午3时公开举行。正是这场即将到来的会面让巴斯从当天早晨便陷入兴奋。人们认为，这场会面上什么事都有可能发生——《泰晤士报》甚至称之为"争论的展览会"。斯皮克可能还会保持某种萨默塞特式的克制，而恶魔般的伯顿几乎可以做出任何事来，还有利文斯通本人很有可能会担任仲裁人，这让此次会面同时具备了运动竞赛、科学辩论和福音派信仰展示三重吸引力。

2

早在大英帝国出现之前，从古至今的一代代伟大帝国，都曾被尼罗河的魅力所迷住。数个世纪以来，无数历史学家、地理学家和浪漫主义者对其源头提出过无数理论，令它转而拥有了传说、学术与战略三重意义。有理论称，尼罗河乃是非洲腹地的"泉水"喷涌而出形成的，还有的说其来自冰雪覆盖的山峰，来自一片大湖系统，或者来自托勒密所说的埃塞俄比亚的月山（Mountains of the Moon）。1770年，苏格兰人詹姆斯·布鲁斯确定了青尼罗河的源头，但更大的支流白尼罗河，在当时仍然神秘。没有人知道它究竟从哪里来。这是一个巨大的谜团，而随着英国人逐渐响应帝国使命的召唤，公众开始了解到自己对地平线外广大土地的所有权利益，在伦敦的战略家们提出控制埃及乃是保证英属印度安全的根本之后，几乎整

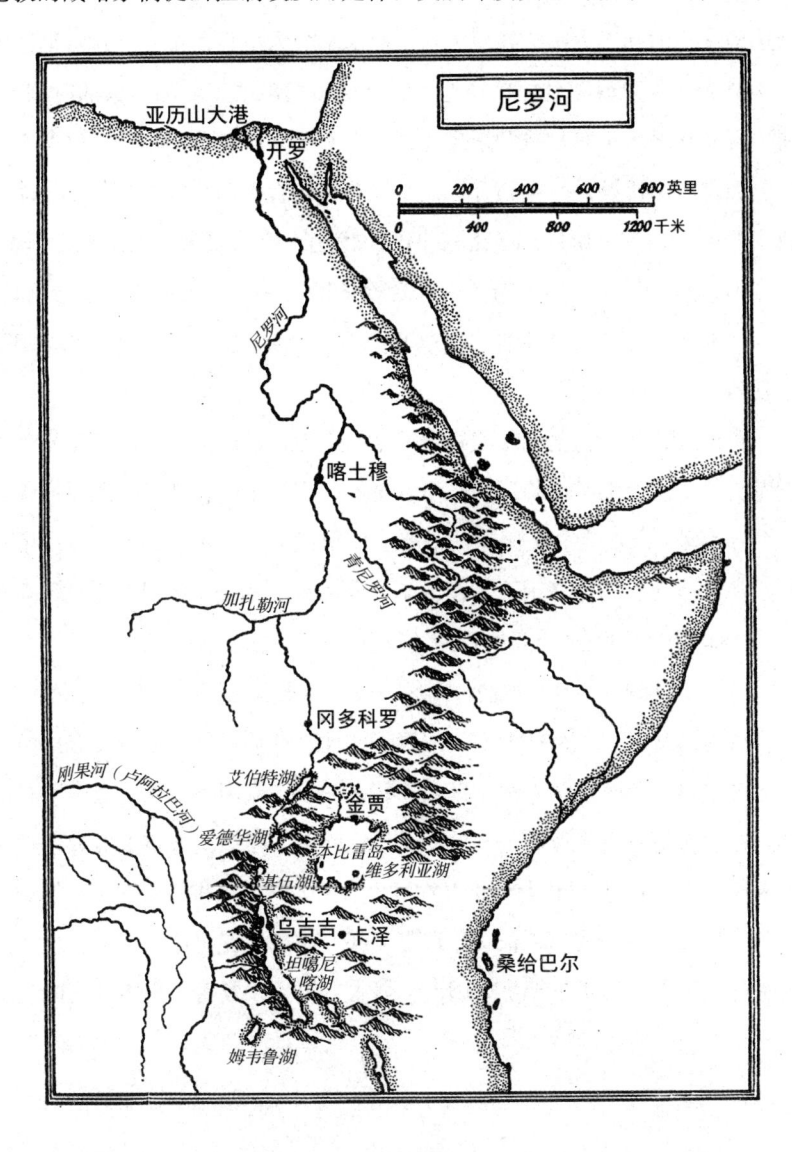

个国家都陷入了对尼罗河谜题的痴迷。英国人认为，这是专属于他们的挑战，而这一谜题的答案，就是19世纪所有英国冒险者最大的奖赏。探索者们在非洲内陆一次就能持续好几年的惊人旅程，经过神秘的流言与畅销书的完满修饰后，为英国人提供了长达20年的连续刺激与兴奋。

伯顿和斯皮克就是最先踏上探索之旅的人。1858年，虽然不甚完整，但欧洲人已基本看到了非洲的全貌。乞力马扎罗山和肯尼亚已有人游览，尼日尔河多数河段都已有人航行，卡拉哈里沙漠不再无人涉足。终于有人抵达神话中的廷巴克图，发现一切传说都是令人沮丧的虚假之言。皇家地理学会的学术权威感到，已经到了决意努力找出尼罗河的源头的时刻了，而他们委托之人正是伯顿和斯皮克，两人都是印度军队的军官。这两人要从非洲东海岸出发——据估计，这是最有可能直接前往源头的路线，而且前半段已经被到桑给巴尔装运奴隶的一代代阿拉伯奴隶商人开发完善了。四年前，两人就曾一同参与了一次对索马里兰灾难性的远征探索。此时，37岁的伯顿已经因游历麦加声名鹊起；31岁的斯皮克虽然默默无闻，却野心勃勃。

可以说，从最初他们就注定合不来——伯顿是流浪者般的英裔爱尔兰学者，他早已厌倦了血腥运动，而且对他而言，学语言就像从地上捡块石头一样简单；斯皮克是英国运动爱好者的典范，他"正直、善良、快乐且决心坚定"，但几乎从来不读书。后者相信一切探索的首要目的都是传播基督教；前者则是当时少有认为伊斯兰教更适合传播的公众人物。

然而，1858年2月，他们一同成为最先亲眼看见坦噶尼喀湖的欧洲人。伯顿认为这就是尼罗河的源头，但后来发现它地势过低，而且没有任何可见的出水口。此时，两人都已又累又病——斯皮克因为沙眼几近失明，伯顿则被疟疾折腾得半瘫痪——他们只得返回贩奴路线交叉口上的奴隶贸易点卡泽（Kazeh）[*]稍做休整。但是在这里，两人的关系进一步恶化。伯顿喜欢和这里毫无原则的阿拉伯贵族混在一起，而斯皮克可能会怀疑，这些人的恶行比奴隶贸易更加恶劣。因此，斯皮克视力恢复后，提出独自向北勘

---

[*] 现在，这个地方叫塔波拉，是达累斯萨拉姆到坦噶尼喀湖铁路线的一个交叉点。

察，让伯顿留在原地恢复体力、整理笔记时，伯顿自然非常乐意。他们听说，约三周脚程之外有一片更大的水域，叫作乌凯雷韦（Ukerewe）或北方湖。这不就可能是尼罗河的源头吗？伯顿兴致不高，但斯皮克还是在6月初骑着骡子，带着20名脚夫和30名武装护卫上路，决心弄明白真相。

这就是两人分歧的开端。25天后，即1858年8月3日，斯皮克抵达了如今称为维多利亚湖的地方，他也成为第一个到达此处的欧洲人。不难理解为何这段旅程对他而言颇具启示意义：维多利亚湖周围是矮树丛生、散落着一片片苍绿色森林的起伏丘陵地，湖面上点缀着几座小岛，白天有朱鹭栖息，晚上则是萤火虫的天地——整片景色被泼上了杧果、兰花、振翅的鸟的亮丽热带色彩，非洲的暖风在湖面吹起涟漪，可谓绝妙的惊奇。这片湖宽达250英里，仅比苏格兰小一点儿，简直是一片内陆之海。而在这一地区，它似乎壮观得格格不入，像造物的错误，至少也像后来才添上的东西。

后世一些对弗洛伊德一知半解的人，喜欢将斯皮克作为分析对象，当然他对这一盛景的反应也确实值得研究。他为自己发现的地方选择的名字本身就值得玩味。他将脚下的山丘命名为萨默塞特，将小溪称作乔丹斯，而将湖以女王之名称为维多利亚——根据不少人的想象，女王就是他母亲的代名词。除此之外，他还更进一步，凭直觉得出了一个戏剧性的结论。在没有更多证据的情况下，他便坚持认定这就是尼罗河的源头。他没有继续探索，而且在湖边仅停留了三天，也没有发现任何出水口。但他就是知道，确定地知道，这就是白尼罗河的源头。他很快兴奋地赶回卡泽，将这一发现告知了伯顿。

伯顿对他的发现反应刻薄。"确实，"伯顿干巴巴地记录道，"这可能是一大启发……这位幸运的发现者的信念非常强大，理由却并不充足。"当地一位著名人物告诉斯皮克，维多利亚湖大概延伸到了世界的尽头。"我的同伴显然对这一'数据信息'印象深刻，"伯顿以教师式的口吻评论道，"并据此估计，湖面的北部边界大约在四到五个纬度之外。"伯顿并未完全否定维多利亚湖作为尼罗河主要源头的可能性。不过，斯皮克毫不讲理的笃定激怒了他，而且他无疑心里有股烦恼不休的情绪：他待在卡泽，错过了荣耀于世的机会。

他们就像度过漫漫长日之后的夫妻，根本无法心平气和地讨论这个话题，最终只得不悦地费力跋涉，返回了东海岸，此时他们又病又累，而且相互厌倦——他们已经共同旅行接近三年了。抵达亚丁后，他们一致决定，斯皮克先返回英国，伯顿则留下来休养，随后跟上。据伯顿所言，双方告别时有点难为情，但还是热诚的。"我会尽快追上你的，杰克，"伯顿说，"只要我一好转就立刻动身。"据说，斯皮克回答说："再见了，老朋友。相信我，你回来之前，我绝不会独自去皇家地理学会的。别担心。"

然而，仅仅两周后，伯顿抵达英格兰时，斯皮克"发现尼罗河源头"的新闻早就在伦敦炸开了锅。斯皮克抵达后的第二天，就向皇家地理学会报告了这一发现，并且立即被委托返回非洲确认其结论。几乎没有人理会伯顿的归国——"他只剩个骨架子，"伊莎贝尔说，"棕黄的皮肤像挂在上面一样，双眼突出，嘴唇甚至都碰不到牙齿。"他当然值得更多关注，但事实上根本没有人注意他——用他的话来说，他"完全失去了脚下"的根基。此后，两人再也没有说过一句话，伯顿再也没有回到过尼罗河。

3

不过，斯皮克却带着另一位旅伴，来自印度军队的詹姆斯·奥古斯塔斯·格兰特，返回了非洲。格兰特对斯皮克的崇拜之情，就如同猎犬对主人一般，更是想也没想过反对斯皮克。他是苏格兰一名牧师的儿子，是人们眼中彻头彻尾的绅士；他热忱地猎取大猎物，曾在印度兵变中英勇作战；他身材高大，举止总是谦恭——后来，戈登将军对他的评价就是"格兰特这老东西，那一次绝妙的徒步旅行就一直被他利用了十七八年"。

这次旅程中，他们穿越了乌干达地区位于维多利亚湖西岸的三个奇特王国——布尼奥罗（Bunyoro）、布干达（Buganda）和卡拉格韦（Karagwe）。此前，这些地方从未有白人造访：卡拉格韦国王的妻子们每天只喝牛奶，身材无比肥胖，以致只能以一种性诱惑的姿势匍匐在地上；布干达国王踮着脚僵硬地走路，试图模仿狮子的潜行，曾经把自己60名兄弟活活烧死；

斯皮克前去与布干达太后喝酒时，还发现她趴在地上，从水槽里啜饮啤酒。斯皮克和格兰特艰难地逃离这些古怪的东道主之后，再度踏上了向北的旅程。然而，不知是天意、巧合还是有意为之，斯皮克抵达维多利亚湖北岸的金贾时又是孤身一人，但这一次，他亲眼看见尼罗河从湖边缘流下，形成大瀑布，激起彩虹。

河两岸丛林密布，斯皮克逆流而上便发现，除非他到了非常靠近维多利亚湖的地方，否则根本看不见湖。他翻过地面的一处隆起后，瀑布就突然出现在眼前：瀑布后面就是维多利亚湖蓝绿色的广阔湖面，涌出岸边的水流，就像浴盆里漫出来的水，水花四处飞溅，水流冲下急滩，这里上千条鱼在水花中跳跃，鳄鱼和河马躲在树荫下，每块岩石上都占据着修长的黑人渔民，空气因为水雾而闪烁着光芒。*这一次，斯皮克回到营地时，心中再也没有了疑虑。他觉得，他已经完全证明了自己的发现，格兰特也同意这一点。"告诉罗德里克·麦奇生（Roderick Murchison）爵士，"他们一到有电缆的地方，便立刻向国内发报，"我们一切都好……尼罗河问题已经解决。"

然而事与愿违。斯皮克和格兰特结束了两年半的旅程，一脚深一脚浅地回到埃及南部的港口冈多科罗时，意外地发现一位英国人匆匆迎上来：这是位高大、欢快、蓄着胡子的大人物，他的双眼充满了笑意和自信，他走向两位筋疲力尽的探险者的场景，宛如不久后就要到来的圣诞节的景象。这个人就是塞缪尔·贝克，一位富有的船主的儿子，从锡兰一路游荡到了多瑙河，现在带着年轻美丽的匈牙利妻子来到非洲拯救斯皮克和格兰特——如果他们确实需要救援的话——同时自己做一些探索活动。既然现在他们已经弄明白了尼罗河确实源自维多利亚湖，贝克决定去找找还有没有其他的水源。从维多利亚湖向北返回的过程中，斯皮克和格兰特并未全程沿尼罗河顺流而下，而是抄了一条近路。显然，他们并未在尼罗河的河曲中发现其他水流汇入。贝克一家则认为，必定有另一片湖泊作为尼罗河

---

* 因为下游欧文瀑布水电站的建设，这一瀑布已经不复存在；湖岸靠近尼罗河流出口的地方有一块高尔夫球场，这个俱乐部有一条规定是，如果球掉进了河马的脚印里，可以用手取出来。

的水源地，因此他们带着斯皮克的地图，勇敢地踏上了探索之途。

这趟旅程可怕骇人。他们所有用来驮行李的马匹都死了，他们因为发烧而无法动弹，脚夫发动了暴乱，他们还受到了野蛮人的毒箭攻击。布尼奥罗国王提出用他的一名处女交换贝克太太，最后塞缪尔·贝克不得不举起手枪威胁要开枪，而贝克太太则神情恐怖地站起来，用这名国王完全听不懂的阿拉伯语说了一大通斥责。这正是维多利亚时代冒险的缩影。男主角是坚定的英国人，女主角虽然出身外国，但美丽而勇敢——正如丈夫所言，"不是只会尖叫"。而野蛮人自然行事野蛮。大象的叫声"像火车头一样"。探索者们不能恭维人或无法自然服从他人时，便会运用健全的英国式说服法，比如举枪相对或者给对方下巴来一记上钩拳；他们用和阿尔伯特亲王一样的热情与勤奋踏上一趟趟冒险之旅，记录每一处奇景（巧合的是，他们离开伦敦后不久，亲王便逝世了）。

1864年3月14日是个宜人的春日早晨，贝克骑着牛登上一座小山，从脚下陡峭的花岗岩断崖向下望去时，便看到了他一直在寻找的湖。在贝克眼中，这片在远处被蓝色的群山环绕、在阳光下熠熠生辉的湖泊，就像一片水银海。"英国人赢得了尼罗河的源头！在我抵达这个地方之前很久，我就已经准备好与所有人一起举杯三次，以英国的方式纪念这一发现，但是现在……我觉得这一场景太过庄严，绝不能用胜利的举杯来表达我的感情，我真心感谢上帝指引、帮助我渡过一切难关，抵达美丽的终点。为将此地作为仁慈的女王逝去的挚爱、每个英国人所哀悼的亲王不朽的纪念，"（贝克含糊地补充道，）"我将它命名为'艾伯特湖'。"就这样，白尼罗河，包括两处支流，都获得了帝国的血脉。*

4

到此时，尼罗河的两大蓄水地才算确定了，然而即便如此，尼罗河问

---

* 这两个名字似乎也会不朽：即使是俄国的地图册，也将它们称作维多利亚湖和艾伯特湖。

题仍未尘埃落定。贝克在非洲探索时，伯顿和斯皮克的争端也发展到了极点，大众观点此时更倾向于支持伯顿的看法，认为尼罗河真正的源头应该更加靠南，在坦噶尼喀湖附近。尚未有人完成维多利亚湖或艾伯特湖的环航，因此坦噶尼喀湖和艾伯特湖之间有可能有河流连接，或者还有其他的大河流入维多利亚湖。此时，寻找尼罗河真正源头的探索变得有点像一场闹剧，搜寻从湖泊走向大支流，从大支流走向小支流，又从小支流走向泉水，只为找出尼罗河干流最远的发源地——这条河下游的 1000 英里没有一条支流汇入，但是开头的 1000 英里却有十多处河流、湖泊和附属集水地源源不断地为其供水。而维多利亚时代的人相信终极的真理。布鲁斯确定了青尼罗河河水最初喷涌而出的泉水。追随他的脚步而来的人们，也决心找出白尼罗河准确的起源。

1865 年，皇家地理学会就此问题找到了探索者中的老资格人物，戴维·利文斯通，委任他解决这一问题。这个 52 岁的苏格兰人乃是奇人，行事经常让人发狂，但与所有的同僚都不在一个阶层上。他是基督教的英雄，而那个时代，对英雄尤其是神圣却遥远的英雄的崇拜，占据主要地位。他的父亲是个谦逊的茶商，他本人拥有格拉斯哥大学的药学学位，曾经作为药剂师传教士前往非洲。但他之所以声名大噪，却是因为探索之旅——他曾经穿过卡拉哈里沙漠，沿赞比西河顺流而下，又渡过了尼亚萨湖水域。他在揭露非洲大陆奴隶贸易的无尽丑恶方面贡献最多，也与非洲人建立了和其他探索者或传教士都完全不同的独特关系。虽然他为人古怪，喜好争辩，固执又自负，但拥有一项魔法般的天赋——各种意想不到的人，都能响应他，而且只要不讨厌他的人，都会忠实地爱戴他。[*]

利文斯通的声望极高——弗洛伦斯·南丁格尔称他为同时代最伟大的人。虽然他的一生，无论是个人问题还是职业发展方面基本上都是失败的，但他仍然是当时世界上最著名的人物之一，不仅得到了公众的崇拜，也颇受科学界敬重。无论在科学领域内还是在辩论现场，他自然也是尼罗河争

---

[*] 《牛津国家人物传记大辞典》一篇著名的文章中写道："利文斯通从牛背上跳下来，虽然健康状况不佳，还是把六发左轮枪抵在了酋长的腹部。这一敏捷的行动立即让这位酋长转变成他的朋友。"

端最合适的裁决者。因此，1865年，麦奇生代表皇家地理学会邀请他前往非洲解决"一个与地理关涉极深的问题……即非洲南部的分水岭，或者各个分水岭在哪里"。坦噶尼喀湖的水是否向北流？如果是，那么这片湖中流出的河是尼罗河吗？

这是利文斯通最后一次，也是最伟大的一次冒险，而且这次冒险的目的完全是世俗的，除非有人能证明英国在地理科学上的优势力量长期而言最适合于当地土著。总体而言，利文斯通支持伯顿的理论。他认为，尼罗河真正的源头应该是坦噶尼喀湖西南方流出的一条非洲人称作卢阿拉巴河的河流。在他看来，这条河也许就是尼罗河，或者艾伯特湖和坦噶尼喀湖可能都是一条中央湖链的一部分，而尼罗河则从其中流出。1866年4月，他从桑给巴尔出发，开始了探索真相的旅途，他身边没有欧洲人陪伴，只有四位非洲老朋友丘马（Chuma）、苏西（Susi）、阿莫达（Amoda）和维卡塔尼（Wikatani）。抵达坦噶尼喀湖之前，他就遭了一场大灾——他的药箱丢失了。"我觉得，"他这样写道，"像收到死刑判决书一样。"从那一刻起，似乎一切都在和他作对。部落战争延缓了他们的行程，病去一场又来一场，牙齿也一个接一个地掉了，用他的话说，只剩"一把骨头"。他慢慢地向坦噶尼喀湖东岸挪去，抵达阿拉伯贩奴商人的村庄乌吉吉时，几乎死去。

他希望能在这里找到一些补给，但事与愿违，他们甚至全被劫掠了，也没有一封给他的信到这个地方。这一系列挫折几乎彻底击倒了他，他不得不在乌吉吉停留了六个月，希望能恢复健康。随后，他再度启程向西移动。就在他漫游的旅程中，一月月一年年过去了，1869年过去，到了1870年，然后又到了1871年，而他仍然在寻找卢阿拉巴河。此时，几乎没有人愿意帮助他了。他从不掩饰内心对非洲内陆阿拉伯奴隶商人的敌意，而非洲本地人又对奴隶贩子非常恐惧，乃至不敢靠近他。连他的脚夫都逃走了。他无法收到自己寄到桑给巴尔的信件的回信，数年前被狮子抓伤的肩膀让他极为痛苦，他陷入半饥饿状态，而且事实上已经失去了希望。在旷野旅行五年后，他终于抵达卢阿拉巴河河岸，没有人能为他划船，让他看看河水究竟流向何方，或者这条河究竟是不是尼罗河。

因此，他不得不蹒跚着回到乌吉吉，听凭这里的阿拉伯人摆布，希望有一天，有人能继续他的未竟的探寻。他就这样一身病痛、精疲力竭、身无分文地躺在这座小村庄里，消失于世界，完全无法联系欧洲。他的任务失败了，乃至他的所在，也成了当时的一大谜团。直到1871年11月10日，《纽约先驱报》的亨利·斯坦利带着一队脚夫背着食物、帐篷、昂贵设备和各种专为非洲旅行定制的精巧配件，举着星条旗穿过村庄里走来走去的阿拉伯人，来到利文斯通面前，脱帽，说出了维多利亚时代最具有史诗意义的一句话——它既神圣而虔诚，又滑稽而无礼："我想，你就是利文斯通医生？"

"'是的，'他微微笑着说道，同时轻轻抬了一下帽子。"

5

斯坦利是威尔士人，于1841年生于登比（Denbigh），原名约翰·罗兰兹（John Rowlands），他从圣阿瑟夫（St Asaph）的济贫院逃跑，到船上做服务员，随船到了美国，并被新奥尔良一位善良的棉花经纪人斯坦利先生收养。内战中，他曾在南北双方军队服役（他从来不是信念坚定的人），战后则转向新闻业，成为《纽约先驱报》最著名的特约通讯记者。对阿比西尼亚（今埃塞俄比亚）一次小战争的报道令他声名鹊起，随后他便被委托了一项相当合意的漫游报道任务。"你要去耶路撒冷、君士坦丁堡、克里米亚、里海，穿过波斯，抵达印度。完成这些之后，你就可以去找利文斯通了。如果他死了，就把一切能证明他死亡的证据带回来。"

斯坦利完全按照指示完成了工作。他穿过圣地，在波斯波利斯的墙上留下了涂鸦，发回了印度帝国的报道，然后于1871年1月抵达桑给巴尔，这位年仅30岁、坚强而狂妄的记者，就要在这里完成任务。事实上，他对非洲和探险都一无所知，但他是个顽强不屈、野心勃勃、能力强大且身体健康的年轻记者，为了报道一个好故事，无论要做什么都可以。用美国各报社新近的时髦话来说，寻找利文斯通绝对是无可比拟的独家新闻。他预算充足，因此买下了各种最好的装备，也雇用了最可靠的脚夫；同时，他在路上格外谨慎，没有对桑给巴尔的任何人提起过旅行的目的。如果有人问起他要去哪里，他也只会简单地回答"非洲"。

他沿着伯顿、斯皮克、格兰特和奴隶队伍走过的，如今已为人熟知的道路向西而去，路途中，他不断听到传言说，有个欧洲人住在坦噶尼喀湖岸边——有人说那是个留着灰胡子的老人；有人说那个人穿着一身美国式西服，戴着一顶帽子走来走去；有人说有个白人住在一个叫乌鲁阿（Urua）的地方。最终，他抵达湖边后得知，这个生病的老人头发披到脸上，来自遥远国家，而且他住在乌吉吉。斯坦利此时心情兴奋，他以非常职业的口吻将心情摹写在他的书《我是怎么找到利文斯通的》(*How I Found Livingstone*) 中。"好哇！这就是利文斯通！这肯定是利文斯通！这人不可能是别人！"接近乌吉吉时，他命令手下展开星条旗（虽然他内心仍然认为自己是个英国人，但他确实是美国公民），很快，他身边就围满了数百个村庄里的黑人和阿拉伯人，高喊着"扬波，波瓦那，扬波！"——"欢迎！"

他们一同走进乌吉吉，然后便远远看见利文斯通坐在他的小屋外的走廊上。"先生，我看到那个医生了。"斯坦利雇的一个非洲人说。"天哪，真是个老人！他都长出了白胡子！"斯坦利本人此时则觉得"要是这时给我一小块合适的荒地，我愿意放弃一切，在那里我可以用疯狂的行为宣泄我的欣喜，我要像个傻瓜一样啃着手，翻个筋斗，或者抽打树木，这样才能减轻我几乎无法抑制的兴奋"。但无论如何，他还是成功控制了情绪，毕竟他不希望"一个现身于这样特殊景况下的白人有损体面"，于是在说话时加入了一点儿他的民间习语——"我想，你就是利文斯通医生"。

利文斯通似乎一点儿也不想获救。既然斯坦利带来了新鲜的补给品，他唯一的愿望就是借此完成他的任务。斯坦利还有其他任务，他带着利文斯通珍贵的日志于 1872 年 3 月深情而敬重地告别了这位老人，启程返回海岸，去打磨升华他的独家报道——正是这篇报道让他理所当然地闻名世界。他从桑给巴尔给利文斯通送回了一队脚夫。随后，利文斯通于 8 月再度启程继续探险。他认为，自己这次之所以得到了解救，正是因为他注定要用非洲的一项伟大发现为他的一生加冕。"这次冒险后，再也没有人能把我扔到一边去，愿上帝保佑我，让他帮助他最坚定的仆人，向我的后代以及我的国家与种族展现荣耀吧……"

此时，他对自己的理论已产生了一些怀疑，认为卢阿拉巴河恐怕不是尼罗河，而是刚果河，但无论如何，他还是举步向前——一周周过去，他走过了一英里又一英里，因为痢疾和疲惫，他的身体越来越虚弱，日志的语气也越来越沮丧。"烦人！烦人！"一天，他这样写道。"我的肠子出了问题，已经八天没吃东西了。""我心中无比疲惫。""下雨，下雨，下雨。""水是冷的，风也是。""潮湿，潮湿，潮湿。""沉闷又潮湿的早晨，我们旁边一点儿食物也没有。""这场旅行让我的头发全灰了。""我脸色苍白，因为大量失血变得虚弱。""我已经极度虚弱，要是没有驴子，连100码也走不动。""我试着骑驴，但被迫躺下。"日志的字迹也从最初有力的钢笔字，变成后来虚弱模糊的铅笔字。1873年4月27日最后一篇日志写道："筋疲力尽，逗留——恢复了一点儿——派人去买了产乳的山羊。我们在山坡上。"

1873年4月30日，利文斯通叫来了苏西，问他离卢阿拉巴河还有多远。他得到的答案是三天。然后，他呢喃着"噢，天哪，天哪"，打起瞌睡。第二天早晨，随从们发现他跪在床边死去了，他的头还埋在枕头上的手里，仿佛还在祈祷。

6

就这样，尼罗河谜团的最终解决者，不是印度军里的绅士，不是富有的游戏猎人，甚至不是虔诚高尚的传教士，而是一位最为鲁莽、受教育程度最低，却最成功的探索者。现年34岁的斯坦利在英国饱受怀疑，人们认为他是个骗子，到处追求金钱，喜欢自吹自擂。他低微的出身、他的美国公民身份、他威尔士式的卖弄、他的职业和厚脸皮，以及他极少表示自己的所作所为有更加高尚的动机，都让人们对他没有好感。

无论如何，这位令人敬畏的记者还是熟练井然地安排好了新一次的非洲探索之旅，这次，他同时身负《纽约先驱报》和伦敦《每日电讯报》的委托。首先，他要完成维多利亚湖的环湖航行，然后是坦噶尼喀湖，最后，他会沿卢阿拉巴河顺流而下，看看它通向何处。这样，他就能通过一次充满戏剧性的大型旅程解决尼罗河问题，同时弄清中非的地理状况。而他也确实完成了所有目标。他带着3个年轻的英国恶棍、5条英国狗、350名脚夫、8吨补给，以及40英尺长的木船"爱丽丝女士"号（Lady Alice），再度从桑给巴尔出发了。这是一场真正的帝国旅行。若受到非洲本地人的阻挠，就用枪把他们击倒。若不能跟紧队伍，就会死去。斯坦利于1875年4月抵达维多利亚湖，他完成了环湖航行，证明维多利亚湖是一片单独的水域，没有大河流入湖中。随后，他启程前往坦噶尼喀湖，其间只在本比雷岛（Island of Bumbiri）稍做停留，杀了一些对他粗鲁无礼的土著。在那里，他迅速乘上"爱丽丝女士"号出发，几周就完成了环湖航行，证明坦噶尼喀湖并无能够成为尼罗河源头的出水口。

现在，挡在他面前的只剩下充满谜团的卢阿拉巴河了，没有人知道它流向何方，因此它仍然可能成为尼罗河的源头。此时，与斯坦利同行的三个英国人中有两个已经死去，斯坦利本人也不知道这场旅行究竟会带他前往何方——他会在埃及或者在大西洋沿岸上岸，还是流到某片湖中？然而，他们还是不屈不挠地起航，划着桨顺流而下。这是最令人兴奋的一趟旅程。这条河带着他们穿过了非洲的各种危险——可怕的急滩瀑布、食人族的攻击、搬运船只穿过盘踞着巨蟒的森林、与乘着战舟的野蛮人的战斗、饥饿、疾病、向导的背叛以及旷野里战鼓声带来的怪异威胁。斯坦利的最后一位英国旅伴也溺水而死。"爱丽丝女士"号被湍流冲走后，斯坦利本人也放弃了希望，等待着死亡降临。但是1877年1月20日，他测量海拔时，发现他们身处海平面上1511英尺——比15年前斯皮克和格兰特与贝克相遇的冈多科罗的尼罗河河段要低14英尺。就这样，他知道了，卢阿拉巴河不是尼罗河的一部分，而是刚果河的一部分，这条河不会带他们向北前往地中海，而会向西，流入大西洋。

虽然斯坦利还要筋疲力尽地前进七个月才能抵达大西洋的刚果河河口，但这一天，尼罗河问题已经完全解决了。

7

斯皮克是对的，伯顿错了。但在结束这次旅程，离开帝国时代最重要的冒险故事，以及为帝国主义赋予新风格的"争夺非洲"的开端之前，让我们返回1864年的巴斯，与最初的两个对手告别吧。伯顿和妻子自然在火车站附近的酒店投宿，斯皮克则一如既往和表亲乔治·富勒（George Fuller）一起待在距巴斯10英里的舒适乡村宅邸内斯顿园（Neston Park）。双方于9月15日，即辩论前一日，在矿泉医院（Mineral Water Hospital）举行的预备会议上会面，这是他们自1859年以来第一次见面。如果伊莎贝尔·伯顿的记录可信的话，那么此次会面充满了谁也未曾预料到的悲伤气氛。两人都没有说话，但对视了。"我永远不会忘记那张脸，"谈到斯皮克时，伊莎贝尔写道，"充满悲伤、怀念和困惑。然后，他似乎变成了一块石头，一动不动。"据她说，过了一阵子，斯皮克开始坐立不安，略微高声地表示"我再也受不了了"，然后站了起来。"你还要椅子吗，先生？"他身后的一个人问他，"我能坐下吗？你还要回来吗？""我希望不会。"斯皮克回答道，然后离开了大厅。

至少伯顿太太是这样描述这一场景的。斯皮克确实离开了现场，他前往内斯顿，用一下午的打猎来发泄自己的情绪，这是他延续一生的习惯。据说，下午2点半，他和表亲带着一位猎场看守人，在原野里搜索山鹑。内斯顿坐落于科尔茨沃尔德丘陵裸露的岩层上，他们打猎的地方就是一片布满石头、贫瘠又荒凉的乡野，秋天的日光在这里往往是潮湿的雾光，空气潮乎乎。这是斯皮克熟悉的故地，不仅因为这片土地属于他的表亲，还因为兄长威廉就住在附近的一座宅邸中。其实，斯皮克就是从E部门匆忙逃回了他扎根的地方——逃离了各种猜测假说和词义的纠缠，回到了粗糙原始的世界，在这里他不会因科学而窒息，不会被指责所歪曲，可以与他的同类人一起，在手臂下夹着枪，自由地呼吸乡下清新的空气。

约4点钟时，有三个男人在穿越巴斯道路旁的一片土地时听见了一声枪响。此时，斯皮克正在攀爬一面约两三英尺高的石墙，其他人则四处张望，正好目击了他的跌落。他们迅速赶到现场，发现他胸部血流不止，但仍然意识清醒，并要求他们不要挪动他。然而，富勒请了医生回到现场时，斯皮克已经身亡，只剩下手足无措的猎场看守人。他的尸体被带回兄长的宅邸，第二天——大辩论预定的日子——早晨，有人前来给他验尸。

又过了一天，向等候的 E 部门宣布他的死讯时，连伯顿都有一瞬间不知所措。据他说，他一句话都说不出来，他请求麦奇生代他宣读一份声明，表明无论双方观点如何分歧，他"依然诚挚地钦佩斯皮克的人格与事业"。但几分钟之内，他就冷静了下来，宣读了身上带着的一篇关于西非达荷美现状的论文，其中还特别详细地介绍了此地的人祭习俗。我们无法得知听众们对这一令人毛骨悚然的另类发言有何反响，但《巴斯纪事》确实在同一期既报道了斯皮克希望返回非洲"传播基督教福音"的遗愿，也报道了伯顿关于达荷美的异端结论——"在这种情况下，我们可以高兴地看到，伊斯兰教作为这片土地上一切混乱的完美解药，带来了渐进而稳定的进步"。

"斯皮克的结局是个悲剧，"四天后，伯顿在给朋友的信中写道，"但人人都对此一无所知。"即便如此，斯皮克还是在萨默塞特得到了作为英雄和最受喜爱的人应有的告别。郡首府汤顿（Taunton）低沉的钟声为他响了一整天，麦奇生、利文斯通和格兰特都参加了在道里什维克村（Dowlish Wake）的家族教堂举行的葬礼——格兰特还跳进了墓穴，放下了一枚月桂叶和白花编成的花冠，"整个教堂都能听见"哭泣声。斯皮克的父亲则获得了在家族纹章上增加"扶盾者"的权利，"即右边是一只鳄鱼，左边则是一只河马"。

然而，斯皮克真正的死因一直是个谜。"善良点儿的说他自杀了，"伯顿写道，"不善良的就说我杀了他。"伯顿杀了他这个假设当然很吸引人，而且无可否认，幻想这个色情作品收藏者穿着斗篷，像魔鬼一样在 9 月的午后，躲在那堵死亡之墙的背风处的景象，会让人情不自禁地战栗起来。但是，伯顿并不是会对他人痛下杀手的那种人——他喜欢惊吓他人，但不喜欢杀戮。事实上，斯皮克才是真正热爱暴力的那个人，才是情绪不稳定时，要到野外用打猎来缓解的那个人。而且，虽然当地的验尸团尽职尽责地做出了斯皮克乃是意外而死的裁定，隐喻性地向乡绅富勒致敬，但在

1864年9月，除了伯顿，也有不少人推测，斯皮克那天选择的射击对象，正是他自己。*

8

伯顿死于25年之后。他此后再也没有冒险，而且无疑直到生命最后，依然后悔让斯皮克独自前往那片北方的湖泊。但是，他首先完整地翻译了《一千零一夜》，这让他大赚了一笔。在一生的愤怒争议、颠沛、求学与冒险之后，他终于于1890年逝世，此时他已经是巴斯骑士——直到生命最后，他在正统派之中仍然声名狼藉，甚至他年老的面孔也要比过去更加阴险；但是，在忠诚而愚笨的伊莎贝尔眼中，他的形象一直非常高大。在伯顿死后，她谨慎地焚毁了他的大部分日志和不少未发表的手稿。

伊莎贝尔在伦敦的莫特莱克（Mortlake）天主教公墓中为他建了坟墓，那是一座通体由大理石筑成的阿拉伯式帐篷，内部则布置得像礼拜堂一样，有足够安放两副棺材的空间，还悬挂着一枚真正的驼铃，只要门打开就会叮当响。墙上的一块石板上刻着贾斯廷·亨特利·麦卡锡（Justin Huntly McCarthy）的诗：

噢，最后的最高贵的周游骑士啊，
英国的士兵，阿拉伯酋长（原文如此），
噢，东方的歌者，你如此热爱
《一千零一夜》里不死的传奇，
你弹拨过卡蒙斯的鲁特琴，还要寻找

---

* 这场悲剧的发生地至今仍竖立着方尖纪念碑，不过100码外，巴斯到约维尔的道路上路过的司机们，都对其存在一无所知。其碑文无疑承认了一些事："就在这里，伟大进取的非洲旅行者约翰·汉宁·斯皮克上尉，因为枪支走火不幸失去生命，1864年9月15日。"

更多新奇的事业，直到生命终结，再见啊。*

斯皮克死后的安葬则更有帝国的浪漫色彩。萨默塞特沉静的绿色乡村深处，在杂草与苹果园之间，是道里什维克的圣安德鲁教堂——斯皮克家族的圣殿。里面全是斯皮克家的遗迹：斯皮克纪念窗、斯皮克纪念饰板、斯皮克穹顶、斯皮克礼拜堂，还有一块纪念与约翰·尼科尔森一同在突袭德里行动中阵亡的斯皮克家族成员的纪念碑。正中心就是约翰·汉宁·斯皮克本人严肃的真人大小半身像，塑像留着胡子，主人般立在黑色大理石石棺上。石棺里安放着他的遗体，石棺上面装饰着月桂叶，还有枪、剑和六分仪的标志，并根据纹章院的命令，左右两边分别有大河马和鳄鱼扶持。**

总之，最后还是斯皮克获得了胜利。他直到生命最后都忠于家庭，是个扎根故乡的英国绅士，他心中半是压抑半是羞于表露的浪漫主义推动着他的人生，直到他死后仍旧留存。在更广大的视角下，这种品质也推动着帝国前进。从圣阿瑟夫济贫院逃出来的亨利·斯坦利在北方湖泊岸边证实了斯皮克那悲剧性的直觉所感知到的真相后，对斯皮克是否有权享有坟墓上骄傲的拉丁语墓志铭"尼罗河的辉煌"（A NILO PRAECLARUS）就没有人会有争议了。

---

* 这座帐篷如今仍存，孤零残破，就在东欣童子军团（East Sheen Scout Group）总部对面——站在铁路一旁的沃尔波街（Worple Street）上，就能看见比公墓围墙还高的仿幔帐式尖顶。坟墓前有一片不甚繁茂的玫瑰丛，而伊莎贝尔早已与理查德·伯顿在陵墓中团聚了。
** 现在圣安德鲁教堂中的一切都与过去一样，只是加上了一些属于后面几代斯皮克家族成员的东西，萨默塞特还生活着不少斯皮克家的人，富勒家族也还住在内斯顿园。

第 15 章

艾尔总督

1

此时的帝国，尚未成为公众热情的出口。英国大众大多还是半文盲，帝国主义很少成为选战中的话题，关于帝国支配权的理念尚未出现浮夸华丽的想法。19 世纪五六十年代，大英帝国的主基调是严肃的权威，过去的改革者虔诚的想法也成了社会制度的一部分。下面就是殖民地事务大臣对促进落后民族进步的想法："我相信，推广文明的最佳政策，就是征税来支持那些将文明与野蛮社会区分开来的机构，而且税收必须重到让人们即便仅仅是维生也要付出巨大的努力……"同时，殖民地部本身古老的自由主义虽然仍旧活跃，但也在逐步走向粗暴的教条主义。这种傲慢与轻蔑的轨迹，可以追溯到印度兵变带来的巨大幻灭感。

可能成为本章主角的爱德华·约翰·艾尔的一生，就悲伤地反映了这一过程。

2

艾尔的父亲是约克郡霍恩西（Hornsea）和朗里斯顿（Long Riston）堂区的代理牧师，他本人生于 1815 年，17 岁时独自移民到澳大利亚，那里广阔的土地奇妙地与他契合。在那里，他成为一名牧羊场主的学徒，然后开始了探险，成为第一个沿着大陆南部荒凉空旷的海岸线即大澳大利亚湾旅行的白人。他的旅行也是探险史最惊险的旅程之一。1841 年的第一天，他就带着一个白人监察员巴克斯特（Baxter）以及三个土著怀利（Wylie）、乔伊（Joey）和亚里（Yarry）出发了，并于7月抵达了东部1000英里外的殖民地奥尔巴尼。六个月的旅程中发生了各种不幸事件，其中一些可怕的插曲甚至成了澳大利亚民间传说的一部分——乔伊和亚里枪杀了巴克斯特，带着几乎所有补给品逃跑了；在噩梦般的几小时中，艾尔和怀利顶着令人迷糊的炎热穿过灌木丛，乔伊和亚里两个叛徒则远远地尾随着他们；他们多日被干渴折磨，只能依靠吸取早晨的露水过活；某一天，他们暴食了一锅炖鹰，怀利在沙滩上连皮吃掉了一整只企鹅。抵达海岸线中段的幸运湾（Lucky Bay）时，艾尔面临一项艰难的抉择，当时他快要死了，却发现有一艘法国捕鲸船停泊在离岸不远处，船员还提出把他载到奥尔巴尼去；然而，一种狂热的力量鞭策他，让他坚持原定的旅程，12天后，他再度不屈不挠地与耐心的怀利一起出发，他们眼前通往乔治王湾（King George's Sound）的数百英里道路，还笼罩着暴雨和痛苦。

除此之外，他又在澳大利亚完成了好几次著名的旅行，有些路还是赶着一群羊走完的。他似乎感到了一种与土著之间难以言喻的亲近感，他们如幽影一般生活在这偏远虚幻的世界。他善良地对待土著，澳大利亚先驱者之中少有这种善良，他很快就成了墨累河边格外人道的土著保护人——他一度写道，"认为一个种族的进步与繁荣必定导致另一个种族的落后与衰败，这是非常可悲的想法"。在澳大利亚，他一直以仁慈英雄的形象被人铭记，这片大陆上有以他的名字命名的艾尔山和艾尔半岛，还有一片与塞浦路斯面积同样大的盐湖也以他的名字命名。

在新西兰，他的名声就没有这么正直了。1846年，他被任命为新西兰副总督。他在这里再度表现出了他对土著的同理心：1850年，他在奥克兰与一对毛利人夫妇一起举行婚礼。然而，在其他方面，他的性格似乎逐渐枯萎，就像澳大利亚的荒原已经耗尽了他生命中所有的温暖和色彩。他不断与人争吵，为自己的薪水讨价还价，荒谬可笑地痴爱着金色穗带和神气的东西，同时又伪善地拒绝了所有周日的社交邀请。最后，他的顶头上司，也就是新西兰总督，终于不愿再回复他一封接一封的辩论信，并削去了他所有的公职。艾尔于1853年离开新西兰，前往西印度群岛任职，而新西兰人仍然记得他是个勇敢的人（奥塔戈还有一座艾尔峰），但也记得他的易怒和顽固。

他是澳大利亚的英雄，是新西兰无聊的吵架者，但是，在加勒比地区，51岁的艾尔才真正得到了出乎意料的名声。作为牙买加总督，他在1865年因为杀人而出了名。

3

自1838年尼布在法尔茅斯的教堂中等待时钟转过12点以来，牙买加的情况并未发生什么大变化。这片殖民地从未从黑奴解放的冲击中恢复，此刻仍有约一半人口生活在贫困中，还因为美国南北战争而饱受物价高涨的困扰。许多老庄园已经荒废，或者地主已不在此地，只剩下懒惰又腐败的代理人替他们打理。不愿为薪金而工作的黑人一直觊觎这些荒废的土地，经常占用它们；这里的白人则奢侈地住在仆人环绕的大宅第中，他们的种族歧视更加严苛，尽管他们其实经常需要借债来维持这样的生活。这片殖民地已经可怕地陷入停滞了。道路无法通行，桥梁损坏，种植园回归了灌木丛生的状态。商业中心金斯敦充满污秽和堕落，暴力犯罪随处可见。难以到达的岛屿内部，有英国驻军一直关注着马隆人——由前奴隶组成的岛内族群，英国人从未征服他们，不过他们愤愤不平地生活于自治状态，与大英帝国维持了条约关系。牙买加也是各种奇异宗教的复苏地，其中有基督教、异教，也有两者的混合物。因为种族的苦难，这片土地充满了怨愤。此外，霍乱和天花等传染病时常侵袭此地——据说，在离金斯敦还有数英里的海上，就可以闻到城中的臭气了。

除此之外，仍然笼罩全岛的奴隶制阴影让煽动者和奋兴派人士散播的谣言变得模糊阴暗。有些黑人认为，奴隶解放让他们在法律上拥有了对土地的所有权。还有些人很轻易就相信了白人正准备把他们再度变成奴隶的说法。虽然黑奴确实已经取得了完全的解放，但这里的生活方式并没有多少改变，大宅仍然象征着白人完全的支配地位，而且正如小说家特罗洛普1858年发现的那样，白人手下无数的仆人，仅仅是勉强做到卑躬屈膝，他们同时又粗野无礼。

牙买加的首都西班牙镇是南部平原上一座脏乱的小城市，只有城中一些荒废的殖民者住宅、一座小而庄严的主教座堂，以及政府办公楼，才挽回了一点儿形象。特罗洛普认为，这座城市"笼罩着永恒的死亡"。城市中心是一片壮观的 18 世纪广场，特意设计用来炫耀大英帝国的力量。北侧俯瞰广场的是罗德尼海军上将纪念像，伦敦雕塑家约翰·培根所作，立于 1783 年，以纪念让牙买加免于落入法国之手的桑特海峡战役的胜利。雕像侧面有缴获的加农炮，还有旗帜、独角兽、法螺和雕刻的战斗场面作为装饰；站立的罗德尼则穿得宛如一位罗马政要，以帝王般的姿态将手中的指挥棒指向广场；他的背后有为托梁和滑轮开的一个小洞，但头脑简单的人认为，这就象征着夺走他生命的弹孔。* 罗德尼像右边是总督的宫殿——国王大楼，建筑的立柱宛如纪念碑；雕像的左侧是牙买加立法机构的会议厅。

这片殖民地没有因《达勒姆报告》而改革，仍然是按 1787 年之前那一套制度管理。立法会是选举产生的，负责处理这座岛屿的大部分内部事务，而且其成员大多是有色人种。然而，拥有选举权的人极少——获得选举权的条件是拥有一定面积的土地，大约 200 人中只有一人能达到这一标准——因此，立法会首先代表种植园主和商人的利益。虽然立法会中也有不同党派，而且和最成功的议会制国家一样，在政治阴谋与党团会议中算计争吵，但是，他们基本上都站在同一战线，反对总督及其任命的委员会，并得到兴致勃勃却不可靠的白人地主乡绅的暗中支持。这些地主通常都是岛上英国殖民者的第五代后裔。宫殿中的总督代表着伦敦传统而节制的权威；广场对面，立法会的成员则为牙买加大宅邸的主人和金斯敦充斥着腐败的商业利益代言。在比喻意义上，无论是行政机构还是立法机构都瞪着这片介于两者间的花园，有时现实中也确实如此（因为他们能够轻易地透过窗户看到对方）。

爱德华·约翰·艾尔就在 1862 年夏天踏上了这片充满怨恨的土地。

---

* 他是在汉诺威广场的病床上死去的。

4

牙买加的白人害怕普遍的黑人暴动。他们一直铭记着海地的教训——1804年，这个国家用屠杀所有白人居民的方式，宣告并庆祝了国家独立。此时，传出走私武器、鼓动反抗的集会以及山间黑人的武装训练等各种流言；有人认为，奋兴派传道士——他们有时不过是改信基督教的奥比巫师——正在煽动不满，尤其是受到大英浸信会（Baptist Missionary Society）支持的教派"本地浸信会"的那些牧师。这里的黑人虽然有些可怜地仍旧忠于维多利亚女王个人，但显然并不信任牙买加的英国司法，憎恶殖民地的高税收，而在白人眼中，他们有可能犯下任何暴行。本地浸信会的一名混血牧师威廉·戈登是当地黑人社会最能言善辩的领导人，在艾尔面前，他则被描绘为暴动的主要推动人；他拥有一定资产，是立法会成员，经常发表煽动性的种族主义言论，而且曾经与他家乡的东方圣托马斯（St Thomas-in-the-East）堂区的白人治安官发生激烈争吵，导致他被迫放弃了这里的牧师职位。

而这一切，都是在帝国历史上极为敏感的一段时间内发生的。此时距印度兵变平息仅有七年，即使在遥远的加勒比海地区，对兵变中的屠杀和复仇都还记忆犹新。帝国全境之内，白人对其他种族的态度正在变得越来越强硬，而且大多数受过高等教育的英国人都与卡莱尔颇有共鸣，他曾将西印度群岛被解放的黑奴描绘为"我们美丽的黑皮肤心肝……坐在那儿，美丽的嘴角快咧到耳边，埋首于南瓜中，啜吸着瓜肉和汁水……他们身边，甘蔗因为没有及时收割而枯萎，因为南瓜太便宜了，根本没人愿意做工"。

显然，艾尔这名顽固正统的圣公会信徒视牙买加黑人为他最大的敌人。他就任总督后几个月发回殖民地部的报告指出，当地不满情绪的真正原因在于"所有年龄段的人积习难改的怠惰、冷漠和目光短浅，以及他们共同造成的堕落且不道德的社会现状"。女王收到一份黑人请求经济援助的请愿书后，艾尔就建议以"女王回信"之名发布一份虚情假意的公告作为回复。这份令人厌烦的公告训诫词写道，黑人必须用自己的努力与谨慎提升自己的境况，"女王陛下会高兴而满意地看见他们凭借自己的能力与努力取得进步"。

很快，艾尔就与戈登成了死敌。此时，艾尔已经变成一个顽固之人，惯于自怨自艾，而且绝对不希望受到一群不道德又懒惰的农民的反抗。因为自己坚持的强硬态度，加上他认为经历印度兵变后，若他严肃处理黑人的颠覆问题，帝国必定与他站在一边，他无疑获得了一种安全感。1865年8月的一天，一个黑人小代表团脚步沉重地走进了西班牙镇的广场。他们从金斯敦另一边的丘陵城镇东方圣托马斯出发，徒步约45英里抵达此地，希望让总督看到他们的悲惨情况。他们来到宫殿门前，门廊上的大烛台闪烁着火光，门内走出来穿着制服的高傲人物，似乎是侍者。请愿者表达了自己的意愿并在门外等候。然而，很快仆人便返回告诉他们，总督阁下不会见他们。就这样，他们又徒步返回了山间。

5

这个代表团的领导人是保罗·博格尔（Paul Bogle），来自斯托尼加特（Stony Gut），这是莫兰特贝以北山间的一个聚居点。博格尔是个生活过得不错的农民，是本地浸信会教堂被祝圣的执事，也是戈登的门徒。他在斯托尼加特的小农场掩映在蓝山的南侧，出入不便，只能通过一系列迷宫般的崎岖道路抵达。围绕着农场的是茂密的树林，因为大量降雨，枝叶总是滴着水，散发出芬芳的气息。离这里最近的城镇就是20英里外海岸边的莫兰特贝。

1865年秋天，一个宗教与军事混合的教派在斯托尼加特兴盛起来。斯托尼加特有一座院子、一所房子，还有一座兼作堡垒的坚固礼拜堂；博格尔在这里召集了几百个激进的黑人支持者，他们决心用武力为他们遭受的不公讨回公道。他们带着大砍刀、长矛和大头短棒等武器，在树林中刻苦地演练，在礼拜堂里参差不齐地唱着赞美诗，自行主持正义，发誓要把白人全部杀死，在树林间吹着海螺和横笛，打着鼓来来回回列队行军——因为斯托尼加特隔绝在树林中，因此只有附近的村民才会听到他们这些神秘的准备行动。他们都是简单纯朴的人，所关注的也主要是当地的冤屈，无论是华而不实的基督教招牌，还是其他连贯一致的政治哲学，对他们的影响或许都是一样的。但是，他们还在四处征募支持者。"吹起海螺，"其中一封咒语般的征兵书写道，"打起鼓！从一家到另一家，找来所有男人，带他们到斯托尼加特来；把路上遇到的所有人都拉进队伍，挽着他们的手臂一起前进；战争写在我黑色的皮肤上，战争就在眼前……欢呼吧，人们！在心里欢呼！……你们到达斯托尼加特的那天……就吹起海螺，告知来处吧。"

博格尔与代表法律与秩序的莫兰特贝白人治安官起了冲突。1865年10月的一天，一队黑人警察被派往斯托尼加特以妨害治安为名逮捕他和他的28名追随者。博格尔的手下立即反击，将他们扔出了村庄，只有三个人被扣下并被迫发誓"加入同一肤色的群体"，否则便要遭受痛苦的死亡。两天后，这支小军队挥舞着武器，虔诚地高喊着口号，吹着海螺，出发前往莫兰特贝，进攻东方圣托马斯堂区白人反动力量的要塞——法院大楼。

他们沿着蜿蜒的山路前进，用朗姆酒与火药混合调成的饮品以及鼓与横笛奏出的乐曲振奋精神。一次，他们听说一支政府部队正前来阻截，便在灌木丛里躲藏了一段时间；但是，在他们前进的过程中，也有不少支持者加入，村民们也会兴奋地跑到屋外看着他们。进入莫兰特贝时，海岸断崖上聚集了一大群人击鼓欢迎他们，混杂的起义者身边也挤满了人。这些战斗者挥舞着长矛和弯刀，大声喊叫歌唱，吹着海螺，沿着朴实的主街冲进了法院前的广场。

随后发生的悲剧小得不过是帝国这出戏剧中一闪而过的火光罢了。两段台阶之上整洁威严却不大的一幢建筑就是法院。广场左侧的建筑之间有小鸡走来走去，广场右侧则是圣公会教堂。法庭后方挤成一团的尚未决定用途的政府建筑之中，有一座面对大海的炮台。广场的空间对称而局限，但十分优美，正是暴力行动的完美场地，特别是在加勒比海10月这个暴躁而潮湿的午后。

治安官们在法院里开会，但莫兰特贝已经提前得到了博格尔逼近的警告，此时，一队穿着红色外套的志愿兵就在广场尽头集结。他们来了一次齐射，然而除了把游客吓跑，并没有对反叛者造成多少影响；很快，他们就遭到了一连串的石头和瓶子的攻击，被大头短棍棒、弯刀甚至鱼叉扫到了一边。不久，法院就燃烧起来。治安官们不得不从一个房间跑到另一个房间，最后终于趁攻击者不注意时从燃烧的建筑中跌跌跄跄地逃跑，但仍然受到了暴民的猛烈攻击，只得躲到小巷中，掩蔽在附近的房屋里，或者伏在灌木丛中。大多数治安官仍然被抓住了。他们有些被砍刀大卸八块，有些被殴打致死，还有一个人被割喉，嘴还被一根棍子强行撑开。这次事件中，共有17名白人被杀，31名白人受伤（还有一个黑人也遭到杀害——据说他"黑皮白心"）。

反叛者们此时兴高采烈。他们离开了燃烧的法院和一片混乱的广场，前去释放城镇监狱中的囚犯——他们说，他们起兵不是为了反对维多利亚女王，因此还是要尊重她的财产；然后，他们吩咐获得自由的囚犯们丢弃囚服。完成这一切后，他们就沿着蜿蜒的道路神气地吹响海螺，风尘仆仆、身染鲜血又欣喜若狂地回到了斯托尼加特。他们没有伤害莫兰特贝的妇女和儿童，几乎没有劫掠，还谨慎地为城镇留下了两位白人医生。但是，他们无疑自视为黑人十字军的前锋部队，他们作战的目的或许模糊，精神却是真正的狂热。他们抵达林间空地后，便鱼贯进入礼拜堂举行礼拜。当时是凌晨3点，这场景看上去必定非常怪异——这些兴奋的黑人农民，在白天的血案与激动情绪中汗流浃背，此刻却在寂静的要塞里跪在灯光中。博格尔作为牧师兼指挥官对他们讲话，谦卑地感谢"上帝让他在这次行动中取得成功"。*

6

艾尔对他们神圣的目标却有完全不同的解读，因为从莫兰特贝传来的消息让他脑中冒出了一系列糟糕的疑问。这是传言中暴乱的开始吗？这是一场大阴谋的一个环节吗？艾尔选择了最合适的做法——绝不冒险。他

---

* 莫兰特贝至今仍然变化不大，在阳光炽烈的午后，似乎仍然散发着不祥的气息，总让我想起那些诡异的荒废棚户区中，西部枪手举枪安静地相互威胁，相互靠近的场面。

宣布，在牙买加三个郡中东边的萨里郡，除了金斯敦，全境实行军事管制；同时，约 600 人的皇家常规部队也迅速动员，前去镇压起义。他们占领了萨里郡的海岸城镇，关闭了通过山间向北的道路。除此之外，忠于双方条约的马隆人也提供了约 300 名勇猛的异教士兵，护卫舰"狼獾"号（*Wolverine*）和炮艇"缟玛瑙"号（*Onyx*）被用作运兵船，运输先遣登陆部队，同时负责保证金斯敦和莫兰特贝之间的通信。

雨下个不停，双方陷入了苦战。山间炎热的丛林里沟壑纵横，一场暴雨就可能将小路彻底冲得无影无踪。在这种天气中，陷入深深的泥潭或者被山崩挡住前路已经是最幸运的情况了。这些士兵背着背包和步枪，还带着额外的牛肉和朗姆酒配给，在密林中一边咒骂一边劈出道路，从一个山谷到另一个山谷，从一座村庄前往另一座村庄，有时好几天都没法脱下靴子——可以想象，这些 1865 年的士兵心中的想法如何。这些人中很多都是经历过印度兵变的老兵，总的来说，他们并不站在自由主义一边。他们来到黑人的村庄，便会将其焚烧殆尽；在行军途中他们还会为难遇到的黑人，要是他停下，他们就鞭打他，要是他逃跑，他们就射杀他。

即便是奥德或者拉杰布达纳（Rajputana）的复仇部队，也没有人表现得比这些愤怒的士兵更加残暴。"大家都做得很好，"一名副官对他的上级报告说，"把每个不能解释自己情况的黑人都射杀了（行军途中共有约 60 人）。""我必须告诉你们，"一名普通士兵在给汉普郡的父母的信中写道，"我之前从未见过这样的场面，我们每天都能抓到大约 100 个俘虏——我们会让他们活到第二天早上，这样就能跟他们来点运动了。我们把他们绑在树上，鞭打 100 下，然后再向他们头上开一枪。"一名被俘虏的起义者成了枪靶子，士兵们从 400 码外瞄准他射击。博格尔的一名仆人被绑在了一个军官的马镫上，被迫交代了反叛的同谋者姓名——"抵在他脑门上的左轮手枪让我们之间的理解顺畅了不少。"斯托尼加特的一名妇女也被施以鞭刑，被逼迫交代博格尔的所在：她先是被抽了 25 鞭，一刻钟后又是 25 鞭，半个小时后又是 25 鞭，最后丢在那里一整晚，脖子上挂着绳子，这严肃地预示着即将发生什么事。

在莫兰特贝，军事法庭迅速处理犯人。这些法庭是在宪兵司令的支持下开庭的。这位宪兵司令在战斗中负责指挥轻骑兵，而且是维多利亚十字勋章获得者，但精神可能已经不太正常——一年后他就自杀了。黑人会因为见到他时没有脱帽或者回应他的话而受到鞭刑。还有一个人因为在他面前磨牙而被处以绞刑。军事法庭的成员是海军和陆军的下级军官，他们毫无同情心，摆架子，发出死刑判决——最后犯人被颇具象征意义地绞死在法院废墟的拱门上（行刑人通常是水手，因为军事法庭庭长认为，"他们比陆军士兵更熟于用绳子"）。总而言之，萨里郡的报复行动极为惨烈。军事管制的施行时间延长到了法律允许的最大值——30天，在此期间，共有439名黑人被枪决或绞死。约有600人受到鞭刑，而且其中大部分并未经过审判，还有约1000处房屋被破坏。起义被完全镇压了。除了最初几日，英国人没有受到任何抵抗，牙买加的其他地方也一派和平，士兵们从不讳言自己的残忍手段，显然，他们认为没有什么紧要人物会反对他们的做法。

博格尔很快被抓住。他得到了特殊对待：被绞死在停靠于莫兰特贝的"狼獾"号的桅桁端上，他居住的斯托尼加特则被夷为平地，农舍、礼拜堂和其他一切东西都消失了，只剩下下一堆乱七八糟的石头，很快就被蔓延的绿色植物覆盖。*

7

艾尔认为，戈登才是叛乱行动真正的背后势力，故签发了对他的逮捕令。四天后，戈登到金斯敦的军事指挥部自首。这让艾尔陷入了窘境，因为金斯敦并未实行军事管制，正式的审判耗时长又麻烦，还会牵涉政治、宗教和其他各种当地问题。此外，叛乱期间戈登从未接近东方圣托马斯，因此在金斯敦，按正当程序任命的法官的审判，他可能会被无罪释放。

---

* 这个地方距离潮湿的雨林中的道路很远，但还是可以找到，而博格尔本人如今在牙买加被半神化，他长满麻子的脸（当时的一名记者认为，他的脸"看上去非常凶恶，就是魔鬼该有的样子"）也印在了钞票上作为纪念。1970年，我在沿海的利森斯（Lyssons）见到了他健在的曾孙。我问他，博格尔走上争取黑人权利的道路之前是个怎样的人——是善良、残忍、严肃还是简单？"他是个可爱的人。"现在的这位博格尔先生说道。

但是，艾尔完全肯定这个人即便在法律上无罪，在道德上仍然有罪，而且他的判断可能是正确的。戈登不止一次说起过叛乱，他曾经公开称总督为"贪图残酷和权力的……动物"，也曾鼓励过博格尔在斯托尼加特的行动，还是莫兰特贝治安官不共戴天的仇敌。甚至有证据显示，他与海地的黑人政府也有联系。艾尔决心不让任何关于法条的狡辩阻碍这个恶棍应得的报应：他已经下定决心要把戈登绞死，并凭着固执的意志和孤单的责任感致力于这一任务。

他决心把戈登送去莫兰特贝，让他在那里接受军事法庭的审判。他必定知道这是违法的，但他大概认为，结果可以让过程变得正当。毕竟，印度兵变期间还发生过更加严重的违法行为，但也没有人因此受到责难：霍德森没有因为杀死王子而受到惩罚，甚至还因此被视作英雄而受尊敬。"一想到我会因为成功除去了我们种族的敌人而受到温暖祝贺，我就不禁开心起来。"艾尔这样写道。就这样，艾尔和戈登一起登上了这次行动中十分活跃的"狼獾"号，离开了金斯敦港——如果回首望向岛屿，两人都能看见峰峦迭起的神秘蓝山，耸立在肮脏的城市之上，厚厚的灌木丛和阴暗森林里高高的树木掩藏了黑人心中所有秘密的怨恨。

"狼獾"号的这两名乘客就像道德剧里的角色：两人都笃信宗教，自认为是正义的化身，都深信自己的事业并愿意为之献身。一个人代表着帝国专制的确信，不过现实中差距很大；另一个人则表达了原始主权失落的骄傲，尽管这种表达不太连贯。他们沿着海岸航行时，如寓言一般，刮起了风暴，这令他们在莫兰特贝外的航行变得颠簸而悲惨。最后终于在小码头登岸时，两人看上去都非常痛苦。艾尔又高又瘦，身板并不宽大，看上去有些干瘪，留着大胡子，有一只大鼻子；他的动作古怪笨拙，目光总是充满内省与教育意味。被看守带上海岸的戈登看上去讽刺地与他相似。从照片上来看，他也十分干瘦，脸上缺少暖意和幽默感，嘴抿着，令人敬畏，看上去就像漫画里坚信地狱之火的福音派一样，他的钢边眼镜上似乎闪烁着不祥的光芒。

上岸后，戈登被带着走过聚集在此处的一群水手。这些人在他经过时不断辱骂他，而且看起来，他们似乎很愿意将他撕得粉碎。19 世纪 50 年代的英国水兵就是没打磨的钻石,或者用当时一位目击者的话来说,"简直不能被记录在文字中"。"你这老混蛋,想尝尝那只猫是什么味道吗?""耶稣啊,你去抓它吧!""放那该死的狗去追他!""你在这儿待不长了,你这胡说八道的玩意儿,我们马上把你吊起来!"每每听到这种浑话,戈登都是一阵退缩,而我们可以想象,艾尔总督,这位代理牧师的儿子,就装作什么也没听见。

审判戈登的法官是两名海军上尉和一名西印度群岛军团(West India Regiment)的少尉,起诉他的主要罪名是叛国罪。从法律标准而言,法庭上出示的大部分证据都是不可接受的。审判持续了6个小时,判决则是毫无悬念的死刑。"仁慈的纳尔逊将军刚刚告诉我,"戈登在给妻子的信中写道,"军事法庭……判处我绞刑,判决一个小时后就要执行。我就要永远离开这个充满罪孽与悲伤的世界了。"那是9月里一个灰暗阴沉的日子,沉重的云团堆积在山顶上,看守领着戈登走过法庭门口的台阶,把他的手脚绑起,然后将他绞死在拱门上。

艾尔在向法庭提交了控告意见后便返回了西班牙镇的宫殿,并未留下来等待处决。他在那里得知了戈登死亡的消息。事实上,这也是他自己的死亡。他的余生将一直被莫兰特贝的这次军事法庭审判所困扰,它为艾尔的职业生涯画上了肮脏而彻底的句点,就仿佛他把自己也绑起来,套上绞索,吊死在那座法庭前的拱门上。

8

艾尔在国王大楼的生活可谓奢华。当时,这座大楼是西印度群岛最好的政府大楼,从其门廊的照片中也可看出其无与伦比的庄严:门廊由多利克柱支撑,天花板上是枝形吊灯,墙上有许多画作,还有不少国王的巨幅肖像。这里接待过纳尔逊和罗德尼;布莱船长带着来自太平洋的美丽面包树到达牙买加时,也曾下榻此处(但失望地发现,不管怎样,西印度群岛的人们还是更加喜欢大蕉)。

艾尔在这座华美宏伟的建筑里,焦虑地独自沉思着,等待着帝国对他行动的官方回应。他是帝国困境的最早的受害者之一，而这种手段与目的之间的矛盾困境，还将随着年月变得更加复杂难解。为追求他们所真诚信仰的文明使命，英国人经常残忍行事，但是，在通信不便而现实又要求立即行动的旧时代，英国本土的公众对此知之甚少，或者至少一直保持着漠不关心的态度。如今，遥远的领土上疲倦的总督的行动，却可以在几天之内就出现在公众审视的目光中；而对国内有些人来说，用教导其他民族如何正确生活的"天赐权力"强行聚合在一起的帝国本身，也似乎成了道德上的矛盾体。

牙买加的白人，乃至不少黑人，都视艾尔为这片殖民地的救星。无疑，不少居住于此的欧洲人都因为他迅猛的行动免于苦难，而且他很可能避免了一场全面叛乱。同时，艾尔也利用这次机会，一劳永逸地取得了总督与殖民者之间长久争斗的胜利。叛乱一平息，他就召集了立法会，并成功说服他们将拼死捍卫了长达两个世纪的独立决定内政事务的权力转交给殖民地部——这默示着种植园帝国的凋亡，奴隶制的鞭子与锁链必须永远埋葬，也标志着黑人与白人的关系进入了新的阶段。

然而，艾尔为达成目标而使用的手段极为残忍——为报复17名白人被杀，他杀了1400名黑人，成千上万的普通人受到羞辱，还有更多人流离失所，法律被置之不顾，人权也被践踏。确实，艾尔无法得知部队在战斗现场会做出何种过激行为，而牙买加叛乱者是黑人一事与他的越轨行为大约并无关系。然而，他对司法正义的操纵是不可原谅的。他在此次事件中的行为似乎表达出他对殖民地单纯民众的鄙夷，这与他早年对土著的态度完全相反。他就像夹在两种信念之间，进退两难：他不是个野蛮人，但被迫行了野蛮之事；他不是个偏执的种族主义者，却被迫表现出这种态度；他甚至不是个强大的人，却被顽固的性格逼迫着变强大。正是这种顽固，在许久之前的幸运湾，让他继续走了600英里，抵达奥尔巴尼。

9

艾尔的行动传回英国后，引起了公众的一阵骚动。霍德森在胡马雍墓外的行为在当时的印度或许颇受支持，然而据历史学家凯的记述，在英国"我从未听过有人对其行为表示赞同"。艾尔得到的反应同样如此。在金斯敦他或许暂时会得到白人社群的支持，但在伦敦，他已经遭到了严厉的指责。"尸体绵延12英里"就是当时报道的标题。很快，调查委员会便动身前往牙买加。根据委员会的调查，艾尔对叛乱的第一反应非常迅速、灵巧且有力，但他对军事管制的使用超越了必要限度，委员会同时谴责了他过于严苛的刑罚。艾尔被解除了总督职位，并于1866年8月返回英国——在这里，他的不幸还未结束，他仍然是轰动事件的中心人物。

英格兰心怀博爱的游说团体仍旧以埃克塞特馆为前线和俱乐部，他们相信，单纯的解职并不不足以惩罚艾尔这样的人——他们都称这样的人为"老国教徒"（Old'Angsman）。一个自称牙买加委员会（Jamaica Committee）的团体建立起来，致力于用他们认为更加公正的方式记录艾尔的这段历史，该团体的成员包括约翰·斯图尔特·密尔、查尔斯·达尔文、托马斯·赫胥黎、一群不信国教的企业大亨、不少学者和神职人员，以及《汤姆·布朗的求学生活》（Tom Brown's School Days）的作者托马斯·修斯（Thomas Hughes）。其领导人决定，哪怕是仅为谋杀威廉·戈登一事，也要起诉艾尔。与该团体针锋相对的则是艾尔辩护委员会（Eyre Defence Committee），其支持者主要是文艺创作者：卡莱尔、罗斯金、狄更斯、丁尼生和查尔斯·金斯莱。此外，他们还得到了71名贵族、20名议员、40名陆军将领、26名海军上将和400名神职人员的支持，这些人大多属于英国国教。

争议断断续续地持续了两年，人们的热情一直没有减退。有家庭因此破裂，有朋友因此分道扬镳。双方都指责对方伪善、愚蠢、种族主义、刚愎自用。议会对此进行了辩论，有人为此募集资金，拼命地印制宣传册；而在更广大的外部世界看来，对艾尔指控，就是对帝国本身的指控。"你对牙买加黑人的暴动，"弗里德里希·恩格斯在给卡尔·马克思的信中写道，"还有英国人的暴行，有什么想法？""牙买加发生的一切，"马克思在回信中说，"就是'真正的英国人'典型的兽性的体现。"在这场旷日持久的争论中，每个人的动机都不同，他们使用的语言更是毫无限制：艾尔被称作"人格化的错误""西印度群岛社会的救星""双手被鲜血染红的谋杀者""勇敢、文雅、有骑士精神的清白的人""殉道者""野兽"以及"国教徒艾尔"。他曾三次被诉上法庭，又三次洗脱罪名。

10

在这一片争论中，前总督艾尔一直保持着超然且有尊严的沉默。他曾经参加过一场宴会，还在法庭上为自己辩护过一次——只说了四句话。除此之外，他便一言不发，一字不书，几乎不在公众场合出现，也不为自己的案子辩护，或者回复对自己的诋毁。当一切终于结束，他也没有了工作，名声与英格兰的普通人一样模糊不明。政府给了他一份退休殖民地总督的养老金，但他再也没有取得过公职，在生命的最后几年一直安静地隐居在德文郡。

他的激情似乎已经耗尽，变得难以接近，在生命的最后几年，他过着自给自足的生活，这种状态倒像他早年在澳大利亚荒原中漫无目的地四处游荡，走过一段段令人沮丧的旅程的英雄姿态。他就是帝国的悲哀形象——不受喜爱，如此倔强，受到自己的年龄与身份背景的如此约束，最后将自己推向了毁灭。晚年，他租下了瓦尔里登庄园（Walreddon Manor），离达特穆尔边缘的塔维斯托克（Tavistock）5英里。他选择这座庄园，无疑是因为它偏远僻静。他希望被世人忘记，也希望自己忘记过去。瓦尔里登是泰维河（River Tavy）附近草地斜坡上一座冷硬的石砌庄园宅邸，初建于中世纪，是都铎王朝与安妮女王时期的风格。这也是一处颇为隐蔽的住所，通往庄园的弯曲道路旁有高高的树篱，冬天，沟渠中漫出来的水让道路变得泥泞，这正是爱德华·约翰·艾尔完美的退隐之地。

他秘密地，几乎隐姓埋名地带着妻子和两个孩子住在那里。宅邸里的工作人员对他悲剧而混乱的过去一无所知，他们称他为"艾尔将军"，大约是认为他不过是的一名普通退休士兵罢了，这种人在英国西南各郡到处都是。他的死还是在德文郡激起了一点儿风波，此时，过去从未怀疑过他身份的邻居们才发现，瓦尔里登住着的那位绅士就是牙买加的刽子手艾尔；但是，这已经是多年之后了，过去对此争论不休的激情也早已退却。

他被葬在惠特彻奇（Whitchurch）一座教堂的后院，这里可以直接望到沼泽。他的墓碑上有一枚灰色的花岗岩十字架，底座上则写着："爱德华·约翰·艾尔，澳大利亚的探索者，牙买加总督。他一生尽职守责，上帝因此满意地召唤他去。"墓碑上的十字架很高，不过这处院子里到处都是高高的康沃尔式和凯尔特式十字架，有些因为年岁已经略有倾斜，院子里还点缀着高瘦的树木。冬日里，所有这些都是灰白色的，垂直向上，这样拥挤的景象与远方空旷的沼泽形成鲜明的对比，看上去像澳大利亚内陆令人伤感的银色桉树林。

第 16 章

"摩西五经难道不奇怪吗?"

I

帝国的信念因为责任感而不断加强,而且被宗教虔诚层层掩饰。维多利亚人成为某种信徒——他们相信基督教的主,相信天赐命运,相信他们掌控的蒸汽和钢铁的力量,相信自己和体制的力量,同样也相信他们的帝国。生命的谜团清楚地展开在应用科学的兴盛之中,体现在如"适者生存"这样的学术概念里,展露在他们面前,由此他们自己在上帝定下的神圣秩序中的位置似乎更加确切而独特:他们蒙神感召,注定成为伟大的改良者,而实现这一使命的工具正是帝国。

这是一种复杂的幻觉。从某一层面上来说,这无疑是纯粹的基督教信仰——"天国中确实是有神的!"1848 年,"索布伦"号(Sobraon)在新西兰地震后驶离惠灵顿港,又立刻因为导航错误撞上一块礁石,导致 60 人溺亡时,理查德·泰勒教士便这样宣称。19 世纪下半叶在热带领地上涌现的传教站点,无疑大部分由激进人士控制——这是一个基督教帝国,而帝国的使命就是在信仰异教的臣民中传播基督教。到了 1850 年,基督教传教士可以自信地宣称,他们让 2 万名印度人、至少 1 万名非洲人,以及几乎所有的新西兰毛利人和斐济的所有人口都改信了基督教。在传教前线战斗的基督徒甚至开辟了一条传教之路,即从非洲南部前往中部的探索之路;帝国全境有进取之心的学者们都在努力把基督教圣典翻译为外文:克里语中,耶稣写作"ᒋᓱ";斐济语里,基督是"Karisito";俾格米人则学会了用巨大的字母写出耶稣的圣名——KRISTO YESU.*

---

* 但这样的教义问答训练并不总是能够成功。新西兰的豪豪教(Hau Hau)信仰体系中虽然有《圣经》成分,但仪式中亦包含英国国教牧师的献祭。

帝国的行政人员，以及对外的征服者，基本上也都践行基督教信条：其中许多人接受教育的新式公学都是由英国国教教会资助建立的，校长同时也是牧师。财政部领导查尔斯·特里维廉评论道，要让无知又贫穷的爱尔兰人"完全不知道他们的苦难乃是上帝的天意"，是非常困难的；他意识到上帝指示着一切帝国的事务。斯皮克和格兰特这样的探险家自视为上帝的侦察员——甚至斯坦利都在1875年转向了福音派，还说服乌干达国王和整个宫廷都改信了基督教。哈夫洛克和尼科尔森这样的将领在大量屠杀敌人时，也坚信自己乃是在圣典的指示下行动（虽然在印度兵变期间，霍普·格兰特将军害怕英国人"正把受害者送入永恒，让他们为可能虚度的年华付出代价"）。大多数帝国的英雄在公众心目中，也与帝国的基督教属性密不可分——不仅是人道主义，也不是伯克提出的"托管人职责"，而是一种基督教战斗精神、一种统治的信念，这种信念在地上的守护者乃是女王本身，而至高统治者则无须多言。帝国的每一个侧面，就是基督的一个侧写；小说家特罗洛普观察南方的一处矿场时，便认定帝国的技术最后必定让所有非洲人都改信基督教——"我从矿井向下看时，眼前是三四千个工作中的矿工……但我觉得，我看到的是三四千个正在成长的基督徒"。

2

然而，大英帝国深层次的宗教信念却比表现出来的要更加混乱而暧昧不清。对国内的民众而言，帝国的传教手段似乎非常清楚，而且不可逃避，然而在传教地，一切却没有如此清楚明白。在那些远没有英国那样令人振奋又戒律严格的地方，古老的传统很难彻底死去，帝国主义的基督教使命有时也会变得模糊不清。毛淡棉的佛寺宝塔中传出的钟声似乎有蛊惑的魔力；贝拿勒斯庸俗华丽的宗教仪式有着不小的魅力。虽然福音派先驱者不愿承认，但对于非洲的苦难，奴隶商人信仰的伊斯兰教的安抚能力确实不俗。而且，在帝国热带单纯无知的角落，基督教信仰比起获得救赎的工具，经常更像权力的手段——比如，在南太平洋，雪利·贝克（Shirley Baker）教士就特意曲解了他的传教使命，将自己变成了汤加事实上的独裁者。他将教会和国家的财政大权都抓在手中，还厉行严格的节约法令，妇女甚至会因为在自家厨房里没穿围裙而被罚款。

维多利亚时代中期，人们眼中最伟大的基督教英雄就是利文斯通。他曾经说过，若他的探索之旅能够终结非洲的奴隶贸易，"在我看来，目前这就是比找到尼罗河的所有源头要伟大得多的一件事"。利文斯通认为，基督教信念也应当适用于商业伙伴关系，他的关于基督教非洲殖民的理念虽然有时狂热，却大大影响了帝国后来的道路。他是基督教的狂热信徒，而他去世时，深感其人格魅力的黑人仆役也自发将他带回了宏伟美好的万物圣地——帝国首都。这些淳朴的非洲人把他的遗体裹在树皮和棉布里，用帆布吊床抬着穿越了 1500 英里长满灌木的原野——苏西、丘马、阿莫达和其他 60 个人就这样从班韦乌卢沼泽附近的奇坦博村（Chitambo's village）出发，经过一年辛苦的跋涉，终于抵达了非洲大陆另一侧与桑给巴尔相对的海岸。皇家海军把已经过防腐处理的遗体带回了英国，一趟专列在南安普敦港接替了运输工作，最后，在举国哀悼中，这位英雄被葬在帝国至高的圣所威斯敏斯特大教堂——就在教堂中殿的正中央，高坛的前方。他的墓碑铭文写道："这里躺着戴维·利文斯通，一位传教士、旅行者、善人，是虔诚的双手带着他穿过大地与海洋，回到这里……他用 30 年的生命，不知疲倦地向中非土著传福音，探索那里从未被人发掘的秘密，废除残忍的奴隶贸易……"

还有谁能比他更像帝国使命坚定信念的化身呢？下文是帝国等级序列中这位卓越的基督徒彻底的对立面，即一位戴着羽毛装饰的中非巴克温（Bakwain）部落祈雨法师，与他的对话——可以这么说，维多利亚帝国的对外启蒙正是为这类人准备的。利文斯通问这位法师，他是否真的相信自己能够控制云层下雨？基督徒们相信，只有上帝才能做到这点。

  祈雨法师："我们相信的东西是一样的。降雨的是神，只不过我通过这些药材向他祈祷罢了。"

  利文斯通："但是我们的救主离开时明确说，我们只能念诵上帝之名祈祷，绝不是通过药材。"

祈雨法师："确实！但是神与我们说的话不一样。他先创造了黑人，但并不像喜欢白人一样喜欢我们。他把你们造得美丽，给你们衣服、枪支和火药……对我们却铁石心肠……（但是）神还是赐予了我们一点儿你们完全不知道的小东西。他向我们传授了一些用来造雨的药物知识。虽然我们对你们的东西一无所知，但并不抗拒它们。你们也不应该鄙视我们拥有，而你们却一无所知的一点儿知识。"

利文斯通："我不会鄙视我不知道的东西；我只是认为你们所谓药材可以影响降雨的说法是错误的。"

祈雨法师："人们一旦谈论起他们一无所知的事物，就会说出这样的话。"

利文斯通："只有上帝才能控制云。试着耐心等待吧：即便没有你们的药材，上帝也会为我们降雨。"

祈雨法师："好吧，我以前一直以为白人很明智，今早看来也不过如此。谁会想试着招来饥荒的考验呢？死亡难道很愉快吗？"

这段话是利文斯通本人记录下来的，而且看上去并未表明他对基督教超然地位的坚定信念——交锋中胜利的似乎是异教徒，即便神学上并非如此，至少逻辑上他胜过了利文斯通。事实是，帝国的传教使命在执行的末梢往往变得迟钝弱化。在本土大放光辉的神性似乎在海外臣民异质的文化中发展出了令人忧虑的模式、怀疑与失真。虽然这类迹象显然是误入歧途，在牛津学者们审视的目光下根本站不住脚，但对帝国主义者信念的唠叨指责从未停止，有时甚至让帝国面对的议题变得更加混乱。

官方宗教问题尤其如此，它不仅困扰了帝国的统治者与臣民，甚至让维多利亚女王本人也卷入其中。没有人能肯定帝国究竟是否有官方宗教，或者帝国究竟是一个基督教帝国，还是不过是一个主要由基督徒来运转的国家。英国本土确实有确定的国教，但是这不意味着英国国教就自动成了帝国的国教，而这一切混乱之外，盘旋着一个重大的帝国争议。

这不仅是因为大英帝国对境内数百万印度教信徒、穆斯林、佛教徒、万灵论者和异教徒都许诺了人道主义范围内的宗教宽容，还因为帝国的统治阶层内部在宗教上也不是浑然一体的。帝国统治者基本上都信仰基督教，但是基督教本身也有许多派别。主教们自然追随国教，到了19世纪中期，帝国各处领地已经布满英国国教教区，但是也有形形色色的卫斯理派、浸信会乃至罗马天主教的教士。各种非国教教派在帝国蓬勃发展。澳大利亚土著发现，早在1846年，新诺舍（New Norcia）就建起了一座西班牙本笃会修道院，而在帝国最古老的海外领地之一纽芬兰，本地的政治生态则毫不避讳地建立在新教徒和天主教徒相互的反感之上。爱尔兰饥荒期间，根据枢密院的法令，第三段短祷文后，应当念诵"饥馑祷文"（Dearth and Scarcity Prayer）："……假定现在我们因为我们的罪恶而公正地受到饥馑匮乏的折磨，也愿上帝能仁慈地把饥馑转变为廉价和丰富的物产……"；然而，爱尔兰最大的天主教神学院梅努斯（Maynooth）学院却是由英国政府的资金支持创办的。*

牙买加的圣公会主教在巴哈马会见教众时，就在拿骚按惯例得到了仪仗队和九声礼炮的欢迎；然而，英国国教在帝国的地位仍然悬而未决。主教们究竟是像总督和统帅一样是公职人员，还是像浸信会教士和祈雨法师一样是独立的神的仆人？他们所属的教会是帝国体制的一部分，还是仅仅是一个个定居者的教会？维多利亚女王究竟仅仅是英国国内的信仰守护者，还是在帝国每一个角落都是信仰守护者？

3

在19世纪六七十年代，纳塔尔主教约翰·威廉·科伦索成了这场冗长争论的中心人物，我们在前文讲到1864年英国科学促进协会在巴斯的会议时提到过他，他也是帝国杰出人物之一。科伦索（他的姓来自康沃尔郡，但是他的那些恐惧外国人的仇敌认为，作为一位英国国教高级教士，姓这个就很不合适了）在教会中就是个持不同意见者。大概除了爱好争论这一

---

* 这是个狡猾的手段：早在这座神学院建立时，这里的教士就接到梵蒂冈的指示，让他们在"任何时候，任何地方"都必须忠于英国国王，而在整个19世纪，他们都是帝国建制的忠实支持者。

点,他完全不像特洛勒普小说中描写的那种维多利亚时代的牧师。科伦索的父亲是下级公务员,他本人的神职生涯始于给格拉布(Grubb)教士当助手,格拉布先生在德文郡达特茅斯开办了一所学校。出色的数学和逻辑能力让他获得了剑桥大学的奖学金,随后他便成为一位颇有前途的乡村牧师、有名的数学写作者,最后成了远方新建立的纳塔尔教区的主教,他的座堂就在祖鲁王国边境的彼得马里茨堡——这座布尔人建立的城市将作为他们的纳塔尔共和国首都,被世人铭记。

他就这样成为当地的一股力量。纳塔尔的英国人和布尔人一样,对北方强大的祖鲁人非常恐惧,同时极度不信任。那是一个仍然爱好争战、有凶残倾向的民族。科伦索却不同,他对那些土著赞赏有加,还勇敢地为他们的利益发声。祖鲁人战斗的精神与他非常契合。他与皮肤发亮的祖鲁王子结为朋友。热情的祖鲁孩子也经常来到他的乡村宅邸主教斯托(Bishopstowe),这里的灌木乱长,欣欣向荣地向开阔的草原延伸,从花园的小树之间看去,就是平顶的桌山,科伦索称它为他的"圣坛"(他确实在山坡上有地产)。* 他编制了一套祖鲁语语法,编写了一本祖鲁语-英语词典,还为当地年轻人编写了地理、历史和天文课本。他把《新约》全部翻译成了祖鲁文,还翻译了《旧约》中的一些篇章。他非常喜欢被祖鲁人叫作"Sobantu"——"人民的父"。

这样的同情心并未让他获得英国官场的青睐,也没有让他得到纳塔尔粗俗的殖民者的拥戴,他因此得到了黑人爱好者的名声——不是这里的殖民者们讨厌的那种福音派的虚情假意,而是一种更加危险的真情实感。但是,无论在欧洲还是非洲的知识界,他都还有不少友人,他全神贯注于研究祖鲁文化,同时舒适地生活在主教斯托,有美景、花园和祖鲁孩子。若非因为他提出与众不同的异端邪说,他的名字或许早已被遗忘:他虽然是殖民地的圣公会主教,却逐渐产生怀疑,《圣经》中的文字或许在字面上并非完全是真理。而"圣经中字字都是真理"是帝国扩张主义者坚持的原则

---

* 现在,这些树都已经长成大树,好几年前这座房子在大火中烧毁,但站在这里望出去的风景仍未改变,科伦索珍爱的花园里仍旧草木繁盛。

之一，而且这种原则在非洲得到了更多的力量：英国人逐渐认同了布尔人的看法，即《圣经》授予了他们特殊权威来控制这片大陆上所有黑人——用约书亚的话来说，这些人不过是劈柴挑水的人（《约书亚记》9：21）。

无论是作为学者，还是作为神职人员，科伦索都开始质疑这项神圣的权利。他确实渴望让非洲人改信基督教，但并不希望侵蚀他们的文化。他让改信的教徒仍然按照自己的方式生活——尤其是继续保持一夫多妻制，而不像更加严厉的福音派传教士那样要求他们在加入教会之前先耻辱地离婚。他与祖鲁异教徒的亲密关系似乎就有点儿异端意味了，而他对他们传统的关心更是完全违背了帝国的信条。这不可避免地让他在世俗与宗教上都陷入了与国教派的冲突。

1861年，他忙于将《创世记》翻译成祖鲁语，而他对此投入的精力越多，思想就越偏向异端。他后来说，几乎翻到每一页，他都要问自己，"这是真的吗？""而我在心中用先知书的话回答，'人能托主之名说伪言吗？我绝不敢这样'。"对《创世记》文字的真理性提出质疑后，他又开始怀疑《旧约》前五书即"摩西五经"的作者身份。在他看来，这些经文的不少内容都不符合当时的历史背景：不少内容出现的时间事实上比认定的创作时代要晚数百年。然后，他又发现巴比伦之囚之前，摩西律法根本不存在；《申命记》就是伪经；而为了夸大祭司和利未人的重要性，《历代志》也被篡改。他毫无顾忌地公开发表这些耸人听闻的质疑；而公众则认为他对祖鲁文化长久的学习研究已经让他半异教化。正如当时的打油诗所言：

> 纳塔尔有个主教，
> 和祖鲁人交上朋友，
> 这异教徒说，"看，
> 摩西五经难道不奇怪吗？"
> 我们的主教就这样改了信仰。

人们的回应如雷击般劈头而来。无论在英国还是在非洲，媒体上都登满了对他的反驳回击，委员会要求他辞职，《笨拙周刊》还让全英首主教、大主教朗利（Longley）用严肃的抑扬格诗体给科伦索写了一封信：

> 亲爱的科伦索，
> 很遗憾，
> 主教们秘密会面，
> 请求你这烦人的笔杆，
> 别再戴着殖民地法冠。
> 我们强烈要求你走出这一步，
> 相信我吧。你最真诚的，
> 　　　　　　　朗利。

在开普敦，英属南非的都主教罗伯特·格雷则宣布他决定指控科伦索宣扬异端邪说。他相信自己对手下的主教有完全的审判权；据他说，他甚至拥有超越民事法庭的权力，而且一旦他做出判决，被告就无权上诉。他于1863年12月在开普敦尚未建成的大教堂中召集法庭，公开宣布将纳塔尔主教免职，并且立即将他逐出教会。

科伦索并未因此泄气。他拒绝承认格雷主教的权威，也没有出现在格雷召集的法庭上。他表示，他的教会是英国而非南非体制的一部分，格雷无资格审判他，正如他也无资格审判格雷。他于1865年向女王上诉，并得到了枢密院对他有利的判决。根据这一判决，女王"无权在拥有独立立法权的殖民地建立主教区"。因此，英国国教在任何殖民地都不是国家体制的一部分，而其教士也不过是自愿组成的联合会的成员，既没有司法权，也没有豁免权。因此，格雷主教的都主教权力并不存在，他对科伦索做出的处罚自然也就无效。

在维多利亚女王治下的英国，这次诉讼就和艾尔总督的案子一样激起了公众巨大的兴趣，而对这次审讯长达400页的报道也大大满足了人们的好奇心。对科伦索的主要指控在于"错误教义"——拒绝相信未来惩罚的永恒，或者主张"我们仁慈的上帝对'摩西五经'的作者身份以及不同部分的年代错误视而不见"。政治上更相关的则是告发他相信世上人人平等。开普敦的主教对科伦索夸张的指控不仅体现了宗教焦虑，也体现了帝国焦虑。据称，科伦索认为，所有人在上帝面前都站在同一高度，没有孰高孰低，整个人类都是福音中上帝恩典的领受者。指控称："诸位阁下，我想提请你们注意'领受者'这个词。根据他的解释，重生——因罪而亡，向公义而获得新生——从我们出生那一刻便属于我们，我们天生如此……此外，他还进一步暗示，所有人，作为人，拥有圣灵。现在，诸位阁下请看，提出这样的观点，必定带来一个问题——成为基督徒又有什么好的呢？"

或者，格雷主教还可以补充一句，建立帝国又有什么好的呢？[*]而枢密院做出判决，让科伦索继续担任纳塔尔主教时，事实上就是宣布世上并不存在帝国教会，随后，各殖民地的教会便逐渐与国教脱离关系。格雷主教断然拒绝接受枢密院的判决。他表示，科伦索已经"落入了撒旦手中"，绝不能再站在教堂中。纳塔尔的传教团体停止了对科伦索的支持和经济援助，还有人尝试切断他从英格兰领到的薪俸，但这一行动并不成功。英国国教在伦敦召开了第一次总议会（General Synod），专门就该问题进行辩论，[**]各大报纸则不断发表博学的社论和宗教漫画来颂扬此次活动。英国司法界越是坚定地认定科伦索仍然是纳塔尔合法的主教，格雷都主教就愈发坚定地与之唱反调。1869年，格雷再度表现出了殖民地的反抗姿态，他向纳塔尔教区派出了自己任命的主教。

随之而来的就是滑稽可笑的场面。科伦索从伦敦返回他小小的圣彼得教堂后，就在周日早晨的礼拜中戏剧性地被他自己的主任牧师宣布革出教门。开普敦对他发出的判决在礼拜会上宣读，主任牧师还在后面补充说，

---

[*] 一个世纪后，一位阿非利坎学者对我解释，"你得理解，我们是根据原罪的不同程度，被分成黑色、棕色和白色的不同人种"。
[**] 威廉·施文克·吉尔伯特在诗歌《郎提福主教》（*The Bishop of Rum-ti-Foo*）里记录了这次盛会：

从东方与南方，主教们
　　汇聚成神圣的团体，无一例外：
　　参加宗教会议，称作泛国教；
　　他们蜂拥蔟集，成群而来。

教会在地上做出的判决,在天上也有效。"这份判决是在全知全能的上帝面前通过的。"他对科伦索说。"离开吧!从上帝的教堂里出去!"这座教堂的大门就此封锁,管风琴不再演奏,钟声不再响起,铭牌被摘去,格雷任命的对立主教麦克罗伊(McCrorie)庄重地从开普敦抵达此地时,一座新的对立教堂已经匆忙完工,并献给圣救主。

接下来的数年内,教会的分裂动摇了这座小城,它也逐渐以科伦索的栖身地,而非以对古老的布尔人英雄的纪念而闻名。两位主教都有各自狂热的追随者;两人见面时从不对话,有一次,麦克罗伊不慎对科伦索鞠躬后,还为自己找借口称"我作为绅士的意识战胜了作为基督徒的意识"。对部分人来说,科伦索成了殉道者;但在另一些人看来,他就是叛徒——他一面受到市民要人的斥责,一面得到偏爱他的信众的崇敬,他成了无数布道、辩论、学术论文、神学交流、恶意辱骂和优雅颂诗的主题。无论外界如何变幻,即便在大英帝国与祖鲁人交战的时刻,科伦索也仍然保持着与祖鲁人的友谊。他于1883年去世时,已成了帝国最有名的牧师,他的遗体就葬在他的小教堂的圣坛之下,墓上仅有一个词——"人民的父"。

4

上文所述的帝国的争议,只有信仰基督教的人才能理解,而帝国内部不少不甚重要的神秘信念,同样只有少数人能理解:因为,随着维多利亚女王统治的时代逐渐走向感官上的高峰,帝国本身现在也成为一种信仰。帝国的海外臣民中,并没有多少人在帝国十足而模糊的荣光之中理解这种信仰,外国人自然也不太能共情;然而英国人热忱地信仰着帝国,以巨大的热情向外传播这种信仰,以至于大英帝国神圣的本质,其浮华与强权的雄伟气派,其不断重复的使命宣示,其对自身永无过失的信念,其丰饶与献身的惯常气质,这些在属于维多利亚的19世纪的最后几十年,变成了世界舞台上的支配性要素。

这一信仰中,日益变得神圣不可侵犯的正是君主——"通常都神秘地躲在幕后,"沃尔特·白哲特曾谈到女王,"偶尔才会像参加选美一样招摇而行。"当然，维多利亚女王并非一直都是半神化的人物。对埃米莉·伊登来说，她是个有趣的奇人；统治的前半段时期，她不断受到恶意下流的批评；她深爱的阿尔伯特死去，她选择从公众视野中消失时，也非常不受公众欢迎。然而此刻，她形成了自己的人格，同时承接了帝国执行的衣钵。本杰明·迪斯雷利在他更伟大的第二任首相任期内，实现了女王的神化。迪斯雷利是犹太人，他本人是传奇小说作家、冒险家，也有异域气质，正是他用帝国的光辉壮丽的景象鼓舞了维多利亚。这种景象闪烁着钻石的光芒，无处不在，由大象、鸸鹋和长颈鹿支撑，伴着戴头巾的枪兵和毕恭毕敬的土著。就是在迪斯雷利的鼓舞下，维多利亚才自称为印度女皇，这一头衔的升华事实上是在下议院一次分歧颇大的投票中通过的，而女王也兴高采烈地接受了。通过议会的法案，她成了女皇，此后便一直如此自称。她会满意地在签名中使用"维多利亚女王和女皇"（Victoria Regina Imperatrix）这一头衔，她乐意在宫廷里留下印度人，而且她本人也为帝国感到狂热，她远不仅仅是单纯的立宪制君王，更是帝国信条的中心人物。

这是属于英国人的新宗教。自伊丽莎白一世的时代以后，他们就再也没有如此崇敬一位君王，也从未对王权表现出如此强烈的忠诚，而特别是在帝国的语境中，维多利亚获得了这般非凡魅力。帝国让她成了"伟大的白女王"的名祖，赋予她与白鲸莫比·迪克一般的传奇力量；同时，也是帝国将她塑造为非正统的大地之母。她丰满、老练、和蔼而聪慧，异教徒或无知的臣民依附在她的毛呢裙边以求庇护，她严厉的训诫能让专横者与反叛者改过自新。

在许多领域，女王的象征意义都表现出了魔法般的力量。众所周知，英国人历来喜欢神秘主义，他们仍然没有放弃世代相传的神圣权利理论，但已不再沉耽其中，而开始接受作为整体而存在的帝国主权。在英国人居住或殖民的地方举行的许多帝国仪式，也像对一位不可见却无处不在的神明的奠酒仪式——陆军团炎热的食堂里，布屏风扇在蜡烛上方发出沉闷的嘎吱声，突然的静默中，可以听到蟋蟀的鸣叫声，人们举杯向女王祝酒；女王卫队集合时，地上的脚步声和士兵们的喊叫都是英国陆军煞有其事的仪式传统；他们为女王的王权祈祷，向女王的塑像敬礼，在密林和极地冰冷的广阔区域中以女王之名发布命令，甚至在面见殖民地总督时会戴上最好的缀有玫瑰的帽子，对他行屈膝礼。虽然总督们看上去可能不那么像神，但是因为他的职位，他也是被涂了神圣膏油而选定的。

帝国内一些更加淳朴的臣民切实地相信女王创造了奇迹，而且建了神祠敬拜她。比如，信德的显要人物就会在典礼上到女王画像前鞠躬，而且这幅画像通常会被罩起来，地位不高的民众不能观看；女王还会收到来自远方的奉献——野生动物、象牙盒子、水牛皮制成的王座，甚至在1849年，还收到了毛利人第一座水磨磨出的一袋面粉。女王在孟买的首席代表罗伯特·格兰特爵士去世之后的25年间，只要有猫在日落后从浦那的政府大楼离开，站岗的印度兵都会举起武器行礼，他们认为，格兰特阁下的心灵，也就是女王陛下的权威，已经转移到了猫身上。女王在大饥荒之后访问都柏林时，甚至与英国极其疏远的爱尔兰人也尊敬地接待了她。加拿大荒野中的印第安苏人和克里人则视她为白色的母亲，是终极的女性，是山峰以及特别是威严的松树和幽灵般的野牛的化身。在印度，女王则被视作莫卧儿帝国的直接精神继承人，甚至是更加古老的皇室的继承者。这里举行了一场王公接见会庆祝女王升格为印度女皇，这就是帝国的弥撒，主要的助祭全是当地的王公。

当时身在印度的英国人，几乎都在回忆录中提到了这件事，它成了后世数次王室接见会的模板，而英国在印度统治的祭献性质也就一代代地不断重申和确认。维多利亚女王本人并未出席——她从未离开过欧洲——但即便由代理人替她出席，她的影响力也如此强大，乃至在接下来的数年内，都有印度人坚称在现场见到了女王。这次接见会还有象征意义，标志着莫卧儿帝国的终结：这一年，88岁的可怜的巴哈杜尔终于与世长辞。在印度王权的连续体之内，来自中亚的征服者被来自英国仁慈的专制君主所接替。为了让这场高贵弥撒的积极参与者——印度的王公——铭记这个天意注定的进程，英国人在红堡视线内的德里平原上举行了这场印度历史上最奢华的盛会。盛会的焦点正是女王派驻的印度总督，诗人利顿勋爵（Lord Lytton）；盛会的风格也是利顿本人在远方浪漫主义的迪斯雷利的鼓动下设定的。这是一场同时套上了封建与宗教两套伪装的仪式。印度王公们向至高的君主，印度的皇帝（Kaisar-i-Hind），英国女王和印度女皇维多利亚，致以崇高的敬意；同时他们也保持着自己作为次级王公应有的华丽派头。英国早已不欣赏中世纪的那套审美，但这种审美在印度留存了下来，这里成了种种富丽堂皇最后的避难所。在利顿勋爵眼中，这次接见会就与中世纪的骑士做派无异。

每位出席接见会的王公有专门设计的盾形纹章，它们被恭敬地分送给诸侯封臣。王公们被一个接一个地带去面见总督，然后在骑兵军官的护卫下，接受鸣炮敬礼，最后来到女皇陛下的等身画像前。穿着短裙的苏格兰高地兵把缎子旗帜带进来，总督则把它们交给王公们，同时说："我现在将女王陛下的私人礼物交给殿下，这面旗帜纪念她取得印度女皇之头衔。陛下相信，只要这面旗帜展开，便能让你想起你高贵的家族与英国君主之间紧密的联合，也会提醒你，陛下永远希望你们的王朝强大、繁盛而永恒。"然后，总督会在王公们的脖子上系一条红色缎带，上面有一枚女王头像金章，同时念出颂词："现在，遵循女王陛下的命令，我再为你授章。愿它常伴你身，永远在家族中传承，纪念这一吉祥的日子。"

然后，宛如虚幻一般，这些纹章旗帜就在接见会的场地周边飘扬，英国的副总督们，相当于女王的助理牧师，则列队站在自己的典礼旗帜下。有些王公带来了自己的笛子乐队、一群身着鲜艳服装的家臣，或者大象，而且他们自己也穿得极为华丽。步兵营在场地周围列队游行，骑兵中队的马匹刨着蹄子，鼻子喷气，还有小号吹起，礼炮打响。场地的中心，一座镀金铁质台子由旗帜、红金相间的布料、盾牌、武器和横幅装饰，上面的一块红丝绒软垫上放着皇冠——衣着华丽的利顿就代表女皇陛下站在中间，虽然在肉体上他不像女皇，毕竟他是个又高又瘦的男人，但他至少代表着抽象的皇权。

在场的部分欧洲人认为这一切都艳俗不堪，还有些人不自在地想起了《公祷书》里的圣餐礼场面（"为全世界的罪，献上一次彻底、完整、充足的牺牲、奉献与救赎"）。但在印度人中间，这次仪式的效果显然非常成功。"噢，母亲呀，"一位忠诚者的话语显然捕捉到了这次盛会的精神，

"噢，我们敬爱的住在伦敦宫殿中的陛下，德里皇帝所有的后裔都已经陷入你力量的火焰中。今天，天使必定要在天国中歌颂陛下的荣光。"*

5

英国陆军将帝国的符号绣在了他们高傲的护身符——部队的旗帜上。过去，这些旗帜在战场上的作用仅仅是为部队指出显眼的集合点，阅兵仪式则是这一实用功能的演练。而在19世纪，虽然旗帜仍然会被带到战场，但是它们的存在仅剩下象征意义。它们与非洲的偶像崇拜别无二致，象征着英国军事系统本质的忠诚、牺牲与同袍精神，这也是帝国前进动力的重要来源。

士兵们对旗帜的献身精神几乎到了狂热的程度，甚至情愿为守护旗帜而死（不过在1839年的阿富汗战争中，苏特上尉就因为把第44团的旗帜缠在了腰部而被阿富汗人饶过一命——因为他们认为，这人必定是个有特殊重要性的军官，能值好一笔赎金）。历史记录中，无数军官为了保护旗帜而勇敢面对南非土著长矛、吉赛尔步枪，甚至愿冒身首异处的风险。而一面团旗因为战斗冒险而破损，或者因为团的解散而必须退役时，也没有一个人会想将其焚烧，或者带走作为纪念品；相反，士兵们会严肃地列队将它带进军团教堂——在这里，旗帜被挂在纪念礼拜堂的高处，随着时间逐渐碎裂成末，但即便结满蛛网，这面旗帜仍然像过去圣徒与殉道者的骸骨一般，永远保持着圣洁。**

大炮也附加了神圣的意义，这倒是比旗帜的神化更加理所当然。在战场上，抛弃任何武器装备都是耻辱的，而抛弃一门大炮可谓变节。这种行

---

* 英国臣民之中不时仍然会冒出敌对的神明君主，但他们基本上都无法长期挑战维多利亚——土著总是更倾向于远在天边的"伟大的白女王"。这些反叛的"神君"之中，最受人喜爱的就是特·维罗·波塔陶（Te Whero Potatau），他被毛利人尊为弥赛亚式的君王，但他坚称自己不过是一只蜗牛。

** 现存的一个动人的例子就是第24团第1营（南威尔士边境卫队）的女王旗帜，它现在仍然悬挂在布雷肯主教座堂。1879年的伊散德尔瓦纳战役之后，两位军官曾因试图拯救这面旗帜而被祖鲁人所杀，死无全尸。他们死后，这面旗帜被找到，女王亲自用银花冠装点它，后来，这面旗帜又跟随第1营战斗了54年。

为是炮兵军官最大的耻辱。在短篇小说中,这是当时人们最喜欢的短篇故事设定,但在现实中,这会成为一个人履历中永远的污点。无数帝国英雄故事都与炮有关——拯救、坚守,或者操作至死。因此,在喀布尔,埃尔芬斯通的参谋军官最感震惊的,是埃尔芬斯通软弱地同意将大炮交给阿富汗人;而印度兵变后英国采取的一系列审慎行动中,让忠诚的印度军官和士兵们最沮丧的,就是他们被剥夺了大炮的使用资格。与光荣的旗帜相比,火炮或许才是帝国信念更加合适的贮藏之所:它们既是机器又是武器,涂着油,被擦得发亮,这是属于维多利亚时代中期的勤奋作风。因此,也就不奇怪,为何向炮架与炮闩许下誓言的皇家炮兵,直到20世纪仍然是英国武装部队中最专业的军种。

6

这一切看起来似乎散发着危险的气息,接近于战争崇拜,但英国人还是轻易地将帝国的形象与拉斐尔前派的基督教幻象——"圣光旁的火炮"——融合在一起,正如塞西尔·斯普林-赖斯(Cecil Spring-Rice)在著名的爱国主义歌曲《祖国我向你立誓》(*I Vow To Thee My Country*)的第二段歌词中所言:

> 但还有另一片国土,我早已有所耳闻,
> 对爱它的人而言最亲切,对知者而言最伟大;
> 我们大约不能数清它的军队,也无法面见其君王;
> 它的堡垒是虔诚的心,它的骄傲是苦难;
> 它光耀的边境宁静地扩展至一个个心灵,
> 它的手段充满温柔,所有道路通向和平。

总而言之,帝国所拥有的最接近国家宗教的,能与天主教和伊斯兰教的凝聚力相比的,也就是以诡秘的方式传播到世界各地的英国国教典礼仪式。此时,圣赫勒拿、霍巴特、格雷厄姆斯敦和香港都已经建起主教座堂。直布罗陀主教的教区从葡萄牙延伸到里海,* 纽芬兰主教同时担任百慕大主教,塞拉利昂的黑人主教最近才停止敬拜尼日尔三角洲的巨蜥。加尔各答的圣保罗大教堂举行了五个小时的落成奉献仪式——主持仪式的主教称:"我们用手中的文字昭告了最终天命的确定判决,使这座教堂从此永远被奉献和祝圣,让我们和加尔各答所有继任主教拥有并保留一切世俗与宗教的裁判权和特权。"开普敦或许认为科伦索主教在他的教区已经被同化成异教徒,但在他的祖鲁门徒眼中,他无疑仍然是一位坚守帝国信仰的高等牧师。而无论英国国旗在世界的哪个角落飘扬,英国国教都作为帝国内部高尚价值的外在形式,被当地人接受。

在爱尔兰,总督走到破旧古老的圣帕特里克主教座堂的座位时,即便是此地统治阶级中的大人物也要向他鞠躬。这里的战争纪念碑纪念着无数为帝国事业牺牲的人,会众则乐观地唱着爱尔兰圣公会赞美诗集中的第303首赞美诗——"举起旗帜吧,爱尔兰教会,我们坚守你古老的信仰。"马耳他的士兵列队前往大港岸边带有百叶窗的清冷教堂,这座教堂是出于威廉四世的王后阿德莱德(Adelaide)的愿望而修建的。晨祷之后,海军的舰长们还能从这座英式教堂的前院望见下方下锚了的战舰。教堂的祭坛上有指挥官和银行经理的夫人们精心摆放的花;前排的长椅上,总督和海军指挥官并排坐着;古老的英国赞美诗穿过百叶窗,响彻瓦莱塔的小巷(信仰天主教的马耳他人迷信地在圣像前在身上画十字,而没有参加礼拜的水兵则在城里四处游荡,等着妓院开门)。

马德拉斯的士兵、公务员和小商贩都穿着棉布衣服,戴着硬领子,携妻子一起走进圣乔治要塞内的圣玛丽教堂,它的墙面似乎散发着统治者古老的魅力。加尔各答的建立者乔布·查诺克(Job Charnock)从殉葬火堆中救下的印度情人所生的三个女儿在此受洗,克莱武的婚礼在此举行,威灵顿公爵在此接受敬拜,八位印度总督葬在此处。祭坛的栏杆是来自坦焦尔公主的馈赠,修建祭坛的砖块则是从本地治里的法国人手中夺来的;而据传说,教堂的设计者并非建筑师,而是要塞的主炮手爱德华·福尔

---

* 而主教本人住在马耳他。

（Edward Fowle）。在比加尔各答更遥远的东方，新加坡的信众们走进能俯瞰巴东的圣安德鲁教堂，开始周日的礼拜——教堂一片纯白，象征着圣公会的纯洁，突出于周围混乱破败的城区中，与拦路的锈迹斑斑的小船形成鲜明的对比。这种白似乎是为城市的建立者莱佛士而生，他希望帝国永远以"光明的形象"名载史册；礼拜堂长椅上坐着的商人白色的亚麻套装和站在讲道坛后面的神父白色的法袍加强了白色的印象；这白色属于伟大的白女王，属于帝国不断前进的热情，属于尚未完成的一页页银行账簿，甚至属于苦干的囚犯们的制服——20 年前，正是他们，在皇家工兵的指挥下，在炎热中建成了这座神圣的建筑。

在全球各地每一座这样的大教堂中，每一个周日早晨，帝国的建设者们都按照等级聚集在一起——欧洲人在前排，非洲人、印度人、华人或者其他的土著则在后排。戴斯霍特（Dicehurt）女士嫉妒着邓斯伯里（Duncebury）太太戴的珍珠，年轻的汤姆·莫里斯（Tom Morris）看到丁伯里（Timbury）太太的帽子后吃吃窃笑，然后这两三百个在帝国之名下聚集的人都按熟记于心的方式规规矩矩地跪下，牧师的牛津口音英语在周围的纪念碑之间回响。到了唱赞美诗的时间，唱诗班便站起来，上了浆的白法衣发出沙沙声，还有橡皮糖一般的模糊声音，然后便放声唱起圣公会某首赞美诗——卫斯理的《荒野》（*Wilderness*）、门德尔松的《羽翼颂歌》（*Oh for the Wings*）；在墨尔本或者多伦多接近圣诞的时节，人们还会唱起最动听的威廉·克罗奇（William Crotch）的曲调：

看，星辰引导酋长们
带来了亚述的气息

这首歌魔法般地融合了异域、平凡、虔诚、欢乐、浪漫与神秘，真正地唱出了帝国的气质。*

---

* 不甚虔诚的唱诗班还有自己的改编——"看，惊讶的厨师／带来了亚述苏打水"——如同年轻的加拿大信徒宁愿选择崇敬十二负鼠一样（戏谑耶稣的十二门徒）。

第 17 章

梅蒂人的耻辱

I

现在，英国人正向所有海外领地打包输出文明，包括与当地产品竞争的英国商品，以及强大的服务支持。有时，这种行为是有意的政策实行的结果：墨尔本勋爵的殖民地部常务次官乔治·格雷爵士早就建议帝国摧毁境内所有的部落社会系统，代之以小土地所有者组成的农业协会。有时，这种输出是经济战略的一部分：比如，曼彻斯特的产品彻底摧毁了印度的棉纺织业，而该行业是印度民族工艺的基础，也是印度传统生活的中流砥柱。* 但更常见的情况是，这一过程完全是自然地发生，甚至不过是一种附带产品，在英国人眼中——若他们确实把它当一回事的话——只不过是历史决定论的一个侧面罢了。

土著文化对这种入侵的反应各不相同。有些文化——比如印度的印度教和穆斯林文化——虽然屈服，却并未溃不成军，只是将西方文化视作昙花一现的现象。** 还有些民族——比如缅甸人——对此漠不关心。澳大利亚的土著在尚未了解西方文化时就消失于世。爱尔兰愤怒地、断断续续地抵制着这种入侵。但是，至少有一种文化深知来自帝国的挑战有多么强大，他们不惜一切，背水一战，决心以死捍卫自己生活的方式。这就是荒原上的梅蒂人（Metis）文化。在 19 世纪 60 年代后半期，大英帝国的强权无情

---

* 同时，英国人还毫不脸红地窃用印度传统的设计：印度手工纺织布料的先锋收集者福布斯·沃森（Forbes Watson）自称是为艺术追求和学术研究而工作，但事实上，他的幕后赞助者是兰开夏郡的工厂主，而他们的目的自然是利润。

** 据人类学家索尔·塔克斯（Sol Tax）所言，直到 1969 年，北美印第安人似乎仍在"等着我们离开"。

而自满地侵入了他们的堡垒——加拿大西部的大草原。

2

前文已经提到过这些引人注目的混血儿——他们浮夸地为辛普森总督的小舟摇桨，前往挪威豪斯，或者为穿着雪靴徒步前进的哈得孙湾公司贸易商带路穿过鲁珀特地的森林小径。即便过了20年，他们仍然是当时那样勇敢、自由的半游牧民族，其中有猎人、捕兽人、船夫、向导，也有贸易商。这是一群相貌出众又热情好客的人，他们的血管里有印第安、法国和苏格兰三种血统，虽然有喝酒的癖好，还会在醉酒后长时间嬉闹，但他们仍然是虔诚的罗马天主教徒。早年，哈得孙湾公司对他们基本上是满意的。他们可以成为能干的雇员，能帮公司赶走他们不欢迎的殖民者，还是欧洲人与纯种印第安人之间重要的交流桥梁。大多数梅蒂人都是文盲。他们说的是自己的土话，一种古法语、克里语、奥吉布瓦语、英语以及本族词汇的混合语言。这个民族的价值精神都融合在这种语言里——一半属于荒野，一半属于定居生活；一半是欧洲人，一半是印第安人。这是一个敏感、高傲又困惑的民族，他们对自己的世界地位与历史都不甚清楚。

19世纪60年代，梅蒂人最大的聚集地就是大平原中心的一块区域，即如今的马尼托巴。他们的主要集市在美国的彭比纳，但真正的故土仍然是北方的加拿大——雷德河和阿西尼博因河的两岸，仍有约6000名梅蒂人以俗丽而英雄的方式生活。他们在这一区域构成了一个相对紧凑且有辨识度的社群，他们骑着马狩猎逐渐减少的野牛，用古老的法国方法在河岸的带状土地上种植粮食。他们坚信自己对这个国家拥有不可剥夺的权力，若他们并非这片土地的拥有者，至少也是其真正的掌控者。他们之间仍然保持着原始的兄弟情谊，他们有自己的牧师、自己选出的领导人，有独特的浅色服饰、气势磅礴的歌曲，还有长久冒险的记忆，凭借这些，他们便可以让这种独一无二的排他、好斗的文化维持下去。

但正是在这一区域，在雷德河的岸边，哈得孙湾公司批准建立了一处欧洲移民的永久定居点——就在梅蒂人领地的西部。前文已提过这片偏远殖民地从根源上就不稳定，其存续一度都成为大问题，但无论如何，它还是坚持了下来，在这里扎根，繁荣发展。在19世纪60年代，它理论上仍由哈得孙湾公司治理，但事实上已经成为一个自给自足的开拓者社群，每个人都独力生存，又共同为发展出力。此时，居住在雷德河殖民地的欧洲人已达到2000人——其中大多数仍然来自苏格兰，但也有英国人和美国人混居其中。他们和梅蒂人一样为自己的成就而骄傲，同时坚决坚持着人人平等的原则。剑桥大学著名地质学家亨利·欣德（Henry Hind）在一次科学考察途中造访雷德河畔的一处农场，就受邀留下来吃了一顿午饭。但桌子上只摆了一个人的餐具。"我的盘子呢？"房主高勒（Gowler）先生立刻问道。"噢，约翰，"他的妻子高声回答，"你不会认为自己可以和一位绅士同桌进餐吧？""把盘子和椅子给我！"这位开拓者大声回击，"我就不是绅士吗？这不是我的房子吗？这些不是我的食物吗？把盘子给我！"

雷德河殖民地是加拿大中部唯一稍有规模的殖民地，从这里往西，是一直延伸到落基山脉的大平原，往东则是压抑的安大略省北部，一大片森林、沼泽、湖泊和裸露的岩石组成的可怕屏障，这片区域几乎完全无法通行，从渥太华或者多伦多抵达雷德河殖民地唯一可行的道路必须穿过边界，通过芝加哥和圣保罗。这片殖民地还十分粗糙，勉强能居住，但不能说没有魅力。殖民地正中心是哈得孙湾公司的据点加里要塞（Fort Garry），坐落于两条河流的交汇处。这处设有防御工事的综合性建筑也是雷德河生活的中心，贸易商会带着皮毛和农产品来此交易，法庭和行政办公室也设在此处。建筑内房间的墙都漆上了鲜艳的红色、黄色和橙色，以打破外面无尽的蓝白绿三色的单调。要塞附近的生活也多姿多彩。夏天，船队就在河畔停靠，雷德河护航队的船只也在一片狗吠声中由马或牛拖拽着，起航驶向大草原——特意为草原设计的货车高大的木轮子因为没有上好润滑油，在行驶时不断发出尖锐的噪声，折磨着人们的神经，但这却成了大多数造访者对雷德河区域难忘的记忆。冬天，马拉雪橇来来往往奔驰，乘客们都裹在皮毛和亮色条纹的毯子里；有时一长列狗拉雪橇队伍会从遥远的殖民地——比如圣安德鲁、小不列颠（Little Britain）和旧英格兰（Old England）——抵达此处。印第安人和梅蒂人或是挤在商店和采购办公室附近，或是凄惨地在法庭门外挤成一团，或是肩上扛着皮毛和长角的麋鹿头缓慢地走着。

要塞周围是一圈混杂的木屋、商店和仓库。一艘宽大的艉明轮船沿着河道来来往往，约10到20英里长的河流两岸分布着农庄田地、坚固的花岗岩住宅、教堂和花园，而这些河滨产业的主人自然是殖民地说英语的农民。这片乡村地区充满了乡村的满足气息，微染着思乡色彩——几乎没有什么建筑能比圣安德鲁的圣公会教堂更清楚地体现出浓厚的思乡之情，这座静静矗立于河畔的教堂的后院里，从英国运来的树木繁茂生长，教堂的必备物品和跪垫上满是正宗的英国气息（虽然跪垫是用野牛皮制成的），集会通知钉在小小的石头门廊上，教区牧师的舒适住宅坐落于角落，挂着棉布窗帘；甚至冷冽的苍穹中飞翔歌唱的云雀，都是从母国特意带来的。

然而，梅蒂人却游离在这种复刻的帝国秩序之外——他们安于眼前，时常喝得醉醺醺，有点小聪明，但并不热爱哈得孙湾公司及其传统，对加拿大这一暧昧松散的英国殖民地集合体也毫无忠诚。梅蒂人大多居住在阿西尼博因河畔，他们有自己的天主教大教堂——圣卜尼法斯教堂，也有自己的主教和学校。他们与雷德河殖民地当局冲突不断，这主要是因为哈得孙湾公司的贸易政策。梅蒂人本身就是行事激烈的自由贸易商，在美国也有不少友人和亲属。400英里以南逐渐繁荣的美国城市圣保罗是他们主要的贸易地，他们在这里寻求利润，也追求乐趣，这里的贸易完全是自由的，酒水的交易比哈得孙湾公司允许的要自由得多。雷德河地区的梅蒂人就像温暖的干草堆上四溅的火星，随时可能爆发出一场大火。对这里盎格鲁-撒克逊血统的殖民者而言，他们就是危险的不稳定外来因素，决不能把枪交到他们手上，更不能与他们交心或者通婚；而梅蒂人因为受到法裔加拿大人、美国人和爱尔兰人等大英帝国长久的敌人的怂恿，从来就不信任这些殖民者。

1867年，四个人口最稠密的英属北美殖民地，即魁北克、安大略、新斯科舍和新不伦瑞克联合组成了一个新的自治领地——加拿大自治领，由约翰·麦克唐纳爵士担任领导人，印第安人称他为"古老的明天"。两年后，哈得孙湾公司将其所有政治及领土权利转交给了新政府，整个加拿西部就此成了加拿大自治领的一部分。一夕之间,加拿大便成了一个统一的国家,领土从大陆的一岸延伸到另一岸,政治家、金融家、工程师和测量员立刻开始规划贯穿大陆、连接大西洋和太平洋的铁路,这不仅能让加拿大巨大的国土连成整体,供英国开发,也能抑制南方的美国扩张主义者虎视眈眈的野心。

关于这些发展,梅蒂人事先没能得到任何警告,也没有人在意他们的意见。他们不过在1869年得知雷德河地区从此之后将由全新的政府统治,这个新政府由渥太华直接任命,无疑将为英国文明在加拿大西部的扩张而努力。

3

1869年秋天,政府转换前不久,出现了反抗这一转变的第一个迹象。加拿大自治领政府已经决定引入更多安大略的盎格鲁-撒克逊居民加强雷德河殖民地,将其作为挺进西部的前哨基地,同时防范美国人,平衡法裔加拿大人和他们的天主教传教士的影响。一支军事测绘队伍来到加里要塞,为新殖民地寻找最合适的位置,而他们得到的指示是使用安大略的移民地测绘法,即将测绘区域分成四方的块状;而非加拿大法语地区传统使用的"河流地块"法,则将土地分割为带状。梅蒂人对此极为愤恨。他们深知这次测绘背后的意义,也知道这意味着大量勤劳的加拿大农民将会涌入此地,把整块大草原都变成谷物生产地,而他们的野牛狩猎和悠闲的梅蒂人传统生活都将一去不复返。

测绘员也得到指示,要求避开河畔地带,避免与梅蒂人发生冲突;但他们对现存的地产系统并不十分清楚,因此其中一支队伍还是不慎侵入了离加里要塞约两英里的一处梅蒂人牧场。牧场主激烈地表示反抗后,便跑开去喊帮手。很快,这支仍在困惑中的队伍便发现牧场另一边,一群年轻的梅蒂亡命之徒正充满威胁地向他们大步走来。这群亡命之徒约有十五六人,手中没有武器,但杀气腾腾,他们穿着梅蒂人传统的兽皮服装,上面还有羽毛流苏,看上去明显不甚友好。这群展露柔软细腰的年轻人与眼前无动于衷的士兵,无论在体态、脾气、语言、价值观、出身还是举止习惯上都完全不同——这些士兵们拿着测绘用的链条,正一脸不解地等待着梅蒂人的到来。

这群梅蒂人的领导人是个年近30岁、身材壮实的白皮肤男人,有着一头卷发和黑色的眼睛。他的同伴静静地盯着眼前的测绘者时,他走到测绘链前,夸张地以侮辱姿态踩了上去。"你们不能再前进一步。"他说。阿西尼博因河以南的地域属于梅蒂人,不允许进行任何测绘活动。"你不能前进一步。"测绘员争论道。梅蒂人坚定不移,士兵们感到困惑,而且人数不足,很可能被吓住了,因此放弃测绘,返回了营地。

于是加拿大方面知道了路易·里埃尔这个人,反抗大英帝国力量的典型领导人物。他的父亲有一半法国血统,一半印第安血统,也是著名的梅蒂人活动家;他的母亲是法国人,是第一位出现在加拿大西北部的白人女性的女儿。因此,里埃尔与所有梅蒂人一样,真正地扎根于此。他四分之一的印第安血统中融合了开拓者的基因和天主教徒的热情,他在蒙特利尔的一座神学院接受教育,又在圣保罗接受了政治熏陶。他是一位热情的爱国者,情绪化,性情多变,大多数时候十分天真;他是帝国历史中最辛酸的人物之一,走过一页页泪眼模糊的加拿大历史篇章。他就像个孩子一样,脾气来得快去得也快,自负又格外诚实,这种敏感脾气部分源于种族的耻辱感。他的宗教信仰成谜,英国人从来没有弄清楚他究竟是不是与他们站在一边。我们也被他的回忆所搅乱,无法确定他究竟是英雄,还是江湖骗子,或者是疯子。当时英国陆军最敏锐的军官之一威廉·巴特勒曾在加里要塞与里埃尔会面,他认为,里埃尔是个滑稽可笑但引人注目的人物——"一双敏锐、不安又狡黠的眼睛,宽方额头,一头长而厚的乱发,眉毛形状好看——总而言之,这是一张非凡的脸,因为这块土地上这样的东西实在太少见了"。

4

负责管理西北领土的第一任副总督威廉·麦克杜格尔(William

MacDougall）提早从渥太华启程，取道圣保罗，前往加里要塞。众所周知，他是个死板的苏格兰裔加拿大商人，对混血儿和天主教徒都没有好感，因此，梅蒂人在里埃尔热情的领导下，决心绝不理睬麦克杜格尔。梅蒂人组织了自己的准军事部队，他们纪律严明、组织良好，并且慎重地发誓永不饮酒。麦克杜格尔带着工作人员抵达这一边境地区时，既没有忠诚的接待委员会为他接风洗尘，也没有飞扬的旗帜和表彰状欢迎他。相反，他踏上新省区土地的那一刻，便接到了一份无礼的命令。"先生，"命令用法文写道，"雷德河梅蒂人民族委员会要求麦克杜格尔先生不得未经委员会特殊许可进入西北领土。"

这份生硬的命令让麦克杜格尔大吃一惊。法律上而言，他确实还不是副总督，因为政权交接尚未结束，因此，美国人便幸灾乐祸地看着他遵守了命令，愤怒又迷惑地退回了在彭比纳租住的寓所。与此同时，里埃尔带着100名骑兵闯进加里要塞，从哈得孙湾公司手中夺过了统治权。他宣布，他和他的人民不是叛乱者，他们仍然忠于英国君王，只是希望与加拿大政府就他们加入新联盟的条件进行谈判。里埃尔在要塞里召集了一次会议，参会者有一半说英语，另一半说法语。然而，当一群殖民者表现出反抗迹象时，他立即逮捕了其中的70名殖民者。

现在，雷德河地区陷入了宪法困境：其法律上的政府仍然是哈得孙湾公司，事实上的统治者却是里埃尔，而加拿大政府还让问题变得更加复杂，他们决定，在雷德河问题得以平息之前，暂时推后权力的转换。不幸的是，他们忘了把这一决定告诉麦克杜格尔。因此在原定的政权交接日，即1869年12月1日，他虽然还身在边境另一边，但仍以女王之名起草了一份公告。公告以"大不列颠及爱尔兰联合王国女王维多利亚，承蒙上帝恩典"开头，宣布即日起"我们值得信赖的亲爱的威廉·麦克杜格尔"被授予了这片领土的统治权。

这份文件没有通过渥太华的授权，更不用说得到伦敦的首肯，完全是无效的，而且当时的情况下，文件所写内容也与现实不符；但当天晚上，麦克杜格尔就带着七个随从和两条引路犬，在夜幕降临后穿过了加拿大边境，避开了梅蒂人的巡逻队，抵达了英国领地内一处废弃的哈得孙湾公司据点。他们抵达时已接近午夜，暴风雪笼罩着这片区域，但是在大雪与寒冷交加的暗夜中，他们严肃地升起了英国国旗。麦克杜格尔的同伴们为他挡住寒风，护着滴蜡的蜡烛火光，疲惫不堪的麦克杜格尔则戴着连指手套，坚定地捧着羊皮纸文稿，宣读了他伪造的命令。除了他的助手们和周围的动物，他一个听众也没有。仪式结束后，八个人就爬进车里，带着两条沮丧的引路犬，沿着来时在雪上压出的车辙，颠簸着回到了美国。

很快，这场愚蠢仪式的消息就传到了里埃尔耳中，但他认为这不符合法律，就置之不理了。他表示，雷德河区域从没有正式的政府。"一个没有政府的民族可以自由选择其喜欢的政府形式，也可以同意或拒绝收到的联合邀请。"因此，梅蒂人建立了自己的政府，"并认定其为鲁珀特地和西北地区唯一合法的政权，要求其人民顺从并尊重它"。加里要塞升起了一面新的旗帜，白底上有一朵百合花饰和一片三叶草。梅蒂人还创办了一份官方报纸《新国家》(*The New Nation*)。里埃尔夺占了哈得孙湾公司在加里要塞所有的现金，并在1870年12月17日被选举为鲁珀特地及西北地区临时政府总统（这一殊荣让他至少在理论上成了当时世界上最大的共和国的统治者）。

梅蒂人就这样凭着本能安排一切事务，成为雷德河地区真正的主人。他们虽然通过武力夺权，却没有造成流血事件，而此地的法律状态虽然远不能算是简单易懂，但至少还有辩论的空间。这一年年末，麦克杜格尔承认这一既成事实后，便在美国开拓者的嘘声中离开了彭比纳，耻辱地返回了渥太华。

5

伦敦的帝国政府则以一种贵族式的疏离静观其变。以格莱斯顿为首的自由党政府的殖民地事务大臣格兰维尔勋爵并非帝国主义者，他力主约束渥太华政府。他在给加拿大总理的电报中说："女王陛下已经得知有一些误入歧途的人民联合起来，用武力反对继任副总督进入女王陛下的雷德河殖民地，并对此感到震惊和遗憾。陛下信任殖民地臣民的忠诚，相信他们之所以反对这项单纯服务于他们利益的改变,只是因为误解和歪曲的叙述。陛下将依靠你的政府来用一切手段解释过去的误解,查明他们的要求,调解安抚雷德河居民善意的表态。与此同时,陛下也授权你向他们传达她得知他们毫无道理的非法行动时的悲伤和不快……"

当时的加拿大总督是约翰·扬(John Young)爵士,他曾担任帝国驻伊奥尼亚高级专员,极其了解脾气暴躁的"非不列颠人"。他以女王的电报为基础起草了一份公告,向梅蒂人保证,若他们臣服于新政府,就地解散,政府将不会对他们采取任何行动。渥太华虽然本身也不过是靠伐木发展起来的河畔小镇,但这里的情绪却几乎没有缓和。在正统的加拿大人看来,里埃尔的反叛不过是加拿大内部深层次紧张关系的一个外在表现罢了:他们认为这次叛乱有法国人和天主教的身影,与历史潮流背道而驰,也许可以说是叛国,它就是无知的过往的反扑,反抗着进步的步伐。加拿大自治领才建立几个月,似乎就面临分裂主义运动,而即使是高瞻远瞩的达勒姆勋爵,也没能预见这一运动兴起的地区。

因此,当西部殖民地的传统敌人哈得孙湾公司出人意料地提出帮忙时,渥太华焦头烂额的政治家们都松了一口气。哈得孙湾公司此时正在灵活地调整其公众形象。乔治·辛普森爵士已经去世,公司的垄断权也不复存在,而公司因为主权转移获得了大笔土地补偿,此刻正忙碌地准备转向未来新的零售贸易和土地开发产业。辛普森的继任者,公司在蒙特利尔的代表人唐纳德·史密斯正是公司新派系的代表人物,他很快就在雷德河地区的争端中看到了机会。他向加拿大政府提出,公司的官员可以忠诚配合政府"重建并维持该地区的秩序",还谦恭地提议由自己担任特使前往加里要塞调查情况,同时向梅蒂人解释道理,采取"最适合于促进权力和平移交的"手段。

在争端的这一方,史密斯的象征意义如同对方的里埃尔。他作为斯特拉斯科纳勋爵(Lord Strathcona),是加拿大太平洋铁路公司的主要创始人,该公司主要在哈得孙湾公司拥有的土地上铺设铁路,可谓加拿大西部为传播帝国文明贡献最大的机构。他是苏格兰移民,父亲是马里郡出身的商人,他本人在哈得孙湾公司内逐级晋升,并通过对股票市场精明的操纵发了财——其中最重要的就是购入自己公司的股票，而此时，他已是公司的主要股东。他的代理人同事们都认为这一过程有腐败的痕迹，而他终其一生都没有摆脱两面派的名声，但他仍然是一个强大的、勇敢的人，他野心勃勃，没有多少魅力，缺乏教育，也没有什么底线原则，但拥有令人钦羡的机敏思维。1870年圣诞节后两天，50岁的史密斯乘着雪橇抵达加里要塞，来与草原上保守原始的梅蒂人当面解决问题。

他知道成功在雷德河建立起殖民地将是一项巨大的个人功绩，或许还会成为踏入政治生涯的第一步；里埃尔也意识到，史密斯的到来把雷德河问题转化成了一场对两种个性的考验，一边是自持的、诡计多端的苏格兰人；另一边是热情又易变的混血儿。这两位半英雄式的人物在要塞旁边的一块空地上召集了一次集会，分散在殖民地各处的人们则乘着雪橇或穿着雪鞋徒步而来，做出他们的判决。此时这里的气温是零下20度，积雪很深，但有千余人来参加这场集会，他们披着厚厚的毛皮，挤作一团，身上结霜。不久，梅蒂人步枪兵参差不齐的问候声便宣告了共和国总统里埃尔和蒙特利尔的史密斯先生的到来。

他们走到讲台上，聚集的人们被要求安静，然后两人便直面听众：史密斯是主讲人，向人们介绍渥太华的情况，里埃尔则将其翻译为梅蒂人的语言。天气寒冷刺骨，场地上只有一些小火堆，小男孩们不时向里面添柴，听众们则安静地蜷缩在火焰旁边，史密斯讲话，里埃尔逐字逐句地翻译，一小时又一小时。这场讲话持续了一整天，第二天还在继续，里埃尔仍然亲自翻译，史密斯也继续阐述他的论点。这一次，他阐述的是个人的甚至有些情绪化的请求。他说，他和麦克杜格尔没有关系，他只是想在此事上起点作用。他是个独立的苏格兰人，妻子就是鲁珀特地出身，他只关心雷德河定居地的安乐，甚至，如果能帮助他们，他愿意辞去哈得孙湾公司的职务。

史密斯逐渐赢得了人心，这让里埃尔颇为懊恼。史密斯向人们保证，新政府将保护他们的民事和宗教权力，尊重他们现有的财产，而且雷德河地区所有的居民，无论种族，都将拥有与加拿大自治领其他地方的英国臣民完全一样的地位。最后，他邀请大会参与者派遣自己的代表前往渥太华确认他给出的所有承诺，"去说明雷德河人民的需求和愿望，并商讨安排该地区在议会的代表问题"。听众们都欢呼起来，这是史密斯取得的一次惊人的大胜利。一时间，反叛看起来似乎已经和平结束，梅蒂人将与帝国达成协议。

6

然而，此时却发生了反叛中的第一次流血事件。里埃尔的俘虏仍然关在要塞内，而此时，一小队加拿大殖民者和一些印第安人就在城外集结，突袭要塞，试图释放他们。他们抓住了一个年轻的梅蒂人当人质，但他逃走了，过程中还杀了当地的一个苏格兰人。愤怒的加拿大人追上并逮住了他，也杀了他作为报复。当他们双手染血地穿越雪地，抵达要塞时，却得到了里埃尔安抚的消息，表示他已经释放所有俘虏。他要求所有居民支持临时政府，并在消息上署名"你们谦卑、微弱、公正而自信的公仆"。

这一消息平息了这群加拿大人的怒意，他们随后解散，准备各自归家。但就在他们经过要塞大门时，一群梅蒂人骑兵冲了进来，将他们包围，赶向后院，并把他们锁在里面。两周后，史密斯带着好消息返回渥太华后，其中一人才从牢房里被带出来，被指控以武力反抗临时政府。这个人是托马斯·斯科特，一个长久与梅蒂人敌对的爱尔兰混血新教徒，而临时法庭也没用多久就判决其有罪。一支行刑队在饮酒准备之后，将他带到要塞墙外的雪地上执行枪决，旁边还有一群民众围观。

这次蓄意的野蛮行动激怒了渥太华的民众，但里埃尔本人最初似乎没有意识到事情的严重性。他仅仅表示"我们必须让加拿大人尊重我们"，要安顿下来，用现实告诉他们梅蒂人也有能力处理殖民地事务。贸易重新开始，新的法典颁布，金钱流通起来，生活也回归平常。在华盛顿，美国国务院还天真地设想整个加拿大西北部会脱离大英帝国，甚至严肃地考虑承认临时政府为一个独立的政权。里埃尔在英国国旗旁边升起了梅蒂人的徽记，在史密斯的安排下，两位雷德河的代表带着一份强硬又不失节制的权利清单启程前往渥太华。

在这里，似乎一切过去的都成了过去。梅蒂人的大多数要求都得到了满足。一个新的省份建立起来，以加里要塞为首府，其中140万英亩的土地都将永远作为梅蒂人的保留地。这里将会建立起独立的学校，保证法语的传承，所有已经存在的头衔和土地占有也将得到尊重。新省份命名为"马尼托巴"——一个"悦耳的名字"，他们告诉自治领议会，其意思是"言说的神"。确实将有一支帝国部队被派往加里要塞，从梅蒂人民兵手中接过安全守卫的职责；但是，里埃尔的代表被秘密告知，这其实是为了平息安大略人的怒火。

显然，里埃尔成了胜利者，梅蒂人也对协议十分满意。他们的生活方式得以保留，而虽然《马尼托巴法案》中并未提到大赦，但是梅蒂人代表已经就此多次得到保证，他们也相信，过去几个月的一切会得到原谅，然后被遗忘。为了大赦，临时政府接受了加拿大政府的条件，马尼托巴省在1870年7月15日正式成立了。梅蒂人在加里要塞的部队被遣散，加拿大政府则同意在新任地方长官到任前，仍然由里埃尔负责管理此地。"我祝贺西北地区人民，"里埃尔僵硬地用正式的英语对他的议会成员说道，"取得事业的美满。祝贺他们足够信任英国君主，坚信自己的权利终将实现……让我们继续追求我们近来所投身的工作……培养和平与友谊，尽一切所能让人们相信，我们从未有意辜负他们……"里埃尔对自己在此事中扮演的角色感到真切的骄傲，甚至多年后，当身上的一切荣耀退去，他在最绝望的时刻回望这一系列事件时，仍然只感觉到骄傲。"我知道，"他说，"凭借上帝的恩典，我成了马尼托巴的建立者。"

7

他对英国君王的信任并不完全是错误的。渥太华的加拿大人被来自伦敦的电报所操纵，一会儿被鼓动走向自由主义，一会儿又后退几步，英国政府也同意加拿大政府向雷德河派遣武装部队，但前提是这些部队不能身负任何"强制性的"任务。然而，里埃尔低估了帝国信念的力量。这个即将达到信心顶峰的国家不大可能容许一个信仰天主教的半文盲混血儿在其前进的道路上与它讨价还价。虽然理性可能要求帝国活动家们克制行动，但本能还是推动着他们继续前进。

当然，大英帝国从未忘记，也没有宽恕托马斯·斯科特死亡一事，而且远在千里之外的爱国者们还将他提升到了殉道者的高度；虽然梅蒂人的代表在渥太华一次次得到保证，称里埃尔在新任地方长官抵达前仍将继续掌权，虽然里埃尔已经为继任者准备了欢迎辞和仪仗队，但帝国其实从未打算承认这位异国的反叛者为临时长官。帝国向梅蒂人承诺的大赦从未合法正式公布；而作为"仁慈的警察"被派往西部的武装部队，其实一开始就认定自己是去施加惩罚的远征队，甚至期待着在马尼托巴一享挥拳斗殴的滋味。正如该部队一位军官所写，对渴望战斗的士兵而言，这是一段枯燥的时光。"无论东西南北，都没有一点儿发生战争的迹象。甚至没有一个南非人、信德的俾路支人、不丹人、缅甸人，或者这个巨大的殖民帝国里的其他任何民族，有能力搅起一点儿纷争。"

只有加里要塞的路易·里埃尔做到了这一点。前往马尼托巴的武装部队的指挥官，大约是大英帝国最有前途也最独断的年轻军官——加尼特·约瑟夫·沃尔斯利上校，他是加拿大军需长，曾参加过在缅甸、克里米亚、印度和中国的战争，还是著名军事行为指南《士兵手册》(*The Soldier's Pocket-Book*)的作者。*1870年时，沃尔斯利37岁，在他眼中，世上的一切还能明确地分成正确和错误的两边：他几乎总是站在正确的一边，而他的反对者永远都是错的。这个英裔爱尔兰人是个热忱的新教徒，从父母那里继承了对天主教的憎恶，他一直认为自己是上帝的士兵，他在帝国军人的生涯中，带着由虔诚支撑的强烈勇气投入无数场战斗。他也是当时少有的拥有自己思想的士兵。他对战争理论颇有兴趣，不仅在职业上很有野心，而且交友广泛。

雷德河远征是他第一次独立指挥的军事行动，他也准备好好利用这次

---

* 每次上战场，他都要带上这本手册、《圣经》、莎士比亚的作品、《师主篇》(*The Imitation of Christ*)、《公祷书》和马可·奥勒留的《沉思录》——这是帝国活动家们最喜欢的一本老书。在沃尔斯利的长篇回忆录的第285页，他轻率地暗示，大量的军事经验可能已经让他变得傲慢。"显然如此。"我手中这本回忆录的页边上，当时的一位读者用潦草的字体严厉地评论道。

机会。他认为，这次叛乱就是被英军夺取了加拿大主权的法裔加拿大人的愤恨之举，他们试图建立自己的说法语、信仰天主教的省份，阻止帝国向西扩张。里埃尔不过是个"吵闹的懒汉"，是雷德河地区"聪明、狡猾、寡廉鲜耻"的天主教主教的傀儡。而这整个事件就是渥太华的法裔加拿大人操纵当地的法国教士发起的阴谋。在沃尔斯利看来，他的任务就是用武力镇压这种颠覆行为，羞辱其首领。

对这位聪明的指挥官来说，幸运的是，这次小战役中还出现了一些特别且具有挑战性的问题。华盛顿拒绝让这支部队通过美国国土，因此，沃尔斯利无法带着士兵舒服地乘火车到圣保罗去，只能计划一条路线，从五大湖地区穿越数百英里几乎无法通行的森林地带，抵达温尼伯湖和雷德河。许多人都认为这是无法完成的任务，但能干的沃尔斯利还是圆满做到了。

他的部队可能是专为惩戒天主教徒和法裔加拿大人而征召的。他的情报军官威廉·巴特勒是个英裔爱尔兰新教徒。他的部队的核心力量是皇家步枪队（King's Royal Rifle Corps）的一个营，当时驻扎在新斯科舍哈利法克斯，他们就是每个人心中穿红色制服的职业英国军人的理想形象。其他的大部分士兵则是安大略本地的民兵，许多是加拿大贪婪的扩张主义者，还有更多是奥伦治会会员（Orangeman），而几乎所有人生来就反对法国，支持大英帝国：

> 让他们费尽唇舌罢，我会把帽子扔向高处
> 为英格兰的旗帜献出生命——
> 你可以为此赌上一双靴子！
> 这旗帜已飘扬一千年，
> 你可以为此赌上一双靴子！

"我们大多数人都觉得，"沃尔斯利写道，"我们得赶紧和里埃尔算账，是他杀害了英国人斯科特先生。"正是在这种使命感和帝国内部的兄弟之情的鼓舞下，这支远征队迅速完成装备和组织，乘坐火车和轮船前往苏必利尔湖西岸的桑德湾。

这里距离里埃尔和他所在的加里要塞还有约 660 英里。最初的 45 英里，已经被前人开辟出粗陋的道路，可通向森林深处美丽的谢班多万湖（Shebandowan Lake）。而从那里开始，沃尔斯利计划带着部队走水路，经过隐秘的水网，穿过伍兹湖迷宫般的水道，抵达温尼伯河，然后沿着雷德河抵达要塞。他总爱说，在军事史上，从未有人完成过这样的壮举。这不仅要求高超的操船和导航技术，还需要大量艰苦的运输工作。沃尔斯利手中没有适用的地图，而且他的大部分士兵过去也从未搭乘过内河小舟。

他们的一切计划都要考虑船只的装载能力，因为在桑德湾和雷德河之间，他们不可能就地取得任何补给。他们的船只也是特别设计的，每条船可以搭乘八九名士兵，加上两三名加拿大船夫，还有他们 60 天的补给——咸猪肉、豆子、面粉、饼干、盐、茶、糖，以及"土豆干"。同时，每条船上还有帐篷、弹药、厨具、毯子和美国斧——据沃尔斯利说，陆军配发的标准斧子"形制太古老了，估计是从撒克逊时代传下来的"。船上还有捕鱼网、用来进攻要塞的六磅炮和修船工具。而另一名冉冉上升的年轻军官雷德弗斯·布勒（Redvers Buller）上尉，成了他们的军需长。即便是自信的沃尔斯利也无法预见，若梅蒂人决定与他们打游击战，或者煽动丛林中的印第安人反抗此次远征，他们将会面临什么，但至少他做了充足的后援工作，最终于 1870 年 5 月带着远征队走进了荒野——帝国再度踏上了行军路。

余生中，沃尔斯利将一次次谈起这次远征对他的想象力造成的巨大震撼。正是在雷德河远征中与同僚结下的友谊，构成了著名的"沃尔斯利帮"（Wolseley Ring）的基础；这是维多利亚时代晚期陆军中最有影响力的小集团，在后面的故事中还将多次出现。很快我们就会看到，在一次更加有名的远征中，他使用了在这次行动中学会的技巧。而他永远铭记的，则是这次战役的浪漫与奇异。"为了加里要塞！"他们从谢班多万湖起航时，士兵们高喊道。一艘艘船便穿过平静的蓝色水面，几乎是舷缘挤着舷缘，船桨深深浸入水中，巨大的四角帆壮观地展开，来复枪堆在船尾，穿着鲜艳服装的船夫则蹲伏在船头。"这让我想起了少年时代读过的故事，故事中一支支残忍的北欧海盗队伍从隐秘的海湾起航，准备开始掠夺与冒险之旅。"

这趟旅程总共花费了 96 天，其中有些日子一直下暴雨，而且大部分时候，部队都饱受黑蝇和蚊子的侵扰。有时，整支船队航行在一起，有时，领头的船只与最后一只船的距离能多达150英里。有时，部队疾驰通过平静的水面，士兵一边抽着烟，一边高唱——

> 来吧小伙子们，为我们欢呼！无论地位如何，我们都要高唱
> 在这荣耀的远征中，帮助我们度过辛劳的时光！
> 快乐的小伙子，快乐的小伙子啊，
> 为船与路欢呼吧，快乐的小伙子们！

有时候，他们得花上一整天完成几英里的船只陆上搬运。他们穿越了黑暗而错综复杂的伍兹湖水道，迅速渡过了温尼伯河的湍流。当时士兵们或是挤在舷缘之下，或是绝望地划着桨，等到他们抵达了安全的彼岸，桨夫才筋疲力尽地把船桨扔到一边，而士兵们也如释重负地大笑起来。随着时间一点点过去，士兵们变得更强健，学会了更多技能，心情也高兴起来，他们每天天亮起床，一直行路到黄昏。到了这次冒险之旅的最后，即使是来自温切斯特或者东伦敦地区最阴沉的步枪手，或者最软弱的多伦多地产经纪人，都会熟练地修补船只，用营火烤熟刚捕捉上来的鱼，与印第安人就纪念品讨价还价，还有在树林中游荡，寻找野生浆果。他们的制服也在这样欢乐的过程中变得破破烂烂，或者打着一个个褐色的补丁，而他们的脸和手臂也被太阳晒得接近黑色，但没有一个人生病。加尼特·沃尔斯利上校本人也总是乘车或者乘着由易洛魁人担任船员的桦树皮轻舟与士兵们一同前进，他衣衫整洁，看上去勇敢无畏，偶尔会因为眼前的美景而画上一幅素描，或者写一些辞藻华丽的文字，但我们可以猜想，他会更多地想象未来的升迁和荣誉。

8

1870年8月21日，远征队在温尼伯湖中的埃尔克岛安营扎寨，此地距离雷德河河口约25英里。那是个温和的夜晚，营火在天穹下摇曳，军号

声在水面激起回响，惊起了芦苇丛中的野鸭。温尼伯湖就像内陆的海一样，有一波波的浪涛，空中还有海鸥；埃尔克岛靠近东岸，岛上长满了云杉和落叶松，白沙覆盖的陡岸和宁静的湖滩则让它看上去与加勒比海小岛无异。空气中充满了针叶树树液与白桦树的香气，湖水在黑暗中发出哗哗声，有时，一阵清风从大草原向西吹去，扬起了母马垂在水上的尾巴。

这是个令人陶醉的地方，只有难以形容的昆虫打扰，沃尔斯利和手下的军官们在这里制定了向加里要塞进军的计划。他们称之为"突击"，因为沃尔斯利此刻愈加坚信眼前的就是一场战争。据他所知，里埃尔在要塞召集了600名战士——这个消息"激励了我们的士兵们"，因为这看起来意味着里埃尔准备和他们作战。远征队早晨出发后，便以战斗队列进入了雷德河，船上的六磅炮也随时准备投入战斗。士兵们在雷德河缓缓流淌的河水中坚定地摇桨而上，接近新教殖民者的第一座农舍和教堂时，教堂便敲钟欢迎他们，人们也纷纷跑到河岸边向士兵们挥手，目送他们通过——船上旗帜飘扬，大炮进入备战状态，沃尔斯利上校则骄傲又热切地走在最前头。他们注定要在上游掀起戏剧性事件。据说，里埃尔的部队可能埋伏在丛林中，准备突袭这支小船队，或者会炸毁要塞，与之同归于尽，又或者在英军进入要塞时用定时炸弹将其炸毁。

然而，8月23日，远征队终于抵达目的地，在要塞下方的河床上岸时，场面却扫兴而悲惨。当时下着倾盆大雨，灰色的天空下，地上是深深的泥，过去一切的欢乐都消失无踪了。士兵们浑身湿透，脚下都站不稳，还得拉着小铜炮跟在被征用的雷德河地区的货车后面，在被雨水浸透的河岸上蹒跚前进。周围看上去一片破败，似乎所有东西都已经被抛弃。来到河岸最高处后，他们终于看到了眼前的要塞，周围环绕的村庄房屋都紧紧拉着百叶窗，雨水从屋檐上倾泻而下，一点儿生命迹象也没有。要塞的南门敞开，两名士兵骑马全速奔驰而入，但没有人对他们开火。天真的里埃尔和手下明白了英国这次远征的真正目的后，便谨慎地从这里消失了。英国国旗在要塞中升起，皇家礼炮代替了更加激烈的炮火交锋，在要塞里响起。

9

"里埃尔没有像他自己说的那样走出要塞投降,我个人是很开心的。"沃尔斯利写道,"要是我接受了这个用无礼反对自己的君主的人做俘虏,我就不能像后来做的那样,把他绞死了。"然而,当时的沃尔斯利不像写作时那样有后见之明和历史视角的优势,因此也完全没有意识到雷德河发生的事件可能导致的真正后果。对这位帝国的军人来说,这就是纯粹而简单的叛乱。对当时的加拿大人而言,即便仅仅是因为此事牵涉到了关乎加拿大整体的种族与宗教较量,事情也没有沃尔斯利眼中那么简单直白。而在我们眼中,此事还要更为可悲。这是一场永恒的悲剧,帝国本能的推进威胁了梅蒂人生活的方式,而他们的反抗不过是出于同样的本能:这是单纯的旧世界做出的姿态,他们被空灵的幻想所驱动,敬拜着更脆弱的神;而将他们摧毁,正是大英帝国的宿命。*

沃尔斯利的远征事实上终结了梅蒂人的反抗。部队很快返回东部,沃尔斯利也回到英国,准备着接下来对阿散蒂人、祖鲁人和苏丹人的征伐。环绕着加里要塞的村庄后来发展成为温尼伯市,成了加拿大同化整个西部的大本营。《一号印第安条约》(Indian Treaty No. 1)就是在此签订的,这是一系列条约中的第一份。这些条约不仅让加拿大免于北美印第安人战争的悲剧,也抑制了奥吉布瓦人和克里人的攻击,安定了西部大片的荒原,以待种粮农民到来。**1873年,西北皇家骑警第一支分队正是从温尼伯出发,前去维持更加遥远的西部地区的治安,他们巡查到远至落基山脉和太平洋海岸,任务包括逮捕走私犯、阻止坏人踏入国境、监督枪支流动、捣毁威士忌走私窝点——如沃普阿普(Whoop-up)、斯坦德奥夫(Stand-off)和斯莱德奥(Slide-out)贸易站——以及为帝国权威的大动脉加拿大太平洋铁

---

* 同样的目的性冲突、误解、悲伤与固执的天真,还能在20世纪70年代威尔士民族主义者运动中看到。
** 除此之外,根据条约,每位签署的酋长及其后代每三年都可以获得一套全新的正装:1969年,奥吉布瓦人酋长戴维·库尔切内(David Courchene)就收到了安大略省金斯敦监狱囚犯制作的蓝色哔叽套装,长裤裤管上有红色条纹装饰,扣子是黄铜的,还有金色穗带和一顶黑色圆顶礼帽。

路开道。穿越边境线，南方的美国西部还是一片充满活力与激情的法外之地；而在边境线以北，大英帝国的势力已经把加拿大西部开发得近乎端庄得体。

1885年，里埃尔做了最后一次尝试。他在沃尔斯利的部队抵达之前就逃过了边界，还进过精神病院，后来的精神状态比起1870年更加古怪而不稳定。他被萨斯喀彻温的梅蒂人找到，再度担负起孤苦的领导责任后，便与大草原上持不同政见的印第安人结盟，他们由庞德梅克（Poundmaker）和大熊（Big Bear）两位酋长领导，再度发起了针对加拿大部队的战斗。而加拿大部队搭乘加拿大太平洋铁路的列车抵达战场，这充满了悲伤的象征主义。里埃尔当然是失败了，而这一次，帝国的缔造者们没有放过他。他在里贾纳，即过去的骨堆地（Pile o'Bones）接受审判，于1885年冬天被绞死。他被葬在温尼伯圣卜尼法斯教堂的墓地中，棺材上还覆盖了三英尺厚的砖石，防止有人偷窃他的尸体。"这就是谋杀者应得的最好的下场了"，沃尔斯利的评论显然道出了帝国的信念。*

---

* 不时有谣言说里埃尔的尸体被"来自河对面的"破坏者挖出来了——圣卜尼法斯教堂的看门人1969年这样告诉我，因为当时温尼伯的两种居民仍然相互隔绝，说法语的居民住在雷德河东岸，说英语的则聚集在西岸。最初的加里要塞现在只剩下铁道旁一座重建的门楼。但是，马尼托巴的法裔加拿大人仍然熟悉雷德河叛乱中的每个事件。里埃尔的牺牲让他成了殉道者，也摧毁了加拿大保守党，而他本人仍然是加拿大历史上少数重要人物之一，直到今天仍然能引起热烈的争议。

第18章

太平洋

I

即便到了此时，英国人仍然不是自觉的扩张主义者，为权力本身而获取权力还不是公众想象的主流，将世界地图涂成帝国的红色也不是大众的意图。英国的工业、商业和金融业仍然在全球占据至高地位，而且似乎并不需要新的帝国市场——自由贸易仍然符合英国的利益，英国的投资者们也在欧洲和美国的新兴经济体中找到了充足的机会和空间。审慎、收支与道德方面的考虑束缚着英国，使帝国建立的过程断断续续、偶然无计划，甚至经常是勉强的。

这种束缚在太平洋地区表现得尤为明显。在这里，英国人总是在身边或者肩头感受到另一支强大力量的存在：半露半藏，力量在增长，不可救药的前殖民地——美国。

2

对不少英国人而言，美国仍然不能算是异国。1866年，年轻的政治家查尔斯·迪尔克（Charles Dilke）环游美国时，便认为这个国家本质上仍然是英国的投射，这里的一切现象，从曼哈顿到摩门教，在他看来都不过是英国天赋的延伸罢了。*1849年，《伦敦新闻画报》（*Illustrated London*

---

* 他在畅销书《更大的不列颠》（*Greater Britain*）中清楚地表述了这一观点，这本书是维多利亚时代帝国主义思想的一大来源，而且现在读起来仍然出色。

News）就在圣诞节版中表示，虽然不列颠民族无疑仍将继续统治世界，但统治者将来自大西洋彼岸的另一边——"我们人民在俄亥俄河与密西西比河的两岸，也能与在泰晤士河岸边一样发挥天才，由华盛顿的白宫统治世界，就与由圣詹姆斯宫统治一样合理"。浪漫主义者总认为两国终将和解，甚至会再度联合，造就一个充满无限可能的盎格鲁−撒克逊超级强权，虽然狄更斯和特洛勒普这样的造访者事实上并不太喜欢美国，但英国发言人大体上称赞了美国的理想。宴会上，"我们的美国表亲"少不了要受恭维；皇家海军的军官室里，我们没少给他们灌输势利做派和苏格兰威士忌。

然而，合众国事实上是大英帝国福祉最主要的外在威胁——比执迷于东方问题的俄国要急迫得多，印度兵和里埃尔一类人物发起的无力的反抗运动更是无法相比。帝国一直是美国的传统敌人，在整个19世纪，从历史书和炉边故事，到刺绣作品与手稿，都在不断教导美国的好孩子们永远不能忘记他们的革命起源：

> 我们深爱粗糙的岩石海岸，
> 我们站立于此。
> 让外来战船逡巡，
> 让怒火倾泻在我们头上，
> 让他们的大炮发出最大的吼声，
> 猛击我们的土地。
> 而他们仍会发现我们的生命，
> 乃是奉献给祖国，天堂
> 我们触手可及。

自维多利亚女王继位以来，英美两大强权就争端不断。他们曾因俄勒冈的主权问题和美国南北战争期间英国海军的制海权发生争端，也不止一次在纽芬兰捕捞权上发生冲突，关于加拿大边境问题的争议也从未停止——如同威灵顿公爵多年前告诫的一般，有时加拿大似乎除了作为帝国的边界，什么也不是。爱尔兰持不同政见者曾两次从美国领土侵犯加拿大，美国骑兵也经常为追逐好战的印第安人而穿过加拿大边境线。这些印第安人也知道，一旦到达边境线以北，他们就安全了，甚至将其称之为"医疗线"。1869年，皇家殖民地协会（Royal Colonial Society）在伦敦举办晚宴，美国大使就在开幕词中不合时宜地开了一个关于加拿大未来并入美国的玩笑，而身在华盛顿的国务卿W. H. 苏厄德则公开表示"大自然决定了，这整片大陆，而非仅仅是现今的36个州，早晚要全部归进一个神奇的圈子——美利坚联盟"。

合众国磁铁般的吸引力也永远扰乱了帝国的旋转。大多数前往加拿大的英国人很快又选择前往美国，甚至英国的资本都更喜欢在美国而非帝国殖民地投资——这里的风险或许更大，但是利润也更高。美国废除奴隶制之前，帝国过去的奴隶主们便将美国南方各州视作某种残缺文明最后的范本。美国南北战争也对帝国产生了巨大的影响。正是因为这场战争，帝国才第一次尝试在斐济种植棉花，不少战争难民也选择移民前往帝国海外领地，而且帝国好几次几乎要卷入这场战争。帕默斯顿勋爵希望南方能够获胜，这样美国就将不再统一，就不能对帝国构成威胁；格莱斯顿则对南方的落败非常欣慰，因为在他看来，若北方失败，很可能会觊觎起北部的加拿大。

但无论如何，帝国的数个殖民地似乎已经半美国化了。例如，距佛罗里达不足100英里的巴哈马在精神气质上就与南方各州十分相似——散漫、潇洒又腐化。任何一个南方种植园主在巴哈马都能拥有回家的感觉，而且，这块殖民地的立法会大楼事实上就是以北卡罗来纳州新伯尔尼的公共建筑为模板建造的——拿骚中心的海湾大街（Bay Street）上，草坪和棕榈树之间，全是这样小小的带百叶窗建筑，用珊瑚灰岩筑成。在海滨，拿骚的商人们叼着大烟管，抽着哈瓦那雪茄，在办公室门外歪斜着厨房椅，用查尔斯顿或纽波特纽斯粗糙的口音谈论着岛上的政治。而这片殖民地经历过的最激动人心的事件，正是南北战争。彼时悄悄穿过封锁线的船只在港口匆忙地驶入驶出，兰开夏郡的棉布商人为卡罗来纳的棉花收成竞相出价，在随时提供自助餐的皇家维多利亚酒店中，南北双方的军官在休息室中警惕地盯着对方，或者投身于有意思的谍报以及侵吞公款的阴谋欺骗活动。

百慕大过去是弗吉尼亚的附属岛屿，如今仍然有强烈的美国气质。这里的不少居民曾是美国独立战争的支持者，而在1812年战争中，他们对帝国的忠诚再度被动摇。这片殖民地彩色涂刷的房子，与新奥尔良的一样有锻铁的网格，白色的百叶窗也与查尔斯顿的一模一样。散落全岛各地的清教徒的东西，则总是让人回想起北美最初的13个殖民地——包括枷锁、颈手枷、浸水椅，还有哈密尔顿的围场。* 纽约是百慕大春季蔬菜的主要市场，美国人也是该岛旅游业最大的客源，而这里的英国气质正是其最主要的吸引力——旅游手册对有意向的游客保证"身着全套华丽服饰的英国军官经常从军营中走出来，参加各种社交活动"。

然而，在太平洋地区，美国力量最迫切地挤压着大英帝国。19世纪60年代后期，美国人已经成功攫取了西部，控制了从俄勒冈到南加利福尼亚的太平洋沿岸，在此定居；但是，英国人仍然牢牢控制着哥伦比亚河以北地区，他们的身影在海上也若隐若现。两个向外扩张的强权，有各自的风格、精神和手段，在太平洋地区时常发生摩擦，也时常相互规避。就让我们在这里重述两起代表性事件，借此反映两国当时的关系：一是英国人不情不愿地占领斐济，二是早已被遗忘的英美之间纠葛中的一段危险的闹剧——圣胡安的猪战（Pig War）。

3

用帝国主义者的术语来说，太平洋几乎是一块处女地。这片大洋上有上千座岛屿，其中很多岛屿上都有丰富的椰子、面包树和潜在劳动力，还有更多岛屿完美地契合帝国的其他意图——种植糖蔗、建立海军基地，或

---

* 1970年，这里还立了一块同样充满美国风情的警示牌：

    公园也有感觉
    不要用垃圾和果皮污染我。

者做罪犯流放地，而几乎所有的岛屿的统治者，都不过是遵循令人厌恶的风俗传统的本地奇特酋长。英国早在一个多世纪之前就开始在这片海域上航行，太平洋遥远的海岸都已经对英国的势力习以为常。然而，这片大洋作为整体，似乎注定要成为美国的保留地。迪尔克在1868年写道："美国已经成了太平洋的支配力量；桑威奇群岛（夏威夷）几乎要被吞并，日本基本上要受其统治，它占领英属哥伦比亚也不过是时间问题，它还计划好了将马克萨斯拉入摩门教的堕落之境。"

对英国人而言，太平洋上的岛屿似乎与他们毫无关联，因为这些岛屿远离帝国的贸易路线，对帝国的野心既没有威胁，也没有助益。即便澳大利亚和新西兰人的要求从未间断，各岛的君王王后也一次次提出请求，一届届英国政府仍然拒绝在此承担新的责任。英国传教士已经让许多岛屿上的居民皈依了基督教，或多或少地接受了西方文明；在其他更多的岛屿上，数代活跃的英国贸易商也产生了影响力；但是英国政府并不情愿治理这些遥远而微小的岛屿，也不想负担驻军成本和道德责任，并在一个新的领域与美国人为敌。直到19世纪60年代晚期，一种绝望的道德感才促使大英帝国在这片属于美国人的海域取得了第一块领地。

美拉尼西亚是太平洋上最重要的岛屿群，而其中风景最秀丽的就是斐济群岛。斐济群岛包括至少300座岛屿，其中约有100座无人岛——有的庄严宏伟，有的宛如梦幻，有的被森林完全覆盖，有的寸草不生，有的多山，有的平坦，有的由珊瑚礁构成，半没于海水中闪着微光，有的环绕着棕榈树，有的被海浪冲刷，还有的被红树林沼泽浸湿。这片风景中飞洒着一种精力四射的感官美，这种美在夜晚，在海岛的边缘模糊地融化在暮色中，海面看上去像蓝色的油膏时，在太阳在粉红与深红的散射光中渐渐沉入地平线的时刻，显得尤为突出。不过，斐济的雨水同样充沛，这里长年雾气蒸腾，泥水遍地，雨水从茅草屋顶上滴下来，闪着光泽的热带昆虫在草丛间乱爬，太阳再度升起时，大树下的灌木丛逐渐干燥，散发出纤维发霉的气味。

此前不久，斐济人都还奉行一夫多妻制，极为嗜血，还有食人传统。他们没有中央政府，各部落的酋长之上也没有更高级别的君主。部落之间和岛屿之间战争不断。他们会搭乘极具威慑力的战船在岛屿之间巡回，炫耀手中巨大的棍棒，他们的战舞极为骇人，烹煮人肉的行为也不仅仅是为了象征性的乐趣——19世纪中期，这里的一个酋长就自称曾经吃过999个人。他们的异教信仰不可避免地纠缠着巫术，信仰的表达也相当可怕：不被需要的老人会被烧死，人祭是家常便饭，失事船只的船员被认为遭神抛弃，因此理所当然要被吃掉。

　　太平洋其他岛屿的居民为何对这个可怕的民族心怀敬畏，也就不难理解了。而在欧洲人之中，他们更是声名狼藉——早期领航员都称该群岛为"斐济，又称食人族群岛"。即便如此，到了19世纪中期，漂流到斐济的欧洲人也不少了。这里有来自各个国家的漫游商人，来自澳大利亚的被释犯人，还有像瑞典人查理·萨维奇（Charles Savage）和爱尔兰人帕迪·康奈尔（Paddy Connell）这样的冒险者——前者是姆巴岛（Mbau）酋长的雇佣兵指挥官，正是他第一次将火器引入斐济；后者是雷瓦（Rewa）的酋长宠信的人，而且自称有100个妻子。基督教传教士于19世纪30年代第一次抵达此地（他们第一次对食人族讲解地狱之火时，一名显贵简单地回答说："太好了，天气寒冷的时候有火确实不错。"），正是这些传教士为斐济语创造了书写文字,[*]并在相当短的时间内就让几乎所有斐济人改信了基督教。在这一过程中，一些传教士遭受了最为绝对的殉道。[**]

　　这一切都让斐济成了一堆杂碎，一个属于异乡人的世界性社会：这是一个放荡、充满幕后交易又不问来处的社会，是忘掉过去的海岸流浪者、靠汇款生活的侨居者、追求唾手可得利润的商人，以及为种植园提供劳力（和奴役差不多）的"黑奴船"（blackbirder）的避难所——讽刺的是，这个社会又因为满心惊骇的传教士和会腐化的各大国代表的驻留而变得更加复杂。

---

[*] 但是有些人可能认为这一尝试不甚成功，因为他们的正字法并不自洽。在这个精简的书写系统中，B的发音是MB，Q的发音是NGG，C的发音是TH。斐济的国际机场Nadi，正确的发音是Nandi。而即便人们明白了Cakobau和Thakombau指的是同一位国王，Beqa和Mbengga指的是同一座岛，对斐济的研究也并未变得更加容易。

[**] 斐济首都苏瓦的斐济博物馆中有我最喜欢的解说词，它附在一件难以定义类型的手工制品旁边："木器。据称曾用来为附近的酋长运送贝克教士的肉。"

鱼龙混杂的外国人和困惑的土著之间的冲突不断升级，而这冲突肮脏卑劣得不可救药。各种见利忘义、贪赃枉法都在这里泛滥。领事们一半的时间用来投机土地中饱私囊，另一半时间则召来战舰，征伐报复。在当时的记录中，我们可以看到美国领事亲自起草地契，然后将登记的土地全部注册在自己名下，澳大利亚人用1万英镑就买来了20万英亩的土地，新赫布里底（瓦努阿图）的土著被绑架到欧洲人的农庄中工作，还有各种起诉与反诉、欺骗与出卖——这一切都是在斐济常见的部落间战争与算计的背景下发生的。在这片纷纷扰扰的群岛中，各国为保护侨民——或者更确切地说，保护它们的赌注——而徒劳地发起的惩罚远征数不胜数。这些事件在当时就鲜有人知道具体情况，如今只有古老的历史书里的次级标题，才能让人隐约回想起它们的存在——美国扫荡瓦亚岛杀人犯的大本营；法国轻巡洋舰在莱武卡扣押俘房；皇家海军"挑战者"号（*Challenger*）沿雷瓦河而上，烧毁敌对村庄；皇家海军"渡渡鸟"号（*Dodo*）恢复姆巴岛的秩序。

　　然而，1867年，斐济突然出现了一位君主，声称对300座岛屿中的大多数岛拥有统治权。在斐济群岛中最大的岛屿维提岛海岸附近，有一座比它小得多，却更加神圣的岛屿——姆巴岛。这里就是萨空鲍（Cakobau）的故乡，这时他已经通过一系列战争与阴谋成为斐济最强大的酋长，并宣称拥有对其他所有部落的宗主权。姆巴岛也是个奇怪的地方。它周长不超过两英里，岛上植被浓密，中央是一座突兀的山，对斐济人而言，这里就是神庙，或者避难所。茅草屋顶的斐济异教神庙高耸在拥挤的房屋和狭窄泥泞的小巷之间，伟大的战船则排列在海滩上，散发出不祥的气息。岛屿的中央是姆巴古老的屠杀石，传统上，部落的敌人一旦落入他们之手，就会在这里被宰杀。* 就在这座凶险而拥挤的岛屿上，人们受到美国冒险者的唆使，又憧憬着远方君主模糊的幻象，便宣布萨空鲍为国王。他们用锡、金

---

* 此地现在有一座卫斯理派教堂，石头变成了洗礼盆。尽管大部分地方已经荒废，姆巴岛仍然是个独特的景点。这座岛至今仍是很多斐济高级酋长的居所。而从大陆乘船前往此地，有宁静的旅程，只有船桨的哗哗声、隐匿的水鸟的鸣叫，以及岛屿深处的斧头砍伐声偶尔会打破沉静，这种体验有些像在威尼斯，但更像在冥河上。萨空鲍1833年去世，他与妻子一同葬在岛屿最高点的一块石板下。

纸和仿制的珠宝为他制作了一顶王冠，为他设计了旗帜，还恩惠他用"萨空鲍拉图"（Cakobau Ratu）之名签署公告，并以君主之名自行发行货币。在邮票目录中，大约还能看到其政府发行的邮票，上面印着大大的玫红色"CR"和深黄绿色的王冠。

萨空鲍是基督徒，非常了解白人，但即便是他，也无法处理欧洲人涌入带来的种种复杂问题——除了酗酒、疾病、卫斯理派和火药，欧洲人还带来了无尽的法律纠纷。在纷至沓来的外国人之间，萨空鲍已经弄不清自己的位置了。一会儿，英国领事带着一份法令来找他，一会儿美国人又照会他，要求立即为一起暴行支付赔偿；某天，斐济的欧洲人决定建立自己的立法会，第二天，又有一个自称种植者保护协会（Planters' Protection Society）的组织宣布准备通过武力反对萨空鲍的统治。斐济人坚持着传统的部落生活，欧洲人则傲慢地坚持自治，拒绝向斐济纳税。萨空鲍很快便陷入绝望。"如果一切都维持原状，"他颇有先见之明地说道，"斐济就会变成海上的一块浮木，最先经过的人就能捡起它。"

萨空鲍很快意识到，斐济唯一的出路就是并入某一强权，或至少受其保护。问题在于，他们要倒向哪个国家？显而易见，他们可以选择美国。美国不仅是萨空鲍称王最积极的支持者，而且还成功地调和了夏威夷的君主制传统和美国自身的共和制理想。此外，他们数年来一直在纠缠萨空鲍，要求他为烧毁美国领事馆支付赔偿，甚至一度威胁将他流放到美国，还有一次要求他用三座岛屿来抵押债务。这样看来，还有哪个国家比美国更适合当保护者呢？然而，当萨空鲍提出将斐济完全并入美利坚合众国时，美国国务院甚至没有费心去回复这项提议。

因此，萨空鲍国王在半心半意地尝试向俾斯麦提议后，便转向了英国。事实上，正是英国驻斐济领事威廉·普里查德（William Pritchard）首先为斐济起草了递交英国君主的转让领土请愿书，但最初，他也并未得到满意的回复。当时，英国人还极其不愿卷入太平洋地区的事务，尤其不愿以美国人的替代者身份介入。他们还未发展出帝国主义的情绪，而基督教使命的机遇似乎不再足以诱惑他们开始新的殖民地冒险——"希望将一个民族引向基督教，"格莱斯顿第一届自由党政府的殖民地事务大臣纽卡斯尔公爵就严肃地表示,"这决不能成为扩展英国领地的理由。"

然而,外部压力仍在增长。斐济当地的美国人向华盛顿请愿,希望吞并斐济。因为离其本土很近的岛屿可能落入他国手中,澳大利亚人也紧张起来,暗示他们可能率先对斐济下手。但英国仍陷于犹豫。格莱斯顿对这些南太平洋的居民并无多少同情心,即便1874年自由党失败,迪斯雷利掌权后,仍然没有人愿意冒险迈出这一步。英国谨慎地向斐济派出专员,进一步调查这个地方,直到他们发回报告称并入英国会让"所有阶级,无论白人黑人都普遍欣喜",而新南威尔士总督赫尔克里士·鲁宾逊(Hercules Robinson)爵士发回电报表示斐济已经"处在无政府状态的边缘",英国才终于同意将斐济并入大英帝国。

鲁宾逊从悉尼乘船出发,前往斐济接受权力的转移,萨空鲍和手下所有手握重权的酋长都聚集在奥瓦劳岛上的莱武卡,参加交接仪式。这是个合适的集会地点,因为莱武卡正是斐济长久觉醒历程中一切可恶与困惑事件的中心。这座城镇拥挤在朝西的前滩上,后方就是陡峭的山脉,因此这里不少街道都不过是从灌木丛窘迫地铺出来的几段石阶。这座海港周围则全是急剧改变了斐济人生活的外来者留下的制造品:小酒馆、木制仓库、杂货店以及制帆厂;高高的传道山(Mission Hill)上,卫斯理派教堂好像带着夹鼻眼镜般,警惕地望着山下所有的阴谋欺骗。

1874年10月10日,斐济自愿成为帝国的一部分,大不列颠也开始了在太平洋中央的帝国之路——不久,这个帝国就将包括库克群岛、吉尔伯特群岛、埃利斯群岛、所罗门群岛、汤加、大洋岛(巴纳巴岛)以及上千座小暗礁、环礁和列岛。无论如何,这都不能视作侵略性的帝国开拓;但即便如此,这还是让南太平洋不再如过去人们预见的那样,是美国的保留地,而是更多地成了大英帝国的统治区域。停泊在海港中的英国战舰鸣响礼炮,萨空鲍的旗帜降下,英国米字旗从此代替它飘扬于此地。赫尔克里士爵士——在后文非常不同的帝国形势中,我们还将与他短暂相遇——庄严地对国旗行礼,萨空鲍则穿着斐济酋长华丽的花饰服装,戴着花冠,将他的君王战棍交给了赫尔克里士,还附上了一则给女王的声明。

"在最终割让他的国家之前,"(这份声明如此写道,或者至少现在的英文翻译如此写道，）"国王希望向女王陛下移交他手中唯一可能引起陛下兴趣的财产。国王将他最喜爱的古老战棍赠予女王陛下，这是斐济过去到此前不久唯一的律法……他将这过去的象征与爱一起交付女王陛下，表示他完全信赖女王陛下和她的子孙后代——他们也将继承陛下，成为斐济的王，警醒地照管他的子孙和人民的福祉；而这里的人民，经历了野蛮的律法与过去之后，如今俯首于女王陛下的统治，俯首于文明。"*

4

在太平洋东岸，英美双方则更加坚决地对抗。数年来，他们一直对对方在此地的势力极为不满。自哥伦比亚河被发现以来，为了实现从穿越喀斯喀特山脉的大河谷进入太平洋之壮举，美加边境最西段就成了双方苦苦争夺的目标。这里是个物产丰饶的地方——无论是毛皮还是渔业资源都非常丰富，矿产、耕地和森林资源也前景广阔。这里也拥有温带地区最壮观的景色。喀斯喀特山脉白色的火山山峰是这片美景令人惊叹的背景，它们如同巨兽的脊柱般连绵延伸，如此神圣非凡，宛如天国，令印第安人敬拜；它们又如此孤离于世，以至于第一批从陆路抵达此地的移民估计其中的胡德山（海拔 11 245 英尺）至少有 1.8 万英尺高。第一个亲眼见到哥伦比亚河河口的人是美国人，但第一个航行到河口的是英国人，后者发现这条河提供了一条通往美国大腹地的通途。

哈得孙湾公司是这片不可思议的地区最早的管理者，而公司的皮毛商人及代理商正是最早探索此地的欧洲人。最初，温哥华就是公司在哥伦比亚河河口附近用栅栏围起的一块地方，令人敬畏的古怪人物约翰·麦克洛克林正是在这里几乎独裁地统治着后来所谓的"俄勒冈地区"。然而，美国拓荒者沿着俄勒冈小道（Oregon Trail），穿越落基山脉和喀斯喀特山脉来到

---

* 这柄战棍在 1932 年前一直保存在温莎堡。1932 年，乔治五世将它归还斐济，作为斐济立法会的权杖，而它至今仍在发挥这项功能。同时，英国也让斐济进入了帝国成员共享的利益体系，其结果便是到了 1945 年，英国引入作为糖蔗种植园劳动力的印度人数量竟超过了斐济土著人口。

此地后,英国便注定无法继续控制这片土地了。美国拓荒者的数量完全压制了这里的英国人,迫使他们撤出此地。第一支抵达此地的拓荒者队伍受到了麦克洛克林的亲切欢迎;*然而,在拓荒者成为这里的人口主体后,他们便开始宣称美国对此拥有主权。俄勒冈问题,即英美两国关于西北的太平洋沿岸归属权问题的争端,困扰了美国政治长达30年,而且在美国最狂热的扩张年代里,它足以搅动任何一个政治拥护者的激情:因为在美国人看来,俄勒冈和加利福尼亚一样,都对"履行我们国家的天命"至关重要——"上帝将这片大陆分配给我们,我们要扩张蔓延,让我们每年增殖的数百万人能自由发展"。

即便到了1846年,俄勒冈问题已经通过华盛顿的《俄勒冈条约》而和平解决,美加两国沿着北纬49度线划定在太平洋一侧的边界,双方的争端仍旧没有消除。涵盖了如今的俄勒冈、华盛顿和爱达荷三州的土地归属于美国,部分在纬线以南的温哥华岛,其全境则归属于英国;但普吉特湾北边胡安·德富卡海峡中的岛屿归属权并未得到确认,而俄勒冈问题解决13年后,这个小小的遗留问题几乎将大英帝国和美国拖入战争。

此时,边境两侧都已经有很多居民,也已发展出各具特色的社群。国境线南边是美国开拓者粗犷的社会,这是太平洋沿岸最强硬的社群之一,他们对所有的君主、帝国和它们来往的船只都毫无尊重,而且毫不避讳地表示,他们相信总有一天,整片北美大陆都会被他们每年不断增加的同胞占据。国境线以北正是英国政府新近从哈得孙湾公司取得的英属哥伦比亚殖民地。殖民地首府是温哥华岛上的维多利亚,该岛海滩上还建起了一座略有些中国风情的立法会大楼;埃斯奎莫尔特(Esquimault)有一座皇家海军基地,总有军号声,满是将军们的专用艇;此外,殖民地还有一位令人敬畏的苏格兰人总督詹姆斯·道格拉斯爵士。虽然这片殖民地上本来就已经有不少冒险者、投机者、四处游荡的黑人和机会主义的华人,但每年

---

* 麦克洛克林本人后来也加入了美国国籍,他被称作俄勒冈之父,他在俄勒冈城的房子作为国家历史遗迹被保存至今,成为对他的纪念。纪念馆的馆长在1971年告诉我,许多来访者都没有忘记"大约翰"·麦克洛克林在俄勒冈小道上对他们的先祖的亲切欢迎,但麦克洛克林本人很快就对美国的生活感到颇为失望,去世时更是官司缠身。

还是有更多可观的英国人移居此地，在异国的土地上以英式制度和本地冷淡气质来表示他们的忠心。

这两个社群之间，正是胡安·德富卡海峡和散落其中的岛屿。这些岛屿本身并没有多少价值，岛上林木幽秘，还有沙滩，蜿蜒曲折的狭窄诸水道将它们分隔，从远处看是一幅美景，但并非宜居之地。偶尔会有人来到岛上伐木或者捕鱼，但并没有人常年居住于岛上，而英美于1846年签订的条约，并未提到这些岛屿。缔约双方仅仅同意温哥华岛和美国本土之间的边界线位于"海峡中央航道"上。但问题就在于，海峡中有两条可供航行的航道。若"航道"指的是罗萨里奥航道（Rosario Channel），那么海峡内几乎所有的岛屿都应当归属于英国；若指的是哈罗航道（Haro Channel），那么几乎所有的岛屿就应当归属于美国。因为当时的海峡航图并不详细，而且并没有多少人关心其中的岛屿，因此这个隐藏的问题要到数年后才会浮出水面；但是，1852年，美国的俄勒冈地区立法会在一个扩张主义的时机，为哈罗列岛设立了县政府——该县被称作艾兰县，其范围特别包括了海峡中最大的岛屿之一圣胡安岛。

英国人迅速做出了反应。他们一直认为这些岛屿属于英国。而在1853年12月，海峡西北岸最著名的船——哈得孙湾公司轮船"海狸"号从维多利亚起航驶向圣胡安岛，牧羊人查尔斯·格里芬（Charles Griffin）带着1300只羊登岛。格里芬在岛屿南部的尖端为自己建了一座小棚屋，称其为公司农场（Company Farm），并住下来，成为岛上唯一的居民。美国对此表示抗议，公司也做出了反击。詹姆斯·道格拉斯爵士怒气冲天，官员们也开始调查此事，数名美国居民挑衅般从俄勒冈来到岛上。此前，无论是英国外交部还是美国国务院都对圣胡安岛的存在一无所知，但这个地名如今开始不时出现在外交文件中。

接下来的五年，这一争议还是被不耐烦地搁置了，直到1859年，它才突然爆发。当时，圣胡安岛上有19名美国人和16名英国人居住，包括坚韧的牧羊人格里芬。这座岛屿再也不是过去平静的样子了。北方，英属哥伦比亚野蛮的印第安人蠢蠢欲动——既然圣胡安岛上已经有可以袭掠的对象，他们便将此地划入了战船的行程。争端双方在这片遥远的领地的代表人，各自的地方长官，也随时准备加入争论，北纬49度线两边的民意激愤汹涌。

危机最终在6月爆发。一名叫莱曼·卡特勒（Lyman Cutler）的美国农民在圣胡安岛的南端定居下来，在哈得孙湾公司位于牛岬（Cattle Point）的农场附近圈了一块土地，种马铃薯。他与哈得孙湾公司的关系并不好——公司养殖的牛和猪在这块地方四处乱走，多次破坏他搭建的栅栏，他每一次都对公司提出了抗议。然而，他得到回复说，很不幸，这块地方属于公司，他得自己看顾好栅栏。卡特勒则反驳道，不，这是美国领土，他完全有权居住于此，而且美国官方也承诺会保护、支持他。当他再度看到哈得孙湾公司的猪在他的马铃薯地里乱拱时，便立刻冲出小屋，当场射杀了这头猪。自此，这头猪被长久拖延的"葬礼"，就被称作"猪战"。

美国西北地方的军事指挥官是威廉·S. 哈尼（William S. Harney）将军，他是美国陆军中最非凡也最固执的人之一。他因与印第安人的战斗而出名，而且似乎总是怒气冲冲，或许他就是个疯子。这位一把大胡子、双眼炯炯有神、偏好残忍复仇且总是愤愤不平、突然冲动行事的将领，在这片敏感的边境地带指挥军队，是非常危险的。他年轻时代，还是上校时，就曾在没有得到命令的情况下入侵墨西哥，而且遭遇了一场耻辱的失败，还因为冲动行为上了军事法庭。后来当了将军，他曾给几个爱尔兰裔逃兵的脖子套上绳索，系在车底，迫使他们看完整场对墨西哥人的战役。取胜后，他便下令马车向前行驶，而车底的逃兵就被绞死了。自从到西北以来，他几乎与每个人都争吵过——无论是他手下的军官、文职同事、哈得孙湾公司，还是他的上级，都没能幸免。有人说他有当总统的野心，也有人说他已经精神错乱了。

卡特勒打死猪一事正中他的下怀。他几乎立刻就乘船前往圣胡安岛，决定用武力占领它，而此地美国居民正式请求官方保护他们免受印第安人的骚扰，刚好为他铺平了道路。7月27日，一个美国步兵连在与公司农场相对的岛屿另一端的格里芬湾（Griffin Bay）登陆，他们的指挥官是哈尼的门徒乔治·皮克特上尉。登陆后，皮克特立即发布了一份公告，宣布"这里是美国领土，除了美国的法律，这座岛上不存在任何其他法律；除了按该法律设立的法庭，这座岛亦不承认其他法庭的存在"。英国地方治安官约翰·德·库西（John de Courcy）少校也很快来到岛上，他获得了一项针对性的授权——逮捕"所有以武力，或者展示武力手段"占据不属于他们的土地的人。

到了7月底，英国人也派了一支皇家海军陆战队部队登上圣胡安岛，似乎就因为那一头猪，这座岛屿已经到了开战的边缘。两支小规模部队分别占据了岛屿的两端，双方的旗帜都高高飘扬，士兵们为枪支上油，准备开战。而到了周末，从维多利亚出发的船只仍然会搭载着游客，满怀期待地在岛屿周围逡巡。在遥远的伦敦和华盛顿，还没有人听说卡特勒和猪的故事，但事件发生地的气氛已经很危险了。在维多利亚，有急性子的人要求立刻将所有美国人驱逐；在温哥华堡（Fort Vancouver），人们则不断敦促哈尼召集一切可供差遣的美国海军部队。8月，美国向岛上派去了更多士兵，增加了武器，英国皇家海军上将兰伯特·贝恩斯（Lambert Baynes）也搭乘拥有3层甲板、84门炮的"恒河"号抵达埃斯奎莫尔特，接手了海军指挥权。维多利亚的《不列颠殖民者报》（*British Colonist*）建议应该在英国还占优势时先发制人地开战；美国华盛顿领地长官访问了圣胡安岛，美国军营还鸣炮欢迎他到来。哈尼将军表示，海岸附近印第安人的袭击是由哈得孙湾公司煽动的，目的就是把美国定居者吓走；他还尽责地说，他占领圣胡安岛，不过是"在面对英国人……侵犯我们公民的权利、生命和财产时，采取防御姿态而已"。

他似乎确实想打一场战争。或许是他生来的好战性格活跃了起来，或许是他认为迅速取得一场对美国的传统敌人的胜利，能为他带来政治名望。一些纸上谈兵的英国人认为，他事实上是在遵守来自华盛顿的秘密命令，而华盛顿的目的就是进攻英属哥伦比亚，除掉埃斯奎莫尔特的英国舰队只是第一步。还有些人推测，哈尼认为，外部战争能够避免美国内部各州正在迫近的战争灾难；或者（因为他来自田纳西）认为这里的战斗能给南方各州带来脱离合众国的更好机会。英属哥伦比亚总督道格拉斯保持克制，贝恩斯将军也不愿意开第一枪，士兵们也只得明智地控制自己。无论如何，英美两国政府眼前都还有更加紧急严重的事务——英国关注着欧洲大陆上令人担忧的力量转换，美国则面临着内战的压力。

直到十年后，猪战才得以终结。整个19世纪60年代，仅约10英里长的圣胡安岛就被两支敌对的小部队占领着，一支在北端，另一支在南端。美国人加强了格里芬湾上方的防御，这里有风吹拂，有利健康，还能望见海湾那边奥林匹克山的胜景。他们在这里建起了五六间有护墙板的小屋，又在营地周围扎了一圈整齐的栅栏，还竖起了一根巨大的白色旗杆，用来悬挂星条旗。而北端加里森湾（Garrison Bay）的英国人建造的据点，则更具有帝国风情。他们在海滩上建起了一座木堡，墙上射击口中的来复枪可以控制住海湾。木堡后方则开辟了一处宽广的练兵场，让海军陆战队能够保持训练，准备应战。除此之外，他们的营地看上去和国内几乎一样，十分舒适。为了表示对总督的敬意，他们还栽种了两排花旗松（Douglas fir）。营地中有精心打理的小花园，后方有树林的陡峭小山上有不少用花岗岩铺成的平台，做网球场和槌球场。普通士兵的营舍有白色的护墙板；军官的房屋安排得好，坐落在树林中，每座房子至少有七个房间；指挥官的房子中甚至有一间舞会厅和一间台球室。在描绘此处场景的老画中，这个边远的帝国军队前哨站中的每个人看上去都非常心满意足——肌肉发达的士兵们穿着整洁的制服跑动着，军官们穿着运动服在游廊上闲坐，脚边还趴着猎犬。

随着时间过去，两支对立部队的关系也变得愈加融洽。没有人会来这里打扰他们，军官之间经常相互串门，举行赛马大会，还会在海滩上一起野餐。直到1871年，大不列颠及爱尔兰联合王国政府和美利坚合众国政府才终于将圣胡安问题交给新登基的德皇威廉一世裁决。皇帝陛下本人并没有过多关注这一问题，而是将它交给了睿智的贤者，格里姆（Grim）、基佩特（Kiepert）和戈尔德施密特（Goldschmidt）三位博士。他们从水文、地理、法律和历史角度仔细研究了《俄勒冈条约》，并向皇帝陛下提出了裁决意见。10月21日，德皇陛下公布了裁决结果："美利坚合众国政府的主张，即大不列颠女王陛下的属地与合众国之间的边界应当沿哈罗航道划定，是最符合《俄勒冈条约》真意的……"

两周之内，圣胡安岛上的英国要塞便人去楼空，甚至在他们离开之前，美国人就已经砍断了加里森湾的旗杆，将它切成小段，准备作为纪念品。*

5

这就是维多利亚时代中期的帝国主义。大英帝国并不怕失败，尤其不怕败给美国，因为帝国的民众还不痴迷于帝国。19世纪60年代的大英帝国并不总是充满侵略性，因为它确信自己的价值，而且大体上坚定于自己的权利。从帝国的角度看来，它的大部分战争都是为了自卫，而兼并领土则是情势所迫。不仅是在太平洋地区，在全球的任何一个角落，英国人都不会产生嫉妒情绪，因为他们知道无人能挑战他们。

但是，很快，一种完全不同的情绪便会给英国的统治注入活力——虽然后来，英国幸运地再也没有哪一刻如此接近与美国的战争，但是它很快便沉溺于国家的荣光，在世界各地肆无忌惮地横行霸道。在接下来的数十年中，英国可以说没有一个真正的朋友，只有敌人、对手和臣民。

---

* 圣胡安现在是个颇受欢迎的度假地，到访的游客仍然会被带去参观猪战中双方的营地，不过唯一幸存至今的建筑物只有加里森湾的木堡了。英美两国都有很多士兵退役后定居在这座小岛上，而现在岛上许多家庭的祖先，都可以追溯到杀死那头猪的卡特勒先生。

第三部分

帝国的执迷

1870—1897

第 19 章

确定的目标

I

1870年，英国商人阶层一位颇有远见的人士将帝国的概念上升到了信仰和艺术的层面。这位智者就是艺术史学家、画家兼社会改革家约翰·罗斯金，他虽然身体虚弱，但写出的文章却十分有力，而此时，他刚被任命为牛津大学的斯莱德美术讲座教授。他本人，以及他的名声，都紧紧缠绕着预言家的非凡魅力。他生性极为严肃保守，为了过去本身而尊敬过去，他认为哥特式建筑是人类天赋的最高表现形式，他喜欢一切宏伟、广阔、高贵、奉献的东西，也崇拜傲慢又果断的人，包括科伦索主教（"他忠诚、耐心、又坚定不移"）、旁遮普的赫伯特·爱德华兹（"不可战胜的军事手腕和周到的公正决断"）以及艾尔总督（"忠实地履行职责，比死板地执行正义要公正得多"）。

无论他发表什么观点，都如魔法一般让人信服；这对他而言倒是幸事，因为他的观点时常会发生改变。他是当时英国最受欢迎、最具煽动力的演说家，在伊顿和牛津的工人俱乐部中，他的演讲内容总是自由延展，光辉精彩——有一次，他还对听众道歉，因为他将演讲内容从预告中的结晶学改成了西多会式建筑。他讲话的风格庄重壮丽，无与伦比，无论听众背景如何，都会沉迷于他的词句。据我们所知，他的演讲是"中世纪式的"，他的发音古雅，R 的发音尤为卷翘，而他的话语如同音乐一般停留在人们的记忆中。罗斯金当时的讲话中废话不少，但是一旦他谈到了某个重要主题，其影响和效果则让人难以忘怀。

其中一个重要主题就是帝国的责任，而这也是他在牛津大学的就职演说的主题。演讲原定于大学博物馆举行，但前来听讲的本科生实在太多，只好临时改至道路另一头更大的谢尔登剧院。即便如此，座位还是不够，不少人只能坐在地上或者站在门边。这座剧院是建筑师雷恩的小小杰作之一，天花板上画着丘比特的裸身像，剧院彩绘的顶篷卷起来，露出了苍蓝的天空，罗斯金就站在下面，发表他对帝国意识形态的呼唤：

> 现在，我们眼前是一项我们有可能完成的天命，是一个民族所面临的最崇高的宿命抉择……你们，英格兰的年轻人，是否愿意让你们的祖国成为君王的宝座，让这座岛屿持有权杖，成为世界的光源、和平的中心，成为知识与艺术的传播者，成为古老的原则忠诚的守护者？英国或是选择完成这一天命，或是走向灭亡；英国必须用最快的速度建立殖民地，让最精力充沛、最有价值的人来塑造；它必须吞并每一片它所能抵达的肥沃荒地，在那里教育所有的移民，让他们明白，他们最重要的美德就是忠实于国家，他们的首要目标就是扩张英格兰在海上与陆上的力量……如果我们只需要极少的报酬，就能让人因为对英格兰的爱而自愿投身炮火，那么我们也能找到人为它开地，为它播种，他们会永远对英格兰善良、公正，养育他们的子女，来爱护它……你们或许认为这是永远无法实现的理想。你们可以这样想，可以拒绝接受它；但是别忘了构建属于你们的理想。我对你们的要求，就是有一个确定的目标——为了国家，也为了你们自己；无论这个目标有多么微小，只要它是明确的、无私的，就足够了。

这种帝国天命的观点，将"帝国"这一概念置于国家事务的正中央——当时的罗斯金说（因为他很快就对这一话题失去了兴趣），英国人生活中的一切，都应当围绕帝国这一任务运转。那一天，大多数听众都为他的请求而感动，甚至有些人余生都一直受这次讲话影响；帝国这一概念现在似乎第一次满足了英国共同意识中的某些渴望。维多利亚女王继位以来的30年，时代已经发生了巨大的变迁。维多利亚刚继位时，帝国的领地似乎无关紧要，甚至可以说是18世纪不合时宜的遗存。那时，一宣布就帝国问题进行辩论，下院的议员们无疑会离场走光。帝国问题在那时很少能成为政治问题，公众对此也不感兴趣。在19世纪的前半叶，没有哪个理智清楚的政治家会把自己的将来赌在海外扩张上。尽管在维多利亚女王治下，帝国事实上是在稳步扩张，但这种扩张中似乎不存在计划，也没有满足感——一切就"在一时的心不在焉中"发生了，当时一句著名的话如是描述这一过程。即使到了1861年，下议院一个特别委员会仍然建议英国完全撤出西非。虽然很多英国人确实感受到了帝国责任的意识，但是仍然很少有人被帝国的热情所打动。

1837年到1869年之间，英国共有六位首相，其中三人属于保守党，三人属于辉格党或自由党，但没有一位可以真的被称为帝国人士。墨尔本勋爵是旧时代的绅士未亡人，皮尔是来自新的工业阶级的社会改革者，德比、罗素和阿伯丁（伯爵）则都是老派贵族。他们中没有一个人想到，英国的宿命也许不在不列颠群岛之内，而是存在于遥远的海外领地。即便是脾气火爆的帕默斯顿勋爵，为了保卫英国的利益，愿意把炮艇送到任何一条河流中，也从未希望自己的国家去占有支配世界；他更相信贸易和道德声望的力量。据说，他在某次组阁时没能找到一位合适的殖民地事务大臣，只好叹着气自己接过了这一职位——"H., 来，跟我上楼，会议结束后我们就看看地图，你告诉我这些地方都在哪儿。"维多利亚时代的前半段，帝国事务从未有一刻占据过英国政治家注意力的中心。帝国的一些插曲——比如阿富汗的悲剧、达勒姆报告、印度兵变——偶尔会占据舞台中央，但没有一个政治家曾试图赋予帝国以意识形态上的意义，他们也从未试图让人数少的、养尊处优的英国选民相信，他们的未来乃是走向帝国。总体而言，托利党作为传统与骄傲的传承者，是属于帝国的党派，而自由党则是自由贸易和自由精神的拥护者；然而，双方都不能说是帝国主义的党派——"帝国主义"这个词在英国人听来，带有令人反感的外国意味。

然而，在19世纪70年代，不少迹象显示，英国人对功勋的信念，正在发展成一种对支配权的信念。罗斯金描绘的愿景一方面是一种鼓舞，另一方面也反映了当时的社会。而在接下来的十年内，两位惊人的政治家就将帝国主义问题推到了英国事务的中心，让帝国主义的热情给维多利亚时代留下印记。这两人中，本杰明·迪斯雷利成了帝国的大师，威廉·尤尔特·格莱斯顿则成了帝国的告解神父。

2

他们也许就是神的戏剧部门派来的，在这幕剧中扮演各自的角色，因为他们不仅在风度和道德上完美契合各自的身份，在外貌上也很匹配。他们代表了英国政治精神中互补的两种冲动：理想主义冲动希望让英国成为原则信条的完美模范；对荣光的追求则滋养了异域的、浮华的乃至有些阴暗的事物。维多利亚时代，这两种元素无论是在政治上，还是在日常生活中，都蓬勃发展。而正是二者在19世纪极盛时期的冲突，最终决定了维多利亚帝国的品性，奠定了帝国的风格，决定了它在子孙后代中的名声。

迪斯雷利是有意选择帝国事业的。他清楚地认识到这项事业究竟意味着什么——这是一个稳定确实的选票捕捉器，在1867年议会改革法案赋予了100万城市劳工以选举权后尤其如此（早在1849年，他就建议将下议院的30个席位分配给海外殖民地，以此加强托利党的力量）。1872年6月，他在水晶宫发表了著名的讲话，第一次向英国公众展示了他个人为帝国制定的浪漫的计划书，并将这项计划与英国宪法结合在一起，作为托利党政策的根据。他在演讲中说，英国人现在面临一项抉择。他们可以选择继续当普通的岛民，当"舒适的英格兰"的臣民，也可以选择成为"一个伟大的、帝国主义的国家的子民，你们的孩子会上升到最高的地位，不仅得到本国人的尊重，也将获得全世界的尊敬"。

随后，这一概念便一直断断续续影响着他所有的政治活动，指引着他的政治家之路。在这样一个时代，实现荣光的"折中道路"不值得英国这样的国家选择。在被指控为帝国事业花费过高时，他对下议院讲道："在这项事业中，金钱不应该成为考量要素，我们只需要考虑成功就行了。"在国内，他指控自由党试图抛弃帝国的所有显赫荣光，还表示英国工人阶级对"身属帝国感到十分骄傲"。在国外，他也作为一个帝国——"一个属于自由、真理和公正的帝国"——而非一个国家的代表，参加了1878年柏林会议，此次会议决定了东南欧接下来30年的命运（并让英国意外地获得了塞浦路斯作为领地）。他相信成果展示、威望和自我宣传的力量。他相信，国家和人一样，其社会地位都是由自身的估值决定的。他让维多利亚加冕为印度女皇，把印度军队派到马耳他去，或者按照自己的目的操纵东方问题，都是在将想象变成现实，同时剥夺世界上其他国家的想象。在他的时代终结之时，他比英国历史上的其他伟大政治家更生动地展现了英国人对加了香料的、半异域的事物的喜好，这种喜好是推动帝国主义的强劲动机——不少人认为他会出任印度兵变之后第一任印度总督，但不幸，他未能走上这条前途耀眼的道路。

迪斯雷利的对面，则站着同样惊人的格莱斯顿，他为人深沉，苛刻讲究，不信任所谓的帝国道德，而这种反对立场也为他赢得了与迪斯雷利同等的政治资本。同时，格莱斯顿的政治哲学更加清楚，也传播得更广。他的政治本能就是造就一个小英格兰，而他眼中真正的国家荣光应该是道德的优越——当然，这种优越必须有商业理智支撑，毕竟他终归是利物浦一位西印度群岛商人的儿子。*格莱斯顿在1878年写道，英国的核心力量就在英国本土。那些相信所谓"帝国扩张"的，都是政治上的物质主义者。"他们的信仰事实上是土地、结盟、美妙的头衔和一长串的领地。他们忘记了，大英帝国的体系正是由人民的力量建立和巩固的，他们……数量不大……即便有一天，在一场大动乱中，我们失去了所有的海外殖民地，这些人民也会用同样的力量……在没有一片海外领地的情况下，走上另一条道路，维护帝国不变的伟大地位。"

格莱斯顿最著名的政治杰作，就是中洛锡安郡选战。1879年这次旋风般的巡回演讲让他从保守党手中夺得了选举的胜利，让自由党再度掌权。这不仅是民主制度中的一次创举——第一次有这个级别的英国政治家如此直爽地向选民请求支持——还是对帝国概念的一次激昂的抨击。格莱斯顿在演讲中高呼，在全球的每个角落，英国的帝国主义已经成了瘟疫。女王的帝国头衔不过是戏剧化的夸张之辞。此刻对阿富汗的战争是渎神之罪；

---

* 奴隶制废除时，他在西印度群岛的2183名奴隶就为他带来了85 600英镑的赔偿款——大约相当于如今的80万英镑。

而在南非，已有多达 1 万祖鲁人死于英国人之手，"他们除了试图用赤裸的身体，在你们的炮火中保护自己的土地和家园，保护他们的妻子和家庭，再无其他冒犯之举了"。这些都是荣光的虚假幻影，是有害的乃至毁灭性的罪行，是一项从结果来看不忠且本质上是彻底破坏的政策，是一条通向苦难、名声败坏和耻辱的道路。"别忘了野蛮人也有权利！……别忘了他卑微的家庭里也有幸福，别忘了阿富汗冬季积雪的小山村里也有圣洁的生活，在全知全能的上帝眼中，他们就与你们自己一样不容侵犯！"

从外貌上，就可以看出这两个卓越的对手代表了帝国的哪一面。迪斯雷利是个爱好文学的犹太人，一头黑色卷发，双眼明亮，衣着奢华；他的言辞见解总引人注意，让人难忘；他开玩笑，他自负，他世故又有丑闻；他创作了《西比尔》(Sybil) 和《坦克雷德》(Tancred) 两本小说，似乎天性便是要追求热烈的事业。性情上来说，他完全就是个东方人，热爱一切浮华与闪闪发亮的东西，无论它们是真实的，还是伪造的。许多活跃的帝国主义者都不能说是彻底的英国人，或者说他们在某一方面处于英国主流之外，而迪斯雷利从出生到死去，都是一个浮夸的"外人"。他的父亲是文人，他本人没上过公学，也没上过大学，他的妻子是个大他 12 岁的寡妇。她为人朴素，但其实相当富有，而迪斯雷利终其一生都爱慕她。他迷住了易受人影响的女王，站在了英国传统绅士的对立面，凭着狡猾和表演闯入了保守党的高层。他用戏剧行为取得了政治上的种种成功，他的辩论技巧也充满了戏剧性。他没有任何宗教的本能，自然也就没有任何传福音的冲动；而且年龄越大，他就越不在乎正统的形象或者行为。甚至他说话的方式都十分有趣——一口标准英语，但有种说不清的外国风味。

他的统治方式就与他的生活方式一样——大胆尝试。他陶醉于女人的陪伴，又用自己高昂的情绪与奇妙的想象俘获她们，他一度表示，"我就是《旧约》与《新约》之间空白的那一页"。他深爱的宅邸坐落于比肯斯菲尔德，它不大，甚至不甚特别，但充满乐趣：哥特式的房子隐藏在奇尔特恩丘陵的褶皱中，屋外有几片池塘，他经常在那里笨拙地钓鱼；还有一条通向山谷的小幽谷，他喜欢在里面种树；房子有一处宜人的带有拱顶的阳台，适合写作诙谐的小说；还有一间摆满了纪念品的大厅。这座房子带着东方风味，就像西金考特宅的一位沉默表亲，或许这就是迪斯雷利内心的犹太特质、根深蒂固的古老血缘意识的体现。正是这种意识让他觉得不列颠群岛已经无法容纳"英国"这一庞然大物，也让他的目光不断转向东方。

格莱斯顿先生则相反，他更喜欢如同执行神的判决一般砍倒树木。在传闻中，他就不是有创造性的人，而是公正严肃的仲裁者——他比迪斯雷利要更好、更庄重，也更智慧，但没那么有才气，也少了许多乐趣。在我们看来，他似乎比他的对手年纪大得多，但事实上他比迪斯雷利年轻五岁。虽然格莱斯顿的父亲白手起家，但格莱斯顿的家世背景本身就已经足够正统——他的财富来自利物浦和牙买加，他在伊顿公学和牛津大学基督堂学院接受教育，是坚定的圣公会教徒，有苏格兰血统。他和维多利亚时代的许多人一样深信，一切政治行为就和生活一样，可以分成对与错两边。他的每一个行动背后，都有强调自我抑制的基督教信仰，无论是他关心土耳其亚美尼亚人的生存状况，还是他夜访伦敦妓女，都是如此。后者虽然极大贬损了他在公众和女王面前的名声，但确实表达了他诚挚的善意。然而，他也是个极为矛盾的人，自我怀疑，行为经常前后不一——他其实比迪斯雷利要古怪得多，而且令人费解。他是个非常性感的人，但在私人生活中却极度因循守旧——如阿瑟·贝尔福所言，"除了生活必需，在其他一切事情上，他都像个顽固的老派托利党人"。据说，有人曾见到格莱斯顿和妻子双手环抱对方的腰，一起歌唱，

  一个衣衫褴褛的丈夫，一个泼妇，
  我们总能胡乱地度过生活的起起伏伏。

格莱斯顿的孩子们都深爱他，与他相处时总是快乐而亲昵，他们用私密的语言对话。然而，他的君主维多利亚女王却厌恶他，明显对他视而不见，这也成了他一生最大的悲哀——他并没有控制魅力的本领。每次用略带兰开夏郡口音的英语说话时，便满是学识的弯弯绕绕，充满了限定词和从句，这让他很难表达简单的观点，也无法让隐藏在这种威严背后的纯真的仁慈浮上水面。

他确实是个威严的人——他的面容苍白而俊美，声音令人激动，双眼似乎闪烁着火光，总之，他的风度带着伟大的气息。*前文中，我们已经看到他在政治生涯的早期如何与帕克西岛的主教发生碰撞；现在，让我们看看他晚年在祖国的日子，以及在他深爱的弗林特郡家中平静的生活。前往哈登（Hawarden）的最佳道路就是从北方穿过因为工业烟尘而显得阴沉的宽阔狩猎区，经过一处长满草的小山坡上的中世纪堡垒的遗迹（由格莱斯顿所修复）；道路绕过这处小坡继续延伸，前方就是哈登城堡，它矗立此处，带着有点儿滑稽的尊严——这是格莱斯顿通过婚姻得到的地产，但变成了他的精神家园。城堡的中心部分是乔治王时代风格，但翼部已经被维多利亚时代的人热情地改造了，如今英国没有哪座建筑能比这座城堡更真实地展现格莱斯顿式风格。城堡的塔楼高而厚重，无数的窗户装上了直棂，周围环绕着优良的橡树和榆树。我们这些充满崇敬的人站在矮墙之外远远看去，可以看到城堡中的房间铺着桃花心木镶板，摆满书籍，挂着锦缎窗帘，哲学家半身像装点其中。

宽阔的草坪从屋外一直蔓延到外墙和后方的哈登板球俱乐部的球场，其中还有几座玫瑰花坛。在距离建筑稍远的地方，我们能看到这位伟大的老人，"人民的威廉"，坐在帆布躺椅上，身上的衣服从来只有黑白两色；他蓄着小束胡子，靠着躺椅，右手向侧面伸出，仿佛要抓住榆树落下的露珠，左手则把一本小开本的严肃书册举在眼前，可能是新近出版的荷马作品评论、新的经济发展理论，或是他自己的学术作品的再版（在他去世前很久，他名下的文章就在大英博物馆目录中占据了整整 25 页）。**

3

两位政治家都深知帝国热情中的潜能，不论是否愿意，也都被裹挟其

---

* 劳合·乔治觉得他看起来"吓人"，也不是没有道理。
** 格莱斯顿家族现在还居住在哈登，但迪斯雷利的休恩登庄园现在已经成了名胜古迹国民托管组织（National Trust）名下的产业，帝国的朝圣者还能在这里看到各种令人陶醉的帝国古董，包括那那·萨希伯的银印章和阿比西尼亚皇帝特沃德罗斯的项链，后者是内皮尔勋爵 1868 年远征马格达拉（Magdala）惩罚阿比西尼亚后，带给迪斯雷利的。

中。迪斯雷利在帝国时代的顶点神气地去世，格莱斯顿却幸存下来，最后悲伤地看着他的自由党被帝国的动力撕裂。关于帝国的辩论就以这两人为中心纷乱盘旋，前者总是与爱国的锐气相连，后者则与自由人道主义一体。然而到了最后，他们就会发现，其实他们都是帝国主义的代行者。

当然，迪斯雷利并不是帝国主义这一政治哲学的发明者，他只是为它赋予了新的情感动力，把罗斯金这样的预言者的直觉变成了对民众的煽动。他澄清了帝国主义的概念，为它梳妆打扮，赋予它新的光彩，最终让它成为托利党政治信条的一部分。帝国主义这个词，连同背后的哲学，就这样重新散播开来。自由党则轻蔑地把这个词扔回到迪斯雷利身上——他们表示，这不过是个赶时髦的词，背后的信条也是赶时髦的概念。《泰晤士报》称其为"俗丽"，《旁观者》杂志称它是"吸引了大量粗俗民众的独裁主义"，《笨拙周刊》则认为它廉价且华而不实：

> 帝国主义！听听这词！它在我脑袋边嗡嗡叫，
> 像三叶草生长时节的熊蜂。口中大多都是废话。
> 而人人都想摆平它，像农民打死害虫一样；
> 许多大话崩塌了，像黏糊糊一摊——如果你曾确定它们的观念。

但迪斯雷利的判断是正确的。我们在前文中通过战争、商业和慈善事业追踪过的帝国的千头万绪，如今正在逐渐融合为豪言壮语和沙文主义。"帝国主义意味着什么？"哲学家罗伯特·洛（Robert Lowe）问道。"它意味着主张完全掌控他人……如果通过压倒性的武力来威吓，我们可以迫使一个弱小的国家屈服于我们的意志，或者更好的是能通过展示武力来达到同样的目的，又或者最好是直接在一场公开战斗中征服我们的敌人，用刺刀迫使他们接受我们的条件。如同德莱顿所歌颂的，'这些都是帝国的艺术，只有您配得上'。"他其实是在讽刺，但这句话事实上成了预言。1877年，格莱斯顿估计，迪斯雷利侵略性的海外政策已经得到了"各个俱乐部、（绝大多数）伦敦媒体、议会两院的大多数，以及六分之五或者十分之九的富豪阶层"的支持。过不了多久，大众就会开始无节制地表达他们对帝国的豪言壮语乃至流血杀戮的支持:《笨拙周刊》《泰晤士报》《旁观者》都会成为帝国主义的喉舌;英国桂冠诗人也将毫无羞耻地表示,他最大的愿望就是坐在草坪上,听着英国在陆地和海洋上取胜的消息一条接一条传来。

迪斯雷利的殖民地事务大臣,绰号"鸟叫"的卡那封勋爵(Lord Carnarvon)最初就很难理解帝国主义的意味,但他随后就在脑中把问题整理清楚,并且能令人信服地解释这一概念。据他说,世上有两种帝国主义,一种是错误的,如专制主义或者独裁统治;还有一种是英国式的,这种帝国主义得到了世界范围的信任,它维护和平,提升野蛮人,缓解饥荒,团结了海外所有忠诚的英国人。帝国主义必然带来扩张,但英国的扩张并不是欺凌,而仅仅是英国制度与健康影响力的扩展,有必要时会使用武力。事实证明,这一设想极为诱人,它取代了普世的人道主义,转化成19世纪晚期大规模的民众运动。帝国主义触动了英国所有阶层的热情,最终也控制了所有党派。维多利亚女王喜爱它;英国最大的贵族索尔兹伯里勋爵则赋予它以贵族阶层的认可;支持商业的议会两院投票赞成它;有的家族数代投身于这一理念的事业;教士为它募捐;士兵和水兵为它陶醉狂欢;孩子们收集印有帝国纹章的饼干盖子;穷人们依靠帝国主义俗丽的激励,在音乐厅中高唱着帝国喧闹的旋律;富人们则指望着帝国带来的红利,唱起国歌时,也不会忘记兰德(Rand)或者布罗肯希尔给他们的赐福。"一片烟雾中的英国人民,"迪斯雷利一度写道,"拥有一个强大的中产阶级,也要求要有严肃的政治家。"但他们同样需要刺激和兴奋。就在维多利亚统治的最后25年,帝国主义就向他们奉献了最激动人心、最惊天动地,而且无论如何,都可能是英国现代史上最让人满意的四分之一个世纪。

4

表面上看,帝国主义似乎只是对荣耀的渴求。"一个没有了荣光的国家,"加尼特·沃尔斯利曾经说,"就像一个没有勇气的男人,或者没有贞洁的女人。那些年轻时就学会珍视荣光为神圣财富的人，随着年岁的增长，会受到其影响的鼓舞。最终，荣光便成了国家宗教一般的东西……"英国人长时间的成功，从拿破仑战争结束以来一个接一个的胜利，冲昏了他们的头脑，也培养了他们对至高无上的权力的喜好：和其他处于鼎盛时期的国家一样，19世纪后半叶的英国完全是自负的形象，它厚颜无耻地将荣光和力量、财富以及领土大小相等同。

但是，帝国的热情中，责任感的作用也不小。现在，帝国的责任更少是传教责任：认为全世界所有人都应该改信英国基督教的想法，现在已经不是那么坚定的信仰。但是，传教过程的苦修方式，仍然让它带有慈善意味。正义、安全、连通和机会，这些都是文明的优势，英国人勤奋但冷漠超然地散布这些文明的价值。19世纪后半叶的印度教科书中，就有一小章的标题是"英国统治者的恩典"。该章节列举了法律与秩序、学校、运河、道路和桥梁、铁路、电报和公共卫生等成果，但没有提到英国人终结了邪恶的习俗，没提到社会改革以及基督教模范带来的好处。英国人并不怀疑他们自己的文明的优点，不疑虑于他们将文明传遍世界的使命，但是他们已经开始认为，并非文明的每一个方面都可以移植到异国。

追求利润这一动机的侧重点也已经发生了微妙的改变。当然，利润仍然是强大而或许卓越的帝国欲求之一，然而现在，它却染上了一些令人忧虑的色彩。大英帝国仍然拥有全球最强大的工业、金融和商业力量，但没有多大优势。它的对手正在逐步追赶。经济上而言，19世纪70年代对英国人来说是困难时期，伦敦金融城的金融家和北方的工业家开始觉得，他们的优势地位也许并不能永久延续。德国和美国的钢铁产量很快就会超过英国；大部分欧洲国家已经完成了工业革命；从化学染料到后膛枪炮等工业产品，英国设计师和制造商都已经落后于他人。轻易取得的成功如今开始展现其惩罚——自鸣得意、保守主义，甚至是懒惰——而古老的万灵药"自由贸易"也渐渐失去了功效。对很多商人而言，似乎只有帝国才能继续维持适当的现状：他们拥有新的市场和新的原料产地，也有便利的贸易壁垒，或许不甚明确但事实上为他们阻挡来自外国的竞争。

战略上而言，推动新帝国主义的冲动基本上是防御性的。若身在伦敦的战略制定者决定占领一块新的土地，他们的目的基本上是为了防止外国人比他们先占领那个地方，或者是保护已经存在于那里的英国财产，又或者是为了保卫一条受到威胁的贸易路线。滑铁卢和特拉法尔加战役为英国赢得的巨大信心随着时间的推移也逐步衰弱。19世纪70年代的英国面临的挑战已经不少。美国人在内战中已经显现出大规模使用军队的能力，而且在接下来的数年内，美国都拥有世界上经验最丰富、规模最大的军队。1870年普法战争的胜利也表明，新近统一的德国乃是欧洲大陆上最强大的军事国家，而他们自然也不太可能认为英国是神圣不可侵犯的。法国、意大利、德国和美国都在建立战舰队。这个世界已经比1837年要复杂得多，而英国的地位也将不再稳定。此时，帝国主义似乎再度为英国人提供了答案：它不仅是战略安全的手段，也是军队很好的实战机会，还是他们手中或许最可怕的警告工具。大英帝国的旗帜飘扬在世界各地，仿佛在每个地方都对外来者说："不许动手！"

5

但是，为了保持这一势头，帝国必须不断扩张。此时，英国已经占领了世界上所有的空地。1837年至今，这个半心半意的帝国的人口已经翻倍，其土地面积增加了两倍。自维多利亚女王登基以来，加拿大空旷的荒野已经被他们驯服，澳大利亚的荒芜之地已经被他们探索，缅甸、新几内亚、新西兰、纳塔尔都已经被他们所占。英国人因为他们巨大的成功而心情激动，也急切地寻找着新的力量宣泄口；他们对自己的未来感到忧虑，不过这种情感可能只是潜意识中的。因此，英国人在维多利亚女王统治的最后几年，转向了世上最后一片尚未被探索的大陆。本书的第一部分被印度占据，而在最后一个部分，我们将一次又一次回到非洲。就在这片大陆上，在一系列新的、更加令人陶醉也更加丑恶的冒险中，帝国这一概念将执迷而过分地得以实现。

第20章

阿散蒂

I

非洲有一块地方叫阿散蒂。临近18世纪开端的一个星期五,上天将黄金凳子赐予了阿散蒂君主奥塞·图图(Osei Tutu)的祭司,贤人奥科姆夫·阿诺科耶(Okomfu Anokye)。这是一尊有黄金外壳的神秘王座,接下来的数世纪,它都将与一些辟邪的象征——金质的手铐、面具、铃铛、人字拖鞋和肖像——一起悬挂起来,绝不会当作座椅使用,甚至不能接触地面,而是要永远被尊为国家灵魂——阿散蒂人称之为"sunsum"——的居所。根据传说,阿散蒂帝国就是这样诞生的,到了维多利亚时代中期,它已经成长为非洲无数黑人政权中最强大的一员。

到了奥塞·图图的时代,阿散蒂早就不是一个小部落了。阿散蒂人发源于博苏姆推湖畔的乡村,这是一处丛林密布、颇为凶险的沼泽,低洼的洞穴偶尔还会喷出气体和泥浆,有些非洲人认为,第一个人类就是从这个洞穴爬出来的。直到17世纪,这里才第一次进入历史记录。阿散蒂人表现出了极高的民事和军事组织天赋,在西非尤为突出。他们逐渐对周边国家建立了宗主权,最后,阿散蒂的世袭君主成为该地区最强大的土著统治者,他的法令通过一个个等级,推行于从黑沃尔特河到海岸线的广大地区。

黄金王座的降临进一步巩固了阿散蒂人的权力,为人们的忠诚提供了一个超自然的聚集点。没有人知道黄金王座究竟来自何方。这是一张部分包覆着黄金的木制三脚凳。根据传说,在阿散蒂首都库马西一场酋长与民众的集会上,它从天空出现,乘着一朵尘云,在雷声与闪电中飘浮而降。阿散蒂人尊之为国家地位的化身。只要黄金王座安全,阿散蒂王国也就会团结统一，繁荣兴旺。王座的地位比君主本人更加优先。它有自己的座席，移动时有专用肩舆为它遮阴，还有专门侍奉它的祭司。在阿散蒂这个国家的变形虫结构中，它成了一个恒常物，而阿散蒂所有的习俗，都构建在黄金王座的神秘性之上。世界上应该极少有其他国家的灵魂会化身在一个东西之中；但是，在威斯敏斯特大教堂的各种骨灰瓮和雕像中，在寂静的铭文和暗指的引文中，人们大约也能感觉出相似的神秘关联。

2

然而，维多利亚时代的帝国的建设者却并不这么认为，对他们来说，这样的暗示似乎不但荒谬，而且可能是亵渎神灵。对他们来说，19世纪中期的非洲更多的是吸引他们的本能而非理智，也带出了他们内心所有最善与最恶的部分。最善的部分在于长久而热情地与奴隶贸易的战斗，这依然激励着人们的理想主义。"我之所以回到非洲，"利文斯通在1857年对剑桥大学的本科生演讲时说，"就是要为商业和基督教打通一条道路。你们要完成我开启的事业！我将它留给你们了！"而最丑恶的部分则在于他们对这块土地毫不掩饰的蔑视，这在维多利亚统治的最后几十年逐渐腐蚀了帝国的精神。

英国人的一般观点是，非洲自身没有任何值得一提的价值。这里的人大多是信奉异教的文盲，在达尔文主义者看来，他们似乎和野兽相差无几。他们的习俗听起来幼稚、无意义或者令人反感。这里的各种语言如此无用又模糊晦涩，到了18世纪末，已经没有一个欧洲人愿意费心学习其中的任何语言。非洲的艺术，体现为暧昧模糊的奥博（Obo）传说，或程式化而奇异的伊费艺术，看起来也非常低劣。帝国主义者一到非洲，就震惊且痴迷于这个地方的残忍、肉欲和无耻。他们认为，这块大陆生来便低等，帝国可以在这块石板上随意涂写，比如同情的文字或者粗俗的污言秽语。

黑人与白人在非洲相对峙，而双方都对对方一无所知，在这两支基本力量的对峙中，最显著的就是大英帝国和阿散蒂王国的冲突了——双方的冲突断断续续，白人的力量冷酷无情地挤压着黑人的边境，有时用诡计渗透，有时用武力打击，直到最后，白人终于突入了黑人王国的中心，亵渎黄金王座。对双方而言，这都是宿命的冲突。阿散蒂认为这是神的旨意，英国人也抱有同样的想法。霍普·格兰特在1874年准备入侵阿散蒂本土时就曾写道："我不禁想，非洲的开放，所有野蛮的、不人道的部落都被引入理性的世界，他们的可怕邪恶得到终结，这必定是全知全能的上帝的意志。而这些可怜卑鄙的生物现在也没有变得更好……"

3

以非洲的标准而言，阿散蒂文明是彬彬有礼的。他们的多神教祭祀复杂而虔诚，社会形态也相当自由。阿散蒂人是杰出的金银匠人，也擅长木工，他们发展出了独特的建筑风格——突出的屋檐、坡度陡峭的茅草屋顶、复杂的石膏浮雕，以及奇妙的兽形和鸟形装饰。在19世纪初年造访库马西的英国人，都发现这座首都城市出乎意料地令人印象深刻。1817年，爱德华·鲍迪奇（Edward Bowdich）抵达此地时，就有一支吹着长笛和喇叭、敲着鼓的乐队欢迎他，还有一群身上佩戴着动物的角、羽毛、铃铛、贝壳和豹尾巴的战士前来迎接。他发现库马西规划合理，而且非常整洁，每一条宽阔的街道都有自己的名字，路边也用心地种着行道树。这里的每一座房子都有卫生间，冲洗卫生间用的是煮沸的水，而且垃圾每一天都会被烧掉。首都中心的王宫由数个相互连接的院子组成，占地约五英亩。1848年，威廉·温尼特（William Winniett）爵士在此参加晚宴时，就得到了烤羊、火鸡、李子布丁、坚果、麦芽酒和红酒的款待——"每一道菜都精心准备"。

然而，阿散蒂王国政策的根本，还是对权力的渴望。"如果权力可以买到，"一句阿散蒂谚语如此说道，"那就卖掉你的母亲去买它——毕竟你随时都还可以把她买回来。"阿散蒂的民族精神是自信而充满侵略性的，而这个民族的人祭活动也很残忍。每当阿散蒂君主死去，数十乃至数百人就会被杀死，为其殉葬。大多数殉葬者是犯人或者战俘，他们之所以能活下来，就是为了这一刻，但是也有殉葬者是发誓为君王而死的高级军官和王室成员。每一代阿散蒂人都亲眼见证过这种公共的人祭,即通过死亡再度向神献身。在战争或危机期间,还会有临时的人祭;而受害者被献祭,是因为一时的情绪刺激。和黄金王座一样,人祭行为凝聚了阿散蒂民族,紧紧联系了过去与现在、命运与自由意志,以及神的旨意和人类的宿命。

阿散蒂人将这一切都罩上了神秘主义的网纱。这是一个有神秘喜好的民族,他们的思维方式充满迷惑、跳跃和回避,欧洲人很难理解他们。一个例子就是阿散蒂尤为晦涩难懂的民间传说。小羚羊告诉一个叫作"讨厌被反驳"的男人,他的棕榈坚果成熟了时,"讨厌被反驳"回答道:"这就是棕榈坚果的自然规律。如果它们成熟了,必定有三条枝上的果子同时成熟。它们成熟时,我就把它们剪下来,然后熬煮果子炼油,这些果子能提取出满满三水罐的油。然后,我把油带到阿卡色(Akase)去,买回一个阿卡色老女人。这个女人来到家里,生下了我的外祖母,外祖母生下了我的母亲,母亲又生下了我。母亲生下我时,我已经站在此地。"

对平时读塞缪尔·斯迈尔斯或者马可·奥勒留的人来说,这就是些超自然的玩意儿。大英帝国对这种"先锋前卫"的东西没有任何喜好。帝国主义者透过阿散蒂人环绕的森林屏障向内望去,便感到阿散蒂人似乎是一个令人不安的民族:他们可怕的人祭狂欢,他们树林中奇怪的祭祀神庙,他们绝对不能行船的黑暗圣湖,他们的黄金王座核心谜团,他们颠三倒四的思考方式——他们嗜杀、古怪、令人担忧。

4

英国人已经在阿散蒂的前滩——黄金海岸——活动了250年。他们和其他八个欧洲国家的商人都在海岸上建立了自己的据点,最初它们被当作奴隶贸易站,后来又成了一般贸易站点。最初,英国人对非洲的主权并无野心,但是随着他们在欧洲的敌人一个接一个撤出这片海岸,英国人对阿散蒂的兴趣似乎也变得更加政治化。他们不再满足于在外国的海岸上扮演令人尊敬的商人,而是希望能够自己掌控贸易。在维多利亚女王治下,随着时间的推移,他们在黄金海岸上的贸易点逐渐演变成帝国的前哨站,他们监视着海岸附近生活的部落，而他们在海岸角城堡（Cape Coast Castle）的总部也变得如总督府一般。海岸角城堡由荷兰人建造，又被葡萄牙人里外装饰过一番，而19世纪中期，这座城堡落入了英国人手中。城堡的闸门通向围墙内一片演兵场，双楼梯庄严地通向上方总督的居所，防御墙上传来军号声，囚徒则在城堡的监狱中逐渐失去生气。城堡的围墙周围形成了非洲附庸的村庄，泥房内升起烧木柴的烟，干鱼在院中散发臭气。在这片小屋之间，城堡矗立宛如皇家宫殿，白色的外墙在阳光下闪闪发亮，海浪冲刷着它的地基；在防御墙之下，黑人渔夫划着小舟。*

英国人就是从这个威风的基地望向内陆神秘幽深的阿散蒂。虽然阿散蒂人没有自己的海岸线，但是他们对在海岸附近生活的芳蒂人部落有极强的影响力，而他们在贸易路线两边的势力也极大地影响了商品的价格和供应。英国人在19世纪20年代就与他们建立了关系，但从未和他们交朋友。无论他们的外交官如何拐弯抹角，李子布丁又做得多好，双方真正的目的都是控制海岸。英国和阿散蒂之间误会不断，不时发生小规模冲突。阿散蒂军队甚至有一次直接威胁到了海岸角城堡。而在1824年，英国总督查尔斯·麦卡锡爵士就在这里遭遇了可耻的失败，乃至因此自杀。阿散蒂人耀武扬威地把他的头骨送回了库马西。在接下来的数年内，阿散蒂君王就用这颗头骨做酒杯，端着它在典礼上，在人们面前走来走去，有时还用它祝酒发誓。

但这些都不过是轻微的对抗。直到19世纪70年代，大英帝国才把注意力转向了非洲的未来，而阿散蒂人也在此时才明白了现代帝国主义的含义。事后看来，即将抵达力量顶峰的欧洲帝国与非洲树林中文盲的部落王国之间的这场冲突，似乎是不对等的，不过对当时的阿散蒂人而言，力量的对比似乎并没有如此悬殊。如果英国人是帝国的臣民，那他们自己也是。英国将领们可能有加特林机枪和火箭炮台；但阿散蒂的君王走上战场时，

---

* 海岸角城堡的建筑模式源于西边的埃尔米纳堡，后者由葡萄牙人于1482年建成，是热带地区最古老的欧洲建筑。而从1682年开始，海岸角城堡本身也成为大英帝国在很多地方的驻防贸易站的原型。1971年，我的向导还向我保证，这里就是维多利亚女王"访问"黄金海岸期间接见他人的主要地方，对这次访问人们记忆犹新。

从头到脚挂满了永远可靠的护符。这些护符在他身上形成了神力的锁子甲，厚厚地贴在他的身上，乃至很难透过这层魔法披挂看到他的面容。每当他走动时，整个人的轮廓就会荡出一片颇有威胁的涟漪。

这是两支军队的无知碰撞，就像马修·阿诺德所描写的夜晚的两支军队一般（《多佛海滩》）。双方都对对手一无所知。一边是阿散蒂的异教文化，另一边是欧洲的基督教文明，双方都是以宗教为武装的强大力量，充满侵略性而且无比坚定。阿散蒂人认为英国人是背信弃义的懦夫，英国人则认为阿散蒂人是一群迷信的野蛮人。阿散蒂人对敌人的武力几乎没有概念，仍然认为他们可以把白人赶回海里去。英国人同时受到商业利益、传教使命和单纯的扩张主义推动，决心必须掌控阿散蒂。欧洲人蛰伏着，等待着时机；阿散蒂人也蛰伏着，又四处行军，打一些没有决定性意义的小规模战争。

1872 年，阿散蒂年轻而勇敢的君王科菲·卡里卡里（Kofi Karikari）推动冲突爆发。当时，荷兰决定撤出黄金海岸，并将埃尔米纳堡卖给了英国人。这让阿散蒂人非常怨恨，因为他们宣称自己才拥有这座堡垒的所有权，因此，他们越过了阿散蒂领土的传统边界普拉河，准备去包围埃尔米纳和海岸角两座城堡。他们被击退了，但是抓走了数名欧洲传教士作为人质；就这样，英国终于找到了借口，可以在此开战并一劳永逸地解决顽固的阿散蒂人，同时在黄金海岸实现帝国的稳定状态。

5

在维多利亚时代所有的殖民战争中，这场战争最为经典，可谓此类战争的象征。英国军队的指挥官就是加尼特·沃尔斯利中将，他拥有圣米迦勒及圣乔治勋章和巴斯三等（同袍）勋章，如今正在出头而成为帝国军人典范——或者如 W. S. 吉尔伯特所言，"是现代军队下级将官的模范"。他受邀全权负责此次行动的民事和军事问题，后来回忆时，他表示："上帝啊，我接下这个任务时心里是多么快乐！"年仅 40 岁的他是陆军中最年轻的将官，而他身边现在已经团结了"沃尔斯利帮"，这个由充满改革精神且对社会有贡献的聪明军官组成的小团体,将会在19世纪剩下的时间内,在英国的军事中扮演极其重要的角色。"我觉得,"沃尔斯利写道,"对我的战争而言,普通人是不够用的。"确实,此时组成他的参谋部的年轻军官中,有九人后来也当了将官,甚至还有一个人成了陆军元帅。布勒从雷德河跟着沃尔斯利来到了非洲,威廉·巴特勒也追随他,还有一位杰出的新人——乔治·科利(George Colley)上校,他刚刚为《不列颠百科全书》第九版撰写完成了长达60页的词条"军队"。*他们起航前往黄金海岸时,都认定自己乃是为高尚的目的而战;航行途中,他们仔细研究了阿散蒂的地理和历史。沃尔斯利本人认为,他们的任务就是一场十字军运动。他表示,他要"狠狠地惩罚那个'咖啡王',告诉他、他的人民,还有周边所有国家,无论死一般的森林有多么广阔,都不能保护他们抵挡英国军队"。公义站在他这边,他是英国人,这本身就足够公义。"记住,"他告诉士兵们,"那些黑人对你们抱有迷信的敬畏,你们只要冷静,压低枪口慢慢开火,然后跑回营地就行了。"

但黑人们并没有迷信地对他们保持敬畏。相反,古老的阿散蒂格言告诉他们,丛林比白人的大炮要强大得多;而且,他们自己也有不少火器——都是英国商人通过西非的法国港口体贴地提供给他们的。阿散蒂君主对他的事业、他的传统战术、他的地形知识、他的符咒和黄金王座都颇有信心,因此收到沃尔斯利的最后通牒时,他没有理睬。他可悲地忽视和拒绝了大英帝国以及19世纪的现实——这封最后通牒措辞高傲,由一辆牵引车送来。**这封通牒向阿散蒂人宣告,英国女王对阿散蒂君主近来的行为十分担忧,但是她已经派遣加尼特爵士前往非洲,希望建立长久的和平。但谈判的前提是,阿散蒂人必须从英国所保护的地方撤离,释放所有俘虏,保证赔偿损失。如果阿散蒂人满足了这些条件,加尼特爵士就愿意与阿散蒂君主和平会面。如果没有满足,"那么我在此警告你们,你们的一切行为

---

* 唉,因为后文即将提到的一些原因,他的文章在第十版中被删去。
** 这辆车被一个阿散蒂人截了下来,他驾驶着这辆冒着蒸汽的车咔嚓咔嚓地开入林中,但是据一位目击者所言,这样的经历几乎没有对他产生可见的影响——"他似乎认为,整个操纵车子的活动,就是他自己死刑的沉闷序幕"。

都会受到应得的惩罚……也不要忘记，我方并不希望事情发展到这一步"。

到了 1873 年 11 月，英国已经在此地部署了足够的军事力量：总计 4000 人的英国一流正规部队，他们来自黑卫士兵团（Black Watch）和步枪旅（Rifle Brigade）；还有一支本土炮兵的分遣队，以及来自皇家威尔士燧发枪团（Royal Welch Fusiliers）和刚从牙买加抵达的西印度群岛军团的预备队。他们穿着灰色土布的特制制服，带着各种最新的热带战争专用装备——对付热气的口罩、防虫面罩、防霍乱腰带和奎宁。海岸角城堡旁边停泊了三艘医疗船，等着接收伤员。他们还雇用了约 8500 名行李搬运工为军队提供支援。英国同时在南北两个方向展开佯攻，但主力部队的计划是渡过普拉河，一边进攻一边开路，直接攻向库马西。此外，跟着他们的还有一大群战地通讯记者，其中就有探险者亨利·斯坦利。加尼特·沃尔斯利非常确定自己将获得胜利，但也接受行动中可能出现士兵伤亡——"噢！他们为帝国献身该多么荣幸啊！"[*]

6

整个事件的发展就像发条钟一样。阿散蒂人采用传统的包围战术勇敢作战，偶尔也会停止作战，举行抚慰的献祭。然而，阿散蒂人的前装枪射出的子弹往往从英国人身上弹开，没能造成伤害——这些枪的有效射程只有 40 码。而他们的咒语也没有发挥作用。英国人带着工程师、七磅炮、火箭发射器、焦急的记者和不安的行李搬运工大军稳步跨越了如汤汁般的宽阔的普拉河，深入地图上没有标的阿散蒂森林。行进的同时，他们还架设电报线路，搭建了 237 座桥梁，而且真的在单调的、令人窒息的雨林里开辟了一条前进的道路；雨林中长满蕨叶和荆棘，草木密集，纠缠杂乱，他们脚下嘎吱作响，头上垂着枝叶。他们在前进的过程中经常与阿散蒂人爆发小规模的冲突，担任前锋的苏格兰高地士兵汗流浃背地坚持前进，轻装

---

[*] 这次行动中，只有 18 个人"有幸"阵亡，另外还有 55 个人得到了"安慰奖"——因为疾病死去。

的阿散蒂人就经常从阴影里窜出来攻击他们。但是这次进军中唯一决定性的战斗，发生在距离首都约还有一半路程的小村庄埃吉纳西（Ejinasi）。

阿散蒂军队主力就部署在此地一处山脊，排成马蹄形，等待着英军的到来。军队每一翼都有侦察兵，中央部队后方则聚集着阿散蒂庄严的酋长们，他们坐在象征本部落的座椅上，头顶是华盖，手中还握着金头的圆头棒。英国接近埃吉纳西时，两侧翼同时遭到攻击——这是英军第一次与有组织的非洲军队交战。这是一次充满戏剧性的战斗，许多战地艺术家的绘画让战斗场景在我们眼前鲜活起来。大多数阿散蒂人隐藏在密林里，只有滑膛枪枪口的闪光和烟雾显示了他们的位置，人们偶尔才能看见他们反光的黑皮肤，以及枝叶之间低垂的华丽服饰。英国人则相反，他们戴着软木遮阳帽，穿着灰色棉布的制服，没怎么试图隐藏自己，而且从画里他们队形的空心方阵（hollow square）来看，他们仿佛在参加表演战。

号手吹着军号指挥战斗，勤务兵随时准备传递消息，军需官记录着弹药用量，军医在大桃花心木的阴影下为负伤士兵包扎，俘虏则在栅栏内蹲着挤成一团。营地四周，大胡子的士兵警惕地举着步枪蹲伏着，偶尔会对着丛林里放上几枪。而在战斗场景的中心，一位战地记者正在采访加尼特·沃尔斯利爵士，这位圣米迦勒及圣乔治勋章获得者不断抽着雪茄，在士兵之间踱步，他的参谋军官则跟在他身后，他不断从前线收到消息，冷静地评论着战斗的进程。在枪响和火箭弹的嘶嘶声中，还有两种神秘的声音在密林中相互应和，仿佛要让战斗场面更加完整地展示：一边是阿散蒂人令人不安的战吼，另一边则是英国黑卫士兵团的纷乱风笛声。

最后，面对压倒性的火力优势、毫不动摇的军纪和与他们同样强大的自信，阿散蒂部队终于崩溃了。1874年2月3日，黑卫士兵团接连横扫一个个阿散蒂警戒哨和埋伏点，打断了一次人祭后，终于进入了库马西。这是阿散蒂人第一次在他们的圣城内见到外国人的面孔；这也是习惯了猛攻亚洲的堡垒的英国人第一次作为征服者进入非洲黑人的首都城市。而他们面对的是一场奇特的终局。国王科菲已经抛弃宫殿，撤入了深处的密林，不过库马西的居民毫无恐惧地涌到街头，与士兵们握手，喃喃说着他们唯一知道的一句英语"谢谢"。

尽管如此，英国人穿过库马西宽阔的街道，进出宫殿时，仍然恐惧地颤抖着。"死亡树林"的外围地带耗费了他们最长的时间，在那里，他们检查了约12万具人祭受害者的尸体。据说，"死亡树林"的地面都被人血浸透，发出恶臭。沃尔斯利则根本没有勇气踏进这个地方，他"厌恶一切骇人的场面"，那些描述确实让他感到恶心，而他无法阻止同僚谈论。然而，他还是忍着言语无法描述的厌恶检查了"死亡鼓"，这面鼓由人骨装饰，下方的圣座则要一直浇上新鲜的人血，保持湿润。

如何处置库马西，他有自己的想法。"我心里一直相信，"他后来写道，"完全摧毁库马西和城中宏伟的宫殿，摧毁西非的这个奇迹，这个战争结局比任何纸面上的条约要更加震撼也更加有效。"1861年，中国皇帝无与伦比的圆明园被额尔金统领的英军烧毁时，他就在北京。大火造成的烟尘弥漫北京上空时，他认为这是"对他们的骄傲一次恰到好处的打击"。而他显然相信，摧毁阿散蒂君主的这座有陡峭茅草顶和镀金装饰的精美宫殿，对阿散蒂人也会产生同样的作用。他想要尽快离开库马西，让士兵们不再遭受发热之苦，但他还是向阿散蒂君主发出了最后一份通牒，建议他立刻与英国达成协议。他没有收到任何回复。因此，在1874年2月6日，古老的库马西城遭到毁灭。城内的房子里都堆满了引火物，"死亡树林"也被清理干净，以便燃火，工兵在宫殿的墙边放满了地雷。早晨七点，英军主力离开城市；八点，后卫部队点燃了导火线；九点，最后一个黑卫士兵团士兵匆忙穿过森林，跑向岸边停泊的运兵船。他回头望去，便看见这座圣城正在土崩瓦解。

科菲终于明白了英国人的目的，他派出和谈使者急忙追赶英军。在一个叫福梅纳（Fomena）的村庄，他们向英国表示臣服，同意支付一笔他们可能付不起的赔偿金，释放所有人质，放弃对埃尔米纳城堡的要求，承认数个附属部落的独立，并尽全力终结人祭行为。此后，阿散蒂人一直称这场战争为萨格兰提战争（Sagrenti War）——萨格兰提是英军指挥官加尼特爵士名字的仿音。而加尼特·沃尔斯利则再度带着荣耀返回故国。他获得了一个绰号——"不列颠唯一的将军"，而每当人们想描述一件事做得极好，像阿散蒂战争一样利落完成时，便称此事为"太加尼特爵士了"。

7

英军士兵们思考着，离开阿散蒂。这是他们第一次在非洲打一场现代战争，过程中也充满惊奇。沃尔斯利本人认为这是一次糟糕的经历，但在残暴的好战精神统治下的阿散蒂人的纪律、勇气和高涨的士气给他留下了深刻印象，这与英国保护下的海岸部落的软弱与堕落形成鲜明的对比。不过，他在回忆录中立刻补充道，他并非军国主义精神的信徒，但是阿散蒂人教会了他，只要一个民族将国家的伟大置于个人利益之上，就自然能产生民族骄傲与满足感。威廉·巴特勒的观察则更加细致，他认为这场战争就是历史决定论给人们上的一堂课：非洲就是"真正的人性教育基础学校"。西非可怜的黑皮肤野蛮人其实具备许多良好的品质——耐心、诚实、忠诚——而他们的许多缺点事实上是大英帝国的污点带来的。"我们的酒精、贸易和贪婪已经不可救药地腐化了非洲土著。我们用酒精麻醉了他们，又用我们的枪支杀死他们；我们把火药和子弹卖给他们，让他们屠杀和奴役自己的同胞。海岸上的一座座城堡，就是我们对他们野蛮不公的纪念碑。"

这场战争在英国激起的反应则没有如此复杂。在英国国内，阿散蒂战争又为帝国主义添了一把火，用帝国在非洲的荣耀激起了人们无尽的想象。当时，市面上至少有八本书描写这场战争：这是第一场占据民众想象力的殖民战争，它也为帝国主义观念带来了新的一面——孩子气的冒险。沃尔斯利获得了圣米迦勒及圣乔治爵级大十字勋章，议会为表感激也赠予他2万英镑的奖金，他的军队返回后在温莎大公园的中心广场集结，得到了女王的亲自检阅。甚至格莱斯顿也在下议院中热情地谈起了阿散蒂的胜利，媒体也都欣喜若狂。

然而，这是一场无知的胜利。英国民众仍然没有弄清楚战争的源起为何，其目的也充满疑云，而且没有一个人尝试了解阿散蒂，去研究令人困惑的阿散蒂文化，或者探寻这个国家的历史。这场战争真正的意义、背后潜藏的情绪，还有它作为信仰冲突所具有的催化性质——这一切都没有被人们注意。而且似乎这次战争本身就是目标，加尼特爵士精巧的战斗则像一场成功的手术，一劳永逸地切去了一处溃疡。

这将成为后来帝国在非洲的一系列行动的共同特质。虽然英国军队将一次次返回这片大陆，与分散各地的黑人王国战斗，但他们几乎从未理解他们的反对者，也不认为这些反对者的一系列行动有任何重大意义。非洲对大英帝国的影响，就是让帝国野蛮化：这并非因为黑人比其他种族更加野蛮，而是因为英国人认为他们就是如此，就照着这个标准行事。不久，帝国的军队将再度返回库马西，将整个阿散蒂王国并入大英帝国。但是，到了那时，在非洲作战已经不再新奇，而阿散蒂的黄金王座在英国人眼中也失去了神秘气息，只是一件华而不实的东西，无聊又幼稚。

第 21 章

以剑之名

I

阿散蒂战争之所以如此受到公众欢迎，还有部分原因是它为人们提供了一枚定心丸。三年前，普鲁士军队出色地攻入巴黎的场面让英国人大吃一惊，而他们必须确认，英国军队同样能迅捷果断和有效率地行动。这是欧洲大陆一段军国主义的时期，欧洲大陆上各大强权规模巨大的常备军随时准备着投入新战斗，英国自然也受到了影响。帝国雄辩的演讲中，又加入了新的好战声调。用剑赢得的东西，也得用剑守护。进入 19 世纪，没有尚武传统的英国人也逐渐对他们的舰队和陆军产生了一种新的、心潮澎湃的骄傲，在他们眼中，这些武装力量已经不但是对抗敌对独裁者阴谋的壁垒，而且是他们取得世界霸权的重要工具。印度兵变已经清楚地告诉他们，女王陛下的不少臣民其实对英国统治者非常厌恶。但是，这一事实并未让英国人沮丧或者幻灭，这不过确认了英国人心中不断增长的怀疑，即他们已经受到上帝召唤，将要完成一项可怕却高尚的使命。他们注定不受所有人喜爱；相反，他们是为了让世界更好而统治世界的人。

在 19 世纪剩下的时间中，这种使命感在商业机会主义和爱国主义热情的支持下，毫不顾忌地展示着背后的军事力量，而帝国发展的记录，一页一页全是战争的痕迹。不列颠舰队和陆军完全是按照帝国的需求和信念打造，它们成为真正的帝国利剑，无处不在，不受任何拘束。当时，一个英国中尉面对手下的锡克人和廓尔喀人士兵的哗变时，是怎么做的呢？他拔出手枪，对第一个叛乱者的头开了一枪，然后用枪托击倒了第二个人。当第二个人试图继续反抗时，他拔出第二把枪，让这个人的脑袋也开了花。

第三个人被他抓住，当场抽了五百鞭。一场哗变就这样终结了。

2

英国陆军是帝国使命的打击力量。虽然在 19 世纪的后半叶，海外战争中参战的经常是印度部队，但是女王陛下的军队仍然作为战略后备队存在，而且曾有人说，在整个维多利亚时代，英国陆军只有两年没有在世界某个角落卷入小规模冲突战斗——"我们的小军队称之为战役"，沃尔斯利不无讽刺地表示。英国的军队中都是志愿兵——维多利亚的帝国没有强制征兵——而由于英国年年都要面临大灾难，年轻人正在被接连不断的伤亡榨干。帝国的军费支出也极大。19 世纪 60 年代，帝国政府从不少海外自治领撤回了驻防部队——帝国的浪漫主义者称之为"军团的凯旋"——希望这能让生活在当地的殖民者承担更多的责任，然而，帝国防御的绝大多数资金仍然来自英国本土，英国士兵也一直分散驻扎在世界各地的要塞、堡垒和岛屿。英国军队的作战地域之广泛更是无人能及。休·高夫（卧乌古）将军便得到了女王授予的贵族头衔——镇江府、默哈拉杰布尔（Maharajpore）及萨特莱杰河的高夫男爵，他是英国军队中威灵顿公爵之外指挥作战行动最多的将军，而这一头衔正是为了纪念他军事生涯中的高光时刻。*

在某些方面，继我们上次考察军队以来，英国的陆军并没有发生多少改变，此时距阿富汗战役已过 40 年。军队内部的社会等级依然严格。出钱买官职的行为已经被禁绝——过去各军团的庇护者（patron）职位已被人以黑市价格买断（比如，一个骑兵团的所有者的价格是 1.4 万英镑），但是大多数军官仍然是有权有势的人物，机灵的部队也仍然很机灵。大多数普通士兵加入军队仍然是因为找不到别的事情做，或者是贪求军旅生活的匿名性。普通士兵中仍然有四分之一的是爱尔兰人——英军举着刺刀冲锋时的喊杀声，用维多利亚女王本人的话来说，"十分吓人，半是英国人的振

---

* 此后，他便在家族所在地，都柏林郡的布特斯敦（Booterstown）过上了幸福的生活。

奋，半是爱尔兰人的激动"。士兵的基本军饷仍然是一天一先令，而支付完配给、朗姆酒和清洗工具的钱后，大多数人的口袋里就一点儿钱也不剩了。他们基本上完全在军团这个秩序井然的"家庭"内部生活。军官和普通士兵之间仍然存在巨大的鸿沟，而将他们联合起来的情绪并非爱国主义，甚至不是对女王的忠诚，而是团队精神。

陆军的气质仍然是18世纪的，而它的姿态也没有因为帝国的经验而软化。陆军士兵在酒馆里酗酒，在妓院贪得无厌，劫掠成风：印度人称这些烂到根子里的士兵为"泥巴官阶层"，而写军人回忆录的作者坦率地记录了他们战斗生活中的残忍。在中国，一个姑娘因为不愿面对野蛮外国兵而选择自杀，一名军医竟冷酷地砍下她裹起的小脚当收藏品。一名英国士兵发现一个普什图人男孩正在切下一名死去的英国掌旗军士的脑袋，便用刺刀把男孩挑起来，扔下了悬崖。还有一名军官回忆，有一天，一些敌对的锡克人为躲避英国人而藏到了树上——"这对我们的士兵来说可是一次不错的运动，他们可以对这么多人开枪……然后他们会像鸟一样，头朝地从树上掉下来，流很多血"。

但是在技术上，英国陆军已经进步不少。克里米亚战争惨痛的经历冲刷了他们，印度兵变令他们变得冷硬，而在19世纪60年代，格莱斯顿第一届政府的陆军大臣爱德华·卡德威尔的改革热情迅猛地推动了军队的现代化。普通士兵不再终生服役，这大大降低了军队士兵的平均年龄。过去以数字命名的步兵团以郡为基础重新编组，预备部队建立起来，非战争期间的鞭刑也被禁止。现在，英国军队更加职业化，也摆脱了最后残余而无用的皇室控制——除了岿然不动的剑桥公爵仍然占据总指挥职位。

本质上来说，它仍然是一支帝国的部队，无论形式上还是目的上，都与欧洲大陆上依靠征兵组建的规模庞大的军队不同。它的强大在于紧密的小忠诚凝聚而成的团队精神，在于随机应变，在于每一位将领的思想和声望。它的专长是在距离母国遥远的地方，与原始的敌人打小规模战役（虽然这些敌人并不总是非常原始——比如锡克军队的火炮就比英军的要好）。1854年，沃尔斯利曾经把陆军的组织比作蒸汽引擎，其锅炉在哈利法克斯，气缸在中国，其他机械结构则分布在地图上所有涂成了帝国红色的地方,没有水、煤、油,或者其他的工具。30 年后,军队准备入侵埃及时,军需部就在数周内召集了 74 艘船组成舰队,向地中海运去了一条英国的铁路,美国、南美、意大利和希腊的骡子,塞浦路斯的木柴,以及来自英国、马耳他、直布罗陀和印度的部队。因为军队扮演的帝国角色,军中某些不合时宜的元素也保留了下来:空心方阵、排枪齐射,以及骑兵正面冲锋——在欧洲的战争中,这些行为必定招致灾难性的后果,但它们在对付原始土著的战斗中仍然十分有效。另一方面,帝国承担的义务也让军队的组织更加紧凑,其联合行动能力无可匹敌,多次战斗让士兵变得更加坚强。

英军仍然没有总参谋部,陆军部则仍然是蓓尔美尔街上一堆参差不齐、相互连接的建筑,从布商店面的后房,到拥有巴洛克风格装饰的大楼,无所不包。然而,1871 年,英国第一次在索尔兹伯里平原举行军事演习时,许多老一辈的将军就认为这种方式既幼稚又夸张,而且不符合英国传统。* 他们不得不从平民手中雇用大量马匹和货车用来运输,因此运输部队得到了"皮克福德的非正规军"(Pickford's Irregulars)的绰号,但即便如此,这次演习仍然预示着现代性。此外,自 1854 年以来,陆军在汉普郡的总部奥尔德肖特就逐渐发展为整个英国军事生活的中心。这座小镇有直通伦敦的铁路,与南部海港之间也有便利的交通,因此事实上成了帝国所有战役的后方基地。每天的一点钟,奥尔德肖特报时炮都会从格林尼治皇家天文台通过电力自动鸣响,就如同给全体统治者校时——它提醒着散落于世界各地的帝国驻军,统治与支配的代价,就是要随时保持仪容整洁。

奥尔德肖特最初只是阴郁的荒野上的一大片土屋和帐篷,后来却发展成了一座完备的要塞城镇——后世称其为"英国陆军之家"。这里的部分营房是巨大而阴暗的红砖建筑,二楼的阳台是印度式的,正式的大门上则有皇家徽饰。其他的房子则是在永久地基上搭起来的帐篷,一排一排地似乎要在荒野上无尽延伸。这里的要塞教堂摆满了帝国的纪念品,还有一

---

* 比如老詹姆斯·斯卡利特(James Scarlett)爵士发现一位下级将官指挥的"敌军",竟敢在战斗中无礼地战胜他指挥的部队,便愤怒地命令对方撤退。

只埃塞比亚的圣餐杯，这只杯子是内皮尔勋爵在1868年远征马格达拉时夺来的。奥尔德肖特还有一座军官图书馆，里面全是与战争相关的书籍，还有五座军事医院。这里出版了一份士兵的报纸，《谢尔德雷克军事报》(Sheldrake's Military Gazette)，其创办者是冷溪卫队的一位前掌旗军士。城镇中酒吧无数（奥尔德肖特的一则老笑话里，一名参谋军官问道："剑桥公爵在哪儿？"他得到的回答则是："不知道，先生，我从不去酒馆儿。"），也因为赌鼠场而出名，这里有附近几个郡最好的赌鼠场，而著名的捕鼠人杰克·布莱克（Jack Black）也经常在这里炫耀他的小猎犬。议会的一项法案要求当地市政委员会的三名成员必须由陆军提名，赋予了这座小城与牛津和剑桥两座大学城一样的地方自治权。

奥尔德肖特显示了英国人生活中武力所占据的新地位——这种地位随着帝国骄傲的增长而提升。帝国的骄傲这一概念的提出，则归功于阿尔伯特亲王——沃尔斯利表示，"如果说陆军没有任何其他原因尊敬人们对他的纪念，那么他创设了这座发布命令的军营，则会让对他的纪念变得珍贵可亲"。当地的许多商人也得到了皇家认证，据说捕鼠人杰克·布莱克也是其中一员，他经常披着装饰有皇冠、一对老鼠和"VR"两个字母的肩带。从1855年开始，王室就一直保留着这片荒原一处山脊上朴素的木别墅，它被称作"女王阁"，女王陛下来检阅军队时，便会在那里居住（此时，女王会穿着军装，佩戴陆军元帅军衔，戴装饰着羽毛的帽子）。到现在，女王陛下的士兵已经比世上大多数部队都更加熟悉战争，大约也更加享受战争了。沃尔斯利与军官同僚出发前往中国时，就曾调查询问这些军官，并表示他们似乎认为"这个世界就是为了满足他们各种野蛮的乐趣而创造的，而对我来说，其中的战争……因为拥有令人疯狂的刺激兴奋，乃是最好的东西"。在1874年的普鲁士军事演习中，一群担任观察员的英国军官便得意扬扬地追忆起印度兵变时期的各种残忍行径，结果招来了德国皇太子弗里德里希·威廉·霍亨索伦的责难，他感到有必要提醒他们，战争究竟有多么可怕。

后来，伦敦的海德公园角重新规划时，雕塑家马修·怀亚特（Matthew Wyatt）创作的巨大的威灵顿公爵铜塑像便在女王的命令下，从宪法拱门

（Constitution Arch）上挪到了奥尔德肖特。这座铜像被立于要塞教堂后方的高地，铜塑的公爵庄严地坐在马背上，其下方是帐篷军营，公爵的眼睛扫过眼前繁忙的军事景象，似乎又望向远处——他的视线穿越了海峡，触及远方的战场，触及沙漠与草原；在那里，穿着红色制服的英国士兵流着汗，咒骂着，玩弄女人，寻欢作乐，将帝国的信息传向世界，而世界并不总是一致感谢他们。*

3

英国陆军身后，则站着皇家海军。每个人都知道，大英帝国实际上是个海洋帝国。海洋霸主的地位使英国能在任何一处殖民地前线投入兵力战斗，或者吓走劫掠的敌对强权。自特拉法尔加战役以来，皇家海军的威望就如此神秘而令人敬畏，人们都觉得这力量是理所当然的。这是不列颠和平的天才发明：皇家海军的名声不断增长，其规模无人能及，而其自满情绪广大无边。

皇家海军从未摆脱纳尔逊的影响。海军士兵和军官用纳尔逊发明的术语对话，采用纳尔逊的战略，透过纳尔逊勋爵那只失明的眼睛检视各种状况——直到1869年，纳尔逊的"胜利"号仍然停泊在朴次茅斯，作为海军总指挥的旗舰。海军的老牌军官仍然保持着纳尔逊大胆的精神——比如好战的詹姆斯·斯科特爵士从1803年加入海军以来，为海军服役了63年，他经常喜欢说，他参加过两次一般行动和五次包围行动，曾协助占领或进攻1座首都城市、23座城镇、32座炮台以及22处要塞，也曾帮助俘虏或者切断1艘战列舰、5艘护卫舰、6艘单桅战船、21艘炮艇、300艘商船以及数艘武装民船。**

---

* 维多利亚时代的奥尔德肖特如今已经几乎完全消失，甚至女王阁也在1961年被拆除，但是，最初的骑兵营的大门仍然屹立，要塞教堂也没有因为禁止强制礼拜游行而废弃，军官图书馆仍然繁荣发展。虽然在我拜访时，威灵顿公爵的塑像周围杂乱不堪，但是塑像仍然傲慢地看着世间的一切。

** 在圣保罗大教堂地下墓室中，他的纪念碑详细描述了他疲惫奔波的军旅生涯细节，并软绵绵地表示，"你授予了我走上战场的力量"。

皇家海军的大多数战舰仍然是三层甲板的沉重木船，上面装备满了前装炮，战舰的等级则完全由舰载炮的数量决定。海军公认的战斗策略仍然是特拉法尔加战役形成的传统一套。海军上一次大型远征还是克里米亚战争期间流产的波罗的海巡航，而那次行动本质上不过是驾着帆船巡游罢了。1860年，皇家海军被委任负责将入侵部队运往中国时，派出了173艘帆船组成的舰队，它们载着2万名士兵和他们的马匹、枪炮、食物和其他军需品，木船体嘎吱作响，以五节的速度缓缓驶过中国海域。*所有的海军将领都是在航行中成长起来的，而其中许多人对蒸汽时代的来临不加掩饰地表示厌恶——因为他们认为战舰更多的海上的盛景或大概是艺术作品，而非战争武器，它们不应该卷入战斗破坏的危险，甚至不应该被硝烟污染。**

船上的生活也与特拉法尔加战役时期差别不大。即使是在最新的装甲舰上，生活也颇为艰苦、沉闷，而且极为嘈杂。原始的往复式引擎里的活塞沉重地冲击着，噪声传遍整艘船；生活区在吃水线旁，四壁都是金属，只有气味难闻的动物油脂蜡烛用来照明。船上的食物一般都非常贫乏，饮水严格配给，取乐方式都非常简单，而且通常非常野蛮。年轻军官的职业教育通常就是在停泊在达特河（River Dart）的三层甲板老船"不列颠尼亚"号上训练几个月。他们经常弄些恶作剧，或者大声喧闹。普通水兵则喜欢玩"猴子悬吊"或者"大熊涂油"之类的游戏，前者是一个人挂在长绳子上摇晃，其他人用绳尾攻击他；后者则是让一个人四肢着地在甲板上乱爬。水兵大量饮酒，几乎全都嚼烟叶；一旦有军官走近，他们就会立刻把帽子从头上摘下来，同时把嘴里的东西藏好，军官离开后，又立即恢复原样。

---

* 第一个踏过海河的泥沙登岸的，是一名年老的陆军准将，他戴着白色的头盔，衬衫下摆从红色的哔叽外套里露了出来，剑扛在肩上，裤子、袜子和靴子则挂在剑上。战争结束后，总指挥官和他的参谋部成员雇一艘半岛东方轮船公司的船，去日本短暂度了个假。
** 而且这种态度还会在海军中延续很久。"它的设计者的艺术头脑中形成了优雅与力量的最高理想，"战斗巡洋舰"老虎"号的一名军官在1914年写道，"任何一个在这艘船上服役过的人，都能骄傲而感激地回忆起它的美。""我们不得不……换掉它的中樯，这真是一大遗憾，"1956年，奥斯卡·帕克斯（Oscar Parkes）爵士写道，"这就好像拧在一起的眉毛毁掉了一位古典美人。"

海军的不同等级中,都充斥着怪人——有怪癖者、离家出走的人、家族里不羁的小儿子、来自科克郡或戈尔韦郡的爱尔兰人、水兵发明家,以及宗教狂热分子。这些水兵都是极浮华的花花公子:他们的头发上了很多发油,脸侧是仔细打理的连鬓胡子(蓄须在1870年之前都是禁止的),戴着草编的或者帆布的宽檐帽,穿着用刀刃压出折痕的喇叭裤,就这样趾高气扬地走上孟买或者新加坡的海岸,准备享受这里的一切。在傍晚返回的度假船上,他们很可能在船尾失去意识,或是坐在划手座上唱着粗俗的歌曲。直到19世纪60年代,他们的大多数衣服乃至靴子都是自己制作的;而且从中世纪以来,只要水手长吹起角笛,号召所有人来"跳舞玩闹",他们也依然会跳起角笛舞。

在维多利亚统治期间,皇家海军的社会地位有所提高。海军军官原来大部分来自中产阶级,但现在也有不少富人和贵族;女王年轻时曾经担心邀请海军军官与女王卫队军官同桌进餐是否合适,而如今也被这些高级军官所吸引。普通水兵的地位也有所提高。现在的水兵都是志愿兵,追求正当且相对高薪的工作,何况这一职业正在变得越来越受欢迎。强制征兵尽管在法律上从未被废止,但已经停顿了——此时的海军仅有纳尔逊时期的一半规模,而且并不缺少应征的新兵。鞭刑也是如此,它虽然从未被正式废止,但在19世纪70年代就已逐渐消失。

然而,如今,这个复杂精细的体系却受到了新技术的威胁。蒸汽威胁了一切——它威胁了皇家海军的世界地位,因为现在所有国家都可以与英国站在同一起跑线竞争;它还威胁了海军服役的方式以及海军将领的福利。海军坚持不愿放弃其传统。1859年,最后一艘木制三层甲板战列舰下水——它被命名为"维多利亚"号,也是第一艘以女王的名字命名的战舰。* 但这艘船无论从大小还是武器装备上来看,都不过是"胜利"号的小规模改进版,还有提供辅助动力的蒸汽引擎。"维多利亚"号的两侧都用传统的黑白格纹做标记,高大的桅杆全部装帆,船首斜桅下方是一尊精美的

---

* 另一艘以女王名字命名的是1890年开始服役的一艘炮塔战列舰,然而1893年它在叙利亚海岸与另一艘战舰"坎珀当"号相撞,造成了359名军官和士兵伤亡。皇家海军此后再也没有用过"维多利亚"这个名字。

镀金破浪神像。巨大的方形舷窗中伸出一些 120 磅前装炮炮管；此外，船首还有好几门 68 磅炮，这是为了更好地追击法国海军。在这样一艘船中，海军便会感到在家里一般舒适，詹姆斯·斯科特爵士也可以情绪高涨地与最恶毒的武装民船缠斗。

但"维多利亚"号就是海军老传统的末裔了，就在它带着旧时代遗孀的尊严成为地中海舰队旗舰时，第一艘新式船的龙骨也装好了——这就是新颖的航海蒸汽铁甲舰"勇士"号，专门设计出来"压倒并击败现在世上一切战舰"。*整个 19 世纪 60 年代和 70 年代，各种新理念密集而迅速地涌入海军，而它也终于缓缓地、蹒跚地，维持着它的庄严形象，走进了现代化。有时，海军对新技术的信任也会受到严重的动摇——比如，革命性的新炮塔战舰"船长"号在 1870 年首航时倾覆，应验了保守主义者此前最糟糕的预言。有时，海军也会受到恐慌的困扰——总有杞人忧天的报告描述法国的重整军备或者美国的新发明。海军在一片混乱的争论中进步，将领之间相互反对，报纸的批评家不时反对海军发言人。若说海军的专业理念转变十分缓慢的话，则其扭曲、固执且矫饰的作风更是抵抗改变。

和陆军一样，海军也越来越接近于帝国武装力量。它越来越多地参与保护帝国航线，镇压反抗和颠覆，展示帝国旗帜，以及威慑土著。海军的不少力量都消耗在了大炮外交上，这一无处不在的展示帝国威望的手段，要求海军将大量小舰队派到世界的每一个角落。比如，1875 年，皇家海军就有 16 艘船驻扎在北美及西印度群岛的指挥区，5 艘船在南美，9 艘在南非，11 艘在东印度群岛，10 艘在太平洋，11 艘在澳大利亚，还有 20 艘在中国。它们可能随时被要求执行各种任务，包括炮轰顽抗的部落，装点领事的庆典，威慑海盗，救援地震受害者，运送友好的君主等——这些任务虽然并不总是直接与帝国主义相关，但都是帝国骄傲的拼图中的一片，加强了人们对不可逃脱的英国强大力量的错觉。

这种感觉确实有部分是错觉。皇家海军没有战争规划，没有军官学校，很少进行战术训练，甚至它对战争的态度和对生活的态度一样，仍然

---

* 结果，这艘船从未真正服役，其废弃船体至今仍然漂浮在威尔士彭布罗克码头。

根深蒂固地保守——甚至带有对过去的怀念，因为特拉法尔加战役过去得愈久，纳尔逊率领的海军似乎就显得愈加浪漫。然而，海军吓唬对手的力量仍然真实存在。正如 C. J. 内皮尔所言，"你很难揣测一位英国的海军将领。他可能很明智，也可能并非如此，没人知道，因为他不在炉火边，而是住在海上；然而，所有人都知道，他身后有大炮的支持……"即便是海军最糟糕的敌人也承认皇家海军拥有辉煌的历史和庄严的风格。而在英国国内，随着19世纪逐渐过去，海军的传奇几乎被神化了，还出现了为其福利与扩张而努力的强大游说团体。海军联盟（Navy League）就是19世纪晚期最为坚持不懈的团体之一，几乎每一届议会都会有其成员。帝国与海军携手共进，而纳尔逊勋爵的第一尊塑像也不在特拉法尔加广场，而是在蒙特利尔匆忙修建的新广场（New Place）[*]。

4

海军身后则是无数基地。蒸汽动力虽然增强了英国武装力量的机动性，但也让帝国变得依赖上煤站，皇家海军也变得比过去更加依赖其海外基地。幸运的是，帝国的海军基地确实无处不在。几乎每座具有战略意义的岛屿都已经在某个时刻落入英国手中，而随着帝国在远方的利益变得越来越大，航线的安全变成伦敦的战略家们关注的主要问题，这也在很大程度上塑造了帝国的政策。似乎帝国占据每一块海外领地，都能因为海军的需要而变得正当合理。英国放弃伊奥尼亚后，占领塞浦路斯作为其替代品就变得非常必要；而百慕大辐射着加勒比海和新奥尔良海湾的入口，帝国离开了它，也就不可能存续。[**]阿森松岛最初被占领作为前哨，守卫关押拿破仑的圣赫勒拿岛，但随后便成为帝国不可替代的上煤站；而圣赫勒拿岛

---

[*] 也就是现在的雅克·卡蒂亚广场。经过魁北克160年的风雨洗礼，这座塑像现在状态仍然很好，它是当年在伦敦用一种秘密制造的材料"科德石"（Coade Stone）制成的——"能够防止霜和湿气的渗透"。

[**] 不过这个地方的名声一直不好，修船工都懒懒散散，盗窃事件频发。我在1970年探访这里古老的海军设施时，守夜人告诉我："除了马桶和仓库上的钟，这里的一切都会被偷走——前者不被偷是因为厕所永远有人在用，后者则是因为人人都要看钟。"

本身，在拿破仑的遗体无害地安放到荣军院后，也变成了海军舰队不可或缺的豆瓣菜供应地。

海权是大英帝国的基础，但如今看来，帝国的存在对海权而言也不可或缺。这是帝国的闭环。到了19世纪70年代，这一系统几乎构造完成。英国从直布罗陀、马耳他和塞浦路斯监督维护地中海的秩序，从哈利法克斯和百慕大控制大西洋，从孟买和亭可马里控制印度洋，从香港和埃斯奎莫尔特掌控太平洋，从亚丁掌控红海。而帝国的上煤点连接着这些分散的基地，沿着航路分布，无处不在。这些上煤点堆积成山的最好的威尔士蒸汽煤，以及挥汗如雨、皮肤黝黑的大量苦力，都在为帝国服务。这些基地有新的，也有古老的，而在它们的英国气质中，又掺杂了一些自然的海洋秩序。似乎相比于历史原因，更多的是自然因素决定了英国米字旗应该飘扬在海洋中这些瞭望点和交叉口上。英国以外的人们将其视作生活的事实，英国人则很少想到这个问题。

南非西蒙斯敦的海军基地就是一个例子。非洲大陆最南端的好望角，是世界上最奇伟壮观的海岬之一：这是蛮荒壮丽之地，遍布岩石，风蚀地貌，狒狒和羚羊在荒野漫游，预示风暴的南方海鸟在风中盘旋，陡峭的岩壁下，太平洋和印度洋蓝色与绿色的洋流在这里汇合。西蒙斯敦就躲在这处奇观的背风处。这是人们所能想象的最舒适、最美丽的地方，还带有不变的英国风情。隐蔽的水湾附近，整齐地簇集着优雅的别墅、小屋、水兵营舍、有尖塔的教堂，以及两边开满商店的散步道，所有建筑都洗刷涂漆，非常美丽，建筑规模恰好与英国国内的小镇相当。海军船坞的大门上庄严地装饰着君主名字的花押字母，船坞整洁利落地坐落于城镇与海之间，与周围所有建筑构成家族般的整体。这里的一切都带着海军的闲适：教堂纪念着受人敬重的水兵和为人所痛惜的船长夫人，商店里贩卖航海装备、烟草、平凡的纪念品、针和制靴子的皮料；还有这里的小酒馆、朗姆酒的味道、公共马车车夫的朴次茅斯土话；舰队司令宜人的水边住所的花园里，格子架支撑的玫瑰花散发芬芳，而在他们的私人码头旁，中队旗舰经常像泰晤士河上的小舟一样静静地停泊着。看起来，西蒙斯敦似乎一直存在于此，而且将永远存在——就像高处雄伟的海岬或皇家海军一样；而若没有皇家海军，人们似乎无法想象维多利亚时代的世界是什么样子。*

5

然而，在这张力量之网中，却有一处薄弱点。帝国保留大多数海外基地实际上是为了印度这块最重要、最富裕的帝国海外领地，然而，在1869年，因为苏伊士运河的开通，印度的世界地位发生了改变。这件事之中却很明显没有英国人的身影。苏伊士运河由法国工程师费迪南·德·雷赛布设计修建，由法国资本完成大部分融资，法国皇后欧仁尼乘皇家游艇前往埃及，宣布其开通。最初，英国人对此感到莫名其妙，也没能理解其重要意义。他们一直认为，建设一条穿越苏伊士地峡的铁路才是最佳方案；而且数年来一直坚称，仅凭地中海和红海的海拔高度不同这一点，开凿运河在科学上就不可行。而当德·雷赛布开凿运河后，他们又开始质疑其通行效率——他们认为，大多数船只仍然会选择绕行好望角。苏伊士运河改变了英国人所熟悉的世界的形状，在他们看来，这条河似乎是虚幻的，甚至是不自然的，尤其是它还不是不列颠的造物；或许在英国人看来，只要他们嘲弄这条运河的时间足够长，它就会彻底干涸。

然而，眼下他们必须更加严肃地对待这条新的运河，因为东方问题的影响，他们不得不一再关注埃及。兴都库什山背后敌对的俄罗斯帝国一直困扰着英国，英国人常年担心印度的西翼会被策反。为此，他们在1839年打了灾难性的阿富汗战争。而1878年，又一位放肆的埃米尔着手对俄国人示好，又一位英国使节被杀，英军再度遭到失败，他们不得不再度返回阿富汗，组织一支惩罚部队，扫荡喀布尔作为报复。英国在1845年与波斯人打了一仗，任何对达达尼尔海峡的威胁都能招来他们的武力外交。而在1875年，波斯的彭代（Pendeh）就在一两个月内从无名地变得家喻户晓，

---

* 皇家海军至今仍在用西蒙斯敦作为基地，也仍有权利使用帝国时代遗留下来的不少老旧海军船坞；英国对海外基地的依赖已经根深蒂固，即便快速油轮和补给船迅速发展之后仍旧如此，第二次世界大战期间，英国太平洋舰队甚至没有自己的后勤船队，这样让它很难跟上美国海军的行动。

因为大英帝国几乎在此与俄罗斯帝国宣战。

从赫拉特到坎大哈，不少尘土飞扬的无名堡垒，都曾短暂被冠以"通往印度的钥匙"之名，然而如今，埃及无疑是主钥。拿破仑早就意识到了这一点，他称埃及为"最重要的国家"，并占领它，将其作为向东方进发的中途补给站。此时，英国虽然姗姗来迟，但也明白了这一点，而埃及未来的命运，对东方问题也至关重要。理论上来说，埃及赫迪夫受土耳其苏丹控制，因此控制达达尼尔海峡的一方，也理应拥有苏伊士地峡的控制权。英国军队在克里米亚战斗时，音乐厅的听众唱出侵略性的歌曲时，各国政治家齐聚柏林设计巴尔干地区的未来时，埃及的身影总是在附近准备出现。

而到了1875年，即便是英国人也不能否认苏伊士运河的重要性了，这无疑让他们颇为难堪。英国人韦格霍恩海军上尉开辟了通往印度的埃及路线；而尽管苏伊士运河公司是一家法国公司，埃及赫迪夫仅占40%的少数股份，但到了1875年，通行运河的五分之三的船只都悬挂着英国旗帜，几乎一半从英国出发前往印度的船只，都选择了苏伊士航道。半岛东方轮船公司重建了整支船队，以便于在苏伊士运河通行，公司还放弃了对陆地运输线和好望角附近为其船队服务的船坞的巨额投资。现在，欧洲的军队可以通过苏伊士运河，在一个月内抵达印度，这改变了帝国的整个防御模式。苏伊士运河事实上成了印度的延伸；在19世纪剩下的时光中，英国人会认为印度和苏伊士运河就是一体的，同样是他们全神贯注的事务；而苏伊士也代替了好望角，成为东方开端之地的代名词。

迪斯雷利在1874年二度担任首相，帝国航道的有机构成部分落入外人之手，这景象令他颇为担忧。他喜欢用迷人的语调表示，伦敦才是真正通向印度的钥匙——这是他从俄国大使那里学来的奇喻；而且他比当时其他英国政治家都更痴迷于东方问题。东方和他的气质相符，东方帝国的事务装点了他的公众形象，加强了他的光环上微妙的闪光。此外，他的小说家想象力也让他视苏伊士运河海事通用公司（Compagnie Universelle du Canal Maritime de Suez）及其参股人埃及赫迪夫为闯入帝国道路两侧的不速之客。帕默斯顿确实曾认为埃及不过是通往印度道路上的一家小旅店——英国人在这里需要的不过是"随时可以使用的"保养良好的设备，以及足够的"羊排和驿馆"。而对迪斯雷利而言，运河掌握在外人手中，就意味着埃及这处小旅店随时可能关闭，或者不再接待英国客人，而帝国必须破除这种威胁。

1875年，他在消息传闻中看到了一个光明前景。埃及放荡的赫迪夫破产了，他借的外债光是利息就几乎与国家的年收入相等，而他手中仅剩的资产，就是苏伊士运河的股份。他发现自己陷入了比以往更加严重的困境后，便寻求出售这些股份；而且已经有两个法国银行集团参与其中，其中一个集团希望购买这些股份，另一个集团则愿意为此提供贷款。迪斯雷利通过他的独特方式得知了这一消息——他的百万富翁外交大臣德比勋爵将此事告诉了他，德比是从《蓓尔美尔报》（*Pall Mall Gazette*）的所有人那里听说的，而这位所有人先生则是在一场私人晚宴上从法国犹太银行家亨利·奥本海默（Henry Oppenheimer）那里听说的。

这点燃了首相的想象力。他指示英国驻开罗总领事对该传闻展开调查，并告诉埃及赫迪夫"如果能达成必要条件，女王陛下的政府有意购买这些股份"。他又以诡秘的方式告诉女王："这是一笔要花费上百万的交易，估计至少是400万；但是，一旦拥有了这些股份，虽然不能取得压倒性优势，但仍然能对苏伊士运河的管理产生巨大的影响。"虽然身在远方，他还是热情地投入了开罗的秘密谈判，特使来来去去，谈判中充满各种半真半假的说法、秘密的承诺，以及来自努巴尔帕夏、谢里夫帕夏和其他许多埃及重要人物各种相互矛盾的提议。迪斯雷利还用德比勋爵的一份严厉声明吓走了法国政府。驻埃及总领事向他报告称，德·雷赛布本人也愿意出一亿法郎购买赫迪夫的股份，但赫迪夫更倾向于将股份卖给英国政府，迪斯雷利立刻表示同意。"我们接受总督的提议。女王陛下的政府同意用400万英镑银购买总督手中的177 646股运河股份。""协议达成了，"迪斯雷利随后告诉女王，"现在这些股份属于您，陛下。"

购买股份的钱是迪斯雷利从他的朋友罗斯柴尔德家族筹来的。首相的私人秘书蒙塔古·科里（Montague Corry）就很喜欢讲述首相把他派到莱昂内尔·德·罗斯柴尔德男爵的办公室里，请求贷款400万英镑的事。

罗斯柴尔德：什么时候要？

科里：明天。

罗斯柴尔德（吃掉了一枚麝香葡萄，把皮吐出来）：你的抵押是什么？

科里：英国政府。

罗斯柴尔德：没有问题。

后来计算股份时，他们发现实际股份数目要比协议中的少40股，因此收购价就改为了3 976 582英镑——这无疑宽慰了节俭的格莱斯顿，毕竟在他看来，这次买卖实在非常可悲。交易文件封存在七个锌盒中。而从孟买出发前往英国的战舰"马拉巴尔"号收到命令前往亚历山大港，去"接收一些盒子"。专列将这些盒子从开罗运到了海岸，在朴次茅斯也有一支全副武装的卫队等着接收它们。最后，在1875年12月1日，它们被存放到英格兰银行的地下室。*

6

英国人非常欢迎这场交易。商业上来说，他们并未完全控制运河公司，来自英国政府的董事仅在董事会中占据了八分之一的席位，而且在19世纪剩下的时间中，运河管理问题仍然让英国船主和战略家们遭受了不少挫折。但是，这些股份确实让英国在苏伊士拥有了颇为强大的永久利害关系，甚至以一种模糊却充满暗示的方式，让整个世界感到他们似乎获得了运河的所有权——俾斯麦就称苏伊士运河为帝国的"脊髓"。迪斯雷利购买股份一事也随着时间逐渐蒙上传奇的色彩，成为国家神话的一部分，人们认为是他夺来了苏伊士运河，而最后也证明，这是英国获得运河所有权的

---

* 这些盒子一直保存在英格兰银行，直到1964年毁于银行印刷厂的火灾。当时，这样的盒子已经多达约30万个，占据了9个柜子，重量多达4吨。但这些股份早在1958年就已经被换成新的苏伊士金融公司（Compagnie Financiere de Suez）的股份。这家公司是国有化的运河公司的继承者，它积极参与了英吉利海峡隧道工程，与大量银行、保险公司、房地产公司和工业集团都有利益关系，而且直到今天，英国政府仍然持有其10%的股份。

开端。运河公司五分之二的股份作为投资本身就有极高的利润,而在此基础上,英国逐渐完成了对运河的军事控制,因此不久之后,虽然苏伊士运河海事通用公司的大部分股份仍然属于法国人,也完全由法国人管理,但是它事实上要在大英帝国的保护与赞助之下运行。

就这样,英国确保了其对海洋的控制权,也就保证了帝国的存续。这种控制是彻底的,在 19 世纪的最后几十年,任何一只在帝国航线上航行的商船船长都会发现,他事实上是在从一座英国堡垒前往另一座英国堡垒。在英国取得运河股份后的 20 年,其军事霸权几乎从未受到挑战,皇家海军在世界各地航行,护送帝国的远征军,展示女王的旗帜,仿佛将领们就是海洋的所有者。这也让民众的骄傲不断增长,英国人第一次,而且很可能是最后一次,发展出了对军鼓、枪炮和荣光的喜好。

第 22 章

赞比西河以南

I

然而，预兆已经显现。对很多人而言，与新崛起的内部紧密的国家比如德国或者美国相比，帝国的结构过于松散，而在19世纪七八十年代，曾有无数人试图让帝国的组织变得更加严密有条理。帝国的混乱令人烦扰，支持帝国主义的知识分子便纷纷投身于让帝国更加紧密联结、成员责任分配更加合理的事业中。人们必须努力调整心态，才能真正将维多利亚女王散落世界各地的数百万臣民——无论他们是印度教徒、穆斯林、佛教徒还是信仰异教的人，是黑色、棕色、黄色还是白色皮肤的人，是苏人、缅甸人、华人还是阿散蒂人——同样视作一个巨大的超级国家的公民。不过在马赛克拼画或者浅浮雕所具象表现的帝国新图景中，他们确实肩并肩站在一起，如同亲密的同胞，这一画面的背景是田园牧歌的繁荣生活，或者胜利的骄傲场景，而他们多半充满信赖地注视着上方的女王陛下的巨大身影。英国这种模糊的帝国主义意识形态，和半个世纪之后的苏联倒有一些共同点：天真的乐观主义、对不利真相直接视而不见的态度、追求简单和秩序的直觉，以及糟糕的宣传品味。

这是一个更多凭借惯性而非设计规划联系在一起的帝国。在过去的几个世纪中，英国一点点地积聚了土地，又用武力维持其联合，现在他们要如何将帝国合理化？当时最时髦的答案就是联邦制，历史学家约翰·西利爵士和J. A. 弗劳德有力地阐明了这一观点，而这一方案的积极支持者则是迪斯雷利的殖民地事务大臣"鸟叫"卡那封勋爵。卡那封认为，成为超级强权的第一步，就是要将帝国的领地组合成几个更大的次级单位，可以从白人的自治殖民地开始。加拿大似乎就是一个成功的先例，而卡那封也对自己在议会中创造了加拿大联盟而颇为骄傲。澳大利亚有五个殖民地，它们无疑很快也会联合起来——也许还会和新西兰联合。虽然新西兰与澳大利亚大陆被千里海洋分隔，但似乎对白厅的许多理论家来说，它们基本上还是同一个地方。至于第三个组成帝国宏伟结构支柱的联盟，卡那封认为，它应该在南非建立。这个地方无疑需要构建秩序或集体主义，而且对帝国来说，统治这里花费甚高。

2

自大迁徙以来40余年，南非的景象已经发生了不少改变，但这种改变并未超出人们的预期。这里有两块英国殖民地——开普和纳塔尔，还有两个独立的布尔人共和国。以奥兰治河北边的布隆方丹为首都的奥兰治自由邦基本上态度温和，与英国人关系友善。法尔河以北的德兰士瓦共和国，即南非共和国，则是布尔人最顽固的一切特质的避难所，基本上和谁的关系都不好。这四个白人定居地周围环绕着各种当地黑人部落，他们的人数大约是欧洲人的20倍，白人一般称他们为卡菲尔人（Kaffirs）或者班图人，每一个部落都保留着各自古老的忠诚——其忠诚对象可能是贝专纳或者巴苏陀的酋长、丛林居民的迷雾众神，或者一身羽毛的祖鲁国王。

这片壮丽的土地从开普天国般的酿酒河谷延伸到德兰士瓦荒凉的高原。1875年，这里与过去一样一片混乱。德兰士瓦顽固的布尔人一直在为他们模糊的国境线而与黑人交战，也准备修建一条通往葡萄牙属东非地区德拉瓜湾的铁路，以便获得独立的出海口，这是威胁要挑衅大英帝国。祖鲁人中也弥漫着好战的情绪，年轻人摩拳擦掌，老一辈则对布尔人和英国人同样憎恨。英国人内部争执不断，而且因为要帝国花招占据东格里夸兰（Griqualand East）新发现的钻石矿，他们已经严重冒犯了奥兰治自由邦的阿非利坎人。*

---

* 不过这个国家的总统约翰内斯·布兰德（Johannes Brand）事实上是个英国人。"他的父亲是开普立法会的议长，"开普敦的英国高级专员抱怨道，"他的妻子也是个英国人，他的大儿子在中殿律师学院学习，而他明天就能向我宣战。"

无论如何，英国人还是相信他们在此拥有最高权威，或者至少是总的托管人，而且卡那封认为，若将赞比西河以南的非洲联合成单一的帝国领土，就能解决这整个蠢蠢欲动的混乱状态。有远见的帝国主义者已经预见，德兰士瓦的南非共和国将会成为非洲南部政局震动的中心，因此必须将这个国家拉回帝国的大家庭中；不过其领导人长久以来都固执地逃避着这种未来。在这个联盟中，英国人的人数将超过布尔人，黑人会屈服于糖衣炮弹，这样帝国政府就可以将统治权下放到当地，削减消耗而不用承担不应有的风险了（殖民地部的一位专家在苏伊士运河开通之前曾表示，好望角无疑就是"帝国真正的中心"，而帝国的整个未来，或许将仰赖于西蒙斯敦的安全）。

卡那封最初试图用游说的方式结成联盟，因此向德班派出了当时无人能避的帝国英雄——巴斯爵级司令勋章获得者加尼特·沃尔斯利少将。他表面上是去就任纳塔尔总督，实际上则是要担任新联盟最初的倡导者。沃尔斯利一度希望，新的联盟能够在他这位"英国唯一的将军"名下召集形成，但事实上，他的魅力虽然对易受影响的英国殖民者效果颇佳，对布尔人却收效甚微。促成联盟的计划落空了。卡那封受此刺激，转向了另一个完全不同的策略。1877年春天，他发出指令——指令的目标虽然没有挑明，至少在字里行间已经清晰可见——吞并南非共和国。

3

德兰士瓦地区在这一点上倒与大英帝国一样，同样极其缺乏体系。渡过法尔河，在荒凉偏远的高原上扎根的开拓者们，也将他们关于可接受的社会的观念带到了此地——在可接受的社会里，政府干预被限制到最低限度，公民则可以自由迁徙到任何他们喜欢的地方，按照他们喜欢的办法务农，按照《圣经》的指示对待土著，与他们选出的统治者亲密相处。这个族群的政治性极强，又只关心当地事务。他们小小的国家里塞满了各种不同的意见，而在大草原上分散的农庄中，共和国法令的作用也很微弱。布尔人一如既往只想过他们"甜蜜的生活"，而共和国的商业基本上被此地的约1000名英国定居者控制。布尔人有自己对隐私的看法：他们的农庄极大，因此没有人能看到另一家烟囱里飘出的烟。而他们的劳动力系统在外国人眼中很像奴隶制。这就是一个基要主义者的国家，它没有真正的边界，只有非常初级的行政管理体系，没有常备军，但整个国家都相信上帝制定的等级秩序：白人在顶层，黑人在底层，所有人都毫无疑问地遵循摩西律法。

除了建立联盟，也有不少颇有说服力的观点指出应该占领这个奇怪的国家。迪斯雷利便一心走帝国主义的道路，甚至可能还认为，一次小规模的、胜利的出奇一击，能够为他赢得选票。有传言称这个地方有金子；布尔人对待黑人的方式让英国人如鲠在喉；布尔人和德国人、法国人或者葡萄牙人密谋对付英国的可能性也让帝国主义者心烦意乱；祖鲁人很有可能会发动进攻，击倒南非共和国，从而导致一场规模更大的战争。此外，这个国家本身的境况也颇为凄惨，恐怕没有比被吞并更好的出路了。它已经破产，官员的薪金甚至得用邮票来支付。而共和国的总统，温和谦恭的荷兰归正会牧师托马斯·布格斯（Thomas Burgers）则与极端基要主义者深浸派（Dopper）争执不断，后者认为布格斯就是个异教徒——据可靠的传言称，他不相信恶魔有尾巴，而且竟然允许在一镑金币上刻印自己的浮雕头像，这简直是渎神。南非共和国此时处在布尔人的内部分裂和黑人的外部威胁的双重压力下，似乎投入维多利亚女王母亲般的怀抱的时机已经成熟。

这一事件中的帝国代理人是西奥菲勒斯·谢普斯通（Theophilus Shepstone）爵士，他是南非地区最著名的英国人之一，也是帝国主义长期的支持者。谢普斯通的一生大部分时间都在非洲度过，他的父亲是一名卫斯理派传教士，而在维多利亚时代晚期的非洲，他的家族还将一次次扮演重要角色。他曾在纳塔尔担任土著事务大臣，会说祖鲁语和科萨语，被非洲人称为"强大的猎人"（Somtseu），他对布尔人没有一点儿好感。谢普斯通是个沉默且狡猾的人，高高的眉毛和黑色的眼睛下面是严肃的大嘴和凹陷的下巴，这让他看起来有些矛盾，像个海盗，或者像个福音派的迪斯雷利。他被派往共和国首都比勒陀利亚，表面上是作为帝国特别专员报告当地情况，实际上，他得到的秘密指示是，若他发现有足够数量的国民希望与英国合并，便吞并这个国家——其实，他还被口头告知，即便他们不希

南非，1881年

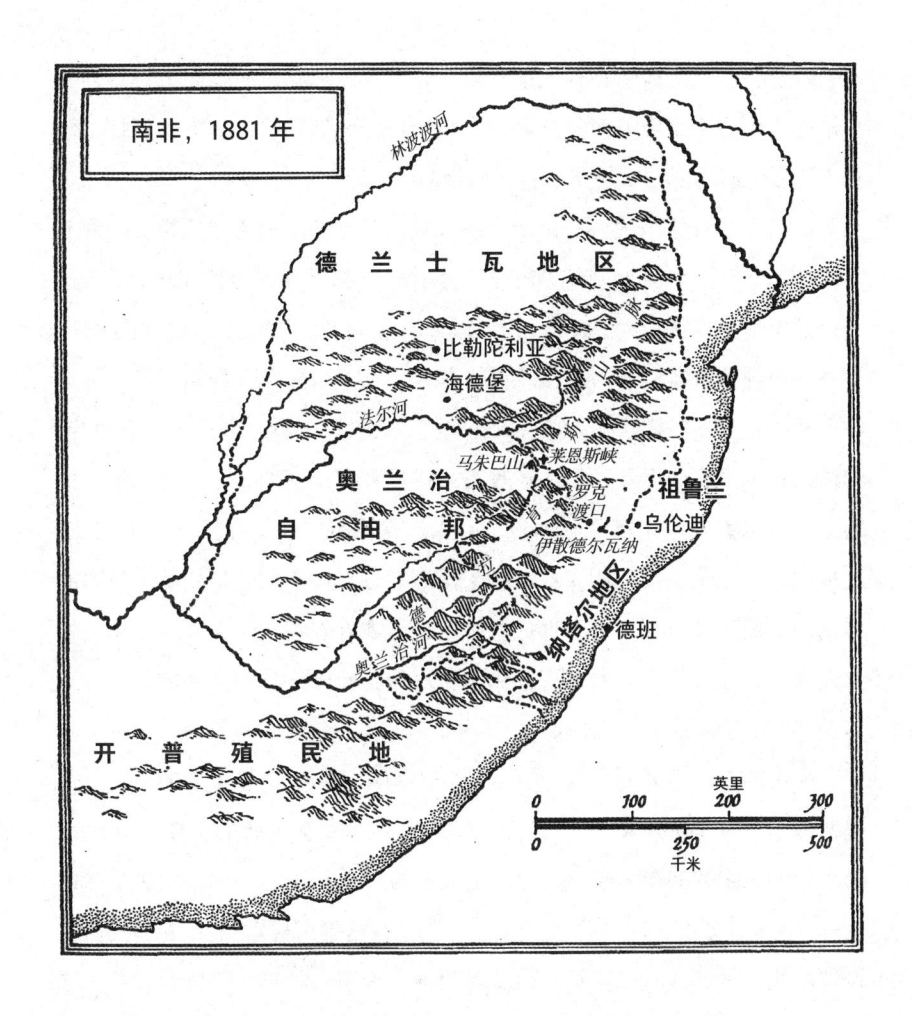

德兰士瓦地区
林波波河
比勒陀利亚
海德堡
法尔河
马朱巴山
莱恩斯峡
奥兰治自由邦
罗克渡口
祖鲁兰
乌伦迪
伊散德尔瓦纳
纳塔尔地区
奥兰治河
德班
开普殖民地

英里 0 100 200 300
千米 0 250 500

望合并，也一样做。这样的任务显然符合他的性情。他不是个直率的人，一生经历的种种非洲阴谋诡计让他用一种非洲方式对待生活和各种事物，而他进入德兰士瓦地区时，可谓带着一种部族心态。

谢普斯通沿着尘土飞扬的道路前往比勒陀利亚。他在很多方面就是非洲的英国帝国主义者的原型——精明、算计、虔诚、受过一点儿教育、专横傲慢。他因为最近获得圣米迦勒及圣乔治爵级司令勋章而兴高采烈；他身边跟着私人秘书赖德·哈格德（Rider Haggard，"一个看起来又瘦又高的年轻人，"当时有人这么描述他，"似乎就是虚弱和愚钝的化身。"），还有两三名职员，护卫他们的则是一队骑马的警察。在这支小队伍经过的路上，布尔人农民戴着软帽，缠着灯芯绒的绑腿，在农庄外休憩，冷淡地抽着手中的烟管。他们沿途借宿商人的小店，在护卫队喂马、使者阁下和年轻的哈格德到帐篷中用晚餐时，英国商人也会好奇地询问这次任务的目标，而且无疑从他们的回答中得出了自己的推断。

经过一个月悠闲的旅行，他们终于抵达了比勒陀利亚。这是当时世上最简朴的首都。在1856年，四个相互争执的开拓者共和国联合起来时，这个首都才建立。它仍然不过是大草原上的一个村镇，多灰尘，有野花生长。一条两边种植着蓝桉树的大道从南方延伸进入这个村镇，在镇中随处可见树木和花园——每条游廊旁都有无花果树，每片格子栅栏旁都种着玫瑰花，柳树划分了平房的界线，屋后还种着一排排种类丰富的蔬菜。泥土地的街道上，布尔人的大牛车隆隆前行，自大迁徙以来，它们并没有多少改变；远远的后方，车夫仍然用牛皮的鞭子轻轻抽打着拉车的公牛长队。村镇的居民舒适地坐在门廊下，女性穿着木底鞋，戴着软帽。阳光下闪着光芒的水道为村镇注入活力，所有人都沐浴在高地草原上清澈明亮的阳光中，这是地球上最让人快乐的光芒。

村镇的中心是教堂广场，这是共和国和阿非利坎民族主义的中心。这里矗立着茅草顶的新教教堂；还有议会大楼，带着宽阔的台阶，人民议会（Volksraad）就在大楼里开会，而人们每三个月在门外举行一次圣餐仪式——半是宗教仪式，半是民众集会。人们在这里庆祝婚礼，为婴儿洗礼，调解争执，每到这时，广场上就全是货摊、帐篷和货车。西奥菲勒斯·谢普斯通爵士就自信地骑着马，进入这个具有象征意义的地方，进入布尔人的村镇；他拜见了总统，后者还谨慎地称他为"友善的顾问"，但事实上，他已经为共和国的消失铺好了道路。

谢普斯通很快就坚信，大多数布尔人希望"回归"帝国。"绝大多数布尔人都欢迎改变。"他在给卡那封的电报中说。这显然不符合事实。绝大多数布尔人对大英帝国的看法，自40年前先辈逃离帝国以来就没有改变。然而，共和国民众对英国的行动并无准备，而且内部意见分歧；布格斯总统因为染病变得虚弱。终于，在1877年4月12日，英国宣布吞并南非共和国。谢普斯通的警察卫队骑着马在教堂广场上潇洒地游行，哈格德亲手将英国的米字旗升到议会大楼的旗杆上。人民议会被中止，总统则领了一笔养老金退休。加尼特·沃尔斯利爵士抵达比勒陀利亚，接手行政管理，并宣布女王要让德兰士瓦地区永久成为她的非洲南部领地不可或缺的一部分——直到法尔河倒流为止，沃尔斯利加上了这句话，想活跃一下他讲话的主题。大迁徙之后两代人的时间，英国人还是抓住了最后的开拓者。

4

英国国内，自由党猛烈攻击这次吞并行为。格莱斯顿是当时的反对党领袖，他称德兰士瓦这个国度是"我们最不明智，我甚至想说最疯狂的选择，它让我们自己陷入奇怪的窘境：作为君王治下的自由臣民，却要去强迫一个共和国的自由国民"。然而，公众对这一行动基本持赞成态度，这也促使卡那封继续推进他的联盟计划。他任命巴特尔·弗里尔（Bartle Frere）爵士为开普殖民地总督，此人是一名杰出的印度英侨行政官员。他希望弗里尔能成为联盟的第一任总督。

弗里尔是大胆且直言不讳的扩张主义者，在开普敦，他能够享受偏远之地的优势。开普敦还没有架设直接连接伦敦的电报线路，因此电报只能由轮船从佛得角群岛送来，而这一过程至少需要 16 天。因此，在非洲的下一步行动可以说完全由他决定。弗里尔将来自国内的种种禁令置之不顾，与过去在印度的无畏总督们一样行动，于 1879 年 1 月将联盟计划推进了一步，下令英军侵入祖鲁地区，它是非洲南部拼凑的统治区上另一块奇怪的独立部分。

祖鲁人仍然是非洲各民族中最让人恐惧的存在。祖鲁王国现在的国王是丁冈的孙子开芝瓦约（塞奇瓦约）；1873 年，正是谢普斯通作为伟大白女王的代表，亲自用专门的王冠为他加冕，这顶王冠和斐济萨空鲍的王冠十分相似。他本人并非典型的军人形象，但他手下的军队依然凶狠。祖鲁社会体系的基础，就是全民皆兵和义务性杀戮欲望的有效结合。祖鲁人必须"用鲜血洗长矛"，才能被视为真正的人，而且祖鲁军队中的战士必须在杀死或杀伤至少一个敌人后，才有资格结婚，这就让祖鲁男男女女都好战嗜血。大英帝国认为其有责任与某些声势夸张的敌人战斗，而祖鲁人正是其中最壮观的一支军队：他们穿着饰满羽毛的全副甲胄，前进时速度缓慢，却势不可挡；他们的战吼中充满尖叫和令人毛骨悚然的嘶嘶声；乌泱泱的黑人战队按照年龄分组，构成2万人的大军；他们前进时盾牌挨着盾牌，浩浩荡荡地扫过祖鲁广阔的土地。他们没有多少枪炮，战斗就依靠沉重的长矛和简单的战术策略——他们尤其喜欢"双重包围战术"，这可以让敌人深陷大量祖鲁前锋力量（"胸部"）的泥潭，像一只被催眠的鸡一样因为恐惧而陷入半瘫痪，同时一支稍小的快速战队（"角"）则绕到后方，切断敌军的撤退之路。

祖鲁人形象张扬，而且非常勇敢，也有不少英国人非常信赖他们的正直品格。科伦索主教对祖鲁人的爱自然是最出名的，不过祖鲁各地的英国商人和传教士也发现，虽然他们的命运完全掌握在开芝瓦约手中，但他们还是得到了公正的甚至可以说是慷慨的对待。谢普斯通一生的大部分时间都与祖鲁人一同度过，他也对祖鲁人的能力评价颇高。而英国商人约翰·邓恩（John Dunn）与祖鲁王室女性结婚后，也成了一名祖鲁酋长，他统治着超过1万名祖鲁人，他还有49个妻子。[*]但祖鲁人的嗜血也令人难以置信。对他们来说，人类的生命绝非神圣不可侵犯的，这一点倒是和阿散蒂人或斯皮克遇见的模仿狮子步伐的布干达国王一样。对祖鲁人而言，死亡是自然秩序的一部分，而人为加速这一进程并不算堕落。任何祖鲁人只要胆敢打破王国严苛的社会秩序，就会被无情地折磨杀戮，被俘虏的敌人也会被长矛轻巧地劈碎。这个民族就像躲藏在丘陵地中的巨大黑色捕食者，一会儿突袭斯威士人或巴苏陀人，一会儿又威胁着英国人和布尔人的安全。几乎所有人都害怕祖鲁人；而英国更担心的是，祖鲁人的某次大战，有可能会引发横扫非洲南部地区的土著起义。

弗里尔早已做出决断，如果要保证南非的秩序，那么凶残的祖鲁人必须顺服于英国。因为不同意迪斯雷利的对俄政策，卡那封已经于1878年辞职。他的继任者迈克尔·希克斯·比奇（Michael Hicks Beach）爵士是个冷

---

[*] 现在，祖鲁地区还有很多他的后代，而且在现代南非语境中，他们也属于"有色人种"。我于1970年在埃绍韦拜访了约翰的一位曾孙斯坦利·邓恩先生。他外貌出众，礼仪周到，当时是一家希腊面包店的技工。

淡的政治家，作为南非联盟的推动者，他没有什么作用。因此，弗里尔遵循自己的直觉行事。他将布尔人和祖鲁人之间古老的边界争端当作开战的借口，尽管此事早已由一个英国调查委员会做出了有利于开芝瓦约的决断。弗里尔对开芝瓦约说，除非祖鲁人解散他们骇人的军队，改革严苛的刑法，并接受一名英国使节驻扎在首都乌伦迪，否则祖鲁王国只能交出争议土地。事实上，他的要求就是要祖鲁人彻底放弃他们古老的社会秩序，也放弃他们的军事力量。这样的要求当然并不奇怪，而开芝瓦约肯定也预见到，这一天终将到来；甚至科伦索也认识到祖鲁人无法避开这样的要求，而且他也同意这份最后通牒的条件。祖鲁人被要求 30 天内给予回复；而英国人在这段时间后仍未收到回应，便于 1879 年 1 月派出三队共 1.6 万人的陆军，穿过纳塔尔北部边境，入侵了祖鲁地区。

切姆斯福德勋爵是此次行动的英军总指挥，这次行动可能是最著名的一场殖民地战争，而其他许多我们熟悉的军事人物，也在这次战争的背景中出没——巴特勒、布勒、科利，以及似乎无所不在的沃尔斯利。切姆斯福德勋爵本名弗雷德里克·塞西杰（Frederick Thesiger），他的家族在大约一个世纪之前从萨克森移民至英国，而他本人也有传统的帝国式职业生涯：去过加拿大、印度、爱尔兰和阿比西尼亚。他的妻子是印度军中一位将军的女儿。他曾在奥尔德肖特担任指挥官，而且他的冷静机智和同情心在当时普遍暴躁的指挥官中，可谓独树一帜。

然而遗憾的是，要击败冷酷的开芝瓦约，机智和同情心是最不重要的品质。开芝瓦约现在统帅着 5 万人的大军，而且在英国人抗议祖鲁人频频执行死刑时，曾答复道："你们不要觉得我在杀人这条路上已经走了多远……我甚至还没开始；我还要杀人；这是我们民族的传统，而我永远不会放弃它。"祖鲁战争的一大魅力，正是性情气质完全不同的两方的碰撞，双方都遵循着自己的军事准则，打了一场教科书式的正统战争。如果说阿散蒂战争是展览般的战争，那么祖鲁战争就宛如虚构作品，它的背景设定是如此恰切，过程发展又忠实地遵循了戏剧三一律。祖鲁战争中有三场值得纪念的战役，每一场都对英国人具有某种特殊意义。三场战役加起来，则构成了大英帝国后来的一切战争必须遵循的基本模式——开头是一场悲剧，紧接着是英雄的挽救，最后是摧枯拉朽的胜利。

5

最初的悲剧发生在伊散德尔瓦纳。切姆斯福德勋爵率领队伍在南非1月壮丽的景色中出发，前往北方的祖鲁地区，准备打一场快速消耗战。他决定，无论在哪里遇到祖鲁战队，都要将他们就地消灭。这支部队由避不开的海军旅、当地招募的大规模非正规军和民兵，以及穿着红色制服的世故的陆军组成，带着维多利亚时代战争的各种装备，包括沉重的大炮、牵引车和黑尔的专利火箭炮，驾着特意从英格兰带来的夏尔马，由切姆斯福德带领着向乌伦迪奔袭而去。然而同时，这位指挥官又希望能在路上遭遇并消灭祖鲁军队的主力。切姆斯福德指挥的是军队的中央纵队，他们在罗克渡口渡过了布法罗河。30年前，一名爱尔兰农民曾在这里建了一座仓库，而这座建筑现在已经成了传教场所。在河流浅滩的10英里外，恩古图山丘（Nqutu Hills）之间有一块平地，小道从这里向北边高处的山脊鞍部延伸，部队就在这里安营扎寨。

这里就是伊散德尔瓦纳。这是个阴冷而壮丽的地方。平原上方隆起驼背的山岭，轮廓清晰，从远处望过来，越过开阔的丘陵地，就可以看见这些黄褐色山岭蹲伏在周围的低矮山脊之间。这片平原的边界缓缓向山地升高，其四周环绕着山丘，到处都有沟壑割裂地表，通向山峰背后更广阔的平原。一条清浅的小溪穿过平原，但并没有给眼前的景色带来活力。这里的树木也很少，地上只有棕色的土和页岩，四周则是阴影层叠的山脊，高处山岭扭曲的轮廓有种不祥的气息。伊散德尔瓦纳的景致与随后发生的一切恰好契合：一片杀戮的土地。尽管深知祖鲁人战斗方式的布尔人已经事先警告过英军，但英军在此安营扎寨时，仍然没有布置防御车阵，也没有挖掘壕沟。他们选择了设置警戒哨，并将骑马的哨兵派到附近的高地上，还在山峰旁的鞍形地带设置了警卫队，监视通向北方的道路。

1月20日夜晚，英军没有发现敌人的踪迹，但第二天，侦察部队在西北方向遭遇了一支祖鲁战队，而切姆斯福德认为他可能遇到了敌方主力，因此带着一半部队越过了山丘。结果就是留在原地的一半部队几乎全军覆没。1879年1月22日，切姆斯福德离开后，开芝瓦约的主力部队真的出现在了英军面前——约2万名皮肤黝黑、穿戴羽毛的祖鲁战士蜂拥翻过伊散德尔瓦纳的山脊，荡平所有警戒哨和前哨部队，来到平原上。大多数英国士兵此前从未见过祖鲁战士，对他们而言，此时的经历就是噩梦。祖鲁战士看起来像另一个世界的人，他们戴着绿色的猴皮耳帽、水獭皮的头带以及高高的鸵鸟羽毛；他们手上的盾牌覆盖着白色的兽皮，有的盾是红色，带着白色斑点；他们小跑前进的步伐稳定，令人生畏，长矛敲在盾牌上，咯咯作响；他们的齿间发出嘶嘶声，又高喊着"乌苏图（Usuthu）！乌苏图！"——这是属于开芝瓦约的战吼。

这场战役可谓残忍至极。数千名祖鲁人死在英军的步枪子弹下，但没有什么能阻挡他们，一旦冲到英军阵线前，他们便会挥舞着长矛无差别地攻击，英国人则绝望地用刺刀和枪托反击。平原上到处都是一拨拨孤立的英军士兵，被大量身批羽毛的祖鲁人包围，无助地抵抗着。有时，祖鲁人会将本族战士的尸体扔到阵前，磨钝英军的刺刀；英军被分割打散，陷入无序，三三两两地撤退到马车或者帐篷中，或者恐惧地躲藏在战地厨房内，也有些人向死而战，挥舞着刺刀和棍棒，直到生命的最后一刻。有些英军士兵逃离营地，蹒跚地沿着通往罗克渡口和安全地带的道路前行，但他们翻过南部的山脊后，却发现另一边还有一支祖鲁人的部队正在守株待兔。他们陷入了对方无情的追捕，在溪谷内外、河流两侧；他们绝望地蹲伏在矮树丛中，在悬崖上逃跑，或者一个接一个地被长矛攻击，直到最后终于筋疲力尽，倒在路边。

切姆斯福德当天晚上返回伊散德尔瓦纳时，被惊得目瞪口呆——英军营地一片废墟，一堆被烧毁的马车、破碎的帐篷、垃圾和尸体。英军死者的内脏被挖了出来，而大多数祖鲁人的尸体已经被拖到了山的另一边。切姆斯福德勋爵留在营地的欧洲人，只有55人成功脱逃，他们现在分散在战场和纳塔尔的边界之间。第2沃里克郡团（2nd Warwickshire Regiment）的6个连队被全歼，共有858名英国人和470名征召的当地士兵死于这次战斗。这是英国军队自1842年的阿富汗悲剧以来面临的最大灾难，三周后这一消息传回英国，整个国家便陷入了昏乱的哀痛。迪斯雷利被沮丧击倒，卧病在床，帝国主义事业遭到了短暂而明显的打击。*

6

但是，用胜利来平衡灾难已经是英国的惯常做法了——这种做法被当时的大众称为"先输掉前面所有的战役，再赢下最后一场"。这种方法成功地维持了军队士气，而从历史视角来看，它也让战争变得更令人关注——历史学家亨利·诺利斯（Henry Knollys）认为，一场成功的殖民战争"在掠夺的同时也不能缺少挫折或者错误，没有了这些东西，就很难要求人们保持热情和兴趣"。用一场小胜利来重建民族的骄傲是必要的，而且祖鲁战争中的第二场战役的胜利的确是最微小的。这场战役被称作罗克渡口保卫战，它已经成为英国英雄主义的代名词，而参战的英国人有100多人（大多数是威尔士人）。对这场几乎微不可见的胜利，当时的一位诗人写道：

> 英雄故事中，它的子孙
> 将听见古老英格兰的名声，
> 凭新的荣耀功绩，
> 它的名声永葆活力；
> 而在它的胜利之上，
> 金色的幕布升起——
> 你将在文字与歌谣中被永远珍藏，
> 罗克渡口的记忆。

伊散德尔瓦纳发生杀戮之时，两名中尉，即约翰·查德（John Chard）

---

* 此时仍在比勒陀利亚的赖德·哈格德则以一种奇异的方式得知了伊散德尔瓦纳发生的事件。1月24日早晨，他的霍屯督人洗衣女工告诉他，开芝瓦约国王两天前杀死了数百名英国士兵——"他们像落叶一样散落在平原上，像浸泡在鲜血里的冬日红叶"。她不愿透露她是如何得知的，而直到20个小时之后，第一名带着这条消息的报信人才从纳塔尔抵达比勒陀利亚。

和冈维尔·布罗姆黑德（Gonville Bromhead），正带领第 24 团的一个连，驻守在后方 10 英里的罗克渡口哨所。他们听到了道路远处战斗的枪声，第一个惊恐的逃脱者抵达正对着哨所建筑的河对岸时，他们就得知了那里的灾难——逃回来的人中，只有少数加入了罗克渡口的守军，剩下的人则疯狂地、一步不停地向纳塔尔的安全地带奔去。祖鲁战队消灭了伊散德尔瓦纳驻扎的英军，埋葬己方死者，处理伤患后，显然就要扑向罗克渡口了。两名中尉匆忙地用沙包、装满玉米的麻袋和饼干盒加固了此地的防御，这里本来只是作为切姆斯福德的进攻部队的后方基地。这里的三座建筑都在奥斯卡山（Oskarberg）侧面，布法罗河在其视野之外，距离他们约 100 码；沿着道路向前一段距离，就可以看见伊散德尔瓦纳群山的轮廓。此时山间盘绕着烟雾，散发出不祥的气息。罗克渡口可供防守的区域只有 100 码见方，而守军里还有一名牧师、五名伤患以及一支征召的非洲士兵组成的分遣队。

1 月 22 日傍晚，即伊散德尔瓦纳战役同日，奥斯卡山上的警戒哨就发现祖鲁战队正在接近——伊散德尔瓦纳部队的一翼，约 4000 名战士由两名骑白马的酋长带领，踏着不知疲倦的死亡节奏迈向英军营地。祖鲁人有战术而无战略：如果他们绕过这里，直接进入纳塔尔，可能会给英军带来更大的混乱，但他们嗜血的本能让他们盲目前往罗克渡口，寻求又一场流血战斗。"他们来了！"一名英军哨兵冲下山丘时大喊，"黑如地狱！人如草一样多！"非洲征召兵一看到这可怕的场面，就立刻抛弃了他们的防守位置，跳过路障，消失在山间；剩下的 110 名英国人刚刚重新组织好营地四周的防御，大约 1000 名祖鲁人就出现在了奥斯卡山的侧面，开始攻击基地后方，很快，另外 3000 人也开始在前方高喊着冲锋。

威廉·巴特勒的妻子，著名的伊丽莎白·巴特勒的一幅画描绘了这场战役。这幅画叫《罗克渡口保卫战》（*The Defence of Rorke's Drift*），维多利亚时代的每个人都知道它。我们如同当时的英国公众一样看着这场小战役——事实与传说混杂交织。画面右侧是英军防御的中心，茅草屋顶的战地医院。这座建筑已经燃起熊熊大火，有人正拖着医院里的伤患穿过脆弱的墙，从一个房间退到另一个房间，祖鲁人则在他们后面破开医院的一扇扇门。画面左侧,英军士兵正举着刺刀,跳过一袋袋玉米和锡制饼干盒搭起的防御矮墙,冲进祖鲁战士的人海中,或者举枪对隐藏在奥斯卡山上的黑人狙击手开枪还击。地上散落着罐头、头盔、长矛和各种物件的碎片。画面的正中间,查德中尉提醒士兵们注意防御中的空隙;没戴帽子的大胡子牧师不知疲倦地安慰士兵,为他们分发弹药;前景处有一名倒在地上的年轻士兵,他的软木帽推到了脑后,不知是筋疲力尽,还是已经死去。天际线的轮廓是高举的步枪枪托、刺刀、中枪的人张开的双手,还有抛掷的长矛模糊的形状。天空阴沉,飘满硝烟,点缀着医院燃烧的屋顶迸射的火星。画面的最左边,阴影中是祖鲁人扭曲的面容和挥舞的盾牌,他们一波接着一波冲向英军阵地,像一场黑色的梦逐渐成形。*

祖鲁人的进攻持续了一个下午,一直延续到夜晚。英军不断收缩防线,直到最后,他们只能挤在阵地的一角,面前全是火光。然后,战斗变得零零星星,逐渐停息。狙击的枪声停止,投掷的长矛变少,战吼也不再急迫,直到凌晨4点,医院建筑的火焰因为无物可烧而熄灭,罗克渡口变得一片黑暗,一片死寂。破晓时,英军幸存者准备最后无望的一搏,却发现祖鲁战士已经离开,只剩少数几个负伤的祖鲁人正在挣扎。数百名祖鲁战士的尸体倒在英军阵地内及附近,有些还在抽搐,而这片区域到处都散落着他们可怕的装饰物。早晨7点,祖鲁战队曾短暂返回此地,蹲在英军步枪射程之外,在清晨的阳光中抽着鼻烟;但是,这场战役给了祖鲁人极大的打击,他们一同站起来,默默地小跑,在离罗洛克渡口颇有一段距离的地方围成了一个大圈,沿着河流离开了。

7

罗克渡口战役的11名幸存者获得了维多利亚十字勋章,人们为这场战役欢呼,宣传它重建了英国的荣誉,让纳塔尔免于入侵。然而,最大的

---

* "再画一幅这样的画,"巴特勒对妻子说,"你就会把我弄疯了。"此时,他的观点已经转向强烈反对帝国主义,他认为,步枪兵与长矛兵的战斗并不适合作为艺术的题材。

胜利还在后面。在伊散德尔瓦纳悲剧之后，英国公众又被拿破仑三世的皇太子路易·波拿巴的死讯震惊了。这位流亡者在英国颇受欢迎，这次作为观察员前往祖鲁，在一场伏击中丧生。迪斯雷利政府遂采取传统方式来挽回眼前的局势，本能一般召回了加尼特·沃尔斯利爵士。此时，这位"唯一的将军"正担任塞浦路斯的总督，那里是新近从土耳其手中取得的。就像辛辛纳图斯从田间被召回一般，他被任命为纳塔尔高级专员，立刻前往南非。他的任务就是在到达非洲后接过切姆斯福德的指挥权，赢得胜利。

然而，切姆斯福德决心要自己赢下这场战争，夺回他的军事声誉。他将祖鲁地区的所有部队撤出，准备重新战斗。六个月后，就在沃尔斯利抵达德班的同时，对祖鲁的第二次入侵开始了，切姆斯福德再度踏上前往乌伦迪的道路。这一次，没有什么能阻止他。他的军事生涯岌岌可危，他血气翻涌，同时小心地回避一切从海岸传来的严厉纠缠他的指示。"没有收到你的消息，我很惊讶。"沃尔斯利通过日光反射信号器给切姆斯福德发信，蛮横地说，"收到信息后立刻回复，并报告你最新的行动。"但这已经太晚了。切姆斯福德已经抵达乌伦迪的祖鲁王室所在村社外面的广阔平原，最后的战斗就要开始了。

这是英国战争布景中宏伟的一幕，一场完全的英国胜利。场景广阔而庄严，时机重大，战斗的风格则夸张而传统。每一个人都焦急地希望完成最后清算。7月4日，5000人的英军部队，包括900名骑兵——第17枪骑兵团、第1龙骑兵卫队、第80和第90步兵团、边境骑兵、德兰士瓦游骑兵、纳塔尔轻骑兵——一同以经典的英军"空心方阵"阵形来到乌伦迪平原上。他们前进时，一支军乐队也跟着他们，演奏着进行曲。每个团的旗帜都在飘扬。军队两翼，骑兵的甲胄反射着阳光，发出刺耳的叮当声。这是一幅真正的帝国奇观。

数千名祖鲁人从树丛中出现，从四面八方攻击英军的方阵。英军用老方法反击：四列士兵持固定刺刀，方阵四角则有大炮和加特林枪。这一次没有了锡制饼干盒的防御壁垒，没有了布尔式的车阵，也没有了壕沟——切姆斯福德想到远离战场的安乐椅批评家，表示"只有我们在开阔场地公平地打败敌人，他们才会满足"。事实上，这是一场颇有象征意义的完全胜利。祖鲁人自杀式地扑向步枪的火力墙，但没有一名战士能够靠近到距英军士兵30码以内，随着祖鲁战队的怒火逐渐衰竭，切姆斯福德终于派出了骑兵。一阵气势汹汹的小跑，第17枪骑兵团穿过方阵打开的一处空隙，加入了战斗，三角旗在他们的长枪上飘扬——枪骑兵逐渐加速，战马先是缓步前进，然后开始慢跑，最后变成疾驰，形成了一次猛烈强力的冲锋。他们很快追上了眼前的祖鲁人，将长枪刺入他们的躯体，用马刀砍向他们，或者直接将他们踏在马蹄之下，直到最后，开阔的平原上一个活着的祖鲁战士也不剩，通向泥屋组成的杂乱村社的道路就此扫清——那个在坡地上俯视战场的村庄，就是开芝瓦约的王国的首都。第9枪骑兵团的威廉·贝雷斯福德（William Beresford）勋爵离开了印度总督的侍从武官岗位，骑马从战场飞驰而来，直接跨过了村庄周围隔离的荆棘灌木丛，只为了成为第一个踏入开芝瓦约国王首都的英国人。但这里已经被抛弃。士兵们希望能在泥土屋里找到一些隐藏的财宝，然而他们只发现一个银鼻烟壶，一个埋在地下、里面装满鞋刷的铁箱子，以及一顶随便拼凑起来的王冠——仅在六年前，西奥菲勒斯·谢普斯通就是捧着这枚王冠，为开芝瓦约加冕。*

8

很快，沃尔斯利就将祖鲁地区分割成了13个孱弱的酋长辖区，它们

---

* 英国人对祖鲁人并无恨意，他们还仰慕祖鲁人的战斗品质。1882年，开芝瓦约访问英国时，就受到了奢侈的款待，这次访问还成了许多充满讽刺的歌舞剧唱段的灵感来源：

年轻的白人花花公子，走开吧，噢！
你们现在已经入不了美人的法眼；
给开芝瓦约让让路，
现在就他才讨女士们喜欢。

如今，祖鲁与大英帝国战争的三处战场仍然没有多少改变——伊散德尔瓦纳尤其如此，这里的山峰宛如一座冷酷的纪念碑，祖鲁男孩骑着驴兜售着铅弹和弹壳，戴着高顶帽的妇女则赶着羊来走去，而某种阴魂不散的寂静似乎仍然笼罩着这里的景色。在乌伦迪，英军方阵所在的地方立了一座圆顶纪念碑，这场战役中阵亡的13名英军也葬在此地——但土著后备人员与其他人的坟墓相隔甚远。

全都要承认英国的宗主权；理论上，祖鲁中央权力的消失，就应当意味着卡那封的计划的成功。除了沉寂的奥兰治自由邦，非洲南部的大片土地已经全部处于帝国的控制之下；然而，1880年迪斯雷利政府下台后，格莱斯顿却没有采取任何行动"解放"德兰士瓦地区，这让布尔人和英国选民都大吃一惊。相反，他强烈反对吞并该地区，还在办公室中表示，建立联盟这个想法已经"淹没和消减了帝国的其他考量"。此时，英国已经在比勒陀利亚建立了较为完善的行政管理体制，至少从帝国的角度看是如此。而沃尔斯利也认为，既成事实的力量足够让布尔人接受英国的统治。他为这些人起草了一份新宪法，剥夺了市民的直接代表权。他对帝国的成功无比自信，乃至1880年留给该地区的帝国驻军仅有三个营的兵力——也就是说，约3000人的战斗力量，要负责一个比不列颠岛还要大的国家。

当然，意志坚定的德兰士瓦人并没有屈服于英国人的统治。他们过去选择来到这片高地草原，就是为了逃离这种统治，现在自然不大可能接受它。这些异见人士中，就有一位杰出人物——南非共和国前副总统保罗·克留格尔。此时55岁的克留格尔拥有非凡的能力，也许是个天才，但外貌极为丑陋。他的外貌完全契合他的人格——最枯燥的正统加尔文派教徒，生活严格遵守《旧约》字句，而且赞同基要主义者教条的大部分基本原则。他童年时随着大迁徙来到此地，虽然此时他已经开始发胖，腿脚也不再灵便，但他曾经是这个时代一切边疆技艺的大师。他擅长打猎、骑马，还是杰出的游击战士——正是他警告切姆斯福德在对祖鲁人的战斗中要使用车阵，因为他虽然不喜欢英国人，但还是觉得他们比异教徒好得多。在一次枪支走火后，他不得不亲手截去自己的大拇指，之后把手插进山羊温暖的肚子里，治好了枪伤导致的坏疽。他是个粗俗的人，身边永远离不了痰盂和烟管，他的处世哲学都是坐在游廊里想出来的朴素理论，在宗教上格外偏执；但他的原则毫不退让，而且他对自己的阿非利坎人身份颇为骄傲，这让他在同胞之中行动时，如同一位先知。

克留格尔曾认为，迪斯雷利的下台就意味着德兰士瓦将重新获得独立国家的地位。因此，当格莱斯顿宣布"我们的判断是，女王不能让渡她对德兰士瓦的主权"时，克留格尔及其追随者便造反了。祖鲁战争已经消除了来自开芝瓦约的威胁，切姆斯福德的大多数部队已经返回英国；一名更加温和的高级专员，现在已经是少将并拥有骑士爵位的乔治·科利，来到彼得马里茨堡，接替沃尔斯利。1880年12月16日，南非共和国的4000名男男女女聚集在比勒陀利亚西南约40英里的帕德克拉尔（Paardekraal），举行仪式重新成立了南非共和国。在先驱开拓者的精神指导下，他们选举克留格尔和其他两人组成了三人统治政府，并宣誓愿为独立献出生命；随后，在庄严的仪式中，他们一个接一个，每人向一处纪念石冢扔了一块石头——这处强大的石堆，就是他们誓言永久的证明。*

"我觉得，除了表现出做好了准备，然后静观其变，我们不用再多做什么。"科利在比勒陀利亚的代表人这样告诉他。布尔人不但是"膨胀的蟾蜍"，而且"根本没有能力进行任何联合行动……他们就是一些平庸的懦夫，所做的事也不过是昙花一现"。然而，在1880年的"丁冈之日"——布尔人在大迁徙中大败丁冈的43周年复仇纪念日，德兰士瓦人发动了武装起义。布尔人的突击队占领了比勒陀利亚以南60英里的省首府海德堡（Heidelburg），同时包围了德兰士瓦地区所有的英军——他们分散驻扎在该地区七个脆弱的要塞中。四天后，这场起义就见了血。比勒陀利亚36英里以外，一支布尔人部队伏击了帝国最著名的康诺特游骑兵的一个纵队。当时，这支部队的士兵在道路上零零散散欢乐地前进，吃着他们上次休息时买来的桃子，辎重装备都在牛或者骡子拉的车里，上校骑在白马上，亲切地与士兵交谈，军乐队演奏着《亲亲我吧母亲，亲亲您亲爱的女儿》（*Kiss me Mother, kiss your darling daughter*）——

> 我的头靠在您胸口，
> 您深情的双臂拥抱我，
> 我累了，让我休息吧……

他们的行军颇为放松，很多士兵甚至把自己的步枪也扔到了货车上，四名

---

* 这处石堆仍然屹立，不过在1890年，最初的石头被换成了更加结实的替代品。这处石堆几乎就在兰德金矿区的中心，至今仍然是阿非利坎人精神的圣地。

骑马的侦察员也在他们身边聊着天。12月20日早晨，他们靠近一条叫布龙克霍斯茨普雷特（Bronkhorst Spruit，意为"豆瓣菜溪流"）的水道时，一名布尔人骑着马从灌木丛中飞奔而来，递给上校一张便条。这是最后通牒。便条中说，德兰士瓦已经恢复了共和国身份，外国军队禁止在共和国领土上行动。如果这支英国纵队不在两分钟内同意转身往回走，他们就会受到攻击。上校拒绝了这份最后通牒的要求，同时军乐队也挑衅地奏起了《天佑女王》，这时英军立即受到了来自周围坡地的猛烈火力攻击。几分钟之内，57名英国人死亡，超过100人负伤，其中20人受的是致命伤。所有的军官都或死或伤，部队中平均每人身上有五处伤口。而克留格尔宣布，布尔人"俯倒在尘埃中，跪倒在全知全能的上帝面前，上帝已站在我们一边，我们仅牺牲了两人，便让敌方折损了超过100人"。英国士兵被就地埋葬，据说，他们口袋中的桃核很快就生根发芽，如今长成了一排令人悲伤的大树。

9

在第一次布尔战争中，英国没能通过一场报复的胜利来拯救帝国的声望。这场战争是彻头彻尾的耻辱。英国在德兰士瓦地区的部队根本无法突围离开他们所在的要塞城镇，英国行政官员则被包围在比勒陀利亚，整个国家其他的部分，很快就回到了布尔人手中。一度似乎非常怯懦且不团结的布尔人，现在虽然只有约7000人的战斗力量，但已经展现出令人不安的游击作战技术；而自克里米亚战争以来，第一次面对欧洲敌手的英国陆军却一错再错，从最初的自鸣得意到最后的绝望，竟一场战役也没有赢过。整场战争只持续了三个月，而它的最后一幕成了帝国历史中最悲伤、最勾人感情的名字之一：马朱巴。

马朱巴山是纳塔尔和德兰士瓦的边界，一条从彼得马里茨堡通往比勒陀利亚的道路就经由这里的边境山口莱恩斯峡（Laing's Nek）穿过德拉肯斯山脉。这里极为美丽，地形起伏，青翠清新，向南是丰饶肥沃的纳塔尔地区的平原，向北则是高地草原——除了蜥蜴、充满异域风情的花朵和陌生的鸟鸣，这片地方和威尔士颇为相似。足边的草叶生机勃勃，空气闪着光芒，日光如水晶般澄澈。马朱巴山就屹立在这片宜人的景色中，如同伊散德尔瓦纳一般独特可辨。马朱巴山的平顶庄严地俯瞰着山口，在距纳塔尔边境很远的地方，还能看见它如哨兵一般，守卫阿非利坎人民族精神的内在稳固。马朱巴山高6000英尺，但看上去要更高，森森然不失威严风度。

几乎就在布尔人叛乱开始时，非洲东南部军队总指挥兼帝国高级专员乔治·科利爵士就带着一支仓促拼凑的军队从纳塔尔出发，准备营救德兰士瓦被围的英军要塞。他的部队只有1200人，大多数是卡德威尔体系下征召的短期服役的年轻士兵，还有从恰好停泊在德班港的战舰上借来的一支120人的海军旅。但科利从未成功抵达德兰士瓦。在莱恩斯峡的纳塔尔一侧，布尔人用他们革命性的游击战术——个体步枪火力——两度让英国人遭受了耻辱的失败，到了2月的最后一周，英国部队已经损失了300人，无助地被困在山丘之间。然而此时，来自印度的援兵抵达了这片边境地区，而几乎就在同时，科利突然有了占领马朱巴山山顶的想法。

这是史诗事件的完美现场。马朱巴山是如此对称，山顶荒芜而平整，这里广阔的非洲风景是如此壮观，可以说是为战争奇观而存在。然而，事实上没有人真正知道，科利认定其为军事目标，决定占领它的理由到底是什么。也许他认为，仅仅是英国人占据了山顶一事，便可以打击下方山口周围所有布尔人的军心。或许他是想模仿詹姆斯·沃尔夫攻陷魁北克的妙计。有些人则认为他此时已经"失去了理智"。他既没有带大炮，也没有带火箭炮；他没有对军官们透露一点儿具体计划，也没有挖掘战壕；他只是简单地、戏剧性地夺下了这座山峰，仿佛这就是最终的目的。

事实上，科利并非后世传闻中那样易怒的无能将领。他是英裔爱尔兰人，自学了俄语，对化学也颇有兴趣，而且经历丰富，曾在好望角、中国以及阿散蒂战争中服役，担任过印度总督的私人秘书。他也是一个善良、敏感且充满想象力的人，无论去哪里，都随身带着水彩素描本；他留着大胡子，士兵般的面容因为柔和的目光而变得高贵。他的战争态度充满骑士精神。"先生，我……写信给你，是为了告诉你，如果你没有足够的专业医护人员，我愿意为你提供医疗协助……我可以派外科医生到你指定的任何地方，或者如果你愿意把你方伤员送到我们这里的医院，或者纽卡斯尔的医院，他们也会得到和我们的伤员一样的关怀和治疗。"他在给布尔人指挥官的信件中如此写道，而后者的士兵刚刚在莱恩斯峡夺走了他手下不少士兵的生命。显然，在科利的士兵看来，他这个人实在过于善良，难当将军的重任。"他可以说是很多人一生中能遇到的最有魅力、最亲切的人了，"其中一位士兵写道，"但是，哪怕是作为下士的警卫员，他也是不可靠的。"

科利对马朱巴山有一种特殊的预感，而也许他选择夺取这座山，更多的是追求审美上的满足，而非实现战术意义。科利约400人组成的小规模进攻部队于1881年2月26日夜里爬上马朱巴山险峻的南坡，破晓的晨光照在山峰、草原和山丘上时，日光和云朵都在他们脚下，宛如礼赞。士兵们无比亢奋，甚至站在山峰高地的边缘，显出身影的轮廓，对下方布尔人的营地发出嘲讽。此时，追求景致和场面的科利必定感到，他的决定是多么正确！而不久，天光大亮后，布尔人几乎毫不费力地冲上了和缓的北坡，对英军发动攻击，一颗子弹穿透了这位将军的脑袋，让他如石膏像一样倒在了高山草地上——这又是多么适合他的死法！

这场战役的规模很小——马朱巴山顶的平地周长也仅有半英里，没有任何迂回的空间，双方都只有进攻或者撤退两个选择。而士兵们唯一能用的掩体就是地面浅浅的褶皱，战地医院则设在一个浅坑里，不少英军士兵在一夜疲惫的攀爬之后，立刻就在这里呼呼大睡。这是一支古怪的部队，指挥也是一名古怪的、温和的将军——似乎部队一抵达山顶，他就陷入了恍惚。年轻的伊恩·汉密尔顿也参与了此次战役，他几乎就是科利的翻版，他本人后来也会成为一位将军，而他主持的战斗，将是英国军事上更加悲伤的一页。可怜的赫克托·麦克唐纳，"苏格兰的骄傲"，也在那里。他是个从普通士兵晋升到将军的传奇，但最后的结局竟是因为被指控为同性恋而在巴黎的旅馆中开枪自杀。这支部队中还有170名刚在阿富汗取得胜利的戈登高地兵团（Gordon Highlanders）士兵、340名来自第58团和第60团的士兵，以及64名来自巡洋舰"博阿迪西亚"号（*Boadicea*）的水兵。

这些人穿戴着帝国战争的鲜艳服饰装备，即深红色的外套、苏格兰短裙、白色的热带作战头盔、蓝色的长裤以及白陶土色的弹药袋——他们是绿色高原上飞溅的颜色，而他们高大的将军则纤尘不染，又茫然出神地在他们身边徘徊。

科利表示，"我对你们的要求就是守住这座山三天"，然而他的部队只坚持了半天。早晨，布尔人就冲到了山上。他们尚未抵达山顶时就下了马，悄悄地爬到山顶，近距离对英军开火。不到半个小时，早些时候还扬扬得意的英国士兵就乱成了一团。高地周边恐惧的士兵向高地内部撤去，让他们身后的士兵也陷入了恐慌，最后这支小型部队的所有幸存者都慌忙跑下山，逃离了此地。在这次短暂的行动中，有一名布尔人丧生，另有五名布尔人负伤，而共有280名英国人丧生、负伤或者被俘。科利将军落在慌忙逃下山的士兵后面，正是最后死去的几人之一。

有传言称科利是自杀的，或许是吧。他愿意余生都活在这样的耻辱中吗？面对眼前的灾难，对自己的脑袋开一枪，不正是他导演的这幕瓦格纳式戏剧最完美的结局吗？马朱巴山战役从一开始就注定着退场。这是一位没有得胜魔力的将军导演的一场浮夸的对失败的承认——在没有炮兵的情况下占领这座山，绝不可能成功。"想你深爱的丈夫时，你可以有爱和悲戚，但切莫太过悲伤和绝望。"前一天晚上，科利在给妻子的信中写道。*

10

在更加广泛的层面，马朱巴之战也扫除了大英帝国的许多傲慢。第二天，这场悲剧的消息就通过好望角新的海底电缆传到了伦敦，陆军部立刻决定从印度、锡兰、百慕大和英国本土向南方派出援军，同时任命弗雷德里克·罗伯茨，帝国最成功的将军之一，接替科利。但是，格莱

---

* 现在，马朱巴山上有一块石板标出了他倒下的地点，他的士兵们则葬在他身边。马朱巴山是我见过令人动容的战场，从福尔克斯勒斯特（Volksrust）村庄出发，沿着布尔人上山的道路，人们可以比较轻松地抵达峰顶。福尔克斯勒斯特意为"人民的休息"，正因为马朱巴山战役胜利解救了布尔人民而得名。

斯顿还有另外的想法，他毫无预兆地改变了立场，开始与布尔人和谈，这让保守党鄙夷他，也让女王相当失望。帝国和布尔人最初的对话就在马朱巴山脚下的一座小农庄奥尼尔农场（O'Neill's Farm）展开。在这里，在失败的阴影下，英国人耻辱地同意了结束这场战争，而他们至今连一场胜利也没有取得；布尔人则充满胜利的喜悦，显然他们认为，只要把大英帝国打得头破血流，他们就会变得更好说话。这也是整个维多利亚时代大英帝国唯一一次以失败者的身份走上和谈的谈判桌。德兰士瓦共和国重获独立，而对此帝国的唯一保留条件就是共和国应当"承认女王陛下的宗主权"，但这一条件事实上并无多少实际效用。三年后，德兰士瓦共和国正式建立，克留格尔则出任共和国总统。就这样，布尔人迁徙者为逃离红脖子白人统治而刻苦奋斗半个世纪之后，终于在大英帝国的价值体系外取得了独立。这种价值体系有时傲慢，往往自鸣得意，但本质上来说还是人道的。

随着德兰士瓦共和国的独立，在南非通过自决建立联盟的最后希望也破灭了。现在，要联合这里混杂的殖民地、保护国和布尔人的共和国，只有依靠某种不可抗力，可能来自布尔人，也可能来自英国。此后，南非便陷入了庸俗的机会主义，因为南非的钻石矿区很有价值，而殖民地政治家和企业家也压制了帝国幻想家寄予此地的理想。1887年在威特沃特斯兰德发现的金矿不仅给这种肮脏打上了烙印，还让克留格尔统治的这个小小的边远共和国成为世上最有影响力的国家之一。在这里，荷兰新教牧师每天都虔诚地在屋前游廊阅读《以西结书》，人们也经常能看到克留格尔总统本人坐在比勒陀利亚路边的长椅上。

而英国试图掌控南非的故事并未就此结束，但已有少数颇有洞见的人士发现，该地区真正的冲突，如同大迁徙、乌伦迪战役和马朱巴山战役的真意一样，并不仅仅在于帝国主义，而在于更加激烈、深远也更加可怕的白人与有色人种之间的冲突——长远来看，正是这一冲突，将击碎帝国本就不稳定的存在逻辑。

第 23 章

塔斯马尼亚人的末路

I

帝国本身就是一个种族。若要展现这一事实最残忍和最辛酸的地方，那就让我们看看塔斯马尼亚的土著屈倒在维多利亚女王的帝国保护之下时，所经历的一切。

欧洲人发现澳大利亚之后很长一段时间，都没有人意识到塔斯马尼亚其实是一座岛。对早期的航海家而言，它似乎只是大陆东南角突出的一块，而他们简单地推断这里的植物群与动物群与大陆其他地方相差无几。然而，塔斯马尼亚事实上在很多方面都是一座与世隔绝的岛屿，有很多独有的特征：这里多山，大小和锡兰差不多，岛上是茂密的松树、山毛榉和桉树组成的森林，有时，地上的葡匐植物密集交织，人们甚至能在一层高高离地的枝叶网上行走。岛屿东侧是一片起伏的丘陵地，西侧令人寸步难行的茂密森林从中部的山间延伸到峡谷和通向海洋的峡湾。这里气候潮湿但凉爽，很像不列颠岛，而且这座岛屿的某些角落和欧洲的北部也极为相似——这里充斥着忧郁气息的肥沃山地空地，以及东岸一个接一个的空旷小海湾，都尤其像爱尔兰。

澳大利亚大陆上大多数奇怪的有袋动物在塔斯马尼亚也存在：这里有无数群袋鼠和沙袋鼠，还有鸭嘴兽；黑天鹅以奇异的姿态在东南的溪流中游荡，偶尔会让整片景色看上去颠倒反向，宛如摄影负片。但是这里也有很多特有的生物。塔斯马尼亚山虾只生活在塔斯马尼亚岛高山上的水池里；这里还有巨大的塔斯马尼亚龙虾、体型很小的塔斯马尼亚负鼠以及塔斯马尼亚水鸡和塔斯马尼亚黄色食蜜雀。这里生活着一种被称为"塔斯马尼亚恶魔"的动物（袋獾），它们看上去就像一种有毒的长毛熊。塔斯马尼亚虎看上去像有条纹的大狗，它们用足尖走路，叫声半是像狗吠，半是像猫叫。它们把幼崽背部朝前装在腹部的育儿袋里，它们的上下颌能够张得极宽，完全张开时，从上到下几乎是一条直线。

然而，在这里连片成荫的蕨叶和橡胶树之中，最奇异的存在还是一群人。他们从民族上和文化上都与澳大利亚大陆上的土著不同，他们或是居住在密林中隐蔽的营地，或是生活在满是贝壳的海岸边，生起火堆，完全不与外界交流。然而，从这些人第一次看到英国人开始，他们的悲剧命运就已注定。

2

早在达尔文的著作发表之前，"自然选择"这一概念就已经风行于英格兰，因为自认为高等种族的观念已经在他们的历史中根深蒂固。与苏格兰人、威尔士人和爱尔兰人的接触长久巩固了他们的这种特殊之感；他们与世隔绝的海岛、他们的宗教、他们的连续性以及取得的成就，都证实了这一点。据说，早在17世纪40年代，新英格兰的一个海外不列颠人立法会议就通过了如下决议：（1）地球属于上帝，而且是上帝的造物中最完满的。投票通过。（2）上帝将地球，即它的每一个角落，赠予了他的选民。投票通过。（3）我们就是他的选民。投票通过。到了维多利亚时代中期，这些假设被戈宾诺伯爵等种族主义者的理论所歪曲，显然也被人们对达尔文理论的模糊理解所支持，因此这些想法最终恶毒地转变成肤色偏见："欧洲的所有种族对世界各地的黑皮肤种族的态度都是蔑视和厌恶。"詹姆斯·斯蒂芬爵士如此描述道。

此时，几乎每个英国人心里都认为，所有肤色不是白色的人生来就比他们低等——肤色越深，地位自然也就越低。甚至受过良好教育的人也丝毫不讳言他们的种族偏见，士兵和工人用下流的歌曲和侮辱性的绰号毫不顾忌地表达这种歧视。*印度的英国人轻蔑地用金钱单位来评价混血儿——卢比里的 8 安那（8 annas in the ruppe）**，或者卢比里的 10 安那。香港的英国人对中国人说话时永远是一副对小孩子的口吻——"来这儿，孩子，来把太太的一个包儿拿上去。"***如果某些有色人得到了英国人的尊重，甚至被平等看待，那他们必定是臭名昭著（比如开芝瓦约），或是极为富有（比如印度的大君），或是能为帝国增光（比如西非的黑人主教克劳瑟）。

英国人的残忍通常不是身体上的残酷对待。他们更普遍的是没有同情心，对有色人种充满误解或者蔑视，印度兵变的经历让他们从心底里对有色人种充满怀疑。****他们还非常冷漠，这种态度有时是故意的，有时是出于羞怯；而即便是那些对帝国臣民抱有学术兴趣的学者，观察这些民族时基本上也带着人类学的疏离态度。*****他们的态度似乎并非出于个人选择，而是出于民族宿命，这种宿命仅限于英国人，即便是其他白人也不能参与。普鲁士国王和比利时国王都曾提出派兵帮助镇压印度兵变，拿破仑三世也提出英国对印度的援军可以通过法国领土，但是帕默斯顿勋爵拒绝了全部三项提议，因为他相信清算"那些深色皮肤的恶人"乃是英国的责任，甚至可以说是英国的特权。

只有帝国的人道主义者试图相信所有种族都是平等的，但即便是他们，有时也不得不承认，现实证据与他们的观点相悖，如同有上帝玄秘的

---

* 这些绰号中，我最喜欢的就是东印度商船船员给阿拉伯咖啡产地拜特费吉赫（Bait-al-Fakih）起的绰号"杂种甲虫"（Beetle-fuck）。其他有趣的例子还包括 1860 年在中国作战的士兵给中国将领僧格林沁起的绰号"萨姆·柯林森"（Sam Collinson）——他算是苏联名将铁木辛哥的前辈；哈得孙湾公司雇员给法国探索者拉迪松（Radisson）和格罗塞利耶（Groseilliers）起的绰号"小萝卜先生和醋栗先生"（Mr Radish and Mr Gooseberry）；而一名叫拉达·摩尼（Radah Moonee）的孟买富豪在伦敦摄政公园建了一处公共饮水点后，充满感激的英国民众则熟练地给他起了个"现钱先生"（Mr Ready Money）的绰号。
** 一安那等于十六分之一卢比，这表示二分之一印度血统。——译者注
*** 但是，中国人有时也会以同样的方式特别回敬。"此次交来的信件语言不甚恭谨，衙门无法深入讨论其提案。" 1860 年，中国官员在回复英国的最后通牒时这样写道，"此后，英大臣应更加注重礼仪……"
**** "我一直没法容忍外国人。"哈罗德·尼科尔森的管家在 1940 年抱怨挤在伦敦地铁隧道中躲避空袭的外国人时对他说，"我父亲是个经历过印度兵变的老兵，从我小时候他就一直警告我别和他们混在一起。"
***** 如今已经是维多利亚和阿尔伯特博物馆一部分的印度博物馆，直到 1911 年，才第一次因为艺术价值而收藏了一件印度工艺品。

旨意。作为一个民族，英国人即将抵达顶峰——而他们更喜欢自称为一个"种族"。可以说，他们变得至关重要。虽然整个世界都会受到这一趋势的放射性尘埃影响，但最严重的辐射还是落在黑皮肤、棕皮肤和黄皮肤的人身上。对此刻的英国人而言，他们似乎不过是二等人类。

3

没有人知道1642年阿贝尔·塔斯曼发现塔斯马尼亚岛时，岛上居住着多少土著。但是这些人以游牧狩猎为生，完全没有固定的居住地，因此人数很可能不超过几千。塔斯马尼亚人从来没建过村庄，更不用说城镇了；基本上，他们在地上留下的唯一痕迹，就是沿狩猎路线各处出现的垃圾堆。

同样，也没有人知道他们最初从哪里来。维多利亚时代的人类学家非常享受"塔斯马尼亚问题"，无数个夜晚他们都愉快地讨论着塔斯马尼亚人可能的迁徙路线和民族的起源。因为塔斯马尼亚人和澳大利亚大陆上的土著有显著区别，因此有人推测他们发源于太平洋北部或中部，并在过去的一千年里逐渐向南迁徙。他们身材矮小，但腿很长，皮肤是红棕色而非黑色，眉骨突出，嘴大鼻宽，还有深陷的棕色眼睛。塔斯马尼亚男性胡须茂盛，女性的体毛也很多，甚至经常会冒出一点点唇髭。大多数欧洲人都觉得他们颇为丑陋。奥古斯塔斯·普林塞普（Augustus Prinsep）夫人在1833年写道，她觉得他们"脸上的表情都极为可怕"；30年后，乔治·劳埃德也认为这里的女性"丑得让人反感"。从现存的照片来看，在现代审美喜好中，他们或许没有那么让人反感：他们看上去非常平凡，却有种奇怪的惆怅，就像精灵或者矮人那样——他们长满皱纹的扁平面容有让人感到亲切的力量，看上去似乎从来不是笑意，但让人感到他们照样很开心。

塔斯马尼亚人基本上不穿衣服，只会披上宽松的袋鼠皮斗篷，但他们会用红赭颜料在身上画上花纹，还会戴贝壳和人骨串成的项链。他们就睡在洞穴和空心树中，或者树枝和叶片搭成的粗糙防风障下。他们的主食是袋鼠和沙袋鼠，其他食物还有贝类、植物的根和果子、菌类、蜥蜴、蛇、苍鹭、企鹅、鹦鹉、蚂蚁卵和鸸鹋蛋。他们的体力似乎不佳：他们的感官极为敏锐，也擅长用四肢奔跑，但是他们并不是特别强壮，速度也不是特别快，甚至也没有特别敏捷。他们能用树皮或者树干制作粗糙的船，但从没有出海远航过；相反，他们只是在岛上不断地乱转，穿过茂密的树丛，追逐着逃跑的有袋动物，或者来到布满鹅卵石的岸边，吃掉几个牡蛎。

以遥远的现代眼光来看，他们身边笼罩着悲伤，令人动容。他们似乎是虚幻的人。他们的婚姻习俗是一夫多妻制，他们总是充满深情和欢乐，歌声甜美淳朴而和谐，舞蹈动作模仿动物，有力、欢闹，经常带有挑逗色彩。然而，他们生活在世界边缘，似乎真的成了边缘人。每个小小的部落都很少踏出他们的狩猎范围。他们几个家庭一起，居住在多变的小天地里。一旦两个部落相遇，通常会发生战斗，但是只要任何一方有人死去，战斗就会结束。如果说他们有宗教的话，其内容也只关乎当地的鬼怪和小妖精，几乎没有人认为还会有死后的世界。至于数数，有些人显然可以数到五，但是其他大多数人只能数到二。他们唯一近似政府的体系，似乎就是家长权威，这种权威默认赋予一家之主或者一个部落最勇敢的猎人。他们仅有的视觉艺术品就是鹅卵石磨成的指环，或者身上画的红赭色条纹。甚至他们的语言都非常原始，只有一些缺少联系的词汇，没有什么语法。这是维多利亚时代一位传教士翻译的一首塔斯马尼亚人跳舞时唱的歌：

> 到了金合欢开花的日子，
> 到了春日。
> 鸟儿鸣叫。
> 鸟儿正在鸣叫，
> 春天到了，
> 春天已经到了。
> 云朵晒太阳，
> 云朵全都在日光中。
> 鸟儿鸣叫，
> 鸟儿正在鸣叫。
> 舞蹈。

一切都在舞蹈。

春日。

因为春日到了。

舞蹈。

一切都在舞蹈。

鲁加拉图（Luggarato），鲁加拉图，鲁加拉图

——春天，春天，春天。

因为春日到了。

鲁加拉图，鲁加拉图，鲁加拉图！

塔斯马尼亚人的这种天真无邪令人难以忘怀。他们完全为自己生活，就像丛林中的孩子，他们似乎认为生命本质上就是短暂的。一旦部落需要迁徙到新的狩猎地区，老年人和病人就会被抛弃。若有人死去，他的尸体就会被火化，而不会有人为他举行任何葬礼，部落的人们甚至不会留下来看着尸体烧完；尸体也有可能被直接放在一棵中空树里，脖子上还会插上一支长矛，以免尸体被移动。

一旦一个人逝去，他就离开了。他的名字不会再被提起，就好像他度过了短暂而艰难的漂泊一生，养育了孩子，吃完了鹦鹉或者鸸鹋蛋做成的大餐——在世界的边缘短暂地生活过之后，他的生活痕迹又被完全抹去，仿佛他从未存在过。

4

然而，塔斯马尼亚是一座岛的事实刚被发现，它在英国人眼中立刻就有了特殊的作用。他们认为，塔斯马尼亚岛可以成为他们在澳大利亚大陆的罪犯流放地附近的便利边防哨，因此他们在 1803 年将一些罪犯和士兵送到了岛屿的东南角，并宣称整座岛都属于英国君王。到了 19 世纪 20 年代，岛屿的南北两端都已经有了欧洲定居者，而此时这座岛还叫范迪门地；到了 1840 年，岛上定居的自由人数量已经超过了流放罪犯。一条状况良好的

道路经过梅尔顿莫布雷、巴格达（Bagdad）和门格洛尔，连接了北部的康沃尔和南部的白金汉，不少定居者已经居住在前文提到的那种坚实可靠的乡村住宅中，过上了绅士的生活。然而，塔斯马尼亚岛的社会基础仍然是刑罚：这是一处流放地，一座收容罪犯的岛屿，这里的生活自然是以刑罚目的为中心组织的。整个19世纪，这种气氛都笼罩着塔斯马尼亚。虽然英国1853年就停止向塔斯马尼亚运送流放犯人，但长期以来，这座岛上最引人注目的地方，仍然是南部塔斯曼半岛阿瑟港著名的罪犯流放地。

在岛上的数座监狱中，这片流放地并不算条件最差的。最糟糕的监狱在1832年就已废弃，它坐落于麦夸里港，位于难以接近的岛屿西岸。这座监狱建筑在一处暗礁上，只有在落潮时才能通过陆路抵达。有时，反抗看守的罪犯会被单独监禁在河口无人居住的礁石上长达数周。港口腹地的状况也极为险恶，112名从麦夸里港监狱越狱的囚犯，共有62人在丛林中饿死，还有9人被他们的同伴吃掉了。相比之下，阿瑟港就要大得多，也更加知名，甚至最初就是个著名的景点——从首府霍巴特穿过半岛抵达这里的部分路段中，还有一段铁路用来运送官方访问者，不过列车事实上是由戴镣铐的罪犯推动的。

来到阿瑟港，最先看到的必定是融合了不同派系的教堂上的英式方形高塔，教堂上落满了秃鼻乌鸦，看上去颇有乡村风情，四周围绕着英国的榆树和橡树，还有总督及其助手的带有游廊的整洁房子。然而，绕过角落，在一片仔细排布的绿植和装饰性的喷泉后方，监狱的一座座花岗岩建筑带着某种骇人的尊严，坐落在海港旁边。这里是瞭望塔，哨兵围绕着它的防御墙不断踏着步子来回巡逻；这里是鞭刑墙，那里则是精神病院。而在名叫"模范监狱"的建筑中，实行从彭顿维尔监狱（Pentonville）引进的最新的罪犯改造手段，其中最著名的就是寂静体系。这一体系十分彻底，狱卒们都穿着不会发出声音的毛毡拖鞋，囚犯们则被单独关押在寂静的囚室；即便是到教堂参加礼拜，囚犯也要戴上面具，保证他们隔绝于人类社会，祈祷也只能在带百叶窗的单独隔间中进行。监狱的所有建筑都是灰色的，灰色的焦虑宛如水蒸气般笼罩此地，即使是阳光灿烂的早晨，戴着软帽、穿着棉质连衣裙的来访者由殷勤的官员带领，穿过一个个区域时，这种气氛也没有散去。

阿瑟港和塔斯马尼亚的其他地方完全隔绝，配有犬只的警戒哨监视着狭窄的伊格尔霍克地峡，那是通向这个半岛的唯一陆路通道。然而，数百个人生活在此地，在绝望中变得麻木，或者被激发出兽性，这个事实弥漫影响了整座岛屿；而且无疑，仅仅是生存于此的体验，就足以让整座岛的社会变得更加低俗。即使是在阿瑟港之外，塔斯马尼亚岛上的不少居民也是被释放的罪犯——几乎没有在澳大利亚得释的罪犯选择返回英国。即便不是罪犯的居民，也几乎全都雇了曾经的罪犯做仆人。在这处殖民地的初创时期，一旦食物出现短缺，罪犯们就会获准走进丛林，为自己寻找果腹的食物。这些人中，有些成为丛林中的流浪者或者劫匪，一种亡命之徒的传统就此形成，他们往往逐渐演变成当地传说中带有浪漫色彩的主人公。他们的生活有各种监禁的象征——被锁链拴在一起的苦力，镣铐碰撞的当啷声，关于酷刑折磨、发疯、自杀的传言。在霍巴特，有时也能看见女性囚犯脖子上戴着铁颈圈，两侧有长长的铁尖，如同牛角。这座岛上的社会两极分化，一边是专制的当权者，另一边则是巨量的罪犯人口，而且两极都有诉诸暴力的倾向。1852年，为该殖民地设计的一种盾形纹章方案，就可以用一句纹章韵文来描述："两杆直立，横梁连起，绳索垂挂，上有流氓。"塔斯马尼亚的敏感访客坐在主人家中，身边环绕着绣片、来自切尔西的图像、阿姨们的水彩画和老先生们组成的板球队时，有时会扫兴地想起，戴着锁链的苦力建造了这些亲切的英式住宅；囚犯在刚刚漆好的奶牛场里喂牛；而家里穿着马裤、戴着发带的端庄小女儿，在熟悉鞭打和镣铐的环境中成长。

5

这个残酷的社会从海岸定居地不断向外发展的过程中，不可避免地与丛林中神出鬼没的土著相接触。人们一开始就知道土著的存在。1642年，这座岛屿的发现者塔斯曼抵达其东南岸时，他的船员就听到了"一些人类的声音"，以及"像喇叭和小锣奏出的音乐声"。1777年，库克船长发现这里的土著并不害怕外来者，也轻信外人；1802年法国人尼古拉·博丹（Nicholas Baudin）的冒险似乎也被他们所迷住。"这些人对我们礼貌的信任，对我们从未停止的深情的仁慈，他们真诚的行为、直率的举止，他们的拥抱中令人动容的率真，都激发了我们心中对他们最柔软而深切的兴趣。"在这些朴素的土著身上，欧洲人感觉不到一点儿威胁；而土著则认为这些面容尤为苍白的陌生人，也许是死去同胞的灵魂。欧洲人的出现打破了这里古老的狩猎、性交与狂欢会的生活，这也可能是他们受到欢迎的原因之一。

然而，英国人开始定居在塔斯马尼亚之后，这种关系就发生了改变。英国人几乎立即就视塔斯马尼亚土著为现实或潜在的敌人，并越来越把他们当作掠夺者或者害虫。自由殖民者需要土地，因此便无情地将游猎的土著赶出他们的季节性狩猎地。这些狡诈的群氓在丛林里游荡，或者在海上捕猎海豹，他们随心所欲地利用塔斯马尼亚黑人，有时将他们当玩物，有时又将他们当奴隶。到了19世纪20年代，塔斯马尼亚岛上的景况可谓极其骇人。有时，白人会徒步或者骑马捕猎黑人，只为娱乐。有时，黑人就在路边被强奸，或者被诱拐成为殖民者的情人或者奴隶。巴斯海峡岛屿上的海豹猎人建立了自己的奴隶制社会，他们拥有大群妻妾，还施行一套久经检验的奴隶惩戒方式——用棍棒打、吊在树上，以及用袋鼠肠鞭子抽打。据说，土著孩子会被绑走，成为他人的宠物或者仆人；女人像动物一样被铁链拴在牧羊人的小屋里；有的男性会被阉割，让他们远离主人的女人们。在一次冲突中，有70名土著被杀，男性被直接射杀，女性和孩子则从岩缝中被拽出来，脑袋被敲碎。在树林中游荡的殖民者还使用捕人陷阱捕捉土著，将他们当作射击练习的靶子。一个叫卡罗斯（Carrotts）的男人看上一个土著女人后，就把她的土著丈夫斩首，把头颅挂在她的脖子上，然后将她赶回了他的小屋。

上文提到的可怕罪行，确实是最底层的白人犯下的，其中很多人是罪犯。但是很快，所有欧洲人对待土著的方式，也不比这好多少。对此，黑人自然也还以暴力。过去温柔的兴趣之类的情感已经消逝。"我深知，这些没有鉴别力的野蛮人会将每个白人都视作他们的敌人。"柯林斯总督在向上级报告一场骚乱时写道。他的说法是正确的。土著受到了轻蔑、贬损和残酷的对待后，数量已经急剧下降，此时他们往往是冲突的挑衅者。数个牧场主被杀害，牛被放跑，农庄则被烧毁。1827年，土著甚至还袭击了岛上的第二座城镇朗塞斯顿。

白人社群很快就说服了自己，开始相信欧洲人才是受害方，殖民者与土著之间传统反应的症状也大为发展。生活在乡村宅邸中的绅士、霍巴特大楼中的富商，以及忙于刑罚事务和政府秩序的当地行政官员，都得出了同样的结论——要是没有塔斯马尼亚人，塔斯马尼亚岛上的生活会变得幸福得多。此时，官方法令的语言仍然无可挑剔，甚至还经常警告殖民者不得虐待土著，但其态度事实上变得极不宽容。1837年，托马斯·阿特金斯（Thomas Atkins）教士造访范迪门地后，用基督教语言有效地合理化了这种态度。据他解释，一旦野蛮部落与文明种族发生冲突，野蛮人就注定要被消灭，这是神圣秩序中普世的法则。究其原因，就是这些野蛮人没有遵循生存的神圣法则——"神就赐福给他们，又对他们说，'要生养众多，遍满地面，治理这地'。"（《创世记》1：28）

6

当局并不能直接支持灭绝土著。英国公众也绝不可能忍受种族灭绝的做法。正如白厅的一份指令所言，"任何公开宣称或秘密计划灭绝土著的行动，都必将永久地败坏英国政府的形象"。但无论如何，上帝无疑会在必要的时刻做出这一适当的安排——"我们可以理解，在不远的将来，这整个种族就会彻底消失"。与此同时，为了良心的清白，英国也计划将塔斯马尼亚人全部转移到其他地方去。塔斯马尼亚岛海岸附近的几个小岛都适合作为目的地，澳大利亚大陆上大片无人居住的土地也同样如此。"时间已经到了，"一天，《朗塞斯顿顾问报》（Launceston Adviser）评论道，"他们或是被迁到岛外，或是被武力驱赶到无人居住的地区。"

但是，首先，殖民者必须找到这些土著。相比于最初的数千人，此时的土著人数只余数百。但是他们非常狡猾，如一群鬼火，在桉树林里神出鬼没，在海岸岩石之间隐匿。诱骗他们进入霍巴特接受政府控制的尝试并不成功。1830年，殖民者们终于决定一定要通过系统性的方法将他们从藏匿的巢穴中驱赶出来；就像在一片巨大的场地中狩猎一样，土著将被一条无可逃避的封锁线逼着，在殖民者的打击下一点点穿过岛屿，进入岛屿南部的塔斯曼半岛。他们会被赶到一起，带到附近的保留地，永远待在那里。

当地长官乔治·阿瑟上校亲自指挥这次行动，并遵从最正统的军事原则，部署了封锁线——"黑线"。他要求每座农场都派遣身强体壮的志愿者，征召假释犯，并召集了岛上的三个英国陆军团。参加这次行动的共有约2500人。因为有些参加者已经习惯了在"单纯的"流血运动中追捕土著，政府为了防止他们过于轻佻地行动，还公开警示参加者，这"不是一次娱乐消遣，而是一项极其重要而严肃的事业，与我们社群的生命与财产安全或多或少有联系"。政府发布了针对土著的戒严令，阿瑟本人则命令手下为他的战马装上马鞍，然后骑马离开霍巴特，带领士兵开始行动。

这或许是大英帝国军事史中最荒唐的一场行动。根据计划，部队要沿着120英里长的前线稳步推进，而前线会随着行动进行逐渐收缩，直到最后两翼在半岛汇合，形成一个套索。每个人和左右两边的人之间的距离都不能超过60码，同时必须严格遵守军事准则。侍从武官向霍巴特送去急件，部队请求调来弹药、食物、服装和300对手铐；一名平民对一名军官表达了自己对此次计划的疑问后，这位上校回答称："噢，这完全是军事策略，你们平民是不会明白的。"

他们偶尔确实能看到一两个土著，有一次还短暂地瞥见了一个40人的团体，但大多数时候，他们都把树丛、黑天鹅、树叶的沙沙声或者袋鼠认成黑人出现的迹象。接下来的七周，组成"黑线"的士兵在岛屿上不断收缩前线，心中的疑惑却越来越深，因为连续不断的雨，他们的衣服已经又湿又破，补给也不足，他们的准确方位也难以确定。士兵和志愿者在经历了一两周这样的折磨后，最感兴趣的就是怎么保持身体干燥，吃顿好的，以及何时能在下一个宿营地住下来。他们终于抵达伊格尔霍克地峡，认为他们前方某处必定有一大群黑人逃难者正在踏入塔斯曼半岛这个陷阱，最后却发现一个人也没有。没有一个土著被他们驱赶过了地峡。这些黑人宛如幽灵一般躲过了封锁线的扫荡，士兵们一脚深一脚浅地走过荆棘丛时，他们就蹲伏在里面，或者是躲在阴影中，四肢并用地逃开。此次行动的最终评估显示，共有四名英国士兵在行动中被误杀，被抓住的塔斯马尼亚人却只有两个，一个是小男孩，还有一个被抓后很快就逃跑了。

7

此时，果敢的福音派教徒乔治·奥古斯塔斯·鲁宾逊（George Augustus Robinson），"调停者"，终于进入了我们的视野。他的宿命就是在一切都走向失败时，接手安排，让塔斯马尼亚人从地球上永远地消失。

鲁宾逊是来自伦敦的建筑商，是个非国教教徒，带着妻子和七个孩子移居到了范迪门地，因为在霍巴特水滨地区建造优良建筑而广为人知。他在种种方面都可谓他那个时代的人物典型，就像从《艰难时世》或者《董贝父子》中走出来的狄更斯式人物，与周围环境格格不入。他极其虔诚，毫无幽默感，且工作起来就不知疲倦——他身材壮实，一头红发，面色红润，看起来很适合管理经营当时曼彻斯特近郊为贫苦流浪儿开设的严厉无情的教导学校，或者和妻子一起监管伦敦娼妓管教所。他没有受过多少教育，因此为人非常武断教条，唯一的爱好就是祈祷上帝的救赎。

他最初作为与土著交流的中间人而进入政府。他会经常带着几个仆人、装着《圣经》的包裹，以及一名驯服的土著女人"黑莫尔"（Black Moll）一起进入丛林。这个女人总是戴着颜色鲜艳的缎带以吸引注意力——人们称她为"鲁宾逊的诱饵鸭"。鲁宾逊学会了土著语言，并且在长达数月的丛林漫游中与岛上的大多数幸存部落建立了联系，也得到了其中不少部落的信任。他总是以善良的态度与土著接触，经常吹长笛来娱乐他们，有时还会和他们一起生活好几周，因为他知道，上帝已经召他去将这些土著从罪恶的道路中拯救出来，带领他们走向真理。

在"黑线"的惨败后，受挫的塔斯马尼亚政府就找上了鲁宾逊这个人，希望为消灭塔斯马尼亚人找到新的替代方案。鲁宾逊也非常乐意地接受了行动任务。他保证会说服岛上的所有塔斯马尼亚人走出丛林，接受政府管控。他几乎是单枪匹马地完成了这一任务。在接下来的五年中，他在岛上来来往往，虽然偶尔会乘船沿海岸航行，但大多数时候还是仅仅和一些土著帮手一起徒步前行，其中最特别的是楚格尼尼（Truganini）,被解救的海豹猎人情妇，后来她成为世界上最有名的塔斯马尼亚人。每一年，他都会将一些土著带出丛林——1832 年带出来 63 人，1833 年是 42 人，1834 年则是 28 人。直到最后，丛林里再也没有了土著，所有的塔斯马尼亚人，整整一个种族，都落入当局的控制之中。

鲁宾逊也赞成将巴斯海峡中的弗林德斯岛作为塔斯马尼亚人最后的目的地，它位于塔斯马尼亚岛以北约 40 英里。1832 年 1 月，第一批放逐者就被船只运送到这里。《霍巴特镇信使报》（*Hobart Town Courier*）的记者见证了一批人登船，该报表示这些土著非常乐意前往弗林德斯岛，"在那里，他们可以不受打扰，过上平静而富足的生活"；他们的离开也能为塔斯马尼亚带来极大的好处。"过去因为他们残忍袭击牧羊人和仓库而被抛弃的大片牧场，现在又可以投入使用了，而那些因为他们而不得不撤离并关在狭小牧场里的羊群，也可以明显放松了——过去的这种情况无疑实质上……推高了肉类的价格。"

弗林德斯岛恰好是一座异常美丽的岛屿，至少对北方人来说是如此。在经年的大风中，这是一个宁静的地方，中央山丘十分荒芜，但海岸周围长满了芬芳的植物——就像奥克尼群岛和科西嘉岛的混合。和帝国其他充满田园牧歌风情的角落一样，这里的蚊子和苍蝇非常烦人，但也有许多蝴蝶、颜色鲜亮的热带鸟类、沙袋鼠，以及南半球不断变幻的日光。然而，在土著看来，这座岛屿就显得荒凉而压抑了。他们在霍巴特登船时看上去或许还很开心，脸上挂着孩子般的笑容，"展现着他们敏捷的身手"，但在场者的记录中，他们抵达弗林德斯岛时的情绪则完全不同。"他们在甲板上看到承诺中的所谓'辉煌之地'时，就显露出极为焦躁的情绪，紧张地盯着岛屿贫瘠的海岸，口中则喃喃着悲伤的话语，垂在身侧的手臂则因为震惊的情绪颤抖着。海风猛烈而寒冷，雨水和冰雹四处穿透，令人苦不堪言……这加剧了塔斯马尼亚人的不祥预感，他们认为自己正被带向死亡。"

事实也确实如此。当局并不会承认这一事实，甚至试图欺骗自己，但是塔斯马尼亚土著此时就像不受欢迎的老人被打发到养老院一样，被送到弗林德斯岛上自生自灭。经过最初的几次失败尝试后，他们最后被安置在岛屿南侧岸边，那里被命名为韦巴伦纳（Wybalenna）——意为"黑人的房子"。那个地方位于一片海岬的狭长部位，其上方的高地看上去与英国绵延的丘陵地相似，从那里可以同时看到两侧的海洋，天气好时甚至可以看到塔斯马尼亚岛上的山峦。韦巴伦纳有自己的码头，这方便主教和总督们不时来观察土著"得到救赎"的进展情况；此外，它有自己的礼拜堂，有自己的公墓。土著居住的小屋呈 L 形排列，英国职员的房子也在附近。

被送往韦巴伦纳的塔斯马尼亚人共计约 200 人，由于距离遥远，在视野之外，他们慢慢被塔斯马尼亚岛上的殖民者遗忘了，看守他们的只剩下二流官员和思乡的士兵，而塔斯马尼亚人这个种族就在单调烦闷中逐渐衰落。最初，这些土著似乎还相当愉快——他们对政府提供的温暖服装和热食感到满意，但是随着时间的推移，他们的情绪也逐渐变得漠然。他们需要四处游荡，他们渴望过去那座巨大岛屿上无尽的森林和海滩。数十人因为胸痛、胃病乃至单纯的思乡而死去；除了胡思乱想、忧郁地舞蹈唱歌、百无聊赖地寻找负鼠和袋鼠，或者在小块园地里挖土豆，他们什么也做不了。

很快，鲁宾逊把最后一个土著赶上船，之后也来到了弗林德斯岛，来主持这个种族的衰落过程，并给土著五花八门的死因又加上一种神圣的诱因。他心中卫斯理派的热情使他仍然想要改造这些土著。他让土著穿上欧洲服饰，还禁止他们举行狂欢会。他的助手传教员罗伯特·克拉克（Robert Clark）也曾宣称，他一生最重要的目标，就是将道德与灵性的光明传播到土著之中。他们二人不知疲倦地向身边愚昧的不可知论者解释上帝的道路，鲁宾逊还向副总督提议建造临时拘留所。

就这样，韦巴伦纳的周日被有意安排，充满目的。"再也没有人四处闲晃，人人都应该参加礼拜，除非因为疾病，否则没有人能被免除此项义务，既然我有幸指挥一切，我便这样安排安息日。"不过，虽然鲁宾逊了解他所掌管的人和事，他还是被土著对宗教的漠然震惊了。他们心灵上笼罩的黑暗，对鲁宾逊造成了冲击。有些人认为他们是由母亲创造出来的，甚至还有一名女性认为自己是由兄长创造的。关于死后世界，现在这些土著倾向于认为，当黑人死去，他们的灵魂会前往英格兰，在那里这些灵魂就能"和白人一起跳跃"。鲁宾逊创立了一家主日学校以期纠正这些错误认识，一名访客在听了克拉克的一次演讲之后也认为，"从台下的人们焦虑而探求的眼神中可以看出，他们显然确实非常希望知晓并感知上帝的存在和他强大的力量"。没过多久，就有七名土著能背出主祷文了，韦巴伦纳的人也变得端庄得体，而且"那些一度打扰白人居民睡眠的喊叫和单调的念咒声……再也听不到了"。

以下是鲁宾逊的布道词的节选，由他自己译成英文：

> 世上唯一的好上帝。唯一的好上帝。土人好，土人死了，去往天上。上帝就在天上。坏土人死了，下地狱，恶鬼火焰在眼前。土人哭呀哭。好土人和上帝在天上，没有疾病，没有饥饿。

下面则是韦巴伦纳教义问答课上提前拟好答案的问题：

> 问：不久以后，上帝会对这个世界做什么呢？
> 答：烧毁它。
> 问：天堂里都有谁？
> 答：上帝、天使、好人和耶稣。
> 问：天堂是怎样的地方？
> 答：一个好地方。
> 问：地狱是怎样的地方？
> 答：折磨的地方。
> 问：什么叫折磨的地方？
> 答：那里火永远在烧。

鲁宾逊还为这群过去数千年来完全依靠狩猎采集为生的人建立了一套更加合适的财产概念。他将英国铜币一面印上代表弗林德斯岛的"F.I."字符投入流通，要求土著为他们的欧洲服饰和带来舒适的物品付费，以便教导他们金钱的意义。他开办每周集市，每周二上午11点集市开市，人们就可以出卖他们的猎物或者少数几种粗糙的手工艺品，并用收入购买烟管、茶叶罐、陶器、钓竿或者草帽。

但即便如此，他们大多还是荒废了，他们不愿再生孩子，变得消瘦，越来越孤僻，更加无助而忧郁。塔斯马尼亚人的心灵真的正在死去。即使是"调停者"鲁宾逊也对他们的散漫颇有怨言，有时，克拉克则"因为愤怒于女孩们的道德败坏"而觉得有必要鞭打教育她们。到了1850年，弗林德斯岛上仅有44名土著幸存，此时殖民政府认为他们已经无法构成任何威胁，因此废弃了韦巴伦纳，把这些忧愁的幸存者运过海峡，运回塔斯马尼亚，让他们在那里等死。鲁宾逊在"按照上帝的意愿"安排完这一切后，带着家人返回巴斯，在能够俯瞰整座城市的山顶别墅过着上流生活，最终于78岁在那里死去，而在他的死亡证明的"职业"一栏，还写着"塔斯马尼亚土著过去的保护者"。*

8

现在，塔斯马尼亚人种族离终结不远了。幸存者们——包括12个男人、22个女人和10个孩子——都被带到了距离霍巴特25英里的奥伊斯特湾（Oyster Cove），那里有一处已经不再使用的流放地，距离两个世纪

---

* 韦巴伦纳被抛弃后很快成了一片废墟，至今仍然是一副残破的模样。鲁宾逊在那里的房子现在是一片农场，每周一还能看到洗干净的衣服晒在花园里飘摆，但除此之外，此地仅有的人类生活痕迹，就是半山腰被抛弃的一辆黑色老车。这里的礼拜堂现在成了剪羊毛的场所，旁边则是杂草丛生的土著房屋的废墟。教堂旁边就是公墓，但是据当地流传已久的传言称，其中埋葬的土著尸骨在多年前就已经被挖出来，藏在成捆的羊毛里运到英国，供解剖学家学习研究。

我在1971年寻找鲁宾逊在巴斯的别墅时，发现居住其中的是芭蕾舞剧权威阿诺德·哈斯克尔（Arnold Haskell）先生，他对鲁宾逊这位阴沉的前任屋主一无所知。在我看来，他生活的方式要比鲁宾逊优雅得多。

之前塔斯曼的水手第一次听到"某些人类声音"的地方仅仅 15 英里。他们就在这里又苟延残喘了十年。这个小小的群体对任何人都不可能再造成威胁，甚至也不再是福音派人士眼中有希望的对象，因为他们基本上每天都喝得醉醺醺的，毫无道德羞耻心。偶尔还会有人来参观他们，四处漫游的人类学家则将他们视作标本，前来测量他们的脊柱长度，估测他们的脑容量。到了 1855 年，活着的塔斯马尼亚人只剩下 16 人，而一切试图拯救他们的尝试都已经停止。到了 1859 年，奥伊斯特湾已经成了一片贫民窟，稀少的幸存者在荒废的建筑之间的一片污秽之中宿营，与饲养的狗分享食物。

有些塔斯马尼亚人被殖民者作为宠物或者玩物豢养起来。其中一个漂亮的女孩，差不多算是最后一个年轻土著，还和富兰克林夫人成了朋友。夫人的丈夫约翰爵士在完成极地探险后，便来到霍巴特，担任塔斯马尼亚副总督。这个名叫玛希娜（Mathinna）的女孩穿着华丽的欧洲服饰，跟着她的女主人，兴致勃勃地乘着马车在午后兜风，在政府大楼的舞会上被那些野心勃勃的副官所宠爱。然而，当富兰克林一家要返回英国时，夫人得到的建议却是气候改变可能会杀死他心爱的小姑娘，因此玛希娜最终被安置到一家叫作女王救济院（Queen's Asylum）的机构。政府大楼里的年轻人不再如往常那样来找她，救济院里的其他人则经常调戏嘲讽她；到了最后，眼见她日渐消瘦，救济院还"善良地"将她交还给她在奥伊斯特湾的亲戚，那人感染了梅毒，总是醉醺醺的。就我们现在所知，富兰克林夫人此后再也没有给玛希娜写过一封信，玛希娜也很快染上了当地人的酗酒恶习，向周围森林中的伐木工人出卖身体，最后溺死在一条小溪中。

最后一名幸存的塔斯马尼亚男性则是一名嗜酒的捕鲸船船员，"比利王"兰尼（'King Billy' Lanney）。生命的最后几年他变成了公开展示的奇人，他曾在政府的盛大集会中被展出，被无数科学家拍照记录，还在 1868 年维多利亚女王的儿子艾尔弗雷德王子访问霍巴特时，被人介绍给王子。1869 年，"比利王"在狗与山鹑旅店（the Dog and Partridge）因为慢性腹泻去世，曾在捕鲸船上与他共事的四位船员将他的遗体抬到了墓地，棺材上还放着船只的旗帜、一块旧负鼠皮地毯，以及一些土著的武器；然而，到了晚上，他的坟墓又被挖开，他的头骨也被取走——这一行动很有可能是皇家塔斯马尼亚学会（Royal Society of Tasmania）怂恿的，因为该学会的专家非常想要"比利王"的头骨来丰富他们的收藏。

世上最后一名塔斯马尼亚人则是楚格尼尼（她的名字意为"海草"），她是鲁宾逊忠实的追随者，而且她与帝国文化的联系复杂而长久。她的母亲死在一名士兵的枪下，她的姐姐被海豹猎人拐走，她的未婚夫则在她眼前被两个欧洲人溺死，随后这些谋杀者还强奸了她。1839年，一群土著被鲁宾逊带往新南威尔士，楚格尼尼也在其中；在那里，她和另外两名土著女性及两名男性被控谋杀两个欧洲人，最后两名男性被判有罪并当众处以绞刑，三名女性则无罪开释并返回塔斯马尼亚。

在奥伊斯特湾走到末路后，楚格尼尼作为本族最后一个人坚强地活了很久。她在霍巴特与一个善良的欧洲家庭一起生活了将近20年，而且在这座首府城市成了广受欢迎的知名人物。她身材矮小壮实，双眼有神，下巴有绒毛；她喜欢戴亮红色的头巾，喜欢和人聊天，也喜欢喝上一杯啤酒，或者抽上一管烟。她非常害怕自己在死后会和"比利王"一样被挖出来解剖。"别让他们把我切成一块块的，"她在临死前乞求道，"将我葬在群山之后。"因此，1876年5月，73岁的楚格尼尼去世后，她的遗体就被秘密装在了一个贫穷擦鞋匠的棺材里，用二轮马车趁着夜色悄悄运往卡斯卡特女犯工厂（Cascades Female Factory）——位于霍巴特城背后群山裂口中的一处女性教化所。在教化所的钟声中，在塔斯马尼亚总理的见证下（在这段时间内，塔斯马尼亚已经取得了自治权），楚格尼尼的遗体被包裹在一张红色的毯子里下葬。"我为最后一名塔斯马尼亚人的死去而悲叹，"第二天，霍巴特的《水星报》（Mercury）上，一名通讯记者写道，"但是我也知道，这就是'所有的黑人必须让位给白人'的神圣命令的结果。"

楚格尼尼的一生见证了欧洲人与塔斯马尼亚人的交往。在她活着时，她的同族从初见来自海上的奇怪白皮肤外来者，到饱受侮辱，沦为二等公民，到最后彻底消失。楚格尼尼被葬在教化所的大院内，但不久她的尸骨还是被挖掘出来，她的骨头被线固定在一个箱子内，在接下来的很多年，都是塔斯马尼亚博物馆中最受欢迎的展品。*

9

"这个有趣的原始种族过早毁灭，令人悲哀，"民族学家 H. 朗·罗思（H. Long Roth）表示，"是人类学的一大损失。"尽管大多数帝国缔造者并不认为有色人种是他们平等的同胞，不过在整个 19 世纪，即便是在帝国最残忍的行动中，还是有可敬的例外者——对他们来说，种族的区别无关痛痒，而肤色的不同仅仅是增加了人类外貌的多样性。这些人之中，部分是在践行基督教教义，还有更多是天性正派者——有不少爱尔兰人、苏格兰人和威尔士人则是因为他们自身的传统经历而调和出正直品性。香港人就称 19 世纪 70 年代持这种异见的香港总督轩尼诗为"一号好朋友"。百慕大的黑人当时仍在使用黑卫士兵团水井，这口井在海边木棚下，是"第一营一些士兵……为长期缺水的贫民和他们的牛挖的"。祖鲁战争之后，开芝瓦约被囚禁在开普敦城堡，非常思念他过去睡觉时常用的绿色灯心草毯子，"沃尔斯利帮"的成员威廉·巴特勒便特意前往纳塔尔为他带来这种毯子，让这位祖鲁国王流下了感激的泪水——而巴特勒表示，"这不过就像把一些绿色草叶放进百灵鸟的笼子"。1882 年被英国推翻并放逐的埃及民族主义者阿拉比帕夏在给看守他的威尔士狱卒鲍德温·埃文斯（Baldwin Evans）军士长的信中写道：

> 以仁慈怜悯的上帝之名，我可敬的好朋友，埃文斯先生：为回报你在我们的案件审查过程中代表我们处理无数麻烦，为我们付出巨大热情，以及经常来监狱看望我们的善举，我愿意向你奉献我的忠诚。

---

* 但是，我在 1971 年被告知，现在她的骨架仅向确实需要科学研究的来访者开放，因为近来土著的命运已经成为塔斯马尼亚抗议者关注的问题之一，楚格尼的骨架也因此被转移到了博物馆地下室。现在更容易看到的遗骸则是已经处理成木乃伊的塔斯马尼亚男性头颅"夏尼"（Shiney），由都柏林的皇家外科医师学会（Royal College of Surgeons）收藏。这个可怕的标本从 19 世纪 40 年代开始就存放在爱尔兰，虽然都柏林的医学生们都很熟悉它，但我在 1973 年去检视它时，还是听说我是 25 年来唯一请求检视的外行人。

我向上帝祈祷，祈祷他嘉奖你在我们悲伤黑暗的时刻对我们的善举，也请求你接受我们最真诚的感谢。我亲手书写这封信，以纪念和永久表示我对你的巨大尊敬和真挚的友谊。

——埃及人艾哈迈德·阿拉比[*]

---

[*] 埃文斯军士长来自弗林特郡的里兹兰（Rhuddlan）——这里正是1277年爱德华一世宣布对被征服的威尔士实行严刑峻法的地方。

第24章

反叛的王子

I

多年来，爱尔兰在溃烂。饥荒和对外移民抽干了这个国家的活力，帝国对它实行交替的怀柔和强硬政策，它可怜地遭到抛弃和忽视，自大饥荒以来的数十年，这座岛屿仍没有屈服于帝国的统治。偶尔，这里也会有平静的几年，整个国家似乎在恍惚中停滞，而其他的时候则是暴力不断。爱尔兰依旧是大英帝国中最充满敌意的，在某些层面也可以说是最格格不入的一块领地，虽然古老的盖尔语如今缩在偏远的乡村，但是以天主教为基础的爱尔兰精神仍然和过去一样根深蒂固，牵动爱尔兰人的情绪。整个爱尔兰岛上，一旦祈祷钟声响起，田地和泥炭沼泽中的劳动者依然会停下手中的工作；西部破旧的教堂中，神父也仍然用刷子从锌桶中蘸圣水，快活地洒在信众身上。爱尔兰人无论身在何方，都仍然是帝国统治最致命的敌人。梅蒂人反叛者里埃尔最亲近的一位顾问就是一位爱尔兰神父；艾尔弗雷德王子访问澳大利亚时，有一名爱尔兰劳工试图刺杀他；英美两国在北美洲西部剑拔弩张时，蒙大拿好战的长官是个在塔斯马尼亚的监狱里接受教育的爱尔兰裔；在第一次布尔战争期间，一名爱尔兰自由作家阿尔弗雷德·艾尔沃德（Alfred Aylward）化名墨菲，成了布尔人指挥官身边一位颇有影响力的顾问。与其他大多数移民相比，移民海外的爱尔兰人仍然保留民族认同感，也继承了这个民族代代相传的委屈怨恨。"祝你健康！"他们一首献给流散同胞的祝酒歌唱道——

祝你健康长寿，

祝你土地无租，

年年有贵子，

魂归爱尔兰。

在爱尔兰本土，这种高涨的不满情绪体现在两个差异极大的运动团体上。芬尼亚会的成员都是好战者，他们相信必须通过武力推翻英国人的统治，他们在美国和澳大利亚的爱尔兰移民社群中有许多有力的支持者——大多是工人阶级。他们在1867年发动了一场并不成功的叛乱，此外还两次滑稽地从美国对加拿大发动侵略，也失败了。爱尔兰自治运动人士则与芬尼亚会相反，他们选择在宪法框架内追求其事业，并且仅仅要求在联邦系统内实现爱尔兰自治。爱尔兰自治联盟于1870年由新教徒律师艾萨克·巴特（Isaac Butt）创立，不少成员是各行各业的英裔爱尔兰人专业人士，因此关于它的一切都是温和的。它的领导人很温和，它的诉求很温和，它的能力也温吞。巴特的个性虽然多变得有些做作，但他一直表现出理性的精神，他所表达的更多的是愤愤不平，而非火冒三丈。他的支持者们也年复一年地坚持在下议院反对托利党和自由党对爱尔兰事务相似的冷漠——因为此时仍然很少有英国人愿意认真对待爱尔兰人强烈的情绪，这些英国人普遍认为，爱尔兰人不过是英国人中较为低等、受了误导的一支。[*]

这两支在构造和行动速度上都相差极大的爱尔兰解放运动组织并行发展了数年——无论是激烈反英的芬尼亚会，还是克制的自治联盟，都以不同的方式代表了爱尔兰人广泛存在的、无法抑制的本能。然而，1875年，下议院迎来了一名新的爱尔兰议员，他极富创见，芬尼亚会和自治联盟都愿意拥护他，让他成为爱尔兰理想的代言人。而在接下来混乱的十年中，他成了爱尔兰人的无冕之王。

---

[*] 伊丽莎白·巴特勒在皇家学会展示一幅描绘爱尔兰人被驱逐的悲伤画作时，居住在哈特菲尔德的塞西尔家族祖传宅邸的索尔兹伯里勋爵，就在招待宴上的讲话中说，这场面看上去愉快又活泼，他甚至希望自己也能参加一次驱逐。

2

威克洛郡的埃文代尔（Avondale）就是查尔斯·斯图尔特·巴涅尔——他的姓重音在第一个音节——的老家，他的家族拥有都柏林城内住宅和埃文代尔这个令人愉悦的乡村庄园，在不同时候住在不同的宅邸。这是典型的英裔爱尔兰人的做法。庄园里宽敞结实的乔治王时代风格的大宅与道路之间有一段合适的距离，宽屋檐，住着舒适，和塔斯马尼亚那些充满悲伤的大宅相似：屋顶上有银杉遮蔽，门外是宜人的花园，周围的树林是孩子们的游乐场，精心修造的马厩里养着猎犬和拉车的马，草坪一直延伸到低处的河岸边。爱尔兰史上最值得纪念的爱国主义者巴涅尔就在这里长大。他追求的事业也是所有生活在泥沼地的爱尔兰人、一无所有的文盲村民、迷信的天主教徒镇民以及狂热的芬尼亚会成员所追求的事业。

巴涅尔的父亲是谦逊的英裔爱尔兰乡绅，他的母亲则是美国海军军官的女儿，尖锐而固执己见。这样复杂的出身背景赋予了巴涅尔魔力般的奇特性格，也让他拥有偏执的特质。据说，他父亲的家族有精神病史，而巴涅尔也终身受到古怪的幻想和各种禁忌的困扰。他讨厌绿色，甚至在喉咙痛时会责怪这是绿色的地毯害的。他害怕10月，害怕周五，害怕三根蜡烛，还认为蜘蛛网可以促进伤口愈合。他喜怒无常，沉默寡言，喜欢动物，也喜欢读《爱丽丝漫游仙境》，但不会因为其中任何一个场景而露出微笑；任何一个在他盛年时期见过他的人，都不可能再忘记他。有人认为他本质邪恶，也有人视他为圣人，但无论如何，没有人能隔绝于他的魅力——那就像魔咒一般。

他外貌极为俊美，高眉骨，胡须整洁，拥有强大的自制力——有些批评家称这一品质为"冷漠"。他的教养也是他的吸引力的一部分，因为当这位彬彬有礼的新教徒，这位威克洛板球队队长大声宣告爱尔兰的革命事业时，这种宣告便给听众一种刺激的冲击，这种冲击力就来自潜在的暴力与慵懒有礼的优雅的奇妙结合。巴特说他是个"丑陋的家伙，虽然他事实上见鬼地好看"，格莱斯顿则称他为"天才——非正常秩序中的天才"。作为演讲家，他确实自成一派。他并非生来就擅长演说——他演讲中的妙语听上去造作不自然，而且缺乏节奏，这或许是因为他对音乐一窍不通——但即便如此，他还是能像激起一群爱尔兰农民的热情一样，轻易地吸引住整个下议院的注意力。巴涅尔是半吊子政治家的对立面，至少在早年，他既不想要官职，也不想要公众的欢迎，甚至不想为自己赚取名声，只想为爱尔兰争取独立。他厌恶英格兰，他鄙视自己身处的议会，看不起其他整天醉醺醺的爱尔兰议员。自始至终，他都是大英帝国的敌人，从未与它和解。

然而，只有回到埃文代尔，回到这里由他的优越身份带来的有分寸的欢乐之中，回到这里各种柔和的声音以及充满欢笑的乐事之中，这个古怪的反叛者才能得到安慰和鼓舞。他的政治生涯中充满了混乱的讽刺，而也许威克洛郡的旧生活，才能真正触动他心底被压抑的某些情绪。终其一生，他都爱着这个地方。"没有一个地方比得上埃文代尔，杰克。"他过去常对弟弟说。*

3

英裔爱尔兰人曾在大饥荒时期陷入混乱与困惑，但此时，这一群体已发展成熟——也许已经过了这一阶段，因为他们本质上是一个属于 18 世纪的族群。在 19 世纪，他们的自信也并没有消退，甚至"统治地位"这个词都不足以充分描述他们在这片土地上的地位。他们仍然是绝大多数土地的所有者，仍然对这里的农民拥有完全的统治权，可以随意驱逐农民，设定地租，以及选择佃农。他们的统治阶级地位代代传承，出自本性，自然而然。地主和农民之间的经济鸿沟自 1848 年以来或许有所缩小——到了 1871 年，爱尔兰只有 4 万座一室的土屋——但是，公路和铁路的发展也丰富了英裔爱尔兰乡绅的社交生活，使这一精英阶层与普通爱尔兰人越来越疏远。他们中有些人非常富有，身边环绕着无数仆人，养着气派的马匹。但是还有更多人仍然生活贫困，或者挥霍无度，他们居住在冷风穿堂、鼠

---

* 这座宅子现在属于一家公立林业学校，但是与巴涅尔的时代相比，它并没有经历多少改变。"我有时还能看见巴涅尔走出大门，"那里的一个人告诉我，"但是这不过是幻觉罢了。"

患严重的大房子里，勉强糊口，但仍然颇为欢乐。他们不甚注重卫生，生活的困苦也没有让他们沮丧。直到1875年，帕克南（Pakenham）一家的乡村大宅里虽然有至少20个家仆，而且深受贵族们的喜爱，但只有一个卫生间。然而，无论他们境况如何，他们还是一个特殊群体，生来就是要掌权的；他们自己感到，他们如通过继承一般，凭借权利而拥有贵族地位。

随着帝国的扩张，他们变得越来越自负，因为若他们是爱尔兰的统治阶级，就意味着他们乃是帝国权威的一部分。英国陆军仍然依赖爱尔兰天主教徒新兵来充当普通士兵，而很多军官则来自英裔爱尔兰人，这令人惊讶。爱尔兰人组成的陆军团也属于最高傲、最强大的帝国部队：

> 你们可以大谈你们的卫队，小子，
> 你们的枪骑兵，还有轻骑兵，小子，
> 你们的燧发枪团和皇家炮兵——连大炮也没有！
> 姑娘们为我们疯狂，我们对敌人如寒霜般严酷，
> 来自老康诺特的游骑兵——哈！
> 来自海对面的土地。

本书提到的不少帝国活动家都来自爱尔兰新教徒统治阶层：喀布尔的麦克诺滕、信德的内皮尔、劳伦斯兄弟、约翰·尼科尔森、探险家伯顿、沃尔斯利、威廉和伊丽莎白·巴特勒夫妇，以及马朱巴山的科利。每当其中某个人过于激动时，他们的下属总会说"头儿的爱尔兰个性要出来了"，他们的行动、怪癖和放肆给帝国刻上了印记。无论他们身在何方，他们的行动总是非同凡响，他们高昂的情绪、独特的口音、俊美的外貌和随意无礼的习惯，都让他们的英格兰同事对爱尔兰的生活产生了错误的印象。他们成长的过程伴随着大饥荒带来的悲剧、芬尼亚会带来的混乱、爱尔兰爱国主义和帝国情操的冲突、英国对爱尔兰的决议松松紧紧不断交替，因此他们看待帝国有自己的视角。他们熟知帝国主义的两面性，或许可以说对帝国面临的困境有最清晰的理解，这也让他们参与帝国冒险时有一种特殊的热情或参与感。

然而，他们内心也存在独有的冲突：虽然他们在自己的故乡是占有者，与普通的劳动阶层生活在不同的世界，而且被这些劳动者憎恨，但他们仍然在这种痛苦的紧张中深爱着这座岛屿。

4

英裔爱尔兰人的社会生活仍然自成一体。与英格兰人相比，他们似乎完全是爱尔兰人，但对爱尔兰土著来说，他们又和英格兰人无异。他们对这种异常的状况非常愤恨——他们的家庭在爱尔兰岛上生活了数个世纪，都认为自己和西部土屋中的农民一样是真正的爱尔兰人——但他们从未摆脱这种状况。

没有人比爱尔兰政府领导人和女王的代表，也就是爱尔兰总督，更加远离这个国家的普通生活。到了 19 世纪 70 年代，这一职位的任命都是出于政治考虑，历任总督通常都是英国内阁的一员，他们在都柏林的生活状态就如王公一般。总督的办公总部兼官方住所是都柏林城堡，这是首都中心一片奇异的建筑群。城堡的大门上有镀金的王室纹饰，门边驻守着武装哨兵，整座城堡似乎孤立或隔绝于周围的城市生活。在混乱的建筑边界之内，城堡宛如一座独立的城市。建筑群的中心是一块大阅兵场，周围杂乱不齐的建筑横跨多个年代，作用与风格各不相同，象征着帝国的延续性。这里有古典的圆柱门廊和柱廊，有温莎城堡那样的圆形塔楼，皇家礼拜堂是繁复的哥特风格，贝德福德塔（Bedford Tower）参考了伊尼戈·琼斯为白厅绘制的一种设计，院子里有高高的煤气灯照明，装饰性的拱廊高处则立着战神和他的狮子的雕塑，旁边的正义女神疑惑地举着她的天平。

爱尔兰历任总督及其夫人就在这处官邸中过着华丽的生活，他们是爱尔兰社交生活的中心，在他们的舞会和午后接见会中，不仅有统治阶层的贵族露面，也有很多天主教乡绅到场。* 圣帕特里克大堂中挂上了统治阶层

---

* "这个职位的社会地位尊贵，不过这种尊贵乃是虚构的，"未来的克鲁勋爵（Lord Crewe）在 1892 年被任命为爱尔兰总督时，便讽刺地描述总督这一工作，"其目的就是把环绕在职位周边的所有人（包括任职者自身）都变得尽可能地奇怪可笑。"

创立的圣帕特里克骑士团的旗帜，还装饰着与之呼应的绘画——《乔治三世的仁慈统治》(*The Beneficent Government of George III*)或是《亨利二世接受爱尔兰酋长的臣服》(*Henry II Receiving the Submission of the Irish Chieftains*)。上方的接见室中，放置于红丝绒之上的王冠顶着华盖，充满了君主的神秘气息。院子另一边，总督和大主教各自坐在皇家礼拜堂的私人座位上，身边则环绕着前任的名字、任职时间和纹章。都柏林城堡散发着强有力的气势，但它有种防御性的气息，就好像其居住者在数个世纪的统治中，随时等着发现，其实爱尔兰酋长们根本没有屈服，而是举着橡木棍，正在冲击城堡大门。

乡村的英裔爱尔兰人的生活没有这么严肃，但同样内向。在科克郡著名的村庄卡斯尔敦申德（Castletownshend），统治阶层的生活与周围的一切利落地相隔离，这里大概是爱尔兰领土上最惊人的飞地。它是爱尔兰最美丽的地方之一，英裔爱尔兰人选择了它和少数几个地方来建立社群生活。这个地方离斯基柏林和斯卡尔——我们在前文曾提到这两个地方在大饥荒时期的苦难景象——只有数英里，但这里一点儿也不消瘦虚弱。这里只有一条主道，中央种着一排树，缓坡通向山下的海港（爱尔兰人称之为"避风港"），主道的另一端是城堡和新教教堂，居民的房子则分散在主道两侧。它构成了坚实的宜人居住区，以英裔爱尔兰人的价值观和记忆为内核，与都柏林城堡一样。统治这个地方的是两个关系紧密的家族——萨默维尔（Somerville）家族和汤曾德（Townshend）家族。两个家族不断联姻和交往，几乎让掩藏在海岸边的卡斯尔敦申德成了他们的私人殖民地。

背靠海边的高地上，整洁地矗立着圣公会教堂，那里也充满了两个家族的回忆。从文字记录中可以读到萨默维尔和汤曾德两个家族的子弟为帝国战斗，坐上审判席，统治极为遥远的领土，当上海军将领，成为圣公会主教的种种历史。汤曾德家的人曾在威灵顿公爵的军中指挥第14轻龙骑兵团，萨默维尔家的旁支科格希尔（Coghill）家族也曾有人在伊散德尔瓦纳战役中拯救第24团的团旗，死后被追授维多利亚十字勋章。汤曾德家族在17世纪迁到爱尔兰，居住在他们的海滨城堡中，城堡室内装饰着家人的画像和纪念品，天花板上是意大利匠人精心绘制的图画。这些匠人在爱尔兰四处巡游，为统治阶层服务。萨默维尔家族的大本营则是村庄最高处一座叫德里珊（Drishane）的大宅，这是一个舒适的地方，到处贴着墙板，花园里种着雪松，墙上攀着常春藤，如同教区长的住宅一般。两个家族的宅邸之间，还生活着繁荣兴旺的不同旁支。

两个家族的关系友好而亲密，他们一起打猎，一起参加舞会，相互联姻，两个家族的男孩一起长大，一起上大学，又一起进入陆军或者海军，一代代人的生与死都交织在一起，有种永久存续的意味。他们既不算特别富有，也绝不贫穷。他们的房子脏污、寒冷，时常需要粉刷，但是他们仍然享受着出身带来的幸福与安定，负罪感和自我怀疑并未削弱多少幸福，而且他们确实生活得非常快乐。*

5

1879年，巴涅尔决心打破新教徒这一帝国阶层的霸权，成为爱尔兰人的领袖。当时，他在不列颠和爱尔兰岛上都已经是知名人士，因为他已经在下议院锻炼出了完美的阻碍技巧。他比自治联盟的领导人巴特更加暴躁，也更加敏锐，他早就厌烦了单调乏味的宪法论者，而且认为仅靠说理并不能让英国人慷慨授予自治权，只有用刺激烦扰的手段："除非我们踩到英格兰的脚趾头，否则我们从它手上什么也得不到——仅靠调解，我们连一枚六便士的硬币也拿不到。"他在兰开夏郡的演讲中对爱尔兰人说。在他的文章中，他公开对"大臣、帝国议会和英国的公众意见"宣战，并在下议院中为此热情战斗，这激起了愤怒。他的战术让他在爱尔兰迅速收获了大量支持——无论他前往何处，身边总是如凯旋般围着一大群人；而议会中的

---

* 在我看来，卡斯尔敦申德至今仍是最能展现英裔爱尔兰人生活方式的地方。我1970年探访时，汤曾德和萨默维尔两个家族仍然主导着这个村庄，住在城堡中的是一位索尔特-汤曾德（Salter-Townshend）太太，我还在村主道上听到一位汤曾家的人用克兰福德口音对一位萨默维尔家的人打招呼："早上好啊，罗伯特表哥！"1936年，皇家海军上将博伊尔·萨默维尔（Boyle Somerville）在卡斯尔敦申德的自家宅邸中遭到刺杀——显然是出于政治原因。作家组合"萨默维尔与罗斯"中的伊迪丝·萨默维尔虽然出生在科孚岛，但一生的大多数时间也是在这座村庄中度过的。

其他爱尔兰议员感受到风向的转变后，也一个接一个地选择站在他身后。巴涅尔成了爱尔兰的声音，成了这个国家的首领，也成了第一个让英国人听进话的爱尔兰人。

他们使用的技巧很简单，即在英国政府承认爱尔兰的自治权之前，妨碍议会的一切工作。无论议会的议题是什么，巴涅尔及其战友都会一个接一个、不知疲倦、没完没了地就该议题发表意见，使下议院的工作陷入停滞。有时，他们会直接读出蓝皮书上的内容，一读就是好几个小时。有一次，在卡文郡议员约瑟夫·比格（Joseph Biggar）冗长的阻挠发言持续了三个小时后，议长要求他停止讲话，因为他的喉咙已经嘶哑，别人无法听懂。而比格则拿起他的稿子和水杯，靠近议长席，说："议长先生，既然你没听懂我在说什么，我想我最好还是从头再说一次。"

巴涅尔成了下议院里最让人讨厌的人——没准可能是议会历史上最让人讨厌的人物。他一站起来讲话，下议院立刻就会爆发出一阵嘲笑和怒吼，有时他得站上半个小时，会场才能安静下来，让他开口讲话。他曾一次次因为妨碍议事而被逐出会场。在描绘这一场景的画中，巴涅尔一手插在口袋中，带着一种温和的轻蔑，被黑杖侍卫带着走下议会会场；托利党一边的席位上，留胡须的、戴着单片眼镜的或者一把大胡子的保守派则愤怒地挥舞着拳头或者手中的大礼帽。巴涅尔对此似乎毫不关心，事实上没有人能吓住他。有一次，格莱斯顿引用了他的一篇煽动性讲话，他就在门外的走廊里拦住了这个他之前从未见过的大人物。"先生，我能不能看看你读出来的那段斯利戈郡的演讲？"格莱斯顿就把演讲稿给他了，而他则毫无恶意地指着其中一页说："这不准确，我从没讲过这些话。谢谢你，先生。"* 这样的新型革命人士叫人发狂，他平静地接受了下议院其他人的恶言恶语，他回应时的英国式冷静反而让他的敌人火冒三丈。他浑身上下都透着绅士气质，这反而更糟糕。

在这一过程中，巴涅尔一直得到芬尼亚会的支持；1879 年，他又进一步，担任爱尔兰国家土地同盟（Irish National Land League）的主席，这个

---

* 而格莱斯顿后来证实，他其实没读这段。

新组织关注爱尔兰乡村地区的苦难冤屈。1878年的冬天对农民来说十分严酷——多次大雨,农作物歉收,出售价格下跌。这导致成千上万的农民破产,还有更多人流离失所。从英国人统治爱尔兰以来,驱逐爱尔兰佃农就已十分常见,但是,在现在这个时期,这种景象给世界留下了深刻印象。这些景象已经随着时间推移褪成褐色,但我们仍然可以在爱尔兰看见:后面是刷着白漆的破旧农舍,屋顶是一簇簇茅草搭的,旁边的附属建筑也一片破败;地主的代理人戴着圆顶礼帽,拿着手杖;戴头盔的巡警则扛着步枪在墙外闲逛,好像准备去参加街头械斗一般。这些不幸的农民并未出现在画面内,但几片可怜巴巴的家具的碎片从打开的门里扔出来,一名警察也忧虑地站在窗外向内看,这些暗示了室内凄惨的场面。通过土地同盟,巴涅尔硬着心肠利用了这种经典场景中的象征意义,让爱尔兰乡村的悲惨痛苦成为他的剧本中永远的背景。

爱尔兰人此时已经从大饥荒那个令人无比沮丧的时代恢复过来,"土地战争"也成了群众运动。这是佃农第一次作为一个阶级公开反抗英裔爱尔兰人的统治。一旦有佃农受到驱逐,大群爱尔兰人就会聚集到他的农舍,以表示对他的支持,并将其家人带到避难所。没有人会接手被驱逐佃农的土地,得罪众人的地产管理人则会被送到考文垂——正是厄恩勋爵(Lord Erne)手下傲慢的梅奥郡地产管理人查尔斯·杯葛(Charles Boycott)上尉驱逐农民的暴行,让他的姓演变成英语中的"boycott"(抵制)一词。* 土地同盟几乎成了与帝国对立的政府,它自行建立法庭,自己制定法律,半个爱尔兰都陷入了不安的动荡中。此时,"月光队长"(Captain Moonlight)** 也作为爱尔兰人复仇精神的代表,可怕地出现,各地的地主都收到了来自他们的威胁信——"我们会像对待被关起来的疯狗一样对你们,把你们埋到地底,这才是你们应得的死法","时间到了,我们不关心你们到底是人还是恶魔",或者"我们就是那些不怕对你们做任何事的家伙……"爱尔兰

---

* 这个词还进入了其他很多语言——包括巴斯克语中的 boicottare、boicotear、boycotter、boikittirovat,克罗地亚语中的 bojkot,土耳其语中的 boykot 和威尔士语中的 boicotio。
** 18世纪爱尔兰维护佃农权力的组织"白衣会"(Whiteboy)曾在布告上用"月光队长"来署名。——译者注

布政司（Chief Secretary）W. E. 福斯特（绰号"铅弹"）曾19次遭到刺杀，各种犯罪在爱尔兰全岛恐怖蔓延。

巴涅尔则带着与以往一样难以理解的风度投入这次运动。显然，他是欢迎一定程度的暴力的——这种暴力不足以招致大英帝国的全力报复和压制，但要足以让威斯敏斯特议会明白，爱尔兰不能靠高压政治来统治。"保住收成！"土地同盟如此劝诫农民，敦促他们不要把手中的庄稼交给地主。而巴涅尔住在马萨诸塞的大姐范妮（Fanny）则将这句话演绎成一首激动人心的民族主义小诗，发表在大英帝国的老敌人波士顿的《领航报》（*Pilot*）上，这首诗很快就在全世界的爱尔兰人之中广为流传：

> 噢，以创造了我们所有人，创造了庄园主与农民的上帝之名，
> 站起来吧，就在今天，发誓你将守护你自己的爱尔兰青青草地。
> 像奴隶一样挣扎的人们啊，站起来，像个人一样，
> 让丰收的田地成为你们战斗的营地，或者让它们成为你们的坟茔。

6

1868年，一封电报发到哈登，告知格莱斯顿他即将首次担任首相，彼时他正在公园里砍树。得知消息后，他暂停了手中的工作，对同伴说："我的任务就是让爱尔兰重归和平。"1880年，他第二次当上首相时，爱尔兰仍然是他关心的首要问题。首先，他相信必须恢复爱尔兰的法律和秩序，并在数月内接连实施了严厉的高压政策。其中最重要的就是暂停了人身保护令，这样包括巴涅尔在内的土地同盟成员就可以在不受审判的情况下被投入监狱——毕竟，无论指控为何，都不可能有爱尔兰人组成的陪审团判决"首领"有罪。

这导致了巴涅尔在议会中最亮眼的一次表现。议会中的爱尔兰议员对该政策的反对接连不断，直到46小时的连续辩论之后，议会才终于强行通过了高压政策法案。巴涅尔的战友再次一个接一个地阻碍议事，他们轮流发表讲话，以便其他人能在休息室里睡上几个小时，而他们的领导人巴涅

尔又时常来唠叨，要他们回到会场，继续发表讲话——这样的情景持续了一个小时又一个小时，一天又一天，无论是自由党还是托利党都感到非常挫败。这种极度粗鲁无礼的行为让议会非常困扰，言论自由的原则似乎已经受到威胁——爱尔兰分离主义把英国的体制搅得乱七八糟。40个小时的议事之后，整个下议院一片脏乱，人人精疲力竭。议员们头发蓬乱，脸色苍白又神情暴躁地坐在椅子上，有些人身上还穿着前天晚上皱巴巴的晚礼服。旁听席里挤满了一拨拨人。爱尔兰人都聚集在会场的一边，约100名英国人则聚集在另一边。每个人的讲话都会被辱骂、嘘声和讽刺打断，直到第三天上午的9点钟，议长终于出面终止了辩论。议长亨利·布兰德（Henry Brand）是第二十一代戴克男爵（Baron Dacre）的次子，他绝不允许自己被英格兰的敌人玩弄。自奥利弗·克伦威尔时代以来，还从来没有一个人胆敢强行结束议会的辩论，事实上，议长是否有权这么做也是有争议的。但是布兰德特意选择了一个巴涅尔不在场的时间点：他用颤抖的手拿着一张纸，并按上面拟好的内容宣布，根据他的职权，他要求辩论必须终止，尽管这违反了议会古老的传统。

而辩论确实到此为止。英国议员松了一口气，欢呼起来，爱尔兰议员则因为巴涅尔的缺席而不知所措，他们结队走出下议院，如查理一世侵犯下议院时的议员一样大吼着"特权！特权！"。《高压统治法案》（Coercion Bill）终究还是实施了，格莱斯顿也感到进一步行动的道路已扫清。他逮捕了巴涅尔和他的绝大多数帮手，并以涉嫌颠覆政权为由将其关押在基尔迈纳姆（Kilmainham）监狱——都柏林利菲河畔一座老旧的阴森堡垒，一直用来监禁爱尔兰爱国者。展现了以武力平息暴力的决心后，格莱斯顿又迅速让议会通过了一项极具安抚性的土地改革法案，向爱尔兰佃农保证公平的地租和稳定的租期。

然后，他采取了一项极具想象力的政治行动——说服牢中的巴涅尔帮助他实施这些改革。如果"首领"愿意用他的影响力来安抚爱尔兰人，保证土地法案顺利实施，就可以得到释放。双方通过中间人秘密达成协议。依照这份所谓《基尔迈纳姆协定》（Kilmainham Treaty），巴涅尔及其同事于1882年3月被释放。人们最初的反应并不出所料——爱尔兰激进主义者指责巴涅尔向英国出卖国家，英国保守派则指责格莱斯顿与叛国者妥协。"铅弹"福斯特为表示抗议而辞职，女王震惊得无法形容。但是这种愤怒终究会消散，而巴涅尔似乎也决心遵守诺言，土地法案得到实施，格莱斯顿（姨父）最喜爱的外甥女婿，更偏向自由派的弗雷德里克·卡文迪什勋爵，也前往都柏林，作为新一任更自由的爱尔兰布政司，他将成为一个更加美好的时代的先驱。似乎，通向爱尔兰自治的道路最终开启，除非遭受不可预见的挫折。

然而，如同爱尔兰历史中一次次发生的事件一样，不可预见的挫折几乎立即就发生了。

7

爱尔兰总督的第二处官方住所总督宅邸（Viceregal Lodge）是一座乔治王时代风格的大宅，位于欧洲最美丽的公园之一凤凰公园中央，建筑周围有数座花园，环绕着一道矮墙。从楼上的窗口，总督可以俯瞰公园大片绿地——公园占地 1750 英亩，外围周长 7 英里，像城市一侧一片开放的乡村地域；他的视线还能触及远处参差多样的威克洛群山，它们在爱尔兰温柔的天光中往往模糊朦胧。早晨会有人打马穿过这仙境般的丘陵地；街上的顽童在郁郁葱葱的林荫道上抛掷棍子，打下七叶树果实；周日的午后，音乐声模糊地从公园洼地传来，圣詹姆斯管乐队（St James Brass and Reed Band）、马修神父乐队（Father Mathew Band）或者受到森严看守的格伦克里管教所乐队（Glencree Reformatory Band）会在那里演奏喧闹的进行曲，听众很多，愉悦欢快。左边，罗伯特·斯默克为最伟大的英裔爱尔兰人威灵顿公爵竖立的巨大纪念碑上，装饰着用缴获大炮的金属制成的铁雕刻。

1882 年 5 月 6 日傍晚，刚刚返回都柏林第二次担任爱尔兰总督的（第五代）斯宾塞勋爵就正在窗边俯瞰着这样的景致。早晨，他刚和布政司弗雷德里克·卡文迪什勋爵一起在都柏林城堡惯例的华丽仪式中宣誓就职，此时则在等待卡文迪什和次官托马斯·伯克前来共进晚餐。他们下午已经在一起讨论格莱斯顿对爱尔兰的计划，随后斯宾塞乘马车返回总督宅邸，客人们则步行前来。这三个人一起吃晚餐的画面会显得古怪。斯宾塞热情好客，他在英格兰中部拥有 2.6 万亩土地，但一生都是积极活动的政治家，还因为火红色的胡子被称作"红伯爵"；卡文迪什是德文郡公爵的次子，他为人勤勉但十分无趣，曾经当过格莱斯顿的私人秘书，娶了格莱斯顿的外甥女，并在自由党内稳步升迁；伯克来自戈尔韦，一生都服务于爱尔兰政府，他是个天主教徒，是枢机主教尼古拉斯·怀斯曼的外甥，但恪守法度，尤其受到爱尔兰极端民族主义者憎恶。显然，三人都认为这会是一场严肃的工作晚餐。这是爱尔兰历史上的关键年代，斯宾塞和卡文迪什在特别时刻就任，需要他们费心费力，或许整个晚上，伯克都将不停地开动脑筋。

当时，斯宾塞勋爵正透过窗户，看着傍晚的景色——这是夏日一个周六的傍晚，天气温暖，草地上正在举行一场马球赛，公园里有不少人在散步、野餐和骑车。他注意到，总督宅邸矮墙另一边的大道上，似乎有几个男人在人行道上打斗。他认为这些人肯定是喝醉了，于是将注意力转向别处。其他人认为这是爱尔兰经常发生的街头互殴，两名骑车路过的人甚至都没有多看一眼。然而，事实上这是斯宾塞邀请来晚餐的两位宾客遭到刺杀的场景。他们在离总督府仅数百码的地方，被秘密革命结社"无敌者"（Invincibles）的七个成员用刀捅死了。事实上，这次刺杀的目标是伯克，刺杀者们根本不知道卡文迪什是谁，但他们还是割断了两人的喉咙，在他们躺倒奄奄一息时，逃离了凤凰公园。

8

格莱斯顿并未因此就放弃他的宏大计划。"相信我，他绝不会无谓牺牲。"格莱斯顿对卡文迪什夫人说，而她也做出了善意的反应。"在我的痛苦中，"她在日记中写道，"我看见了一缕明亮的希望的光芒，我看见爱尔兰和平的景象，而我亲爱的丈夫的血液，就是为之献祭……"格莱斯顿在确定他仍然拥有巴涅尔的支持之后，就准备从土地改革推进到爱尔兰自治——联邦体系下的内部自治。虽然他在 1885 年曾短暂在野，但他 1886

又重新当上首相，并第一次向议会提出了他的爱尔兰自治法案。这直接分裂了国家。*保守派称这严重背叛了英裔爱尔兰人，尤其是背叛了在北部阿尔斯特占据人口主体的新教徒——"他们本质上和英格兰人没什么不同，"伦道夫·丘吉尔勋爵高喊道，"他们是帝国的统治阶层……只有格莱斯顿先生才会认为爱尔兰的这些新教徒会承认都柏林议会的权威，或遵从其法令。"将爱尔兰岛从联合王国中分割出去似乎是与时代潮流背道而驰，与日渐觉醒的帝国意识和日渐增长的帝国团结野心也南辕北辙。迪斯雷利已死，但此时帝国主义者对格莱斯顿的厌恶也达到了顶峰，伦敦的大多数媒体也在转向帝国主义，因此对该法案表示强烈反对。甚至知识界也反对这项法案。而格莱斯顿最聪明的年轻副手约瑟夫·张伯伦离开他时，自治法案也就注定要失败——因为正是张伯伦与巴涅尔在基尔迈纳姆监狱的谈判，才让这项法案在政治上成为可能。

在帝国高潮时期，张伯伦将会成为中心人物，而他此刻显然感受到了帝国即将迸发的火焰，并决定依靠它来暖暖手。同时，他还觊觎着自由党党首的位子。他带着一群自由党议员叛变到了反对党一边，其人数足够让自治法案无法通过，并让执政政府倒台。在随之而来的大选中，托利党以全新的名号"保守与统一党"回归，它拥有新的盟友，即张伯伦率领的自由党统一派人士，并提出了全新的爱尔兰政策，该政策基于丘吉尔的看法，即阿尔斯特的新教徒社群与英国的紧密联系，就是帝国统治爱尔兰最强大、最正当的理由。"阿尔斯特将为此奋战，阿尔斯特才是正确的——自治就是来自罗马的统治。"他们的新标语如此写道。

此时，巴涅尔在议会中的立场也变得愈加暧昧。他对自治的态度暧昧，因为他很可能根本无法接受格莱斯顿的法案中的限制；他与自由党的关系也暧昧；最重要的是，他对暴力行为的态度也十分暧昧——"英国人在世界各地烧杀抢掠，"他一度说道，"而一旦有人在爱尔兰被杀了，他们就咆哮起来。"凤凰公园谋杀案中有五名凶犯被绞死，但似乎仍有微弱模糊

---

* 罗伯特·布莱克认为，这个事件应当与 1846 年《谷物法》废除以及 1938 年的慕尼黑会议并列为英国政治史上最痛苦的事件（出自《迪斯雷利》，伦敦 1966 年版）。

的怀疑将"首领"与这场惨案联系在一起。*在公众场合，他对这场凶案表示谴责，然而，当他在下议院被公开指责为凶案的同谋时，他却轻蔑地表示他拒绝为自己开脱。总体而言，可能大多数人都相信他是无辜的。自由党显然如此认为，格莱斯顿本人也相信他。并没有任何有力证据可以指控他参与凶案，有的不过是一片质疑的气氛罢了。

然而，就在自治法案被提交至议会的同一个月，即1886年4月，一个名叫爱德华·休斯敦（Edward Houston）的爱尔兰年轻人来到了伦敦城黑衣修士区（Blackfriars），《泰晤士报》办公室所在的私人庭院里。当时正是《泰晤士报》影响力的顶峰时刻，印刷厂广场（Printing House Square）这处庭院就像牛津大学的某个格外世俗化的学院，有优雅的食堂、侍酒者，与权力中心有谨慎而紧密的联系，还有绅士风度、学识传承与进取心的传统。而休斯敦给这个庄严的地方带来了一条轰动性的消息。他告诉编辑，他可以证明巴涅尔与凤凰公园凶案的凶手有直接联系，而他唯一要求的报酬就是支付他的旅途花费，因为据他说，他关心的只有他的国家的福祉和名声。他出示了十封信，其中五封显然是出自巴涅尔之手，显示土地同盟曾经资助过凤凰公园的凶手，而"首领"本人也赞同了他们的做法。其中最能证明巴涅尔罪行的是第二封信：

> 先生，对你的朋友的提议我并不惊讶，但是无论是他还是你都应该明白，我们唯一的出路就是公开谴责这些凶手。我们必须立即这样做，这是唯一的出路，也是最好的做法。但是你可以告诉他，虽然我对卡文迪什爵士的意外死亡感到很遗憾，但也不得不承认伯克只是罪有应得。你可以告诉他这一点，也可以告诉其他关心此事的人，但是不要泄露我的地址。他可以把信寄到下议院来。你诚挚的查尔斯·S. 巴涅尔。

---

* 第六个凶犯转做污点证人，并被悄悄带出英国，登上"金罗斯城堡"号前往南非，但在航行期间就遭到刺杀。都柏林的格拉斯内文公墓中，还有纽约一个女性联合会出资建造的纪念碑，感谢暗杀他的杀手。

信件中只有签名显然是巴涅尔的笔迹，因此《泰晤士报》对此十分谨慎。该报确实激烈反对爱尔兰自治，但还是决定先发表一系列名为"巴涅尔主义和罪行"的文章进行试探，文章措辞宽泛地暗示爱尔兰民族主义党（Irish Nationalist Party）和土地同盟与爱尔兰的暴力犯罪或有牵涉。这一系列文章没有带来任何法律问题，因此《泰晤士报》在1887年4月18日刊载了上文的第二封信。这是《泰晤士报》历史上第一次凭借独家新闻掀起如此巨大的波澜。该报第一次使用了双行大标题；下方社论版面的正中心就是这封信的复制本。街头的海报上用大字写着："凤凰公园凶手：巴涅尔对公开谴责凶案做辩解的信件复制本公开。"《泰晤士报》的一篇社论表示，该报认为这些证据"非常真实……我们希望巴涅尔先生可以出面解释他的签名为何会出现在这样一封信上"。

此时距离凶案发生已经四年，但是民众的反响还是非常激烈。很快，一个特别调查委员会就成立，以调查巴涅尔是否是这场爱尔兰凶案的同谋。但事实上，这是对巴涅尔的一次国家审判，委员会的三名法官都是著名的反自治者，国家更是投入了一切资源用于揭露巴涅尔及其同僚可能的罪行。然而，"首领"却取得了惊人的胜利。经过数月的调查质询，向445名证人询问了约15万个问题之后，一个名叫理查德·皮戈特（Richard Piggott）的声名狼藉的爱尔兰记者终于出现在人们面前，据记载，他"看起来像装扮粗糙廉价的圣诞老人"。很快，他就被迫承认所谓巴涅尔的信其实是他伪造的。巴涅尔就此洗清嫌疑，而皮戈特则去了巴黎，选择自杀。

9

巴涅尔雄辩的一生也在此刻取得了无可比拟的成功。42岁的他不仅是爱尔兰的英雄——那里的人们见到他便会跪下表示尊敬——在英格兰也成了英雄。自由党用一种令人厌恶的方式对他受到公众质疑做出了补偿——巴涅尔洗清嫌疑之后第一次走进下议院时，自由党全体成员都站起来欢迎他，格莱斯顿甚至还对他鞠躬了。他被选为自由党俱乐部的终身成员，公开和爱尔兰总督斯宾塞勋爵握手，参加各种晚会宴请，还颇受进步派女士们的欢迎。格莱斯顿的女儿玛丽就认为他展现出了"属于圣灵的一切成果——爱、耐心、温和、自制以及坚忍的柔和。他的性格深深吸引了他人，精致清秀的面庞、灿烂的笑容，还有炯炯的双眼……我们爱巴涅尔的精神，心口却因为他极为纤弱的身形和外表而抽痛"。

据我们所知，他虽然心怀疑虑，但仍然接受了一切礼遇。"这难道不好吗？"他返回下议院时，有人问他。"确实很好，"巴涅尔回答道，"但要是那些虚假的指控成真，他们又将多么高兴！"但他仍然十分重视与格莱斯顿的合作。随着19世纪80年代过去，自由党作为反对党，力量已逐渐恢复，而这两个杰出人物，依靠英国自由主义和爱尔兰爱国主义的结合，似乎最终将实现爱尔兰的自治。"不要光看眼前，"格莱斯顿向议会提出他的爱尔兰自治法案时说道，"而要展望未来。"又一场大选将在1892年举行，而这次，爱尔兰自治似乎差不多板上钉钉了。

然而此时，最后的灾难发生了。就在巴涅尔即将取得最伟大胜利的时刻，他被彻底摧毁了，这可谓他充满讽刺的一生中最为讽刺的事件。巴涅尔终身未婚，但与凯瑟琳·奥谢（Katherine O'Shea）长期保持着情人关系。凯瑟琳是巴涅尔的追随者戈尔韦议员威廉·奥谢上尉的妻子；威廉·奥谢则是个无能的冒险者，他曾是第18轻骑兵团成员，曾经多次经历破产，在西班牙当过矿长，在赫特福德郡养过种马，而他的议员任命事实上是依靠巴涅尔得来的，代价就是凯瑟琳。在巴涅尔起起伏伏的政治生涯中，这段令人心酸的感情也一直影响着他。奥谢夫人是他唯一爱过的人，他也一生忠于她。巴涅尔对凯瑟琳是一见钟情：巴涅尔死后，人们还在他的文件中找到了凯瑟琳1880年意外落下的一朵玫瑰花，而这朵花最后在他下葬时被放在他的胸口。巴涅尔总是称凯瑟琳为"小女王"或者"小妻子"，而她至少为巴涅尔生下了两个孩子。只要离开凯瑟琳超过两天，巴涅尔就要每天给她发两封电报，还要写一封信。

然而，这种孩子般的爱情，却随着时代的洪流，被裹挟在卑劣之中。知道此事的人不少，格莱斯顿本人可能也知晓，但秘密与欺骗却让它变得肮脏。对巴涅尔来说，这份感情变成了有害的痴迷，他对凯瑟琳的爱甚至变得比爱尔兰的未来更加重要，这让他的友人认为他疏忽轻慢，而他的敌人则指责他伪善。1889年12月，威廉·奥谢背叛了，起诉离婚，将此事推到了公众眼前，立刻摧毁了巴涅尔的政治生涯。格莱斯顿遵从自由党的非圣公会道德原则，要求巴涅尔立即辞去爱尔兰民族主义党的领导职位，而从《基尔迈纳姆协定》中费心发展出来的一系列爱尔兰解放的试验性措施，也就此耻辱地崩塌了。有人认为，威廉·奥谢是在张伯伦的煽动下才提出离婚的，因为后者在巴涅尔与凯瑟琳的关系中看到了一举击败爱尔兰自治法案和自由党的机会。显然，格莱斯顿除了与巴涅尔断绝关系，几乎别无选择，因为离婚事件已经震惊了他本人的许多支持者。他还表示若爱尔兰民族主义党不愿放弃巴涅尔，那么他自己也要辞去自由党的领导职位。

1890年12月，议会的爱尔兰议员在威斯敏斯特的15号会议室中就此事进行了长达一周的辩论。这场辩论，乃至会议室的编号，都成了爱尔兰历史中的一笔。若爱尔兰民族主义党一致决定让巴涅尔继续担任领导，爱尔兰走向自由的道路或许将完全不同，甚至帝国将来的发展进程都可能发生改变；若民族主义党一致要求巴涅尔辞职，爱尔兰自治到来的日子也会早上30年。巴涅尔亲自主持了这次会议，而且用上了他所有久经锤炼的议事阻碍技巧来拖延会议结论的产生。但是他的魔力已经失效了。巴涅尔还没从这突如其来的变故中回过神来，他无法确认还有谁忠于他，又对奥谢的背叛怒火中烧。民族主义党内讧，对手又对他发出责难，而他甚至不能确认爱尔兰人是否还愿意支持他。对信仰天主教的爱尔兰人来说，离婚，尤其牵涉他们"王子"的离婚案，仍然是被诅咒的罪孽——失去了过去的自信，巴涅尔显得有些迷茫，甚至可以说有点疯狂。他的魅力仍未完全消散，但变成了一种更加奇特的、憔悴而古怪的吸引力，他像一个诗人，他的一位同僚写道："他完全投入了某种神圣的苦痛之中，又像一个疯狂的科学家，哀悼着被抛弃的发明的命运。"数日尖刻的辩论之后，会议终于得出了不协调的结论——46名民族主义党党员静静地离开15号会议室，而选择留在巴涅尔身边的只有27人，巴涅尔的领导职务就此终结。

支持帝国主义的金融家塞西尔·罗兹从南非通过电报发回的简洁建议就是"辞职——结婚——返回政坛"，但巴涅尔断然拒绝递交辞呈以平息公众怒火。相反，他向爱尔兰人发出了一份宣言，公开抨击格莱斯顿提出的爱尔兰自治只是蹩脚的权宜之计,就此在阴沉绝望的调子中结束了与自由党的联盟。"把他的名字涂掉!"玛丽·格莱斯顿愤怒地写道。而女王也非常震惊。"这个人不仅品质糟糕,"她写道,"而且谎话连篇,毫无荣誉感,也没有任何原则。"爱尔兰自治事业因此名声扫地。后来,格莱斯顿再度掌权,并于1893年第二次向议会提交自治法案,它虽然勉强通过了下议院,但还是遭到上议院轻蔑拒绝。最后,格莱斯顿又老又聋,眼睛半盲,灰心丧气地退休时,只能对多年没有结果的爱尔兰问题辩论发表了一次沮丧的告别演讲:"这个结果也不可能带来更多悲伤了,这世上的场面,没有什么能比人们受到压迫的场面更为可耻,也没有哪种错误能比一个国家对另一个国家刻意的不公之举更加低劣,而大不列颠这样的国家对爱尔兰这样的国家的所作所为尤其如此。"

IO

巴涅尔则凄凉地在爱尔兰四处寻找战友。他是这个国家失落的领导者。他与深爱的凯瑟琳结婚,但这场婚姻带给他的只有损害——拉福(Raphoe)教区主教就说这是"一系列厚颜无耻的恐怖事件的高潮"。他被自由党拒绝,被他自己的党派的大多数人抛弃之后,在爱尔兰也因为不道德的行为遭到辱骂,或者被那些认为单纯追求自治就是苟安投降的人蔑视。在人们眼中,他已不再具有美德。"我们的将军背叛了我们。"克罗克(Croke)大主教写道,"他为了自己可悲的享乐出卖了他的事业,相比为了轻信他的同胞而争取解放和进步,他更愿意在伦敦过着可耻的放纵生活。"即使是过去崇拜他的穷人,也不愿意再听他的话了。基尔肯尼的人们向他投掷泥土,还在他走过时嘲笑他。马洛的人们则扯下他乘坐的马车的门,同时神父还在一旁高喊着"打倒放荡主义!"虽然巴涅尔仍然定期出席议会会议,不知疲倦地在爱尔兰各地参加竞选活动,但他已经毁了。终于,在1891年的不幸10月,45岁的巴涅尔在布赖顿的宅邸中,在凯瑟琳身边,咽下了最后一口气。

人们对他的回忆和评价充满矛盾。他究竟是真诚还是虚伪?是爱国者，还是机会主义者？他是真的在与格莱斯顿合作，还是一旦自治达成，就要公开抨击这种做法？英国人通常都和维多利亚女王一样，以最坏的可能性揣测他。而爱尔兰人，无论在巴涅尔生命最后几年对他的态度多么冷硬，至少和格莱斯顿一样知道他的天分，也从来没有忘记他的个人魅力。他的送葬队伍穿过萨克维尔街（Sackville Street），经过顶部安置着纳尔逊塑像的柱子，走向格拉斯内文公墓时，两旁仍有许多爱尔兰人静静地观看。空气中充满了某种独属爱尔兰的特质，而巴涅尔一生都熟悉它——混合着苦涩、悲伤、阴谋和骄傲。英国士兵跟随在送葬队伍之后，帝国在爱尔兰的军队总指挥沃尔斯利也是旁观者之一。后来他写道，这是唯一令他害怕的人群。

第 25 章

帝国的殉道者

I

现在，我们离帝国的高潮已经很近了。帝国使命的巨大探照灯似乎一刻不停地扫过世界的每个角落，一会儿照在爱尔兰的葬礼上，一会儿又注视南非村庄或者异教神庙。英国人的眼界大大开阔了，他们所理解的权力和责任范围也是如此，普通人第一次开始如同迪斯雷利预测的那样为大英帝国而骄傲。只要稍稍想想就会觉得，将地图上如此多的地方涂上帝国的红色是多么荣耀！帝国将会成为怎样的庞然大物啊！英国有幸站在世界之巅，这又是多么庄严！

事实上，英国无论在财力还是武力上的相对实力都在逐渐削弱，但是在公众眼中这一趋势并不明显，至少那些新近摆脱文盲状态、第一次获得选举权、通过齐声鼓吹世纪末帝国主义的新廉价报纸了解外部世界的公众群体，还没有看到帝国明显的衰落迹象。在国民眼中，不列颠从未如此无可匹敌；而对受过良好教育的英国人而言，在世界各地发挥帝国力量，让帝国的仁善统治扩展到毋庸置疑不如他们幸运的异国人身上，也是帝国的权利。

无论动机善恶，英国人都热情地接受了这一宿命——浇灌它的是眼泪，颂扬它的是胜利，这是高贵的事业，也是肮脏的道路。而大英帝国在世界上的霸权地位变得越脆弱，帝国的观念反而会变得越情绪化。帝国统治正在变得越来越丰满，几乎到了全盛时期。而既然英国人经常将他们的帝国拟人化，视其为手执权杖的不列颠尼亚女神，或者一把大胡子的哨兵，那么我们也就完全可以想象，帝国在逐渐走向全盛，嗓音变粗，胸部变得丰满，因此它有些多愁善感。这是一个英雄崇拜的时代，帝国本身也成了崇拜的对象，帝国的主要人物则得到阵雨一般的勋章和绶带，还有纵容。

1885 年，查尔斯·戈登将军的死，让这种高涨的情绪，这种沾染着波特酒和姜汁汽水的感情，隆隆鼓声和胸衣起伏的激动，都得到了极度的宣泄。戈登是巴斯爵级司令勋章获得者，曾在皇家工兵部队服役，维多利亚女王认为他"亲切、勇敢、高尚"，丁尼生勋爵为他创作了闻名全国的墓志铭：

> 上帝的战士，凡人的朋友，暴君的敌人
> 生命消逝在遥远的苏丹荒原，
> 但你仍然活在人们心中，因为人人都知晓
> 世上从未有人的高尚可与你匹敌。

2

世上确实少有人比戈登更复杂，他贴着尼罗河，以奇怪的角度进入了帝国的英雄史。自从尼罗河的地理谜团在 19 世纪 60 年代被破解之后，英国人就一直想占有这条河流。这一方面是因为他们认识到，要控制非洲骇人的奴隶贩卖活动——这仍然是他们很关心的事务——就必须控制住尼罗河的上游。另一方面，他们模糊地感到，印度的安全也要仰赖于对尼罗河的控制：在他们的逻辑中，尼罗河控制着埃及，而苏伊士运河是埃及的一部分，也是帝国的脊梁。*

英国人不止一次宣称他们对埃及并无野心，但是并没有人会长久相信这种说法。从迪斯雷利为英国取得苏伊士运河的股份开始，英国在尼罗河边的有形势力似乎就只是时间问题了。此时的埃及理论上还是奥斯曼帝国

---

* 格莱斯顿有先见之明地看到，这是非常危险的战略原则。如果英国认为它在重要战略交通线沿线享有特殊利益，那就相当于宣布它"对所有可能促成英国和东方国家之间路线的国家及海洋政治协议都有一票否决权，而这两个地方，差不多就是世界的两端"。

的附属国，埃及赫迪夫充当苏丹在埃及的总督，但它的经济状况可谓一团糟，而且腐败横行，因此西方列强早已干涉并控制了整个国家的经济，以保护列强的利益。1882年，埃及陆军中一位理想主义的军官阿拉比发动起义，要驱除埃及国内一切外国干涉势力时，这个国家就注定要被某个帝国占领。在参战邀请被法国和意大利拒绝之后，英国独自向塞得港派出了一支由沃尔斯利指挥的入侵部队——该部队迅速在泰勒凯比尔战役中击败了阿拉比，沃尔斯利也展现了极佳的组织才能，两天之内就占领了开罗，在萨拉丁城堡升起了米字旗。* 英国人还表示，这不代表英国要吞并埃及，他们仅仅是暂时占领埃及，以图恢复这里的秩序和稳定。

事实上，其中的所有事情都言行不一。英国从来没有明确吞并埃及。赫迪夫依然是总督，千里之外的苏丹仍然是理论上的国家元首，诏书仍以他的名义发布，高官也以他的名义得到晋升。英国人没有直接在埃及建立政府，只是强制派出顾问。他们的士兵控制了这个国家，他们的官员很快也来管理这个国家，不过他们没有任命总督或者使节，英国在埃及的高级代表，不过是个无关紧要的总代表（Agent-General）头衔。

而且英国也从未明确表示其对埃及的统治，是否也意味着接下南方苏丹的负担，毕竟苏丹成为埃及的附属国已经有60年了。苏丹有近百万平方英里的国土都是沙漠，这里的居民已经皈依伊斯兰教，这个境况险恶的国家对英国公众而言毫无意义，在开罗的英国当局眼中意义也不大，但帝国的扩张主义者表示，若不能占有苏丹，则非洲的奴隶贸易永远无法终结，苏伊士运河也不会安全。不幸的是，苏丹正处在地方反抗的状态，当地居民由一名神秘且颇有号召力的穆斯林圣人——直称为"马赫迪"（领袖）——带领，掀起了武装起义，反抗无能又不敬神的埃及政府。就这样，英国人在知道苏丹的存在之前，苏丹问题就已经找上他们了。英国作为埃及新的宗主国，是否应该干涉苏丹，镇压起义？格莱斯顿虽然惊人地指派大英帝国军队投入侵略埃及本土的行动，却断然拒绝干涉苏丹。他表示，

---

* 在跟随沃尔斯利的威廉·巴特勒看来，这甚至不能算是一场战争，"但今天士兵们肯定对战利品非常满意"。沃尔斯利本人则称之为"英国历史上最秩序井然的一场战争"，不过他的部队中平均每900个士兵就有一个将领指挥。

苏丹的埃及政府仍然存在，还有埃及驻军，英国人也不是埃及的统治者，只是暂时占领了这个国家，因此苏丹与他们完全没有关系。就这样，1883年夏天，一支名义上的埃及部队由英国雇佣兵指挥官希克斯（Hicks）上校指挥，出发前往苏丹，以赫迪夫的名义镇压造反。

这支1万人的远征军在欧拜伊德附近的沙漠遭遇5万人的苏丹军队袭击，并被歼灭。希克斯及英国参谋人员就此失踪，只有几百名埃及士兵散乱地逃离了战场。就这样，马赫迪成了苏丹南部的最高领导人，埃及在此残存的势力只有一些孤立的驻军，而戈登将军就在这种情况下登上了帝国的历史舞台。

3

埃及过去对苏丹的统治一直仰赖来自欧洲各地的受雇自由人员，他们来自不同的国家，行事方式也迥然不同，而且经常是从无名之辈突然崛起，成为一片遥远的土地的统治者。其中最著名的就是戈登。在英国军队内外沉沉浮浮多年，包括一段让他获得了"中国的戈登"绰号的中国冒险之旅后，他于1874年接受了埃及方面的邀请，接替探险家塞缪尔·贝克爵士，前去担任苏丹最南方的赤道省的总督。他认为这一任务正是基督教对他的召唤。苏丹当时被奴隶商人与埃及官员的腐败联盟所支配，戈登则与他们费力斗争了五年，在此期间他树敌无数，也收获了同样多的追随者，他颠覆了这片土地上数代人的传统，促使他的埃及雇主采取切实行动，开放了苏丹的贸易，并将政府控制区扩大到了大湖区。在英国，他的成绩被作为当时流行的"强身派基督教精神"的范例广为宣传，戈登本人也相信他已经取得了对当地部落民的某种神秘的支配地位，但事实上他取得的成果十分有限。埃及官员的腐败仍然难以改造，埃及士兵是残忍的种族主义者，而赫迪夫虽然公开宣称要废除奴隶贸易，但能做的实事却很少，因为他手下一些最有权势的人物都参与了奴隶贸易。即便戈登确实短暂地恢复了苏丹的秩序，这个国家也很快故态复萌，陷入了惯常的困局。1876年，戈登一度辞去了在苏丹的职位，但又被说服继续担任喀土穆的总督；1879年，他再度辞职，而这次他似乎再也不会返回尼罗河流域了。

他在中国和非洲的冒险，以及崇高的基督教理想，已经让他在英国成了传奇，但他随后就开始虚度年华。他曾一度接受了印度总督私人秘书的职位，但他乘船抵达孟买后又改变了主意。1880年他还一度前往中国，希望说服中国人不要与俄国开战。他还到过爱尔兰，短暂地指挥过毛里求斯的皇家工兵部队，去南非担任过开普殖民地部队的司令官，还花了一年时间在巴勒斯坦调查各种圣地遗址。1884年1月，他被一封电报召回伦敦，接受格莱斯顿内阁的质询时，正打算辞去军职，接受比利时国王的雇佣。

欧拜伊德的悲剧之后，英国政府比过去更加不愿与苏丹扯上任何关系。格莱斯顿不仅不愿派出帝国远征军为希克斯复仇，为埃及重新征服苏丹，还坚持认为埃及的赫迪夫应当撤走苏丹的所有埃及驻军和贸易社群——事实上就是把这个国家完全交给马赫迪。虽然这种反扩张主义的提议确实是典型的格莱斯顿式决定，但从其他方面来看，又非常不符合这个伟大人物的一贯做法。对他的很多支持者来说，这与他的身份很不相称；而在他的反对者眼中，这无疑是软弱行为。他的决定就是抛弃了教化的工作，将一大片土地留给奴隶商人和狂热的穆斯林。这相当于背弃了戈登及其同僚取得的一切成果，更不用说利文斯通以及过去中非地区无数传教士的努力了。公众越来越希望英国出手干涉苏丹——然而具体要做什么却没人清楚——而经常被人提到能够胜任这一工作的，就是戈登这位赋闲的英雄。

因此，戈登才在1月8日来到了蓓尔美尔街的陆军部，陪伴他的则是英国陆军人事行政参谋主任，开罗的沃尔斯利男爵加尼特·沃尔斯利，两人是多年的老朋友，据说每天都会在晚祷中相互祝福。格莱斯顿此时生病在家，但其内阁的高层都在场，而且这些人的帝国思想比格莱斯顿要浓厚得多。出席者包括陆军大臣哈廷顿勋爵［绰号"放荡的哈蒂"（Harty-Tarty）］、外交大臣格兰维尔勋爵（在女王看来他"弱得像水一样"）、海军大臣诺斯布鲁克勋爵以及以《更大的不列颠》一书出名的查尔斯·迪尔克。他们知道自己在做什么吗？他们是不是都和迪尔克一样，希望为帝国攫取苏丹？或者是与格莱斯顿一样，希望戈登用独一无二的方法解决苏丹的叛乱，这样他们就可以忘掉这个地方？我们永远无法确定他们真正的想法。他们只是委托戈登评估疏散苏丹的埃及驻军的前景——这一指示用词模糊，意义也不甚明晰。远在哈登的格莱斯顿也发来一封措辞无力的电报，默许了这次行动。戈登当晚便启程，开始这项模糊的使命，他先搭乘夜班火车前往巴黎，然后转车前往布林迪西，在那里乘半岛东方轮船公司的轮船前往亚历山大。

格兰维尔勋爵、沃尔斯利男爵以及英国陆军总指挥剑桥公爵都到查令十字街送他离开。沃尔斯利发现这位英雄口袋空空后，还打开自己的钱包给他一些现金，还有自己的怀表和链子。下马车时剑桥公爵为他开了车门。三人都摘下帽子向戈登告别，然后抓着羔羊皮手套，目送列车跨过泰晤士河，驶入伦敦南部朦胧的暮光中。随后，他们才返回马车，去吃晚饭。用格莱斯顿后来的话来说，他们把一只妖怪从瓶子里放了出来；更确切地说，他们将一位帝国的殉道者送上了神化的道路。

4

以下是查尔斯·戈登的一些信息：1884年他51岁，还是单身，是个热情的基要主义基督徒。在几个月内，他就要成为世上最著名的人了。他身形偏瘦，身高5英尺5英寸，一头棕色卷发，笑容甜美，还有一对敏锐的蓝眼睛——这对眼睛亮得惊人，有人认为它有魔力，"充满了神圣的美"；"他的眼神就好像他已经活了一千年一样"，"充满理性的深邃"；或者如一名苏丹儿童所言，"他的眼睛很蓝、很亮，我一看见这样的眼睛，就受到了惊吓"。据说他在黑暗中也能视物，但是他的色盲十分严重，只有靠邮票上面印的数字才能分辨出两张邮票的不同。

从担任驻扎在格雷夫森德的工兵军官开始，戈登就热衷于传播福音，他会在墙上或者树上张贴传单，还会从火车的窗户上抛撒小册子。他喜欢男孩，这种喜爱显然节制，不过仍然热烈；他在格雷夫森德经营一家青年俱乐部，还古怪地将自己向俱乐部成员传福音的行为称作"与君王一同冒险"。他也经常探访贫老的人，格雷夫森德濒死的人往往会请他来，而不是去请医生，贫民窟的墙上偶尔也会有"上帝保佑上校"的涂鸦。他对天堂深信不疑，但大概不相信地狱的存在，他还认为死亡是一场胜利的解脱，是人类一生渴求的结局——是"没有一丝悲伤污染，通向永恒、荣耀与欢乐的恢宏大门"。在探访一位濒死之人的记录中，他写道："我去了波莉（Polly）家，目送她前往那黄金城。还有十分钟到十二点时，她幸福而美丽地离开了。'那些乐队为什么在演奏呢？'咽气之前，她还问道。那是竖琴手抱着竖琴演奏……"

他也是个颇为古怪的神秘主义者。他相信大地被中空的球形天幕所包围，耶路撒冷圣殿焚烧祭品的祭坛正上方的天穹，就是上帝的王座所在。他还认为，上帝创世时，魔鬼就逃到黑夜半球离上帝王座最遥远的地方——据他估计，这个地方是南纬31度47分，西经144度5分，离南太平洋的皮特凯恩岛不远。至于伊甸园，则位于塞舌尔附近的海床上，禁果事实上是海椰子。戈登还提出了自己的关于耶路撒冷圣地的理论，坚决反对大多数公认的地点的真实性，并相当自信地指出了他自己认定的圣地所在地。*

戈登无疑十分古怪，他的散漫也是臭名昭著。无论他前往何方，都能收获一些信徒，但几乎总是逃不开争吵。他就是受到严格管理的好士兵的对立面：他一生的大多数时间都在执行独立于军队的任务，而且通常担任指挥者，而他身上最引人注目的特质，就是彻底的自恃。他给人的印象就是无所不知——他了解各部落，了解地形，了解敌人的目的，了解事态发展的深层原因以及隐藏在背后的结果。他享受独处，最好是拥有足够的权力，让他能够不被他人干涉，在这种掌控一切的孤离中，他以一种刻薄却不乏幽默的宿命眼光观察世界，这种眼光中有时夹杂着苦涩，但更常见的是转瞬即逝或者荒唐之感。

见过戈登的人基本上都会受到他极大的影响，但这种影响并不总是持

---

* 直到今天还有一些虔诚的戈登追随者接受他的理论，而导游也会带着来到耶路撒冷的游客去参观他指出的几个圣地遗址。

久的。达成这种影响的工具就是他的双眼、信念，以及谦逊。这种谦逊虽然后来看来可能显得华而不实，但是当下显然极具说服力。毛里求斯会吏长就曾敬佩地记录道，戈登作为这座岛屿的工兵指挥官，却很喜欢在教堂的后排位置，与毛里求斯土著坐在一起。"但是有一天，在一次正式的仪式中，戈登不得不穿上全套制服，坐在前排座椅上，他胸口的勋章熠熠生辉。但是，在仪式中，他每次站起来时，都会拿起头盔放在胸前……以掩藏（这些勋章）。"

沃尔斯利称戈登为"上帝的朋友"——这位"唯一的将军"还谨慎地表示，戈登是他认识的人中少数几个"我认为称得上是基督教英雄的人物"。格莱斯顿也认为他是"英雄，是英雄中的英雄"。帝国行动重要的记录者威廉·巴特勒称他为"我们中最高贵的骑士"。理查德·伯顿认为他"完美的坦率和正直的品格……让他在19世纪独树一帜"。一位苏丹轮船船长在戈登死后追忆他时表示他"不是人，而是神"。而在公众之中，这些印象又急剧夸大了——戈登永远不会犯错，他是世上最伟大的游击队领导人，是个圣人，他就是活着的完美传奇。

格莱斯顿及其同僚却并非总是如此确定。此时英国在开罗的总代表，沉着能干的退伍军人伊夫林·巴林也同样如此，他此时正满腹怀疑地等待戈登这个矛盾的模范人物到来。事实上，戈登本人也并不十分坚定——"说到双重人格！"他写道，"我脑中可能有一百个想法不同的人格，而且每一个都想控制身体。"没有人能确定怎样的品性才适合执行这次任务，因为基本上没有人知道这次任务具体是什么。戈登抵达埃及时，他最初收到的"报告情况"的指示已经修改为组织埃及驻军撤退，而且他又一次被任命为苏丹总督。即便如此，在不同立场的解读中，他的任务依然可以是不同的意思。英国政府显然希望他组织埃及驻军撤退后，就将这个国家丢给马赫迪。扩张主义者希望他或是直接将苏丹并入大英帝国，或是将其重新整顿为埃及的附属国——成为傀儡的傀儡。反帝国主义者希望他能建立一个真正独立的苏丹，也许可以由马赫迪统治。士兵们更关心埃及和位于苏丹的红海港口的安全。福音派认为，苏丹的马赫迪运动可能意味着非洲大地上的某些势力复苏，这必然导致奴隶贸易重获活力。有些人甚至希望戈登像早些时候海盗詹姆斯·布鲁克对沙捞越的仁慈统治一样，在苏丹建立他自己的政权。

至于戈登本人的观点，我们唯一可以肯定的是，他的计划与格莱斯顿的意图相反，并不包括抛弃苏丹。"不要退让，"他在发往喀土穆的电报中说，"我已经在路上了，你们可是男人，别像女人一样。"他本人并非帝国主义者——"我从来就没能回答如果我们失去了（印度），我们会受到什么损失这样的问题"——自然也不太可能想要为英国国王夺取苏丹，更不可能为了埃及的傀儡王这样做。虽然他有极高的宗教热情，但对苏丹的马赫迪的态度也不完全是敌意——这位马赫迪显然比他正在起兵反对的糟透的埃及人更加令人钦佩。也许戈登本人也不是非常清楚自己为什么要去喀土穆，只是想返回那里，对那里的人们继续发挥他魔法般的支配力量，占据舞台的中心，让一切都回归正轨。英国公众模糊而放心的感受同样如此。如《蓓尔美尔报》所言："他会为苏丹的一切事务负全责。无论我们撤离这个国家还是继续控制它，一旦戈登负担起指挥的责任，只要戈登还在指挥，英国就会直接负责尼罗河第三瀑布和赤道湖区之间一切以埃及政府之名执行的一切事务。"

戈登耳边和脑海中不断回响着这些夸张的话语，这位古怪的少将一根接一根地抽着烟，不断口述要发出的电报信息，离开开罗，前往喀土穆。与他同行的有军事助理 J. D. 斯图尔特上校和《泰晤士报》年轻的通讯记者弗兰克·鲍尔（Frank Power），他身后则是焦虑的巴林、陷入迷局的政府以及宠爱他的英国公众。

5

戈登于 1884 年 2 月 18 日抵达喀土穆。当时这里并不是多么美丽的地方。这个地方存在的意义就是作为河流的汇合处——在阳光中，青尼罗河和白尼罗河的水流在此地汇合成为一条河。除此之外，这里的一切都平平无奇。这座城市位于青尼罗河岸边，沿岸随处可见高高的桅杆和三桅船的帆；城市向内陆延伸约一英里，炎热的空气中散乱分布着泥砖建筑。这里的房屋大多是灰色的一层建筑，房屋间散布着花园和椰子林，可见几座破旧的清真寺的圆顶和尖塔，多灰尘的狭窄街道在城市中纵横交错，从一面墙起始，到另一面墙终止。河流交汇处附近有一座小造船厂，水边有工人的棚屋和临时营房，在这里可以看见细高的烟囱，以及顺流而下、前往柏柏尔地区的政府蒸汽明轮船，船身为白色。造船厂后方则是肮脏的街道和红灯区，这里的一切惯常都是为了迎合埃及民政官员的需求，因此苏丹人称之为帕夏城（Pasha Town）。城市的北端就是埃及驻军的兵营，附近还有一座军械库。这里还驻扎着一个奥地利天主教传教团，枣椰树林里坐落着奥地利领事馆，附近有一些欧洲贸易商建造的结实房子，还有一座有三个穹顶的科普特教堂。

在图提岛的一边，青尼罗河与白尼罗河汇集而成的干流缓缓流过，河面宽约1英里，河水暗褐色；另一侧是一片广阔沙漠，延伸到视线之外，只有小村庄恩图曼的棕榈树丛打破了沙漠单调的景致。喀土穆是个极为孤立的城市，这里有直接连接开罗的电报线，但是信件和其他所有东西一样，必须由骆驼穿越大片沙漠运来，或者装在船里费劲地经过尼罗河的几处狭道才能抵达。这里的气候极为炎热，1月的每日平均最高温度就可达到90华氏度（约32摄氏度），5月可以高达120华氏度（约49摄氏度）；这里全年有五个月滴雨不下，8月的降雨量却高达3英寸。这座城市有尘和粪的气味，炎热的空气中还萦绕着非洲的沉重声音——野狗疲倦的叫声、造船厂里蒸汽机的嚓嚓声、早晨人们颤抖的祷告声、车轮的咯吱声，还有走向市场的骆驼缓慢沉闷的脚步声。

"很高兴见到你们，"戈登骑着骆驼与同僚一起抵达这座令人窒息的非洲城市之后，告诉那里的人，"距离我上次离开已经有四年了，苏丹陷入了痛苦，我也同样痛苦，我希望能帮你们回到正轨。我没有带任何部队，独自来到这里，如果没有人能解决眼前的问题，恐怕只能让安拉来照管苏丹了。"他立刻入住青尼罗河岸边城市中心的总督府。这是一座昏暗的两层灰色建筑，窗口装着绿色的百叶窗，像一家埃及膳宿公寓——这个比喻足够可怕。建筑的前方，穿过开放的码头，就是总督的私人栈桥；后方被一层附楼围起来的是一处院子，有池子、喷泉和葡萄架；再往后则是一片掩映在棕榈树阴影下的花园,有蒸汽水泵浇灌。最初,戈登与斯图尔特和鲍尔一同居住在这座并不讨人喜欢的大宅子中,后来则一直独居;他将设计用来做女眷内室的二层作为私人住房,一层则作为办公室。

他在这里停留了将近一年。没有人知道他的目的是什么,因为他没有对谁吐露信息,而开罗的巴林虽然不断收到戈登的电报,但戈登从未清楚地表明他的目的。至于伦敦的指示,他从一开始就未曾放在心上。他并没有长久假装自己只是来苏丹疏散驻军,事实上他根本就没有试图做任何类似的事。相反,他暗示自己主要关心苏丹未来的稳定。他随便地对待与马赫迪和谈之事,并向埃及政府建议将臭名昭著的奴隶商人祖贝尔(Zubeir)送到喀土穆来担任当局的代理人。此人过去曾是戈登的死敌,但据戈登说,他后来在这名奴隶商人身上感受到了"一种神秘的感觉"。光是祖贝尔的名字就足够让英国的福音派反胃,而戈登空想般希望得到此人的协助,则让英国公众第一次隐隐感到喀土穆将会发生怎样奇怪的事——反奴隶制协会表示,雇用这样一个人是"英国的堕落,是欧洲的耻辱"。

随后,戈登开始暗示,只是为了保证埃及的安全,或许英国军队终究应该再度占领苏丹。"如果要保证埃及的稳定,马赫迪必须被消灭。这个人完全不得人心,只要足够谨慎,时间充足,就可以摧毁他……我们当然可以选择撤退,但是很快我们就会在埃及感受到这一决定带来的后果,并且将不得不采取更加严肃的行动以保护埃及。相比之下,现在要摧毁这个马赫迪是比较简单的。"在喀土穆,戈登表现得自信而冷静,但在与外界的电报通信中,他似乎永远暴躁而犹豫不决,总是在改变想法;身在开罗的巴林几乎每天都会收到戈登充满自相矛盾意见的电报,这些电报一会儿充满活力和激情,一会儿又前后矛盾,有时极为明智,有时无比荒谬,直到最后可怜的巴林终于得出结论——戈登将军已经"半疯"了。

3月,情况却突然发生了改变。来自马赫迪的消息彻底终结了和谈的希望:若戈登愿意投降,倒可以拯救他自己和他的支持者,"否则你就将与他们一同成为枯骨,你与他们的罪就会归到你头上"。此时,喀土穆以北一直沉寂的部落也起兵支持马赫迪。反抗军包围了喀土穆,并切断了连接开罗的电报线。此后，戈登与巴林之间就只能依赖送信人传递碎纸片来通信，喀土穆就此成为围城。

现在至少戈登的行动变得更加直白。他收到英国政府质问他为何不遵循指示，不尝试与驻军一同离开喀土穆的消息时，就给出了尖刻的回复。"你们要求我说明，在知道政府想要放弃苏丹的情况下还停留在喀土穆的原因和意图，我的回答就是，我留在喀土穆就是因为阿拉伯人把我们关起来了，不让我们离开。"这当然不是事实。他仍然可以突围离开喀土穆，但他从未尝试过，而随着1884年的夏天逐渐过去，格莱斯顿政府终于模糊地意识到，戈登正在敲诈他们。他没有带领驻军撤退的计划，甚至不打算自己逃跑：他想让英国再次武力征服苏丹，他拿自己当人质来打赌。英国公众可能对祖贝尔这个人半信半疑，对埃及人十分鄙夷，对苏丹的未来没什么兴趣，甚至不知道喀土穆在哪里，但是他们显然不愿看到"中国的戈登"这位完美的基督教绅士被抛弃在非洲腹地，举目无亲地死去。

到了9月中，戈登几乎成了喀土穆唯一的欧洲人。鲍尔和斯图尔特试图乘船逃跑，但在下游被阿拉伯人拦截，惨遭杀害。喀土穆城被紧紧包围，开罗的消息已经很难传进城内，因此此时关于戈登当时状况唯一可信的记录，就来自他本人的日记——他把它交给最后一艘离开喀土穆的轮船"博尔丁"号（*Bordeen*）带往埃及。他的日记写得很冲动，无论在这些日记中还是其他的日记中，他的文字虽然古怪游移，却非常吸引人。他的记录紧张又跳跃，有时甚至显得有些神经质，配有阴影浓重的铅笔素描或者卡通画，还带有苦涩的幽默感。戈登也听到传言称埃及正在组织救援部队，他得知这支遥远的军队的存在，又感到它似乎十分不情愿前来支持他之后，他的不少日记中就出现了失望情绪，甚至发出了不少无事实依据的讽刺。他显然希望这支军队前来，只是为了恢复苏丹的秩序，并羞辱格莱斯顿这个和平主义者，不过后者在征服苏丹一事上受到的羞辱已经够多了。但他并不十分希望得救。他的日记中充满了对死亡的渴求，因为他和马赫迪及其战士一样坚信，战死能让他们最快来到神的身边。

他在总督府二楼闷得令人窒息的房间里写日记。他拒绝在窗口堆上沙袋来防御爆炸和枪弹，猛烈的阳光整日从板条的缝隙中斜斜地照入房间，尘埃在光束中舞蹈；夜晚降临后，烛光便如挑衅般在开启的窗边跳跃。戈登最初是在有横线的记录纸上写日记，整洁而有条不紊；后来就只能用薄薄的棉纸了，因而墨水经常在上面留下杂乱的墨点；最后连棉纸也用完了，他就只能用旧的电报表格，上面还有"苏丹埃及电报机关"的抬头，日记逐渐变得匆忙混乱。他的笔迹虽然潦草，但还是十分清晰——他写"s"的方式还是18世纪的——而且他最初显然希望出版这些日记："注意，该日记应在必要处进行编辑，以便出版。"后来，他的记录变得愈加阴郁、暴躁，也更加潦草。随着他获救的希望逐渐渺茫，他的健康和自信也随之衰退。但他的日记仍然是一部杰出的作品。他的日记标点很奇怪，偶尔会语出惊人，偶尔文字平淡，充满宿命论情绪，偶尔又会表现出虔诚的信仰，而其中记录的事物、情绪和典故都远远超出喀土穆的围城或者苏丹的状况。

有时，戈登会理性分析苏丹人（"明显倾向于奴隶狩猎"），有时也会评价围绕在他身边的争议："在我最近收到的文件中，有一位议员问道：'军官们难道不应该按照命令行动吗？'我很同意他的观点，但是我接受的并不是命令，我要处理的问题对任何命令来说都太过复杂，我得到的指示是'你愿意去试试吗？'而我的回答是，'非常乐意'。"不过，他也经常宽泛地谈起官场，或者插入一段对《笨拙周刊》的戏仿，又或者写下一则当地生活的奇闻。比如他对一夫多妻制的思考："发现一个已经娶了一个妻子（对大多数男人来说这就足够了）的仆人，要请三天假，因为他要去接来另一个妻子，（当我们觉得自己的生活不由自主时）这真是有趣……"比如他对英国官僚主义的思考："我得说，我总体上不喜欢我们的外交部和外交官们［我可以想象我胆敢表达这种观点之后他们嗤之以鼻的神情，当然，我说的是他们的官方态度，因为我认识的少数几个人其实都很亲切（尤其要排除书记长奥尔斯顿和门厅搬运员韦勒，后者在近年来变得尤其亲切）］。"比如他对传统的勇气发表的评论——他本人心中一直不缺少恐惧，他曾说："《蓓尔美尔报》里描述的一些授予维多利亚十字勋章的理由实在惊人，比如说两个人一起执行侦察任务，其中一人负伤后，同伴并未抛弃他，而是用自己的马将他一起带走，拯救了他的性命！要是他丢下了同伴，我们又会说什么啊！"

他嘲讽伦敦市市长的宴会，还仿效《耶利米书》：*"希望靠组织武力，借外部援助，逃离我们眼前状况的，**那人该受**上帝的**诅咒**。"他认定动物都有精魂，曾为被地雷炸死的驴子写下"愿它安息"。有时，他会突然变得傲慢，比如他评价非洲："如同狄更斯笔下的某个角色所言，非洲对我们的国家来说就是一头'野兽'"；评价一位意大利前中尉："我估计他和我之前见到的所有意大利人一样，是个卑鄙的叛国者"；评价埃及部队："世上再也没有比埃及军队更让人鄙视的部队了"。有时，在暴躁地发了一阵牢骚之后，他也会引用一句《圣经》或者用一些惊人的对比让自己冷静下来："我不得不经受一个护士遭受的一部分事，照顾满腹牢骚的病人，这真是太荒谬了，也应该一并权衡考虑。"**

6

"鼓声响起了——咚！咚！咚！这声音先是入梦，但几分钟后他终于清醒，终于意识到自己身在喀土穆。随之而来的疑问就是鼓声来自何处——咚咚声连绵不绝。他心中希望鼓声会逐渐消停。但没有，它仍在持续，声音越来越重。然后他突然想到，'他们有足够的弹药吗？'（这是坏士兵的借口）他竭力挣扎，但最终徒劳无功，得起床了，然后到总督府的屋顶上去。电报、命令、宣誓和诅咒声直到上午9点才停止。"

戈登虽然古怪又喜怒无常，但确实是个优秀的指挥官，整个1884年，他独自负责喀土穆的防御。他身边有一些能力颇佳的苏丹助手，有些人还在法国接受过训练；***但若没有他，这所城市无疑会在毫无抵抗的情况下

---

* 《耶利米书》17：5："倚靠人，以血肉为臂膀……那人该受诅咒！他必像沙漠的矮树，不见福乐来到；他要住旷野干旱之处……"
** 戈登的日记现在收藏在大英博物馆，我准确复制了原文难以捉摸的标点方式。读着日记原本，页面上还能见到墨点，纸页被当年喀土穆的阳光晒成了棕色，这对我来说可谓最勾起感情、最动人的历史体验了。
*** 他们是拿破仑三世1862年派往墨西哥镇压叛乱的国际部队的一部分。

直接落入马赫迪之手。实际上，在他的带领下，喀土穆坚守了10个月。"这里会和肯辛顿公园一样安全。"戈登抵达喀土穆的同时便这样宣布，而且他确实在马赫迪的部队云集四周时成功地维持了这个错觉。在苏丹的其他地方，埃及驻军则早已投降。部分省的总督已被杀害，大部分是戈登过去的同僚；另一些人，比如达尔富尔的奥地利总督斯拉廷（Slatin）帕夏，则在理论上接受了伊斯兰教，因此得到了宽恕，被关押在马赫迪的营地里。喀土穆成了敌人领土中的孤岛——但并非一座基督教的孤岛，因为城中几乎所有居民都是穆斯林；也不是帝国的孤岛，因为女王陛下政府并不宣称对其拥有宗主权。事实上，这不过是一座昭示了戈登指挥能力的孤岛罢了。

虽然戈登的军事智慧基本上可以忽略不计，他对敌人的无知近乎偏执，但他安排喀土穆防御工作可谓不知疲倦。他采取了一切策略和手段来阻挡敌人逼近，并维持城中人们的士气。他用铁丝网和土制地雷加强城防，派出武装明轮船在尼罗河上来回巡逻——自他前往中国起，他就专门研究过战舰的用法。此外，政府的造船厂还成功建造了一艘新船（戈登将其命名为"祖贝尔"号）。*他鼓励兵工厂生产了数十万发弹药，还铸造了自己的奖章，上面刻着"喀土穆包围战，1884年"——高级军官的奖章是银的，其他人的则是锡的。他通过乐队奏乐、充满希望的公告，甚至是伪造的援军消息来维持士气。他自信地出现在喀土穆的街头，不懈地编织着他超人力量的传说。"当上帝为世上的人分配恐惧，"他有一次对一名喀土穆商人说，"最后轮到我时，他手上已经一点儿恐惧也不剩了；告诉喀土穆的人们，戈登什么也不怕，因为上帝创造他时，便没有分给他恐惧。"

即便如此，当时间一周周过去，援军却没有任何抵达的迹象；当来自埃及的消息变得越来越少，直到消失；当城内的食物逐渐耗尽，包围圈却变得越来越紧时，戈登的防御便只能靠绝望的吓唬来维持。马赫迪劝他投降时，他回复道："我就在这里，如同钢铁一般，等着看到新来的英国人。"

---

* 喀土穆战役中他使用的一艘蒸汽船现在还停泊在总督府边，那里成了游艇俱乐部。

民众的士气低落时，他就放出援军即将到来的谣言，派劳工去修码头给这些部队船只停泊，或者为即将抵达的英国军官租赁房屋。有时，他还会派出带着虚假保证信的信使，希望他们能被敌人截获——信上写着"喀土穆一切安好。1884年12月12日"或者"喀土穆一切安好，还可以坚持几年。C. G. 戈登。1884年12月29日"。

他的大部分时间都在总督府的屋顶度过。他在集市上买了一副望远镜，"这是我最好的望远镜"，用它时刻关注前哨的情况，监视河对岸敌军的行动。从这个高高的观察岗，他还能看到造船厂里蒸汽船的烟囱，可以看清青尼罗河沿岸的码头，以及更远处。即便看不见尼罗河干流，他还是一周周地期盼着援军蒸汽船的旗帜和船舷能经过图提岛，出现在他眼前。

这里的天气热得让人发昏，对戈登这样一般穿着埃及政府官员华丽制服、加上高领饰边衬衫、头戴塔布什帽的欧洲人而言，尤其如此。但这仍旧是英雄般的景象，人们难免会感到"中国的戈登"仍然享受他被包围的最后几周。从他的日记中，我们就可以感觉到他从自我割裂与责难中收获的扭曲的满足感；他笔下那些充满恶意诋毁的卡通画，那些对巴林和格莱斯顿滑稽而尖刻的谴责，与他从未寄给《泰晤士报》编辑的愤怒信件一样，整理起来显然很有趣。他钦佩那些坚信救主的敌人，享受战争和责任，他虽然鄙视手下的埃及士兵，却无疑被坚强的苏丹人吸引了——英国人一向如此。在总督府的屋顶上，他能够观察尼罗河的大循环，这条河上的瀑布数量对他来说蕴含着神秘的意义；他可以观察河水的起起伏伏、水流的壮丽奔涌，以及常常逗留于赤道河段的秃鹳和鹈鹕的动向。偶尔，他自己可能也弄不太清楚他的英雄主义的目的，就如同我们现在一头雾水一样，但他必定知道，若他被救出这个地方，那就不过是一幕悲伤的反高潮罢了——他会可耻地从失败的境地中被拯救出来，因为虽然他的抵抗十分勇敢、有技巧，但事实上并没有达成任何成果。

此时的戈登非常孤独。他在这座城市里没有亲密的朋友——他基本上不会说阿拉伯语，也没有其他人会说英语。但他从来不会在言语中表现出低落的情绪。他和维多利亚时代的其他帝国英雄一样，和内皮尔、霍德森、科利一样，有一种鲜活的戏剧意识；而在总督府屋顶令人窒息的热气中，他正面对一群最佳观众，扮演着最绚烂的悲剧角色。他在日记中为后世子孙记录了这一切，也没忘记给这出戏剧的最后一幕加上传奇效果。

1885年1月26日，星期一凌晨3点，马赫迪的士兵终于闯进了喀土穆，见人就杀。破晓之前他们就来到了总督府，而戈登则到屋顶上查看情况。有些人说，他随后换上了白色军礼服，带上一把佩剑和一把左轮手枪，站在总督府楼梯的上端，等待着死亡的降临，最终在太阳升起之前被敌人的长矛刺死。还有一些人表示他绝望地战斗，直到死亡——从屋顶到楼梯，再到花园中。还有人说戈登靠在阳台边上用他蹩脚的阿拉伯语喊着"杀了他们！打他们！"。这时一支长矛刺中了他，他因此转了个身，还在楼梯顶端短暂地静止了一瞬，最后才倒了下来，被刀剑分尸。但无论事实如何，他的死都深深地刻在了远隔千里、充满幻想的英国人脑海中，他也成了这一代人眼中完美的帝国英雄原型——狂热、不服从命令、出乎意料。

7

罗斯金在这一系列事件开始时就曾发问——"苏丹是谁？"此时，他必定已经知道答案，因为不仅英国人，整个世界都聚焦于戈登的困境。格莱斯顿几乎一开始就意识到，将戈登派去非洲是一个巨大的错误。无论他是被更倾向帝国主义思想的同僚还是被戈登本人欺骗了，结果都是一样的，本来单纯的报告任务此时已经不可挽回地改变了性质，妖怪已经从瓶子里逃跑，踏上了复仇之路。本就深陷帝国冒险与国内改革泥潭的格莱斯顿，现在又发现他最害怕的噩梦正在逐渐成为现实：一名真正狂热的英国人现在在非洲不受控制地活动，激起了人们强烈的英雄崇拜情绪，正在为首相本人极为厌恶的虚假荣光招魂，而正是自由党政府，把他派到那片围满了苏丹人的遥远而灼热之地，执行一项极为危险的任务。格莱斯顿深知，帝国通常随着贸易扩张，有时也随着传教士扩张（这更加有利），只有更少的情况下才会随着军队的脚步扩张（而随着年岁变迁，历史愈加清楚地证明，这是神圣的天意带来的不可思议的结果）。而此时，帝国似乎极有可能随着戈登这个英雄而扩张。若格莱斯顿听从了荣耀的召唤，他便会背叛自己的原则；若他对其视而不见，他很快就要下台。

除了格莱斯顿，对每个人来说，抛弃戈登将军这个想法几乎是不可想象的，格莱斯顿的内阁也知道这样做就意味着政治自杀。媒体、教会、军队，包括和每个人一样情绪激动的女王本人，都要求派遣一支军队营救戈登。然而首相还是将这件事一周周地拖延下去。他自然是被戈登的行为激怒了——"他一离开英格兰，就立刻推翻了之前我们所同意的所有说法和宣称的意图"。他不愿与苏丹人这个"努力争取自由的民族"开战，正如他对下议院所言——"是的，那些人在努力争取自由，争取自由是正当的！"除此之外，他也认为戈登的困境被夸大了。派出远征军"的行为，完全不顾那些虽然不完美却极为重要的证据，这可能是严重且危险的错误"。喀土穆确实可能受到了围困，"也就是说，附近的敌方部队可能多多少少围绕城市形成了一条链"，但是"我必须指出这与整座城市被包围仍有不同，后者在技术上来说与前一种情况相差甚远"。

然而，无疑，格莱斯顿知道自己在政治上不仅被束缚，也被包围了。他的政府依赖于戈登的命运，而他开始认为，是戈登有意操纵了各种事件，让他陷入这种窘境。"这一切的原因，"回顾此事时，他对格兰维尔勋爵说，"就是我们的信息不足。"现在，每个人，包括格兰维尔，都要求他召集援救远征军。公众的情绪激烈，不少人对他的拖延行为报以嘘声，英国还出现了多场大型集会，声讨"背叛"戈登的行为。丁尼生也确实为戈登写了一首充满尼罗河流域意象的诗，诗的开头如下：

> 舵手啊，操船的行动不要
> 鲁莽，因为朋友，这里的河流
> 分成两条，殊途同归。
> 一条直接通向瀑布，
> 另一条拐了一道弯。

虽然瀑布看似近路，

无论两岸人们指了哪条路，

还是走弯道吧，这能给你省下好几天。

然而，这首诗不过是一种隐喻的无意识口误，因为这位桂冠诗人真正想指涉的并非非洲河流的瀑布，而是扩大选举权可能造成的危险。

到了秋天，格莱斯顿终于投降，他要求下议院拨款 30 万英镑"用于在必要情况下启动营救戈登将军的行动"。据他说，这是一件"令人极为痛苦和为难的事"，而且最终很有可能造成所得税的税额增加两便士。

8

这就像一则寓言：戈登是喀土穆半疯的英雄，格莱斯顿是在威斯敏斯特受到围攻的有良心的人，还有维多利亚女王，在温莎愤怒地在日记中划线。当然，带领尼罗河营救部队的唯一人选就是沃尔斯利。在这则寓言的所有人物中，他似乎是唯一从头到尾都清楚自己目标的人，这让人怀疑他预见了事件的全部发展：他十分了解戈登的性格，自然也明白他一旦停留在喀土穆，就将不可避免地导致英国最终入侵苏丹。沃尔斯利已经是拿破仑之后埃及的第二个征服者，现在他又庄严地带着英国的力量沿尼罗河逆流而上，渗入拿破仑的力量从未抵达过的地方——他在递交给内阁的一份备忘录中尖锐地表示，"我不希望承担抛弃查尔斯·戈登的责任"。

远征的准备就已经深深打上了沃尔斯利式的烙印。"沃尔斯利帮"的所有成员都在远征军中，或者说至少所有还活着的成员都在：布勒、巴特勒——"我的时代的战争中最宏伟最高贵的作品"——以及不少参加过雷德河、阿散蒂和南非战斗的老兵。甚至过去唱着歌、情绪高昂地驾船带着沃尔斯利一行人前往加里要塞的船夫，也再度被征召到埃及，为穿越尼罗河险滩的英国军队开船——此外，英军还从西非征召了克鲁人来补充船夫的不足，并根据非洲探险的老手亨利·斯坦利的建议使用了内河船。每个人都想参与这项伟大的事业。威尔士亲王本人也提出参加这次行动，但被女王出面制止；所有重要部队都希望加入沃尔斯利从英国、印度、马耳他和直布罗陀为这次战役召集的军队；就连专为这次行动召集的骆驼队，都是专门从第一线的皇家骑兵团、步兵卫队（Foot Guards）、步枪旅和皇家海军陆战队招募的。* 当然，这支军队中还包括一个海军旅，以及来自世界各地的冒险者，各色各样，不可思议，与埃及能扯上各种关系。威廉·巴特勒的私人船员就包括两名加拿大船夫、六名克鲁人、一名阿拉伯向导、一名叙利亚翻译以及一名英国仆人，他甚至还写了一首歌来帮助他们保持高涨的情绪：

> 划呀，小伙子们，划船，
> 懦夫才躲在后面，
> 才会向紧张屈服！
> 数英里，沉沉浮浮，
> 从戈登的锁链上，
> 卸下又一枚铁环！

沃尔斯利小心又高效地在埃及成功集合了这支来自四面八方的军队，由托马斯·库克旅行社提供煤炭、食物补给和内河轮船，开始了沿尼罗河逆流而上的旅程。1884 年 11 月，他们已经通过了前两处险滩；12 月他们抵达了库尔提（Korti）；新年到来时，他们正在穿越拜尤达沙漠；1 月 17 日，他们在距喀土穆 100 英里的阿布克莱（Abu Klea）击败了一支马赫迪的部队；1885 年 1 月 28 日，领头的武装船的船员终于远远地看见了喀土穆城的

---

* 我曾在船上骑马，在小舟上骑马，
  我曾在火车上骑马。
  我曾在旅客车厢里骑马，还骑过驴，
  我还想再度上马。
  但我胯下的动物
  海军陆战队过去从未尝试，
  脚踏马刺，穿着马裤，
  我是骆驼队的一员。
  ——皇家海军陆战队伊格尔下士，1884 年

轮廓。那是帝国历史上的一个重大时刻，而令这一刻戏剧化的是，这艘船上的 20 名英军士兵还穿着鲜红色的制服——他们是最后一群穿着代表帝国的红色制服参加战斗的士兵。

此时距离戈登从伦敦出发前往开罗已经过去了一年，而营救部队对戈登是否还活着也一无所知。这艘小轮船沿河而行时，不断有枪弹打在船体上，弹壳到处乱跳，船上的引擎嘭嘭作响，旗帜在风中飘扬。直到最后，船员们的视线终于穿过图提岛干透的广阔而单调的地面，向东看到了棕榈树掩映下总督府的轮廓。这座建筑的屋顶上没有悬挂旗帜，河岸的沙岬上则有成百上千的苏丹人集结在马赫迪的旗帜下。后来英军才发现，他们恰好晚到了三天。

9

> 晚了！来不及拯救他，
> 徒劳，他们徒劳地挣扎。
> 他的生命是英格兰的荣耀，
> 他的死亦是英格兰的骄傲。

就这样，大英帝国避免了一场反高潮，来到了举行圣礼的时刻。整个国家都震惊了。全社会都戴上最黑的纱，在无数的漫画、宽幅报纸和流行歌曲中，不列颠尼亚女神都在为她死去的战士哀悼。穿着黑色呢绒的戈登的画像不仅出现在伦敦，也出现在巴黎、柏林和纽约的商店橱窗中。

身在温莎的女王听到戈登的死讯后，一身黑衣走进侍女玛丽·庞森比（Mary Ponsonby）的房间里，阴沉地宣布："戈登去世了！"南非的塞西尔·罗兹则一遍遍说着："对不起，我竟然没跟他在一起！对不起，我竟然没跟他在一起！"而在恩图曼的马赫迪营地中，戴着镣铐坐在帐篷外的叛变者鲁道夫·斯拉廷面前则出现了三名黑人士兵，他们手中拿着一件布裹的东西，身后还跟着一大群人。他们在他眼前解开了包裹的布片，斯拉廷便看见了戈登的头颅。他那对著名的蓝眼睛还是半开的，头发则几乎全白。

"这不是你那个不信神的叔叔的头吗？"他们说道。"那又怎样？"斯拉廷至少是带着眷恋，回答道，"一位勇敢的士兵在岗位上倒下，他一定为自己的死而高兴：他的折磨终于结束了。"*

---

* 虽然沃尔斯利在他一生最伟大的冒险中遭受了失败，而且余生都一直相信此事标志了他命运的转折，但是他对苏丹的帝国野心 13 年后还是实现了——基钦纳征服了这个国家，（若理论上没有）在事实上将其并入大英帝国。若是能参观总督府的屋顶，人们还是会不由想起戈登在喀土穆的样子。这座建筑在原地按原样重建了，眼下（写作时）是苏丹人民共和国（Sudanese People's Republic）总统府，在建筑内依然能和当年一样模糊地看见图提岛、恩图曼和尼罗河，而且恰巧因为类似的原因，这里堆满了用于防御攻击的沙袋。这座城市同样鲜活地留存着属于戈登的记忆。城市的干道十字路口一直矗立着戈登骑在骆驼上的塑像，直到 1956 年苏丹独立为止（现在塑像在萨里郡沃金区附近的戈登男校）。我特别喜欢的一则关于英国-苏丹的逸闻，就讲到一个英国男孩每周日礼拜后都被父亲带着向这尊塑像致敬，几周后他终于敢向父亲问出一个问题："这个骑在戈登背上的男人是谁啊？"

第 26 章

争夺非洲

I

1895 年 12 月的最后一周，一支古怪的军队在贝专纳保护国（今博茨瓦纳）一个叫皮特萨尼（Pitsani）的地方集结，这个地方靠近德兰士瓦共和国边境。保罗·克留格尔总统掌管着德兰士瓦的命运，而威特沃特斯兰德发现的黄金已经彻底改变了这个国家。皮特萨尼耸立在南非通往中非的古老道路——传教之路（Missionary Road）边，如今又在从开普殖民地出发向北建设的铁路线上，此地周围是一片壮丽的开阔草原，土地广大得令人退缩，上面覆盖着短硬的青草，散落着巨大的圆石，偶尔还会有荆棘树的轮廓打破平滑的天际线，四处有溪谷的阴影。几座隆起的小丘会打破一马平川的地势，蓝黄色的花丛则像斑点一样散布在山丘之上。

皮特萨尼比草原的海拔高 4400 英尺。这里的空气令人震颤，飘散着若有若无的干燥尘埃气息。日间的天空常常堆积着厚厚的白色卷云，阳光清澈，从这里可以清楚地看到数英里外部落居民赶着牛缓缓前进。夜晚巨大的天穹上满是陌生的星座，神秘的麦哲伦星云点染夜幕，只有蟋蟀的叽叽声和昼伏夜出的鸟儿突然的鸣叫打破静谧。这个地方非常适合释放天真的浪漫主义精神、未经世事者对命运与永恒的想象、光荣的冲动，以及任性的自欺。

在这里集结的部队的指挥官并非军人，而是一名著名的殖民地医生，利安德·斯塔尔·詹姆森（Leander Starr Jameson）。他是塞西尔·罗兹的密友，因此为人所知。罗兹此时已不仅是开普殖民地的总理，还在德兰士瓦以北建立了以他名字命名的英国殖民地——罗得西亚（今津巴布韦与赞比亚)。但詹姆森医生本身就已经足够杰出。这个小精灵一般的矮小男人有一对大大的棕色眼睛,表情总是显出令人不安的渴望。他从医学院毕业后就成了罗得西亚的行政官;而现在他身在皮特萨尼一座小丘上的帐篷里,准备踏上帝国历史上最为重大的一次冒险之旅。詹姆森一生都是个赌徒,他很快就要赌上自己以及大英帝国的名声,开始一场碰运气一次了结的强盗行动。他希望为大英帝国实现维多利亚女王统治的前半个世纪都未完成的夙愿:将其最强韧的敌手"开拓者"布尔人并入帝国。

此时,德兰士瓦共和国虽然理论上可以说承认女王的宗主权,但又一次肆无忌惮地宣布了独立。自马朱巴山战役以来,这里的情况已经大变,由于淘金热,这个国家已经变得极为富有,也讽刺地变得兼容并包。成千上万的冒险者,大多是英裔,却代表着太阳底下每一种国籍,他们涌入共和国境内的兰德矿区,并将采矿中心约翰内斯堡建成了非洲最坚韧又最粗野的城镇。这座城镇的大部分地区仍然是棚屋,充斥着各种各样的机会主义者:跟随淘金热和钻石热在世界各地流动的矿工、土地投机或者矿物鉴定的专家、声名狼藉的律师、目的不明的代理人、酒吧主、妓女、靠汇款生活的人,还有戴高顶礼帽、绑腿上全是泥点的放贷人,甚至有巡回的演员、音乐家和肖像画家。这里当然也有能力出众的杰出人士,但他们大多都居住在城中最受尊敬的飞地——多伦方丹(Doornfontein)。这些人中有英国绅士冒险家、著名犹太金融家,以及有国际名声的采矿工程师,他们形成了自己联系紧密的内部社群,他们带花园的房子也一座接一座连在一起,布局就如同外国租界。

这是因为,虽然位于阿非利坎人戒备森严的国家腹地,但约堡(当地居民也如此称呼它)并非典型的布尔人城市。这里的外国人在当地人眼中就是外侨,当地人看向他们的目光虽然反感,但不乏嫉妒之情。虽然这些人确实不敬神,但他们不可或缺,因为没有他们的技能和产业,这里巨大的金矿矿脉就永远不可能得到开发利用。40英里以北的比勒陀利亚,克留格尔站在自家门廊下,[*]而他眼中的约翰内斯堡,恐怕比摩西眼中的金牛犊

---

[*] 他的宅邸现在对公众开放,但"周日土著和有色人种禁止入内"。

更加罪孽深重。克留格尔并不准备与这些顽固的偶像崇拜者妥协，但也不愿就此破坏这个为他贫穷的农业国家带来巨大变化的地方。他对约翰内斯堡的态度，就是将它当作善到来之前必须经历的短暂的恶，但为了防止它最终仍然成为大英帝国另一个试图吞并"开拓者"的阴谋诡计，他也努力寻找着外国盟友——葡萄牙人，其殖民地与德兰士瓦共和国交界；荷兰人，布尔人仍然模糊地、容易误导地觉得他们亲切；以及德国人，他们对非洲有自己的野心。

"侨民"对这种情况当然十分不满。他们虽然创造了兰德的金矿产业，而且显然不愿再度离开这个国家，但是他们对国家事务毫无发言权，并且感到自己受到了剥削、压迫和排斥。约翰内斯堡逐渐兴起了一场革命运动，参加者称其为"改革运动"，这场运动表面上是要为侨民争取选举权，但事实上是希望兰德地区摆脱现在（为了方便也为了掩饰）被称作"克留格尔国"的国家。詹姆森医生现在集结军队、准备开火的原因，就源自这场以多伦方丹为中心、尚不成熟的运动。他得到了开普敦的罗兹的秘密支持，约翰内斯堡的"改革者"怀着阴谋等待他到来，伦敦政府也默许了他的行为，因此他提出穿过贝专纳的边境入侵德兰士瓦：带着一群忠诚的不列颠人骑马冲锋，举枪直射，不顾一切，他就可以用伊丽莎白时代的完美姿态冲入约翰内斯堡，颠覆克留格尔和他塞满了牧师的阴沉政府，非洲南部也终将属于大英帝国。

这是维多利亚的帝国过去未曾见识过的情况。这次行动的目标比过去更加草率，手段也更加狡诈。身居要职者的谎言的一些细枝末节，就足够让迪斯雷利抗拒，也足够吓退格莱斯顿。这次冒险行动就是一场令人厌恶的大事业。帝国传播福音的理想与其毫无关系，而追求利益的动机公然喧嚣。那年12月驻扎在皮特萨尼的甚至不是帝国的军队，而是由殖民地警察和鱼龙混杂的强盗拼凑起来的乌合之众，领导他们的英国绅士也并非什么智慧人物。在这场赌博中不存在尊严。若他们取得成功，这就是一场粗俗的胜利；若他们失败，这就是一场耻辱的丑行。

在这种情况下，詹姆森的突袭可谓恰逢其时。帝国的主旋律终于来到了夸耀的高潮，迪斯雷利的帝国野心也得到了满足。英国政府也许时不时仍会在权利、价值观，以及最重要的帝国扩张的代价等问题上犹豫不决，但是广大的英国公众对这些问题已经鲜有保留情绪。帝国就是那个时代宏大的兴奋剂，它几乎每周都为千家万户带去令他们陶醉沉迷的胜利传奇或英雄悲剧。罗斯金的牛津演讲之后的数年，或许可以称得上是英国历史上最为连贯的戏剧性时期了。从阿散蒂战争开始，对阿富汗人、布尔人、祖鲁人的战争，苏伊士运河的阴谋，侵略埃及，凤凰公园谋杀，戈登之死，斯坦利和利文斯通的史诗，巴涅尔的悲剧，迪斯雷利和格莱斯顿的大对决——这一系列惊人的事件在这数十年内接连发生，让英国民众应接不暇，一直处在激动的情绪中，也转移了他们对国内单调乏味生活的注意力。这就像一出紧张刺激的长戏剧，剧情闪耀着勇敢大胆，几乎没有一刻是波澜不惊的。

这就是新帝国主义，世纪末的狂热。在其粗暴而勃发的精神推动下，大英帝国终于开启了其高潮年代的事业——争夺非洲，而即将开始的詹姆森的突袭，既是这一事业的缩影，也是一次幻灭。

2

现在，帝国在哪里都是个时兴概念了。道德上对帝国概念的反对已经少见，英国人取得巨大成功，虽然经历了经济疲软，但是他们无疑仍是世界上最富有、最雄健的民族，也让他们的对手认为，帝国扩张是通向伟大的必经之路。而事实证明，海外帝国为一个民族带来的益处，不仅是让他们变得富有，而且还为他们提供了施展最佳才能的舞台——帝国的冒险让他们展现男子气概，各种挑战能够磨炼他们的技能，各种行动也能实现他们的理想和野心。就连美国人偶尔也会渴望帝国，诗人拉迪亚德·吉卜林建议他们一起承担这种教化使命时，他们也并不憎恶：

    肩负起白人的重担——
    童真的日子已经过去——
    轻轻松松，有人献上桂冠，

简简单单，甘愿称赞。

最后一片可供帝国扩张的土地就是非洲。英国人是这片大陆上主要的帝国强权，但他们并非无人挑战。法国人在非洲北部和西部十分活跃，德国人在坦噶尼喀湖有一处据点，比利时国王在刚果有利益关系，葡萄牙人在非洲东西两岸都有古老的殖民地，意大利人则占据了厄立特里亚——但他们占领埃塞俄比亚的行动并不成功，不少意大利士兵在此次行动中死亡，还有不少人遭阉割，剩下的都逃跑了。不过，非洲的大片土地仍然处在土著酋长或者王公的统治下，这些人中有奢华的桑给巴尔苏丹、神秘的阿散蒂君王，也有内陆无数用羽毛和珠子装饰自己的统治者，被当作偶像受到崇拜。非洲仍然饱受内部不断的战争、敌对和掠夺的困扰——部落与部落、奴隶商人和奴隶、阿拉伯人和黑人、战士和牧人之间，都可能爆发冲突。各国还可以在这片土地上夺得战利品，这里还有各种教化使命亟待完成。各个帝国的活动家们饥渴地注视着这片大陆，有些人想象着将非洲的地图从一条海岸到另一条海岸全部涂成绿色，有些人则设想涂成一片片普鲁士蓝色，还有很多人则构想着涂上一长条大英帝国的红色，从南部的大草原绵延到尼罗河三角洲，从好望角延伸到开罗。

有时，随着贸易商、传教士和部队逐渐深入内陆，各国似乎也到了冲突的边缘。往往是热带河流遥远流域的事件，或者地图上都找不到的雾气蒸腾、长着榕树的沼泽地发生的事件推动了欧洲各国的外交往来。但是，1884年，新近成立的德意志帝国的宰相俾斯麦也许是预见到了非洲刺激争端的特性，于是邀请世界上的主导国家齐聚柏林，通过会议决定非洲的未来。共有24个国家受到邀请，最终有15个国家接受了邀请，但其中没有一个非洲人。

在柏林，与会国制定了分割非洲的规则。它们都默认，文明国家有权占领、统治和教化非洲任何一块尚未被某个帝国占据的土地。任何一个占有非洲海岸线的国家都得到特别授权，可进一步控制与海岸相关联的腹地——"腹地"这个词就是在非洲问题的语境下从德语中被引入英语的（1891年，《每日新闻》赞许地表示这是"一个非常现代的说法"）。同时，与会各国也交换了对另一个方便的政治概念"势力范围"的看法，并颇有体育精神地同意此后任何一国对非洲的新领土要求，都应该告知其他利益相关国——因为非洲的土著统治者将他们的领土同时割让给好几个欧洲争夺者的情况并不少见。*

柏林会议给争夺非洲赋予了合法性。会议没有控制争夺的过程，但是承认了这片大陆上一场新的大博弈的现实，并且或多或少地让这种争夺在国际上变成了体面行为。在柏林会议的与会国眼中，非洲人并非真正的"人"。它们虽然就奴隶贸易问题通过了几项尽职尽责的决议，但是也清楚地表示，非洲的王公和国家并非真正的、现代意义上的王公和国家，不像欧洲的国家一样受种种条约的约束，也不享有与欧洲人一样的权利。柏林会议完全没有考虑非洲人的意愿，帝国的政策才是议题，而且这些政策也不是什么高贵的使命。政治家们真正的目标是更多贸易财富和更大的特权，以及在本国的政治成功，会议的调子自然也是冷酷的。"整个殖民地事务就是骗局，"俾斯麦私下表示，"但是为了选举，我们需要它。"

3

这是暴发户式的帝国主义，与过去的帝国托管制度相去甚远。过去英国的首相都自视为世界上其他更简朴低微者的朋友和保护人，帝国的建设者也如新加坡的缔造者莱佛士所言，希望自己的故事以"光明的形象"载入史册。福音派帝国主义巅峰时期的殖民地部常务次官詹姆斯·斯蒂芬爵士就曾拥有"母国先生"的绰号，而如今的殖民地事务大臣纳茨福德勋爵（Lord Knutsford）的绰号则是"外佬彼得"（Peter Woggy）。

帝国的概念正在变得越来越粗俗，就像一种原本高贵的体育运动，却被暴发户贬低了格调一样。帝国过去确实也不乏残忍，也曾误入歧途，但很少显得卑劣。即便帝国本身是虚伪的，至少其一直拥有宏伟抱负，而帝国之所以高贵，正是因为其中未曾散去的福音派幻想。即使是在复

---

* 索尔兹伯里勋爵曾经表示，这是会议成果中"一个麻烦的小瑕疵"。

仇的狂怒中，帝国的怒火依然可以被解读出神圣的含义。维多利亚时代的大多数帝国主义者也真诚地相信，大英帝国乃是让世界走向普遍美好的工具。

但非洲和新帝国主义污损了这一概念。确实，此时仍有理想主义者真诚地关心着非洲人生活的改善，在他们眼中这片土地上古老的部落和王公遭受的耻辱，不过是为达到光荣美好的目的而采取的可悲手段。然而，对非洲的争夺，就是一卷肮脏的编年史——酋长们受到欺骗，一个个部落失去了他们的土地，大量代代传承的财富就通过一枚简单的指印或者十字画押而被夺走。非洲国家和民族一个接一个被帝国吞并：祖鲁之后就是马塔贝莱、马绍那、尼日尔诸王国、卡诺和桑给巴尔的伊斯兰小邦，以及丁卡人、马赛人、苏丹穆斯林、贝宁以及贝专纳——全都一个接一个，以某种方法被剥夺了主权，成为大洋那边伟大的白女王的臣属。这种狂热滋生了许多丑恶的场面：皇家骑兵卫队的军官穿着全套礼服趾高气扬地走进马塔贝莱国王洛本古拉的村社中，以女王之名让他准备一会儿彻底放弃他的一切；尼日尔公司的查尔斯·戈尔迪（Charles Goldie）则在斯特兰德街旁边他的房子里，看着泰晤士河对岸他新近取得的加特林枪装备上船，准备前往西非进行贸易扩张。大英帝国对非洲的争夺毫无风度，这种荣光不过是二流货色罢了。

非洲扩张并非疯狂渴望权力的英国政府有意为之。"要在我们中找出一群最冷静的人物，曾图谋计划染指桑给巴尔后面那个名字都记不住的山区国家，这真是让我困惑茫然，"可怜的格莱斯顿一度写道，"肯定有什么原因让这种计划没能出现在我的办公桌上。"在争夺非洲最激烈的几年，保守的索尔兹伯里勋爵是英国首相兼外交大臣，而他绝非狂热的帝国主义者——事实上，他究竟是不是个帝国主义者都有争议。正是他将英国的政策比喻为懒散地顺流而下的小舟，偶尔才会撑一下篙避免碰撞；他也以挑剔的超然目光看待非洲的一切纷扰。然而，在他不知道的地方，军队的躁动和贪婪却正在把帝国的边界向非洲大陆内部推进。以英国为典型的技术先进国与非洲前工业化时代的社会之间差距是如此之大，二者之间的界线一旦被打破，征服就成了必然。不少英国人也推动着帝国的扩张。商人寻找着新的客户，工业界寻找着新的原材料，金融家寻找着新投资，战略家对印度和尼罗河争论不休，士兵垂涎着一种荣耀，传教士则渴望着另一种荣光，利物浦和布里斯托尔的商会、充满爱国热情的报社，以及他们身后如大规模竞技运动的疯狂观众一般的英国公众，如今都成了贪得无厌的帝国主义者。1895年，约瑟夫·张伯伦加入了索尔兹伯里政府，索尔兹伯里让他自己选择执掌的部门；当这个机敏的政治家——"人民的乔"——选择了殖民地部时，没有一个人感到惊讶。

贪婪是争夺非洲最明显的动机，正因如此，大英帝国在非洲复活了自东印度公司被废、哈得孙湾公司失去土地后就一直休眠的特许公司制度作为统治工具，就不奇怪了。以女王之权威建立的特许公司可以组建自己的军队，设计自己的行政机构，建立城市，安置其开拓者，而这一切不仅不需要财政部花一分钱，如果顺利的话，还能给公司的股东带来一笔收益。这些新设立的特许公司在英国人眼中就是令人满意的形式回归，它们将商业野心、政治忠诚以及可以察觉的虚张声势结合在一起——各报认为，这些公司就像过去的冒险者公司，或者像那些建立印度帝国的武装贸易商。戈尔迪的尼日尔公司成功地征服、统治并发展了非洲西部的尼日尔河流域，并且希望向东扩张至印度洋沿岸。* 罗兹的英国南非公司是罗得西亚的官方政府，而且希望能将领土向北扩张至埃及。帝国东非公司（Imperial East Africa Company）让肯尼亚和乌干达也成为帝国的一部分，而该公司的主要目标就是赚钱。这就像将帝国转包给私人公司，将统治数百万人的责任交给一个公司的董事会，因而将帝国的使命劣化，还不如罗兹的利己准则——"慈善事业加上5%的利润"。正如一位睿智的西非酋长所言，"我们曾一度认为英国人与全知全能的神差不多。现在我们认为，他们和其他白人没什么区别——和我们也没什么区别"。

---

* 戈尔迪的崇拜者们希望称扩张后的这片领地为"戈尔迪西亚"（Goldesia）。戈尔迪本人据说能够催眠别人，而且总在口袋里带着一个装着毒药的小药瓶，以防某种无法治愈的疾病突然发作。他否认了所有这些野心，并将争夺非洲比作"一盘国际象棋游戏"。

4

要观察新帝国主义的实例，就让我们前往1890年12月，到乌干达一座叫坎帕拉的山，来到山顶，这里差不多能看见维多利亚湖了。这座山基本上就是一座生满杂草的小丘，平坦的顶部树木稀少，但是向下望去，景色非常绚丽，而且饱含深意：这里能够俯瞰布干达数代国王的古老首都。30年前，斯皮克就是在这里见到了那位模仿狮子踮脚走路的现任国王。国王的宫殿静静地坐落于首都以南一英里的门戈山（Mengo），看上去很漂亮。门戈山的山坡上有排列整齐的茅草顶房子，它们都很大，且养护良好，由覆盖着茅草的篱笆分割，整天都有男男女女和动物忙碌地进进出出——拴着绳的狗、徘徊的牛羊、手持武器的卫兵、戴着头巾的童仆匆忙地从一座屋子走向另一座，紧紧抓着身上罩着的兽皮长袍。山顶上则是国王的接见室，一座华丽且结构复杂的圆形建筑；一条宽敞的大道从那里出发，如同国王的直属部队一般，一直通向山下的城镇。

坎帕拉山西侧有一片小集市，集市里的人们都穿着白色长袍，喧哗着讨价还价，树林里半掩着布干达各传教团的建筑——清真寺、罗马天主教堂，以及茅草顶的圣公会教堂。但国王姆旺加（Mwanga）的势力仍然主宰着这个地方。在宫殿外的香蕉林对面，也能听见宫殿里传出的奇怪声音——擂鼓声、毫无规律的枪响、竖琴的叮咚声、喇叭突然发出的刺耳响声。有时，人们可以看到一群群手持武器的人沿着大道从山上来到城镇中。门戈山的山坡上火焰彻夜不熄，绕过转角，就能看见国王的圣湖。这片黑暗而怪异的湖水在国王陷入危机时便会干涸，白鹭在这里发出尖利的叫声，黑色蜻蜓扇动翅膀在水边徘徊，这里还滋生了很多携带血吸虫的蜗牛。

过去数年内，布干达发生了许多惊人的事件。阴谋一个接着一个：天主教传教团密谋对付圣公会，穆斯林与基督徒发生了冲突；姆旺加被废黜，又武力夺回了王位；德国探险家卡尔·彼得斯与国王签署了一份条约，但该条约随后就遭到德国政府否决；伦敦派来东非担任第一任圣公会主教的詹姆斯·汉宁顿（James Hannington）被姆旺加下令杀害；数十名皈依基督教的非洲人因不愿放弃信仰而在城外的柴堆上被烧死。布干达被接连不断的政变搅得一塌糊涂。这个国家此时似乎处在一种噩梦般的不确定状态中，任何时刻都有可能爆发流血事件。

然而，英国人将布干达划入势力范围。对英国人而言，布干达是东非的关键。帝国东非公司将总部设在海岸边的蒙巴萨，对公司而言，在这里发展贸易，乃至定居，似乎也颇有前途。对福音派来说，布干达就是非洲苦难的典型，等待着救赎。战略家则在这里看到了控制尼罗河源头的希望，并且布干达能构成英国从开罗到好望角的重要领地链中极为关键的一环。帝国东非公司作为英国强权在东非的代理人，曾经试图与姆旺加达成协议，但终告失败。在1890年的最后一个月，公司又向布干达派出了一位极具冒险精神且前途无量的年轻人弗雷德里克·卢格德（卢吉）来解决这个问题。

卢格德曾在印度军中担任军官，而且乍看起来似乎是新帝国主义者的对立面——他身材矮小，精神敏感，站得笔挺，像矮脚斗鸡一样警觉，对非洲人一向友善，对部落酋长通常十分尊敬，对帝国的使命充满理想主义的热情。然而，在1890年，他却成为一次直接的掠夺行动的代理人。他本人或许不这么认为，但事实确实如此。因为虽然公司对贸易比征服更感兴趣，而且确实在某种层面上真的关心非洲人的生活福利，然而更深层次的事实是，历史正在无情地将英国推向完全控制乌干达的道路，而卢格德就是其代行者。礼节或道德一类的细枝末节已经不能阻挡他。他卷入了那个时代的准则中，也按照那些准则行事。此刻的他穿越丛林而来，明亮的眼睛闪烁着光芒，长长的胡子上滴着汁。他率领着一支七拼八凑的部队——几名英国军官、70名苏丹民兵、一些索马里侦察员，以及一群混乱的搬运工，从海岸而来。他们的武器是老式的斯奈德步枪和孤零零一挺马克沁机枪——这些武器过去在亨利·斯坦利穿越非洲时使用过，此时状态早已不佳。1890年12月3日，民兵们穿着他们最好的蓝上衣和白裤子，带领整支部队走进了布干达的首都，他们身后还跟着一大群推推挤挤的游客。

卢格德并未受到邀请，事实上他表现得更像个征服者，而非客人。他拒绝了布干达人提供的两处宿营点（"又湿又脏"），并带着部队爬到坎帕拉山顶，在山顶安营扎寨，那里拥有俯瞰四周的指挥视野。"我当然听说过在山顶扎营是不礼貌的，只有国王能这么干……但是我认为，最好让姆旺加明白我们不希望被愚弄，我们是一群无畏的人。"

"无畏的人。"卢格德的姿态十分危险。他的目的令人不齿，布干达也有不少人十分愿意出手消灭他和他的小军队。然而，他完全无所顾忌。第二天，他前往门戈山去会见布干达国王——他的一切行动都充满了傲慢。他穿着黄铜扣子的法兰绒睡衣，还带上了自己的椅子——因为他听说，到宫中拜见国王的欧洲人，通常都得跪坐在地上。他还带了一名健壮的苏丹保镖。在宫殿门口，国王的乐队开始击鼓，吹笛和象牙号，大力弹奏木琴欢迎他们到来时，卢格德手下的民兵也吹响军号回应。"我是自己的主人，当然，虽然我采取了这种有些独立的姿态，但是我已经尽力表现出我这样做并非出于傲慢与不敬，也并非想要伤害国王的感情，只是因为我是英国军队的军官，也是公司委派的使节，我不应该被人呼来喝去，或者被姆旺加当作低等人对待。"

很快，卢格德在布干达的姿态就充分显示了帝国的气息。山上，他新洗的帐篷闪着白光，俯瞰着下方的城镇。在卢格德看来，帐篷越多越好——"我不希望这里的规模看上去很小"。他们用锄头开辟了穿过营地的小道，将之修弄平整，士兵们还忙着擦洗打扫营地；每当卢格德走入城镇，他身边总是跟着手持刺刀的健壮苏丹保镖。不断有大量布干达人来围观他们的种种安排，还有人对三脚架上上过油、闪着光的马克沁机枪感到吃惊。虽然这个国家仍然处在灾祸迫近的形势下，但是没有人胆敢挑战这支军队宏大的冒犯行为。（不过卢格德也在日记中承认，气氛一度很紧张，"我在书中查了查马克沁机枪，然后自己把它检查了一遍"。）

就这样，卢格德凭借 70 名士兵和新帝国主义的厚颜无耻精神，一枪未发就征服了一个国家。到了圣诞节，他已经准备向布干达国王宣读一份协定的草案。"过程中有不少议论，甚至有喧嚣，但是我还是怒目而视，尽力保持凶狠，坚持读完了全文。"条约要求，为了回报帝国东非公司提供的仁慈保护，必须由一位英国代表在布干达行使英国司法权——国王很快就会发现，这意味着英国人将完全控制他的国家的一切事务。姆旺加躺在地毯上，拖延了一会儿，但卢格德把协定文件塞到他面前，要求他立刻画押。

"他不情愿地接受了，把笔戳到纸上，弄出了一个墨点，但是我要求他再来一次，画一个十字，于是在第二份文件上，他终于画上了一个看得过去的十字。"问题就这样解决了。卢格德以"大不列颠女王和印度女皇维多利亚陛下之军队军官"的头衔签了字，旁边还有布干达的首席大臣阿波罗、船队首席将军金布格韦（Kimbugwe）、军队首领姆朱西（Mjusi）和首席厨师长考塔（Kauta）的十字画押。布干达的国王就这样用一个十字放弃了国家的独立，大英帝国就此取得了一个颇有前途的"保护国"（这也是个在柏林会议的帝国语境中发明的新词）。

5

这就是对非洲的争夺，它激起了大多数帝国主义者心中恃强凌弱的欲望，让他们的行动不可避免地充满了两面三刀和自我欺骗。争夺的过程混乱拼凑，好与坏的目的混合在一起，包含卢格德在姆旺加面前那样的装腔作势，混杂着木琴的乐音和斯奈德步枪的枪响，外汇行情与外交倡议同为其推动力。而最能总括代表这一切复杂特质的，就是开普殖民地的重要人物塞西尔·罗兹。

罗兹此人是一个谜，因为他的脑海中似乎有一大堆毫不相干的原则和动机并存。他本身充满矛盾。他来自毕晓普斯托福德，父亲是代理牧师，但他本人看上去却像个有运动习惯的犹太百万富翁。他十分崇拜牛津大学及其代表的一切东西，但他一生追求物质权力的热情也从未熄灭。他脑中的帝国概念在某些方面十分粗俗，在一些方面又十分高贵，而在另一些方面则几乎疯狂："我行走于天地间，低头时我说——'这片大地应当属于英国'，而我仰头看去，又说——'英国人应当统治这片大地'。"自他与一些并不讨人喜欢的金融伙伴一起在金伯利钻石矿发了一大笔财以来，已经过了 20 年，不过在 1895 年，他还是非洲最有权力的人，也是世界上最富有的人之一。他是开普殖民地的总理，也是罗得西亚事实上的独裁者，他的英国南非公司在新近建立的特许公司中最为强大。维多利亚女王有一次随意问起他最近在做什么，他就诚实地表示"正在给陛下的领地再加上两个省"。

如果说英国官方对非洲的态度似乎是弥散模糊的，如同索尔兹伯里勋爵乘船顺着时间之溪优雅地漂流，那么罗兹对帝国在非洲的命运则有更加清晰的认识。他认为，整片非洲大陆都应该处在英国的控制之下。凭借南非无尽的财富，英国的力量可以由北到南贯穿大陆的脊梁——从埃及到好望角。沿着这条中央走廊，将会有一条贯穿非洲大陆的铁路，铁路上的火车车厢的玻璃会沾上维多利亚瀑布飞溅的水花，* 铁路的支线则会连接大陆两岸的其他英国殖民地，如同分水岭流下的河水。其他国家或许能在非洲各处拥有立足点，但英国在这里拥有压倒性的宗主权和交通能力，意味着这片大陆实际上将与印度一样打上英国的印记。它将变成完全的有机体。其循环系统的开端是从威特沃特斯兰德的矿层中挖掘出财富，其终结则是英国的教化标准施行于整个非洲世界之时——正如罗兹所言，"所有文明人都有平等的权利"。**

随着世纪末临近，大英帝国也越来越接近这个梦想。从最南端的南非开始，英国的宗主权逐渐向北延伸，穿过林波波河，抵达赞比西河。而随着基钦纳将军终于就近依靠埃及人的金融支持从北部开始重新征服苏丹，帝国也逐渐向尼罗河的源头进军。好望角—开罗铁路已经抵达北边的瓦迪哈勒法，以及南边的罗得西亚；此外，乌干达与海岸线之间的第一条支线铁路也已经开始修筑。如今，阻碍从埃及到南非的英国走廊贯通的，只有坦噶尼喀湖地区一条狭窄的带状德国领地了。而非洲两翼的尼日利亚、黄金海岸、冈比亚、塞拉利昂、索马里兰、乌干达、肯尼亚和桑给巴尔，此时都已经飘扬着帝国的旗帜，它们从曼彻斯特和伯明翰进口枪支、布料和铁制品，又将本地出产的丁香、可可、象牙、椰子和咖啡送往英国。这些地方给英国带来的利益并不多，但前景颇佳，而在帝国的预言家眼中，这

---

* 罗兹本人从未亲眼见过这片瀑布。
** 罗兹并非第一个预言英国建立好望角至开罗走廊的人。格莱斯顿就在泰勒凯比尔战役之前五年预言过，这乃是英国干涉埃及不可避免会带来的后果——"无论通过窃取还是购买，我们都将走向这个结局"。

里几乎是一个新的帝国，是下一个世纪的印度。*

然而，德兰士瓦这个小小的共和国就像巨大机械的齿轮之间令人恼火的砂砾一样，仍然抵挡着大英帝国。这个国家境内有世界主要的黄金出产地，在历史的洪流中，它的独立似乎显得尤其突兀无礼。德兰士瓦注定要被纳入英国的非洲体系之中，没有什么比这条命运之线更加显而易见的了。确实，德兰士瓦共和国东临葡属莫桑比克，而且有一条铁路连接约翰内斯堡和葡萄牙人控制的德拉瓜湾港口，因此布尔人可以在不经过英国领土的情况下运输出口产品。但是，德兰士瓦共和国的北、西、南三面都是英国领地，其经济也要依靠英国资本支持，金矿也要依靠英国企业开采，同时，维多利亚女王仍然拥有对这个国家模糊的宗主权，这使德兰士瓦共和国最终无法避免消失。此时已经是19世纪的最后十年，已经没有时间留给不符合时代潮流的事物了。

即便到了这个十年，英国人仍然没有准备好赤裸裸地侵略这些白人，因此他们再度对德兰士瓦问题采取了迂回解决方法。他们几乎心照不宣地孕育了一起阴谋。众所周知，约翰内斯堡的改革运动势力断断续续地考虑着掀起一场武装叛乱，而伦敦的殖民地事务大臣约瑟夫·张伯伦则授权开普殖民地英国高级专员赫尔克里士·鲁宾逊爵士**，若发生叛乱，就出手干涉约翰内斯堡的局势——当然，并不是要他控制这个国家，而是作为宗主国的代表恢复此地的秩序。与此同时，开普殖民地总理罗兹及其第一副手詹姆森更进一步，与改革运动人士秘密接触，支持他们的革命活动：一旦发生叛乱，他们就会派出一支部队推翻克留格尔，建立新政府，这个政府将或是完全由英国人控制，或是成为帝国的殖民政府。我们永远不会清楚密谋双方究竟知道多少对方的心思，大概他们也不想知道。他们的协定从未落到纸面，也没有具体条款，什么也没有讲明。许多含义只是藏在一个眼色或者一下点头里，这种做法才是争夺非洲的真实精神。

---

* 事实上，要到一战之后，坦噶尼喀成为英国代管的领地，英国的南北走廊才终于实现，而好望角—开罗铁路则从未建成。除了南非境内，英国也从未控制过任何完整地连接非洲东西两岸的陆地走廊。
** 他上次在本书中出现，是在斐济升起米字旗，接受萨空鲍的战棍。

1895年，南非的英国人撤销了南非与德兰士瓦共和国边境的海关，希望能够阻遏布尔人通向德拉瓜湾的铁路运输。克留格尔立刻回应，关闭了从比勒陀利亚和约翰内斯堡出发通向英国领土的道路所经过的渡口或浅滩。这是给帝国的一耳光，也是境内的侨民明确的造反导火索。密谋者立刻行动，詹姆森也带着部队前往皮特萨尼。无数加密信息从约翰内斯堡传向开普敦，从开普敦传向皮特萨尼和伦敦。南非现在流言漫天，充斥着错误警报、重新的考虑、计划的取消、重重误解。密谋者一会儿计划明天起事，一会儿又计划后天再行动，一会儿取消计划，一会儿又推迟行动。到了12月30日，罗兹从约翰内斯堡的消息中得知改革者又推迟了叛乱之后，就给詹姆森发电报，让他暂时不要动手。但他晚了一步。1895年12月29日黎明，皮特萨尼的这支小军队就已经装好马鞍，拆掉帐篷，骑着马离开了这座小丘，穿过没有标志的边境线，进入了德兰士瓦共和国。

6

詹姆森的突袭行动中汇集了帝国争夺非洲行动的种种特点，也是大英帝国历史上的一个转折点。这次突袭就像对帝国历程的一次蹩脚的戏仿，阴损、卑鄙而失败。过去总是支持维多利亚帝国度过种种危险、走向最终胜利的巨大信心，在这次行动后开始走向终结。大英帝国从未完全从詹姆森的突袭带来的耻辱中恢复过来：它就像泡泡突然被刺破，或者是一株充满异域风情的大花在漫长的夏日阳光中生长开放，达到极盛后，花瓣便开始掉落。

詹姆森的士兵大多年轻且愚蠢。他的部队中有约翰·"约翰尼"·威洛比（John 'Johnny' Willoughby）爵士、博比·怀特（Bobby White）荣誉少校，以及J. B. 斯泰西-克利瑟罗（J. B. Stacey-Clitheroe）。470名英国南非公司的骑警整齐地骑马列队，穿着得体的灰衣服，戴着宽檐的漂亮帽，缠着深蓝色的绑腿。他的部队还有一门12磅炮和五挺马克沁机枪，而且部队的组织相当不错，看起来冲进兰德地区是没有问题的。此外，沿途已经为他们备好了补给和新马，电报线也将在他们离开时剪断。改革者承诺会在他们接近约翰内斯堡时给他们送来一大群马。詹姆斯的一位兄长是多伦方丹的密谋者之一，罗兹的兄长弗兰克也参与其中；这可谓一场家族式阴谋。

从12月初起，詹姆森就已经做好了突袭的准备，他也已经准备好宣战的借口——一封来自改革委员会的没有标注日期的信，据称恳求英国帮助他们对抗布尔人的压迫，而他只需要在正确的时机将信件内容电报发给伦敦的《泰晤士报》即可。然而，叛乱推迟了一周又一周，詹姆森和他的士兵们在皮特萨尼的热气中也越来越焦躁，直到节礼日，詹姆森终于从约翰内斯堡城内的兄长萨姆处听说："我们必须推迟起事……我们会努力完成你们在12月内起事的愿望，但是在收到指示之前，你们绝不能轻举妄动。"詹姆森读到这些文字时，内心似乎崩溃了。他认为，除非他出手逼迫，否则这些侨民永远都不可能开始反叛。两个来自约翰内斯堡的信使都告诉他不要行动，但是他在12月28日还是下定了决心。他向开普敦发电报表示"今晚就开拔前往德兰士瓦"，随后就召集他的年轻士兵到阅兵场，向他们宣读改革者的请求信，并向他们保证（或者至少后来人们都宣称）帝国当局支持他们的行动。他们欢呼起来，唱起了国歌，然后由骑着黑马的詹姆森带领，在清晨5点由布尔曼渡口（Burman's Drift）穿过了边境线。

然而此后事事不顺。电报线并未全部被切断，因此布尔人几乎立刻就知晓了此次入侵。新马没有抓到。两名信使追上突袭部队，以英国政府之名命令他们撤退——第二份指示写道："女王陛下的政府完全不同意你们武装入侵德兰士瓦的行为。你们的行为已经被否决。你们必须立刻离开这个国家，且要为这些未授权且极为不当的行动承担个人责任。"另一封消息则告诉詹姆森，由于改革者与克留格尔签署了停战协定，约翰内斯堡的叛乱终告失败，整个行动也就此终止。

然而，突袭仍在继续，此时支撑他们的更多的是孩子气的冒险精神，而非强权政治的需要。骑兵们最终穿越了190英里的崎岖山区，抵达了约翰内斯堡郊外。路程的开始，一切似乎都从容不迫，突袭者也感觉他们的行动十分轻松——眼前是一片开阔的丘陵地，几乎一棵树也没有，只有山涧中树木繁盛,其他地方长着仙人掌丛。然而,他们抵达兰德地区后,无论是景色,还是他们的行动的情况,都发生了微妙的改变。此时,地形变成了起起伏伏的山脊和山谷,小道蜿蜒曲折,丘陵地被溪谷割断,马匹无法奔驰前进,指南针指示的方向也越来越难以理解。部队对事业的信仰开始动摇,前进的脚步也犹豫了。向导迷路了,骑兵们又累又饿,马匹也疲惫不堪。第一拨布尔骑兵就像影子一样出现在山坡上,静静地在一段距离之外跟随着这支突袭部队。1896年第一天的下午,第一声枪响响起时,突袭部队离约翰内斯堡仅有30英里,但他们几乎已经丧失了希望。布尔人颇有技巧地从城市外围的西北方向对他们施压,一路上不断与他们爆发小规模冲突,最后在一个叫多伦科普(Doornkop)的地方——这里几乎能望见金矿——包围了他们。他们勇敢地发动了反击,马克沁机枪不断开火,直到最后卡住,12磅炮的炮弹几乎耗尽。到了1月2日早晨,他们才举起白旗,无奈投降。大突袭就这样失败了,约翰内斯堡的叛乱更是从未开始。英国政府公开谴责了这次突袭行为。身在开普敦的罗兹也希望破灭,陷入耻辱。"可怜的老詹姆森,我们做了20年的朋友,现在他冲进这个国家,毁掉了我。"这就是他仅有的评价。*

7

这场失败并没有立刻击垮新帝国主义的锐气。虽然詹姆森本人在英格兰受到审判,并以叛国罪被处监禁,罗兹因此失去了职位,再也没真正从这次灾难中恢复过来,而德皇给克留格尔发去了一则热情的祝贺电报,但英国公众整体上并不反对这次冒险行动。他们认为这是一次气势十足的冒险,并为其失败而惋惜。他们更多的是称赞而不是憎恶英国政府在这次阴

---

* 如今,我们可以乘车重走詹姆森的突袭之路,现在我们能看到的十字路口的商店,不少都是他当年的秘密补给仓库——当年多数商店主都是英国人。在皮特萨尼还有两座小山分别被命名为罗兹和詹姆森。1970年,在那里经营商店的巴基斯坦人开着皮卡,带着我到了当年突袭部队的营地。至于德兰士瓦人,虽然还愤恨地记得他们长年与大英帝国斗争的诸多方面,但似乎已经基本上忘记了詹姆森。

谋中扮演的角色——虽然议会特别委员会的调查显示张伯伦并未参与其中，但基本上无人真正相信这一结论，有些人还认为女王本人对密谋也知情。他们认为克留格尔就应该被推翻，那里的侨民受到了不公正的压迫，而詹姆森之所以面临这么多麻烦，只不过是因为他没有成功。这次冒险的非道德性质并没有震动他们。新任桂冠诗人阿尔弗雷德·奥斯汀笔下一首著名的诗就准确反映了当时人们的普遍情绪：

> 错！是错了？或许；
> 但我仍然要去，
> 他们觉得我是个市民的婴孩，
> 要被一声斥骂吓坏？
> 他们可以吵嚷、空谈、命令；
> 但让他们别白费力气：
> 那会儿我已跨过德兰士瓦边境，
> 开始你死我活的奔袭！
>
> 让律师和政治家的脑袋
> 在法律观点上昏乱。
> 待剑声铮铮，马鞍与枪声喧闹，
> 谁会在乎一根稻草？
> 当我们血脉相连的同胞请求我们
> 速去帮助他们的亲友，
> 即便天堂也不能阻止我们，
> 用那场所谓突袭将他们拯救。

这首诗很好地表现了帝国争夺非洲的精神，这是他们统治一切的意志最后的合理依据。在19世纪的最后数年，英国人已经相信，只有帝国才能裁决其自身。突袭发生后不久，当克留格尔似乎有可能访问英国时，就连索尔兹伯里勋爵都表示，他希望克留格尔淹死在乌龟汤里。当时年轻的政治家温斯顿·丘吉尔也有类似的想法,而且他认为詹姆森的行为不过是为马朱巴山的失败复仇,是一次大胆尝试罢了。后来,他改变了想法。在一系列悲剧降临大英帝国后,再回首看这次突袭,他便从这次粗陋的武装干涉中解读出了更加黑暗的不同含义。"我认为,激烈动荡的时代就是从詹姆森突袭开始的。"他后来写道。

第 27 章

帝国的圆满

I

"我向您表示诚挚的祝贺，"德皇在给克留格尔的电报中表示，"在没有寻求友善国家帮助的情况下，您与您的人民凭借自己的力量击退了入侵贵国、扰乱和平的武装侵略者，成功重建和平，在外部攻击下维护了国家的独立。"

他高兴得过早了。此时詹姆森的失败不过是一个预兆，除此之外什么也没变，英国也尚未放弃其建立帝国的决心。面对一位外国统治者这种傲慢的态度，英国人很快团结了起来：张伯伦的嫌疑被洗清，詹姆森受到赞扬，罗兹也得到了原谅。* 事实上，到了这时，英国公众的得意自满才到达巅峰。1897 年，美好的维多利亚女王庆祝自己登基六十周年，国民将此事变成了华丽而欢乐的帝国庆典。英国人从未如此刻一般骄傲地团结在一起，而当年进口的香槟比此前历年的都要多。** 这对他们来说是多么重要的一个世纪啊！自埃米莉·伊登在恒河岸边听说年轻的女王继承王位，并称之为"迷人的创举"以来，这个国家发生了多么巨大的改变啊！这个国家为人民奉献的一幕幕绝妙的戏剧，一会儿悲剧，一会儿生气勃勃，一会儿令人振奋，总是丰富多彩，充满哀婉与欢笑，洋溢着爱国主义热情！1897 年，在各大强权中，英国可谓鹤立鸡群，而大多数英国人认为，这种独有的卓越地位，正是帝国带来的。帝国就是骄傲之源，是万灵药，是上帝赐给不列

---

* 到了 1899 年，德皇又给罗兹发电报，恭喜他在第二次布尔战争中抵御了克留格尔的部队，成功守住了金伯利。

** 甚至可以说是历史最高点——当年的香槟进口量为 950 万瓶，1971 年则为 737 万瓶。

颠人的礼物，而统治世界则是不列颠人的宿命。*

2

在某些方面，这样的看法确实是正确的。英国的海外领地，尤其是印度，保证了英国站在列强的前列。虽然这种说法中有不少夸张成分，也有不少自我欺骗的成分，但是大英帝国旗帜在全球各地飘扬，使英国这个岛国成为各地都无法忽视的力量。英国掌握的人力资源也远远超过了其本土微不足道的人口，它遍布世界的商业与情报体系无可匹敌。虽然维持海外帝国的战略负担确实很重，但是英国也因此能够对其他任何强权的侧翼施加压力——对俄国的东南边界、美国的北部边界发力，从地中海的英国基地对付欧洲国家。

除此之外，帝国的显赫光辉本身也是一项资产。即使这个帝国事实上并非固若金汤，至少它看上去如此，而这种信心又赋予它权威。就像皇家海军基本上依靠虚张声势的力量来维持其优势一样，帝国的宣告也依此方法获得命令的功效，并让人们相信其拥有约束力。它所有的神秘，血、王冠与牺牲的传奇，构成了一道符咒。地图上帝国的红色看上去如此根深蒂固，如同通过某种神秘仪式染上去一般，而"更大的不列颠"的广大土地就像一片永远年轻的田野，一代代的不列颠人将永远在这里出生长大。

帝国究竟有没有让英国人变得富有，一直有争议。英国人无疑是富有的，英镑是世界经济的基础，但是这些财富中又多少来自海外帝国，无人真正知晓。海外帝国有好处，也有坏处。一方面，它带来了印度，这里数代以来都是英国的香料来源地，在维多利亚统治时期是一片几乎无限制的投资地；另一方面，为了维持帝国摇摇欲坠的巨大结构，英国也付出了巨大的代价，它不得不在每个大洲都驻扎军队，建立巨大的巡逻舰队，而为

---

* 这是对英国宿命的见解，25年后阿道夫·希特勒的看法与之相类，他认为英国取得世界霸权的原因，就是爱国主义、种族隔离，以及在殖民地的专横行为。而关于帝国高潮时期更加详细的描写，包括其动机、情绪和行为，请原谅我建议各位阅读这套三部曲中的第二部——《帝国盛世》(*Pax Britannica*)。

此消耗的人才和精力，在本土必定能更快地转化为生产力。人们当然可以指出帝国内部拥有巨大的贸易量，但同样可以指出反面的事实，即英国利润最高的海外投资都是对外国的投资。在维多利亚统治时期，英国没有哪一年的贸易是顺差，然而英国的国际收支却一直相当平衡，因为伦敦市乃是世界金融及保险中心，而其卓越地位并不仰赖海外帝国。没有人能真正完全公平地看待帝国问题：虽然经济学家偶尔会提出，要保持国家的繁荣，并不需要如此煞费苦心地维持海外帝国，但是 1897 年伦敦街头的任何一个人都会认为，他口袋里的钱，与他心中的骄傲以及纪念大庆所带来的巨大兴奋一样，都源自帝国这一国家事业的成就。

3

1837 年，帝国海外领地对这个国家产生的影响还零零散散，但到了此时，它终于弥漫了整个不列颠岛，成为人们生活中习以为常的一部分。现在，通向海外帝国的通道不再是布里斯托尔或者利物浦之类的某个港口，而是整座不列颠岛；帝国的商品和出产流过每一座海港。在印度发了财的英国人也不再回乡建西金考特式宅邸了，因为现在英国乡村中几乎每位绅士，身边总有点海外游历留下的痕迹——大到堆满了殖民地贸易利润的银行账号，小到毛利人的雕刻、贝拿勒斯制造的托盘，或者是给画室添上一抹异域气息的苏人珠饰。

伦敦到处都是帝国时代的雕塑：印度兵变中的英雄、伟大的总督、特拉法尔加广场的 C. J. 内皮尔，还有站在基座上、像个神秘牧师的戈登。街头巷尾，还有商家名录上，少不了殖民地旅行用品商、殖民地代理商、殖民地银行家，以及殖民地墨水、啤酒、钢琴、行军床、便携浴盆的制造商。伯明翰或兰开夏郡的全部工业可以依赖殖民地贸易繁荣发展。伊斯特罗斯阴冷的山上，赫克托·芒罗爵士纪念夺占纳加帕蒂南的石门仍然在雾气中若隐若现，但此时帝国的胜利纪念物及标志基本上已经不再夸张，而是更加平易近人，而且开始成为民族遗产中的平常部分。

比如，距离泰晤士河畔亨利镇不远的牛津郡伊普斯登（Ipsden）村就有一口大君井（Maharajah's Well），周围还有一片果林。这口井被一座铸铁圆顶亭子遮盖，井是贝拿勒斯大君为显示他对大英帝国的忠诚而为这个村庄开凿的。一家慈善信托机构保证伊普斯登村民能够永久享受免费井水；一名监察员就住在井边漂亮的圆形小屋中；旁边果园里则种了一片樱桃树，为井的维护提供资金。附近还有一处宜人的花园，这些幸运的村民可以在其中游乐：花园里有一片鱼形池子，鱼是大君的私人标志；有一座叫作普拉博特拉（Prubhoo Teela）的小丘，以及一条叫作萨亚科德（Saya Khood）的装饰性沟谷。整块地方被称作伊什里巴（Ishree Bagh）。遮蔽井口的亭子圆顶上铭刻着"印度贝拿勒斯大君殿下赠予这口井"。*

4

并没有多少人质疑帝国的公正——"在这个问题上，任何对抽象的正义的疑问，似乎都随风而去了。"特洛勒普写道。英国人知道，在各国之中，他们的国家绝非一个邪恶的存在，如果说他们似乎漠不关心帝国的虚伪、欺骗和残暴，那是因为他们真诚地相信帝国负有教化的使命。他们坚定地相信英国的统治才是最好的，对异教徒和原始民族来说尤其如此，他们对自己的好意也颇有信心。在力量的全盛期，英国人的行为并不符合自己设定的最高标准，但是总体来说，他们仍然是个和善的民族。他们的沙文主义的表现形式基本上并不残忍，他们的种族主义更多的是对其他种族的忽视，而他们的军国主义精神流于表面。他们对宏伟帝国的热情很快就会被证明是短暂而肤浅的，他们更多是喜欢炫耀，而非贪恋权力。他们成长于这个国家的成就无可匹敌的年代，自然会表现出对成就的自负。

但英国人从未停止自我批判。到了19世纪的最后十年，自由主义已经是个过时的概念，而将死的格莱斯顿眼看各个派别的政治家都开始拥抱"帝国"这一异端思想，内心痛苦；然而，英格兰的土地上从来不乏呼吁

---

* 在负责管理井的慈善机构的养护下，这句铭文至今仍然清晰可见。虽然伊什里巴周围有围墙，里面杂草丛生，但那座圆形小屋中依然住着管理员，园内的樱桃树也蓬勃生长。争强好胜的大君们竞相委托开凿了一些井，这是其中第一口井。

克制与谦逊的声音,有人为更加温和的价值观与更加朴素的目标发声,有人相信世上每个人都平等,也有人怀疑大英帝国是否真的是由天意塑造。即使是在1897年,英国仍然不乏持不同意见者——比如殖民地部的爱德华·费尔菲尔德(Edward Fairfield)据说"鄙夷大英帝国,认为这是一个巨大的错误";诗人威尔弗里德·布伦特(Wilfrid Blunt)则猛烈地抨击帝国的方方面面;"沃尔斯利帮"中的威廉·巴特勒,此时也成了热情的反帝国主义者。这个国家从来没有对任何事产生过完全一致的意见。虽然新帝国主义者完全控制了维多利亚女王登基六十周年的庆典,但不少反对意见也已经处在成形阶段,而格莱斯顿的理想虽然饱受怀疑,但也还没有完全死去。

甚至在此刻,大英帝国正显示出不祥之兆。从外部看来,英国人似乎自信满满,但是在帝国高潮时期,他们的这种狂热暴露了内情。虽然英国此时无比繁盛,但事实上比历史上任何一个时期都要脆弱:英国本土的人口与1837年相比已经翻倍,现在必须依靠进口粮食才能喂饱所有人。已经有一些政治学家感觉到帝国的独裁决议和本土的民主根基格格不入,也有一些持异见的经济学家提出,帝国带来的麻烦已经超过了其价值,若英国没有任何海外领地,经济情况反而会好得多。为帝国赋予更加严整意义的尝试也一再出现:各殖民地总理会议、共同防御条约的提案、殖民地协会一类的机构、帝国研究院(Imperial Institute)和帝国协会(Empire League)都是这样的尝试。而这一切背后都是一种不安的情绪,仿佛帝国主义者们虽然不承认,但是他们本能地感到,无论眼前的场面多么宏伟,他们的荣耀如何空前,留给他们的时间都不多了。

5

然而,这仍然是历史上一个极为重要的时刻,整个世界都没有敌意地承认这一点。马克·吐温审视了穿着各色制服的帝国军队从世界各地涌入伦敦参加纪念阅兵,称其为"末日的一种征兆"。在维多利亚统治的六十年间,帝国扩大了超过十倍,从一些分散的、不受重视的领地,扩张到了几乎占地球陆地面积的四分之一，而帝国的人口几乎占世界总人口的三分之一。它用城市、铁路、教堂，以及无数的兵营改变了各个大陆的风貌；它颠覆了无数民族的生活方式，将它的价值观烙印在从克里人到缅甸人的一个个文明上；此外，它还创造了好几个羽翼丰满的新国家。有史以来，世上从未出现过这样的帝国，而其他的强权一方面嫉妒它的煊赫，另一方面又不情愿却带着尊重地承认其至高无上的地位。连德皇都为他的祖母的这场奢华盛典献上祝贺，克留格尔也释放了两名英国囚犯，以纪念这一重要时刻。就连《纽约时报》也承认，美利坚合众国这个屡教不改的叛逆者建立的共和国，事实上也一直是"更大的不列颠"的一部分。

1897 年 6 月 22 日上午，在现身庆典现场之前，维多利亚女王出现在白金汉宫的电报室。她穿着黑色云纹绸裙子，裙子上带有鸽子灰饰片，绣满了银色的玫瑰、三叶草和蓟花。她按下了一枚电钮，电信号被传输到圣马丁勒格兰德区（St Martin's le Grand）的中央电报局（Central Telegraph Office）。几秒之内，她的庆典致辞就开始传向帝国的每一个角落。"我真心地感谢我深爱的人民。"这则信息通过电缆迅速传向渥太华和加尔各答、拉各斯和好望角、悉尼和克赖斯特彻奇、地中海的要塞岛屿和古老的奴隶殖民地；传向勒克瑙，米字旗仍然在倾塌的代表府邸上飘扬；传向温尼伯，里埃尔安息在那里的石墓之下；传向楚格尼尼的霍巴特、萨空鲍的斐济、艾尔破旧的西班牙镇，传向阿散蒂、祖鲁、都柏林、坎帕拉——"我真心地感谢我深爱的人民。愿上帝保佑他们。"

致　谢

下列朋友与同僚至为体贴地阅读了部分手稿,他们帮助我避免了许多错误和糊涂之处:米尔德丽德·阿彻(Mildred Archer)女士、琼·克雷格(Joan Craig)女士、约翰·加拉格尔(John Gallagher)教授、J. G. 林克斯(J. G. Links)先生、克里斯托弗·劳埃德教授、詹姆斯·伦特(James Lunt)少将、玛丽·勒琴斯(Mary Lutyens)小姐、F. S. L. 莱昂斯(F. S. L. Lyons)教授、利奥·马夸德(Leo Marquard)先生、马格丽·佩勒姆(Margery Perham)夫人、L. C. T. 罗尔特(L. T. C. Rolt)先生、A. G. L. 肖教授、杰克·西蒙斯教授以及罗纳德·温盖特(Ronald Wingate)爵士。最后,皇家英联邦学会(Royal Commonwealth Society)的图书馆员唐纳德·辛普森阅读了全书的校样,我欠他很大的人情。

德尼斯·贝克(Denys Baker)先生一如既往地为本书绘制了地图。朱利安·巴赫(Julian Bach)先生同样为我安排了必要的旅行。感谢纽约《地平线》(*Horizon*)杂志和伦敦《邂逅》(*Encounter*)杂志的编辑们允许我复制某些在他们的杂志上首发的文章。最后感谢大西洋两边宽容我的出版商,是他们让我能够在帝国主题上花费如此多的时间。

出版后记

说起英国，我们大概会想起一百多年前的鸦片战争。英国殖民者的坚船利炮，开启了中国屈辱的近代历史。

彼时，年轻的维多利亚女王才登基三年，而英国已经是一个对外扩张的帝国。英国军队入侵阿富汗，遭遇喀布尔大溃退，镇压印度兵变，入侵祖鲁和阿散蒂，与布尔人发生冲突，驱赶塔斯马尼亚土著；也有人致力废除奴隶贸易，探索尼罗河源头。1851年英国举办万国博览会，展示工业技术成果；然而几年前爱尔兰却遭遇了大饥荒，20年后爱尔兰自治运动又将风起云涌……这是一个野蛮生长的年代，无数军人、商人、冒险者、传教士，为了地盘、利益或文明教化，在印度、非洲丛林、北美荒原、热带海岛作战、贸易、开荒、传教。从业余人士零零散散的开拓，发展成为大规模的帝国扩张建设。

这个国家越发得意，越发傲慢起来。自由派的格莱斯顿曾呼吁："别忘了野蛮人也有权利！"可惜这样的声音越发微弱了。

本书作者简·莫里斯是一名旅行作家，她探访了亚洲、非洲、北美洲很多地方，寻找旧帝国留下的痕迹。她在书中写下在历史现场的种种感受，偶尔在脚注里记录当地人的反应。在英国人眼里，帝国的楼宇已是荒草幽径；在当地人眼中，这些则是苦难和反抗的记忆。

图书在版编目（CIP）数据

大英帝国三部曲. I, 昭昭天命 / (英) 简·莫里斯著; 杨昷薇译. -- 北京: 九州出版社, 2023.2（2024.4重印）
ISBN 978-7-5225-1542-7

Ⅰ.①大… Ⅱ.①简… ②杨… Ⅲ.①英国—历史 Ⅳ.①K561.0

中国版本图书馆CIP数据核字(2022)第227111号

HEAVEN'S COMMAND: An Imperial Progress
Copyright ©1973, 1979, 1998 by Jan Morris

著作权合同登记号：图字 01-2023-0225
地图审图号：GS（2022）3804号

大英帝国三部曲I：昭昭天命

作　　者	［英］简·莫里斯 著　杨昷薇 译
责任编辑	陈丹青
出版发行	九州出版社
地　　址	北京市西城区阜外大街甲 35 号（100037）
发行电话	（010）68992190/3/5/6
网　　址	www.jiuzhoupress.com
印　　刷	天津雅图印刷有限公司
开　　本	655 毫米 × 1000 毫米　16 开
印　　张	31
字　　数	460 千字
版　　次	2023 年 2 月第 1 版
印　　次	2024 年 4 月第 3 次印刷
书　　号	ISBN 978-7-5225-1542-7
定　　价	110.00 元

★ 版权所有 侵权必究 ★